Exklusiv und kostenlos für Buchkäufer!

Ihre Arbeitshilfen online:

- Aufgaben und Lösungen
- Rechner
- Finanzmathematische Tabellen

Und so geht's:

- Einfach unter www.haufe.de/arbeitshilfen den Buchcode eingeben
- Oder direkt über Ihr Smartphone bzw. Tablet auf die Website gehen

D1722240

Buchcode: TS2-EXN6

www.haufe.de/arbeitshilfen

Investition und Finanzierung

Grundlagen, Verfahren, Übungsaufgaben, Lösungen

Professor Dr. Jörg Wöltje

Haufe Gruppe
Freiburg · München

Bibliografische Information der Deutschen Nationalbibliothek
Die Deutsche Nationalbibliothek verzeichnet diese Publikation in der Deutschen
Nationalbibliografie; detaillierte bibliografische Daten sind im Internet über
http://dnb.d-nb.de abrufbar.

Print: ISBN: 978-3-648-03232-9   Bestell-Nr. 02092-0001
EPUB: ISBN: 978-3-648-03693-8   Bestell-Nr. 02092-0100
EPDF: ISBN: 978-3-648-03233-6   Bestell-Nr. 02092-0150

Professor Dr. Jörg Wöltje
Investition und Finanzierung
1. Auflage 2013
© 2013, Haufe-Lexware GmbH & Co. KG, Munzinger Straße 9, 79111 Freiburg

Redaktionsanschrift: Fraunhoferstraße 5, 82152 Planegg/München
Telefon: (089) 895 17-0
Telefax: (089) 895 17-290
Internet: www.haufe.de
E-Mail: online@haufe.de
Produktmanagement: Kathrin Salpietro

Redaktion: Helmut Haunreiter, 84533 Marktl
Satz: kühn & weyh Software GmbH, 79110 Freiburg
Umschlag: RED GmbH, 82152 Krailling
Druck: Schätzl Druck & Medien GmbH & Co. KG, 86609 Donauwörth

Inhaltsverzeichnis

Vorwort		13
Abkürzungsverzeichnis		15
Einführung in die betriebliche Finanzwirtschaft		**23**
1	Grundlagen der Finanzwirtschaft	25
2	Finanzwirtschaftliche Grundbegriffe	29
3	Finanzwirtschaftliche Strömungsgrößen	32
Finanzmathematische Grundlagen		**37**
1	Finanzmathematische Begriffe und Berechnungen	40
1.1	Aufzinsungsfaktor	40
1.2	Abzinsungsfaktor	41
1.3	Rentenbarwertfaktor	42
1.4	Kapitalwiedergewinnungsfaktor	44
1.5	Endwertfaktor	46
1.6	Restwertverteilungsfaktor (RVF)	48
2	Zinsrechnung	50
2.1	Einfache Verzinsung	50
2.2	Verzinsung mit Zinseszinsen	52
2.3	Unterjährige Verzinsung	54
Grundlagen der Investitionsrechnung		**61**
1	Grundprinzipien der Investitionspolitik	65
2	Investitionsarten	68
3	Phasen des Investitionsentscheidungsprozesses	70
3.1	Anregungsphase	71
3.2	Suchphase	72

Inhaltsverzeichnis

3.3	Auswahlphase	74
3.4	Realisierungsphase	74
3.5	Kontrolle der Investition	74
4	**Investitionsrechenverfahren**	**76**
5	**Elemente der Investitionsrechnung**	**78**
5.1	Ermittlung der Zahlungsreihe für die Investitionsrechnung	78
5.2	Festlegung des Kalkulationszinssatzes	80

Statische Verfahren der Investitionsrechnung   83

1	**Kostenvergleichsrechnung**	**86**
1.1	Ermittlung der Kapitalkosten und Betriebskosten	87
1.2	Auswahlentscheidung	91
1.3	Kritische Auslastung	94
1.4	Ersatzinvestitionsentscheidung	96
1.5	Beurteilung der Kostenvergleichsrechnung	101
2	**Gewinnvergleichsrechnung**	**102**
2.1	Einzelinvestition	103
2.2	Auswahlentscheidung	103
2.3	Break-even-Analyse – kritische Auslastung	104
2.4	Beurteilung der Gewinnvergleichsrechnung	109
3	**Rentabilitätsvergleichsrechnung**	**110**
3.1	Einzelinvestition und Auswahlentscheidung	112
3.2	Ersatzinvestitionsentscheidung	115
3.3	Beurteilung der Rentabilitätsvergleichsrechnung	115
4	**Statische Amortisationsrechnung**	**117**
4.1	Ermittlung der Amortisationszeit bei Einzelinvestition und Auswahlproblem	117
4.2	Ersatzinvestitionsentscheidung	120
4.3	Beurteilung der statischen Amortisationsrechnung	121
5	**Aussagefähigkeit der statischen Verfahren**	**122**

Dynamische Verfahren der Investitionsrechnung 125

1 **Kapitalwertmethode** **129**

1.1 Einzelinvestition 131

1.2 Auswahl alternativer Investitionsobjekte 134

1.3 Bildung vollständiger Alternativen mittels Differenzinvestitionen 136

1.4 Wie geeignet ist die Kapitalwertmethode zum Bestimmen der Vorteilhaftigkeit
einer Investition? 147

2 **Interne Zinsfußmethode** **149**

2.1 Lösungsansätze für die Ermittlung des internen Zinsfußes (r) 150

2.2 Einzelinvestition 155

2.3 Auswahl alternativer Investitionsobjekte 159

2.4 Bildung vollständiger Alternativen – Differenzinvestition 160

2.5 Vergleich zwischen der internen Zinsfußmethode und der Kapitalwertmethode 163

2.6 Beurteilung der internen Zinsfußmethode zur Bestimmung der Vorteilhaftigkeit
einer Investition 165

3 **Annuitätenmethode** **167**

3.1 Einzelinvestition 168

3.2 Auswahl alternativer Investitionsobjekte 172

3.3 Wie eignet sich die Annuitätenmethode zum Bestimmen der Vorteilhaftigkeit
einer Investition? 176

4 **Dynamische Amortisationsrechnung** **177**

5 **Vermögensendwertmethode** **181**

5.1 Kontenausgleichsverbot 182

5.2 Kontenausgleichsgebot 183

5.3 Beurteilung der Vermögensendwertmethode 184

6 **Optimale Nutzungsdauer und optimaler Ersatzzeitpunkt** **185**

6.1 Optimale Nutzungsdauer einer einmaligen Investition 186

6.2 Optimale Nutzungsdauer einer Investition bei einmaliger identischer Wiederholung 190

6.3 Optimale Nutzungsdauer eines Objektes mit unendlich vielen identischen
Nachfolgeobjekten 192

7 **Beurteilung der dynamischen Investitionsrechenverfahren** **196**

Unternehmensbewertung 199

| 1 | Anlässe der Unternehmensbewertung | 202 |

2	Traditionelle Verfahren der Unternehmensbewertung	203
2.1	Substanzwertverfahren	203
2.2	Ertragswertverfahren	206
2.3	Kombinierte Verfahren	210
2.4	Stuttgarter Verfahren	212

3	Moderne Verfahren der Unternehmensbewertung	214
3.1	Discounted-Cashflow-Verfahren	214
3.2	Multiplikatorenverfahren	232

Systematik der Finanzierung 245

| 1 | Finanzierungsarten | 248 |

| 2 | Außen- und Innenfinanzierung | 251 |

3	Eigen- und Fremdfinanzierung	253
3.1	Eigenkapital	254
3.2	Fremdfinanzierung	254

Kapitalbedarfs- und Finanzplanung 257

| 1 | Kapitalbedarf | 261 |

| 2 | Grundsätze der Finanzplanung | 267 |

3	Arten der Finanzplanung	268
3.1	Finanzpläne mit unterschiedlicher Erstellhäufigkeit	268
3.2	Finanzpläne mit unterschiedlicher Fristigkeit	268
3.3	Finanzpläne unter Berücksichtigung von Unsicherheiten	272

| 4 | Finanzplan | 274 |

| 5 | Ableitung des Finanzplans aus den Teilplänen der Unternehmensplanung | 279 |

| 6 | Liquiditätsplanung | 281 |

7	**Maßnahmen zur Steuerung der Liquidität im Unternehmen**	**282**
8	**Fallbeispiel**	**284**

Außenfremdfinanzierung 293

1	**Kreditwürdigkeit und Kreditsicherheiten**	**296**
1.1	Kreditwürdigkeit und Kreditfähigkeit	296
1.2	Rating 297	
1.3	Kreditbesicherung	298
2	**Die kurz- und mittelfristige Kreditfinanzierung**	**307**
2.1	Handelskredite	307
2.2	Kurz- und mittelfristige Bankkredite	315
3	**Langfristige Kreditfinanzierung**	**323**
3.1	Anleihen (Straight Bonds)	323
3.2	Schuldscheindarlehen	332
3.3	Langfristige Bankkredite/Darlehen	334
4	**Effektivzinsbestimmung bei langfristigen Darlehen**	**339**
4.1	Effektivverzinsung bei einem endfälligen Darlehen	339
4.2	Effektivverzinsung bei einem Ratendarlehen (Abzahlungsdarlehen)	343
4.3	Effektivverzinsung bei einem Annuitätendarlehen	348

Beteiligungsfinanzierung 353

1	**Die Grundlagen der Beteiligungsfinanzierung**	**356**
2	**Beteiligungsfinanzierung nicht börsenfähiger Unternehmen**	**359**
2.1	Stille Beteiligung	359
2.2	Business Angels	360
2.3	Beteiligungsgesellschaften	361
3	**Beteiligungsfinanzierung börsennotierter Unternehmen**	**363**
3.1	Die Marktstruktur der Frankfurter Wertpapierbörse	363
3.2	Indizes der deutschen Börse	367
4	**Aktien**	**370**

Inhaltsverzeichnis

5	**Kapitalerhöhung**	**372**
5.1	Formen der Kapitalerhöhung bei einer Aktiengesellschaft	372
5.2	Bezugsrecht	376

Innenfinanzierung   381

1	**Selbstfinanzierung**	**385**

2	**Finanzierung aus Abschreibungen**	**390**
2.1	Kapitalfreisetzungseffekt	391
2.2	Kapazitätserweiterungseffekt	392

3	**Finanzierung aus Rückstellungen**	**397**

4	**Finanzierung aus sonstigen Kapitalfreisetzungen**	**408**
4.1	Finanzierungseffekt von Rationalisierungsmaßnahmen	408
4.2	Finanzierung durch Vermögensumschichtung	409
4.3	Sale-and-lease-back-Verfahren	409
4.4	Working Capital Management	410

Sonderformen der Finanzierung   415

1	**Sonderformen der Fremdfinanzierung**	**417**
1.1	Leasing 417	
1.2	Factoring	459
1.3	Finetrading	470

Mezzanine-Finanzierungsinstrumente   473

1	**Formen von Mezzanine-Kapital**	**476**

2	**Stille Beteiligung**	**479**

3	**Genusskapital**	**482**
3.1	Genussrechte	482
3.2	Genussscheine	483

4	**Wandel- und Optionsanleihen**	**487**
4.1	Wandelanleihen	487
4.2	Optionsanleihen	489
4.3	Going-public-Anleihen	489

5	**Nachrangige/partiarische Darlehen und Verkäuferdarlehen**	**490**

Finanzcontrolling und Finanzanalyse 491

1   Rentabilität   496

1.1   Eigenkapitalrentabilität (Return on Equity, ROE)   496

1.2   Gesamtkapitalrentabilität (Return on Assets, ROA)   498

1.3   Return on Investment (ROI)   499

1.4   Umsatzrentabilität (Return on Sales, ROS)   502

2   Liquidität   504

2.1   Absolute Liquidität   504

2.2   Working Capital   504

2.3   Relative Liquidität – Liquiditätsgrade   505

2.4   Gearing   508

3   Cashflow-Kennzahlen   510

3.1   Ermittlung des Cashflows   511

3.2   Schuldentilgungsdauer (dynamischer Verschuldungsgrad)   512

3.3   Innenfinanzierungsgrad der Investitionen   514

3.4   Cash-Burn-Rate   515

4   Analyse der Kapitalstruktur   516

4.1   Eigenkapitalquote (Equity Ratio)   516

4.2   Fremdkapitalquote (Debt Ratio, Anspannungsgrad)   518

4.3   Statischer Verschuldungsgrad
       (Debt-Equity Ratio)   518

4.4   Rückstellungsquote   519

4.5   Selbstfinanzierungsgrad   520

5   Analyse der Vermögensstruktur   521

5.1   Anlagenintensität   521

5.2   Vermögenskonstitution   522

5.3   Umlaufintensität (Arbeitsintensität)   523

5.4   Vorratsintensität   524

6   Horizontale Bilanzstruktur – Kennzahlen zur Finanzlage   525

6.1   Goldene Finanzierungsregel   525

6.2   Goldene Bilanzregel   526

Inhaltsverzeichnis

7	**Analyse der Investitionspolitik**	**530**
7.1	Anlagenabnutzungsgrad	530
7.2	Investitionsquote Sachanlagen	531
7.3	Wachstumsquote	532
7.4	Abschreibungsquote	532
7.5	Optimales Verhältnis von Fremdkapital zu Eigenkapital	533
7.6	Financial Convenants	537

Literaturverzeichnis — **541**

Stichwortverzeichnis — **551**

Vorwort

Liebe Leserinnen und Leser,

für alle Unternehmen sind Investitions- und Finanzierungsentscheidungen von operativer und strategischer Bedeutung. Sie stellen das Fundament für den künftigen Unternehmenserfolg dar. Ein Verständnis für Finanzierungsfragen ist daher heute unverzichtbar. Das Lehr- und Arbeitsbuch ist ideal zum Selbststudium und zur Prüfungsvorbereitung geeignet und wendet sich an Studierende an Hochschule und an Weiterbildungseinrichtungen ebenso wie an interessierte Fach- und Führungskräfte.

Das Buch vermittelt praxisbezogene Grundlagen, aber auch vertiefte Kenntnisse der Investitionsrechnung und der Finanzierung.

Zusätzlich bietet Ihnen das Buch einen besonderen Service: die Arbeitshilfen online. Zu jedem Kapitel finden Sie dort zahlreiche Übungsaufgaben mit ausführlichen Lösungen, damit Sie üben und Ihr erworbenes Wissen selbst kontrollieren können. Insgesamt gibt es über 120 Aufgaben mit Lösungen. Sie haben die Möglichkeit, sich kurzfristig mit einzelnen Themen der Finanzierung und der Investitionsrechnung vertraut zu machen. Im Buch finden Sie eine Vielzahl von Abbildungen, tabellarischen Zusammenfassungen, Merksätzen und Beispielen, die alle einem Ziel dienen: Sie dabei zu unterstützen, die Inhalte schnell zu verstehen und sich effizient einzuprägen.

Das Lehr- und Arbeitsbuch ist aus den Vorlesungsunterlagen der Lehrveranstaltung „Finanzierung und Investition" an der Hochschule für Technik und Wirtschaft Karlsruhe sowie an der VWA Baden entstanden. In diesem Zusammenhang möchte ich mich ganz herzlich bei den Studierenden der Fakultät für Wirtschaftswissenschaften der Hochschule Karlsruhe bedanken, die mit ihren Anregungen wichtige und wertvolle Hinweise für die Entstehung des Buchs lieferten.

Das Buch ist in drei Kernabschnitte mit insgesamt 14 Kapiteln unterteilt. Der erste Abschnitt bietet eine Einführung in die Thematik der Finanzierung und Investition mit den Kapiteln „Einführung in die betriebliche Finanzwirtschaft" und „Finanzmathematische Grundlagen". Dort gewinnen Sie einen Gesamtüberblick und erfahren die Grundlagen für die späteren Berechnungen.

Der zweite Abschnitt widmet sich der Investitionsrechnung und der Unternehmensbewertung. In diesen Kapiteln werden insbesondere die verschiedenen Verfahren der statischen und dynamischen Investitionsrechnung erläutert.

Im dritten Abschnitt (die Kapitel „Systematik der Finanzierung" bis „Mezzanine-Finanzierungsinstrumente"), dem umfangreichsten Teil des Buchs, werden die verschiedenen Finanzierungsformen und -arten besprochen. Im letzten Kapitel „Finanzcontrolling" werden die relevanten finanz- und erfolgswirtschaftlichen Kennzahlen vorgestellt und anhand eines Fallbeispiels berechnet.

Ziel des Buchs ist es, anhand von kurzen und prägnanten Lehrtexten, zahlreichen Beispielen und Übungen mit Lösungen, die wichtigsten Finanzierungsmethoden und Investitionsrechnungsverfahren praxisorientiert zu vermitteln. Nach jedem Kapitel können Sie Ihr gelerntes Wissen anhand der bereits erwähnten Übungen und Lösungen überprüfen und weiter vertiefen.

Bei den Arbeitshilfen online finden Sie neben den Aufgaben und Lösungshinweisen u. a. auch Auszüge aus finanzmathematischen Tabellen.

Mein ganz besonderer Dank gilt meinem Kollegen Herrn Prof. Dr. Udo Krzensk für den sehr bereichernden Gedankenaustausch zu einzelnen Spezialfragen und dem Lektor Herrn Helmut Haunreiter für die stets hervorragende und harmonische Zusammenarbeit sowie seine exzellente Unterstützung.

Ich wünsche allen Leserinnen und Lesern viel Erfolg mit diesem Buch.

Für Hinweise, Anregungen und Verbesserungsvorschläge bin ich immer sehr dankbar. Bitte senden Sie diese per Mail an: joerg.woeltje@t-online.de

Malsch, im Oktober 2012

Jörg Wöltje

Abkürzungsverzeichnis

a	Abschreibungsbetrag
aLuL	aus Lieferungen und Leistungen
A	Auszahlungskurs
Abb.	Abbildung
AbF	Abzinsungsfaktor $(1+i)^{-n}$, Diskontierungsfaktor
AfA	Absetzung für Abnutzung
AG	Aktiengesellschaft
AHK	Anschaffungs- oder Herstellungskosten
AK	Anschaffungskosten
AKB	Anlagekapitalbedarf
AktG	Aktiengesetz
AO	Abgabenordnung
APV	Adjusted Present Value
AuF	Aufzinsungsfaktor $(1+i)^n$
A$_t$	Auszahlungen
AV	Anlagevermögen
B	Bearbeitungsgebühr, Vermittlungskosten
b	unendliche Rente
BCF	Brutto-Cashflow
BDL	Bundesverband Deutscher Leasing-Unternehmen
BEM	Break-Even-Menge
BEU	Break-Even-Umsatz
BFH	Bundesfinanzhof
BGA	Betriebs- und Geschäftsausstattung
BGB	Bürgerliches Gesetzbuch
BMF	Bundesministerium der Finanzen
BörsG	Börsengesetz
BörsZulV	Börsenzulassungsverordnung
BR	Bezugsrecht
BW	Barwert
CAPM	Capital Asset Pricing Model
C$_0$	Kapitalwert
C$^D_0$	Kapitalwert der Differenzinvestition
C$_{0K,max}$	maximaler Kapitalwert der Investitionskette (im Zeitpunkt 0)

Abkürzungsverzeichnis

C_{tE},opt	Kapitalwert einer Einzelinvestition der Investitionskette im Zeitpunkt der Realisierung während ihrer optimalen Nutzungsdauer
CCC	Cash Conversion Cycle (Geldumschlagsdauer)
CF	Cashflow
CFROI	Cashflow Return on Investment
CME	Chicago Mercantile Exchange
CVA	Cash-Value-Added
D	durchschnittlich gebundenes Kapital (Ø Kapitaleinsatz)
DAX	Deutscher Aktienindex
DB	Deckungsbeitrag
db	Stückdeckungsbeitrag (absolut)
DCF	Discounted-Cashflow-Methode
DIH	Days Inventors Held (Lagerreichweite)
DN	Dividendennachteil
DPO	Days Payable Outstanding (Kreditorenlaufzeit)
DRS 2	Deutscher Rechnungslegungsstandard Nr. 2
DSO	Days Sales Outstanding (Debitorenlaufzeit)
DV	Dividendenvorteil
DVFA/SG	Deutsche Vereinigung für Finanzanalyse und Anlageberatung e. V./ Schmalenbach-Gesellschaft — Deutsche Gesellschaft für Betriebswirtschaft e. V.
E	Erlöse bei der statischen Investitionsrechnung, Gewerbeertrag vor Abzug der Gewerbesteuer
EBIT	Earnings before Interest and Taxes
EE-Steuern	Steuern vom Einkommen und Ertrag Steuern vom Einkommen und Ertrag
E_t	Einzahlungen
EK	Eigenkapital
EGT	Ergebnis der gewöhnlichen Geschäftstätigkeit
EK_{Markt}	Marktwert des Eigenkapital
EKR	Eigenkapitalrentabilität
EPS	Earning-per-Share
ESt	Einkommensteuer
EStG	Einkommensteuergesetz
EStR	Einkommensteuerrichtlinien
EU	Europäische Union
EUR	Euro
EURO STOXX	Europäischer Aktienindex
EUREX	European Exchange
EURIBOR	European Interbank Offered Rate

EVA	Economic-Value-Added
EW	Ertragswert
EWF	Endwertfaktor
EBZ	Europäische Zentralbank
EZÜ	Einzahlungsüberschüsse
f	Skontofrist
FCF	Freier Cashflow
FEK	Fertigungseinzelkosten
FGK	Fertigungsgemeinkosten
FK	Fremdkapital
FKR	Fremdkapitalrentabilität
FKMarkt	Marktwert des Fremdkapitals
FKZ	Fremdkapitalzinssatz
FRA	Forward Rate Agreement
FTE	Flow to Equity
FV	Finanzierungsvolumen
FWB	Frankfurter Wertpapierbörse
g	Ratenzahlungen
G	Gewinn
G_0	Sichtguthaben (Geldbestand) zum Zeitpunkt 0
GB	Delekrederegebühr
G_E	Gewerbeertragsteuer
GewStG	Gewerbesteuergesetz
GK_{Markt}	Marktwert des Gesamtkapital
GKR	Gesamtkapitalrentabilität
GKS	Gesamtkapitalkostensatz
GmbH	Gesellschaft mit begrenzter Haftung
G_t	zeitlicher Grenzgewinn
GuV	Gewinn-und-Verlust-Rechnung
h	Habenzinssatz, Hebesatz der Gemeinde bei der Gewerbesteuer
HGB	Handelsgesetzbuch
HK	Herstellkosten/Herstellungskosten
i	Zinsrate (p/100), Kalkulationszinssatz (%), Nominalzinssatz p.a.
i_{appr}	(approximativer Jahresprozentsatz (%)
I_0	Investitionsbetrag, Anschaffungswert
I^D	Differenzinvestition
i_{eff}	Effektivzins

Abkürzungsverzeichnis

i_{Eigen}	Kalkulationszinssatz bei Eigenfinanzierung
i_{Fremd}	Kalkulationszinssatz bei Fremdfinanzierung
IFRS	International Financial Reporting Standards
i_{haben}	Habenzinssatz
i_{kalk}	Kalkulationszinssatz
i_m	Kalkulationszinssatz bei Mischfinanzierung
i_{min}	Mindestverzinsungsanforderung
i_{nom}	Nominalzins
i_{ref}	Refinanzierungszinssatz
i_{soll}	Sollzinssatz
JÜ	Jahresüberschuss
K	Kosten pro Periode, Gesamtkosten
k	Kreditzinssatz
K_0	Barwert, Gegenwartswert, Anfangskapital
K_A	Kosten der alten Anlage
KB_t	Kapitalbedarf zum Zeitpunkt t
KEF	Kapazitätserweiterungsfaktor
K_{fix}	Fixkosten
KG	Kommanditgesellschaft
KGaA	Kommanditgesellschaft auf Aktien
K_G	Gesamtkosten
K^l_a	die laufenden Kosten der alten Anlage je Zeitabschnitt
K^l_n	die laufenden Kosten der neuen Anlage je Zeitabschnitt
K_n	die Kosten der neuen Anlage je Zeitabschnitt
K_n	Endkapital, Endwert, Vermögensendwert
K_N	Kosten der neuen Anlage
K_t	Kapital zum Zeitpunkt t
k_{var}	variable Kosten
KP	Kredit-, Bereitstellungsprovision
KR	Kreditsumme
KRX	Korea Exchange
KSt	Körperschaftssteuer
KStG	Körperschaftssteuergesetz
KWF	Kapitalwiedergewinnungsfaktor, Annuitätenfaktor
KWG	Kreditwesengesetz
l	durchschnittliche Verringerung des Liquiditätserlöses
L	Liquidationserlös
LIBOR	London Interbank Offered Rate

L_0	Liquidationserlös der alten Anlage zu Beginn des Planungszeitraums
LIFFE	London International Financial Futures Exchange
L_v	Liquidationserlös der alten Anlage am Ende der Vergleichsperiode
L_T	Liquidationserlös der neuen Anlage am Ende ihrer Lebensdauer
L_t	Liquidationserlös bei einer Nutzungsdauer von t Perioden
LR	Leasingrate
m	Anzahl unterjähriger Perioden; Steuermesszahl
MDAX	Mid-Cap-DAX
MEK	Materialeinzelkosten
MGK	Materialgemeinkosten
Mio.	Millionen
n	Nutzungsdauer des Investitionsobjektes in Jahren, Kreditlaufzeit
ND	Nutzungsdauer
NOA	Net Operating Assets
NOPAT	Net Operating Profit After Taxes
OHG	Offene Handelsgesellschaft
OTC	over the counter
p. a.	per annum (pro Jahr)
p_{eff}	Effektivzins p.a.
p_m	Periodenzins nominal
PR	Pensionsrückstellungen
q	Zinsfaktor (1 + i) bzw. Gewichtungsfaktor für Ertragswert
q^n	Aufzinsungsfaktor
q^{-n}	Abzinsungsfaktor
r	interner Zinsfuß (erwartete Rendite)
R	Restwert, Rückflüsse
R	Rückzahlungsbetrag
R	Ergebnisknoten
RAP	Rechnungsabgrenzungsposten
RB	Rechnungsbetrag
RBF	Rentenbarwertfaktor
RBW	Rentenbarwert
RE	Rentabilität
RHB	Roh-, Hilfs- und Betriebsstoffe
ROE	Return on Equity

Abkürzungsverzeichnis

ROI	Return on Investment
RVF	Restwertverteilungsfaktor (Rückwärtsverteilungsfaktor)
RW	Restwert
RW$_n$	Restwert am Ende der Nutzungsdauer (Liquidationserlös)
S	Skontosatz
SE	Societas Europaea (Europäische Aktiengesellschaft)
SE	steuerpflichtiger Gewerbeertrag
SF	Selbstfinanzierung
So	Sonderzahlung bei Vertragsbeginn
SolZ	Solidaritätszuschlag
St	Steuern
St.	Stück
St$_U$	Steuersatz des Unternehmens
SW	Substanzwert
SZ	Sollzinssatz, Nettozinssatz
T	das Ende der Lebensdauer (0, T) der neuen Anlage
t	Laufvariable für Perioden
t	Amortisationszeit in Jahren
Tab.	Tabelle
TCF	Total Cashflow
td	dynamische Amortisationszeit
T€	tausend Euro
TEUR	tausend Euro
t$_f$	tilgungsfreie Laufzeit
t$_m$	mittlere Laufzeit
UG	Unternehmergesellschaft
UP	Umsatzprovision
UKB	Umlaufkapitalbedarf
USD	US-Dollar
UV	Umlaufvermögen
UW	Unternehmenswert
v	Umfang der Vergleichsperiode
VC	Venture-Capital-Gesellschaft
VerkProspG	Verkaufsprospektgesetz
Vertr.-GK	Vertriebsgemeinkosten
Verw.-GK	Verwaltungsgemeinkosten
VG	Vermögensgegenstände

WACC	Weighted Average Cost of Capital
WBK	Wiederbeschaffungskosten
WCM	Working Capital Management
WpHG	Wertpapierhandelsgesetz
X	Stück, Menge
Xetra	Exchange Electronic Trading
X_{krit}	kritische Auslastung
x_{krit}	kritische Absatzmenge
Z	Zinsen pro Periode
z	Rückflüsse, Annuität, Zahlungen
z	Annuität, Risikozuschlag, Zahlungsziel, Zahlungsreihe
z	im Zeitablauf konstante Zahlung pro Periode
z − f	Skontobezugszeitraum
ZA	Zeitabschnitt

Einführung in die betriebliche Finanzwirtschaft

In diesem Einführungskapitel werden Sie mit den finanzwirtschaftlichen Zusammenhängen und Grundbegriffen vertraut gemacht.

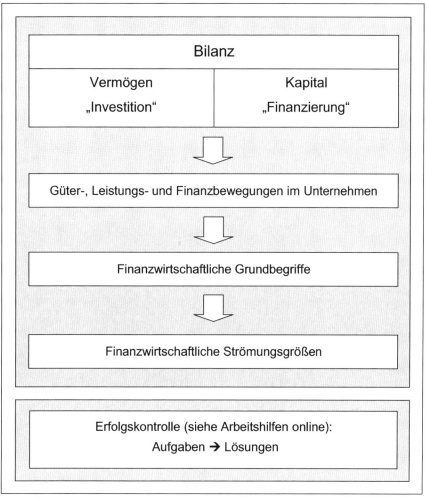

Abb. 1: Übersicht Kapitel „Einführung in die betriebliche Finanzwirtschaft"

1 Grundlagen der Finanzwirtschaft

„Finanzwirtschaft" ist der Oberbegriff für Finanzierung und Investition. Die Finanzwirtschaft hat folgende Aufgabe: Sie lenkt alle finanziellen Maßnahmen zur Planung, Steuerung und Kontrolle der Zahlungsströme, die durch die Vorbereitung, Durchführung und Veräußerung von Unternehmensleistungen bedingt sind. Zudem muss sie die Liquidität des Unternehmens gewährleisten.

Die zur Verfügung stehenden finanziellen Mittel sind im Zeitalter der sich ständig verkürzenden Produktlebenszyklen, der immer schneller fortschreitenden Technologieentwicklung und des wachsenden Konkurrenzdrucks entscheidend für die Wettbewerbsfähigkeit von Unternehmen.

Die Finanzierung ist daher eine wesentliche Grundlage für die Existenz eines jeden Unternehmens. Denn ein Unternehmen muss seinen finanziellen Verpflichtungen zu jedem Zeitpunkt nachkommen können, da ansonsten die Gefahr einer Insolvenz besteht. Zu den Aufgaben der Finanzierung gehört die Kapitalbeschaffung, d. h. die Planung, die Steuerung und die Kontrolle der finanziellen Vorgänge sowie die Erschließung und Nutzung von Finanzierungsquellen.

Die finanziellen Vorgänge in einem Unternehmen finden ihren Niederschlag in der Bilanz. Die Kapitalbeschaffung zeigt sich zunächst im Kapitalbereich — auf der Passivseite. Unter Kapital versteht man die finanziellen Mittel, die entweder von den Eigentümern oder von Dritten zur Verfügung gestellt werden:

- Wenn das Kapital von den Eigentümern bereitgestellt ist oder als nicht ausgeschütteter Gewinn in der Unternehmung belassen wird, spricht man vom Eigenkapital.
- Finanzierungsmittel, die Dritte als Gläubiger für eine begrenzte Zeit zur Verfügung stellen, werden als Fremdkapital bezeichnet. Dazu gehören die Verbindlichkeiten und die Rückstellungen.

Die Passivseite gibt also Auskunft darüber, welche Kapitalbeträge der Unternehmung zur Verfügung stehen und woher sie kommen.

Der Vermögensbereich (Aktivseite) lässt die Mittelverwendung erkennen. Er zeigt, welche Arten von Vermögen die Unternehmung besitzt, und zwar unterteilt in Anlagevermögen und Umlaufvermögen.

Aktiva		Bilanz		Passiva
Anlagevermögen	…	Eigenkapital	…	
Umlaufvermögen	…	Fremdkapital	…	
= Mittelverwendung			**= Mittelherkunft**	
= Investition			**= Finanzierung**	

Abb. 2: Struktur einer Bilanz

Die Begriffe Investition und Finanzierung stehen in einem engen Zusammenhang, da sich Investitionen selten ohne finanzielle Unterstützung realisieren lassen. Man verwendet finanzielle Mittel, um Sachvermögen, immaterielles Vermögen oder Finanzvermögen zu beschaffen und tut dies mit der Erwartung, später damit Gewinne zu erzielen. Bevor eine Investition realisiert werden kann, müssen jedoch finanzielle Mittel zur Verfügung stehen, d. h., eine Investition (Mittelverwendung) setzt eine Mittelbeschaffung voraus. Allerdings müssen die beschafften finanziellen Mittel nicht zwingend für Investitionen genutzt werden.

Das sollten Sie sich merken:

Investitionen sind „Auszahlungen, die in der Erwartung getätigt werden, zukünftig (überwiegend) Einzahlungen zu erzielen"[1].

Unter **Finanzierung** versteht man alle Möglichkeiten, die der Beschaffung von finanziellen Mitteln (Kapital), mit denen die Zahlungsfähigkeit eines Unternehmens gewährleistet wird, dienen.

Wie bereits erwähnt, handelt es sich beim Kapital um die Mittel, die ein Unternehmen zur Verwirklichung seiner unternehmerischen Aufgaben investiert hat.

Zum Vermögen gehören die vom Unternehmen benötigten Produktionsfaktoren:

- Sachmittel wie z. B. Roh-, Hilfs- und Betriebsstoffe, Maschinen, Büro- und Geschäftsausstattung, Gebäude,
- Rechte wie beispielsweise Patente, Lizenzen, Konzessionen und
- finanzielle Mittel wie Zahlungsmittel, Sichtguthaben, Wertpapiere.

[1] Braun, T.: Investition und Finanzierung, 2009, S. 7.

Das als Vermögen konkretisierte Kapital stellt, soweit es nicht Geld ist, eine Investition dar. Die Einsatzfaktoren der Aktivseite der Bilanz binden das auf der Passivseite der Bilanz ausgewiesene Kapital.

Wie eingangs erwähnt, teilt man das Vermögen in Anlage- und Umlaufvermögen ein. Die beiden Vermögensarten lassen sich folgendermaßen unterscheiden:

Anlagevermögen	Es steht dem Unternehmen dauernd oder langfristig zur Verfügung, z. B. in Form von Sachanlagen, Beteiligungen, Lizenzen und Beteiligungen.
Umlaufvermögen	Beim Umlaufvermögen handelt es sich um Vermögensgegenstände, die i. d. R. nicht dauerhaft im Unternehmen verbleiben. Dazu gehören, z. B. Vorräte, Forderungen, kurzfristige Wertpapiere, Sichtguthaben.

In jedem Unternehmen gibt es güter- und leistungswirtschaftliche Prozesse, die ihren Niederschlag in Güter- und Leistungsströmen finden. Sie fließen in die entgegengesetzte Richtung der Zahlungsströme: Die Produktionsfaktoren zu beschaffen, löst Auszahlungen aus, während der Absatz der erstellten Güter und Leistungen Einzahlungen zur Folge hat.

Die Beschaffungsmärkte lassen sich in den Arbeitsmarkt (Beschaffung von Personal), den Betriebsmittelmarkt (Beschaffung von Maschinen und Werkzeugen) und den Markt für Materialien (Beschaffung von Roh-, Hilfs- und Betriebsstoffen) unterteilen.

Für die Bezahlung der eingekauften Materialien und Betriebsmittel bzw. für die Entlohnung der Arbeitskräfte verwendet das Unternehmen die finanziellen Mittel. Diese finanziellen Mittel werden entweder vom Geldmarkt (kurzfristige Fremdkapitalfinanzierung) und Kapitalmarkt (langfristiges Fremd- bzw. Eigenkapital) bereitgestellt oder stammen aus den Umsatzerlösen, die durch den Verkauf der betrieblichen Produkte und Leistungen erzielt werden.

Die Verknüpfungen eines Unternehmens mit den Finanzmärkten (Geld- und Kapitalmärkte), den Beschaffungsmärkten und den Absatzmärkten ergeben die Grundstruktur der außenbetrieblichen Beziehungen. Die folgende Abbildung zeigt die gegenseitigen Abhängigkeiten dieser Ströme.

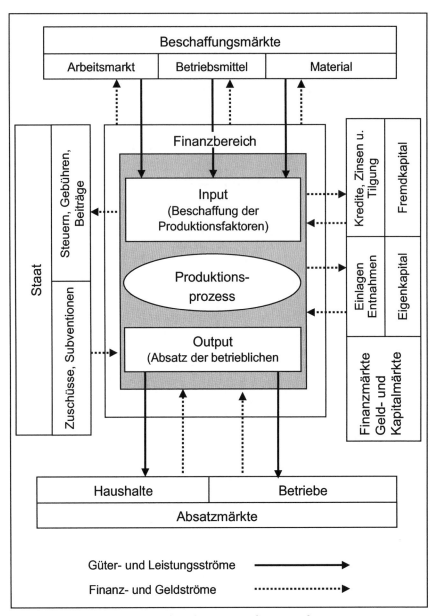

Abb. 3: Die Güter-, Leistungs- und Finanzbewegungen des Unternehmens

2 Finanzwirtschaftliche Grundbegriffe

Die betriebliche Finanzwirtschaft, d. h. die Investition, die Finanzierung und der Zahlungsverkehr, hat die Aufgabe, die Zahlungsmittelzuflüsse und -abflüsse, die sich aus den finanz- und güter- bzw. leistungswirtschaftlichen Beziehungen eines Unternehmens ergeben, im Gleichgewicht zu halten. Hierzu sind der Kapitalbedarf und die verfügbaren Mittel aufeinander abzustimmen.

Zu den Aufgaben des Finanzmanagements gehören die Kapitalbeschaffung (Finanzierung), die Disposition der finanziellen Mittel unter Risiko- und Ertragsgesichtspunkten (finanzielles Gleichgewicht), die Liquiditäts- und langfristige Finanzplanung sowie das „Beziehungsmanagement" mit aktuellen und potenziellen Geldgebern.[2]

Die finanzwirtschaftlichen Aufgaben eines Unternehmens können in die Kapitalbeschaffung, Kapitalverwendung und Kapitalrückzahlung (Tilgung) unterteilt werden. Da die Kapitalbeschaffung untrennbar mit der Kapitalrückzahlung verbunden ist, bietet es sich an, beide Vorgänge zu dem Kernbereich Kapitalaufbringung zusammenzufassen. Die beiden Kernbereiche der Finanzwirtschaft sind somit die Kapitalaufbringung (Finanzierung) und die Kapitalanlage (Investition).

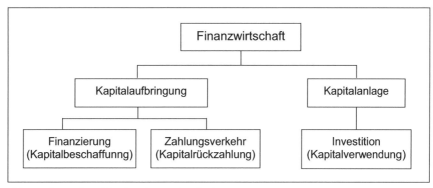

Abb. 4: Die Kernbereiche der Finanzwirtschaft

Mithilfe einer Investition werden flüssige Mittel (Geld) in Realvermögen (langfristig gebundenes Kapital) umgewandelt. Die Kapitalbeschaffung bzw. Finanzierung hat die Aufgabe, das Unternehmen mit dem erforderlichen Kapital zu versorgen. D. h.,

---

[2] Koss, C.: Basiswissen Finanzierung, 2006, S. 10.

die Finanzierung umfasst alle Maßnahmen zur Aufrechterhaltung des finanziellen Gleichgewichts. Der Zahlungsverkehr dient der Kapitaltilgung oder Kapitalaufnahme.

DEFINITION: Investition

Eine Investition ist eine Zahlungsreihe, die mit einer Auszahlung beginnt, auf die zu späteren Zeitpunkten Einzahlungen folgen, wobei jedoch Auszahlungen nicht vollständig ausgeschlossen werden können.

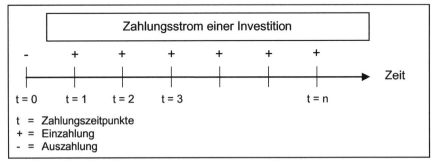

Abb. 5: Zahlungsstrom einer Investition

DEFINITION: Finanzierung

Eine Finanzierung ist eine Zahlungsreihe, die mit einer Einzahlung beginnt, auf die zu späteren Zeitpunkten Auszahlungen (Zinsen und Tilgungen) folgen, wobei jedoch Einzahlungen nicht auszuschließen sind.

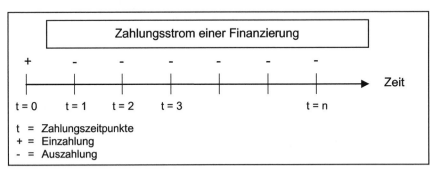

Abb. 6: Zahlungsstrom einer Finanzierung

Im finanzwirtschaftlichen Denken hat die Maximierung der Rentabilität (Gewinnmaximierung) eine große Bedeutung, wobei folgende finanzwirtschaftliche Aspekte zu berücksichtigen sind:

- Liquidität: Fähigkeit des Unternehmens, die bestehenden und zukünftigen Zahlungsverpflichtungen zu jedem Zeitpunkt zu erfüllen,
- Sicherheit, Nachhaltigkeit, Wachstum: langfristige Sicherung des Unternehmens,
- Unabhängigkeit: Die Erhaltung der unternehmerischen Dispositionsfreiheit,
- Steuervorteile: Abschreibungen der Investitionsobjekte mindern den zu versteuernden Gewinn.

3 Finanzwirtschaftliche Strömungsgrößen

Alle finanzwirtschaftlichen Entscheidungen basieren auf verschiedenen Stromgrößen des Rechnungswesens. Das externe Rechnungswesen (Buchführung und Bilanzierung) unterscheidet Stromgrößen, die Einfluss auf die Liquiditäts- bzw. Finanzplanung sowie auf die Gewinn-und-Verlustrechnung eines Unternehmens haben.

Die wichtigsten finanzwirtschaftlichen Strömungsgrößen sind die betrieblichen Zahlungsströme. Sie müssen differenziert betrachtet und in Finanzierungsentscheidungen mitberücksichtigt werden. Besonders wichtig in diesem Zusammenhang sind die Ein- und Auszahlungsströme. Die folgende Abbildung zeigt die Zuordnung der Strömungsgrößen.

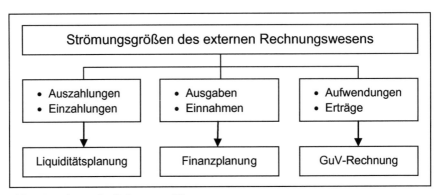

Abb. 7: Zuordnung der Strömungsgrößen

Die in der Übersicht gezeigten Strömungsgrößen werden folgendermaßen definiert:

Auszahlung	Abfluss liquider Mittel (Bargeld und Sichtguthaben) = Verminderung des Zahlungsmittelbestands. Beispiele: Zahlung einer Lieferantenrechnung, Barentnahme, Kredittilgung, Bareinkauf, Vorauszahlungen für später eingehende Produktionsfaktoren, Vergabe eines Kundendarlehens.
Einzahlung	Zufluss liquider Mittel (Bargeld und Sichtguthaben) = Erhöhung des Zahlungsmittelbestands. Beispiele: Barzahlung eines Kunden, Aufnahme eines Kredites, Bareinlage der Anteilseigner, Kundenanzahlung, Eingang einer Banküberweisung.

Ausgabe	Wert aller zugegangenen Güter und Leistungen pro Periode (Geldwert der Einkäufe an Gütern und Dienstleistungen). Die Ausgaben vermindern das Geldvermögen = Auszahlungen + Schuldenzugang + Forderungsabgang. Beispiele: Wareneinkauf auf Ziel (Schuldenzugang); Eingang einer Warenlieferung, für die in der vergangenen Periode eine Anzahlung geleistet wurde. Die geleistete Anzahlung wird mit der Warenlieferung aufgelöst, d. h., es handelt sich um eine Verringerung der Forderungen (Forderungsabgang).
Einnahme	Wert aller veräußerten Güter und Leistungen pro Periode. Die Einnahmen erhöhen das Geldvermögen = Einzahlungen + Forderungszugang + Schuldenabgang. Beispiele: Warenverkauf auf Ziel (Forderungszugang); eine erhaltene Anzahlung (= Verbindlichkeit) eines Kunden wird durch Lieferung der Leistung an den Kunden aufgehoben (Schuldenabgang).
Aufwand	Wert aller verbrauchten Güter und Leistungen pro Periode. Beispiele: Abschreibungen, Verbrauch von Roh-, Hilfs- und Betriebsstoffen, Entlohnung der Mitarbeiter.
Ertrag	Wert aller erstellten Güter und Leistungen pro Periode. Dazu gehören die gesamten von einem Unternehmen innerhalb einer Periode geschaffenen bzw. zur Verfügung gestellten Sachgüter und Leistungen, und zwar unabhängig davon, ob sie dem Betriebszweck dienen oder nicht. Beispiele: Umsatzerlöse (Verkauf von Fertigerzeugnissen, Waren und Dienstleistungen); Lagerleistung (Erhöhung des Lagerbestands an fertigen und unfertigen Erzeugnissen).

Die Strömungsgrößen beeinflussen die Bestandsgrößen „Zahlungsmittelbestand", „Geldvermögen" und „Reinvermögen":

- Der Zahlungsmittelbestand besteht aus der Kasse, dem Bankguthaben und den kurzfristig veräußerbaren Wertpapieren.
- Das Geldvermögen setzt sich aus dem Zahlungsmittelbestand zuzüglich der Forderungen abzüglich der Verbindlichkeiten zusammen.
- Das **Reinvermögen** berechnet sich aus der Differenz zwischen dem Vermögen und den Schulden.

Die folgende Abbildung veranschaulicht den Unterschied zwischen Zahlungsmittelbestand und Geldvermögen.

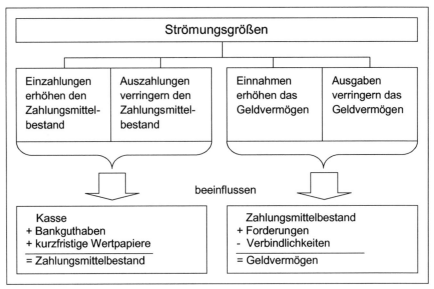

Abb. 8: Einflussfaktoren auf die Bestandsgrößen Zahlungsmittelbestand und Geldvermögen

Die folgenden Beispiele veranschaulichen, wie die verschiedenen Arten von Zahlungsströmen gegeneinander abgegrenzt werden können:

Abgrenzung von Zahlungsströmen

a) Einzahlung, die keine Einnahme ist

    1. erhaltene Anzahlungen von Kunden (Kundenkredite).

    2. Ein Kunde bezahlt eine offene Forderung aus Lieferungen und Leistungen in bar.

Wirkung:

- Die Kundenanzahlung erhöht den Zahlungsmittelbestand (1).
- Mit der Kundenanzahlung entsteht eine Verbindlichkeit. Die Erhöhung des Zahlungsmittelbestands und die im Geldvermögen zu subtrahierende Verbindlichkeit kompensieren sich derart, dass das Geldvermögen gleichbleibt (1).
  Da der Vorgang (1) lediglich eine Veränderung des Zahlungsmittelbestands, jedoch nicht eine Veränderung des Geldvermögens zur Folge hat, handelt es sich hier um eine Einzahlung, die keine Einnahme ist.
- Die Barzahlung erhöht den Zahlungsmittelbestand (2).
- Die Forderungen aus Lieferungen und Leistungen nehmen ab. Da der Zahlungsmittelbestand im Geldvermögen enthalten ist, bleibt das Geldvermögen gleich (2).

Abgrenzung von Zahlungsströmen

b) Einzahlung, die gleichzeitig eine Einnahme ist

1. Barverkauf von langfristigen Wertpapieren
2. Barverkauf eines Schreibtischs

Wirkung:

- Durch die Erhöhung des Zahlungsmittelbestands ohne Forderungs- oder Verbindlichkeitsänderung erhöht sich auch der Geldvermögensbestand.

c) Einnahme, die keine Einzahlung ist

1. Verkauf einer Dienstleistung und Gewährung eines Zahlungsziels.
2. Verkauf von Waren auf Ziel.

Wirkung:

- Da die Zahlung erst zu einem späteren Zeitpunkt erfolgt, verändert sich der Zahlungsmittelbestand bei beiden Vorgängen (1) — (2) nicht.
- Durch die Erhöhung der Forderungen aus Lieferungen und Leistungen erhöht sich das Geldvermögen.

d) Auszahlung, die keine Ausgabe ist

1. Die Mitarbeiter erhalten einen Kredit.
2. Wir leisten eine Anzahlung auf eine bestellte Werkzeugmaschine.

Wirkung:

- Buchgeld oder Bargeld fließt ab (1).
- Durch den gewährten Kredit entsteht eine Forderung. Das Sinken des Zahlungsmittelbestands und die Erhöhung der Forderung gleichen sich aus: Das Geldvermögen bleibt gleich (1).
- Durch die Anzahlung (2) entsteht ebenfalls eine Forderung gegenüber dem Werkzeugmaschinenhersteller.

e) Auszahlung, die eine Ausgabe ist

1. Bareinkauf von Vermögensgegenständen (z. B. Maschinen, Fahrzeuge, Vorräte).

Wirkung:

- Der Zahlungsmittelbestand nimmt ab, aber es gibt keine Veränderung bei den Forderungen oder den Verbindlichkeiten.
- Da der Zahlungsmittelbestand im Geldvermögen enthalten ist, ändern sich beide Bestandsgrößen.

f) Ausgabe, die keine Auszahlung ist

1. Kauf eines Firmenfahrzeugs gegen einen 3-Monats-Wechsel.
2. Kauf von Waren auf Ziel.

Wirkung:

- Der Zahlungsmittelbestand bleibt unverändert (1) — (2).
- Das Geldvermögen sinkt, da die Verbindlichkeiten steigen (2). Die Wechselzahlung erhöht ebenso die Verbindlichkeiten (1).

Die Zahlungsströme, die eine Veränderung des Zahlungsmittelbestands bewirken, können wie folgt unterschieden werden:

Kategorien und Erklärungen betrieblicher Zahlungsströme[3]	
Auszahlungsbezogene Zahlungsströme	
1. Geld bindende Ströme	2. Geld entziehende Ströme
Geld bindende Zahlungsströme sind Auszahlungen, von denen zu erwarten ist, dass sie in irgendeiner Art und Weise wieder in die Unternehmung zurückfließen. Das Geld (z. B. Auszahlungen für den Kauf von Produktionsmitteln oder Materialien, Auszahlungen aufgrund einer Kreditgewährung an eine Tochtergesellschaft) ist bis zum Rückfluss gebunden, d. h., es ist der Verfügungsgewalt der Unternehmung entzogen.	Geld entziehende Zahlungsströme sind Auszahlungen, die beim Unternehmen zu einer Verringerung des Eigenkapitals und der Bilanzsumme führen. Beispiele: • Zins- und Dividendenauszahlungen, • Privatentnahmen, • Auszahlungen für Ertragsteuern
Einzahlungsbezogene Zahlungsströme	
1. Geld freisetzende Ströme	2. Geld zuführende Ströme
Einzahlungen, die dem Unternehmen von außen zufließen und zu einem Aktivtausch oder einer Erhöhung der Bilanzsumme führen. Beispiele: • Einzahlungen aus dem Verkaufserlös von selbst erstellten Erzeugnissen • Einzahlungen aus der Veräußerung eines Pkw oder einer Maschine zum Restbuchwert (Desinvestition).	Einzahlungen, die mobilisiert werden, wenn Geld freisetzende Einzahlungen nicht ausreichen, um Geld bindende und -entziehende Ausgaben zu decken. Beispiele: • Einzahlungen aus der Aufnahme eines Bankdarlehens, • Einzahlungen aus der Gewährung von Subventionen und Zuschüssen, • Eigenkapitalerhöhung durch Anteilseigner.

! HINWEIS:

Damit Sie Ihr Wissen prüfen und vertiefen können, finden Sie bei den Arbeitshilfen online eine Reihe von Übungsaufgaben mit ausführlichen Lösungen. Die Aufgaben sind genau auf dieses Kapitel zugeschnitten.

---

[3] Vgl. Heinhold: Investitionsrechnung, 5. Auflage, 1989, S. 2 f.

Finanzmathematische Grundlagen

In diesem Kapitel lernen Sie die finanzmathematischen Grundlagen für die Finanzierung und die Investitionsrechnung kennen.

Abb. 9: Übersicht Kapitel 2

Einführung

In diesem Kapitel werden finanzmathematische Begriffe erläutert, wie z. B.

- der Barwert, der dem Gegenwartswert entspricht und somit Zahlungen zu unterschiedlichen Zeitpunkten vergleichbar macht,
- der Endwert, der beispielsweise den Auszahlungsbetrag eines mehrjährigen Sparbriefs darstellt, oder
- die Annuität, die beispielsweise die jährlich gleich hohen Zahlungen (Tilgung und Zinsen) eines Annuitätendarlehens darstellt.

Ferner werden die Grundlagen der einfachen Zinsrechnung und der Zinseszinsrechnung behandelt.

Mithilfe der Finanzmathematik können Zahlungen zu unterschiedlichen Zeitpunkten miteinander verglichen werden. Ein elementarer Grundsatz der Finanzmathematik ist folgender: 10.000 € heute sind sicherlich mehr wert, als wenn Sie die 10.000 € erst in zehn Jahren erhalten würden, denn die 10.000 € unterliegen zum einen der Inflation und zum anderen könnten Sie die 10.000 € fest verzinslich anlegen und in zehn Jahren hätte sich der Betrag erhöht. Vom Bewertungszeitpunkt aus betrachtet sind die Zahlungen umso weniger wert, je weiter sie in der Zukunft liegen.

Im Folgenden werden die wesentlichen finanzmathematischen Begriffe und Berechnungen besprochen, die sowohl für die dynamische Investitionsrechnung als auch für die Berechnung des Effektivzinssatzes eines Kredits, die Berechnung von Tilgungs- und Leasingraten sowie für den Vergleich von Finanzierungsalternativen benötigt werden.

1 Finanzmathematische Begriffe und Berechnungen

Dieser Abschnitt beschäftigt sich mit einer Reihe von wichtigen finanzmathematischen Berechnungen. Dabei spielen die folgenden Begriffe eine zentrale Rolle:

Der Barwert (K_0), auch Gegenwartswert genannt, ist der Wert, der sich durch Diskontieren (Abzinsen) der zukünftigen Ein- und Auszahlungen auf den gegenwärtigen Zeitpunkt ergibt. Durch die Diskontierung der Zahlungen kann also ermittelt werden, welchen Wert diese Zahlungen zu Beginn des Betrachtungszeitraums haben.

Der Endwert (K_n) oder der Zukunftswert ist der Wert, der sich durch Aufzinsen der Ein- und Auszahlungen auf einen künftigen Zeitpunkt ergibt. Durch die Aufzinsung der Zahlungsgrößen kann also ermittelt werden, welchen Wert die Zahlungen am Ende des Betrachtungszeitraums haben.

Die Annuität (z) ist eine in gleichen Zeitabständen (i. d. R. ein Jahr) regelmäßig wiederkehrende, gleichhohe Zahlung.

1.1 Aufzinsungsfaktor

Um den Endwert eines heute angelegten Geldbetrags mit Zinseszins zu ermitteln, benötigt man zunächst den Aufzinsungsfaktor (AuF). Dieser zinst einen jetzt fälligen Geldbetrag K_0 (Barwert) mit Zins und Zinseszins auf einen nach n Perioden fälligen Geldbetrag K_n (Endwert) auf.

Aufzinsungsfaktor: $q^n = (1 + i)^n$

i = Zinssatz (dezimal)
p = Prozentsatz des Zinses (absolut)
n = Jahre

Der dezimale Zinssatz (i) berechnet sich aus dem Prozentsatz des Zinses (p) folgendermaßen.

$$i = \frac{p}{100}$$

Durch die Aufzinsung wird ermittelt, wie viel ein Geldbetrag mit Zinsen und Zinseszins zu einem späteren Zeitpunkt wert ist.

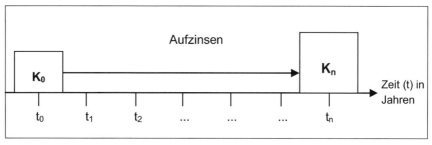

Abb. 10: Aufzinsen einer heutigen einmaligen Zahlung auf den künftigen Zeitpunkt t_n

Der Endwert (K_n) wird mithilfe des Aufzinsungsfaktors folgendermaßen berechnet:

Endwert (K_n) = $K_0 \times q^n$

▶ BEISPIEL: Aufzinsungsfaktor — Endwert aus Barwert berechnen

Sie haben Ihr Geld in Form eines Sparbriefs (K_0) = 10.000 € angelegt. Über welches Endkapital (K_n) verfügen Sie nach 6 Jahren bei einem jährlichen Zinssatz (i) von 5,5 %?
Endwert (K_n) = $K_0 \times q^n$ = 10.000 € $\times (1 + 0{,}055)^6$ = 10.000 € $\times$ 1,378843 = 13.788,43 €
Am Ende der Laufzeit werden ihnen 13.788,43 € zurückgezahlt.

1.2   Abzinsungsfaktor

Der Barwert (K_0) wird ermittelt, indem Zahlungen, die zu einem zukünftigen Zeitpunkt erfolgen, auf den heutigen Tag abgezinst werden. Dazu wird der Abzinsungsfaktor (Diskontierungsfaktor) benötigt. Anders ausgedrückt: Mithilfe des Abzinsungsfaktors zinst man einen nach n Perioden fälligen Geldbetrag K_n unter Berücksichtigung von Zins und Zinseszins ab und erhält damit den Barwert (Gegenwartswert) der in der Zukunft liegenden Zahlung. Man berechnet also, wie viel ein Geldbetrag zu einem früheren Zeitpunkt wert ist.

Der Abzinsungsfaktor wird wie folgt berechnet:

Abzinsungsfaktor = $\dfrac{1}{q^n} = \dfrac{1}{(1+i)^n}$

Finanzmathematische Grundlagen

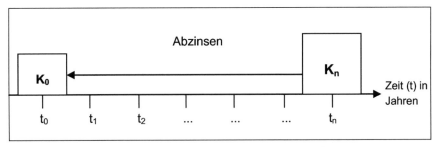

Abb. 11: Abzinsen einer späteren einmaligen Zahlung auf den Zeitpunkt t_0

Der Barwert lässt sich mit folgender Formel ermitteln:

$$K_0 = K_n \times \frac{1}{q^n}$$

▶ **BEISPIEL: Abzinsungsfaktor — Barwert aus Endwert berechnen**

Ein Teilhaber einer GmbH scheidet in vier Jahren unter der Bedingung aus, dass er 180.000 € ausgezahlt bekommt. Wie groß ist der momentane Ablösungswert (Barwert) dieser Summe bei einem Zinssatz von 6 %?

$$K_0 = 180.000\, € \times \frac{1}{1,06^4} = 142.576,86\, €$$

1.3 Rentenbarwertfaktor

Soll der Barwert (K_0) eines Zahlungsstroms mit jährlich gleich hohen Rückflüssen (z) (Annuitäten) berechnet werden, kann der Rentenbarwertfaktor (RBF), auch Diskontierungssummenfaktor genannt, benutzt werden. Zur Berechnung des Barwerts wird die Annuität mit dem Rentenbarwertfaktor (RBF) multipliziert.[1]

$$\text{Rentenbarwertfaktor (RBF)} = \frac{q^n - 1}{q^n \times i}$$

---

[1] Schulte, G.: Investition, 1999, S. 84.

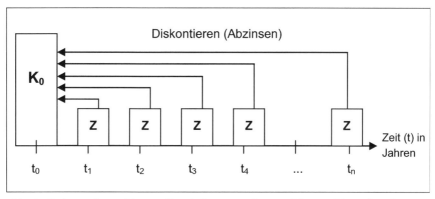

Abb. 12: Abzinsen einer Zahlungsreihe mit dem Rentenbarwertfaktor auf den Zeitpunkt t_0

Der Rentenbarwertfaktor zinst die gleich hohen Zahlungen (z) einer Zahlungsreihe unter Berücksichtigung von Zins und Zinseszins ab und addiert gleichzeitig die Barwerte. Er berechnet den Barwert K_0 einer Zahlungsreihe, bei der über n Jahre und einen gleichbleibenden Zinssatz (i) jeweils zum Jahresende ein im Zeitablauf gleichbleibender Betrag (z) abgezinst wird.

Mit der folgenden Formel kann der Barwerte (K_0) bei jährlich gleich hohen Zahlungen berechnet werden:

$$K_0 = z \times \frac{q^n - 1}{q^n \times i}$$

Man unterscheidet zwischen dem nachschüssigen und vorschüssigen Rentenbarwertfaktor. In der Regel wird — so wie bisher auch in diesem Abschnitt — der nachschüssige Barwertfaktor angewandt, da die Zahlungen meist am Ende einer Zinsperiode erfolgen.

Die Formeln zur Berechnung der beiden Rentenbarwertfaktoren:

Nachschüssiger Rentenbarwertfaktor: $\qquad RBF_{nach} = \dfrac{q^n - 1}{q^n \times i}$

Vorschüssiger Rentenbarwertfaktor: $\qquad RBF_{vor} = q \times \dfrac{q^n - 1}{q^n \times i}$

▶ **BEISPIEL: Rentenbarwertfaktor — Barwert aus nachschüssiger Ratenzahlung**

Eine jährliche nachschüssige Rente in Höhe von 5.000 € mit einer Restlaufzeit von 15 Jahren soll sofort abgelöst werden. Der Zinssatz (i) beträgt 5 % p. a. Es wird der Barwert (K_0) der Rentenzahlungen mithilfe des Rentenbarwertfaktors berechnet.

$$K_0 = 5.000 \, € \times \frac{1,05^{15} - 1}{1,05^{15} \times 0,05} = 5.000 \, € \times 10,379658 = 51.898,29 \, €$$

▶ **BEISPIEL: Rentenbarwertfaktor — Barwert aus nachschüssiger Ratenzahlung und Endwert**

Jeweils am Jahresende werden von einem Kredit 5.000 € und am Ende des fünften Jahres zusätzlich 10.000 € zurückbezahlt. Der Kredit wird mit 5 % verzinst. Wie hoch ist der erhaltene Kredit?

$$K_0 = z \, \frac{q^n - 1}{q^n \times i} + K_n \, \frac{1}{q^n} =$$

$$K_0 = 5.000 \, € \times \frac{1,05^5 - 1}{1,05^5 \times 0,05} + 10.000 \, € \times \frac{1}{1,05^5}$$

$$K_0 = 5.000 \, € \times 4,329477 + 7.835,26 \, € = 29.482,64 \, €$$

▶ **BEISPIEL: Rentenbarwertfaktor — Barwert aus vorschüssiger Ratenzahlung und Endwert**

Jeweils am Jahresanfang werden von einem Kredit 5.000 € und am Ende des fünften Jahres zusätzlich 10.000 € zurückbezahlt. Der Kredit wird mit 5 % verzinst. Wie hoch ist der erhaltene Kredit?

$$K_0 = z \times q \times \frac{q^n - 1}{q^n \times i} + K_n \times \frac{1}{q^n} =$$

$$K_0 = 5.000 \, € \times 1,05 \times \frac{1,05^5 - 1}{1,05^5 \times 0,05} + 10.000 \, € \times \frac{1}{1,05^5}$$

$$K_0 = 5.000 \, € \times 4,545951 + 7.835,26 \, € = 30.565,01 \, €$$

1.4 Kapitalwiedergewinnungsfaktor

Mithilfe des Kapitalwiedergewinnungsfaktors (KWF), auch Annuitätenfaktor oder Wiedergewinnungsfaktor genannt, ist es möglich, einen heute zur Verfügung stehenden Geldbetrag (K_0) in jährlich gleich hohe Zahlungsbeträge (z) = Annuitäten (z) bei einen gleichbleibenden Zinssatz (i) umzuwandeln. Beim Kapitalwiedergewinnungsfaktor (KWF) handelt es sich um die Umkehrung des Rentenbarwertfaktors.[2]

Kapitalwiedergewinnungsfaktor (KWF) $= \dfrac{q^n \times i}{q^n - 1}$

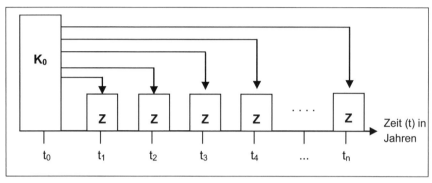

K_0

Z Z Z Z $\cdots$ Z Zeit (t) in Jahren

t_0 t_1 t_2 t_3 t_4 $\ldots$ t_n

Abb. 13: Gleichmäßige Verteilung eines heute zur Verfügung stehenden Betrags auf künftige Perioden

Die Annuität (z) wird mit folgender Formel berechnet:

Annuität (z) $= K_0 \times \dfrac{q^n \times i}{q^n - 1}$

▶ **BEISPIEL: Kapitalwiedergewinnungsfaktor — Annuität aus Barwert**

Ein Darlehen in Höhe von 150.000 € soll bei einem Zinssatz in Höhe von 5 % in 15 Jahren zurückgezahlt sein. Wie hoch ist die jährliche Annuität (Zinsen und Tilgung)?
Berechnung der Annuität (z):

Annuität (z) $= 150.000\,€ \times \dfrac{1{,}05^{15} \times 0{,}05}{1{,}05^{15} - 1}$

Annuität (z) $= 150.000\,€ \times 0{,}0963423 = 14.451{,}34\,€$

▶ **BEISPIEL: Kapitalwiedergewinnungsfaktor — Annuität als nachschüssige Zahlung aus Barwert und Endwert**

Ein Darlehen in Höhe von 150.000 €, das jährlich mit 6 % verzinst wird, hat nach fünf Jahren einen Restwert von 30.000 €. Wie hoch ist die jeweils am Jahresende zu zahlende Annuität (Zinsen und Tilgung)?
Berechnung der Annuität:

---

[2] Schulte, G.: Investition, 1999, S. 85.

$$\text{Annuität (z)} = \left(K_0 - K_n\right) \times \frac{q^n \times i}{q^n - 1} + K_n \times i$$

$$\text{Annuität (z)} = \left(150.000 \, \text{€} - 30.000 \, \text{€}\right) \times \frac{1,06^5 \times 0,06}{1,06^5 - 1} + 30.000 \, \text{€} \times 0,06$$

$$\text{Annuität (z)} = 120.000 \, \text{€} \times 0,237396 + 1.800 \, \text{€} = 30.287,57 \, \text{€}$$

> ▶ **BEISPIEL: Kapitalwiedergewinnungsfaktor — Annuität als vorschüssige Zahlung aus Barwert und Endwert**

Ein Darlehen in Höhe von 150.000 €, das mit 6 % p. a. verzinst wird, hat nach fünf Jahren einen Restwert von 30.000 €. Wie hoch ist die jeweils am Jahresanfang zu zahlende Annuität (Zinsen und Tilgung)?

Berechnung der Annuität:

$$\text{Annuität (z)} = \left(K_0 - K_n\right) \times \frac{1}{q} \times \frac{q^n \times i}{q^n - 1} + K_n \times \frac{i}{q}$$

$$\text{Annuität (z)} = \left(150.000 \, \text{€} - 30.000 \, \text{€}\right) \times \frac{1}{1,06} \times \frac{1,06^5 \times 0,06}{1,06^5 - 1} + 30.000 \, \text{€} \times \frac{0,06}{1,06}$$

$$\text{Annuität (z)} = 120.000 \, \text{€} \times 0,223959 + 1.698,11 \, \text{€} = 28.573,17 \, \text{€}$$

1.5 Endwertfaktor

Mithilfe des Endwertfaktors (EWF) ist es möglich, das Endkapital einer Rente mit periodisch gleichen Raten zu berechnen. Werden über mehrere Jahre die Einzahlungen in gleicher Höhe zum selben Zeitpunkt getätigt, so verzinsen sich diese Einzahlungen über unterschiedlich lange Zeiträume.

Man unterscheidet zwischen vor- und nachschüssigen Renten. Bei einer vorschüssigen Rente erfolgt die Zahlung am Anfang des Jahres, der Endbetrag wird am Ende des letzten Jahres berechnet. Bei einer nachschüssigen Rente erfolgt die Zahlung am Ende des Jahres.[3]

$$\text{Endwertfaktor} = \frac{q^n - 1}{q - 1} = \frac{q^n - 1}{i}$$

---

[3] Schulte, G.: Investition, 1999, S. 83.

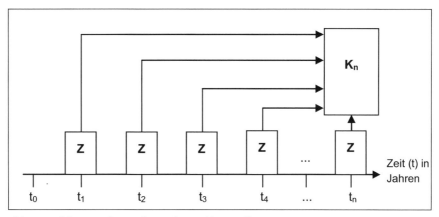

Abb. 14: Aufzinsen und Summieren einer Zahlungsreihe

Der nachschüssige Endwertfaktor (EWF) ermöglicht die Ermittlung des Endwertes K_n einer Zahlungsreihe (z), bei der für die Dauer von n Jahren und einem Zinssatz (i) jeweils am Jahresende derselbe Betrag (z) anfällt:

$$\text{Endwert }(K_n) = z \times \frac{q^n - 1}{i}$$

Die Formel zur Berechnung des vorschüssigen Endwertfaktors wird verwendet, wenn die Annuität jeweils am Jahresanfang bezahlt wird:

$$\text{Endwert }(K_n) = z \times q \times \frac{q^n - 1}{i}$$

▶ **BEISPIEL: Endwertfaktor — Endwert aus nachschüssiger Ratenzahlung**

Der Vater von Student Peter Lustig zahlt immer am Ende eines Jahres 1.000 € auf das Sparkonto von Peter ein, d. h. die Zahlungen erfolgen nachschüssig. Die Sparkasse zahlt ihm jährlich 7 % Zinsen. Welcher Gesamtbetrag steht ihm am Ende des zehnten Jahres zur Verfügung?

$$\text{Endwert }(K_n) = 1.000\ € \times \frac{1{,}07^{10} - 1}{0{,}07} = 1.000\ € \times 13{,}816448 = 13.816{,}45\ €$$

▶ **BEISPIEL: Endwertfaktor — Endwert aus Barwert und nachschüssiger Ratenzahlung**

Auf einem Ratensparvertrag werden 2.000 € sofort am 01.01.01 einbezahlt und jeweils zum Jahresende weitere 300 €. Wie viel Kapital befindet sich nach vier Jahren bei 6 % Verzinsung auf dem Ratensparvertrag?

$$\text{Endwert } (K_n) = 2.000 \, \text{€} \times 1,06^4 + 300 \, \text{€} \times \frac{1,06^4 - 1}{0,06}$$

$$\text{Endwert } (K_n) = 2.524,95 \, \text{€} + 300 \, \text{€} \times 4,374616 = 3.837,33 \, \text{€}$$

▶ **BEISPIEL: Endwertfaktor — Endwert aus Barwert und vorschüssiger Ratenzahlung**

Auf einem Ratensparvertrag werden 2.000 € sofort am 01.01.01 einbezahlt und jeweils zum Jahresanfang 300 €. Wie viel Kapital befindet sich nach vier Jahren bei 6 % Verzinsung auf dem Ratensparvertrag?

$$\text{Endwert } (K_n) = 2.000 \, \text{€} \times 1,06^4 + 300 \, \text{€} \times 1,06 \times \frac{1,06^4 - 1}{0,06}$$

$$\text{Endwert } (K_n) = 2.524,95 \, \text{€} + 300 \, \text{€} \times 1,06 \times 4,374616 = 3.916,08 \, \text{€}$$

1.6 Restwertverteilungsfaktor (RVF)

Der Restwertverteilungsfaktor, auch Tilgungs- oder Rückwärtsverteilungsfaktor genannt, ermöglicht die Umrechnung eines zu einem späteren Zeitpunkt (n) fälligen Betrags (K_n) in einen davor liegenden Zahlungsstrom mit jährlich gleich hohen nachschüssigen Zahlungsbeträgen (Annuitäten), die jeweils am Ende jeder Periode (Jahr) geleistet werden[4]. Die Zahlungsreihe läuft über n Jahre bei einem Zinssatz (i).

$$\text{Restwertverteilungsfaktor} = \frac{q-1}{q^n - 1} = \frac{i}{q^n - 1}$$

---

[4] Schulte, G.: Investition, 1999, S. 86.

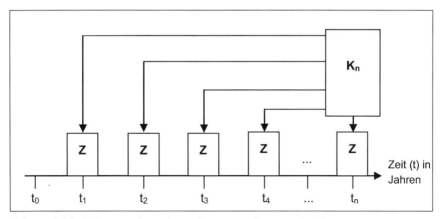

Abb. 15: Gleichmäßige Verteilung eines später zur Verfügung stehenden Betrags

Die Annuität wird bei einem vorgegebenen Endwert mithilfe des Restwertverteilungsfaktors folgendermaßen ermittelt:

$$\text{Annuität (z)} = K_n \times \frac{i}{q^n - 1}$$

► **BEISPIEL: Restwertverteilungsfaktor — Annuität aus Endwert**

Die Studentin Andrea Reich beendet in wenigen Wochen erfolgreich ihr Bachelor-Studium. Zu ihrer Entspannung und Motivation überlegt sie, wie hoch Ihr Nettojahresgehalt sein müsste, damit sie in fünfzehn Jahren Millionärin ist. Da sie kostenlos bei ihren Eltern wohnt und von diesen unterstützt wird, könnte Andrea ihr gesamtes Gehalt sparen. Eine internationale Bank zahlt ihr jährlich 7 % Zinsen.

Nettojahresgehalt = Endwert x $\text{RVF}_{(n=15,\ i=0{,}07)}$

$$\text{Erforderliches Nettojahresgehalt} = 1.000.000\ € \times \frac{0{,}07}{1{,}07^{15} - 1} = 39.794{,}62\ €\ /\ \text{Jahr}$$

2 Zinsrechnung

Legt beispielsweise ein Sparer für einen begrenzten Zeitraum (z. B. drei Jahre) 10.000 € bei seiner Bank an, erhält er dafür Zinsen. Zur Berechnung der Zinsen wird zwischen der einfachen Verzinsung und der Verzinsung mit Zinseszinsen unterschieden. Für beide Verzinsungsformen gilt: Je länger das Geld angelegt wird, desto höher fallen die Zinszahlungen aus.

2.1 Einfache Verzinsung

Bei der einfachen Verzinsung nimmt der auf das Kapital entfallende Zins nicht an der weiteren Verzinsung teil, sondern er wird dem Kapital erst am Ende der Kapitalüberlassung zugeschlagen. Die einfache Verzinsung wird auch lineare Verzinsung genannt, da das Gesamtkapital (eingesetztes Kapital + Zins) linear wächst.

Die Formel für die einfache Verzinsung lautet:

$$K_n = K_0 + Z_n = K_0 + K_0 \times i \times n$$

Für die Zinsrechnung werden die folgenden Abkürzungen benutzt.

K_0	= eingesetztes Kapital, Anfangskapital
K_n	= Endkapital
i	= Zinssatz (dezimal)
Z_n	= erzielte Zinsen
n	= Anzahl der Jahre

Zur Erinnerung: Der dezimale Zinssatz (i) lässt sich aus dem Prozentsatz des Zinses (p) folgendermaßen berechnen:

$$i = \frac{p}{100}$$

▶ **BEISPIEL: Lineare einfache Verzinsung**

Ein Investor legt 10.000 € bei einem Zinssatz von 3,5 % an. Wie viel Guthaben hat er nach drei Jahren bei einer einfachen Verzinsung?
Berechnung des Endwertes:
Endwert (K_n) = 10.000 € + (10.000 € x 0,035 x 3) = 11.050 €

2.1.1 Berechnungen der Zinsen bei unterjährigen Zinsperioden

Bei der Berechnung der Zinsen wird zwischen Jahreszinsen, Monatszinsen und Tageszinsen unterschieden. Es werden gemäß der AIBD/ISMA-Verfahren[5] 30 Zinstage pro Monat und 360 Zinstage pro Jahr unterstellt.

- Jahreszinsen = die in t Jahren aufgelaufenen Zinsen

$$\text{Jahreszinsen} = Z_t = \frac{K_0 \times p \times t}{100} = K_0 \times i \times t$$

- Monatszinsen = die in t Monaten aufgelaufenen Zinsen

$$\text{Monatszinsen} = Z_t = \frac{K_0 \times p \times t}{100 \times 12} = \frac{K_0 \times i \times t}{12}$$

- Tageszinsen = die für t Tage aufgelaufenen Zinsen

$$\text{Tageszinsen} = Z_t = \frac{K_0 \times p \times t}{100 \times 360} = \frac{K_0 \times i \times t}{360}$$

p = Prozentsatz des Zinses (absoluter Betrag)

t = Verzinsungszeitraum

▶ BEISPIEL: Zinsberechnung bei einfacher Verzinsung

Ein Investor legt bei seiner Bank vom 20.01. bis zum 29.06. (desselben Jahres) 50.000 € an. Der Zinssatz i = 0,06 = 6 % p. a.

Zunächst ist die Laufzeit (n) zu berechnen. Das Jahr hat — wie bereits erwähnt — aus Vereinfachungsgründen 360 Tage, d. h., die Monate werden jeweils mit 30 Tagen berechnet.

$$\text{Laufzeit (n)} = 10 + (4 \times 30) + 29 = 159 \text{ Tage}$$

Als Nächstes werden die Zinsen ermittelt.

$$\text{Zinsen } (Z_n) = K_0 \times i \times t = 50.000 \, € \times 0,06 \times \frac{159}{360} = 1.325,00 \, €$$

2.1.2 Berechnungen der Zinssätze

Sie können den Jahreszinssatz aus den Jahres-, Monats- oder Tageszinsen berechnen. Je nach zugrunde gelegtem Zins gilt eine der folgenden Formeln:

---

[5] Effektivzinsberechnungsmethoden: AIBD (Association of International Bond Dealers) und ISMA (International Securities Market Association)

$$\text{Jahreszinssatz} = \frac{\text{erzielte Zinsen}}{\text{Kapital} \times \text{Anzahl der Jahre}} \times 100$$

$$\text{Jahreszinssatz bei Monatszinsen} = \frac{\text{erzielte Zinsen (in einem Monat)} \times 12}{\text{Kapital} \times \text{Anzahl der Jahre}} \times 100$$

$$\text{Jahreszinssatz bei Tageszinsen} = \frac{\text{erzielte Zinsen (an einem Tag)} \times 360}{\text{Kapital} \times \text{Anzahl der Jahre}} \times 100$$

Die obigen Formeln können angewendet werden, wenn in dem betrachteten Zeitraum keine weitere Verzinsung stattfindet.

2.2 Verzinsung mit Zinseszinsen

Bei der Zinseszinsrechnung werden die zu Beginn oder am Ende eines Jahres (Periode) fälligen Zinsen dem Kapital zugeschlagen und vom Fälligkeitszeitpunkt an mitverzinst („Zinsen auf Zinsen"). Das Kapital wächst nun nicht mehr linear, sondern exponentiell.

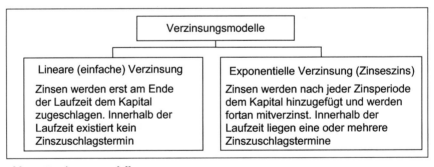

Abb. 16: Verzinsungsmodelle

Bei nachschüssigen Zinseszinsen wächst ein Anfangskapital K_0 bei einem Zinssatz (i) nach n Jahren auf das Endkapital (K_n) wie folgt an:

$$K_n = K_0 \times (1 + i)^n$$

2.2.1 Zweizahlungsfall

Der Zweizahlungsfall ist ein Zahlungsvorgang, der lediglich aus zwei Zahlungen mit unterschiedlichen Vorzeichen besteht. Die einfachste vorstellbare Investition besteht aus einer jetzigen Auszahlung und einer späteren Einzahlung. Entsprechend besteht die einfachste vorstellbare Finanzierung aus einer gegenwärtigen Einzahlung und einer späteren Auszahlung.

Den Jahreszinssatz i kann man beim Zweizahlungsfall nach folgender Formel (Zweizahlungsformel) berechnen:

$$i = \sqrt[n]{\frac{K_n}{K_0}} - 1$$

▶ **BEISPIEL: Zinseszinsrechnung — Zweizahlungsfall**

Ein Investor legt beispielsweise 10.000 € für drei Jahre für 3,5 % an. Welchen Betrag (Endwert (K_n)) erhält der Investor nach drei Jahren?
Der Endwert der Kapitalanlage berechnet sich wie folgt:

$$K_n = K_0 \times \left(1 + i\right)^n = 10.000\, € \times \left(1 + 0{,}035\right)^3 = 11.087{,}18\, €$$

Ein Investor legt 10.000 € an und erhält nach drei Jahren 11.087,18 €. Wie hoch ist der Jahreszinssatz (i).
Der Jahreszins (i) wird wie folgt berechnet:

$$i = \sqrt[n]{\frac{K_n}{K_0}} - 1 = \sqrt[3]{\frac{11.087{,}18}{10.000{,}00}} - 1 = 0{,}035 = 3{,}5\, \%$$

Vergleicht man das Ergebnis des vorherigen Beispiels zur einfachen Verzinsung (K_n = 11.050 €) mit dem Ergebnis der Zinseszinsrechnung (K_n = 11.087,18 €) lässt sich deutlich erkennen, dass bei sonst gleichbleibenden Daten mit der einfachen Verzinsung ein kleineres Endkapital (K_n) erzielt wird. Der Unterschied in den Werten für K_n bei einfacher (linearer) Verzinsung und Verzinsung mit Zinseszins (exponentiell) wird umso größer, je größer der Zins (i) und die Laufzeit (n) sind.

Wenn man nur eine Periode (n = 1) betrachtet, kommen einfacher Zins und Zinseszinsrechnung zum selben Ergebnis. Aber schon nach zwei Perioden weichen die Ergebnisse voneinander ab.

Laufzeit (n) in Jahren	Kapital K_n bei einfacher Verzinsung	Kapital K_n bei Verzinsung mit Zinseszinsen
	10.000 € x (1 + 0,035 x n)	10.000 € x $(1 + 0,035)^n$
0	10.000 €	10.000,00 €
1	10.350 €	10.350,00 €
2	10.700 €	10.712,25 €
3	11.050 €	11.087,18 €
10	13.500 €	14.105,99 €
20	17.000 €	19.897,89 €
50	27.500 €	55.849,27 €

2.3 Unterjährige Verzinsung

Gewöhnlich erfolgt eine Zinszahlung einmal jährlich meistens zum Jahresende. Es gibt aber auch die Möglichkeit (z. B. bei Tagesgeldkonten) dass die Zinsen mehrmals pro Jahr gutgeschrieben werden. Die Zinsen werden beispielsweise pro Quartal oder sogar monatlich gutgeschrieben und fortan mitverzinst. In diesen Fällen spricht man von unterjähriger Verzinsung. Durch die unterjährige Verzinsung wächst das angelegte Kapital schneller an, was auch als unterjähriger Zinseszinseffekt bezeichnet wird.

Auch hier kann zwischen einfacher unterjähriger Verzinsung und unterjähriger Verzinsung mit Zinseszinsen unterschieden werden.

2.3.1 Einfache unterjährige Verzinsung

Die Laufzeit der Zinsen wird in Tagen oder Monaten angegeben, wobei, wie bereits beschrieben, grundsätzlich gilt, ein Jahr hat 360 Tage und ein Monat hat 30 Tage. Das Endkapital (K_n) lässt sich wie folgt berechnen:

$$K_n = K_0 \times \left(1 + i \times \frac{t}{360} \right)$$

▶ **BEISPIEL: Einfache unterjährige Verzinsung**

Welches Endkapital (K_n) erhält ein Investor nach 81 Tagen, wenn er 10.000 € zu einem Jahreszins von 3,5 % und einfacher Verzinsung anlegt?
K_n = 10.000 € x (1 + 0,035 x 81/360) = 10.078,75 €

2.3.2 Unterjährige Verzinsung mit Zinseszins

Bei der unterjährigen Zinseszinsrechnung wird das Jahr in „m" Zinsperioden unterteilt, an deren Ende jeweils Zinsen fällig sind, die dem Kapital gutgeschrieben und in der nächsten Periode mitverzinst werden.

> ► **BEISPIEL: Unterjährige Verzinsung**
>
> Legt ein Sparer z. B. 10.000 € Festgeld zu 3,5 % halbjährlichem Zinseszins an (m = 2), so bekommt er nach Ablauf von 6 Monaten 350 € Zinsen ausgezahlt. Zu Beginn des zweiten Halbjahrs, also der zweiten Zinsperiode, steht ihm ein Kapital von 10.350 € zur Verfügung. Für dieses Kapital erhält der Sparer nach Ablauf von weiteren 6 Monaten 362,25 € Zinsen, sodass sein Kapital nach einem Jahr auf 10.712,25 € angewachsen ist.

Hat ein Jahr m unterjährige Zinsperioden, so kann der Zinssatz pro Zinsperiode wie folgt ermittelt werden:

$$i_{rel} = \frac{i_{nom}}{m}$$

i_{nom} = nomineller Jahreszinssatz (i_{nom})[6]

m = Anzahl der unterjährigen Perioden pro Jahr

i_{rel} = relativer unterjähriger Periodenzinssatz

Der relative unterjährige Periodenzinssatz i_{rel} berechnet sich, wie aus der Formel oben hervorgeht, aus dem nominalen Jahreszinssatz i_{nom}, indem man ihn durch m, d. h. die Anzahl der Zinsperioden pro Jahr, teilt. Erfolgt die Zinszahlung vierteljährlich und der Jahreszins beträgt beispielsweise 2 %, dann lässt sich der Periodenzins wie folgt ermitteln:

$$i_{rel} = \frac{0,02}{4} = 0,005 \times 100 = 0,5 \ \%$$

Zwischen dem nominalen Jahreszinssatz i_{nom} und dem relativen unterjährigen Zinssatz i_{rel} bestehen also die folgenden Beziehungen:

$$i_{rel} = \frac{i_{nom}}{m} \qquad bzw. \qquad i_{nom} = m \times i_{rel}$$

---

[6] $i = \frac{p}{100}$

Ein n Jahre angelegtes Anfangskapital K_0 wird unterjährig verzinst. Der nominale Jahreszinssatzes i_{nom} liegt vor, ferner wird von einem m-maligen unterjährigen Zinszuschlag zum relativen Periodenzins ausgegangen.

Der Endwert K_n berechnet sich dann nach der folgenden Formel:

$$K_n = K_0 \times \left(1 + \frac{i_{nom}}{m}\right)^{m \times n}$$

► BEISPIEL: Unterjährige Verzinsung mit Zinseszins

Ein Unternehmen legt 50.000 € über fünf Jahre festverzinslich an. Die Geldanlage wird mit einem Jahreszinssatz (i_{nom}) von 2 % verzinst. Die Zinsen werden viermal jährlich zum Quartalsende ausgezahlt und wiederum zu 2 % p. a. angelegt mit einer ebenfalls vierteljährlichen Zinszahlung. Wie hoch ist der Kapitalbetrag, der dem Unternehmen nach 5 Jahren zur Verfügung steht?

K_0 = 50.000 €

i_{nom} = 0,02 = 2,0 %

i_{rel} = 0,005 = 0,5 %

m = 4 Quartale pro Jahr

n = 5 Jahre

K_n = 50.000 € x $(1 + 0,005)^{4 \times 5}$ = 50.000 € x 1,1048956 = 55.244,78 €

Wie würde das Ergebnis aussehen, wenn die festverzinsliche Anlage nur einmal jährlich verzinst würde? Welches Endkapital würde sich dann für das Unternehmen ergeben?

K_n = 50.000 € x $(1 + 0,02)^5$ = 50.000 € x 1,1040808 = 55.204,04

Vergleicht man diesen Betrag mit dem Ergebnis der unterjährigen Verzinsung, so stellt man fest, dass durch die Erhöhung der Zahl der Zinsperioden pro Jahr das Endkapital größer wird.

2.3.3 Unterjährige Teilzahlungen in eine Geldanlage mit Zinseszins

Erfolgen Zahlungen in eine Geldanlage unterjährig, also beispielsweise monatlich, mit einer jährlichen Verzinsung, so sind die monatlichen Zahlungen in eine Zahlung zum Jahresende, d. h. in eine „**Ersatzrate**" umzurechnen. Hierfür können die folgenden Formeln verwendet werden:

Die Ersatzrate bei „m" vorschüssigen unterjährigen Zahlungen der Höhe z wird wie folgt berechnet:

$$\text{Ersatzrate}\left(R^{vor}\right) = z \times \left(m + \frac{m+1}{2} \times i\right)$$

Die Ersatzrate bei „m" nachschüssigen unterjährigen Zahlungen der Höhe z wird wie folgt berechnet:

$$\text{Ersatzrate}\left(R^{nach}\right) = z \times \left(m + \frac{m-1}{2} \times i\right)$$

Für die Berechnung des Endwerts können die Rentenrechnungsformeln unter Verwendung der Ersatzrate eingesetzt werden.

● TIPP: Das sollten Sie sich merken

Da sich die „Ersatzrate" immer auf das Jahresende bezieht, ist sie immer als nachschüssig zu betrachten.

▶ BEISPIEL: Monatliche Einzahlungen auf einen Sparvertrag

Oma Gertrud zahlt für Ihre Enkelin Jenny jeweils zu Monatsbeginn 200 € auf einen Sparvertrag ein. Der Sparvertrag hat eine Laufzeit von sechs Jahren und wird mit einem Jahreszinssatz von 4,0 % verzinst. Am Ende der Laufzeit zahlt die Bank zusätzlich einen Bonus von 4,5 % auf die eingezahlten Beträge. Welchen Betrag bekommt Jenny nach sechs Jahren ausbezahlt?

Da es sich um monatlich wiederkehrende Zahlungen handelt, die Zinsperiode jedoch ein Jahr beträgt, müssen zunächst die unterjährigen Zahlungen in eine äquivalente Rate zum Jahresende (Ersatzrate) umgerechnet werden. Den Endwert des Sparvertrags erhält man, indem man die Ersatzrate mit dem Endwertfaktor multipliziert und den Bonus dazu addiert.

Zunächst wird die Ersatzrate berechnet, d. h. die Zahlung zum Jahresende:

$$\text{Ersatzrate}\left(R^{vor}\right) = 200 \; \text{€} \left(\times 12 + \frac{12+1}{2} \times 0,04\right) = 2.452,00 \; \text{€}$$

Als Nächstes wird der Endwert (K_n) der Zahlungsreihe ohne die Bonuszahlung mit dem Endwertfaktor (EWF) berechnet.

$$\text{Endwert}\left(K_n\right) = 2.445,50 \; \text{€} \times \frac{1,04^6 - 1}{0,04} = 2,445,50 \; \text{€} \times 6,632975 = 16.220,94 \; \text{€}$$

Schließlich wird die Bonuszahlung ermittelt:

Bonuszahlung = 12 Mon. x 200 €/Mon. x 6 Jahre x 4,5 %/Jahr = 648 €

Nach sechs Jahren erhält Jenny eine Summe in Höhe von 16.220,94 € + 648 € = 16.868,94 €.

2.3.4 Effektiver Jahreszins

Der effektive Jahreszins i_{eff} für kurzfristige Kredite kann nach zwei Varianten berechnet werden. Wenn der Auszahlungsbetrag und der Rückzahlungsbetrag bekannt sind, so kann der effektive Jahreszins mit der folgenden Formel berechnet werden:

$$\text{Effektiver Jahreszins } i_{eff} = \left(\frac{K_t}{K_0}\right)^{\frac{360}{t}} - 1$$

K_0 = Auszahlungsbetrag des Kredits zum Zeitpunkt t_0
K_t = Rückzahlung nach t Tagen
t = Kreditlaufzeit in Tagen

Die folgende Variante zur Berechnung des Effektivzinssatzes (i_{eff}) ist anzuwenden, wenn es eine unterjährige Zinsperiodenanzahl (m) gibt und die Verzinsung unterjährig erfolgt. Der effektive Jahreszins wird dann wie folgt berechnet.

$$\text{Effektiver Jahreszins } i_{eff} = \left(1 + i_{rel}\right)^m - 1$$

$$p_{eff} = i_{eff} \times 100$$

► **BEISPIEL: Unterjährige Verzinsung, effektiver Jahreszins**

Ein Anleger tätigt eine festverzinsliche Anlage mit einem jährlichen Nominalzinssatz von 10 %, die Anlage wird unterjährig (monatlich) verzinst.

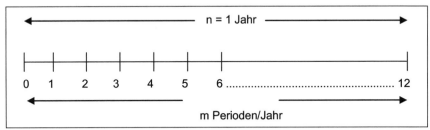

Berechnung der effektiven Jahresverzinsung

$$i_{eff} = \left[\left(1 + i_{rel}\right)^m - 1\right] = \left[\left(1 + 0,0083333\right)^{12} - 1\right] = 0,1047$$

$$p_{eff} = i_{eff} \times 100 = 0,1047 \times 100 = 10,47\,\%$$

m	= Anzahl der unterjährigen Perioden	= 12
i	= Nominaljahreszinssatz	= 10 % p. a.
i_{rel}	= unterjähriger monatlicher Periodenzinssatz	= 0,833333 %.
i_{eff}	= Effektivzins p. a.	= 10,47 %

Aufgrund des Zinseszinseffekts bei mehrmaliger unterjähriger Verzinsung gilt:

$i_{eff} > i_{nom}$

Die beiden Zinssätze sind nur dann identisch wenn m = 1.

! **HINWEIS:**

Damit Sie Ihr Wissen prüfen und vertiefen können, finden Sie bei den Arbeits-hilfen online eine Reihe von Übungsaufgaben mit ausführlichen Lösungen. Die Aufgaben sind genau auf dieses Kapitel zugeschnitten.

Grundlagen der Investitionsrechnung

In diesem Kapitel erhalten Sie einen Überblick über die Investitionsarten und die Investitionsrechenverfahren.

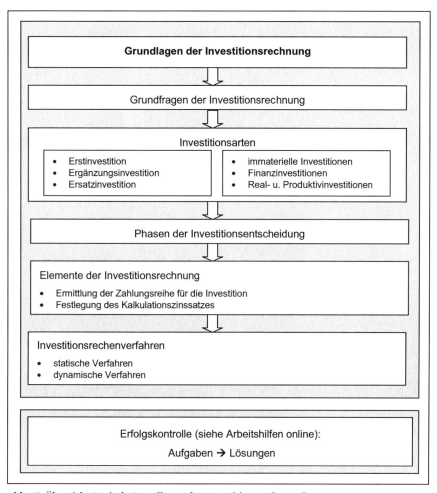

Abb. 17: Übersicht Kapitel „Grundlagen der Investitionsrechnung"

Einführung

Investitionen beeinflussen die Existenz und die Entwicklung eines Unternehmens nachhaltig, denn sie binden langfristig finanzielle Mittel und haben somit strategischen Charakter. Eine Investition ist eine betriebliche Tätigkeit, die zu unterschiedlichen Zeitpunkten Aus- und Einzahlungen verursacht, wobei eine Investition immer mit einer Auszahlung beginnt.

Investitionen wandeln Zahlungsmittel in materielle oder immaterielle Vermögenswerte um. Hierbei kann es sich z. B. um Vermögenswerte wie Software und Lizenzen (immaterielle Investitionen), Maschinen und Immobilien (Anlageinvestitionen), Rohstoffe (Lagerinvestitionen), Wertpapiere (Finanzinvestitionen) etc. handeln. Als Entscheidungshilfe im Hinblick auf beabsichtigte Investitionen dient die Wirtschaftlichkeitsrechnung.

Zu den Investitionen zählt auch der Kauf von Unternehmen oder Unternehmensteilen. Zur Beurteilung dieser „Finanzinvestitionen" werden Unternehmensbewertungen durchgeführt.

Welche Aufgaben soll die Investitionsrechnung erfüllen?

- Zu den Aufgaben der Wirtschaftlichkeitsrechnung gehört z. B.,
  - zu ermitteln, ob eine einzelne Investition vorteilhaft ist,
  - zwischen Investitionsalternativen auszuwählen, die sich technisch ausschließen,
  - die Rangfolge von (um die Aufnahme in das Investitionsbudget) konkurrierenden Investitionsvorhaben zu bestimmen und das Investitionsprogramm zu fixieren,
  - die optimale wirtschaftliche Nutzungsdauer von Investitionsobjekten und den Ersatzzeitpunkt vorhandener Anlagen zu bestimmen und
  - den Unsicherheitsspielraum auszuloten.
- Die Aufgabe der Unternehmensbewertung ist es,
  - den Wert einer Unternehmung zu bestimmen und auf Basis dieses Werts dann die Preisvorstellungen für den Kauf eines Unternehmens bzw. von Unternehmensteilen abzuleiten.

Das sollten Sie sich merken:

Bei einer **Investition**[1] beginnt die **Zahlungsreihe** mit einer **Auszahlung**. Später folgen Einzahlungen bzw. Ein- und Auszahlungen. Im Falle einer Normalinvestition ergeben sich in der Regel nur Einzahlungsüberschüsse.

---

[1] Vgl. Schneider, D.: 1992, S. 20 und Götze/Bloech, 1995, S. 6.

1 Grundprinzipien der Investitionspolitik

Nach dem „Parkinsonschen Gesetz der Trivialität" ist der **Aufwand für eine Investitionsentscheidung umgekehrt proportional zum Investitionsbetrag**, da mit zunehmender Investitionshöhe die Überschaubarkeit des Vorhabens und damit ihre Beurteilungsmöglichkeit für den Investor abnimmt. Anders ausgedrückt heißt das: Je höher der Investitionsbetrag, desto schneller fällt die Entscheidung. Das wirkt sich in der Praxis so aus, dass über den Kauf einer 10 Mio. € teuren Produktionsanlage in zehn Minuten entschieden ist, während das gleiche Gremium z. B. über die Beschaffung einer Fahrradständerüberdachung für 10.000 € eine Stunde intensiv diskutiert.

Um Fehlentscheidungen bei Investitionen trotz kurzer Entscheidungsfindungszeit entgegenzuwirken, sollten die **Investitionsentscheidungen** so **vorbereitet** werden, dass das Entscheidungsgremium nicht mehr über komplexe Bereiche oder über technische Details zu befinden hat, sondern dass die jeweiligen Alternativvorschläge nach betriebswirtschaftlichen Gesichtspunkten beurteilt werden können.

Die **Entscheidungsfindung** mithilfe einer guten **Investitionsplanung und aussagefähigen Investitionsrechnungen** stellt die **Basis für eine positive Entwicklung** eines Unternehmens dar. Die Investitionsplanung beeinflusst die langfristige Entwicklung des Unternehmens. Eine Investitionsrechnung wird umso **bedeutender**, je **kapitalintensiver** das Investitionsvorhaben ist.

Jede Unternehmung muss die ihr zur Verfügung stehenden finanziellen Mittel optimal nutzen. Die Investitionsrechnung bietet die Möglichkeit, im Hinblick auf betriebliche Investitionen die Spreu vom Weizen zu trennen. Durch Investitionsrechnungen können die vorzubereitenden Entscheidungen verbessert werden. Die folgende Abbildung zeigt, welche Arten von Entscheidungen zu treffen sind.

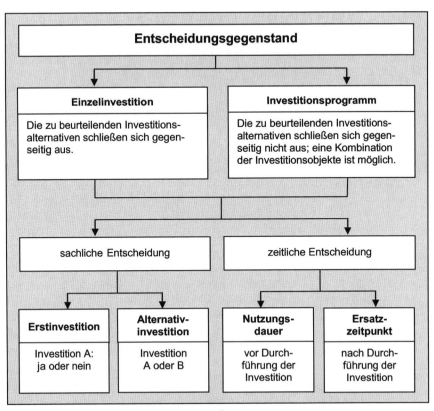

Abb. 18: Grundfragen der Investitionsrechnung[2]

Unternehmen verbessern ihre Gewinnsituation und ihre Wettbewerbsposition, wenn vorteilhafte Investitionen erkannt und durchgeführt werden. Genauso wichtig ist es, unvorteilhafte Investitionsprojekte zu erkennen und zu unterlassen. Aus der Sicht des Investors hat die Investitionsrechnung drei Fragestellungen zu beachten:[3]

1. **Einzelinvestition:** Soll über ein Einzelobjekt entschieden werden, so ermittelt man die Vorteilhaftigkeit im Sinne einer **Ja- bzw. Nein-Entscheidung**. Es stellt sich also die Frage: Ist das Investitionsobjekt vorteilhaft oder nicht?

2. **Alternativenvergleich und Rangfolgeproblem:** Ein Investor könnte mehrere miteinander konkurrierende Investitionen durchführen. Nach einer Vorauswahl gelten z. B. zwei Investitionsobjekte als vorteilhaft. Anschließend muss geprüft

---

[2] In Anlehnung an Selchert, F. W.: Einführung in die Betriebswirtschaftslehre, 1999, S. 179.

[3] Däumler, K.-D. und Grabe, J.: Grundlagen der Investitions- und Wirtschaftlichkeitsrechnung, 2007, S. 15.

werden, welches der beiden Objekte das wirtschaftlichere ist (= relative Vorteilhaftigkeit). Ein ähnliches Problem besteht bei der Planung des optimalen Investitionsprogramms. Die hier zu prüfenden Objekte schließen sich nicht gegenseitig aus. Indem die relative Vorteilhaftigkeit bestimmt wird, kann eine Rangfolge erstellt werden. Es ist die Frage zu beantworten: Welches Objekt ist das Beste, Zweitbeste, Drittbeste usw.?

3. **Nutzungsdauer- und Ersatzproblem**: Im Sachanlagenbestand (z. B. Maschinen) eines Unternehmens finden sich ältere und neuere Objekte. Insbesondere (aber nicht nur) bei den älteren Sachanlagen stellt sich die Frage, wann der optimale Zeitpunkt für den Ersatz dieser Anlage durch eine neue gekommen ist (Ersatzproblem). Der Zeitpunkt für eine Investition sollte so bestimmt werden, dass — unter Berücksichtigung der zugrunde gelegten voraussichtlichen Nutzungsdauer der Neuanlage — der Vorteil für den Investor maximiert wird. Die zu beantwortenden Fragen lauten bei

   - Altanlagen: Sollen sie sofort ersetzt oder noch einige Jahre weiter betrieben werden?
   - Neuanlagen: Wie lange ist die voraussichtliche Nutzungsdauer?

2 Investitionsarten

Es lassen sich verschiedene Arten von Investitionen unterscheiden. Nutzt man sie dazu, neue Potenziale zu schaffen, so spricht man von einer **Errichtungsinvestition**, verwendet man die Investition zur Veränderung bereits bestehender Kapazitäten so spricht man von einer **Ergänzungsinvestition**.

Ergänzungsinvestitionen können einerseits der Erhaltung bestehender Kapazitäten dienen, wobei hier zwischen Ersatzinvestitionen und Reparaturen bereits vorhandener Anlagen zu differenzieren ist. Andererseits sind aber auch Erweiterungsinvestitionen denkbar, bei denen die bestehenden Kapazitäten erweitert werden. Ferner kann es sich bei Ergänzungsinvestitionen auch um Maßnahmen zur qualitativen Veränderung der Kapazitäten, z. B. durch Rationalisierung oder durch die Einführung neuer Produkte oder Produktvarianten, handeln.

Getätigte Auszahlungen zum Zweck des Erwerbs von Forderungsrechten (z. B. Gläubigerrechten oder Wertpapieren) und von Beteiligungsrechten (z. B. Aktien oder Geschäftsanteilen) werden als **Finanzinvestitionen** bezeichnet.

Bei **immateriellen Investitionen** handelt es sich z. B. um Forschungs- und Entwicklungsprojekte oder um Werbemaßnahmen.

Von einer **Real- oder Produktionsinvestition** spricht man, wenn eine Investition darauf abzielt, den betrieblichen Produktionsprozess zu erhalten, zu optimieren und/oder zu erweitern. Zu Objekten der **Real- oder Produktionsinvestition** zählen nicht nur Maschinen, sondern auch Grundstücke, Gebäude, Werkzeuge, Vorräte, Fahrzeuge usw.

Die verschiedenen Formen der **Realinvestitionen** zeigt die folgende Abbildung.

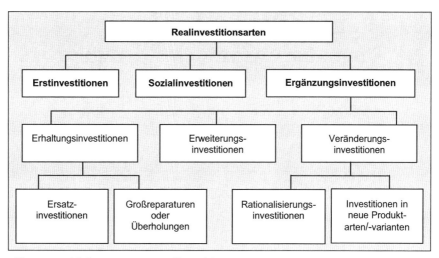

Abb. 19: Verschiedene Arten von Realinvestitionen

Wie die Abbildung zeigt, lassen sich bei **Realinvestitionen** — je nach ihrem Zweck — Erstinvestitionen und Ergänzungsinvestitionen unterscheiden. Die Ergänzungsinvestitionen können nach Erhaltungs-, Erweiterungs- und Veränderungsinvestitionen differenziert werden. Zusätzlich können noch Sozial- und Sicherheitsinvestitionen (z. B. Kantine, Sportanlagen, Sozialräume, Sprinkleranlagen, Entgiftungsanlagen bei chemischen Prozessen usw.) unterschieden werden.

Der Übergang zwischen Ersatz- und Rationalisierungsinvestition ist in der Praxis fließend: Es gibt kaum eine Ersatzinvestition, die nicht gleichzeitig auch einen Rationalisierungseffekt hat.

Nach der **zeitlichen Wirkung**, d. h. nach der **Lebensdauer der Investitionsobjekte**, lassen sich ferner **kurz-, mittel- und langfristige Investitionen** unterscheiden.

Schließlich kann man die Investitionen nach der Chronologie differenzieren: Investitionen, die im Gründungsstadium vorgenommen wurden, bezeichnet man als Gründungsinvestitionen. Die darauf folgenden Investitionen heißen laufende Investitionen.

3 Phasen des Investitionsentscheidungsprozesses

Der Planungsprozess für Investitionen beruht auf rationalem Handeln und dem allgemeinen Phasenschema eines Entscheidungsprozesses. Formal kann das **rationale Handeln in drei Phasen** untergliedert werden:

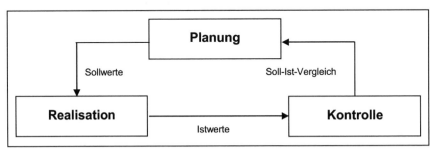

Abb. 20: Planung – Realisation – Kontrolle

Der **Planungsprozess** erfolgt nach dem folgenden Schema:

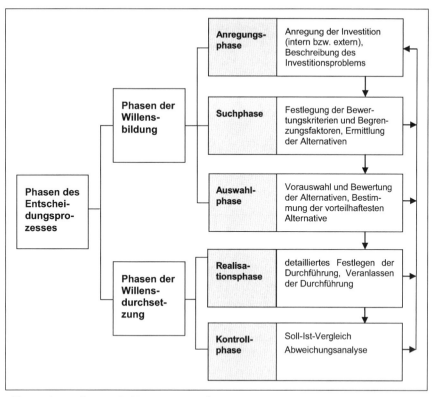

Abb. 21: Phasen des Entscheidungsprozesses[4]

3.1 Anregungsphase

Mit der Anregungsphase beginnt die Investitionsplanung. Sie kann intern oder extern durch Marktpartner, Beratungsunternehmen und dem Gesetzgeber angestoßen werden. Die Anregungsphase kann durch das Erkennen eines Investitionsproblems oder durch eine systematische Planung eingeleitet werden.

Die **unternehmensinterne Anregung** zu einer Investition kann von allen Unternehmensbereichen ausgehen, z. B.:[5]

---

[4] Matschke, M. J.: Investitionsplanung und Investitionskontrolle, 1993, S. 45.

[5] Nebl, T. und Prüß, H.: Anlagenwirtschaft, 2006, S. 420.

- **Produktionswirtschaft:** Nutzungsende eines Objekts, Qualitätsverschlechterung, Kapazitätsabnahme, Kostensteigerung, Reparatur- und Störanfälligkeit, Ersatzteilbedarf einer vorhandenen Maschine oder unzureichende Kapazität des Anlageparks (Terminüberschreitungen, Engpasssituationen, erforderliche Überstunden) und Hinweise aus Fachartikeln, Anzeigen/Prospekten, Angeboten, Hinweise auf verbesserte Betriebsmittel, neue Fertigungsverfahren oder neue Materialien.
- **Forschungs- und Entwicklungsbereich:** Erkenntnisse praktischer Forschungs- und Entwicklungtätigkeit, Studium von Fachliteratur, Erfahrungsaustausch der Fachleute und Beobachtung der Entwicklung von Schutzrechten.
- **Marketing:** Konkurrenzaktivitäten, Absatzerwartungen, Verschiebungen des Absatzprogramms, Veränderungen des Marktes, Erwartungen der Endverbraucher/Endverwender.
- **Rechnungswesen und Controlling:** Feststellen von Veränderungen in der Kosten- und Erlösstruktur, veränderte Personal- und Materialkosten, veränderte Verkaufsmengen, veränderte Verkaufspreise.
- **Mitarbeiter:** Verbesserungsvorschläge, schutzfähige Erfindungen.

Die **unternehmensexterne Anregung** zu einer Investition kann gegeben werden durch:

- **Marktpartner:** Handel, Handelsvertreter, weiterverarbeitende Unternehmen, Endanwender und Endverbraucher, die auf das Unternehmen einwirken,
- **Beratungsunternehmen:** Forschungsinstitute, Ingenieurbüros, Marktforschungsinstitute, Steuerberater, Unternehmensberatungen etc.,
- **Gesetzgeber:** Umweltschutzvorschriften, Arbeitsschutzvorschriften,
- **Kunden:** Reklamationen, Anregungen.

3.2 Suchphase

In der Suchphase als zweite Stufe der Planungsphase sucht man nach Möglichkeiten zur Beseitigung der Schwachstellen. Bei einfachen Investitionen können verschiedene Quellen (z. B. Kataloge, Preislisten, Prospekte, Fachzeitschriften, Zeitungen, Branchenhandbücher, Bezugsquellenverzeichnisse, Lieferantenkarteien, Messen, Ausstellungen, Internet etc.) zum Sammeln der Alternativen herangezogen werden. Komplexe oder technologisch neuartige Investitionen müssen z. B. mit Maschinenherstellern erarbeitet werden.

Während der Suchphase sollen die Bewertungskriterien aus den Unternehmenszielen abgeleitet werden. Diese können in qualitative und quantitative Bewertungskriterien unterteilt werden. Kriterien, die unbedingt erfüllt werden müssen, werden als Begrenzungsfaktoren (technischer, wirtschaftlicher und rechtlicher Art) bezeichnet. Somit werden die Investitionsalternativen entsprechend den Begrenzungsfaktoren selektiert.

Festlegen der Begrenzungsfaktoren

Investitionsalternativen, die die Begrenzungsfaktoren nicht erfüllen, sind für das Unternehmen uninteressant. Sie werden nicht weiterverfolgt, sondern scheiden bei der Vorauswahl der Investitionsalternativen aus.

Die Begrenzungsfaktoren können

- wirtschaftlicher,
- technischer,
- sozialer und
- rechtlicher

Art sein.

So kann ein Unternehmen eine bestimmte Mindestrentabilität für seine Investitionsvorhaben verlangen. Wird die geforderte Mindestrentabilität nicht erreicht, so scheidet das betreffende Investitionsobjekt aus. Falls eine Investition innerhalb eines bestimmten Zeitraums zwingend erfolgen muss, bedeutet dies, dass eine sonst vorteilhafte Investitionsalternative nicht berücksichtigt werden kann, wenn sie nicht innerhalb des vorgegebenen Zeitraumes beschaffbar ist.

Die folgenden qualitativen Bewertungskriterien haben in der Praxis eine hohe Bedeutung.

- Wirtschaftliche Bewertungskriterien
  — Garantie,
  — Kundendienst,
  — Kulanz,
  — Zuverlässigkeit.

- Technische Bewertungskriterien
  - Genauigkeitsgrad,
  - Kapazitätsreserve,
  - Werkstückdimension,
  - Störunanfälligkeit.

3.3 Auswahlphase

Die Auswahlphase kann in eine Beurteilungs- und Entscheidungsphase aufgeteilt werden. In der Beurteilungsphase wird eine quantitative und qualitative Bewertung der Alternativen durchgeführt. Es wird die Alternative mit dem höchsten Zielerfüllungsgrad ermittelt. In der Entscheidungsphase wird festgelegt, ob das Vorhaben bzw. welche der Alternativen durchgeführt werden sollen. Mit dem Bestimmen der vorteilhaftesten Alternative ist die Planung im engeren Sinne abgeschlossen.

3.4 Realisierungsphase

Eine Investition wird aufgrund des Beschlusses, die Investition vorzunehmen, realisiert. Der Investitionsbeschluss kann gefasst werden durch:

- die **Unternehmensleitung**, vor allem in kleineren Unternehmen und/oder ab einer bestimmten, festgelegten Investitionssumme,
- die **Investitionsabteilung** als Stabsstelle der Unternehmensleitung,
- den **Investitionsausschuss** als Gremium,
- die **Abteilung des Bereichs**, in welchem die Investition vorgenommen werden soll, und zwar insbesondere dann, wenn die Investition einen bestimmten, durch die Unternehmensleitung festgelegten Betrag nicht übersteigt und/oder wenn die Investition innerhalb eines durch die Unternehmensleitung genehmigten Investitionsbudgets liegt.

3.5 Kontrolle der Investition

Die Kontrollphase vollzieht sich in Form eines Soll-Ist-Vergleichs; es werden die erwarteten Ergebnisse, die zur Entscheidung einer bestimmten Investitionsalternative geführt haben, mit den tatsächlich eingetretenen Ergebnissen verglichen. Bei Abweichungen gegenüber den Planwerten sind geeignete Korrekturmaßnahmen einzuleiten, sodass die Investitionsrechnung für neue Anforderungen angepasst wird. Das führt zu folgenden Maßnahmen:

- Die **Abweichungen** zwischen den Plan- und den Istdaten sind zu ermitteln.
- Es sollen **Anpassungsmaßnahmen** der sich tatsächlich ergebenden Daten (Istwerte) an die planerisch erfassten Daten (Sollwerte) ermöglicht werden, sofern diese noch durchführbar sind.
- **Erfahrungswerte** sollen für künftige Planungen gewonnen werden, um realistischere Daten ansetzen zu können und sicherzustellen, dass Datenmanipulationen nicht möglich sind.

Die Kontrolle der Investition kann grundsätzlich zu verschiedenen Zeitpunkten erfolgen. Es ist möglich, die Kontrolle **einmalig** oder mehrmals vorzunehmen.

Mögliche Zeitpunkte für die Kontrolle sind:

- am **Ende** der geplanten **Anlaufperiode**,
- zu den **Zeitpunkten**, an denen **verbesserte**, funktionsgleiche **Investitionsobjekte zur Verfügung stehen**,
- zu den **Zeitpunkten**, an denen **größere Reparaturen** erforderlich werden,
- zu den **Zeitpunkten**, an denen **Programmumstellungen** für das betreffende Investitionsobjekt vorgenommen werden sollen,
- am **Ende** der **Amortisationszeit**,
- am **Ende** der **Gewährleistungs- oder Garantiefristen**,
- zu den **Zeitpunkten**, an denen **zusätzliche Investitionsobjekte** angeschafft werden sollen,
- am **Ende** der **geplanten Nutzungsdauer**.

4 Investitionsrechenverfahren

Zur Prüfung von Investitionsalternativen können verschiedene Investitionsrechenverfahren angewendet werden. Die klassischen Verfahren der Investitionsrechnung, werden eingeteilt in:

- statische Verfahren und
- dynamische Verfahren.

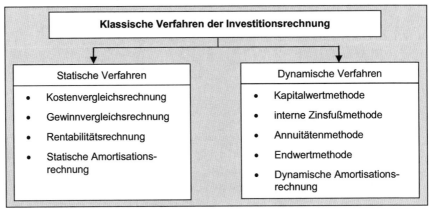

Abb. 22: Investitionsrechenverfahren

Die wesentlichen Merkmale der statischen und dynamischen Verfahren der Investitionsrechnung und deren Unterschiede sind in der folgenden Tabelle zusammengefasst:

Unterschiede zwischen der statischen und der dynamischen Investitionsrechnung	
Statische Verfahren	**Dynamische Verfahren**
■ Die mit der Investition verbundenen Größen werden durch Kosten und Erlöse abgebildet.	■ Die mit der Investition verbundenen Wertgrößen werden durch Ein- und Auszahlungen abgebildet.
■ Es wird nicht der gesamte Nutzungszeitraum der Investition betrachtet, sondern man arbeitet nur mit den einperiodigen Durchschnittswerten einer repräsentativen Periode.	■ Das dynamische Verfahren berücksichtigt nicht nur die Höhe aller Zahlungsströme, sondern auch die Zahlungszeitpunkte.

| Unterschiede zwischen der statischen und der dynamischen Investitionsrechnung ||
Statische Verfahren	Dynamische Verfahren
▪ Bei den statischen Verfahren spielt der Zeitpunkt der Zahlung (ob die Zahlung am Anfang oder am Ende erfolgt) keine Rolle.	▪ Es wird der genaue Zeitpunkt der Ein- und Auszahlungen erfasst. Die verschiedenen Zeitpunkte der anfallenden Rückflüsse werden auf einen gemeinsamen Referenzzeitpunkt bezogen, um eine Vergleichbarkeit der verschiedenen Investitionen zu ermöglichen.

5 Elemente der Investitionsrechnung

Die Rechnungslegungselemente, mit deren Hilfe die Vorteilhaftigkeit einer Investition beurteilt werden kann, sind zum einen die Auszahlung(en) und Einzahlungen und zum anderen die Höhe des Kalkulationszinssatzes (i).

5.1 Ermittlung der Zahlungsreihe für die Investitionsrechnung

Eine wichtige Phase der Investitionsplanung ist die Ermittlung der Zahlungsströme. Von der Qualität der Zahlungsströme hängt im Wesentlichen die Güte der Investitionsentscheidung ab. Hierbei wird zunächst unterstellt, dass die Ein- und Auszahlungen mit vollkommener Sicherheit im Voraus bestimmt werden können. Wie die Zahlungsströme ermittelt werden können, wird anhand des folgenden Beispiels gezeigt.

▶ **BEISPIEL: Ermittlung der Zahlungsströme[6]**

Ein Speditionsunternehmen beabsichtigt den Kauf eines neuen LKW im Wert von 400.000 €. Im ersten Jahr der Anschaffung rechnet man mit 200 Einsatztagen, im zweiten Jahr mit 230 Einsatztagen und im dritten sowie im vierten Jahr mit jeweils 250 Einsatztagen. Der Fahrerlös (Einzahlungen) pro Tag beträgt 1.300 €, dabei wird von einer täglichen Fahrleistung von 500 km ausgegangen. Nach vier Jahren soll der LKW verkauft werden. Der zugrunde gelegte Resterlös beträgt 40 % des Anschaffungspreises.
Es wird mit folgenden Kosten- und Erlössteigerungsraten, bezogen auf die oben genannten Ausgangsgrößen, gerechnet:

Jahr	Kostensteigerungen in Prozent		Erlössteigerungen in Prozent
	Variable Kosten	Fixe Kosten	
1	0	0	0
2	5	4	3
3	10	6	6
4	15	10	9

---

[6] In Anlehnung an Pflaumer, P.: Investitionsrechnung, 5. Auflage 2004, S. 6 ff.

Ermitteln Sie die Zahlungsreihe der Investition, wenn mit folgenden Kosten gerechnet wird:

Variable Fahrzeugkosten	Cent/km
Betriebsstoffkosten	25
Mautgebühren	+10
Reifenkosten	+ 8
Reparaturkosten	+ 7
Gesamte variable Kosten pro gefahrenem Kilometer	**= 50**

Fixe Fahrzeugkosten	€/Jahr
Kfz-Steuer	6.000
Kaskoversicherung	7.000
Haftpflichtversicherung	4.000
sonstige auszahlungswirksame Kosten	15.000
Abschreibung linear	60.000
kalkulatorische Kosten (kalk. Zinsen, kalk. Wagnisse)	70.000
Personalkosten	45.000
Gesamte Fixkosten pro Jahr	**= 207.000**

Zunächst werden die Einzahlungen (Zugang der liquiden Mittel) der Investition für die vier Jahre berechnet:

Jahr	Berechnung der Einzahlungen	Einzahlung
1	200 Tage x 1.300 €/Tag	= 260.000 €
2	230 Tage x 1.300 €/Tag x 1,03	= 307.970 €
3	250 Tage x 1.300 €/Tag x 1,06	= 344.500 €
4	(250 Tage x 1.300 €/Tag x 1,09) + 160.000 € (Restverkaufserlös)	= 514.258 €

Aus Vereinfachungsgründen gehen wir davon aus, dass sowohl die Einzahlungen als auch die Auszahlungen jeweils am Ende des Jahres erfolgen, d. h., wir gehen von einer nachschüssigen Zahlungsweise aus.

In den Auszahlungsstrom werden sowohl die Anschaffungsauszahlungen als auch die jährlichen Auszahlungen, die das Investitionsvorhaben verursacht, eingerechnet. Zu den Auszahlungen gehören die variablen Kilometerkosten, die fixen Kosten wie die Kfz-Steuer, die Kfz-Versicherung, die sonstigen (auszahlungswirksamen) Kosten und die Personalkosten. Nicht einbezogen werden die Abschreibungen (Aufwand) und die kalkulatorischen Kosten (Kosten), da diese Positionen nicht auszahlungswirksam sind.

Es ergeben sich somit folgende Auszahlungen für die Investition:

Jahr	Berechnung der Auszahlungen	Auszahlung
0	Anschaffungsauszahlung	= − 400.000 €
1	(200 Tage x 500 km/Tag x 0,50 €/km) + 77.000 €	= − 127.000 €
2	(230 Tage x 500 km/Tag x 0,50 €/km x 1,05) + (77.000 € x 1,04)	= − 140.455 €
3	(250 Tage x 500 km/Tag x 0,50 €/km x 1,1) + (77.000 € x 1,06)	= − 150.370 €
4	(250 Tage x 500 km/Tag x 0,50 €/km x 1,15) + (77.000 € x 1,1)	= − 156.575 €

Die Rückflüsse werden aus dem Saldo zwischen den Ein- und Auszahlungen ermittelt:

Jahr	Einzahlungen (a)	Auszahlungen (b)	Rückflüsse (c) = (a) − (b)
0	0 €	− 400.000 €	− 400.000 €
1	+ 260.000 €	− 127.000 €	+ 33.000 €
2	+ 307.970 €	− 140.455 €	+ 167.515 €
3	+ 344.500 €	− 150.370 €	+ 194.130 €
4	+ 514.250 €	− 156.575 €	+ 357.675 €
	Summe der Rückflüsse (Einzahlungsüber-schüsse)		**= 452.320 €**

Mit der Investition können Einzahlungsüberschüsse in Höhe von 452.320 € erzielt werden.

5.2 Festlegung des Kalkulationszinssatzes

Ebenfalls ein wichtiger Faktor für die Investitionsrechnung ist der Kalkulationszinssatz (i), auch Kalkulationszinsfuß genannt. Der Kalkulationszinssatz stellt die subjektive Mindestverzinsungsanforderung eines Investors an ein Investitionsobjekt dar.

Die Verzinsung sollte sich an der Verzinsung der Kosten orientieren, die dem Investor durch die Investition entstehen.[7] Wenn der Investor sein Investitionsobjekt mit Fremdkapital finanzieren muss, so nimmt er den entsprechenden Kreditzinssatz. Falls er sein Objekt mit Eigenkapital finanziert, so nimmt er den Zinssatz, den er auf dem Kapitalmarkt erzielen kann zuzüglich eines Risikozuschlags. Bei der Ermittlung

---

[7] Dörsam P.: Grundlagen der Investitionsrechnung, 3. Auflage 2003, S. 13.

des Kalkualtionszinssatzes sind die Finanzierungsverhältnisse und die erwarteten Risiken zu beachten.

Zunächst wird die Finanzierung mit Eigenkapital betrachtet:

Der Habenzinssatz stellt die absolute Untergrenze für den Kalkulationszinssatz dar. Der Kalkulationszinssatz liegt im Regelfall über der Anleiherendite am Kapitalmarkt, da der Unternehmer durch die Kapitalbindung im Investitionsobjekt ein Risiko eingeht. Insbesondere die zu erwartenden jährlichen Ein- und Auszahlungen, die Nutzungsdauer und der Restwert sind unsichere, mit einem entsprechenden Risiko behaftete Größen.

Kalkulationszinssatz bei Eigenfinanzierung (i_{Eigen}) = Habenzinssatz + Risikozuschlag

Je **größer** das mit der Durchführung der Investition verbundene **Risiko** ist, desto **höher** wird der Investor den **Kalkulationszinsfuß** im Allgemeinen ansetzen.

Als Nächstes wird die Finanzierung des Investitionsobjektes mit Fremdkapital betrachtet:

Wenn ein Unternehmen eine Investition mit Fremdkapital finanziert, dann orientiert es sich am Kreditzinssatz für langfristige Kredite.

Kalkulationszinssatz bei Fremdfinanzierung (i_{Fremd}) = Sollzinssatz + Risikozuschlag

Wenn ein Unternehmer eine Investition sowohl mit Eigen- als auch mit Fremdkapital finanziert, dann ermittelt man den Kalkultionszinssatz für die Mischfinanzierung entsprechend der folgenden Formel:

Kalkulationszinssatz bei Mischfinanzierung (i_{Misch})

$$i_{Misch} = \frac{EK \times i_{Eigen} + FK \times i_{Fremd}}{EK + FK}$$

Das sollten Sie sich merken:

Der Kalkulationszinssatz stellt die vom Investor geforderte **subjektive Mindestverzinsung** dar, die er in Anbetracht des mit der Investition verbundenen Risikos für angemessen hält und die er realistisch gesehen auch erzielen kann.

Meist liegt der **Kalkulationszinssatz zwischen 8 % und 12 %**, wobei der Sollzinssatz des Kapitalmarktes die Untergrenze bildet.[8]

! **HINWEIS:**

Damit Sie Ihr Wissen prüfen und vertiefen können, finden Sie bei den Arbeitshilfen online eine Reihe von Übungsaufgaben mit ausführlichen Lösungen. Die Aufgaben sind genau auf dieses Kapitel zugeschnitten.

---

[8] Däumler, K.-D.: Grundlagen der Investitions- und Wirtschaftlichkeitsrechnung, 9. Auflage 1998, S. 32.

Statische Verfahren der Investitionsrechnung

In diesem Kapitel werden Sie mit den statischen Investitionsrechenverfahren vertraut gemacht.

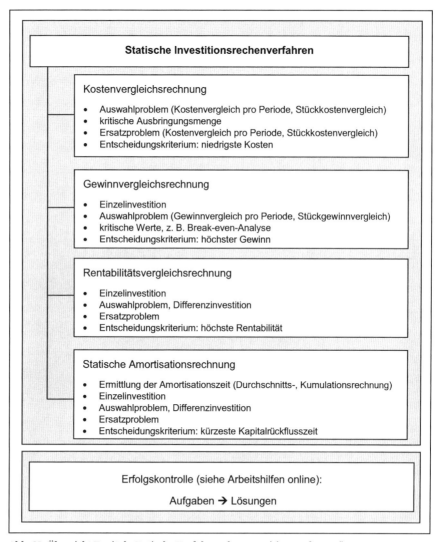

Statische Investitionsrechenverfahren

Kostenvergleichsrechnung

- Auswahlproblem (Kostenvergleich pro Periode, Stückkostenvergleich)
- kritische Ausbringungsmenge
- Ersatzproblem (Kostenvergleich pro Periode, Stückkostenvergleich)
- Entscheidungskriterium: niedrigste Kosten

Gewinnvergleichsrechnung

- Einzelinvestition
- Auswahlproblem (Gewinnvergleich pro Periode, Stückgewinnvergleich)
- kritische Werte, z. B. Break-even-Analyse
- Entscheidungskriterium: höchster Gewinn

Rentabilitätsvergleichsrechnung

- Einzelinvestition
- Auswahlproblem, Differenzinvestition
- Ersatzproblem
- Entscheidungskriterium: höchste Rentabilität

Statische Amortisationsrechnung

- Ermittlung der Amortisationszeit (Durchschnitts-, Kumulationsrechnung)
- Einzelinvestition
- Auswahlproblem, Differenzinvestition
- Ersatzproblem
- Entscheidungskriterium: kürzeste Kapitalrückflusszeit

Erfolgskontrolle (siehe Arbeitshilfen online):

Aufgaben → Lösungen

Abb. 23: Übersicht Kapitel „Statische Verfahren der Investitionsrechnung"

Einführung

In der Praxis werden die statischen Investitionsrechenverfahren vor allem aufgrund ihrer einfachen Handhabung und des damit verbundenen geringeren Kosten- und Zeitaufwands häufig eingesetzt. Sie orientieren sich an durchschnittlichen Erfolgsgrößen (Gewinn, Kosten, Erlöse, Rendite). Als statisch werden sie bezeichnet, weil sie bei den **Einzahlungen und Auszahlungen deren unterschiedlichen zeitlichen Anfall nicht** oder nur teilweise berücksichtigen und ferner **repräsentativ nur die Erlöse und Kosten einer durchschnittlichen Planperiode berücksichtigen**.

Wesentliche Merkmale der statischen Verfahren sind:

- Es werden durchschnittlichen Erlös- und Kostengrößen verwendet und
- es wird nur eine (repräsentative) Durchschnittsperiode der gesamten Investitionsdauer betrachtet, d. h., diese Verfahren beschränken sich im Allgemeinen auf die Betrachtung eines Jahres.

Zu den statischen Investitionsrechenverfahren gehören die

- Kostenvergleichsrechnung,
- Gewinnvergleichsrechnung,
- Rentabilitätsrechnung und die
- statische Amortisationsrechnung.

1 Kostenvergleichsrechnung

Die **Kostenvergleichsrechnung** ist das einfachste Verfahren der statischen Investitionsrechnung. Bei ihr werden alle Kosten berücksichtigt, die durch die geplanten Investitionsprojekte verursacht werden. Die **Erlöse** bleiben bei dem Vergleich zwischen verschiedenen Investitionsobjekten zunächst **unberücksichtigt**, da unterstellt wird, dass bei gleicher Leistung auch dieselben Erlöse erwirtschaftet werden. Die Kostenvergleichsrechnung kann eingesetzt werden bei einem

- Auswahlproblem oder
- Ersatzproblem.

Um eine Kostenvergleichsrechnung durchführen zu können, müssen die **Kapitalkosten** (kalkulatorische Abschreibungen und kalkulatorische Zinsen) und die **Betriebskosten** (z. B. Personalkosten, Materialkosten, Energiekosten, Raumkosten etc.) ermittelt werden.

Mit der Kostenvergleichsrechnung kann bei einem Auswahl-/Ersatzproblem entschieden werden, welche von mehreren Investitionsalternativen realisiert werden sollen (reiner Wirtschaftlichkeitsvergleich bei sich ausschließenden Investitionsalternativen) oder, ob eine alte Anlage gegen eine neu zu beschaffende, technisch verbesserte Anlage ausgetauscht werden soll (Ersatzinvestition). Man vergleicht die in einer Planungs- bzw. Nutzungsperiode anfallenden variablen und fixen Kosten zweier oder mehrerer alternativer Investitionsobjekte. Man wählt das Objekt mit den niedrigsten Stückkosten und bestimmt die kritische Auslastung, um den zweckmäßigen Anwendungsbereich des günstigsten Investitionsobjekts festzulegen.

Eine Kostenvergleichsrechnung erlaubt jedoch keine Aussage darüber, ob ein Investitionsobjekt generell vorteilhaft ist, da die Erlöse nicht berücksichtigt werden.

1.1 Ermittlung der Kapitalkosten und Betriebskosten

Vergleicht man im Rahmen der Kostenvergleichsrechnung zwei oder mehrere Investitionsalternativen, sind — wie oben erläutert — immer die Kapital- und Betriebskosten mit einzubeziehen.

1.1.1 Kapitalkosten

Die Kapitalkosten (fixe Kosten) setzen sich aus den kalkulatorischen Abschreibungen und den kalkulatorischen Zinsen zusammen.

Ermittlung der kalkulatorischen Abschreibungen

Die durchschnittlichen jährlichen kalkulatorischen Abschreibungen werden ermittelt, indem die Anschaffungs- oder Herstellungskosten abzüglich eines Liquidationserlöses durch die Nutzungsdauer dividiert werden. Der Abschreibungsbetrag ergibt sich als Differenz von Anschaffungskosten (Kapitaleinsatz) und Liquidationserlös. Man geht hier von linearen Abschreibungen aus. Die kalkulatorischen Abschreibungen werden nach folgender Formel ermittelt:

$$\text{Kalkulatorische Abschreibungen pro Periode} = \frac{I_0 - L_n}{n}$$

I_0 = Anschaffungswert

L_n = Liquidationserlös am Ende der Nutzungsdauer (Restverkaufserlös)

n = Nutzungsdauer (Jahre)

Ist am Ende der Nutzungsdauer kein Liquidationserlös zu erwarten, so hat „L_n" in der Formel einen Wert von null.

Ermittlung der kalkulatorischen Zinsen auf das durchschnittlich gebundene Kapital

Die **kalkulatorischen Zinsen** werden benötigt, um das im Unternehmen gebundene betriebsnotwendige Kapital zu verzinsen.[1] Sie sind auf das Kapital zu beziehen, das **durchschnittlich** während der Nutzungsdauer in der Investition gebunden ist (sogenannte Durchschnittsverzinsung).

Bei einer **kontinuierlichen Amortisation**, von der oft in der Praxis ausgegangen wird, lässt sich das durchschnittlich gebundene Kapital des abnutzbaren Anlagevermögens grafisch oder rechnerisch als Durchschnitt aus den Kapitalbindungswerten zu Beginn und zum Ende des Planungszeitraums ermitteln. Es gilt allgemein:

$$\text{durchschnittlich gebundenes Kapital} = \frac{\text{Anschaffungskosten} + \text{Liquidationserlös}}{2}$$

Wenn man von **kontinuierlichen Rückflüssen** ausgeht, wird eine gleichmäßige Abnahme des über den Zeitraum der Investition gebundenen Kapitals unterstellt.

Ermittlung der durchschnittlichen kalkulatorischen Zinsen

Die Kapitalkosten werden in der Praxis häufig approximativ mithilfe der „Ingenieurformel" ermittelt. Ist kein Liquidationserlös (Restverkaufserlös) am Ende der Nutzungsdauer zu erwarten, so errechnen sich die kalkulatorischen Zinsen auf der Basis des durchschnittlich gebundenen Kapitals wie folgt:

$$\text{Kalkulatorische Zinsen} = \frac{I_0}{2} \times i$$

i = Kalkulationszinssatz

---

[1] Olfert, K. u. Reichel, C.: Investition, 2009, S. 138.

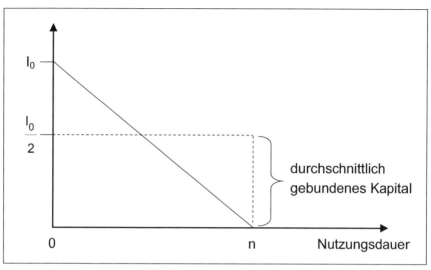

Abb. 24: Durchschnittlich gebundenes Kapital bei kontinuierlichem Kapitalrückfluss ohne Liquidationserlös (Restverkaufserlös)

Das durchschnittlich gebundene Kapital erhöht sich bei Annahme eines Restverkaufserlöses, da am Ende der Nutzungsdauer der Liquidationserlös noch nicht freigesetzt ist. Die Zinsen sind daher insgesamt höher. Die folgende Abbildung verdeutlicht das.

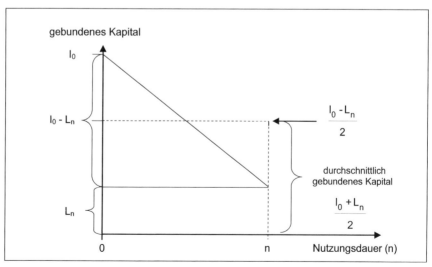

Abb. 25: Durchschnittlich gebundenes Kapital bei kontinuierlichem Kapitalrückfluss mit Liquidationserlös (Restverkaufserlös)

Geht man von einem Liquidationserlös (L_n) am Ende der Nutzungsdauer eines Investitionsobjekts aus, werden die kalkulatorischen Zinsen wie folgt berechnet:

$$\text{Kalkulatorische Zinsen pro Periode} := \left[\frac{I_0 - L_n}{2} + L_n\right] \times i = \frac{I_0 + L_n}{2} \times i$$

Berechnung der Kapitalkosten pro Periode bei kontinuierlichen Rückflüssen

Berechnet man die Kapitalkosten bei kontinuierlichen Rückflüssen, wird unterstellt, dass sich das gebundene Kapital kontinuierlich vermindert.

Nachdem erläutert wurde, wie die kalkulatorischen Abschreibungen und die kalkulatorischen Zinsen ermittelt werden, lassen sich nun die Kapitalkosten (= kalkulatorische Abschreibungen + kalkulatorische Zinsen) berechnen. Sie werden folgendermaßen ermittelt:

$$\text{Kapitalkosten pro Periode} = \frac{I_0 - L_n}{n} + \frac{I_0 + L_n}{2} \times i$$

1.1.2 Betriebskosten

Die **Betriebskosten** setzen sich vor allem aus folgenden **Kostenarten** zusammen:[2]

- Personalkosten (Löhne, Gehälter, Sozialleistungen),
- Materialkosten (Fertigungs-, Hilfs- und Betriebsstoffe),
- Instandhaltungskosten (Instandsetzungs-, Inspektions-, Wartungskosten),
- Raumkosten (Umlage auf die jeweiligen Quadratmeter der Räume),
- Energiekosten (Strom, Gas, Dampf, Wasser, Öl, Benzin usw.) und
- Werkzeugkosten (Handwerkzeuge, Messwerkzeuge, Maschinenwerkzeuge).

Die Kapitalkosten (Kapitaldienst) und Betriebskosten sind die gesamten periodenbezogenen Kosten, die ein Investitionsobjekt verursacht.

Kosten (K) = Kapitaldienst (KD) + Betriebskosten (B)

---

[2] Olfert, K. u. Reichel, C.: Investition, 2009, S. 141 f.

1.2 Auswahlentscheidung

Kostenvergleich pro Periode

Vergleicht man Investitionsobjekte, die hinsichtlich ihrer quantitativen und qualitativen Leistungsabgabe identisch sind (**gleiche Produktionsmenge** und **Produktqualität**), ist ein **Periodenkostenvergleich** ausreichend. Sind die Leistungsmengen der zu vergleichenden Objekte aber unterschiedlich, so ist ein Periodenkostenvergleich unzureichend, d. h., es **muss** ein **Stückkostenvergleich** durchgeführt werden. Den Kostenvergleich macht man mittels einer tabellarischen Gegenüberstellung der geschätzten Kosten.

▶ **BEISPIEL: Kostenvergleich pro Periode**

Es werden zwei alternative Investitionsobjekte miteinander verglichen. Maschine A arbeitet automatisch, Maschine B dagegen nicht. Die Maschinen weisen folgende Daten auf:

	Maschine A	Maschine B
Anschaffungskosten (€)	250.000	500.000
Liquidationserlös am Ende der Nutzungsdauer (€)	50.000	150.000
Nutzungsdauer (Jahre)	10	10
maximale Kapazität (St./Jahr)	20.000	20.000
Kalkulationszinssatz (% p. a.)	10	10
fixe Kosten		
Raumkosten (€/Jahr)	4.000	5.000
Wartungsvertrag (€/Jahr)	2.000	8.500
Gehälter (€/Jahr)	25.000	25.000
sonstige Fixkosten (€/Jahr)	6.000	8.000
variable Kosten		
Fertigungslöhne (€/Jahr)	130.000	90.000
Materialkosten (€/Jahr)	400.000	380.000
Energiekosten (€/Jahr)	6.500	5.000
Werkzeugkosten (€/Jahr)	8.500	7.000
sonstige variable Kosten (€/Jahr)	3.000	4.000

Die Angaben zu den variablen Kosten beziehen sich auf die maximale Kapazität. Es wird davon ausgegangen, dass die Investitionsobjekte voll ausgelastet sind. Die Kostenvergleichsrechnung der beiden Investitionsobjekte sehen Sie unten.

Kostenvergleich pro Periode	Maschine A	Maschine B
kalkulatorische Abschreibungen		
Anschaffungskosten (€)	250.000	500.000
− Liquidationserlös (€)	− 50.000	− 150.000
= Abschreibungsvolumen (€)	200.000	350.000
÷ Nutzungsdauer (Jahr)	10	10
= **kalkulatorische Abschreibungen (€/Jahr)**	**20.000**	**35.000**
kalkulatorische Zinsen		
Anschaffungskosten (€)	250.000	500.000
+ Liquidationserlös (€)	+ 50.000	+ 150.000
= gesamte Kapitalbindung (€)	300.000	650.000
÷ 2	2	2
= durchschnittliche Kapitalbindung (€)	150.000	325.000
x Kalkulationszinssatz	10 %	10 %
= **kalkulatorische Zinsen (€/Jahr)**	**15.000**	**32.500**
gesamte Fixkosten		
kalkulatorische Abschreibungen (€/Jahr)	20.000	35.000
+ kalkulatorische Zinsen (€/Jahr)	+ 15.000	+ 32.500
+ Raumkosten (€/Jahr)	+ 4.000	+ 5.000
+ Wartungsvertrag (€/Jahr)	+ 2.000	+ 8.500
+ Gehälter (€/Jahr)	+ 25.000	+ 25.000
+ sonstige Fixkosten (€/Jahr)	+ 6.000	+ 8.000
= **gesamte Fixkosten (€/Jahr)**	**72.000**	**114.000**
variable Gesamtkosten		
Fertigungslöhne (€/Jahr)	130.000	90.000
+ Materialkosten (€/Jahr)	+ 400.000	+ 380.000
+ Energiekosten (€/Jahr)	+ 6.500	+ 5.000
+ Werkzeugkosten (€/Jahr)	+ 8.500	+ 7.000
+ sonstige variable Kosten (€/Jahr)	+ 3.000	+ 4.000
= **variable Gesamtkosten (€)**	**548.000**	**486.000**
Gesamtkosten		
gesamte Fixkosten (€)	72.000	114.000
+ variable Gesamtkosten (€)	548.000	486.000
= **Gesamtkosten (€)**	**620.000**	**600.000**
Kostendifferenz A − B (€/Jahr)	**+ 20.000 €/Jahr**	

Die Maschine B ist vorteilhafter, da sie um 20.000 €/Jahr geringere Kosten verursacht als die Maschine A.

Das Ergebnis ist eindeutig, wenn die Leistung und damit die Erlöse beider Investitionsalternativen identisch sind.

Stückkostenvergleich bei unterschiedlichen Kapazitäten der Investitionsobjekte

Ist die Annahme gleicher Leistungen der vergleichbaren Anlagen nicht zutreffend, bedarf es eines **Stückkostenvergleichs**, da nur er in diesem Falle aussagekräftig ist.

▶ **BEISPIEL: Stückkostenvergleich**

Stückkostenvergleich		Maschine A	Maschine B
Anschaffungskosten (€)		200.000	260.000
Liquidationserlös (Restverkaufserlös) (€)		40.000	60.000
Nutzungsdauer (Jahre)		8	8
Kapazität (Stück/Jahr)		**25.000**	**28.000**
Kalkulationszinssatz (%)		12	12
kalkulatorische Abschreibungen (€/Jahr)		**20.000**	**25.000**
kalkulatorische Zinsen (€/Jahr)		**14.400**	**19.200**
Raumkosten (€/Jahr)		1.000	1.000
Wartungsvertrag (€/Jahr)		3.000	3.500
Gehälter (€/Jahr)		5.000	7.000
sonstige fixe Kosten (€/Jahr)		3.000	3.000
fixe Gesamtkosten (€/Jahr)	46.400	58.700	
fixe Stückkosten (€/Stück)		**1,86**	**2,10**
Löhne (€/Jahr)		50.000	35.000
	€/Stück	2,00	1,25
Materialkosten (€/Jahr)		120.000	140.000
	€/Stück	4,80	5,00
Energiekosten (€/Jahr)		6.500	9.500
	€/Stück	0,26	0,34
Werkzeugkosten (€/Jahr)		5.000	6.000
	€/Stück	0,20	0,21
sonstige variable Kosten (€/Jahr)		2.000	3.000
	€/Stück	0,08	0,11
variable Gesamtkosten (€/Jahr)	183.500	193.500	
variable Stückkosten: €/Stück		**7,34**	**6,91**
Gesamtkosten (€/Jahr)	229.900	252.200	
gesamte Stückkosten: €/Stück		**9,20**	**9,01**
Kostendifferenz A — B: €/Stück		**+ 0,19**	

Die Maschine B ist vorteilhafter als die Maschine A, da sie pro Leistungseinheit um 0,19 €/St. geringere Kosten verursacht.

Ist die **Leistung** der alternativen Investitionsobjekte **unterschiedlich** und kann nur eine **bestimmte Stückzahl** verkauft werden, müssen die **Kosten pro Stück** für die Verkaufsstückzahl errechnet werden. Für diese Vergleichsrechnung ist eine **Aufteilung** der verursachten Kosten in **variable** und **fixe Kosten** erforderlich. Die **variablen Kosten** pro Stück bleiben **gleich**. Die **Fixkosten** dagegen **nehmen** mit zunehmender Ausbringung pro Stück **ab** (Fixkostendegression). Sind die variablen Kosten und die Fixkosten bekannt, können die gesamten Stückkosten der beiden Investitionsobjekte bei der geplanten Kapazitätsausnutzung bestimmt werden. Dann ist ein sinnvoller Vergleich der beiden alternativen Investitionsobjekte möglich.[3] Ausführliche Informationen finden Sie im nächsten Kapitel.

1.3 Kritische Auslastung

Ein Vergleich von Investitionsalternativen über die Kosten pro Leistungseinheit führt nicht immer zu sinnvollen Ergebnissen, wenn der zukünftige Leistungsgrad ungewiss ist. Eine Entscheidungshilfe erhält man, wenn man die kritische Auslastung berechnet. Die kritische Auslastung zweier Investitionsobjekte entspricht derjenigen Ausbringungsmenge, bei der die Gesamtkosten beider Investitionsobjekte gleich groß sind. Um die kritische Auslastung zu bestimmen, müssen die Gesamtkosten in fixe und variable Kosten zerlegt werden.

So kommt es z. B. häufig vor, dass ein Investitionsobjekt A hohe fixe Kosten und dafür aber relativ geringe variable Kosten verursacht. Das Investitionsobjekt B hingegen verursacht wesentlich niedrigere fixe Kosten, aber relativ hohe variable Kosten. In solchen Fällen ist es notwendig, die kritische Auslastung zu ermitteln.

Für die Berechnung der kritischen Auslastung (X_{krit}) im Rahmen des Vergleichs zweier Investitionsobjekte A und B werden die beiden Kostenfunktionen K_A und K_B gleichgesetzt und die Gleichung wird nach X aufgelöst. So ergibt sich die kritische Auslastungsmenge.

Mathematisch stellt sich dies folgendermaßen dar:

$$K_A = K_B$$

---

[3] Vollmuth, H.: Finanzierung, 1994, S. 273.

$$k_{varA} \times X + K_{fixA} = k_{varB} \times X + K_{fixB}$$

Daraus folgt:

$$X_{krit} = \frac{K_{fixB} - K_{fixA}}{k_{varA} - k_{varB}} \text{ oder } \frac{K_{fixA} - K_{fixB}}{k_{varB} - k_{varA}}$$

X_{krit}	= kritische Auslastung (Stück)
K	= Kosten pro Periode (€/Periode)
K_{fix}	= fixe Gesamtkosten (€/Periode)
k_{var}	= variable Stückkosten (€/Stück)
X	= Menge (Stück)

▶ **BEISPIEL: Kritische Auslastung**

Die Daten wurden vom Beispiel „Kostenvergleich pro Periode" übernommen.

Kritische Auslastung	Maschine A	Maschine B
Kapazität (Stück/Jahr)	20.000	20.000
variable Gesamtkosten (€/Jahr)	548.000	486.000
variable Stückkosten (€/St.)	27,40	24,30
fixe Gesamtkosten (€/Jahr)	72.000	114.000
gesamte Kosten (€/Jahr)	**620.000**	**600.000**

Die kritische Ausbringungsmenge X_{krit} (Grenzstückzahl) wird wie folgt berechnet:

$$X_{krit} = \frac{K_{fixB} - K_{fixA}}{k_{varA} - k_{varB}} = \frac{114.000 \text{ € } - 72.000 \text{ €}}{27,40 \text{ €/St. } - 24,30 \text{ €/St.}} = 13.548 \text{ Stück}$$

Ab dem 13.549ten Stück ist die Alternative B günstiger als die Alternative A. Um die Kostengleichung erstellen zu können, sind die variablen Kosten von €/Jahr auf €/Stück umzurechnen.

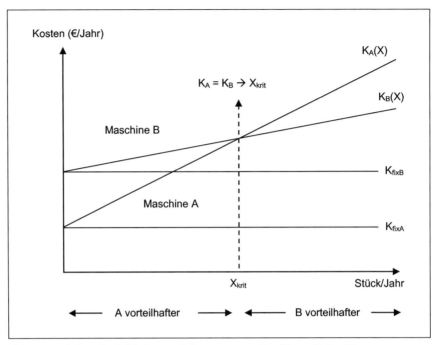

Abb. 26: Ermittlung der kritischen Ausbringungsmenge X_{krit} (Grenzstückzahl)

1.4 Ersatzinvestitionsentscheidung

Wie zu Beginn dieses Kapitel dargestellt, kann die Kostenvergleichsrechnung auch zur Lösung des Ersatzproblems vorhandener (älterer) Investitionsobjekte herangezogen werden. Während der Nutzungsdauer eines Investitionsobjekts kann überprüft werden, ob es sinnvoll ist, eine vorhandene Altanlage durch eine neue Anlage zu ersetzen. In diesem Fall werden die durchschnittlich verursachten Kosten pro Periode ermittelt und einander gegenübergestellt.

Eine Altanlage sollte durch eine neue Anlage ersetzt werden, wenn die entscheidungsrelevanten Jahreskosten K_{neu} der neuen Anlage geringer als die entscheidungsrelevanten Jahreskosten K_{alt} der alten Anlage sind. Das bedeutet, dass bei der alten Anlage nur die Betriebskosten zu berücksichtigen sind und auf den Ansatz der Kapitalkosten verzichtet wird, außer wenn mit der alten Anlage noch ein Liquidationserlös erzielt werden kann. Bei der neuen Anlage hingegen sind die Betriebs- und die Kapitalkosten zu berücksichtigen. Wenn die Kosten der neuen

Anlage geringer sind als die Kosten der alten Anlage, sollte die alte Anlage durch eine neue ersetzt werden.

Das Kostenkriterium beim Ersatzproblem ist also: $Kosten_{Neuanlage} < Kosten_{Altanlage}$.

Somit gilt, falls es keinen Liquidationserlös für die Altanlage gibt:

$Kapitalkosten_{neu} + Betriebskosten_{neu} < Betriebskosten_{alt}$

Da mithilfe der Kostenvergleichsrechnung geprüft wird, ob es wirtschaftlicher ist, **während einer bestimmten Vergleichsperiode** mit der vorhandenen Anlage **weiterzuarbeiten** oder sie durch eine neue Anlage zu ersetzen, wird unterstellt, dass am Ende der Vergleichsperiode die gleiche neue Anlage beschafft würde wie zum gegenwärtigen Zeitpunkt. Bei der Ersatzinvestitionsentscheidung sind folgende Kostenbestandteile in den Vergleich einzubeziehen:

- Bei der **alten Anlage**:
  — **Die laufenden Kosten je Zeitabschnitt.**
  — Die **Verringerung** des **Liquidationserlöses** je Zeitabschnitt während der Vergleichsperiode bei Weiterbetrieb. Das bedeutet, es wird der Liquidationserlös zum Beginn und zum Ende der Vergleichsperiode ermittelt und die Differenz aus den beiden Werten wird durch die verbleibenden Nutzungsjahre (= Vergleichsperiode) dividiert.
  — Die **kalkulatorischen Zinsen** auf das während der Vergleichsperiode **durchschnittlich gebundene Kapital**.
  — Es wird davon ausgegangen, dass das zu einem bestimmten Zeitpunkt durch die **alte Anlage gebundene Kapital ihrem Liquidationserlös entspricht**. Der Restbuchwert (Wert aus der Anlagenbuchhaltung) der alten Anlage repräsentiert in der Regel nicht das noch gebundene Kapital — daher ist es für die Entscheidung ohne Bedeutung.
- Bei der **neuen Anlage**:
  — die laufenden Kosten je Zeitabschnitt;
  — der kalkulatorische Abschreibungsbetrag der linearen Abschreibung = Amortisation des gebundenen Kapitals je Zeitabschnitt;
  — die kalkulatorischen Zinsen auf das während der Projektlebensdauer durchschnittlich gebundene Kapital.

Berechnung der Verringerung des Liquidationserlöses

$$I = \frac{L_0 - L_v}{v}$$

I $\quad$ = durchschnittliche Verringerung des Liquidationserlöses (€)

L_0 $\quad$ = Liquidationserlös der alten Anlage zu Beginn des Planungszeitraums (€)

L_v $\quad$ = Liquidationserlös der alten Anlage am Ende des Planungszeitraums (€)

v $\quad$ = Dauer des Vergleichszeitraums der alten Anlage in Jahren (= Restnutzungsdauer)

Berechnung der kalkulatorischen Zinsen der Altanlage

$$Z = \frac{L_0 + L_v}{2} \times i$$

Z $\quad$ = Zinsen pro Periode

i $\quad$ = Kalkulationszinssatz (dezimal)

Das Kriterium, wonach es gemäß der Kostenvergleichsrechnung sinnvoll ist, eine Ersatzinvestition zu tätigen, lässt sich wie folgt formulieren: Ein Ersatz der vorhandenen alten Anlage durch eine neue Anlage zu Beginn der Vergleichsperiode ist vorteilhaft, wenn die durchschnittlichen Kosten der alten Anlage während der Vergleichsperiode größer als die durchschnittlichen Kosten der neuen Anlage sind, d. h. wenn gilt:

$$K^l_{alt} + \frac{L_0 - L_v}{v} + \frac{L_0 + L_v}{2} \times i > K^l_{neu} + \frac{I_0 - L_n}{n} + \frac{I_0 + L_n}{2} \times i$$

n $\quad$ = das Ende der Nutzungsdauer (Lebensdauer) der neuen Anlage (Jahre)

K^l_{alt} $\quad$ = die laufenden Kosten der alten Anlage je Zeitabschnitt (€/Jahr)

K^l_{neu} $\quad$ = die laufenden Kosten der neuen Anlage je Zeitabschnitt (€/Jahr)

L_n $\quad$ = Liquidationserlös (Resterlös) der neuen Anlage am Ende der Nutzungsdauer (€)

Kostenvergleich pro Periode

Ein Kostenvergleich pro Periode kann durchgeführt werden, wenn das alte Investitionsobjekt und das neue Investitionsobjekt über eine gleich hohe mengenmäßige Leistungsabgabe verfügen.

▶ **BEISPIEL: Ersatzproblem – Kostenvergleich pro Periode**

Eine Produktionsmaschine ist seit sieben Jahren im Einsatz. Die Nutzungsdauer (n) war auf zehn Jahre veranschlagt. Das Unternehmen erhält ein Angebot über ein weiterentwickeltes, funktionsgleiches Investitionsobjekt. Die Daten sind der folgenden Tabelle zu entnehmen:

Kostenvergleich pro Periode Ersatzproblem	alte Maschine	neue Maschine
Anschaffungskosten (€)		445.000
Liquidationserlös (Restverkaufserlös) (€)		45.000
(Rest-)Nutzungsdauer (Jahre)	3	10
Auslastung (St./Jahr)	20.000	20.000
Kalkulationszinssatz (%)	10	10
Liquidationserlös alte Anlage Ende des 7. Jahres (€)	50.000	--
Liquidationserlös alte Anlage Ende des 10. Jahres (€)	5.000	--
kalkulatorische Abschreibungen (€/Jahr)	---------	40.000
Verringerung des Liquidationswertes[4] (€/Jahr)	15.000	---------
kalkulatorische Zinsen (€/Jahr)	2.750	24.500
Raumkosten (€/Jahr)	1.500	4.500
Instandhaltungskosten (€/Jahr)	5.000	2.000
Gehälter (€/Jahr)	10.000	10.000
Sonstige fixe Kosten (€/Jahr)	3.500	3.000
Gesamte Fixkosten (€/Jahr)	**37.750**	**84.000**
Löhne (€/Jahr)	90.000	70.000
Materialkosten (€/Jahr)	170.000	160.000
Energiekosten (€/Jahr)	7.000	5.000
Werkzeugkosten (€/Jahr)	8.000	9.000
sonstige variable Kosten (€/Jahr)	6.000	4.000
variable Gesamtkosten (€/Jahr)	**281.000**	**248.000**
gesamte Kosten (€/Jahr)	**318.750**	**332.000**
Kostendifferenz alt — neu (€/Jahr)	**— 13.250**	

Der Kostenvergleich pro Periode zeigt, dass es noch **nicht** vorteilhaft ist, die alte Maschine zum Ende des 7. Jahres durch die neue Maschine zu ersetzen.

▶ BEISPIEL: Ersatzproblem — Stückkostenvergleich

Eine Produktionsmaschine ist seit sechs Jahren im Einsatz. Die Nutzungsdauer (n) war auf zehn Jahre veranschlagt. Das Unternehmen erhält ein Angebot über ein weiterentwickeltes, funktionsgleiches Investitionsobjekt. Da die Leistungsabgabe der alten und der neuen Maschine unterschiedlich hoch ist, muss ein Kostenvergleich pro Leistungseinheit durchgeführt werden. Die Daten sind der folgenden Tabelle zu entnehmen.

Stückkostenvergleich Ersatzproblem	alte Maschine	neue Maschine
Anschaffungskosten (€)	----	260.000
Liquidationserlös (Restverkaufserlös) (€)	----	20.000
(Rest-) Nutzungsdauer (Jahre)	4	10
Leistungsabgabe (St./Jahr)	15.000	20.000
Kalkulationszinssatz (%)	10	10

---

[4] (50.000 € – 5.000 €) : 3 Jahre = 15.000 €/Jahr

Stückkostenvergleich Ersatzproblem	alte Maschine	neue Maschine
Liquidationserlös alte Anlage Ende 6. Jahr	30.000	--
Liquidationserlös alte Anlage Ende 10. Jahr	0	--
kalkulatorische Abschreibungen (€/St.)	--	1,20
+ Verringerung des Liquidationserlöses (€/St.)	0,50	--
+ kalkulatorische Zinsen (€/St.)	0,10	0,70
+ Raumkosten (€/St.)	0,20	0,15
+ Instandhaltungskosten (€/St.)	0,20	0,10
+ Gehälter (€/St.)	0,50	0,50
+ sonstige fixe Kosten (€/St.)	0,40	0,30
= **Fixkosten pro Stück (€/St.)**	**1,90**	**2,95**
Löhne (€/St.)	8,00	5,00
+ Materialkosten (€/St.)	9,10	9,00
+ Energiekosten (€/St.)	0,20	0,25
+ Werkzeugkosten (€/St.)	0,30	0,25
+ sonstige variable Kosten (€/St.)	0,40	0,30
= **variable Stückkosten (€/St.)**	**18,00**	**14,80**
gesamte Stückkosten (€/St.)	**19,90**	**17,75**
Kostendifferenz alt — neu (€/St.)	**+ 2,15**	

Es ist vorteilhaft, die alte Maschine zum Ende des 6. Jahres zu ersetzen, da sie um 2,15 €/St. höhere Kosten verursacht als die neue Maschine.

1.5   Beurteilung der Kostenvergleichsrechnung

Die Kostenvergleichsrechnung eignet sich in erster Linie zur Beurteilung (kleinerer) **Ersatz- und Rationalisierungsinvestitionen**, weniger für **Erweiterungsinvestitionen** (Auswahlproblem).

Die **Vorteile der Kostenvergleichsrechnung** liegen zum einen daran, dass sie rechentechnisch relativ einfach angewendet werden kann. Zum anderen lassen sich die benötigten Informationen leicht aus dem Rechnungswesen des Unternehmens beschaffen. In der Praxis wird die Kostenvergleichsrechnung vor allem für einen **ersten groben Überblick** eingesetzt, soweit vergleichbare Investitionsalternativen vorliegen.

Schwächen der Kostenvergleichsrechnung:[5]

- Sie ermöglicht eine nur kurzfristige Betrachtung, oft werden nur die erwarteten Kosten des ersten Jahres als Durchschnittskosten verwendet. Bei dieser Methode werden Veränderungen der Kosten im Zeitablauf nicht berücksichtigt.
- Verschiedene Nutzungsperioden werden ebenso wenig berücksichtigt wie unterschiedliche qualitative Leistungen der Anlagen.
- Erlöse bleiben **völlig unberücksichtigt**, sodass über die **Rentabilität des Kapitals keine Aussage** getroffen werden kann.
- Der unterschiedliche **zeitliche Anfall der Zahlungsgrößen** bleibt **unberücksichtigt**.
- Eventuelle **Auswirkungen auf die Absatzpreise** von Produkten durch höhere Produktions- bzw. Absatzmengen können nicht berücksichtigt werden.
- Es wird nur die relative Wirtschaftlichkeit mehrerer Investitionsobjekte berechnet, da keine Erlöse und Rentabilitäten berücksichtigt werden.

Wegen dieser Nachteile sollte die Kostenvergleichsrechnung nicht als ausschließliche Investitionsrechnung verwendet werden. Es sollten vielmehr weitere Investitionsrechenverfahren herangezogen werden.

---

[5]   Olfert, K. und Reichel C.: Investition, 11. Auflage 2009, S. 155 f. und Olfert, K. und Reichel C.: Investition, 5. Auflage 2009, S. 87.

2 Gewinnvergleichsrechnung

Eine **Erweiterung der Kostenvergleichsrechnung** ist die **Gewinnvergleichsrechnung**, die die Erlöse einer Investition miteinbezieht. Mit ihr wird die Aussagekraft der Investitionsrechnung erhöht, denn sie berücksichtigt:

- **Quantitative Unterschiede**, die die unterschiedlich hohe Leistungsfähigkeit in der Produktionsmenge von verschiedenen Investitionsobjekten widerspiegeln. Als Voraussetzung gilt allerdings die **Absetzbarkeit** einer produzierbaren (größeren) Menge an Erzeugnissen auf dem Absatzmarkt zu unveränderten Preisen.
- **Qualitative Unterschiede**, die sich in unterschiedlich hohen Preisen äußern, sofern die unterschiedlichen qualitativen Leistungen mit den entsprechenden Preisdifferenzen am Absatzmarkt verkauft werden können.

Der Maßstab für die Vorteilhaftigkeit einer Investition ist der durch die Investition erzielte durchschnittliche Gewinn einer Periode. Das Ziel der Gewinnvergleichsrechnung ist die Gewinnmaximierung. Die Gewinnvergleichsrechnung eignet sich vor allem für Investitionsobjekte mit unterschiedlichen qualitativen Leistungen, die sich durch höhere oder niedrigere Umsatzerlöse ausdrücken.

Der durchschnittliche Gewinn (G) ergibt sich aus der Differenz von durchschnittlichen Erlösen (E) und durchschnittlichen Gesamtkosten (K): G = E — K.

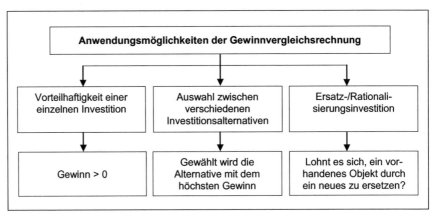

Abb. 27: Anwendungsmöglichkeiten der Gewinnvergleichsrechnung

Entscheidungskriterium bei der Gewinnvergleichsrechnung:

- Eine **Einzelinvestition** ist vorteilhaft, wenn der durchschnittlich erwartete Gewinn größer als null ist.
- Bei **mehreren Investitionen** ist die Investition, die den höchsten durchschnittlichen Gewinn erzielt, auszuwählen.

2.1 Einzelinvestition

Das folgende Beispiel veranschaulicht, wie die Gewinnvergleichsrechnung im Zusammenhang mit einer beabsichtigten Einzelinvestition funktioniert.

▶ **BEISPIEL: Gewinnvergleichsrechnung einer Einzelinvestition**

Ein Unternehmen kann mit einer neuen Maschine vom Produkt D 15.000 St. pro Jahr für 6,00 €/St. verkaufen. Die gesamten fixen Kosten pro Jahr belaufen sich auf 20.000 € und die variablen Kosten betragen 3,00 €/St.

Gewinnvergleichsrechnung einer Einzelinvestition (Maschine)		
Verkaufserlöse		90.000 €/Jahr
gesamte Fixkosten	20.000 €/Jahr	
gesamte variable Kosten	45.000 €/Jahr	
gesamte Kosten		65.000 €/Jahr
Gewinn		**25.000 €/Jahr**

Die Einzelinvestition ist vorteilhaft, da mit der Maschine ein Gewinn von 25.000 € pro Jahr erzielt wird.

2.2 Auswahlentscheidung

Falls die **mengenmäßig** genutzte **Leistung** der alternativen Investitionsobjekte gleich ist, können sowohl ein

- Gewinnvergleich **pro Periode** als auch ein
- Gewinnvergleich **pro Leistungseinheit**

vorgenommen werden, da bei einer mengenmäßig gleichen Leistung beide Rechnungen zum gleichen Ergebnis führen.

Wenn die voraussichtliche **mengenmäßige Leistungsabgabe** der Investitionsalternativen **unterschiedlich** hoch ist, kommt zur Beurteilung der Vorteilhaftigkeit **nur ein Gewinnvergleich pro Periode** in Betracht. Ein Gewinnvergleich pro Leistungseinheit würde zu einer falschen Auswahlentscheidung führen.

▶ **BEISPIEL: Gewinnvergleich bei gleich hoher Leistungsabgabe der Alternativen**

Es stehen die zwei folgenden Maschinen als Investitionsalternativen zur Auswahl.

Gewinnvergleich pro Periode bei gleich großen Leistungsmengen	Maschine A	Maschine B
Anschaffungskosten (€)	340.000	285.000
Liquidationserlös (Restverkaufserlös) (€)	40.000	25.000
Nutzungsdauer (Jahre)	8	8
Auslastung (St./Jahr)	30.000	30.000
Kalkulationszinssatz (%)	10	10
Erlöse (€/Jahr)	**620.000**	**620.000**
kalkulatorische Abschreibungen (€/Jahr)	37.500	32.500
kalkulatorische Zinsen (€/Jahr)	19.000	15.500
sonstige fixe Kosten (€/Jahr)	13.500	12.000
gesamte variable Kosten (€/Jahr)	480.000	520.000
gesamte Kosten (€/Jahr)	**550.000**	**580.000**
Gewinn (€/Jahr)	**70.000**	**40.000**
Gewinndifferenz A – B (€/Jahr)	**+ 30.000**	

Die Maschine A ist vorteilhafter, da mit ihr ein um 30.000 € höherer Gewinn als mit Maschine B pro Jahr erwirtschaftet werden kann.

● **Das sollten Sie sich merken:**

Der Gewinnvergleich je Leistungseinheit ist nur möglich, wenn die Auslastung (mengenmäßig genutzte Leistung) der betrachteten alternativen Investitionsobjekte gleich hoch ist!

2.3 Break-even-Analyse – kritische Auslastung

Analog zur Kostenvergleichsrechnung kann oftmals die mengenmäßige Leistung der alternativen Investitionsobjekte nicht exakt festgelegt werden, da die Leistungsmenge von den Verkaufszahlen abhängig ist. Verbindlich liegen lediglich die technischen Daten der Investitionsobjekte vor, die unter anderem Aufschluss über die Kapazitätsgrenzen geben. Insbesondere bei „engen" Entscheidungen zwischen Investitionsalternativen ist die kritische Auslastung zu ermitteln. Hierzu sind die **Gewinnfunktionen** der alternativen Investitionsobjekte **gleichzusetzen**.

$$G_A = p_A \times X - k_{varA} \times X - K_{fixA}$$

$$G_B = p_B \times X - k_{varB} \times X - K_{fixB}$$

$$p_A \times X - k_{varA} \times X - K_{fixA} = p_B \times X - k_{varB} \times X - K_{fixB}$$

G	= Gewinn (€/Periode)
p	= Stückpreis (€/Stück)
K_{fix}	= gesamte fixe Kosten (€/Periode)
k_{var}	= variable Stückkosten (€/Stück)
X	= Stück, Menge (St.)

Die kritische Auslastung wird wie folgt berechnet:

$$X_{krit} = \frac{K_{fixB} - K_{fixA}}{(p_B - k_{varB}) - (p_A - k_{varA})} = \frac{K_{fixB} - K_{fixA}}{db_B - db_A}$$

X_{krit}	= kritische Auslastung (Stück)
db	= Stückdeckungsbeitrag (Stückpreis — variable Stückkosten) (€/St.)

▶ **BEISPIEL: Ermittlung der kritischen Auslastung bei der Gewinnvergleichsrechnung**

$$X_{krit} = \frac{K_{fixB} - K_{fixA}}{db_B - db_A}$$

Anhand der nachstehenden Daten wird die kritische Auslastung berechnet.

	Maschine A	Maschine B
gesamte fixe Kosten (€/Jahr)	3.000,00	5.000,00
variable Kosten (€/St.)	4,00	2,40
Erlöse pro Stück (€/St.)	8,00	10,00

$$X_{krit} = \frac{5.000\,€\,/\,Jahr - 3.000\,€\,/\,Jahr}{(10\,€\,/\,St. - 2,40\,€\,/\,St.) - (8\,€\,/\,St. - 4\,€\,/\,St.)} = \frac{2.000\,€\,/\,Jahr}{3,60\,€\,/\,St.} = 556\,St.\,/\,Jahr$$

Bei einer Produktions- und Absatzmenge bis zu 556 Stück/Jahr ist die Maschine A vorteilhafter als die Maschine B, darüber hinaus wäre Maschine B besser als Maschine A.

Es ist zweckmäßig, zusätzliche Analysen hinsichtlich der Gewinnstruktur durchzuführen. Für diesen Zweck eignet sich die Break-even-Analyse. Gesucht wird die Absatzmenge bzw. die Break-even-Menge (BEM), bei der die Gesamtkosten gerade durch die erzielten Verkaufspreise gedeckt sind. Dieser kritische Wert wird Break-even-Point bzw. Gewinnschwelle genannt. Der Break-even-Point ist definiert als der Auslastungsgrad, bei dem eine Anlage die Gewinnzone erreicht. Da bei der Break-even-Menge der Gewinn null ist, kann man die Gewinngleichung gleich null setzen und nach der Menge X auflösen:

$$\text{Break-even-Menge (Gewinnschwelle)} = \frac{K_{fix}}{p - k_{var}} = \frac{K_{fix}}{db} = \frac{\text{Fixkosten gesamt}}{\text{Stückdeckungsbeitrag}}$$

$$0 = X \times (p - k_{var}) - K_{fix}$$

$$K_{fix} = X \times (p - k_{var})$$

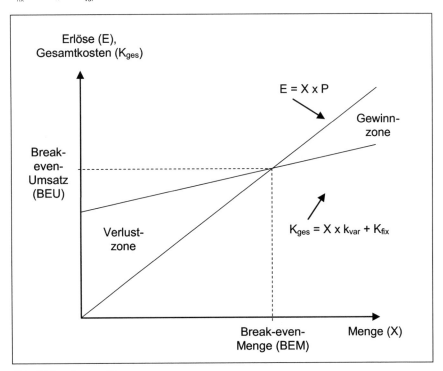

Abb. 28: Break-even-Menge

Der Schnittpunkt beider Funktionen entspricht einer Auslastung, bei der weder Gewinn noch Verlust entsteht (Betriebsgewinn = null) und bei der folglich die gesamten Fixkosten gerade von der Summe der Deckungsbeiträge gedeckt werden.

Multipliziert man die errechnete Break-even-Menge (BEM) mit dem Stückpreis, so ergibt sich der Break-even-Umsatz (BEU).

Der **Break-even-Umsatz** kann mit folgender Formel ermittelt werden:

$$\text{Break-even-Umsatz} = \frac{\text{Fixkosten}}{1 - \dfrac{\text{variable Stückkosten}}{\text{Stückpreis}}}$$

Eine weitere Kennzahl zur Beurteilung von Investitionsalternativen ist die **Gewinnschwelle in Prozent der Auslastung**.

$$\text{Gewinnschwelle in \% der Auslastung} = \frac{\text{Gewinnschwelle}}{\text{Auslastung}} \times 100$$

Eine Ergänzung stellt der Sicherheitskoeffizient dar, auch Sicherheitsspanne genannt. Er zeigt, um wie viel Prozent das voraussichtliche Verkaufsvolumen sinken darf, bevor Verluste auftreten. Rechnerisch kann der Sicherheitskoeffizient mit einer der beiden folgenden Formeln ermittelt werden:

$$\text{Sicherheitskoeffizient in \%} = \frac{X_{erwartet} - X_{BEP}}{X_{erwartet}} \times 100$$

oder

$$\text{Sicherheitskoeffizient in \%} = \frac{\text{Gewinn pro Periode}}{\text{Deckungsbeitrag pro Periode}} \times 100$$

● **Das sollten Sie sich merken:**

Je geringer der Break-even-Point und je höher der Sicherheitskoeffizient, desto besser ist ein Unternehmen gegen die Möglichkeit eines Verlustes abgesichert.

▶ **BEISPIEL: Gewinnvergleich bei unterschiedlichen Ausbringungsmengen**

Es stehen die zwei folgenden Objekte als Investitionsalternativen zur Auswahl.

Gewinnvergleich pro Periode bei verschiedenen Leistungsmengen	Objekt A	Objekt B
Anschaffungskosten (€)	500.000	300.000
Liquidationserlös (Restverkaufserlös) (€)	50.000	30.000
Nutzungsdauer (Jahre)	10	10
Auslastung (Stück/Jahr)	25.000	20.000
sonstige fixe Betriebskosten (€/Jahr)	100.000	80.000
variable Stückkosten (€/Stück)	5,80	6,20
Kalkulationszinssatz (%)	10	· 10
Erlöse pro Stück (€/Stück)	**17,60**	**19,40**
sonstige fixe Betriebskosten (€/Jahr)	100.000	80.000
kalkulatorische Abschreibungen (€/Jahr)	45.000	27.000
kalkulatorische Zinsen (€/Jahr)	27.500	16.500
gesamte Fixkosten (€/Jahr)	**172.500**	**123.500**
variable Gesamtkosten (€/Jahr)	145.000	124.000
gesamte Kosten (€/Jahr)	**317.500**	**247.500**
gesamte Erlöse (€/Jahr)	**440.000**	**388.000**
Gewinn (€/Jahr)	**122.500**	**140.500**
Gewinnschwellenanalyse	**Objekt A**	**Objekt B**
Stückdeckungsbeitrag (€/Stück)	11,80	13,20
Gewinnschwelle (Stück)	14.619[6]	9.356
Gewinnschwelle in % der Auslastung	58,5[7]	46,8

Objekt B ist um den Jahresgewinn von 18.000 € vorteilhafter als Objekt A. Außerdem ist das Investitionsobjekt B nach allen Kriterien der Gewinnschwellenanalyse vorteilhafter als A.

Das sollten Sie sich merken:

Bei unterschiedlicher Leistungsabgabe der alternativen Investitionsobjekte kann ein Gewinnvergleich je Leistungseinheit zur falschen Entscheidung führen.

---

[6] Gewinnschwelle Objekt A = (172.500 € : 11,80 €/St.) = 14.619 Stück.

[7] Gewinnschwelle in Prozent der Auslastung bei Objekt A = (14.619 St. : 25.000 St.) x 100 = 58,5 %.

2.4 Beurteilung der Gewinnvergleichsrechnung

Ein **Vorteil** ist, dass die Erlöse berücksichtigt werden, da die Aussagekraft der Gewinnvergleichsrechnung damit erheblich verbessert wird. Dies ermöglicht, Investitionsobjekte mit unterschiedlichen Leistungen besser miteinander zu vergleichen.

Schwächen der Gewinnvergleichsrechnung:[8]

- Eine Schwäche ist die nur kurzfristige Betrachtungsweise, in der eine repräsentative Durchschnittsperiode, häufig nur das erste Jahr, analysiert wird und für die Folgeperioden die gleichen Verhältnisse unterstellt werden. In der Regel schwanken Kosten und Erlöse im Zeitablauf.
- Es lässt sich **keine** Aussage über die Verzinsung (Rentabilität) des eingesetzten Kapitals treffen. Mit der Gewinnvergleichsrechnung wird lediglich die gewinnmaximale Investition ermittelt. Deren Rentabilität muss aber nicht unbedingt ausreichend sein.
- **Die unterschiedliche Nutzungsdauer der Investitionen wird nicht berücksichtigt**: Bei zeitlich unterschiedlich nutzbaren Investitionen wird der gleiche (Durchschnitts-) Gewinn angenommen. Die angesetzten Durchschnittswerte gelten als repräsentativ für alle Perioden.
- Es kann problematisch sein, die **Erträge** einem einzelnen Investitionsobjekt **zuzurechnen**, beispielsweise dann, wenn das zu erstellende Produkt auf mehreren Maschinen gefertigt wird.

---

[8] Olfert, K. und Reichel C.: Investition, 11. Auflage, 2009, S. 166 f. und Olfert, K. und Reichel C.: Investition, 5. Auflage 2009, S. 90 f.

3 Rentabilitätsvergleichsrechnung

Die Rentabilitätsrechnung berücksichtigt, anders als die Kosten- und Gewinnvergleichsrechnung, dass Investitionsobjekte unterschiedlich viel Kapital binden.[9] Es gibt eine Vielzahl von Vorschlägen, die Rentabilität von Investitionen zu ermitteln. Dabei wird in der Regel von den Ergebnissen der Gewinnvergleichsrechnung ausgegangen. Bei den in die Renditeformel eingehenden Komponenten wird vor allem der Gewinn unterschiedlich definiert. Es wird entweder der **„Gewinn vor Zinsen"** oder der **„Gewinn nach Zinsen"** eingesetzt.

Die Rentabilitätsrechnung setzt nach herrschender Meinung den „durchschnittlichen Periodengewinn vor Zinsen" eines Investitionsobjekts zum Kapitaleinsatz ins Verhältnis. Da der durchschnittliche Gewinn als ein zusätzlicher, durch die Investition verursachter Gewinn zu verstehen ist, sollte der Gewinn nicht durch die kalkulatorischen Zinsen gemindert sein. Ansonsten würde nur eine über den kalkulatorischen Zinsen hinausgehende Verzinsung ausgewiesen werden. Die ermittelte Rentabilität wird mit der geforderten Mindestverzinsung (dem Kalkulationszinssatz) verglichen. Die Rentabilität einer Investition kann wie folgt ermittelt werden:

$$\text{Investitionsrentabilität} = \frac{\text{durchschnittlicher Periodengewinn vor kalk. Zinsen}}{\text{durchschnittlicher Kapitaleinsatz}} \times 100$$

Die Kosten- und Gewinnvergleichsrechnung macht nur **Aussagen** über die relative Vorteilhaftigkeit eines Investitionsobjektes im Vergleich zu einem anderen Investitionsobjekt. Die Rentabilitätsrechnung dagegen lässt eine Aussage über die absolute Vorteilhaftigkeit einer Investition zu, d. h., es kann festgestellt werden, ob die geforderte Mindestverzinsung erreicht wird oder nicht. Da **Kapital nicht unbegrenzt** zur Verfügung steht, **sollte** eine **Rentabilitätsrechnung** durchgeführt werden.

Zur Beurteilung einer Investition muss als Erstes die von der Unternehmensleitung geforderte **Mindestrentabilität (R_{min})** festgelegt werden. Die geforderte Mindestrentabilität ist vergleichbar mit dem Kalkulationszinsfuß und wird mit der tatsächlichen Rentabilität eines Investitionsobjektes verglichen.

Mithilfe der Rentabilitätsrechnung kann beurteilt werden:

---

[9] Vgl. Kruschwitz L.: Investitionsrechnung, 2009, S. 35.

- **Einzelinvestition**:

  Entscheidungsregel: Führen Sie die Investition durch, wenn ihre Rentabilität höher oder zumindest gleich hoch wie die geforderte Mindestverzinsung ist.

- **Auswahlproblem**:

  Entscheidungsregel: Wählen Sie die Investition mit der maximalen (durchschnittlichen) Rentabilität, wobei die Rentabilität höher oder gleich hoch wie die geforderte Mindestverzinsung ist.

- **Ersatzproblem**:

  Beim Ersatzproblem geht es um die Frage der zusätzlichen Kostenersparnis. Bei der Berechnung der Rentabilität wird der Gewinn (vor Zinsen) eines Zeitabschnitts (ZA) oder die Kostenersparnis auf das durchschnittlich eingesetzte Kapital bezogen.

Das sollten Sie sich merken:

Die Rentabilität entspricht der Verzinsung des durchschnittlich eingesetzten Kapitals in einer Abrechnungsperiode.

Die durchschnittliche jährliche Verzinsung des eingesetzten Kapitals lässt sich wie folgt ermitteln:

$$RE = \frac{G}{D} \times 100 = \frac{E - K}{D} \times 100 \text{ oder } \frac{\text{durchschnittliche Kostenersparnis}}{D} \times 100$$

RE	= Rentabilität
G	= Durchschnittsgewinn (€/Periode) vor Zinsen
E	= Erlöse (€/Periode)
K	= Kosten (€/Periode)
D	= durchschnittlich gebundenes Kapital (durchschnittlicher Kapitaleinsatz)

Um den **Gewinn vor kalkulatorischen Zinsen** zu berechnen, werden — wie oben erläutert — die kalkulatorischen Zinsen nicht berücksichtigt. Nur wenn man den Gewinn vor Zinsen nimmt, kann man die gesamte Verzinsung des Investitionsobjekts ermitteln.[10] Für die Ermittlung der Rentabilität werden neben dem Gewinn vor Zinsen noch das durchschnittlich gebundene Kapital (durchschnittlicher Kapitaleinsatz) benötigt.

---

[10] Rollwage, N.: Investitionsrechnung, 2. Auflage 2006, S. 15.

Bei der Ermittlung des durchschnittlichen Kapitaleinsatzes ist Folgendes zu beachten:[11]

- **Der durchschnittliche Kapitaleinsatz** ist ein durch die Investition verursachter, zusätzlicher Kapitaleinsatz im Unternehmen, d. h. durch die Investition sind zu den Anschaffungskosten des Investitionsobjekts eventuell noch investitionsbedingte Erweiterungen des Umlaufvermögens (z. B. zusätzliche Fertigungsstoffe) hinzuzurechnen.
- Beim **durchschnittlichen Kapitaleinsatz** ist weiterhin zu beachten, dass
  - **nicht abnutzbare Anlagegüter** — beispielsweise Grundstücke — mit den **gesamten Anschaffungskosten** angesetzt werden, da sie am Ende der Investitionsperiode nicht verbraucht sind,
  - **spezielle**, für die Investition nötige **Umlaufvermögensteile** ebenfalls mit den Anschaffungskosten anzusetzen sind,
  - **abnutzbare Anlagegüter** — beispielsweise Maschinen — mit den **halben Anschaffungs- oder Herstellungskosten** anzusetzen sind.

Das durchschnittlich gebundene Kapital wird bei abnutzbarem Anlagevermögen ohne Liquidationserlös wie folgt berechnet:

$$\text{durchschnittlich gebundenes Kapital (D)} = \frac{\text{Anschaffungskosten}}{2}$$

Das durchschnittlich gebundene Kapital wird bei abnutzbarem Anlagevermögen mit einem Liquidationserlös wie folgt berechnet:

$$\text{durchschnittlich gebundenes Kapital (D)} = \frac{\text{Anschaffungskosten} + \text{Liquidationserlös}}{2}$$

3.1 Einzelinvestition und Auswahlentscheidung

Mit der Rentabilitätsvergleichsrechnung können sowohl Entscheidungen hinsichtlich einer Einzelinvestition als auch Auswahlentscheidungen im Hinblick auf alternative Erweiterungsinvestitionen oder Diversifikationsinvestitionen getroffen werden. Wichtig ist **beim direkten Vergleich** der Investitionsobjekte, dass die Eckdaten **gleich oder ähnlich** sind. Dies betrifft:

---

[11] Olfert, K. und Reichel, C.: Investition, 5. Auflage 2009, S. 92.

- die **Anschaffungskosten** der zu vergleichenden Investitionen,
- die **Nutzungsdauern** der Investitionsobjekte.

Ohne die genannten Voraussetzungen kann kein direkter Vergleich der Investitionsobjekte vorgenommen werden, da andernfalls das Ergebnis verfälscht würde. Es müssen in einem solchen Fall zusätzlich Differenz- oder Ergänzungsinvestitionen in den Vergleich aufgenommen werden, damit die unterschiedlichen Investitionsobjekte miteinander vergleichbar gemacht werden können. Beim Alternativenvergleich ist diejenige Alternative vorteilhaft, die die **größte Verzinsung** des eingesetzten Kapitals in der Abrechnungsperiode verspricht.

▶ **BEISPIEL: Auswahlentscheidung bei wertähnlichen Investitionsobjekten**

Gewinnvergleich pro Periode	Objekt A	Objekt B
Anschaffungskosten (€)	100.000	95.000
Liquidationserlös (Restverkaufserlös) (€)	20.000	15.000
Nutzungsdauer (Jahre)	8	8
Auslastung (Stück/Jahr)	20.000	23.000
Kalkulationszinssatz (%)	10	10
Erlöse (€/Jahr)	110.000	125.000
fixe Betriebskosten (€/Jahr)	5.000	6.000
variable Kosten (€/Jahr)	74.000	85.000
kalkulatorische Abschreibungen (€/Jahr)	10.000	10.000
kalkulatorische Zinsen (€/Jahr)	6.000	5.500
— gesamte Kosten (€/Jahr)	95.000	106.500
= Gewinn nach Zinsen (€/Jahr)	= 15.000	= 18.500
+ kalkulatorische Zinsen (€/Jahr)	+ 6.000	+ 5.500
= Gewinn vor Zinsen (€/Jahr)	= 21.000	= 24.000

Für die Berechnung der Rentabilität werden zu dem Gewinn (nach Zinsen) aus der Gewinnvergleichsrechnung die zuvor als Kosten verrechneten kalkulatorischen Zinsen hinzuaddiert.

Berechnung der Rentabilität:

$$RE = \frac{\text{Gewinn vor kalkulatorischer Zinsen}}{\text{durchschnittlich gebundenes Kapital}} \times 100$$

$$R_A = \frac{15.000\,€ + 6.000\,€}{(100.000\,€ + 20.000\,€) : 2} \times 100 = 35,00\,\%$$

$$R_B = \frac{18.500\,€ + 5.500\,€}{(95.000\,€ + 15.000\,€) : 2} \times 100 = 43,64\,\%$$

Das Investitionsobjekt B ist vorteilhafter als das Investitionsobjekt A, da es eine um 8,64 Prozentpunkte höhere Rentabilität aufweist.

Wie oben bereits erläutert, kann ein direkter Vergleich alternativer Investitionsobjekte nicht vorgenommen werden, wenn die Anschaffungskosten bzw. Nutzungsdauern der Investitionsobjekte nicht gleich sind bzw. nicht nahe beieinanderliegen. Damit die unterschiedlichen Investitionsobjekte miteinander verglichen werden können, wird entweder eine **Differenzinvestition** oder eine **Ergänzungsinvestition** in den Vergleich miteinbezogen. Die Vorgehensweise veranschaulicht das folgende Beispiel.

▶ **BEISPIEL: Auswahlentscheidung bei wertverschiedenen Investitionsobjekten**

Aus den eben genannten Gründen können Investitionsobjekte nur dann sinnvoll miteinander verglichen werden, wenn sie sogenannte **vollständige Alternativen** sind, sich hinsichtlich Investitionssumme und Nutzungsdauer also nicht unterscheiden. Damit vollständige Alternativen entstehen, können beispielsweise zusätzlich **Ergänzungsinvestitionen** bei der Alternative mit der geringeren Investitionssumme getätigt werden.

Das Investitionsobjekt A ist in der Anschaffung um 50.000 € günstiger als das Investitionsobjekt B. Entsprechend „füllt" eine weitere Investition, eine Ergänzungsinvestition in Höhe von 50.000 €, das Investitionsobjekt A auf.

Es liegen die folgenden Informationen vor:

Gewinnvergleich pro Periode	Objekt A	Ergänzungs- investition	Objekt B
Anschaffungskosten (€)	150.000	50.000	200.000
Liquidationserlös (Restverkaufserlös) (€)	30.000	10.000	20.000
Nutzungsdauer (Jahre)	10	10	10
Leistungsabgabe (Stück/Jahr)	22.500	30.000	28.000
Kalkulationszinssatz (%)	10	10	10
Erlöse (€/Jahr)	**67.500**	**26.500**	**82.000**
fixe Betriebskosten (€/Jahr)	12.000	4.000	14.000
variable Kosten (€/Jahr)	27.000	12.000	31.500
kalkulatorische Abschreibungen (€/Jahr)	12.000	4.000	18.000
kalkulatorische Zinsen (€/Jahr)	9.000	3.000	11.000
− **gesamte Kosten (€/Jahr)**	**60.000**	**23.000**	**74.500**
= **Gewinn nach Zinsen (€/Jahr)**	**7.500**	**3.500**	**7.500**
+ kalkulatorische Zinsen (€/Jahr)	9.000	3.000	11.000
Gewinn vor Zinsen (€/Jahr)	**16.500**	**6.500**	**18.500**

Berechnung der Rentabilität der Investitionsobjekte A (inkl. der Ergänzungsinvestition) und B:

$$R_A = \frac{16.500 \, € + 6.500 \, €}{120.000 \, €} \times 100 = 19,17 \, \%$$

$$R_B = \frac{18.500 \, €}{110.000 \, €} \times 100 = 16,82 \, \%$$

Das Investitionsobjekt A ist nach der Zurechnung der Ergänzungsinvestition um 2,35 Prozentpunkte vorteilhafter als das Investitionsobjekt B.

3.2 Ersatzinvestitionsentscheidung

Falls Entscheidungen über Ersatz- bzw. Rationalisierungsinvestitionen zu treffen sind, so geht es um die Frage der zusätzlichen Kostenersparnis. Bei der Rentabilitätsberechnung des Ersatzproblems werden die Minderkosten einer Neuanlage (Kosten der Altanlage abzüglich der Kosten der Neuanlage) durch den Kapitaleinsatz der neuen Anlage dividiert. Die Erlösseite bleibt bei dieser Betrachtung „außen vor", da konstante Erlöse vorausgesetzt werden.

$$RE = \frac{\text{Minderkosten} \, (€ / \text{Jahr})}{\text{durchschnittlicher Kapitaleinsatz}_{neu}} \times 100 = \frac{K_{alt} - K_{neu}}{D_{neu}} \times 100$$

Falls mit dem „alten Investitionsobjekt" ein Liquidationserlös erzielt wird, so ist dieser im Nenner des Bruchs zu berücksichtigen.

$$RE = \frac{\text{Minderkosten} \, (€ / \text{Jahr})}{\dfrac{\text{Anschaffungskosten neue Anlage} + \text{Liquidationserlös der neuen Anlage} - \text{Liquidationserlös der alten Anlage}}{2} + \text{Umlaufvermögen}} \times 100$$

$$RE = \frac{K_{alt} - K_{neu}}{\dfrac{I_{0neu} + L_{neu} - L_{alt}}{2} + UV} \times 100$$

3.3 Beurteilung der Rentabilitätsvergleichsrechnung

Die Rentabilitätsrechnung wird häufig in der Praxis eingesetzt. Der wesentliche **Vorteil** der Rentabilitätsrechnung gegenüber der Kosten- und Gewinnvergleichsrechnung besteht darin, dass die absolute Vorteilhaftigkeit einer Investition ermittelt wird. Sie ermöglicht es, den Gewinn im Verhältnis zum eingesetzten Kapital zu beurteilen. Die **Nachteile** der Gewinnvergleichsrechnung treffen aber auch auf die Rentabilitätsrechnung zu:

- Das Verfahren setzt voraus, dass man den Gewinn genau dem betrachteten Investitionsobjekt zurechnen kann.
- Es wird angenommen, dass der Gewinn in jeder Periode gleich hoch ist.
- Die zeitlichen Unterschiede im Anfall der Kosten, Erlöse und Gewinne werden nicht berücksichtigt.

4 Statische Amortisationsrechnung

Die **Amortisationsrechnung** (Pay-off-, Pay-back-, Kapitalrückflussmethode) ermittelt den Zeitraum, in dem das investierte Kapital über die Rückflüsse (Gewinn + kalkulatorische Abschreibung) wieder in das Unternehmen zurückfließt (Amortisationsdauer). Da bei der Gewinnermittlung die Abschreibungen den Gewinn mindern und nicht zahlungswirksam sind, müssen die Abschreibungen zum Gewinn addiert werden. In der Praxis wird die Amortisationsrechnung bei unterschiedlichen Entscheidungssituationen angewendet:

- **Einzelinvestition:**
  Entscheidungsregel: Die Investition wird durchgeführt, wenn ihre Amortisationszeit niedriger oder zumindest gleich hoch ist wie die maximale geforderte Amortisationszeit: Ist-Amortisationszeit ≤ Soll-Amortisationszeit.
- **Auswahlproblem:**
  Entscheidungsregel: Es wird diejenige Investition gewählt, die die kürzeste Amortisationszeit hat. Wobei die maximal vertretbare Amortisationszeit nicht überschritten werden darf.
- **Ersatzproblem:**
  Entscheidungsregel: Die Investition wird durchgeführt, wenn ihre Amortisationszeit niedriger oder zumindest gleich hoch ist wie die maximale geforderte Amortisationszeit: Ist-Amortisationszeit ≤ Soll-Amortisationszeit.

4.1 Ermittlung der Amortisationszeit bei Einzelinvestition und Auswahlproblem

Im Gegensatz zu den bisher dargestellten statischen Verfahren stellt die Amortisationsrechnung i. d. R. nicht auf Erlöse und Kosten ab, sondern arbeitet mit Ein- und Auszahlungen. Es gibt verschiedene Vorgehensweisen, um die tatsächliche Amortisationszeit eines Objekts zu ermitteln:

- **Durchschnittsrechnung** (Voraussetzung: konstante Rückflüsse) oder
- **Kumulationsrechnung** (schwankende Rückflüsse).

4.1.1 Durchschnittsrechnung

Hier wird das eingesetzte Kapital durch die durchschnittlichen Rückflüsse (durchschnittlicher Gewinn + Abschreibungen) dividiert. Im Falle einer Rationalisierungsinvestition werden für die durchschnittlichen Rückflüsse die durchschnittlichen jährlichen Kostenersparnisse und die jährlichen Abschreibungen angesetzt.

$$\text{Amortisationszeit (t)} = \frac{\text{Kapitaleinsatz }(I_0)}{\text{durchschnittliche Rückflüsse (Gewinn + Abschreibungen)}}$$

t	= Amortisationszeit in Jahren
I_0	= Kapitaleinsatz (Anschaffungswert)

 BEISPIEL: Auswahlproblem — Ermittlung der Amortisationsdauer mit der Durchschnittsrechnung

Für eine Erweiterungsinvestition stehen zwei verschiedene Investitionsobjekte A und B zur Auswahl.

Amortisationsrechnung	Objekt A	Objekt B
Anschaffungskosten (€)	140.000 €	150.000 €
Liquidationserlös (Restverkaufserlös) (€)	20.000 €	30.000 €
Nutzungsdauer (Jahre)	6 Jahre	5 Jahre
kalkulatorische Abschreibungen (€/Jahr)	20.000 €/Jahr	24.000 €/Jahr
durchschnittlicher Jahresgewinn (€/Jahr)	10.000 €/Jahr	12.000 €/Jahr
durchschnittliche Rückflüsse (€/Jahr)	**30.000 €/Jahr**	**36.000 €/Jahr**
Amortisationszeit (Jahre)	**4,67 Jahre**	**4,16 Jahre**

$$\text{Amortisationszeit Objekt A} = \frac{140.000\ €}{10.000\ €\,/\,\text{Jahr} + 20.000\ €\,/\,\text{Jahr}} = 4,67\ \text{Jahre}$$

$$\text{Amortisationszeit Objekt B} = \frac{150.000\ €}{12.000\ €\,/\,\text{Jahr} + 24.000\ €\,/\,\text{Jahr}} = 4,16\ \text{Jahre}$$

Das Investitionsobjekt B ist wegen der kürzeren Amortisationsdauer als vorteilhafter zu bewerten wie das Investitionsobjekt A.

4.1.2 Kumulationsrechnung

Die Kumulationsrechnung hat gegenüber der Durchschnittsrechnung den Vorteil, dass die durchschnittlichen jährlichen Rückflüsse nicht durch einen einzigen Betrag ausgewiesen, sondern die geschätzten Rückflüsse für die einzelnen Jahre getrennt erfasst werden. Zu diesem Zweck wird eine **Erlös- und Kostenplanung durchgeführt**. Außerdem werden unter Berücksichtigung **nicht zahlungswirksamer Erlöse und Kosten** die periodischen Ein- und Auszahlungen und somit der jeweilige Periodenrückfluss ermittelt.

Es werden die jährlichen Rückflüsse während der Nutzungsdauer so lange kumuliert, bis der Wert des Kapitaleinsatzes (Anschaffungswert des Investitionsobjektes) erreicht ist.

▶ **BEISPIEL: Einzelinvestition — Ermittlung der Amortisationszeit mit der Kumulationsrechnung**

Das geplante Investitionsobjekt hat einen Anschaffungswert von **100.000 €**.

	Rückflüsse	
	jährlich	kumuliert
1. Jahr	25.000 €	
2. Jahr	30.000 €	55.000 €
3. Jahr	26.000 €	81.000 €
4. Jahr	26.000 €	**107.000 €**
5. Jahr	30.000 €	137.000 €
6. Jahr	40.000 €	177.000 €
7. Jahr	20.000 €	197.000 €
8. Jahr	18.000 €	215.000 €

Die Amortisationszeit(t) des Investitionsobjektes liegt bei knapp 4 Jahren.
Die genaue Amortisationszeit (t) kann man nach der folgenden Formel berechnen:

$$\text{Amortisationszeit (t)} = n + \frac{I_0 - \sum ZS_i}{ZS} = 3 \text{ Jahre} + \frac{100.000\,€ - 81.000\,€}{26.000\,€} = 3,73 \text{ Jahre}$$

n	= Anzahl der Jahre bis ein Jahr vor Amortisationsdauer
I_0	= Investitionsauszahlung
$\sum ZS_i$	= Summe der Zahlungssalden bis ein Jahr vor Amortisationsdauer
ZS	= Zahlungssaldo im Amortisationsjahr

4.2   Ersatzinvestitionsentscheidung

Das Ersatzproblem tritt bei Ersatz- und Rationalisierungsinvestitionen auf. Um die Amortisationszeit (t) zu bestimmen, wird der (zusätzliche) Kapitaleinsatz ins Verhältnis zu den durchschnittlichen jährlichen Rückflüssen (= jährliche Kostenersparnis + zusätzliche jährliche Abschreibungen des neuen Investitionsobjekts) gesetzt. Zu diesem Zweck muss die Formel zur Berechnung der Amortisationszeit entsprechend angepasst werden:

$$\text{Amortisationszeit (t)} = \frac{\text{zusätzlicher Kapitaleinsatz } (I_0 - L_{alt})}{\text{ersparte Kosten} + \text{zusätzliche Abschreibungen}}$$

▶ **BEISPIEL: Ersatzproblem — Ermittlung der Amortisationsdauer**

Die Anschaffungskosten für ein neues Investitionsobjekt betragen 260.000 €. Das Investitionsobjekt kann 5 Jahre lang genutzt werden und führt zu einer jährlichen Kostenersparnis von 30.000 €. Der Liquidationserlös des alten und des neuen Investitionsobjekts beträgt jeweils 10.000 €.

Es werden zunächst die zusätzlichen Abschreibungen des neuen Investitionsobjektes ermittelt.

$$\text{kalk. Abschreibung} = \frac{I_0 - L_n}{n} = \frac{260.000 \text{ €} - 10.000 \text{ €}}{5 \text{ Jahre}} = 50.000 \text{ € / Jahr}$$

$$\text{Amortisationszeit (t)} = \frac{\text{Anschaffungskosten neues Objekt} - \text{Liquidationserlös altes Objekt}}{\text{Kostenersparnis} + \text{zusätzliche Abschreibung neues Objekt}}$$

$$\text{Amortisationszeit (t)} = \frac{260.000 \text{ €} - 10.000 \text{ €}}{30.000 \text{ € / Jahr} + 50.000 \text{ € / Jahr}} = 3{,}125 \text{ Jahre}$$

Das neue Investitionsobjekt amortisiert sich nach 3,125 Jahren.

Wenn die kalkulatorischen Zinsen die effektiven Fremdkapitalzinsen übersteigen, so ist der übersteigende Betrag der kalkulatorischen Zinsen zusätzlich in den Nenner der Formel aufzunehmen.

$$\text{Amortisationszeit (t)} = \frac{\text{zusätzlicher Kapitaleinsatz } (I_0 - L_{alt})}{\begin{bmatrix} \text{ersparte} \\ \text{Kosten} \end{bmatrix} + \begin{bmatrix} \text{zusätzliche} \\ \text{Abschrei-} \\ \text{bungen} \end{bmatrix} + \begin{bmatrix} \text{über Fremdkapitalzinsen} \\ \text{hinaus verrechnete} \\ \text{kalkulatorische Zinsen} \end{bmatrix}}$$

4.3 Beurteilung der statischen Amortisationsrechnung

Das Verfahren der statischen Amortisationsrechnung liefert als Ergänzung zur Rentabilitätsrechnung **wertvolle Hinweise** für die **Risikoabschätzung** von Investitionsvorhaben. Das Risiko einer Investition ist umso größer, je weiter die Zahlungszeitpunkte in der Zukunft liegen. Je kürzer die Amortisationszeit ist, desto früher wird der Kapitaleinsatz wieder gewonnen, d. h., die mit größerem Risiko behafteten Zahlungen zu späteren Zeitpunkten werden nicht mehr zur Amortisation benötigt.

Bei unterschiedlicher Nutzungsdauer von Investitionsalternativen ist es allerdings wenig sinnvoll, die Investitionsentscheidung ausschließlich auf der Grundlage der Amortisationsrechnung zu treffen. Denn die jährlichen Abschreibungen hängen wesentlich von der Nutzungsdauer ab und beeinflussen so die Amortisationsdauer deutlich. Auch diesem Verfahren haftet bei der Durchschnittsrechnung die Schwäche an, dass der zeitliche Anfall von Zahlungen nicht berücksichtigt wird.

Nachteile der statischen Amortisationsrechnung:[12]

- Es gibt keine Wirtschaftlichkeitsbetrachtung, es wird nur die Kapitalbindungsdauer betrachtet.
- Die **Rückflüsse**, die dem Unternehmen **nach der Amortisationszeit** zufließen, werden außer Acht gelassen. Unterschiedliche Weiterentwicklungen der Investitionsobjekte nach dem Amortisationszeitpunkt unterliegen nicht der Beurteilung. Dies kann zu Fehlentscheidungen führen.
- Die Nutzungsdauern verschiedener Investitionsobjekte können unterschiedlich sein. Die Amortisationsmethode **zieht** immer **kurzfristigere Investitionen** den **längerfristigen Investitionen vor**. Diese Benachteiligung kann zu strategischen Fehlurteilen führen. Eine langfristig ausgelegte Planung wird stark zugunsten einer operativen Hektik behindert.

---

[12] Olfert, K. und Reichel C.: Investition, 2009, S. 180.

5 Aussagefähigkeit der statischen Verfahren

Investitionsprojekte erstrecken sich normalerweise über mehrere Planungsperioden. Die Verfahren der statischen Investitionsrechnung sind aber (mit Ausnahme der Amortisationsrechnung bei Anwendung der Kumulationsrechnung) **einperiodige Modelle**. Das heißt, die gesamte Nutzungsdauer einer Investition wird auf die **Durchschnittsperiode** verdichtet. Diese nur einperiodige Betrachtungsweise hat zur Folge, dass zeitliche Unterschiede im Auftreten von Einzahlungen und Auszahlungen nicht oder nur unvollständig berücksichtigt werden. Tatsächlich ist es aber so, dass der Gegenwartswert zukünftiger Zahlungen aufgrund von Zinseszinseffekten nicht nur von deren nomineller Höhe, sondern auch vom Zeitpunkt ihres Anfalls abhängt. Um dies abzubilden, sind die dynamischen Verfahren besser geeignet.

Die **größten Nachteile** der statischen Investitionsrechnungen liegen in:

- der **kurzfristigen Betrachtungsweise** — oft wird in der Regel nur das erste Jahr nach der Investition betrachtet und als Durchschnitt für die ganze Nutzungsdauer verwendet,
- der **Nichtberücksichtigung** des **zeitlichen Anfalls** von **Ein- und Auszahlungen,**
- der Verwendung von Durchschnittsgrößen, dadurch ergeben sich allenfalls approximative Lösungen.

Die kurzfristige Betrachtung unterstellt für einen längeren Zeitraum konstante Verhältnisse (Rohstoffpreise, Löhne, Ausbringungsmenge, Erlöse etc.), die in der Praxis teilweise aber hohen Schwankungen unterliegen. Werden nicht lediglich die durchschnittlichen Zahlungen berücksichtigt, sondern wird stattdessen auch die zeitliche Dimension der in den einzelnen Jahren erfolgenden Zahlungen betrachtet, kann das dazu führen, dass sich die Rangordnung der nach statischen Gesichtspunkten beurteilten Alternativen erheblich verändert. Die generelle Aussagefähigkeit statischer Verfahren ist demnach umso geringer, je stärker Ein- und Auszahlungsstruktur der Investitionsalternativen differieren und je weniger man von konstanten Verhältnissen in der Zukunft ausgehen kann. Sehr langlebige Investitionsobjekte lassen sich daher besonders schwer mithilfe der statischen Verfahren beurteilen.

! | **HINWEIS:**

Damit Sie Ihr Wissen prüfen und vertiefen können, finden Sie bei den Arbeitshilfen online eine Reihe von Übungsaufgaben mit ausführlichen Lösungen. Die
Aufgaben sind genau auf dieses Kapitel zugeschnitten.

Dynamische Verfahren der Investitionsrechnung

Das folgende Kapitel erläutert, welche dynamischen Verfahren der Investitionsrechnung es gibt, wie sie funktionieren und für welche Ausgangssituationen Sie
sich eignen.

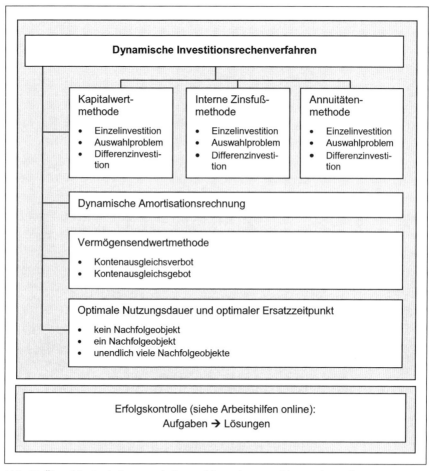

Abb. 29: Übersicht Kapitel „Dynamische Verfahren der Investitionsrechnung"

Einführung

Die **dynamischen Investitionsrechenverfahren** sind **aussagekräftiger** als statische Investitionsvergleichsrechnungen, da sie den unterschiedlichen **zeitlichen Anfall** der investitionsbedingten **Einzahlungen** und **Auszahlungen** inklusive der Zinseszinsen über alle Perioden (meistens mehrere Jahre) berücksichtigen.

Für einen Investor ist es wichtig zu wissen, wann die Zahlungen erfolgen. Bei den dynamischen Verfahren werden die Ein- und Auszahlungen je nach zeitlichem Anfall unterschiedlich bewertet. Je früher beispielsweise eine Einzahlung (Zufluss von Zahlungsmitteln in Form von Bar- oder Buchgeld) erfolgt, desto mehr ist sie wert. Die Einzahlungen und Auszahlungen (Zahlungsmittelabflüsse in Form von Bargeld oder Sichtguthaben), die im Laufe der Nutzungsdauer eines Investitionsobjekts zeitlich nacheinander anfallen, sind nur vergleichbar, wenn sie auf einen gemeinsamen Bezugszeitpunkt auf- oder abgezinst (diskontiert) werden. Dabei wird eine zinseszinsliche Verzinsung der Zahlungen unterstellt. Der Bezugszeitpunkt liegt stets am Beginn des Investitionsvorhabens.

Kennzeichen der dynamischen Investitionsrechenverfahren sind:

- Sie basieren auf Ein- und Auszahlungen. Einzahlungen resultieren aus den Erlösen für die erbrachten Leistungen des Unternehmens — den Erzeugnissen — sowie den Erlösen aus der Liquidation der Investitionsobjekte. Auszahlungen werden durch die Anschaffung oder die Herstellung der Investitionsobjekte, aber auch durch die laufenden Ausgaben (z. B. für Instandsetzungen, Wartungsverträge, Versicherungen, Energiekosten etc.) für die Investitionsobjekte verursacht. Dabei werden bei den Zahlungen aber Zinszahlungen nicht berücksichtigt, da eine Abzinsung bereits durch die dynamischen Investitionsrechenverfahren erfolgt. Nicht-zahlungswirksame Erfolgsgrößen wie z. B. Abschreibungen gehen ebenfalls nicht in die Zahlungsreihe ein.
- Die Ein- und Auszahlungen beziehen sich auf die gesamte Nutzungsdauer des Investitionsobjekts.
- Alle Ein- und Auszahlungen, die zu unterschiedlichen Zeitpunkten anfallen, werden miteinander vergleichbar gemacht. Dies geschieht durch Auf- und Abzinsung (Diskontierung) auf einen Bezugszeitpunkt, in der Regel liegt der

Bezugszeitpunkt zu Beginn der Investition (t_0 = Zeitpunkt der Investitionsauszahlung). Die Auf- und Abzinsung erfolgt durch einen einheitlichen Zinssatz.

- Der Barwert einer Zahlung wird durch Abzinsung (Diskontierung) ihres Zeitwertes auf den Bezugszeitpunkt t_0 ermittelt.

- Es wird ein vollkommener Kapitalmarkt unterstellt, d. h., der Sollzinssatz entspricht dem Habenzinssatz. Beim Kalkulationszinssatz (i) wird also nicht zwischen Eigen- und Fremdkapital unterschieden.

- Um den **Kalkulationszinssatz (i) festzulegen**, orientiert man sich zur Ermittlung der Vorteilhaftigkeit von Investitionen an folgenden Zinsen:
  — Kapitalmarktzins,
  — Branchenzins,
  — Unternehmenszins.[1]

Die Anwendung der dynamischen Investitionsrechenverfahren ist an folgende Voraussetzungen geknüpft:[2]

- Die Zahlungsfolge ist bekannt.
- Alle Zahlungen können einem Investitionsobjekt direkt zugeordnet werden.
- Bei den Auszahlungen werden die **Abschreibungen und Zinsen nicht berücksichtigt**. Die Abschreibungen sind nicht anzusetzen, da sie Aufwendungen, aber keine Auszahlungen darstellen und bereits in den Anschaffungsausgaben für das Investitionsobjekt erfasst sind. Die Zinsen werden über den Kalkulationszinssatz (i) erfasst.
- Die Rückflüsse (Einzahlungen minus Auszahlungen) einer Investition fallen am Ende der betreffenden Periode (Jahr) an. Die Anschaffungsauszahlung fällt am Ende derjenigen Periode an, die der ersten Periode der betrachteten Nutzungsdauer vorausgeht (Periode t = 0).
- Es wird die Existenz eines **vollkommenen Kapitalmarktes** und ein einheitlicher Kalkulationszinssatz (i) unterstellt.

---

[1] Olfert K. und Reichel C.: Kompakt-Training Investition, 5. Auflage 2009, S. 64.

[2] Schulte, G.: Investition, 2. Auflage 2007, S. 95.

1 Kapitalwertmethode

Die Kapitalwertmethode beurteilt die Vorteilhaftigkeit einer Investition nach der Höhe ihres Kapitalwerts. Der Kapitalwert ist der Gegenwartswert (Barwert) des Zahlungsstroms einer Investition, wobei alle durch eine Investition verursachten Ein- und Auszahlungen auf einen bestimmten Zeitpunkt, in der Regel auf den Zeitpunkt der Inbetriebnahme der Investition, mit dem Kalkulationszinssatz (i) diskontiert (abgezinst) werden. Dabei wird unterstellt, dass die Rückflüsse (Einzahlungen minus Auszahlungen) jeweils am Ende des Jahres realisiert werden.

Der Kalkulationszinssatz (i) stellt die vom Investor geforderte Mindestverzinsung des in der Investition gebundenen Kapitals dar.

Der Kapitalwert (C_0) wird durch Addition aller diskontierten Rückflüsse (R_t) (= Einzahlungen der Periode t minus Auszahlungen der Periode t) und des diskontierten Liquidationserlöses/-aufwands (L_n) abzüglich der Investitionsauszahlung (I_0) berechnet.

Der Kapitalwert (C_0) wird mit folgender Formel berechnet:

$$C_0 = -I_0 + \frac{R_1}{q} + \frac{R_2}{q^2} + \ldots + \frac{R_n}{q^n} \pm \frac{L_n}{q^n} \quad \text{bzw.} \quad C_0 = -I_0 + \sum_{t=1}^{n} \frac{R_t}{q^t} \pm \frac{L_n}{q^n}$$

C_0	= Kapitalwert im Zeitpunkt 0 (€)
R_t	= Rückflüsse (in den verschiedenen Jahren (€/Jahr)
L_n	= Liquidationserlös bzw. Liquidationsaufwand im n-ten Jahr (€)
q	= 1 + i, wobei i = Zinssatz (dezimal)
t	= einzelne Perioden von 0 bis n
n	= Nutzungsdauer des Investitionsobjekts (Jahre)
I_0	= Investitionsauszahlung im Zeitpunkt 0 (Anschaffungskosten in €)

Die Entscheidungsregel der Kapitalwertmethode besagt, dass eine Investition dann als vorteilhaft zu beurteilen ist, wenn ihr Kapitalwert positiv ist, d. h., wenn die Verzinsung des durch das Investitionsvorhaben gebundene Kapital höher ist als der Kalkulationszinssatz (i) einer imaginären Nicht-Investition, bei welcher der gesamte Investitionsbetrag zu diesem vorgegeben Kalkulationszinssatz angelegt wird.[3] Ist der Kapitalwert gleich null, besagt dies, dass der Investor sein eingesetztes Kapital zurückerhält und dabei auf seine eingesetzten Beträge die geforderte

---

[3] Mensch, G.: Investition, 2002, S. 76.

Mindestverzinsung, die durch den Kalkulationszinssatz (i) ausgedrückt wird, erhält. Ist der Kapitalwert größer null, so erhält der Investor zusätzlich über die geforderte Mindestverzinsung (i) hinaus noch einen **Vermögenszuwachs**, dessen Barwert (= Gegenwartswert) dem Kapitalwert (C_0) entspricht.

Ist der Kapitalwert (C_0) dagegen negativ, wird nur eine Verzinsung unterhalb des Kalkulationszinssatzes (i) erreicht und die Investition lohnt sich nicht. Nach der Kapitalwertmethode ist eine Investition umso vorteilhafter, je höher bei einem vorgegebenen Kalkulationszinssatz (i) der Kapitalwert (C_0) ist.

Das sollten Sie sich merken:

Eine Investition sollte dann **realisiert** werden, wenn sie einen **positiven Kapitalwert (C_0 > 0)** hat. Zu wählen ist das Investitionsobjekt mit dem **höchsten positiven Kapitalwert (C_0)**. Es gilt:

- positiver Kapitalwert (C_0 > 0): Die Investition ist vorteilhaft, da die Effektivverzinsung des Investitionsobjekts höher ist als die geforderte Mindestverzinsung des Investors.
- Kapitalwert gleich null (C_0 = 0): Die vorgegebene Mindestverzinsung wird exakt erreicht, d. h. die diskontierten Cashflows (Einzahlungsüberschüsse) decken die Investitionsausgabe. Daher ist die Investition immer noch positiv zu beurteilen, außer es stünde eine Investitionsalternative zur Auswahl, die einen höheren Kapitalwert aufweist.
- negativer Kapitalwert (C_0 < 0): Die geforderte Mindestverzinsung wird nicht erreicht, d. h. die Verzinsung ist geringer als die geforderte Mindestverzinsung und die Investitionsauszahlung wird nicht wiedergewonnen. Das bedeutet die Investition ist nicht vorteilhaft.

Einflussgrößen auf den Kapitalwert

Die Höhe des Kapitalwerts und somit die Vorteilhaftigkeit einer Investition wird beeinflusst durch:

- die Höhe des Kalkulationszinssatzes (i),
- die zeitliche Verteilung der Zahlungen und
- den Saldo der (nominellen) Zahlungsreihe (Höhe der Ein- und Auszahlungen).

Ein höherer Kalkulationszinssatz (i) führt immer zu einem geringeren Kapitalwert (C_0), da größere Anteile der Rückflüsse für die Verzinsung verwendet werden. Dies geht zulasten der barwertigen Rückflüsse (Einzahlungsüberschüsse), die die Höhe des Kapitalwerts beeinflussen.

Der Kapitalwert nimmt mit steigenden Einzahlungen und sinkenden Auszahlungen zu. Unterschiede in der zeitlichen Verteilung der Ein- und Auszahlungen wirken sich über den **Abzinsungseffekt** auf den Kapitalwert aus. Je **früher** die **Einzahlungen** stattfinden, desto „**wertvoller**" sind sie. Kommt es schon früh zu Rückflüssen, so werden diese Einzahlungen in einem geringeren Ausmaß abgezinst, als wenn sie zu späteren Zeitpunkten anfallen würden.

1.1 Einzelinvestition

Mithilfe der Kapitalwertmethode kann die Vorteilhaftigkeit einer Einzelinvestition beurteilt werden. Für die Einzelinvestition bei unterschiedlich hohen Rückflüssen kann die Grundformel der Kapitalwertmethode, die Sie bereits kennen, benutzt werden:

$$C_0 = -I_0 + \frac{R_1}{(1+i)^1} + \frac{R_2}{(1+i)^2} + \dots + \frac{R_n}{(1+i)^n} \pm \frac{L_n}{(1+i)^n}$$

$$\text{bzw.} \ C_0 = -I_0 + \sum_{t=1}^{n} \frac{R_t}{(1+i)^t} \pm \frac{L_n}{(1+i)^n}$$

▶ **BEISPIEL: Einzelentscheidung bei jährlich unterschiedlichen Rückflüssen**

Sie sollen entscheiden, ob das folgende Investitionsobjekt beschafft werden soll oder nicht. Das Investitionsobjekt kostet 140.000 € und ist 5 Jahre nutzbar. Der Kalkulationszinssatz (i) wird mit 6 % angesetzt.
Für die Berechnung des Kapitalwertes (C_0) liegen folgende Daten in tabellarischer Form vor:

Jahr	Einzahlungen	Auszahlungen	Rückflüsse	Abzinsungs- faktor (6 %)	barwertige Rückflüsse
	(a)	(b)	(c) = (a) — (b)	(d)	(e) = (c) x (d)
1	120.000 €	75.000 €	45.000 €	0,943396	42.452,83 €
2	105.000 €	70.000 €	35.000 €	0,889996	31.149,88 €
3	110.000 €	70.000 €	40.000 €	0,839619	33.584,77 €
4	105.000 €	65.000 €	40.000 €	0,792094	31.683,75 €
5	100.000 €	80.000 €	20.000 €	0,747258	14.945,16 €
= Summe					153.816,39 €
— Anschaffungskosten (Investitionsbetrag)					— 140.000,00 €
= Kapitalwert (C_0)					**= 13.816,39 €**

Die Investition ist **vorteilhaft**, da der **Kapitalwert (C_0) positiv** ist, d. h.

- die effektive Verzinsung der Investition ist höher als der Kalkulationszinssatz von 6 %,
- die Investition erwirtschaftet einen über die Anschaffungsauszahlung und die Verzinsung hinausgehenden Zahlungsüberschuss mit einem Barwert von 13.816,39 €.

Die nächste Abbildung verdeutlicht grafisch die Abzinsung der Rückflüsse auf den Zeitpunkt t = 0. Hierbei ist gut zu erkennen, dass spätere Rückflüsse weniger werthaltig sind als frühzeitige Rückflüsse.

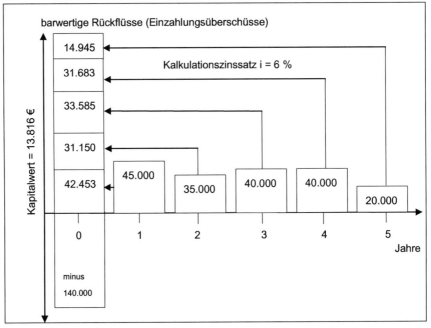

Abb. 30: Darstellung der Unterschiede zwischen den nominellen und den barwertigen Rückflüssen

Neben der tabellarischen Berechnung kann der Kapitalwert dieses Beispiels mit der schon bekannten Kapitalwertformel wie folgt berechnet werden:

$$C_0 = -I_0 + \sum_{t=1}^{n} \frac{R_t}{(1+i)^t}$$

$$C_0 = -140.000\ € + \frac{45.000\ €}{(1+0,06)^1} + \frac{35.000\ €}{(1+0,06)^2} + \frac{40.000\ €}{(1+0,06)^3} + \frac{40.000\ €}{(1+0,06)^4} + \frac{20.000\ €}{(1+0,06)^5} =$$

$$= +13.816,39\ €$$

Berechnung des Kapitalwerts mit einem Tabellenkalkulationsprogramm

Der Kapitalwert (C_0) kann auch sehr bequem mit einem Tabellenkalkulationsprogramm berechnet werden. Dazu erstellen Sie ganz einfach eine Tabelle mit den Ein- und Auszahlungen der Investition. Es werden die Daten des obigen Beispiels verwendet.

Den Kapitalwert kann man beispielsweise mit dem Tabellenkalkulationsprogramm MS-Excel (deutschsprachige Version) berechnen, indem man in der Multifunktionsleiste die Befehlsregisterkarte **„Formeln"** aktiviert, anschließend in der Gruppe **„Funktionsbibliothek"** auf die Schaltfläche **Funktionen einfügen** klickt und in der Liste **Kategorien auswählen** die Funktion **„NBW"** anklickt. Mit der finanzmathematische Funktion „NBW" (Zins, Wert 1, Wert 2 ...) kann man den Kapitalwert anhand einer Reihe von Zahlungen, die in regelmäßigen Abständen z. B. monatlich oder jährlich anfallen, berechnen. Siehe dazu die Tabelle unten:

Tabellarische Aufbereitung mit den Excel-Befehlen:

	Spalte A	Spalte B	Spalte C	Spalte D
Zeile 1	Kalkulationszinssatz (i)		0,06	
Zeile 2	Jahr	Auszahlungen	Einzahlungen	Rückflüsse
Zeile 3	0	140.000 €	0 €	= (C3 — B3)
Zeile 4	1	0 €	45.000 €	= (C4 — B4)
Zeile 5	2	0 €	35.000 €	= (C5 — B5)
Zeile 6	3	0 €	40.000 €	= (C6 — B6)
Zeile 7	4	0 €	40.000 €	= (C7 — B7)
Zeile 8	5	0 €	20.000 €	= (C8 — B8)
Zeile 9	**Kapitalwert**			= NBW (C1; D4:D8) +D3

Ermittlung des Kapitalwerts bei gleichbleibend hohen Rückflüssen

Wenn sich die Zahlungsreihe aus **Rückflüssen (Einzahlungsüberschüssen)** in **gleicher Höhe** zusammensetzt, kann der Kapitalwert (C_0) einfacher mit dem **Rentenbarwertfaktor (RBF)** ermittelt werden. Die Formel für den Rentenbarwertfaktor lautet:

$$\text{Rentenbarwertfaktor (RBF)} = \frac{q^n - 1}{q^n \times i} = \frac{(1+i)^n - 1}{(1+i)^n \times i}$$

Der Kapitalwert (C_0) einer Investition bei Rückflüssen (R) in gleicher Höhe und einem Liquidationserlöse/-aufwand (L_n) lässt sich mit folgender Formel ermitteln:

$$\text{Kapitalwert } (C_0) = -I_0 + R \times \frac{q^n - 1}{q^n \times i} \pm \frac{L_n}{q^n}$$

▶ **BEISPIEL: Einzelinvestitionsentscheidung bei jährlich gleich hohen Rückflüssen**

Ein Investitionsobjekt kostet 350.000 € und ist 5 Jahre nutzbar. Der Kalkulationszinssatz (i) beträgt 10 % und die jährlich gleichbleibenden Rückflüsse (R) betragen 90.000 €. Am Ende der Nutzungsdauer wird mit einem Liquidationserlös (L_n) von 35.000 € gerechnet. Ist diese Investition vorteilhaft?

$$\text{Kapitalwert } (C_0) = -I_0 + R \times \frac{q^n - 1}{q^n \times i} + \frac{L_n}{q^n}$$

$$\text{Kapitalwert } (C_0) = -350.000\,€ + 90.000\,€ \times \frac{1,1^5 - 1}{1,1^5 \times 0,1} + \frac{35.000\,€}{1,1^5} = 12.903\,€$$

Diese Investition lohnt sich bei einer geforderten Mindestverzinsung von 10 %, da der Kapitalwert positiv ist.

1.2 Auswahl alternativer Investitionsobjekte

In der betrieblichen Praxis sind nicht nur Einzelinvestitionen zu beurteilen, sondern es kommt sehr häufig vor, dass unter mehreren alternativen Investionsobjekten das günstigere oder günstigste ausgewählt werden muss. Die Voraussetzung für einen Alternativenvergleich bei mehreren Investitionsobjekten ist, dass es sich um sogenannte „vollständige Alternativen" handelt. Ein Vergleich ist demnach problemlos möglich, wenn die Anschaffungsauszahlungen und die Nutzungsdauer der zur Auswahl stehenden Investitionsobjekte gleich sind. Dabei wird die Alternative mit dem größten positiven Kapitalwert als die Vorteilhafteste angesehen. Eine Alternative ist absolut vorteilhaft, wenn ihr Kapitalwert größer null ist ($C_0 \geq 0$).

Bei einem Auswahlproblem mit zwei alternativen Investitionsobjekten A und B gilt daher:

$$C_{0A} \geq \text{ oder } \leq C_{0B}$$

Man entscheidet sich für das Investitionsobjekt, das den höchsten positiven Kapitalwert (C_0) aufweist.

▶ **BEISPIEL: Kapitalwert bei Auswahlproblem**

Es werden zwei alternative Investitionsobjekte A und B miteinander verglichen. Die Anschaffungsauszahlung (I_0) der beiden alternativen Investitionsobjekte A und B betragen jeweils 140.000 € und haben eine Nutzungsdauer (n) von jeweils 5 Jahren. Der Kalkulationszinssatz (i) beträgt 6 %. Die jährlichen Ein- und Auszahlungen sind der folgenden Tabelle zu entnehmen.

Jahr	Abzinsungsfaktor für 6 %	Investitionsobjekt A in €				Investitionsobjekt B in €			
		Einzahlungen	Auszahlungen	Rückflüsse	barwertige Rückflüsse	Einzahlungen	Auszahlungen	Rückflüsse	barwertige Rückflüsse
	a	b	c	d = a - b	e = d x a	f	g	h = f - g	i = h x f
1	0,943396	120.000	75.000	45.000	42.453	150.000	105.000	45.000	42.453
2	0,889996	105.000	70.000	35.000	31.150	145.000	100.000	45.000	40.050
3	0,839619	110.000	70.000	40.000	33.585	135.000	110.000	25.000	20.990
4	0,792094	105.000	65.000	40.000	31.683	140.000	105.000	35.000	27.723
5	0,747258	100.000	80.000	20.000	14.945	140.000	110.000	30.000	22.418
= Summe					153.816				153.634
— Anschaffungswert					140.000				140.000
= Kapitalwert					13.816				13.634

Die Kapitalwerte der beiden Investitionsalternativen A und B können Sie auch mit der Ihnen schon bekannten Kapitalwertformel berechnen:

$$C_0 = -I_0 + \sum_{t=1}^{n} \frac{R_t}{(1+i)^t}$$

$$C_{0A} = -140.000\,€ + \frac{45.000\,€}{(1+0,06)^1} + \frac{35.000\,€}{(1+0,06)^2} + \frac{40.000\,€}{(1+0,06)^3} + \frac{40.000\,€}{(1+0,06)^4} + \frac{20.000\,€}{(1+0,06)^5} = +13.816\,€$$

$$C_{0B} = -140.000\,€ + \frac{45.000\,€}{(1+0,06)^1} + \frac{45.000\,€}{(1+0,06)^2} + \frac{25.000\,€}{(1+0,06)^3} + \frac{35.000\,€}{(1+0,06)^4} + \frac{30.000\,€}{(1+0,06)^5} = +13.634\,€$$

Das Investitionsobjekt A ist vorteilhafter als das Investitionsobjekt B, da es einen um 182 € höheren Kapitalwert aufweist.

1.3 Bildung vollständiger Alternativen mittels Differenzinvestitionen

Falls die Anschaffungskosten und/oder die Nutzungsdauer der zu vergleichenden Investitionsobjekte unterschiedlich sind, handelt es sich nicht um „vollständige Alternativen" und die Objekte lassen sich nicht unmittelbar miteinander vergleichen. In einem solchen Fall sollte unbedingt eine Vergleichbarkeit geschaffen werden. Die Vergleichbarkeit wird erreicht, indem die Differenzbeträge für die Anschaffungsauszahlung und die der laufenden Mittelrückflüsse ermittelt und als Differenzinvestition (fiktive Investition) oder als Ergänzungsinvestition (reale Investition) dargestellt wird.

Differenzinvestition

Eine Differenzinvestition ist eine fiktive Investition. Die Zahlungsreihe der Differenzinvestition ergibt sich aus der Differenz der Zahlungsreihe zweier, alternativ durchführbarer Investitionen. Damit die Differenzinvestition die Eigenschaft einer Investition hat, sollte so saldiert werden, dass ihre Zahlungsreihe mit einer Auszahlung beginnt. Der Kapitalwert der Differenzinvestition (C^D_0) entspricht der Differenz der Kapitalwerte der beiden Investitionsobjekte. Beim Vergleich **absolut vorteilhafter** Investitionsvorhaben ist es möglich, sich bei der Auswahl auf die Betrachtung der Differenzen zu beschränken.[4] Der Kapitalwert der Differenzinvestition (C^D_0) für zwei Investitionsobjekte A und B, von denen A die höhere Anschaffungsauszahlung aufweist, kann wie folgt ermittelt werden:

$$C^D_0 = C_{0A} - C_{0B} = -I^D_0 + \sum_{t=1}^{n} \frac{R_{tA} - R_{tB}}{q^t}$$

C^D_0	= Kapitalwert der Differenzinvestition
C_{0A}	= Kapitalwert des Investitionsobjektes A
C_{0B}	= Kapitalwert des Investitionsobjektes B
R_t	= Rückflüsse zum Zeitpunkt t
I^D_0	= Anschaffungsauszahlungen der Differenzinvestition

---

4 Clausius, E.: Betriebswirtschaftslehre II, 2000, S. 220.

Ergänzungsinvestition

Die Ergänzungsinvestition ist eine reale Anlage- oder Finanzinvestition, die in Ergänzung zu einer Investition durchzuführen ist, um diese mit einer zweiten, alternativen Investition vergleichbar zu machen. Eine vollständige Vergleichbarkeit von zwei unterschiedlichen Investitionsobjekten erfordert in jedem Zahlungszeitpunkt eine Ergänzungsinvestition in Höhe der Differenz der Nettozahlungen.[5] Falls sich zwei Investitionsalternativen A und B in der Höhe ihrer Anschaffungsauszahlung unterscheiden, wobei die Anschaffungsauszahlung von Investition B geringer ist als die von Investition A, so muss — um die Vergleichbarkeit herzustellen — bei der Investition B eine Ergänzungsinvestition C in Höhe der Differenz zur Anschaffungsauszahlung der Investition A berücksichtigt werden.

1.3.1 Gleiche Nutzungsdauer, aber unterschiedlicher Kapitaleinsatz

Damit zwei alternative Investitionsobjekte A und B mit unterschiedlich hohen Anschaffungsauszahlungen miteinander vergleichbar sind, nutzt man die **Differenzinvestition (C_0^D) als Entscheidungsglied**. Es wird angenommen, dass das Investitionsobjekt A die höheren Anschaffungsauszahlungen verursacht.

Zunächst muss der Kapitalwert der Differenzinvestition berechnet werden. Anschließend wird zu diesem Betrag der Kapitalwert der Investitionsalternative C_{0B} mit dem kleineren Kapitaleinsatz hinzuaddiert. Diese Summe wird dann mit dem Kapitalwert der Investitionsalternative C_{0A} mit dem höheren Kapitaleinsatz verglichen. Welche Investitionsalternative vorteilhafter ist, hängt vom Ergebnis dieses Vergleichs ab:

wenn: $C_{0A} > C_{0B} + C_0^D$ → Alternative A ist besser als B

wenn: $C_{0A} < C_{0B} + C_0^D$ → Alternative B ist besser als A

wenn: $C_{0A} = C_{0B} + C_0^D$ → Alternative A und B sind gleichwertig

Nimmt man an, dass die Differenzinvestition (I^D) exakt zum Kalkulationszinsfuß (i) investiert werden kann, d. h. die effektive Verzinsung gerade dem Kalkulationszinssatz (i) entspricht, dann ist der Kapitalwert der Differenzinvestition (C_0^D) = 0.

---

[5] Blohm, H. et al.: Investition, 9. Auflage, 2006, S. 49.

Falls dies zutrifft, **braucht diese Differenzinvestition** beim Vergleich der Alternativen A und B **nicht berücksichtigt zu werden**, da ja ihr Kapitalwert C^D_0 = 0 ist. Man kann in diesem Fall Investitionsobjekt A und Investitionsobjekt B **explizit** direkt miteinander vergleichen, trotz des unterschiedlichen Kapitaleinsatzes.

Hierbei wird aber **vorausgesetzt**, dass die Kapitalbindungsdifferenzen auf dem freien Markt den Kalkulationszinssatz (i) erwirtschaftet werden können. Das ist aber realitätsfremd und macht die in diesem Falle einfache Kapitalwertmethode in der Praxis eigentlich nicht anwendbar. Denn beispielsweise eine Finanzanlage zu ausschließlich einem bestimmten effektiven Zins, der gerade auch noch mit dem Kalkulationszinsfuß (i) übereinstimmt, zu tätigen, erscheint schon ein wenig utopisch.

Daher muss man normalerweise davon ausgehen, dass die effektive Verzinsung der Differenzinvestition (I^D) vom Kalkulationszinssatz (i) abweicht, also nicht dem Effektivzinssatz entspricht und damit auch der Kapitalwert der Differenzinvestition (C^D_0) ≠ 0 ist. Infolgedessen muss man den Kapitalwert der Differenzinvestition (C^D_0) bestimmen und als Entscheidungsglied heranziehen.

Vorgehensweise bei der Entscheidung mithilfe der Differenzinvestition

Zunächst **bildet** man die **Differenz der Investitionssumme,** die Differenzen der jährlichen Rückflüsse (Einzahlungsüberschüsse) und bestimmt den Kapitalwert der Differenzinvestition (C^D_0). Als Nächstes überlegt man, ob bei der Realisierung des preiswerteren Investitionsobjekts die noch freien Finanzmittel einen Kapitalwert in Höhe des errechneten Differenzkapitalwertes (C^D_0) erwirtschaften oder nicht. Falls diese geforderte Mindestsumme überschritten wird, ist die preiswertere Alternative zu bevorzugen, ansonsten die teurere Alternative.

Führt man den **Vergleich implizit** durch, d. h. anhand des **Kapitalwerts der Differenzinvestition**, wobei die Investition A (I_{0A}) den höheren und die Investition B (I_{0B}) den niedrigeren Kapitaleinsatz hat, dann lautet das **Vorteilskriterium:**

Die Investition A (I_{0A}) ist besser als die Investition B (I_{0B}), wenn **der Kapitalwert der Differenzinvestition (C^D_0) positiv ist, d. h., wenn C^D_0 > 0 gilt.** Dabei wird vorausgesetzt, dass die Zahlungen der Investition mit der geringeren Anschaffungsauszahlung (= Investition B) von den Zahlungen der Investition mit der höheren Anschaffungsauszahlung (= Investition A) abgezogen werden.

▶ **BEISPIEL: Impliziter Vergleich zweier Investitionsobjekte mittels der Differenzinvestition**

Die Gentechnologie AG beabsichtigt, eine Investition vorzunehmen. Zwei Investitionsalternativen A und B stehen zur Auswahl. Die Vorteilhaftigkeit wird mittels der impliziten Differenzinvestition ermittelt. Folgende Angaben gelten:

I_{0A}	= 300.000 €
I_{0B}	= 240.000 €
i	= 10 %
n	= 5 Jahre
R_{tA}	= Jahr 1: 60.000 €, Jahr 2: 60.000 €, Jahr 3: 90.000 €, Jahr 4: 120.000 €, Jahr 5: 120.000 €
R_{tB}	= Jahr 1 : 45.000 €, Jahr 2 : 45.000 €, Jahr 3 : 60.000 €, Jahr 4 : 95.000 €, Jahr 5 : 85.000 €

n	Rückflüsse der Differen-zinvestition $R^D_t = R_{tA} - R_{tB}$	Abzinsungsfaktor $= \dfrac{1}{q^n} = \dfrac{1}{(1+i)^n}$	barwertige Rückflüsse der Differenzinvestition $= R^D_t \times \dfrac{1}{q^n}$
1	60.000 — 45.000 = 15.000 €	0,909090	13.636,36 €
2	60.000 — 45.000 = 15.000 €	0,826244	+ 12.396,69 €
3	90.000 — 60.000 = 30.000 €	0,751314	+ 22.539,44 €
4	120.000 — 95.000 = 25.000 €	0,683013	+ 17.075,34 €
5	120.000 — 85.000 = 35.000 €	0,620921	+ 21.732,25 €
Rückflüsse der Differenzinvestition (R^D_t)			= 87.380,08 €
— Anschaffungsauszahlung der Differenzinvestiiton (I^D_0)			— 60.000,00 €
= Kapitalwert der Differenzinvestition (C^D_0)			**= 27.380,08 €**

Am Ende der Nutzungsdauer ergibt sich für die Investitionsalternative A ein um 27.380 € höherer barwertiger Rückfluss als für die Investitionsalternative B. **Es ist die Investitionsalternative A zu realisieren, da $C^D_0 > 0$.**

Im letzten Beispiel wurde von der **Prämisse** ausgegangen, dass der Unterschiedsbetrag der Investitionsausgaben als Finanzinvestition **zum Kalkulationszinssatz (i)** getätigt werden kann. Der Alternativenvergleich konnte in diesem Falle anhand des Kapitalwertes der Differenzinvestition (C^D_0) durchgeführt werden.

Es kann aber auch vorkommen, dass der Unterschiedsbetrag effektiv investiert wird (zusätzliche Sach- oder Finanzinvestition) und entsprechende Überschüsse erwirtschaftet werden. In diesem Falle ist der Kapitalwert der Differenzinvestition mit dem Kapitalwert der zusätzlichen Sach- oder Finanzinvestition (Ergänzungsinvestition) zu vergleichen.

Das folgende Beispiel veranschaulicht, wie man mithilfe einer Ergänzungsinvestition (reale Investition) ermittelt, welche von zwei Investitionsalternativen vorteilhafter ist.

▶ **BEISPIEL: Ergänzungsinvestition**

Für die Fertigung stehen zwei alternative Fräsmaschinen **A** und **B** zur Auswahl. Investitionsobjekt **A** hat Anschaffungskosten in Höhe von **120.000 €**, Investitionsobjekt **B** hat Anschaffungskosten in Höhe von **80.000 €**. Der **Unterschiedsbetrag** in Höhe von **40.000 €** wird in eine Ergänzungsinvestition — eine Bohrmaschine — investiert. Der Kalkulationszinssatz (i) ist mit 10 % festgelegt und die Nutzungsdauer beträgt 5 Jahre.

Jahre	Investitionsobjekt A		Investitionsobjekt B		Ergänzungsinvestition	
	Rückflüsse (€)	Barwert (€)	Rückflüsse (€)	Barwert (€)	Rückflüsse (€)	Barwert (€)
1	30.000	27.273	25.000	22.727	10.000	9.091
2	45.000	37.190	25.000	20.661	10.000	8.264
3	40.000	30.053	25.000	18.783	15.000	11.270
4	45.000	30.736	25.000	17.075	20.000	13.660
5	40.000	24.837	20.000	12.418	20.000	12.418
Liqu.erl.	10.000	6.209	5.000	3.105	5.000	3.105

Summe	**156.298**	**94.769**		**57.808**
$- I_0$	$- 120.000$	$- 80.000$		$- 40.000$

= Kapitalwert		**14.769**		**17.808**
	36.298	**32.577**		

Es ist für das Unternehmen vorteilhafter, das Investitionsobjekt A zu wählen, da es einen um 3.721 € (= 36.298 € − 32.577 €) höheren Kapitalwert aufweist als das Investitionsobjekt B einschließlich Ergänzungsinvestition.

1.3.2 Gleicher Kapitaleinsatz und unterschiedliche Nutzungsdauer

Bei einem gleichen Kapitaleinsatz aber unterschiedlicher Nutzungsdauer wird der Rückflussbarwert (R^D_0) bzw. der Kapitalwert der Differenzinvestition (C^D_0) zum Entscheidungskriterium herangezogen. Man muss bei gleichen Anschaffungskosten I_0, aber unterschiedlicher Nutzungsdauer (n) prüfen, inwieweit das eher freigesetzte Kapital der kurzlebigeren Alternative (= Investitionsobjekt B) bis zum Ende der Nutzungsdauer der langlebigeren Alternative (= Investitionsobjekt A) investiert werden kann und wie hoch der Rückflussbarwert (R^D_0) dieser Differenzinvestition ist,

wenn: $C_{0A} > C_{0B} + R^D_0$ → Alternative A besser ist als B,

wenn: $C_{0A} < C_{0B} + R^D_0$ → Alternative B besser ist als A,

wenn: $C_{0A} = C_{0B} + R^D_0$ → Alternative A und B gleichwertig sind.

Die Höhe der Differenzinvestition, die am Ende der Nutzungsdauer der kurzlebigeren Alternative (= Investition B) getätigt werden muss, ist gleich dem Barwert der Rückflüsse jener kurzlebigeren Alternative am Ende ihrer Nutzungsdauer; d. h., es werden die abgezinsten und summierten Rückflusszeitwerte als Differenzinvestition (I^D_t) wieder investiert; nach Ablauf der Nutzungsdauer des kurzlebigeren Projektes steht nämlich zur Verfügung:

- Das investierte Kapital des kurzlebigeren Investitionsobjekts B = $(I_0 - L_n)$
- Der abgezinste und summierte Gesamtgewinn des kurzlebigeren Investitionsobjekts B = $C_{0kurzleb}$

$$I^D_t = (I_{0kurzleb} - L_{0kurzleb}) + C_{0kurzleb} = R_{0kurzleb}$$

$$t = n_A - n_B = n_{lang} - n_{kurz}$$

▶ **BEISPIEL: Differenzinvestition bei ungleicher Nutzungsdauer**

Es liegen zwei Vergleichsangebote mit den nachfolgend angegebenen Daten vor. Aus den Alternativen A und B soll das vorteilhaftere Investitionsobjekt ausgewählt werden.

- Investitionsauszahlung der Investitionsalternative A (I_{0A}) = 300.000 €
- Investitionsauszahlung der Investitionsalternative B (I_{0B}) = 300.000 €
- Kalkulationszinssatz (i) = 10 %
- Nutzungsdauer der Investitionsalternative A (n_A) = 5 Jahre
- Nutzungsdauer der Investitionsalternative B (n_B) = 3 Jahre
- Rückflüsse über 5 Jahre der Investitionsalternative A (R_{At}) = Jahr 1: 60.000 €, Jahr 2: 60.000 €, Jahr 3: 90.000 €, Jahr 4: 120.000 €, Jahr 5: 120.000 €
- Rückflüsse über 3 Jahre der Investitionsalternative B (R_{Bt}) = 1Jahr 1: 20.000 €, Jahr 2: 120.000 €, Jahr 3: 120.000 €
- Die Differenzinvestition (I^D) wird in Wertpapieren mit einer Rendite von 8 % angelegt.

t	R_{At}	R_{Bt}	$\dfrac{1}{q^n}$	$R_{At} \times \dfrac{1}{q^n}$	$R_{Bt} \times \dfrac{1}{q^n}$	R^D_t	$R^D_t \times \dfrac{1}{q^n}$
1	60.000	120.000	0,909091	54.545	109.091		
2	60.000	120.000	0,826446	49.587	99.174		
3	90.000	120.000	0,751315	67.618	90.158		
4	120.000	------	0,683013	81.962	→8%	→23.874	21.703[1]
5	120.000	------	0,620921	74.511	→8%	→23.874	19.730[2]
Σ	450.000	360.000	------	328.223	**298.423**		41.433
C^D_0					41.433 ←		
R_{A0}, $R_{B0} + C^D_0$				328.223	339.856		
- I_{0A}, - I_{0B}				− 300.000	− 300.000		
C_{0A}, $C_{0B} + C^D_0$				**28.223**	**39.856**		

[1] Nur noch für 1 Jahr mit 10 % abzuzinsen, da bereits R_{B0} schon für 3 Jahre abgezinst ist,

d. h. multiplizieren mit 0,909091 (i = 10 %, Abzinsungsfaktor für das erste Jahr)

[2] Nur noch für 2 Jahre mit 10 % abzuzinsen, da bereits R_{B0} schon für 3 Jahre abgezinst ist,

d. h. multiplizieren mit 0,826446 (i = 10 %, Abzinsungsfaktor für das zweite Jahr)

Die Investitionsalternative B (C_{0B}) ist zusammen mit der Differenzinvestition (C^D_0) besser als die Investionsalternative A (C_{0A}), da $C_{0B} + C^D_0 > C_{0A}$, sofern man die Differenzinvestiiton (I^D) in Wertpapiere zu 8 % Rendite anlegt.

1.3.3 Ungleicher Kapitaleinsatz und unterschiedliche Nutzungsdauer

Bei ungleichem Kapitaleinsatz und ungleicher Nutzungsdauer ist ebenfalls die **Differenzinvestition (I^D_0) das Entscheidungskriterium**. Man ermittelt den Kapitalwert der Differenzinvestition (C^D_0) aus den Differenzen der barwertigen Rückflüsse und der Differenz des Kapitaleinsatzes und überprüft, ob das von Anfang an investierte Differenzkapital einen Kapitalwert (C_0) hat, der über oder unter dem Kapitalwert der Differenzinvestition (C^D_0) liegt. Wird dieser Kapitalwert der Differenzinvestition (C^D_0) bei Verwirklichung des kurzlebigeren Projektes überschritten, so ist das kurzlebigere Investitionsobjekt vorzuziehen.

▶ **BEISPIEL: Differenzinvestition**

Es stehen zwei Investitionsalternativen A und B zur Auswahl, die sich in ihren Anschaffungskosten (I_0) und auch in ihrer Nutzungsdauer (n) unterscheiden. Es sind folgende Daten bekannt:

Investitionsauszahlung (I_{0A}) = 200.000 €
Investitionsauszahlung (I_{0B}) = 120.000 €
Kalkulationszinssatz (i) = 10 %
Nutzungsdauer (n_A) = 5 Jahre
Nutzungsdauer (n_B) = 3 Jahre
Rückflüsse über fünf Jahre (R_{At}) = Jahr 1: 60.000 €, Jahr 2: 80.000 €, Jahr 3: 60.000 €, Jahr 4: 40.000 €, Jahr 5: 40.000 €
Rückflüsse über drei Jahre (R_{Bt}) = Jahr 1: 50.000 €, Jahr 2: 50.000 €, Jahr 3: 50.000 €
Der Vergleich soll **implizit**, d. h. anhand des Kapitalwertes der Differenzinvestition durchgeführt werden. In diesem Fall kann die Differenzinvestition zum Kalkulationszinssatz (i) angelegt werden.

t	R_{At}	R_{Bt}	q^{-n}	$R_{At} \times q^{-n}$	$R_{Bt} \times q^{-n}$	R^D_t	$R^D_t \times q^{-n}$
1	60.000	50.000	0,909091	54.545	45.454	10.000	9.091
2	80.000	50.000	0,826446	66.116	41.322	30.000	24.793
3	60.000	50.000	0,751315	45.078	37.566	10.000	7.513
4	40.000	------	0,683013	27.321		40.000	27.321
5	40.000	------	0,620921	24.837		40.000	24.837
Σ	280.000	150.000	------	217.897	124.342	130.000	93.555
R^D_0 =							93.555
I^D_0 =							−80.000
C^D_0							= 13.555

Die Investitionsalternative A (I_{0A}) ist dann besser als die Investitionsalternative B (I_{0B}), wenn man von der Differenzinvestition bei anderweitiger Anlage und und einem Kalkulationszinssatz von 10 % einen Kapitalwert (C^D_0) von weniger als 13.555 € erwarten kann.

Das sollten Sie sich merken:

Eine Investition A (I_{0A}) ist vorteilhafter als eine alternative Investition B (I_{0B}), wenn der **Kapitalwert der Differenzinvestition I^D positiv ist**, d. h., wenn C^D_0 > 0. Voraussetzung hierfür ist, dass die Zahlungen der Investition mit der zunächst kleineren Kapitalbindung (= Investition B) von den Zahlungen der Investition mit der nächst größeren Kapitalbindung (= Investition A) abgezogen werden.

Weitergehende Erläuterung zu obigem Beispiel:

Bei diesem Beispiel wurde von der Prämisse ausgegangen, dass der Unterschiedsbetrag der Investitionsausgaben als Finanzinvestition zum Kalkulationszinssatz (i) getätigt werden kann. Der **Alternativenvergleich** konnte in diesem Falle anhand des **Kapitalwertes der Differenzinvestition (C^D_0)** durchgeführt werden.

In diesem Zusammenhang stellt sich die Frage, inwieweit die aus den Zahlungsreihen der beiden Investitionsobjekte berechneten Kapitalwerte zur Beurteilung der relativen Vorteilhaftigkeit geeignet sind, da Unterschiede bestehen im Hinblick auf:

- Kapitalbindung zu Beginn der Nutzung (Anschaffungsauszahlung),
- Kapitalbindung während der Nutzungsdauer und/oder
- Nutzungsdauer

Ferner stellt sich folgende Frage: Müssen in den Vergleich der beiden Objekte, konkrete Investitionen (sogenannte Ergänzungsinvestitionen) oder Finanzierungsmaßnahmen einbezogen werden, um die Kapitalbindungs- und Nutzungsdauerunterschiede zu berücksichtigen?

Eine solche **Untersuchung** kann **hinsichtlich der Kapitalbindungsdifferenzen** zwischen Investitionsobjekten durch die mit der **Existenz eines vollkommenen Kapitalmarkts** verbundenen Annahme **vermieden werden**, dass ein Ausgleich dieser Differenzen durch eine Anlage (bzw. Aufnahme) zum Kalkulationszinssatz (i) erfolgt. Der **Kapitalwert (C_0)** der zum Ausgleich der Kapitalbindungsdifferenzen bestimmten — fiktiven — Investitionsmaßnahmen ist aufgrund dieser Annahme **null**; d. h., die Kapitaldifferenzen können daher vernachlässigt werden. Die gleiche Argumentation lässt sich auch auf die Problematik von Folgeinvestitionen anwenden, die aufgrund von Unterschieden bei der Kapitalbindung oder der Nutzungsdauer ggf. zu unterschiedlichen Zeitpunkten durchgeführt werden können. Dies hat keinerlei Einfluss auf die Vorteilhaftigkeit der Investitionsalternativen, wenn unterstellt wird, dass sich künftige Investitionen zum Kalkulationszinssatz (i) verzinsen und dementsprechend einen Kapitalwert (C_0) von null aufweisen.

Es ist bei Gültigkeit dieser Annahmen nicht erforderlich, Kapitalbindungs- oder Nutzungsdauerunterschiede durch explizite Berücksichtigung von Ergänzungsinvestitionen auszugleichen. Die auf der Basis von Zahlungsreihen einzelner Objekte ermittelten Kapitalwerte lassen sich zur Beurteilung der relativen Vorteilhaftigkeit heranziehen. Es handelt sich trotz der Kapitalbindungs- und Nutzungsdauerunterschiede um vollständige und damit vergleichbare Alternativen.

Eine modifizierte Anwendung der Kapitalwertmethode ist erforderlich, falls konkrete Informationen bezüglich zukünftiger Investitionsobjekte vorliegen und die Annahme einer Verzinsung zum Kalkulationszinssatz nicht zutrifft. Hierzu siehe das nächste Beispiel.

BEISPIEL: Alternativenvergleich bei Durchführung einer Ergänzungsinvestition

Für eine Investitionsentscheidung liegen die folgenden Informationen vor:

Investitionsobjekt A (I_{0A}) = 60.000 €, Auszahlung im Zeitpunkt t_0

Investitionsobjekt B (I_{0B}) = 70.000 €, Auszahlung im Zeitpunkt t_1

Kalkulationszinssatz (i) = 5 %

Nutzungsdauer Investitionsobjekt A (n_A) = 4 Jahre

Nutzungsdauer Investitionsobjekt B (n_B) = 2 Jahre

Rückflüsse des Investitionsobjekts A (R_{tA}) = t_1 = 0 €, t_2 = 0 €, t_3 = 0 €, t_4 = 88.000 €

Rückflüsse des Investitionsobjekts B (R_{tB}) = t_1 = 0 €, t_2 = 0 €, t_3 = 91.300 €, t_4 = 0 €

Berechnung des Kapitalwerts des Investitionsobjekts A (C_{0A})

$$C_{0A} = -\,60.000 + 88.000 \times q^{-4} = -\,60.000\ € + 72.397,82\ € = 12.397,82\ €$$

Berechnung des Kapitalwerts des Investitionsobjekts B (C_{0B})

$$C_B = -\,70.000 \times q^{-1} + 91.300 \times q^{-3} = -\,66.666,67\ € + 78.868,37\ € = 12.201,70\ €$$

Beide Kapitalwerte der Investitionsobjekte A und B sind positiv. Die Wahl würde auf die Alternative A fallen, da $C_{0A} > C_{0B}$ ist. Der Kapitalwert der Differenzinvestition (C_0^D) beträgt 196,12 € (= 12.397,82 € − 12.201,70 €).

Es gilt allgemein: **Von zwei Investitionen A und B ist A vorteilhafter als B, wenn der Kapitalwert C_0^D der Differenzinvestition A − B positiv ist.** In diesen Vorteilhaftigkeitsvergleichen ist die Voraussetzung enthalten, dass der Investor das größere von beiden Investitionsvorhaben finanzieren können muss. Ist ihm das möglich, so verzichtet er in diesem Beispiel nicht nur auf die Alternative A, wenn B realisiert wird, sondern auch noch auf eine Ergänzungsinvestition (X-Investition) in Höhe von 10.000 €. Mit dieser Ergänzungsinvestition wird eine äquivalente Ausgangssituation geschaffen; die Wahl zwischen A und B beruht dann auf dem Vergleich zwischen **A und X** einerseits und **B** andererseits.

Bei der Prämisse, dass der X-Investitionsbetrag I_X zum Kalkulationszinssatz (i) ge- und entliehen wird, ist der Kapitalwert C_{0X} = 0.

Dynamische Verfahren der Investitionsrechnung

Das Zahlenbeispiel hat folgendes Aussehen:

	i	t_0	t_1	t_2	t_3	t_4
A	0,05	− 60.000,00				+ 88.000
B	0,05	− 66.666,67 =	− 70.000 x q^{-1}		+ 91.300	
X	0,05	− 6.666,67	———————— q^4 ————————→			+ 8.103,38

$(C_{0A} + C_{0X}) =$
$[- 60.000 + 88.000 (1 + 0,05)^{-4}] + [- 6.666,67 + 8.103,38 (1 + 0,05)^{-4}] =$

$(C_{0A} + C_{0X}) = \quad 12.397,82 \text{ € } + 0,00 \text{ € } = 12.397,82 \text{ €}$

Ergebnis: $C_{0A} + C_{0X} > C_{0B}$

Weicht jedoch der Zinssatz i_x = 3 % der X-Investition (Ergänzungsinvestition) vom Kalkulationszinssatz i_{kalk} = 5 % **ab**, dann ändert sich das Ergebnis.

	i_x	i	t_0	t_1	t_2	t_3	t_4
A		0,05	− 60.000,00				+ 88.000
B		0,05	− 66.666,67	(− 70.000 x q^{-1})		+ 91.300	
X	0,03		− 6.666,67	———————— q^4 ————————→			+ 7.503,40

Die Vorteilhaftigkeitsprüfung ergibt:

$(C_{0A} + C_{0X}) =$
$[- 60.000 + 88.000 \times (1 + 0,05)^{-4}] + [- 6.666,67 + 7.503,40 \times (1 + 0,05)^{-4}] =$

$(C_{0A} + C_{0X}) = \quad 12.397,82 \text{ € } - 493,57 \text{ € } = 11.904,25 \text{ €}$

$(C_{0A} + C_{0X}) = 11.904,25 \text{ € } < 12.201,70 \text{ € } = C_{0B}$

Die Vorteilhaftigkeit hat sich bei diesem Vergleich der Investitionsalternativen durch die Zwischenanlage der X-Investition zum Marktzinssatz von nur 3 % umgekehrt, d. h., das Investitionsobjekt B wäre in diesem Fall vorteilhafter.

1.4 Wie geeignet ist die Kapitalwertmethode zum Bestimmen der Vorteilhaftigkeit einer Investition?

1. Ein wesentlicher Vorteil der Kapitalwertmethode ist, dass die unterschiedlichen Zeitpunkte der einzelnen Rückflüsse (Einzahlungsüberschüsse) berücksichtigt werden (dies geschieht durch Abzinsung). Dies gilt aber für alle dynamischen Verfahren.
2. Für jede Investition muss eine differenzierte Zahlungsreihe aufgestellt werden. Es sind alle für die Investition **betreffenden Einzahlungen und Auszahlungen** für die gesamte wirtschaftliche Nutzungsdauer der **Investition zu erfassen**. Die **Zurechenbarkeit** der Zahlungsreihen zu den einzelnen Investitionsobjekten ist **schwierig**, sofern keine isolierten Fertigungsprozesse vorliegen. Dies ist eigentlich nur dann möglich, wenn das Investitionsobjekt eine fast selbstständige Produktionseinheit ist. Deshalb sind Sicherheitsabschläge für Einzahlungen und Sicherheitszuschläge für Auszahlungen zur Eindämmung des Rentabilitätsrisikos notwendig.
3. Je weiter die Zahlungsreihen eines Investitionsobjektes in **die Zukunft** reichen, umso **schwieriger wird die Prognose der Zahlungen**.
4. Schwierige Wahl des „richtigen" Kalkulationszinssatzes (i) = normalerweise die Rendite, die eine Finanzinvestition erbringt, also eine Investition mit ziemlich geringem Kapitalrückflussrisiko. Sachanlagen haben aber vergleichsweise ein höheres Kapitalrückflussrisiko als Finanzinvestitionen → $i_{kalk} > i_{finanzzins}$. Die Differenz drückt die geschätzte Unsicherheit und subjektive Einstellung des Investors aus.
5. Die Vergleichbarkeit von Investitionen mit sehr großen Unterschieden im Anschaffungswert und in der Nutzungsdauer erfordert die Anwendung einer Differenzinvestition. Diese fiktive oder reale Investition zur Vergleichbarmachung ist aber umso problematischer, je höher die oben genannten Unterschiede sind.
6. Als **Nachteil** der Kapitalwertmethode ist anzuführen, dass sie keine Aussage über die Rentabilität eines Investitionsobjektes macht. Es ist lediglich bekannt, ob die geforderte Mindestverzinsung in Höhe des Kalkulationszinssatzes erwirtschaftet wird.

Das sollten Sie sich merken:

Zwischen der **Höhe des Kalkulationszinssatzes (i)** und dem **Kapitalwert (C_0)** besteht ein direkter Zusammenhang. Je höher der Kalkulationszinssatz angesetzt wird, desto geringer ist dann der Kapitalwert des Investitionsobjekts.

Wenn der Kapitalwert bei einem Kalkulationszinssatz von 12 % beispielsweise negativ ist, kann der Kapitalwert bei einem Kalkulationszinsfuß von 11 % bereits positiv sein. Ferner ist der **Kapitalwert** einer Investition von der Höhe der **zeitlichen Verteilung der Rückflüsse** und der **Investitionsauszahlung** zu Beginn der Investition abhängig.

2 Interne Zinsfußmethode

Bei der internen Zinsfußmethode wird die Rentabilität (interner Zinsfuß) eines Investitionsobjekts ermittelt. Die **interne Zinsfußmethode** ist eine Abwandlung der Kapitalwertmethode. Die Entscheidungsregel besagt, dass die betrachtete Investition dann als vorteilhaft zu beurteilen ist, wenn der interne Zinssatz, also die erwartete Rendite der Investition, mindestens so groß ist wie die Mindestverzinsungsanforderung des Investors. Die Mindestverzinsungsanforderung einer imaginären Investition stellt die Opportunitätskosten der Investition dar, welche dadurch entstehen, dass die alternative Investition nicht durchgeführt wird. Die interne Zinsfußmethode hat das Ziel, die Investition mit dem höchsten internen Zinsfuß (r) zu ermitteln, während die Kapitalwertmethode bei gegebenem Kalkulationszinssatz (i) nach dem höchsten Vermögenszuwachs (Kapitalwert) fragt. Der interne Zinsfuß (r) trifft eine Aussage über die Rendite (Effektivverzinsung) einer Investition. Die interne Zinsfußmethode berücksichtigt wie die Kapitalwertmethode den gesamten Zeitverlauf aller Ein- und Auszahlungen sowohl bei variablen als auch bei konstanten Werten.

Den internen Zinsfuß (r) ermittelt man mathematisch, indem man den Kapitalwert einer Investition gleich null setzt, d. h. der **interne Zinsfuß (r)** entspricht somit dem Zinssatz, der beim Diskontieren der Ein- und Auszahlungen zu einem **Kapitalwert (C_0)** von **null** führt. Er gibt die Verzinsung an, die mit dem gebundenen Kapital zu jedem Zeitpunkt erzielt werden kann.[6]

Entscheidungsregel für die interne Zinsfußmethode

Ein Investitionsobjekt ist absolut vorteilhaft, wenn der interne Zinsfuß (r) eines Investitionsobjekts größer ist wie die geforderte Mindestverzinsung (= der Kalkulationszinssatz i), die der Investor an das Investitionsobjekt stellt. Falls der interne Zinsfuß (r) des Investitionsobjekts geringer ist als der Kalkulationszinssatz (i), dann ist es besser, die Investition zu unterlassen.

Die Vorteilsregel der internen Zinsfußmethode lautet also: Ist die erwartete Rendite, d. h. der interne Zinsfuß (r), größer als der Kalkulationszinssatz (i), dann ist ein Investitionsobjekt als vorteilhaft zu bewerten.

---

[6] Blohm, H. et al.: Investition, 9. Auflage, 2006, S. 84.

Dynamische Verfahren der Investitionsrechnung

Ein Investitionsobjekt ist relativ vorteilhaft, wenn sein interner Zinsfuß (r) größer ist als der eines jeden anderen zur Auswahl stehenden Investitionsobjektes. Bei einer Auswahlentscheidung zwischen zwei Investitionsobjekten A und B gelten folgende Vorteilsregeln:

- es ist das Investitionsobjekt A zu wählen, wenn: $r_A > r_B$
- es ist das Investitionsobjekt B zu wählen, wenn: $r_A < r_B$
- es ist eine genauere Betrachtung durchzuführen, wenn: $r_A = r_B$

Der interne Zinsfuß (r) ist als der Diskontierungszinssatz definiert, bei dem der Kapitalwert eines Investitionsobjektes gleich null ist, d. h. die Kapitalwertfunktion ist gleich null zu setzen.

$$\text{Kapitalwert } C_0 = -I_0 + \sum_{t=1}^{n}\frac{R_t}{(1+r)^t} + \frac{L_n}{(1+r)^n} = 0$$

$$\text{Kapitalwert } C_0 = 0 = -I_0 + \frac{R_1}{(1+r)^1} + \frac{R_2}{(1+r)^2} + \frac{R_3}{(1+r)^3} + \ldots + \frac{R_n}{(1+r)^n} + \frac{L_n}{(1+r)^n}$$

C_0 = Kapitalwert im Zeitpunkt 0
I_0 = Investitionsauszahlung im Zeitpunkt 0
R_t = Rückflüsse (Einzahlungen — Auszahlungen) im Zeitpunkt t;
n = Nutzungsdauer
r = interne Zinsfuß
L_n = Liquidationserlös (Restverkaufserlös)

2.1 Lösungsansätze für die Ermittlung des internen Zinsfußes (r)

Bei den Lösungsansätzen für die Ermittlung des internen Zinsfußes (r) muss man unterscheiden, ob das Investitionsobjekt eine Nutzungsdauer von einer Periode, zwei Perioden oder mehreren Perioden hat.

2.1.1 Lösungsansätze bei einer maximalen Nutzung von zwei Perioden

Es handelt sich um einen sogenannten „Ein-Perioden-Fall", wenn die Zahlungsreihe genau aus einer Auszahlung im Zeitpunkt 0 und einer Einzahlung im Zeitpunkt 1 besteht. Als Grundlage für die Ermittlung des internen Zinsfußes (r) dient die Kapitalwertformel.

$$C_0 = 0 = -I_0 + \frac{R_1}{(1+r)^1}$$

Um den internen Zinsfuß (r) ermitteln zu können, wird die Kapitalwertformel nach „r" aufgelöst.

Daraus ergibt sich dann die folgende Formel, mit der der interne Zinsfuß (r) ermittelt werden kann:

$$r = \frac{R_1 - I_0}{I_0}$$

Bei einer **Nutzungsdauer von zwei Perioden** eines Investitionsobjekts ist die Ausgangsgleichung aus mathematischer Sicht eine quadratische Gleichung, d. h., der interne Zinsfuß kann mit der sogenannten **p-q-Formel** bzw. **a-b-c-Formel** berechnet werden.

Die Grundgleichungen der **p-q-Formel** und der **a-b-c-Formel** lauten:

p-q-Formel: $0 = x^2 + px + q$ → $x_{1,2} = -\frac{p}{2} \pm \sqrt{\left(\frac{p}{2}\right)^2 - q}$

a-b-c-Formel: $0 = ax^2 + bx + c$ → $x_{1,2} = \frac{-b \pm \sqrt{b^2 - 4ac}}{2a}$

Um den internen Zinsfuß (r) ermitteln zu können, werden bei den obigen Gleichungen das „1 + r" durch „x" ersetzt. „Anschließend wird x mithilfe der **a-b-c-Formel** oder p-q-Formel berechnet. Der interne Zinsfuß (r) ist dann gegeben durch r = 1 - x.

Als Grundformel für die Ermittlung des internen Zinsfußes (r) dient wieder die Kapitalwertformel.

$$C_0 = 0 = -I_0 + \frac{R_1}{(1+r)^1} + \frac{R_2}{(1+r)^2}$$

Nach Umstellung der obigen Formel kann man den internen Zinsfuß (r) wie folgt berechnen:

$$r_{1,2} = -1 + \frac{R_1}{2I_0} \pm \frac{1}{2I_0}\sqrt{R_1^2 + 4I_0 \times R_2}$$

▶ **BEISPIEL: Ermittlung des internen Zinsfußes bei zwei Perioden**

Für ein Investitionsobjekt liegen die folgenden Daten vor:

- Investitionsauszahlung (I_0) = 10.000
- Rückfluss im ersten Jahr (R_1) = 8.000 €
- Rückfluss im zweiten Jahr (R_2) = 3.000 €

Für die Berechnung des internen Zinsfußes ergibt sich folgende Gleichung:

$$0 = -10.000 + \left(8.000 \times \frac{1}{(1+r)}\right) + \left(3.000 \times \frac{1}{(1+r)^2}\right)$$

$$0 = (1+r)^2 \times (-10.000) + (1+r) \times 8.000 + 3.000$$

$$0 = -10.000 - 20.000r - 10.000r^2 + 8.000 + 8.000r + 3.000$$

$$0 = -10.000r^2 - 12.000r + 1.000$$

$$0 = r^2 + 1,2r - 0,1$$

Nachdem die Zahlungsreihe auf die Grundgleichung der p-q-Formel umgeformt wurde, kann der interne Zinsfuß (r) wie folgt ermittelt werden:

$$r_{1,2} = -0,6 \pm \sqrt{0,6^2 + 0,1}$$

$$r_1 = 0,0782 \qquad r_2 = -1.2782$$

Mit der p-q-Formel erhält man zwei Lösungen. Ökonomisch kann allerdings nur die Rendite von 7,82 % sinnvoll interpretiert werden, denn eine Rendite von −127,82 % würde bedeuten, dass man innerhalb von zwei Perioden mehr als 100 % des am Anfang investierten Kapitals verloren hätte. Die Investition hat einen internen Zinsfuß von 7,82 %.

2.1.2 Lösungsansatz beim Zweizahlungsfall

Die am leichtesten zu lösende Konstellation zur Ermittlung des internen Zinsfußes (r) ist der **Zweizahlungsfall**. Beim Zweizahlungsfall wird der Anschaffungsauszahlung (I_0) nur ein einziger Rückfluss (R_n) zu einem späteren Zeitpunkt gegenübergestellt.

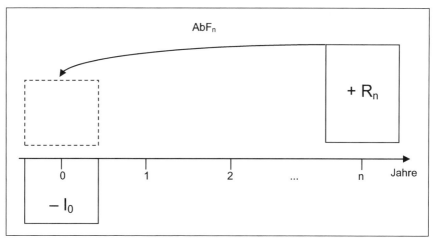

Abb. 31: Zweizahlungsfall

Beim Zweizahlungsfall wird der interne Zinsfuß (r) ermittelt, indem man die n-te Wurzel des Quotienten beider Zahlungen ermittelt und um 1 vermindert.

$$r = \sqrt[n]{\frac{R}{I_0}} \; - \; 1 = \left(\frac{R}{I_0}\right)^{\frac{1}{n}} - 1$$

▶ **BEISPIEL: Zweizahlungsfall**

Einem Immobilienmakler wird ein Grundstück zum Kaufpreis von 850.000 € angeboten. Der Makler vermutet, dass er für das Grundstück in fünf Jahren einen Veräußerungspreis von 1.450.000 € erzielen kann. Als Mindestrendite von Investitionen verlangt er eine Verzinsung von 10 %. Es wird die Rendite des Investitionsobjekts berechnet und mit der Mindestverzinsung verglichen.

$$r = \sqrt[5]{\frac{1.450.000}{850.000}} - 1 = 0,1127 \times 100 = 11,27\,\%$$

Die Rendite (interner Zinsfuß) des Investitionsobjektes beträgt 11,27 % und ist somit höher als die geforderte Mindestverzinsung von 10 %.

2.1.3 Lösungsansätze bei einer Nutzungsdauer von mehr als zwei Perioden

Bei Gleichungen dritten oder höheren Grades kann der interne Zinsfuß (r) mittels Näherungsverfahren ermittelt werden.

Ermittlung des internen Zinsfußes (r) mithilfe des Interpolationsverfahrens

Der **interne Zinsfuß** (r) kann durch **lineare Interpolation** bestimmt werden, was sowohl für die **grafische** als auch für die **rechnerische Lösung** gilt. Bei dem rechnerischen Interpolationsverfahren ermittelt man für ein Investitionsobjekt auf der Grundlage zweier geeigneter Zinssätze i_1 und i_2 durch Anwendung der Kapitalwertformel zwei Kapitalwerte C_{01} und C_{02}. Die Versuchszinssätze sind so zu wählen, dass die entsprechenden Kapitalwerte unterschiedliche Vorzeichen haben. Zinssatz i_1 hat einen positiven und Zinssatz i_2 einen negativen Kapitalwert zur Folge.

Die rechnerische Ermittlung des internen Zinsfußes erfolgt durch Interpolation mithilfe der folgenden Formel:

$$r = \left[i_1 + C_{01} \times \frac{i_2 - i_1}{C_{01} - C_{02}} \right] \times 100$$

r	= interner Zinsfuß
i_1	= Versuchszinssatz 1 (niedriger Zinssatz: Ziel = positiver Kapitalwert)
i_2	= Versuchszinssatz 2 (höherer Zinssatz: Ziel = negativer Kapitalwert)
C_{01}	= (positiver) Kapitalwert bei i_1
C_{02}	= (negativer) Kapitalwert bei i_2

So gehen Sie bei Ermittlung des internen Zinsfußes (r) mithilfe des Interpolationsverfahrens vor:

- Zuerst wird ein relativ **niedriger Versuchszinssatz i_1** angesetzt, der voraussichtlich einen **positiven Kapitalwert** der Investition ergibt. Ziel ist es, dass sich die Investition mit mindestens diesem Zinssatz i_1 verzinst.
- Danach setzt man einen relativ **hohen Versuchszinssatz i_2** an, der voraussichtlich einen **negativen Kapitalwert** ergibt und die geforderte Mindestverzinsung durch das Investitionsobjekt nicht erreicht.
- Die **tatsächliche Rendite** der Investition muss dann zwischen den beiden Versuchszinssätzen liegen.
- Je näher die beiden Versuchszinssätze i_1 und i_2 beieinanderliegen, desto näher liegen die dazugehörigen Kapitalwerte bei null und umso näher liegt der errechnete interne Zinsfuß am tatsächlichen Zinsfuß. Da der tatsächliche interne Zinsfuß zwischen i_1 und i_2 liegt kann einen Interpolation mit jeweils genaueren Versuchszinssätzen durchgeführt werden, bis eine gewünschte Genauigkeit erreicht wird.

2.2 Einzelinvestition

In diesem Abschnitt erfahren Sie, wie die **Vorteilhaftigkeit** einer Neu-, Erweiterungs- und Ersatzinvestition mithilfe der internen Zinsfußmethode überprüft werden kann. Damit eine Investition als vorteilhaft bewertet werden kann, muss der interne Zinsfuß (r) größer als der Kalkulationszinssatz (i) sein. Dies ist beispielsweise nicht der Fall, wenn die Mindestverzinsung (i) mit 10 % festgelegt ist und der interne Zinsfuß (r) eines Investitionsobjekts nur 9 % erreicht, dann lohnt sich die Investition nicht, d. h., sie muss unterbleiben.

▶ **BEISPIEL: Ermittlung des internen Zinsfußes (r)**

Es wird überprüft, ob die Anschaffung eines Investitionsobjektes, dessen Anschaffungsauszahlungen 100.000 € umfassen und dessen Nutzungsdauer fünf Jahre beträgt, vorteilhaft ist. Die jährlichen Rückflüsse sind der folgenden Tabelle zu entnehmen. Der Kalkulationszinssatz (i) beträgt 6 %. Als Versuchszinssätze für die Ermittlung der Kapitalwerte C_{01} und C_{02} werden im Rahmen des Interpolationsverfahrens die Versuchszinssätze i_1 = 5 % und i_2 = 10 % gewählt.

Jahr	Rückflüsse (€)	$i_1 = 0,05$ Abzinsungsfaktor	$i_1 = 0,05$ Barwert (€)	$i_2 = 0,10$ Abzinsungsfaktor	$i_2 = 0,10$ Barwert (€)
	a	b	c = (a x b)	d	e = (a x d)
1	10.000	0,952381	9.523,81	0,909090	9.090,91
2	35.000	0,907029	31.746,03	0,826446	28.925,62
3	25.000	0,863837	21.595,94	0,751315	18.782,87
4	35.000	0,822702	28.794,59	0,683013	23.905,47
5	20.000	0,783526	15.670,52	0,620921	12.418,42
= Summe der barwertigen Rückflüsse			107.330,89		93.123,29
− Anschaffungswert			− 100.000,00		− 100.000,00
= Kapitalwert			7.330,89		− 6.876,71

$$C_{01} = -100.000\,€ + \frac{10.000\,€}{(1+0,05)^1} + \frac{35.000\,€}{(1+0,05)^2} + \frac{25.000\,€}{(1+0,05)^3} + \frac{35.000\,€}{(1+0,05)^4} + \frac{20.000\,€}{(1+0,05)^5} = +7.330,89\,€$$

$$C_{02} = -100.000\,€ + \frac{10.000\,€}{(1+0,1)^1} + \frac{35.000\,€}{(1+0,1)^2} + \frac{25.000\,€}{(1+0,1)^3} + \frac{35.000\,€}{(1+0,1)^4} + \frac{20.000\,€}{(1+0,1)^5} = -6.876,70\,€$$

Da der Versuchszinssatz i_1 einen positiven Kapitalwert und der Versuchszinssatz i_2 einen negativen Kapitalwert zur Folge hat, kann jetzt mittels linearer Interpolation der interne Zinsfuß (r) berechnet werden.

Rechnerische Ermittlung des internen Zinsfußes (r):

$$r = \left[i_1 + C_{01} \times \frac{i_2 - i_1}{C_{01} - C_{02}} \right] \times 100$$

$$r = 0{,}05 + 7.330{,}89 \times \frac{0{,}10 - 0{,}05}{7.330{,}89 - (-6.876{,}71)} = 0{,}0758 \times 100 = 7{,}58\,\%$$

Der Fehler der linearen Interpolation nimmt mit dem Interpolationsintervall ab, d. h. es sollte ein möglichst kleines Interpolationsintervall gewählt werden. In diesem konkreten Fall bieten sich als Versuchszinssätze $i_1 = 7\,\%$ und $i_2 = 8\,\%$ an. Für die beiden Versuchszinssätze werden die Kapitalwerte C_{01} und C_{02} berechnet:

$$C_{01} = -100.000\,€ + \frac{10.000\,€}{(1+0{,}07)^1} + \frac{35.000\,€}{(1+0{,}07)^2} + \frac{25.000\,€}{(1+0{,}07)^3} + \frac{35.000\,€}{(1+0{,}07)^4} + \frac{20.000\,€}{(1+0{,}07)^5} = +1.284{,}65\,€$$

$$C_{02} = -100.000\,€ + \frac{10.000\,€}{(1+0{,}08)^1} + \frac{35.000\,€}{(1+0{,}08)^2} + \frac{25.000\,€}{(1+0{,}08)^3} + \frac{35.000\,€}{(1+0{,}08)^4} + \frac{20.000\,€}{(1+0{,}08)^5} = -1.550{,}37\,€$$

Rechnerische Ermittlung des internen Zinsfußes (r):

$$r = 0{,}07 + 1.284{,}65 \times \frac{0{,}08 - 0{,}07}{1.284{,}65 - (-1.550{,}37)} = 0{,}0745 \times 100 = 7{,}45\,\%$$

Nach mehrmaligem Wiederholen dieser Interpolation liegt der genaue Zinssatz bei 7,448 %.

2.2.1 Vereinfachte interne Zinsfußmethode bei gleichbleibenden Rückflüssen ohne Liquidationserlös

Bei **zeitlich begrenzter** Nutzung **(n < ∞)** des Investitionsobjektes und **gleichbleibenden jährlichen Rückflüssen (R = konstant)** lässt sich der interne Zinsfuß auf vereinfachte Weise ermitteln. Es gilt — ohne Berücksichtigung eines Liquidationserlöses — die Gleichung der Kapitalwertformel:

$$C_0 = -I_0 + R \times RBF_n$$

wobei der Rentenbarwertfaktor mit folgender Formel berechnet wird:

$$RBF_n = \frac{q^n - 1}{q^n \times i}$$

Der interne Zinsfuß (r) kann wie folgt ermittelt werden:

1. Schritt: Die Kapitalwertformel mit dem Rentenbarwertfaktor bildet die Ausgangsgröße.

$$C_0 \quad = -I_0 + R \times RBF_n$$

C_0 = Kapitalwert

R = Rückflüsse (Einzahlungen — Auszahlungen in €/Jahr)

I_0 = Anschaffungswert (€)

RBF_n = Rentenbarwertfaktor zum Zeitpunkt n

2. Schritt: Den Kapitalwert gleich null setzen.

$$0 = -I_0 + R \times RBFn$$

$$RBF_n = \frac{I_0}{R}$$

3. Schritt: Die Formel nach RBF_n auflösen.

Der ermittelte Rentenbarwertfaktor des Jahres n kann in der finanzmathematischen Tabelle, die Ihnen bei den Arbeitshilfen online zur Verfügung gestellt wird, gesucht werden. Das heißt, der dem Jahr **n entsprechende Wert r** kann aus der **„Tabelle RBF" entnommen** werden.

▶ **BEISPIEL: Ermittlung des Rentenbarwertfaktors (RBFn)**

Ein Investitionsobjekt hat eine Anschaffungsauszahlung in Höhe von 100.000 €. Die jährlichen gleichmäßigen Rückflüsse betragen 18.000 €. Es wird mit einer Nutzungsdauer von 8 Jahren gerechnet. Der Kalkulationszinssatz (i), d. h., die geforderte Mindestverzinsung, beträgt 10 %. Der Wert des Rentenbarwertfaktors wird wie folgt ermittelt:

$$RBF_n = \frac{I_0}{R} = \frac{100.000}{18.000} = 5{,}5555556$$

In der entsprechenden finanzmathematischen Tabelle — siehe Arbeitshilfen online — liest man in der Zeile 8 Jahre bei einem Zinssatz von 9 % den Wert 5,534819 ab. Der interne Zinsfuß liegt damit unbedeutend unter 9 %. Bei einer geforderten Mindestverzinsung von 10 % ist das Investitionsobjekt nicht vorteilhaft.

Auszug aus einer Tabelle des Rentenbarwertfaktors (RBF):

n	1 %	....	8 %	9 %	10 %	11 %	....
1	0,990	....	0,926	0,917	0,909	0,909	....
2	1,970	....	1,783	1,759	1,735	1,712	....
...	.....	....	....	....	....	....	....
....	.....	....	....	....	....	....	....
...	.....	....	....	....	....	....	....
8	7,651	....	5,747	5,535	5,335	5,146	....
....	.....	....	....	....	....	....	....

Bei **zeitlich unbestimmter Nutzungsdauer (n = ∞)** des Investitionsobjekts und **gleichbleibenden jährlichen Rückflüssen (R = konstant)**, z. B. bei der Investition in ein Grundstück oder bei einer Finanzinvestition, lässt sich der interne Zinsfuß (r) auf vereinfachte Weise nach der folgenden Formel wie folgt ermitteln.

$$r = \frac{R}{I_0} \times 100$$

r   = interner Zinsfuß (%)

R   = Rückflüsse (Einzahlungen — Auszahlungen in €/Jahr)

I_0 = Anschaffungswert (€)

▶ **BEISPIEL: Unendliche Nutzung bei gleichbleibenden Rückflüssen**

Ein Investitionsobjekt mit unendlicher Nutzung hat einen Anschaffungswert von 200.000 €. Die jährlichen Rückflüsse (Einzahlungsüberschüsse) betragen 28.000 €. Der Kalkulationszinssatz beträgt 10 %.

$$r = \frac{R}{I_0} \times 100 = \frac{28.000}{200.000} = 0,14 \times 100 = 14\ \%$$

Der interne Zinsfuß (r) weist einen um 4 Prozentpunkte höheren Wert auf als die geforderte Mindestverzinsung von 10 %. Das Investitionsobjekt ist somit vorteilhaft.

2.2.2 Lösungsansatz mithilfe von Tabellenkalkulationsprogrammen

Tabellenkalkulationsprogramme wie z. B. EXCEL bieten unter dem finanzmathematischen Funktionspaket auch eine Funktion zur Berechnung des internen Zinsfußes (r) an. Die Funktion in EXCEL lautet bei der deutschsprachigen Version „IKV".

▶ **BEISPIEL: Berechnung des internen Zinsfußes mit einem Tabellenkalkulationsprogramm**

Bei einem Auswahlproblem von zwei Investitionsalternativen A und B stehen Ihnen die folgenden Zahlungsreihen zur Verfügung. Wenn Sie die Zahlungsreihe in das Tabellenkalkulationsprogramm „EXCEL" übertragen und z. B. im „Feld I2" den Ausdruck „=IKV(B2:H2)" eingeben, dann erhalten Sie den internen Zinsfuß von 11,61 % für das Investitionsobjekt A. Dementsprechend liefert „=IKV(B3:H3)" den internen Zinssatz von 9,88 % für das Investitionsobjekt B.

	A	B	C	D	E	F	G	H	I
1	Jahr	0	1	2	3	4	5	6	interner Zinsfuß
2	Zahlungsströme A in T €	− 65	10	15	20	20	20	10	11,61 %
3	Zahlungsströme B in T €	− 90	15	20	20	30	25	15	9,88 %

2.3 Auswahl alternativer Investitionsobjekte

Muss bei alternativ zu entscheidenden Investitionsobjekten bestimmt werden, welches der beiden Objekte rentabler ist, werden in Analogie zur Kapitalwertmethode die Kapitalwerte ermittelt und daraus werden dann die internen Zinsfüße bestimmt. Dabei ist das **Investitionsobjekt** auszuwählen, das den höheren bzw. **höchsten internen Zinsfuß** aufweist.

Es gelten, wie auch bei der Kapitalwertmethode, die folgenden Voraussetzungen für die Anwendung der internen Zinsfußmethode

1. Es muss sich um **vollständige Alternativen** handeln, d. h. hinsichtlich **Kapitaleinsatz und Nutzungsdauer** müssen die **Objekte gleich** sein. Trifft das nicht zu, muss man die Differenzinvestition (I^D) als Entscheidungsglied heranziehen.
2. Es ist die **Verzinsung** des **gesamten ursprünglichen Kapitaleinsatzes** erforderlich, d. h. man unterstellt, dass alle **Rückflüsse** bis zum Ende der Nutzungsdauer zum jeweiligen **internen Zinssatz (r) reinvestiert** werden.

2.4 Bildung vollständiger Alternativen – Differenzinvestition

Zunächst stellt sich die Frage, inwieweit die interne Zinsfußmethode zur Beurteilung der **relativen Vorteilhaftigkeit geeignet** ist, falls Unterschiede in der Kapitalbindung und/oder der Nutzungsdauer bestehen. Wie bei der Kapitalwertmethode wird auch bei der **internen Zinsfußmethode** mit einer Differenzinvestition die Vergleichbarkeit von unterschiedlichen Investitionsalternativen hergestellt.

Werden keine **expliziten Differenzinvestitionen (Ergänzungsinvestitionen)** gebildet, unterstellt die interne Zinsfußmethode implizit, dass die Rückflüsse zum internen Zinsfuß (r) angelegt werden. Gemäß dieser Annahme werden Kapitalbindungs- und Nutzungsdauerdifferenzen durch Investitionen ausgeglichen, die sich zum internen Zinssatz (r) der Investition mit der geringeren Kapitalbindung und Nutzungsdauer verzinsen.[7]

Prinzipiell gilt bei der internen Zinsfußmethode wie bei der Kapitalwertmethode, dass erst die Differenzinvestition als Entscheidungshilfe für die relative Vorteilhaftigkeit zweier Investitionsalternativen A und B dient. Dazu muss der interne Zinssatz der Differenzinvestition bestimmt werden.

Der interne Zinssatz der Differenzinvestition entspricht dem Zinssatz, bei dessen Verwendung als Kalkulationszinssatz die Kapitalwerte der beiden betrachteten Investitionen gleich sind. Das entspricht dem Schnittpunkt der Kapitalwertfunktion der Investitionsobjekte A und B in der folgenden Abbildung.[8]

---

[7] Götze/Bloech: Investitionsrechnung, 1995, S. 98.

[8] Götze/Bloech: Investitionsrechnung, 2002, S. 104.

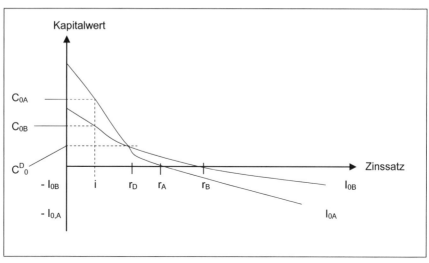

Abb. 32: Kapitalwertverlauf in Abhängigkeit vom Kalkulationszinssatz bei isoliert durchführbaren Investitionen[9]

Anhand dieser Abbildung ist zu erkennen, dass für $i \leq r^D$ **stets $C_{0A} \geq C_{0B}$** gilt. Dies bedeutet, wenn der interne Zinssatz der Differenzinvestition **(r^D)** größer als der Kalkulationszinssatz **(i)** ist, dann ist auch der Kapitalwert (C_{0A}) der Investition A größer als der Kapitalwert (C_{0B}) der Investition B.

Das sollten Sie sich merken:

Wenn der interne Zinssatz der Differenzinvestition (r_D) höher ist als der Kalkulationszinssatz (i), dann ist das Investitionsobjekt A gegenüber dem Investitionsobjekt B relativ vorteilhafter.

Differenzinvestition als Entscheidungsglied bei unterschiedlichem Kapitaleinsatz und unterschiedlicher Nutzungsdauer

Wird die Differenzinvestition als Entscheidungsglied herangezogen, gelten die gleichen Regeln wie bei der Kapitalwertmethode. Wenn man den internen Zinssatz der Differenzinvestition (r_D) für die Differenz aus I_{0A} und I_{0B} sowie die Differenzrückflüsse R_{At} und R_{Bt} bestimmt, gelten folgende Vorteilhaftigkeitsregeln:

wenn: $r^D > i$ →   Alternative A ist besser als B

---

[9] Goetze/Bloech: Investitionsrechnung, 1995, S. 93.

wenn: $r^D < i$ → Alternative B ist besser als A

wenn: $r^D = i$ → Alternative A und B sind gleichwertig

Bei Anwendung dieser Regel ist zu beachten:

- Es müssen die Rückflüsse (Einzahlungsüberschüsse) der Differenzinvestition größer gleich null sein.
- Ferner wird diejenige Investition mit „A" bezeichnet, die die höheren Rückflüsse (Einzahlungsüberschüsse) aufweist.

Zum besseren Verständnis hierzu das folgende Beispiel.

▶ **BEISPIEL: Beurteilung zweier Investitionsalternativen anhand der Differenzinvestition bei unterschiedlichem Kapitaleinsatz und unterschiedlicher Nutzungsdauer**

Es stehen zwei Investitionsalternativen A und B zur Auswahl.

Anschaffungswerte: I_{0A} = 200.000 € I_{0B} = 120.000 €

Nutzungsdauer: n_A = 5 Jahre n_B = 3 Jahre

Rückflüsse: R_{At} = 60, 80, 60, 40, 40 T€ R_{Bt} = 50, 50, 50 T€

Versuchszinssatz: i_1 = 10 %, i_2 = 20 % (für beide Investitionsalternativen)

t	R_{At}	R_{Bt}	R^D_t	q_1^{-n}	$R^D_t \cdot q_1^{-n}$	q_2^{-n}	$R^D_t \cdot q_2^{-n}$
	a	b	c = (a − b)	d	e = (c × d)	f	g = (c × f)
1	60.000	50.000	10.000	0,909091	9.091	0,833333	8.333
2	80.000	50.000	30.000	0,826446	24.793	0,694444	20.833
3	60.000	50.000	10.000	0,751315	7.513	0,578704	5.787
4	40.000	------	40.000	0,683013	27.321	0,482253	19.290
5	40.000	------	40.000	0,620921	24.837	0,401877	16.075
Σ	280.000	150.000	130.000	------			
R^D_t =					93.555		70.318
I^D_0 =					− 80.000		− 80.000
C^D_0					+ 13.555		− 9.682

Der interne Zinssatz (r^D) der Differenzinvestition kann gemäß der folgenden Formel berechnet werden:

$$r^D = i_1 + C^D_{01} \times \frac{i_2 - i_1}{C^D_{01} - C^{D-}_{02}} \times 100$$

$$r^D = 0,1 + 13.555 \times \frac{0,2 - 0,1}{13.555 - (-9.682)} = 0,158 \times 100 = 15,83\,\%$$

Das Investitionsobjekt A ist relativ vorteilhafter als das Investitionsobjekt B, wenn der **Kalkulationszinssatz (i) unter 15,83 % liegt.**

Wenn die Differenzinvestition eine Verzinsung von mehr als 15,8 % erbringt, ist es besser, die Alternative B zu tätigen, als das Investitionsobjekt A zu realisieren. In diesem Fall müsste die Differenzinvestition in Höhe von 80.000 € dann im ersten, zweiten und dritten Jahr mindestens Zeitwertrückflüsse in Höhe von 10.000 €, 30.000 € und 10.000 € erbringen. Von da ab müssen die 80.000 € weiter investiert bleiben und im vierten und fünften Jahr mindestens Zeitwertrückflüsse in Höhe von 40.000 € erwirtschaften. Unter diesen Umständen wäre die Effektivverzinsung im Vergleich zum internen Zinssatz der Differenzinvestition höher und die Alternative B wäre besser als die Alternative A.

2.5 Vergleich zwischen der internen Zinsfußmethode und der Kapitalwertmethode

Im Vergleich zwischen der internen Zinsfußmethode und der Kapitalwertmethode kann es bei der Auswahlentscheidung zu Widersprüchen kommen, obwohl beide Methoden auf derselben Grundgleichung der dynamischen Rechenverfahren basieren. Beim Vergleich zweier vollständiger Alternativen ist zu beachten, dass die Rückflüsse bei der internen Zinsfußmethode zum **internen Zinssatz (r)**, bei der Kapitalwertmethode hingegen zum Kalkulationszinssatz (i) wieder angelegt werden.

Ob es bei der Alternativenauswahl der Investitionsobjekte zu einem Widerspruch zwischen den Ergebnissen der internen Zinsfußmethode und der Kapitalwertmethode kommt, kann man am Verlauf der Kapitalwertfunktionen ablesen. Ein Widerspruch hinsichtlich der Vorteilhaftigkeit existiert immer dann, wenn es zu einem Schnittpunkt zwischen den Kapitalwertfunktionen der Investitionsobjekte A und B kommt.

▶ **BEISPIEL: Betrachtung der Investitionsalternativen mithilfe der Kapitalwertmethode und der internen Zinsfußmethode**

Anschaffungswert: $I_{0A} = I_{0B} = 200.000 €$

Nutzungsdauer: $n_A = n_B = 5$ Jahre

Liquidationserlös: $L_{0A} = L_{0B}$ 0 €

Kalkulationszinssatz: $i_{1kalk} = 10 \%$ zweiter Versuchszinssatz $i_2 = 15 \%$

Rückflüsse: $R_{tA} = 40\ T€,\ 45\ T€,\ 60\ T€,\ 70\ T€,\ 80\ T€$

Rückflüsse: $R_{tB} = 60\ T€,\ 85\ T€,\ 60\ T€,\ 30\ T€,\ 40\ T€$

Investitionsobjekt A:

Jahr	Rückflüsse (€)	$i_1 = 0{,}10$		$i_2 = 0{,}15$	
		Abzinsungsfaktor	Barwert (€)	Abzinsungsfaktor	Barwert (€)
1	40.000	0,909090	36.363,63	0,869565	34.782,61
2	45.000	0,826446	37.190,08	0,756144	34.026,47
3	60.000	0,751315	45.078,89	0,657516	39.450,97
4	70.000	0,683013	47.810,94	0,571753	40.022,73
5	80.000	0,620921	49.673,71	0,497177	39.774,14
= Summe (barwertige Rückflüsse)			216.117,25		188.056,92
− Anschaffungswert			− 200.000,00		− 200.000,00
= Kapitalwert			16.117,25		− 11.943,08

Investitionsobjekt B:

Jahr	Rückflüsse (€)	$i_1 = 0{,}10$		$i_2 = 0{,}15$	
		Abzinsungsfaktor	Barwert (€)	Abzinsungsfaktor	Barwert (€)
1	60.000	0,909090	54.545,45	0,869565	52.173,91
2	85.000	0,826446	70.247,93	0,756144	64.272,21
3	60.000	0,751315	45.078,89	0,657516	39.450,97
4	30.000	0,683013	20.490,40	0,571753	17.152,60
5	40.000	0,620921	24.836,85	0,497177	19.887,07
= Summe (barwertige Rückflüsse)			215.199,52		192.936,76
− Anschaffungswert			− 200.000,00		− 200.000,00
= Kapitalwert			15.199,52		− 7.063,24

Rechnerische Ermittlung des internen Zinsfußes (r):

$$r = \left[i_1 + C_{01} \times \frac{i_2 - i_1}{C_{01} - C_{02}} \right] \times 100$$

Berechnung des internen Zinsfußes (r) von Investitionsobjekt A:

$$r = 0{,}10 + 16.117{,}25 \times \frac{0{,}15 - 0{,}1}{16.117{,}25 - (-11.943{,}08)} = 0{,}1287 \times 100 = 12{,}87\,\%$$

Berechnung des internen Zinsfußes (r) von Investitionsobjekt B:

$$r = 0{,}10 + 15.199{,}52 \times \frac{0{,}15 - 0{,}1}{15.199{,}52 - (-7.063{,}24)} = 0{,}1341 \times 100 = 13{,}41\,\%$$

Vergleichswert	Investitionsobjekt A	Investitionsobjekt B
Kapitalwert (C_0)	16.117,25 €	15.199,52 €
interner Zinsfuß (r)	12,87 %	13,41 %

Nach der **Kapitalwertmethode** ist die **Alternative A vorteilhafter** als die Alternative B, aber nur, wenn die Rückflüsse beider Investitionen zum Kalkulationszinssatz $i_{kalk} = 10\,\%$ bis zum Ende der Nutzungsdauer reinvestiert werden.

Nach der **internen Zinsfußmethode** ist die **Alternative A schlechter** als die Alternative B, aber nur, wenn die Rückflüsse der Investition A zum internen Zinssatz von 12,87 % und die Rückflüsse der Investition B zum internen Zinssatz von 13,41 % bis zum Ende ihrer Laufzeit reinvestiert werden.

Welche der beiden Investitionen nun tatsächlich gegenüber der anderen vorteilhaft ist, hängt davon ab, ob die Rückflüsse zu einem Zinssatz von 10 % oder zu Zinssätzen von 12,87 % beim Investitionsobjekt A bzw. 13,41 % beim Investitionsobjekt B reinvestiert werden können. Nehmen wir an, der tatsächlich mögliche Reinvestitionszinssatz beträgt 10 %, so ist die Aussage der internen Zinsfußmethode deshalb falsch, weil in ihrer Rechnung eine Verzinsung der Rückflüsse von 12,87 % beim Investitionsobjekt A bzw. 13,41 % beim Investitionsobjekt B zugrunde gelegt wurde.

Das sollten Sie sich merken:

Das Vorteilhaftigkeitskriterium für den Alternativenvergleich lautet: Eine Investition A ist vorteilhafter als eine Investition B, wenn der interne Zinssatz (r^D) der Differenzinvestition größer als der Kalkulationszinssatz (i) ist, d. h. wenn $r^D > i_{kalk}$ gilt. Vorausgesetzt ist dabei, dass die Zahlungen der Investition mit der zunächst geringeren Kapitalbindung (= Investition B) von den Zahlungen der Investition mit der zunächst höheren Kapitalbindung (= Investition A) abgezogen werden.

2.6 Beurteilung der internen Zinsfußmethode zur Bestimmung der Vorteilhaftigkeit einer Investition

Vorteilhaft ist bei der internen Zinsfußmethode im Gegensatz zur Kapitalwertmethode, dass sie eine genaue Aussage über die Rentabilität eines Investitionsobjekts trifft. Im Übrigen gelten die generellen Vorteile dynamischer Investitionsrechnungen:

- vollständige Erfassung der Zahlungsströme,
- zeitlich differenzierte Erfassung der Zahlungsströme,
- betragsmäßig differenzierte Erfassung der Zahlungsströme und
- Berücksichtigung des Zinses und des Zinseszinses,

Dynamische Verfahren der Investitionsrechnung

Als **Nachteile** sind, wie bei der Kapitalwertmethode, zu nennen:

- Der interne Zinsfuß (r) allein ist nicht aussagefähig. Der interne Zinsfuß (r) muss immer mit dem Kalkulationszinsfuß (i), d. h. der geforderten Mindestverzinsung, verglichen werden,
- die **Zurechenbarkeit** der Ein- und Auszahlungen zu den Investitionsobjekten ist problematisch, wenn es sich um ein mehrstufiges Produktionsverfahren und nicht um einen isolierten einstufigen Produktionsprozess handelt,
- die **Ungewissheit** im Hinblick auf Höhe und zeitlichen Anfall der Zahlungsreihen und
- die Notwendigkeit einer Differenzinvestition bei einem Alternativenvergleich, wenn es sich nicht um vollständige Alternativen handelt.

Hinzu kommt, dass das Ergebniss nur dann eindeutig ist, wenn über die gesamte Nutzungsdauer nur ein Vorzeichenwechsel (von - zu +) vorkommt, also nach den Auszahlungsüberschüssen (-) zu Beginn einer Investition später ausschließlich nur Einzahlungsströme (+) anfallen.

Ein Wechsel der Vorzeichen in der Zahlungsreihe (z. B.: -, +, +, -, -, +, +, -), der z. B. durch Reparaturkosten während und Verschrottungskosten am Ende der Nutzungsdauer verursacht wird, kann zu mehrdeutigen Ergebnissen führen. Die Verwendbarkeit der internen Zinsfußmethode ist in solchen Fällen fraglich.

Bei der Beurteilung der Vorteilhaftigkeit von nicht isoliert durchführbaren Investitionen (d. h. Investitionen, bei denen Zwischenanlagen erforderlich sind) muss die Wiederanlageprämisse beachtet werden, d. h., frei werdende Mittel (Zwischenanlagen) müssen zum internen Zinssatz (r) wieder investiert werden. Diese Prämisse ist jedoch realitätsfremd. Die interne Zinsfußmethode sollte daher bevorzugt für die Beurteilung einer Einzelinvestition (Ja/Nein-Entscheidung) eingesetzt werden.[10]

---

[10] Schulte, G.: Investition, 1999, S. 113.

3 Annuitätenmethode

Die **Annuitätenmethode** ist eine Erweiterung der **Kapitalwertmethode.** Sie verwandelt den Kapitalwert (C_0) einer Investition in eine Reihe von gleich hohen Zahlungen für alle Nutzungsperioden. Anders ausgedrückt: Mit der Annuitätenmethode werden die über die gesamte Nutzungsdauer eines Investitionsobjekts im Allgemeinen ungleich hohen Zahlungen in eine Folge gleich hoher Zahlungen bzw. Überschüsse, die in jeder Periode des Betrachtungszeitraums anfallen, gewandelt.

Somit werden die mit der Investition zusammenhängenden Zahlungsströme in:

- **äquivalente** (d. h. der Kapitalwert der neuen Zahlungsreihe entspricht exakt dem Kapitalwert der ursprünglichen Zahlungsreihe),
- **äquidistante** (d. h. der zeitliche Abstand zwischen den Zahlungen ist gleich groß) und
- **uniforme** (d. h. die jährlichen Zahlungen sind gleich groß)

Beträge umgeformt.

Diese regelmäßige (Jahres-)Zahlung, die Zinsen und Tilgung umfasst, heißt **Annuität** (lat. annus = Jahr). In Verbindung mit Hypothekenkrediten findet man häufig den Begriff der Annuität. Bei den Hypothekenkrediten enthält die Annuität (z), die oft ein monatlicher Festbetrag ist, den Zins und die Tilgung.

Während der Kapitalwert (C_0) oftmals schwierig zu interpretieren ist, kommt die Annuität (z) dem Denken der Praktiker in jährlichen Zahlungen entgegen. Beide Investitionsrechnungen unterscheiden sich in der Ermittlung des Erfolgs:

- Die **Kapitalwertmethode** zeigt den **Totalerfolg** von Investitionsobjekten auf.
- Die **Annuitätenmethode** bezieht sich auf den **Periodenerfolg**, indem sie die durchschnittlichen jährlichen Einzahlungen den durchschnittlichen jährlichen Auszahlungen gegenüberstellt.

Die Annuität (z) wird mithilfe des errechneten Kapitalwerts (C_0) einer Zahlungsreihe und dem Kapitalwiedergewinnungsfaktor (KWF), der den Reziprokwert des Rentenbarwertfaktors (RBF) darstellt, folgendermaßen berechnet:

Annuität (z) = Kapitalwert (C_0) x Kapitalwiedergewinnungsfaktor (KWF)

Die Formel zur Berechnung des Kapitalwiedergewinnungsfaktors lautet:

$$KWF = \frac{q^n \times i}{q^n - 1}$$

Die Annuität (z) kann mit der folgenden Formel berechnet werden:

$$\text{Annuität (z)} = C_0 \times \frac{q^n \times i}{q^n - 1}$$

3.1 Einzelinvestition

Eine Einzelinvestition ist vorteilhaft, wenn sie eine Annuität größer oder gleich null hat. Da eine positive Annuität (z) immer mit einem positiven Kapitalwert (C_0) korrespondiert, führen die Annuitätenmethode und die Kapitalwertmethode im Rahmen der Einzelinvestitionsentscheidung zum gleichen Ergebnis.

Annuität eines Investitionsobjekts bei jährlich unterschiedlich hohen Rückflüssen

Falls unterschiedlich hohe Rückflüsse eines Zahlungsstroms in eine Annuität umgewandelt werden, so wird im ersten Schritt der Kapitalwert (C_0) der Rückflüsse ermittelt und dieser im zweiten Schritt mit dem Kapitalwiedergewinnungsfaktor (KWF) multipliziert oder es wird der Kapitalwert durch den Rentenbarwertfaktor (RBF) dividiert. Beide Möglichkeiten führen zum gleichen Ergebnis.

Das sollten Sie sich merken:

Die Vorteilhaftigkeit eines einzelnen Investitionsobjekts ist gegeben, wenn seine Annuität (z) größer oder gleich null ist: $z \geq 0$. Das bedeutet, das gebundene Kapital wird zum Kalkulationszinssatz (i) verzinst und bei $z > 0$ wird zusätzlich ein Periodenüberschuss erwirtschaftet. Falls mehrere Investitionsalternativen miteinander verglichen werden, so ist diejenige Alternative die vorteilhafteste, deren Annuität am höchsten ist. Dabei wird vorausgesetzt, dass die Annuität positiver Natur ist.

BEISPIEL: Einzelinvestitionsentscheidung bei unterschiedlich hohen Rückflüssen im Zeitablauf

Mit den nachfolgend angegebenen Daten sollen die Rückflüsse des Zahlungsstroms (Investitionsauszahlung −90.000 €; jährliche Rückflüsse: 25.000 €;

30.000 €; 40.000 €; 20.000 €; 10.000 €; Liquidationserlös: 14.000 €) in eine Annuität transformiert werden.

Investitionsauszahlung: I_0 = 90.000 €

Nutzungsdauer: n = 5 Jahre

Rückflüsse: R_t = 25.000 €, 30.000 €, 40.000 €, 20.000 €, 10.000 €

Kalkulationszinssatz: i_{kalk} = 10 %

Liquidationserlös: L_n = 14.000 €

Jahr	Rückflüsse	Abzinsungsfaktor $= \dfrac{1}{q^n} = \dfrac{1}{(1+0,1)^n}$	Barwert
	(a)	(b)	(c) = (a) x (b)
1	25.000 €	0,909091	22.727 €
2	30.000 €	0,826446	24.793 €
3	40.000 €	0,751315	30.053 €
4	20.000 €	0,683013	13.660 €
5	10.000 €	0,620921	6.209 €
5	14.000 €	0,620921	8.693 €
= Summe der barwertigen Rückflüsse			106.135 €
- Anschaffungswert			— 90.000 €
= Kapitalwert (Summe der Barwerte abzüglich Anschaffungswert)			16.135 €

$$\text{Annuität (z)} = C_0 \times \frac{q^n \times i}{q^n - 1} = 16.135\ € \times \frac{(1+0,1)^n \times 0,1}{(1+0,1)^n - 1} = 16.135\ € \times 0,263797 = 4.256\ €/\text{Jahr}$$

Der Investor kann bei Durchführung dieses Investitionsprojektes in jeder Periode einen Betrag von 4.256 € entnehmen.

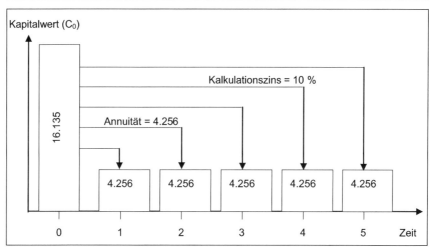

Abb. 33: Umwandlung des Kapitalwerts in Annuitäten

Annuität eines Investitionsobjektes bei jährlich gleich hohen Rückflüssen und begrenzter Nutzungsdauer

Bei einem **zeitlich begrenzt** nutzbaren Investitionsobjekt (I_0) mit jährlich **gleich hohen Rückflüssen (R)** und der Berücksichtigung eines Liquidationserlöses (L_n) kann die Berechnung der Annuität (z) direkt auf der Grundlage des Kapitalwiedergewinnungsfaktors (KWF) erfolgen. Ein Liquidationserlös (L_n) wird abgezinst und vom Anschaffungswert des Investitionsobjekts (I_0) abgezogen. Die Annuität (z) des Kapitaldienstes lässt sich wie folgt berechnen:

$$\text{Annuität (z)} = R - I_0 \times \frac{q^n \times i}{q^n - 1} + \frac{L_n}{q^n} \times \frac{q^n \times i}{q^n - 1}$$

$$\text{Annuität (z)} = R - \left(I_0 - \frac{L_n}{q^n} \right) \times \frac{q^n \times i}{q^n - 1}$$

Bei dem Investitionsobjekt mit jährlich gleich hohen Rückflüssen und einer zeitlich begrenzten Nutzung muss der Kapitalwert (C_0) nicht vorher berechnet werden, vielmehr lässt sich die Annuität (z) mit der obigen Formel berechnen. Falls kein Liquidationserlös zu erwarten ist, vereinfacht sich die Berechnung nochmals:

$$\text{Annuität (z)} = R - \left(I_0 \times \frac{q^n \times i}{q^n - 1} \right)$$

> ▶ **BEISPIEL: Jährlich gleiche Rückflüsse und zeitlich begrenzte Nutzungsdauer**
>
> Das Investitionsobjekt „XYZ" ist zehn Jahre nutzbar und erwirtschaftet jährliche Einzahlungsüberschüsse (R) in Höhe von 10.000 €. Der Anschaffungswert (I_0) beträgt 60.000 € und der Kalkulationszinssatz (i) 8 %. Ein Liquidationserlös (L_n) fällt nicht an.
>
> $$z = R - \left(I_0 \times \frac{q^n \times i}{q^n - 1} \right)$$
>
> Annuität (z) = 10.000 € — (60.000 € x 0,149029) = 1.058,23 €/Jahr
> Das Investitionsobjekt „XYZ" ist vorteilhaft, da es eine positive Annuität (z) erwirtschaftet.

> ▶ **BEISPIEL: Jährlich gleiche Rückflüsse mit Liquidationserlös und zeitlich begrenzter Nutzung**
>
> Ein Investitionsobjekt ist neun Jahre nutzbar und erwirtschaftet jährliche Überschüsse (R) in Höhe von 8.000 €. Die Anschaffungsauszahlung (I_0) beträgt 50.000 € und der Kalkulationszinssatz (i) 10 %. Ein Liquidationserlös (L_n) fällt in Höhe von 10.000 € an.

Es sollen der Kapitalwert (C_0) und die Annuität (z) des Investitionsvorhabens berechnet werden.

Lösung Beispiel: Jährlich gleiche Rückflüsse und zeitlich begrenzte Nutzung

In diesem Beispiel werden Ihnen zwei Lösungsmöglichkeiten vorgestellt. Bei der ersten Lösungsvariante zur Ermittlung der Annuität (z) wird der Kapitalwert (C_0) des Investitionsobjekts berechnet und anschließend mit dem Kapitalwiedergewinnungsfaktor (KWF) multipliziert.

$$C_0 = -I_0 + R \times \frac{q^n - 1}{q^n \times i} + \frac{L_n}{q^n}$$

$$C_0 = -50.000\,\text{€} + 8.000\,\text{€} \times \frac{1,1^9 - 1}{1,1^9 \times 0,1} + \frac{10.000\,\text{€}}{1,1^9}$$

$$C_0 = -50.000\,\text{€} + 46.072,19\,\text{€} + 4.240,99\,\text{€} = 313,18\,\text{€}$$

Der Kapitalwert (C_0) ist positiv und beträgt 313,18 €.

Die Annuität (z) des Investitionsobjekts (I_0) wird zunächst nach der Variante I berechnet:

Variante I: $\text{Annuität (z)} = C_0 \times \dfrac{q^n \times i}{q^n - 1} = 313,18 \times 0,173641 = 54,38\,\text{€ / Jahr}$

Die jährliche Annuität (z) des Investitionsvorhabens beträgt 54,38 €/Jahr.

Bei der Variante II kann die Annuität auf direkten Weg berechnet werden, ohne eine vorherige Berechnung des Kapitalwerts. Für Variante II gilt die folgende Formel:

$$\text{Variante II:}\ \text{Annuität (z)} = R - \left[\left(I_0 - \frac{L_n}{q^n} \right) \times \frac{q^n \times i}{q^n - 1} \right]$$

$$\text{Annuität (z)} = 8.000\,\text{€} - \left[\left(50.000\,\text{€} - \frac{10.000\,\text{€}}{1,1^9} \right) \times \frac{1,1^9 \times 0,1}{1,1^9 - 1} \right]$$

$$\text{Annuität (z)} = 8.000\,\text{€} - \left[\left(50.000\,\text{€} - 4.240,98\,\text{€} \right) \times 0,173640 \right] = 54,38\,\text{€ / Jahr}$$

Annuität eines Investitionsobjekts bei jährlich gleich hohen Rückflüssen und unbegrenzter Nutzungsdauer

In der Praxis kommt es auch vor, dass einem Investor durch ein Investitionsobjekt jährlich gleichbleibende Überschüsse zufließen und das Investitionsobjekt dem Investor für einen unbegrenzten Zeitraum zur Verfügung steht. Ein Liquidationserlös (L_n) muss nicht berücksichtigt werden, da dieser erst in der unendlich weit entfernt liegenden Periode t = n anfällt.[11] Die Annuität eines Investitionsobjekts mit jährlich gleich hohen Rückflüssen und unbegrenzter Nutzungsdauer kann gemäß der folgenden Formel berechnet werden:

Annuität (z) = R — (I_0 x i)

> **BEISPIEL: Unbegrenzte Nutzungsdauer mit jährlich gleich hohen Rückflüssen**
>
> Ein Investitionsobjekt mit einem Anschaffungswert (I_0) von 50.000 € führt zu einem jährlichen, unbegrenzten Rückfluss (R) (Überschuss) von 4.500 €. Der Kalkulationszinssatz (i) beträgt 10 %.
> Annuität (z) = R — (I_0 x i) = 4.500 € — (50.000 € x 0,1) = — 500 €/Jahr
> Das Investitionsobjekt ist **nicht vorteilhaft**, da die **Annuität (z) negativ** ist.

3.2 Auswahl alternativer Investitionsobjekte

Ist eine Entscheidung zwischen mehreren Investitionsvorhaben zu treffen, so ist eine **Investition A vorteilhafter** als die alternative Investition B, wenn ihre Annuität höher ist, d. h., **wenn Annuität A > Annuität B gilt**. Oder: Eine Investition A ist vorteilhafter als eine alternative Investition B, wenn die Annuität der Differenzinvestition z^D positiv ist, d. h., wenn $z^D > 0$ gilt. Vorausgesetzt ist dabei, dass die Zahlungen der Investition mit der zunächst geringeren Kapitalbindung (Investition B) von den Zahlungen der Investition mit der zunächst höheren Kapitalbindung (= Investition A) abgezogen werden.

Bei einem Vergleich von Investitionsobjekten mit unterschiedlicher Nutzungsdauer ist darauf zu achten, dass die Annuität (z) nicht auf eine Nutzungsdauer (n), sondern einen gleichen Planungszeitraum ermittelt wird.

> **BEISPIEL: Auswahlproblem**
>
> Es stehen zwei alternative Investitionsobjekte A und B zur Auswahl. Investitionsobjekt A hat einen Anschaffungswert (I_0) von 65.000 €, Investitionsobjekt B von 75.000 €. Beide Investitionsobjekte sind 4 Jahre nutzbar, ein Liquidationserlös fällt nicht an. Der Kalkulationszinssatz (i) beträgt 8 %. Die Rückflüsse (Einzahlungsüberschüsse) sind der Tabelle zu entnehmen.

---

[11] Bieg, H. und Kußmaul, H,: Investition, 2009, S. 105.

Jahr	Abzinsungsfaktor (8 %)	Investitionsobjekt A		Investitionsobjekt B	
		Rückflüsse	Barwert	Rückflüsse	Barwert
	a	b	c = (a x b)	d	e = (a x d)
1	0,925926	18.000 €	16.667 €	18.000 €	16.667 €
2	0,857339	25.000 €	21.433 €	30.000 €	25.720 €
3	0,793832	25.000 €	19.846 €	30.000 €	23.815 €
4	0,735030	20.000 €	14.701 €	25.000 €	18.376 €
= Summe der barwertigen Rückflüsse			72.647 €		84.578 €
— Anschaffungswert			— 65.000 €		— 75.000 €
= Kapitalwert (C$_0$)			7.647 €		9.578 €

Die Annuität (z) wird mithilfe des Kapitalwiedergewinnungsfaktors (KWF) wie folgt berechnet:

$$\text{Annuität (z)} = C_0 \times \frac{q^n \times i}{q^n - 1}$$

$$\text{Annuität } (z_A) = C_{0A} \times \frac{q^n \times i}{q^n - 1} = 7.674 \text{ €} \times \frac{1{,}08^4 \times 0{,}08}{1{,}08^4 - 1} = 2.317 \text{ €/Jahr}$$

$$\text{Annuität } (z_B) = C_{0B} \times \frac{q^n \times i}{q^n - 1} = 9.578 \text{ €} \times \frac{1{,}08^4 \times 0{,}08}{1{,}08^4 - 1} = 2.892 \text{ €/Jahr}$$

Das Investitionsobjekt B ist das **vorteilhaftere**, da es eine um 575 € höhere Annuität (z) pro Jahr erzielt.

Man entscheidet sich für die Investition mit dem höchsten Annuitätengewinn. Dabei werden stillschweigend folgende **Voraussetzungen** unterstellt:

1. Bei dem Investitionsobjekten handelt es sich um vollständige Alternativen,
2. die Verzinsung aller Rückflüsse erfolgt zum Kalkulationszinssatz (i) bis zum Nutzungsdauerende (n) (d. h. alle Rückflüsse werden reinvestiert) und
3. es gilt der gleiche Kalkulationszinssatz (i) für die Alternativen.

Auswahl bei ungleicher Investitionssumme (I$_0$) und ungleicher Nutzungsdauer (n)

Bei einem Auswahlproblem zwischen zwei Investitionsobjekten A und B, die unterschiedlich hohe Anschaffungsauszahlungen haben, kann bei der Annuitätenmethode auf eine Differenzinvestition verzichtet werden, da die jährlichen Rückflüsse (Einzahlungsüberschüsse) zur Beurteilung herangezogen werden.[12] Unterschiedliche Nutzungsdauern der zu vergleichenden Investitionsobjekte sind allerdings anzugleichen.

---

[12] Vgl. Olfert, K. und Reichel, C.: Investition, 2009, S. 217.

> **BEISPIEL: Ungleiche Investitionssumme und ungleiche Nutzungsdauer**

Ein Unternehmen beabsichtigt die Durchführung einer Erweiterungsinvestition. Es stehen zwei Alternativen bei einem Kalkulationszinssatz (i) von 10 % zur Auswahl:

Investitionsobjekt A: I_0 = 100.000 €, Nutzungsdauer = 5 Jahre, jährlich gleichbleibende Rückflüsse = 32.000 €, Liquidationserlös = 8.000 €

Investitionsobjekt B: I_0 = 65.000 €, Nutzungsdauer = 4 Jahre, jährlich gleichbleibende Rückflüsse = 28.000 €, kein Liquidationserlös

Berechnung der Kapitalwerte der beiden Alternativen A und B:

$$C_0 = -I_0 + R \times RBF + L_n \times \frac{1}{q^n}$$

$C_{0A} = -100.000\ € + 32.000\ € \times 3,790787 + 8.000\ € \times 0,620921 = 26.272,55\ €$

$C_{0B} = -65.000\ € + 28.000\ € \times 3,169865 = 23.756,22\ €$

Die Alternative A weist einen höheren Kapitalwert (C_0) aus als die Alternative B. Ein Vergleich dieser beiden Projekte anhand des Kapitalwertes wäre nur bei gleichen Laufzeiten sinnvoll. In diesem Fall sollte die Entscheidung anhand der Annuität erfolgen.

Ermittlung der Annuität bei einmaliger Nutzung:

Annuität (z) = Kapitalwert × Kapitalwiedergewinnungsfaktor

Investitionsobjekt A : z_A = 26.272,55 € × 0,263797 = 6.930 €/Jahr

Investitionsobjekt B : z_B = 23.756,22 € × 0,315471 = 7.494 €/Jahr

$$\text{Annuität (z)} = R - \left(I_0 - L_n \times \frac{1}{q^n} \right) \times \frac{q^n \times i}{q^n - 1}$$

Investitionsbjekt A : z_A = 32.000 € $-\left(100.000\ € - \dfrac{8.000\ €}{1,1^5} \right) \times 0,263792$ = 6.930 €/Jahr

Investitionsobjekt B : z_B = 28.000 € - 65.000 € × 0,315471 = 7.494 €/Jahr

Es sind beide Alternativen absolut vorteilhaft. Bei der Analyse der relativen Vorteilhaftigkeit stellt man fest, dass bei der Kapitalwertmethode bei einmaliger Nutzung (keine vollständigen Alternativen) Investition A und bei der Annuitätenmethode Investition B vorteilhafter ist. In diesem Fall wäre die Annuitätenmethode zu wählen, aber bei dem Vorteilsvergleich muss der Planungszeitraum der beiden Investitionsobjekte A und B gleich groß sein. Dies ist hier nicht der Fall.

Vergleicht man das Investitionsobjekt A mit dem Investitionsobjekt B, so muss die errechnete Annuität von 7.494 € der fünfjährigen Laufzeit des Investitionsobjekts A angepasst werden.

$$\text{Annuität } (z_B) = C_{0B} \times \frac{q^n \times i}{q^n - 1} = 23.756{,}22 \text{ } € \times \frac{1{,}1^5 \times 0{,}1}{1{,}1^5 - 1} = 6.266{,}83 \text{ €/Jahr}$$

Nach der Anpassung des Planungszeitraums ist die Investition A sowohl nach der Kapitalwertmethode als auch nach der Annuitätenmethode die bessere Alternative.

Bei der Annuitätenmethode muss zwar bei ungleicher Investitionssumme bzw. ungleicher Nutzungsdauer nicht zwingend die Differenzinvestition (I^D) als Entscheidungsglied angesehen werden, aber die Differenzinvestition ist bei der Entscheidungsfindung doch sehr hilfreich. Daher folgt jetzt ein Beispiel mit der Differenzinvestition.

▶ **BEISPIEL: Differenzinvestition**

Anschaffungswert Investitionsobjekt A: $I_{0A} = 200.000 \text{ €}$
Anschaffungswert Investitionsobjekt B: $I_{0B} = 120.000 \text{ €}$
Kalkulationszinssatz: $i = 10 \text{ %}$
Nutzungsdauer Investitionsobjekt A: $n_A = 5 \text{ Jahre}$
Nutzungsdauer Investitionsobjekt B: $n_B = 3 \text{ Jahre}$
Rückflüsse über fünf Jahre: $R_{At} = 60.000 \text{ €}, 80.000 \text{ €}, 60.000 \text{ €}, 40.000 \text{ €}, 40.000 \text{ €}$
Rückflüsse über drei Jahre: $R_{Bt} = 50.000 \text{ €}, 50.000 \text{ €}, 50.000 \text{ €}$

t	R_{At}	R_{Bt}	q^{-n}	$R_{At} \times q^{-n}$	$R_{Bt} \times q^{-n}$	R^D_t	$R^D_t \times q^{-n}$
1	60.000	50.000	0,909	54.540	45.450	10.000	9.090
2	80.000	50.000	0,826	66.080	41.300	30.000	24.780
3	60.000	50.000	0,751	45.060	37.550	10.000	7.510
4	40.000	------	0,683	27.320		40.000	27.320
5	40.000	------	0,621	24.840		40.000	24.840
$\sum$	280.000	150.000	------	217.840	124.300	130.000	93.540
R^D_0 =							93.540
I^D_0 =							−80.000
C^D_0							13.540

Der Kapitalwert der Differenzinvestition ist mit 13.540 € positiv, Mit diesem Kapitalwert und dem Kapitalwiedergewinnungsfaktor kann die Annuität der Differenzinvestition berechnet werden.

Annuität der Differenzinvestition (z^D):

$$\text{Annuität } (z^D) = C^D_0 \times \frac{q^n \times i}{q^n - 1} = 13.540 \times \frac{1{,}10^5 \times 1{,}1}{1{,}10^5 - 1} = 3.571{,}81 \text{ €/Jahr}$$

Das Investitionsobjekt A ist die vorteilhaftere Investitionsalternative, da die Annuität der Differenzinvestition (z^D) positiv ist.

3.3 Wie eignet sich die Annuitätenmethode zum Bestimmen der Vorteilhaftigkeit einer Investition?

Das Ergebnis der Annuitätenmethode ist für Praktiker verständlicher als das der Kapitalwertmethode. Bei der relativen Vorteilhaftigkeit entsprechen sich die Kapitalwert- und die Annuitätenmethode nur dann, wenn alle Alternativen dieselbe Nutzungsdauer besitzen. Wie bei der Kapitalwertmethode und der internen Zinsfußmethode sind folgende Nachteile zu nennen, die insbesondere:

- die Prognose der Zahlungsströme,
- die Ungewissheit der Zahlungsreihen bei mehrstufigen Produktionsverfahren (Vielzahl der Maschinen),
- die Prognose der Wiederanlageprämisse und
- die Wahl des Kalkulationszinssatzes (i)

betreffen.

Die Annuitätenmethode ist vor allem immer dann empfehlenswert, wenn den Investor nicht nur die Vorteilhaftigkeit einer Investition interessiert, sondern wenn die Höhe des ausschüttbaren Periodenüberschusses für den Investor von Interesse ist. Die Annuitätenmethode kommt dem Denken in jährlichen Zahlungen entgegen.

4   Dynamische Amortisationsrechnung

Mithilfe der **dynamischen Amortisationsrechnung** wird der Zeitraum bestimmt, zu dem das eingesetzte Kapital durch die im Rahmen der Kapitalwertmethode diskontierten Einzahlungsüberschüsse (Rückflüsse) inklusive eines diskontierten Liquidationserlöses des Investitionsobjekts zurückgeflossen ist. Analog zur internen Zinsfußmethode wird auch bei der dynamischen Amortisationsrechnung der Zeitpunkt betrachtet, zu dem der Kapitalwert gleich null wird. Die daraus ermittelte Zeitdauer — die sogenannte dynamische Amortisationszeit (t_d) — ist die Zeit, die benötigt wird, bis der Investor die Anschaffungsauszahlung zuzüglich Zinsen wieder verdient hat.[13]

Die statische Amortisationsrechnung kann dynamisiert werden, indem nicht mehr mit einem durchschnittlichen Rückfluss gerechnet wird, sondern die in jedem Nutzungsjahr voraussichtlich anfallenden barwertigen Rückflüsse einzeln erfasst und addiert werden. Hierbei handelt es sich um eine **Kumulationsrechnung**. Sie zeigt an, in welchem Jahr die kumulierten barwertigen Rückflüsse die Investitionssumme erreichen und die Investition sich somit amortisiert hat, es sei denn, es handelt sich um eine Fehlinvestition, die auch nach langer Zeit zu keiner Amortisation führt.

Mit der Kumulationsrechnung kann der Tatsache Rechnung getragen werden, dass z. B. Anlaufschwierigkeiten im ersten Jahr zu geringeren Rückflüssen führen und sich die Rückflüsse in den Folgejahren während der einzelnen Nutzungsjahre unterscheiden können. In der dynamischen Amortisationsrechnung werden die jährlichen Rückflüsse diskontiert.

Die Diskontierung erfolgt mithilfe des Abzinsungsfaktors:

$$AbF = \frac{1}{q^n} = \frac{1}{(1+i)^n}$$

Entscheidungskriterien:

- Eine Investition ist vorteilhaft, wenn ihre tatsächliche dynamische Amortisationszeit (t_d) kürzer ist als die vom Investor vorgegebene Höchstamortisationszeit (t_{max}), d. h. $\mathbf{t_d \leq t_{max}}$.
- Zu wählen ist diejenige Investitionsalternative mit **der kürzesten Amortisationsdauer**.

---

[13] Vgl. Däumler, K.-D. und Grabe, J.: Grundlagen der Investitions- und Wirtschaftlichkeitsrechnung, 2007, S. 225.

● Das sollten Sie sich merken:

Die **dynamische Amortisationszeit** ist immer länger als die **statische Amortisationszeit** bei sonst gleichen Bedingungen, da die barwertigen Rückflüsse der dynamischen Investitionsrechnung weniger wert sind als die nicht diskontierten Rückflüsse bei statischen Investitionsrechnung.

▶ BEISPIEL: Kumulationsrechnung bei der dynamischen Amortisationsrechnung

Es liegen Ihnen folgende Daten eines Investitionsobjekts vor:

Anschaffungswert: I_0 = 100.000 €
Nutzungsdauer: n = 8 Jahre
Kalkulationszinssatz: i = 0,1 = 10 %
Höchstamortisationszeit: t_{max} = 6 Jahre

Jahr	Zahlungen jährlich	Abzinsungs- faktor	barwertige Rückflüsse	barwertige Rückflüsse kumuliert
0. Jahr	− 100.000 €	1,000000	0 €	− 100.000 €
1. Jahr	25.000 €	0,909091	22.727 €	− 77.273 €
2. Jahr	30.000 €	0,826446	24.793 €	− 52.480 €
3. Jahr	26.000 €	0,751315	19.534 €	− 32.946 €
4. Jahr	26.000 €	0,683013	17.758 €	− 15.188 €
5. Jahr	30.000 €	0,620921	18.628 €	**3.440 €**
6. Jahr	40.000 €	0,564474	22.579 €	26.019 €
7. Jahr	20.000 €	0,513158	10.263 €	36.282 €
8. Jahr	18.000 €	0,466507	8.397 €	44.679 €

Die dynamische Amortisationszeit hat sich verlängert, da der Zins einbezogen wurde. Das Investitionsobjekt zahlt sich erst nach dem 4. Jahr, also im Laufe des fünften Jahres zurück.

Die exakte dynamische Amortisationszeit (t_e) kann man durch Interpolation ermitteln. Zur Berechnung werden die Barwerte der jeweiligen jährlichen Rückflüsse ermittelt und diese anschließend kumuliert, bis sie den Betrag der Investitionsauszahlung erreicht haben. Die Amortisationszeit liegt zwischen der Periode t = t_n, in welcher die kumulierten und barwertigen Rückflüsse zum letzten Mal negativ waren und der darauf folgenden Periode t = t_p, in welcher zum ersten Mal ein positiver Wert erreicht wird.

Die exakte dynamische Amortisationszeit (t_e) kann mit der folgenden Formel berechnet werden:

$$t_e = t_n - R_n \times \frac{t_p - t_n}{R_p - R_n}$$

t_e = exakte Amortisationszeit
t_n = Periode mit letztem negativen Wert der kumulierten barwertigen Rückflüsse

t_p = Periode mit erstem positiven Wert der kumulierten barwertigen Rückflüsse

R_n = zur Periode tn gehöriger kumulierter barwertiger Rückfluss

R_p = zur Periode tp gehöriger kumulierter barwertiger Rückfluss

$$t_e = t_n - R_n \times \frac{t_p - t_n}{R_p - R_n} = 4 \text{ Jahre} - (-15.188 \text{ €}) \frac{7 \text{ Jahre} - 6 \text{ Jahre}}{3.440 \text{ €} - (-15.188 \text{ €})} = 4{,}82 \text{ Jahre}$$

Die exakte dynamische Amortisationszeit (t_e) beträgt 4,82 Jahre. Das Investitionsobjekt ist als vorteilhaft zu bewerten, da die ermittelte dynamische Amortisationszeit kleiner als die zuvor festgelegte Höchstamortisationszeit ist.

4.1 Beurteilung der dynamischen Amortisationsrechnung zur Bestimmung der Vorteilhaftigkeit einer Investition

Die Amortisationsrechnung wird in der Praxis häufig eingesetzt, um das finanzwirtschaftliche Risiko eines Investitionsobjekts abzuschätzen. Die dynamische Amortisationszeit ist der Zeitraum, in dem das eingesetzte Kapital aus den barwertigen Rückflüssen (Einzahlungsüberschüssen) eines Investitionsobjekts wieder eingenommen wird. Es ist allerdings festzuhalten, dass bei ihrer Anwendung meist auch noch ein zweites Verfahren zur Beurteilung der Investition herangezogen wird.

Vorteile der dynamischen Amortisationsrechnung:

1. Die Amortisationsrechnung ist ein **einfaches Verfahren**.
2. Sie ermöglicht eine **Grobschätzung des Risiko** von Investitionen.
3. Das Verfahren dient als **Maßstab für die Sicherheit einer Investition**, da es den Zeitpunkt der Kapitalrückgewinnung angibt. Es dient aber nicht als Maßstab für die Rentabilität, da es die Restnutzungsdauer außer Acht lässt. Als Verfahren zur Risikomessung ist es gut geeignet.
4. Die Amortisationsrechnung ist dann zu empfehlen, wenn Liquiditätsgesichtspunkte bei der Entscheidungsfindung im Vordergrund stehen.
5. Es besteht die Möglichkeit, über die Höhe des Kalkulationszinssatzes ein Äquivalent für die Geldentwertung einzurechnen.

Nachteile der Amortisationsrechnung:[14]

1. Die **Zurechenbarkeit der Rückflüsse**, z. B. bei mehrstufigen Produktionsprozessen, ist nur schwer möglich.
2. Die Amortisationsrechnung umfasst **nicht die gesamte Nutzungsdauer des Projekts**, sie ist deshalb nicht geeignet, eine Aussage über die Ertragskraft insgesamt, also über die Verzinsung des investierten Kapitals unter Rentabilitätsgesichtspunkten zu machen.
3. Die **Rückflüsse**, die dem Unternehmen **nach der Amortisationszeit** zufließen, werden nicht berücksichtigt.
4. Die Nutzungsdauern der Investitionsobjekte können unterschiedlich lang sein. Die Amortisationsmethode **zieht** immer **kurzfristigere Investitionen** den **längerfristigeren Investitionen vor**. Diese kann zu möglichen **strategischen Fehlurteilen** führen.

Bei der dynamischen Amortisationsrechnung entscheidet man sich für das Investitionsprojekt mit der kürzesten Amortisationszeit. Die Entscheidung nach der Amortisationsrechnung optimiert die Sicherheits- bzw. Risikoaspekte, aber nicht gleichzeitig auch die Rentabilität. Die erhöhte Sicherheit wird eventuell durch verminderte Gewinnchancen erkauft.

---

[14] Olfert, K. u. Reichel, C.: Kompakt Training Investition, 2009, S. 101.

5 Vermögensendwertmethode

Bei der **Vermögensendwertmethode** wird die **Prämisse** des **vollkommenen Kapitalmarkts, die bei der Kapitalwertmethode gilt, aufgehoben**. Das Verfahren erlaubt den Ansatz von unterschiedlichen Kalkulationszinssätzen (i), d. h., es wird ein Sollzinssatz (i_{soll}) für die Kreditaufnahme und ein Habenzinssatz (i_{haben}) für die Kapitalanlage angesetzt. Die Vermögensendwertmethode kann sowohl zur Beurteilung von Einzelinvestitionen als auch zum Alternativenvergleich eingesetzt werden. Die Einzelinvestition ist dann vorteilhaft, wenn der Vermögensendwert positiv ist.

Im Gegensatz zu den klassischen Verfahren werden bei der Vermögensendwertmethode die Zahlungsüberschüsse (Rückflüsse) eines Zahlungsstroms auf das Planungszeitraumende aufgezinst und addiert.

Folgende **Annahmen** liegen dieser Methode zugrunde:[15]

- Der **Sollzinssatz** (Kapitalaufnahme) liegt über dem **Habenzinssatz** (Kapitalanlage).
- Eine einzelne Investition ist **vorteilhaft**, wenn der **Vermögensendwert** (alle auf das Planungszeitraumende aufgezinsten Zahlungen) **positiv** ist. D. h., die Rendite der Investition muss über dem Sollzinssatz liegen.
- Beim **Vergleich** von **Investitionsalternativen** ist diejenige am **vorteilhaftesten**, deren **positiver Vermögensendwert am höchsten** ist.

Unterschiedliche Ausprägungsformen der Vermögensendwertmethode ergeben sich durch die Annahmen über die Rückzahlungen aufgenommener oder angelegter finanzieller Mittel. Folgende Vorgehensweisen sind bei der Vermögensendwertmethode zu unterscheiden:

- Kontenausgleichs**ver**bot,
- Kontenausgleichs**ge**bot.

---

[15] Perridon, L. und Stener, M.: Finanzwirtschaft der Unternehmung, 13. Auflage 2004, S. 90 ff.

5.1 Kontenausgleichsverbot

Beim Kontenausgleichsverbot werden **zwei voneinander getrennte Konten** geführt, für die positiven Nettozahlungen (Rückflüsse) ein **Vermögenskonto**, für die negativen Nettozahlungen ein **Verbindlichkeitskonto**. Bei der Annahme eines Kontoausgleichsverbots wird unterstellt, dass weder eine Tilgung aus positiven Nettozahlungen noch eine Finanzierung negativer Nettozahlungen aus vorhandenem Guthaben vorgenommen wird.[16] Der Ausgleich der beiden Konten erfolgt erst am Ende der Planungsperiode durch Saldierung beider Endbestände. Während des Planungszeitraums darf keine Saldierung des negativen Kontos, dessen Bestand sich mit dem **Kreditzinssatz (i_{soll})** verzinst, und dem positiven Konto, das sich mit dem **Habenzinssatz (i_{haben})** verzinst, erfolgen.

Positives Vermögenskonto:

$$K_t^+ = \sum_{t=1}^{n} E_t \left(1 + i_{haben}\right)^{n-t}$$

Negatives Vermögenskonto (Verbindlichkeitskonto):

$$K_t^- = I_0 \left(1 + i_{soll}\right)^n + \sum_{t=1}^{n} A_t \left(1 + i_{soll}\right)^{n-t}$$

Vermögensendwert:

$$K_n = K_t^+ - \left|K_t^-\right|$$

(K_n = Vermögensendwert; E_t = Einzahlung in Periode t; A_t = Auszahlung in Periode t; i_{haben} = Habenzinssatz; i_{soll} = Sollzinssatz; I_0 = Investitionsauszahlung; t = einzelne Periode von 0 bis n.)

---

[16] Goetze und Bloech: Investitionsrechnung, 3. Auflage, 2002.

> **BEISPIEL: Kontenausgleichsverbot**

Der Sollzinssatz beträgt 10 % und der Habenzinssatz 5 %. Alle Angaben sind in €.

t	Zins-perioden	positive Netto-zahlungen	AuF $= (1+i)^n$	Endwerte	negative Netto-zahlungen	AuF $= (1+i)^n$	Endwerte
		Vermögenskonto			**Verbindlichkeitskonto**		
		Habenzinssatz 5 %			**Sollzinssatz 10 %**		
0	5	-	1,276282	0,00	− 100.000,00	1,610510	− 161.051,00
1	4	60.000,00	1,215506	72.930,36			
2	3	40.000,00	1,157625	46.305,00			
3	2	30.000,00	1,102500	33.075,00			
4	1	20.000,00	1,050000	21.000,00			
5	0	10.000,00	1,000000	10.000,00			
				183.310,36			− 161.051,00
				−			
				161.051,00			
Positiver Vermögensendwert				**22.259,36**			

5.2 Kontenausgleichsgebot

Beim Kontenausgleichsgebot wird lediglich **ein Konto geführt**. Der Vermögensbestand wird für jede Periode ermittelt. Liegt ein **negativer Vermögensbestand** vor, so verzinst sich dieser mit **dem höheren Sollzinssatz (i_{soll})**, ist der **Bestand** dagegen **positiv**, so wird der Bestand mit dem **niedrigeren Habenzinssatz (i_{haben})** verzinst. Beim Kontenausgleichsgebot werden die positiven Rückflüsse zunächst dazu verwendet, den Sollbestand des Vermögenskontos abzubauen. Sobald das Konto ausgeglichen ist, d. h. kein Sollbestand mehr vorliegt, wird der Bestand mit dem Habenzinssatz (i_{haben}) verzinst.

> **BEISPIEL: Kontenausgleichsgebot**

Der Sollzinssatz beträgt 10 % und der Habenzinssatz 5 %.

t	Nettozahlungen	Zinsarten	Zinsbeträge	Vermögensbestand	
0	− 100.000,00 €				− 100.000,00 €
1	60.000,00 €	Sollzinsen	− 10.000,00 €		− 50.000,00 €
2	40.000,00 €	Sollzinsen	− 5.000,00 €		− 15.000,00 €
3	30.000,00 €	Sollzinsen	− 1.500,00 €		+ 13.500,00 €
4	20.000,00 €	Habenzinsen	675,00 €		+ 34.175,00 €
5	10.000,00 €	Habenzinsen	1.708,75 €	**Endwert**	+ 45.883,75 €

5.3 Beurteilung der Vermögensendwertmethode

Das Verfahren bietet die Wahl von **unterschiedlichen Zinssätzen** für Einzahlungen und Auszahlungen. Es ist daher **realitätsnäher** als die Verfahren, die mit einem einheitlichen Kalkulationszinssatz (i) arbeiten. Die Möglichkeit, eine beliebige Mischung aus Eigen- und Fremdfinanzierung der Investition zu berücksichtigen ist gegeben. Die realen Bedingungen der Zinssätze auf dem Geld- und Kapitalmarkt sind allerdings noch nicht wiedergegeben. Geht man davon aus, dass die bei der Investition frei werdenden Mittel wieder reinvestiert werden, so kann man sagen, dass der Endwert dem Totalgewinn für den betrachteten Zeitraum entspricht.

Problematisch ist die Anwendung des Verfahrens beim **Alternativenvergleich**, insbesondere dann, wenn unterschiedliche Nutzungsdauern vorliegen. Das Verfahren sollte daher **nur** bei der **Entscheidung über Einzelobjekte angewendet werden**, wenn eine projektbezogene Finanzierung vorliegt und mit einem voneinander abweichenden Soll- und Habenzinssatz gerechnet wird.[17]

---

[17] Schulte: Investition, 1999, S. 91.

6 Optimale Nutzungsdauer und optimaler Ersatzzeitpunkt

Bei den bisherigen Investitionsrechenverfahren wurde von der Prämisse ausgegangen, dass die Verwendungsdauer der Investitionsobjekte ex ante bekannt ist und feststeht. Häufig stellt sich bei güterwirtschaftlichen Investitionen die Frage nach der optimalen **Nutzungsdauer**, d. h. nach dem Zeitraum zwischen der Inbetriebnahme und dem ursprünglich geplanten Ende der Nutzung. Es ist dabei die Entscheidung zu treffen, ob eine vorhandene Anlage durch eine neue, funktionsgleiche Anlage ersetzt werden soll oder nicht.

Der Nutzungszeitraum kann durch **rechtliche** (gesetzliche oder vertragliche Regelungen) beispielsweise Patente oder Verträge, **technische** (Gebrauchsverschleiß, technische Veralterung) und/oder **wirtschaftliche** Aspekte begrenzt sein.

Die optimale Nutzungsdauer beschreibt jenen Zeitraum, in dem es aus ökonomischen Gründen sinnvoll ist, das Investitionsobjekt zu nutzen. Dieser Zeitraum kann kleiner oder gleich der rechtlich- bzw. technisch-maximalen Nutzungsdauer sein. Zu welchem Zeitpunkt ein Investitionsobjekt vorzeitig beendet werden sollte, hängt davon ab, ob das alte Objekt ersetzt werden soll durch:

1. kein Nachfolgeobjekt (einmalige Investition),
2. ein identisches Objekt oder
3. ein besseres Objekt.

Da die Vorgehensweise bei den Varianten 2 und 3 methodisch gleich ist, werden im Folgenden die Varianten 1 und 2 erläutert.

Die optimale Nutzungsdauer kann mithilfe der **Kapitalwertmethode** oder bei gleichen Rückflüssen mithilfe der **Annuitätenmethode** bestimmt werden. Man kann folgende Fälle unterscheiden:

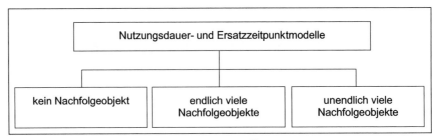

Abb. 34: Nutzungsdauer und Ersatzzeitpunktmodelle[18]

Um die optimale Nutzungsdauer zu bestimmen, wird der Kapitalwert (C_0) für den Fall berechnet, dass das Investitionsobjekt ein, zwei, ..., n Perioden (Jahre) genutzt wird. Die optimale Nutzungsdauer eines Investitionsobjekts erstreckt bis zu der Periode, in der der Kapitalwert am höchsten ist.

Der Ermittlung dieses **zeitlichen Kapitalwertmaximums** liegt die Überlegung zugrunde, dass bei einer Veräußerung des Investitionsobjekts vor Ablauf der technischen Nutzungsdauer auf die noch anfallenden Rückflüsse (Einzahlungsüberschüsse) zugunsten eines höheren Liquidationserlöses aus der Veräußerung des Investitionsobjektes verzichtet wird. Der Gedanke dahinter ist, dass ein früherer Liquidationserlös höher ist, als wenn das Investitionsobjekt weitergenutzt und erst anschließend veräußert werden würde. Die optimale Nutzungsdauer wird mit folgender Formel ermittelt:

$$C_{0(n)} = -I_0 + \sum_{t=1}^{n} \frac{R_t}{q^t} + \frac{L_n}{q^n} \quad \rightarrow \text{Maximierung}$$

6.1 Optimale Nutzungsdauer einer einmaligen Investition

Bei einer einmaligen Investition hängt die optimale Nutzungsdauer von:

- den Investitionsausgaben,
- den laufenden Einzahlungsüberschüssen und
- den gegebenenfalls zu erzielenden Liquidationserlösen

ab.

---

[18] Götze, U. u. Bloech, J.: Investitionsrechnung, 2002, S. 238.

Problematisch wird die Nutzungsdauerbestimmung dadurch, dass die beiden letzt-genannten Größen im Zeitablauf Schwankungen unterworfen sind. Die Entschei-dung über die optimale Nutzungsdauer kann durch die Ermittlung aller Kapital-werte über die Perioden der technisch- oder rechtlich-maximalen Nutzungsdauer erfolgen. Die optimale Nutzungsdauer ist dann erreicht, wenn der Kapitalwert im Zeitablauf maximal ist.

● **Das sollten Sie sich merken:**

Die optimale Nutzungsdauer ist diejenige, bei der der Kapitalwert des Investitionsobjekts am höchsten ist.

Eine wesentliche Bedeutung bei der Bestimmung der optimalen Nutzungsdauer kommt der Festlegung der an den **Periodenenden erzielbaren Liquidationser-löse (L_t)** zu. Hiermit sind jeweils die alternativen Verkaufserlöse angesprochen, die aufgrund des Nutzungsendes des Objektes durch seine Marktverwertung er-zielt werden. Die erzielbaren Liquidationswerte entsprechen in der Regel nicht den häufig marktunabhängigen Restbuchwerten in der Anlagenbuchhaltung des In-vestitionsobjekts.

Für jede alternative Nutzungsdauer erfolgt die Ermittlung eines nutzungsdauer-spezifischen Kapitalwerts $C_{0(n)}$ nach der folgenden Formel.[19]

$$C_{0(n)} = -I_0 + \sum_{t=1}^{n} \frac{R_t}{q^t} + \frac{L_t}{q^t} \quad \rightarrow \text{Maximierung}$$

$C_{0(n)}$	= Kapitalwert bei einer Nutzungsdauer von n Perioden
I_0	= Anschaffungsauszahlung (Investitionsausgabe) im Zeitpunkt t_0
R_t	= Rückfluss (Einzahlung — Auszahlung) im Zeitpunkt t
L_t	= Liquidationserlös bei einer Nutzungsdauer von t Perioden
$1/q^t$	= Abzinsungsfaktor für den Zeitpunkt t

Der Kapitalwert des jeweiligen Jahres ergibt sich als Summe der barwertigen Rück-flüsse zuzüglich der Barwerte des jeweiligen Liquidationserlöses abzüglich der An-schaffungsauszahlungen. Die **optimale Nutzungsdauer** liegt in der Periode, in der der nutzungsdauerspezifische **Kapitalwert** sein **Maximum** erreicht.

---

[19] Götze, U. u. Bloech, J.: Investitionsrechnung, 2002, S. 240.

▶ **BEISPIEL: Einmalige Investition**

Für das **Investitionsobjekt „Modern"** liegen folgende Informationen vor:

I_0 = 100.000 €

n = 5 Jahre

i = 10%

R_t = 60.000 €, 50.000 €, 40.000 €, 20.000 €, 10.000 €, (t = 1 — 5 Jahre)

L_{t-1} = 92.000 €, 65.000 €, 45.000 €, 35.000 €, 15.000 €, 0 €, (t-1 = 0—5 Jahre)

Es wird die optimale Nutzungsdauer dieser einmaligen Investition ermittelt.

t	I_0 bzw. R_t	L_t	$R_t \times \dfrac{1}{q^t}$	$\sum\limits_{t=1}^{n} R_t \times \dfrac{1}{q^t}$	$L_t \times \dfrac{1}{q^t}$	C_{0t}
0	− 100.000 €	92.000 €	--	--	92.000 €	− 8.000 €
1	60.000 €	65.000 €	54.545 €	54.545 €	59.091 €	13.636 €
2	50.000 €	45.000 €	41.322 €	95.867 €	37.190 €	33.057 €
3	40.000 €	35.000 €	30.053 €	125.920 €	26.296 €	**52.216 €**
4	20.000 €	15.000 €	13.660 €	139.580 €	10.245 €	49.825 €
5	10.000 €	0 €	6.209 €	145.789 €	0 €	45.789 €

Die **optimale Nutzungsdauer t_{opt}** liegt dort, wo der Kapitalwert C_{0t} = max.! Der maximale Kapitalwert (52.216 €) ergibt sich, wenn das Investitionsobjekt „Modern" 3 Jahre genutzt wird. Die wirtschaftliche Nutzungsdauer beträgt demnach 3 Jahre.

Der zweite Lösungsweg besteht in der **Grenzgewinnbetrachtung**, d. h., es wird nach der Veränderung des Kapitalwerts einer Investition in Abhängigkeit von der Nutzungsdauer gefragt. Hierbei nutzt man die Tatsache, dass die Zahlungsreihen zweier aufeinanderfolgender Nutzungsalternativen (t—1 und t) sich nur im vorletzten und letzten Element voneinander durch die Berücksichtigung des Liquidationserlöses unterscheiden.

Um festzustellen, in welcher Weise sich der Kapitalwert bei Verlängerung der Nutzungsdauer um eine Periode verändert, wird ein sogenannter **zeitlicher Grenzgewinn** berechnet. Dieser setzt sich aus zwei Komponenten zusammen, die beide durch die Verlängerung der Nutzung um die Periode t bewirkt werden: Es kann ein **zusätzlicher Rückfluss (R_t)** erwirtschaftet werden, anstelle des Liquidationserlöses der Periode t-1 (L_{t-1}) wird eine Periode später ein **geringerer Liquidationserlös (L_t) erzielt**. Indem der **Liquidationserlös der Vorperiode** durch Aufzinsung auf den Zeitpunkt t bezogen wird (q x L_{t-1}), lässt sich der **zeitliche Grenzgewinn der Periode t (G_t)** wie folgt bestimmen[20].

---

[20] Götze, U. u. Bloech, J.: Investitionsrechnung, 2002, S. 240.

$$G_t = R_t + L_t - q \times L_{t-1}$$

Die Veränderung des Kapitalwerts kann aus dem zeitlichen Grenzgewinn abgeleitet werden, die durch die Verlängerung der Nutzung um eine weitere Periode entsteht. Sie entspricht dem auf den Beginn des Planungszeitraums abgezinsten zeitlichen Grenzgewinn[21].

Die weitere Nutzung des Investitionsobjekts um eine Periode ist so lange ökonomisch sinnvoll, wie der Grenzgewinn der Periode positiv ist.

● **Das sollten Sie sich merken:**

Das Ende der wirtschaftlichen Nutzungsdauer ist am Ende der Periode (t − 1) erreicht, wenn die darauf folgende Periode (t) die Erste ist, deren zeitlicher Grenzgewinn negativ ist.

▶ **BEISPIEL: Grenzgewinnermittlung**

Bei dem **Investitionsvorhaben „Modern"** werden im Laufe seiner technisch-maximalen Nutzungsdauer die nachstehenden Rückflüsse und Liquidationswerte erwartet (i = 10 %).

	t_0	t_1	t_2	t_3	t_4	t_5
Rückflüsse (R_t)	− 100.000€	60.000 €	50.000 €	40.000 €	20.000 €	10.000 €
Liquidationserlöse (L_t)	92.000 €	65.000 €	45.000 €	35.000 €	15.000 €	0 €

Berechnung des Grenzgewinns:

Periode 3:   40.000 € + 35.000 € − 1,1 x 45.000 € = + 25.500 €

Periode 4:   20.000 € + 15.000 € − 1,1 x 35.000 € = − 3.500 €

Diese Variante zur Bestimmung der optimalen Nutzungsdauer basiert ebenfalls auf der Kapitalwertmethode. Der Barwert des Grenzgewinns der 4. Periode (− 3.500 € : $1{,}1^4$ = − 2.391 €) entspricht der Differenz zwischen dem Kapitalwert dieser Periode und jenem der Vorperiode (49.825 € − 52.216 € = − 2.391 €). **Jeder positive (negative) Grenzeinzahlungsüberschuss stellt folglich eine Kapitalmehrung (Kapitalminderung) dar.** Unter der Voraussetzung, dass die Grenzeinzahlungsüberschüsse monoton sinken, führen beide Rechenverfahren zum gleichen Resultat.

---

[21] Götze, U. u. Bloech, J.: Investitionsrechnung, 2002, S. 240.

Beurteilung der Grenzgewinnermittlung

Die Eignung dieses Modells hängt hauptsächlich davon ab, inwieweit die Annahme gerechtfertigt ist, dass **nach Nutzungsdauerende** der betrachteten Investition **keine Nachfolgeinvestition vorgenommen** wird. Da normalerweise die Tätigkeit eines Unternehmens auf Dauer angelegt ist, dürfte diese Annahme nur in Ausnahmefällen gerechtfertigt sein[22].

6.2 Optimale Nutzungsdauer einer Investition bei einmaliger identischer Wiederholung

Es wird jetzt von einer geplanten Wiederholung des Investitionsvorhabens ausgegangen. Die Analyse bezieht sich auf eine zweigliedrige Investitionskette, bestehend aus einem **ersten Investitionsobjekt A (Grundinvestition)** und einer identischen **Folgeinvestition B**, welche sich unmittelbar anschließt. Gesucht wird der optimale Ersatzzeitpunkt, an dem es wirtschaftlich erscheint, das erste Investitionsobjekt durch das Folgeobjekt zu ersetzen. Sowohl für die **Grundinvestition** als auch für die **Folgeinvestition** gilt, dass die Nutzungsdauer optimal ist, bei der der **Kapitalwert der Investitionskette (C_{0K}) am höchsten ist**.

Die optimale Nutzungsdauer der Folgeinvestition B wird analog den Verfahren ohne Nachfolgeobjekt bestimmt, da sich an die Folgeinvestition B in der Investitionskette keine weitere Investition anschließt.

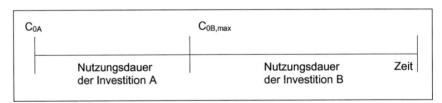

Abb. 35: Zweigliedrige Investitionskette

Der Kapitalwert der zweigliedrigen Investitionskette (C_{0K}) resultiert aus der Addition des Kapitalwerts der Grundinvestition = Investition A (C_{0AI}) und des **Kapitalwertmaximums der Folgeinvestition B (C_{0B})**, welches jedoch nur in Höhe ihres Barwerts berücksichtigt wird[23]:

---

[22] Goetze, U. u. Bloech, J.: Investitionsrechnung, 2002, S. 243.

[23] Drosse, V.: Investition, 1999, S. 66.

Die Formel für den Kapitalwert der Investitionskette (C_{0K}) lautet:

$$C_{0K} = C_{0A(nA)} + \frac{C_{0B(max)}}{q^{nA}} \rightarrow max$$

Merken Sie sich bitte:

$$C_{0K} = C_{0t,ges} = C_{0A(nA)} + C_{0B(max)} \times \frac{1}{q^{nA}}$$

Das Ende der wirtschaftlichen Nutzungsdauer der Grundinvestition A befindet sich am Ende der Periode t-1, wenn die darauf folgende Periode t die Erste ist, deren zeitlicher Grenzgewinn geringer ist als die Verzinsung des maximalen Kapitalwerts der Folgeinvestition über eine Periode.

● Das sollten Sie sich merken:

Es ist derjenige Ersatzzeitpunkt optimal, bei dem der Kapitalwert der Investitionskette (C_{0K}) maximal ist.

▶ BEISPIEL: Einmalige identische Wiederholung

Es liegen dieselben Ausgangsdaten vor, wie beim Beispiel **Investitionsobjekt „Modern"**.

I_0 = $I_{0,A}$ = 100.000 €; = $I_{0,B}$ =100.000 €

n = 5 Jahre

i = 10 %

R_t = 60.000 €, 50.000 €, 40.000 €, 20.000 €, 10.000 €

L_{t-1} = 92.000 €, 65.000 €, 45.000 €, 35.000 €, 15.000 €, 0 €

$C_{0B,max}$ = C_{03} = 52.216 € (siehe Berechnung der optimalen Nutzungsdauer einer einmaligen Investition)

Es wird die optimale Nutzungsdauer dieser einmaligen Investition ermittelt.

Die Festlegung der optimalen Nutzungsdauer kann man sich wie folgt vorstellen:

I_{alt}		0	1	2	3	4	5		
I_{neu}	entweder		0	1	2	3			
	oder			0	1	2	3		
	oder				0	1	2	3	
	oder					0	1	2	3
	oder						0	1	2	3

Bei der Kapitalwertberechnung werden die Kapitalwerte der zweigliedrigen Investitionskette in Abhängigkeit von der Nutzungsdauer des ersten Investitionsobjekts (n_A) berechnet. Diese setzen sich aus den Kapitalwerten des ersten Objekts in Abhängigkeit von dessen Nutzungsdauer (C_{0nA}) sowie dem über diese Nutzungsdauer abgezinsten maximalen Kapitalwert des zweiten Investitionsobjekts ($C_{Bmax} \times q^{-nA}$) zusammen.[24]

Die Berechnung sehen Sie in der folgenden Tabelle.

n	Grundinvestition C_{0A}	Folgeinvestition $C_{0B,max}$	$C_{0B,max} \times q^{-n}$	C_{0K}
0	− 8.000 €	52.216 €	52.216 €	44.216 €
1	13.636 €	52.216 €	47.469 €	61.105 €
2	33.057 €	52.216 €	43.154 €	76.211 €
3	**52.216 €**	52.216 €	39.231 €	**91.447 €**
4	49.825 €	52.216 €	35.664 €	85.489 €
5	45.789 €	52.216 €	32.422 €	78.211 €

Der obigen Tabelle kann man entnehmen, dass die Nutzungsdauer der Folgeinvestition ebenfalls wieder drei Jahre beträgt; d. h., die **Gesamtnutzungsdauer beider Objekte beträgt zusammen 6 Jahre.**

Grundsätzlich gilt, dass im Falle einer **endlichen Investitionskette** wirtschaftlich gleicher Objekte die **optimale Nutzungsdauer** der einzelnen Anlagen **mit steigender Anzahl von Folgeinvestitionsobjekten tendenziell abnimmt.** Dieser Sachverhalt wird auch als „Ketteneffekt" oder „Gesetz der Ersatzinvestition" bezeichnet.[25]

6.3 Optimale Nutzungsdauer eines Objektes mit unendlich vielen identischen Nachfolgeobjekten

Bei einer unendlich identischen Wiederholung weist jedes einzelne Investitionsobjekt unendlich viele Folgeinvestitionen auf, daher ist die optimale Nutzungsdauer aller Investitionsobjekte gleich. Das Entscheidungskriterium entspricht jenem bei einmaliger identischer Wiederholung. Zur Bestimmung des Kapitalwerts einer unendlichen Investitionskette erfolgt ein Rückgriff auf die Regeln der Renten- oder Annuitätenrechnung.[26] Für alle Objekte einer unendlichen Kette identischer Objekte ist die Nutzungsdauer optimal, bei der der Kapitalwert der unendlichen Kette am höchsten ist. Der **Kapitalwert** einer **unendlichen Zahlungsreihe** kann bestimmt werden, indem deren **Annuität (z) durch den Kalkulationszins dividiert**

---

[24] Goetze, U. u. Bloech, J.: Investitionsrechnung, 3. Auflage, 2002, S. 246.

[25] Kruschwitz, L.: Investitionsrechnung, 1995, S. 159.

[26] Drosse, V.: Investition, 1999, S. 67.

wird (Formel für den Kapitalwert der unendlichen Rente). Damit ist der **Kapital-wert** der **unendlichen Kette** genau **maximal**, wenn deren **Annuität maximal** ist. Demzufolge bestimmt sich der Kapitalwert (C_0) einer unendlichen Rente (z) nach folgendem Ansatz:

$$C_0 = \frac{z}{i}$$

So entspricht eine fest verzinsliche Kapitalanlagemöglichkeit zu 8 % einem heutigen Vermögen von 10 Mio. € einer unendlichen, nachschüssig gezahlten Rente von jährlich 800.000 €.

Die Maximierung des Kapitalwerts einer unendlichen Investitionskette entspricht der Maximierung der Annuität des Kapitalwerts eines jeden einzelnen Investitionsobjekts. Daher ist im ersten Schritt die höchste nutzungsdauerabhängige Annuität (z*) des einzelnen Investitionsprojekts zu bestimmen:[27]

$$z^{\star} = C_{0(n)} \times \frac{q^n \times i}{q^n - 1}$$

In einem zweiten Schritt kann der Kapitalwert der Investitionskette ermittelt werden nach:

$$C_{0K} = \frac{z^{\star}}{i}$$

Grenzgewinnbetrachtung

Bei der Grenzgewinnbetrachtung erfolgt ein Vergleich des Grenzgewinns mit den Zinsen auf den Kapitalwert der Nachfolgeobjekte in Abhängigkeit von deren Nutzungsdauer (i x $C_{0\infty t}$).

Das Ende der wirtschaftlichen Nutzungsdauer eines Objekts einer unendlichen Kette identischer Objekte befindet sich am Ende der Periode t-1, wenn die darauf folgende Periode t die Erste ist, deren zeitlicher Grenzgewinn geringer ist als die Annuität.

Grenzgewinn (G_{t-1}) < Annuität (z_t) < Grenzgewinn (G_t)

---

[27] Drosse, V.: Investition, 1999, S. 68.

▶ **BEISPIEL: Unendlich viele identische Wiederholungen**

Es wird auf das schon behandelte Beispiel **Investitionsobjekt „Modern"** zurückgegriffen und die Daten übernommen.

I_0 = 100.000 €

n = 5 Jahre

i = 10 %

R_t = 60.000 €; 50.000 €; 40.000 €; 20.000 €; 10.000 €,   (t = 1—5 Jahre)

L_{t-1} = 92.000 €, 65.000 €; 45.000 €; 35.000 €; 15.000 €; 0 €, (t-1 = 0—5 Jahre)

t	C_{0t}	KWF	Annuität (z_t)
	a	b	c = (a x b)
0			
1	13.636 €	1,1	15.000 €
2	33.057 €	0,576190	19.047 €
3	52.216 €	0,402115	20.997 €
4	49.825 €	0,315471	15.718 €
5	45.789 €	0,263797	12.079 €

Die optimale Nutzungsdauer der Objekte einer unendlichen identischen Kette lässt sich bestimmen, indem die nutzungsdauerabhängigen Annuitäten berechnet werden. Die obige Tabelle enthält die nutzungsabhängigen Kapitalwert C_{0t} und die Kapitalwiedergewinnungsfaktoren **KWF**, deren Produkt jeweils die Annuität **(z_t)** darstellt. Es zeigt sich, dass auch hier die optimale Nutzungsdauer wie bei der einmaligen Wiederholung drei Jahre beträgt.

Vorgehensweise

Es wird zunächst die optimale Nutzungsdauer einer Investition bei unendlich identischer Wiederholung (Investitionskette) ermittelt.

$$C_{0K} = \frac{z^*}{i}$$

In einem zweiten Schritt wird der Kapitalwert der Investitionskette nach folgender Formel ermittelt:

$$z^* = C_{0(t)} \times \frac{q^t \times i}{q^t - 1}$$

t	$C_{0t,lt}$	KWF	$z^* = C_{0(t)} \times$ KWF	$C_{0K} = (z^* : i)$
1	13.636 €	1,100000	15.000 €	150.000 €
2	33.057 €	0,576190	19.047 €	190.470 €
3	52.216 €	0,402115	20.997 €	209.970 €
4	49.825 €	0,315471	15.718 €	157.180 €
5	45.789 €	0,263797	12.079 €	120.790 €

Die optimale Nutzungsdauer jeder Einzelinvestition bei identischer unendlicher Wiederholung endet am Ende der dritten Periode. Bei Ersatz jeweils am Ende der dritten Periode ist der **Kapitalwert** der **gesamten Investitionskette am größten.**

7 Beurteilung der dynamischen Investitionsrechenverfahren

Die dynamischen Verfahren bieten eine größere **Realitätsnähe** als die statischen. Das ergibt sich daraus, dass alle Ein- und Auszahlungen, die mit einem Investitionsobjekt in Verbindung stehen, zeitlich differenzierter erfasst werden. Dabei können insbesondere Änderungen der Kosten- und Erlössituation sowie der unterschiedliche zeitliche Anfall von Zahlungen berücksichtigt werden. Es resultieren insgesamt **exaktere Lösungen** als bei der Anwendung statischer Verfahren.

Schwächen der dynamischen Verfahren[28]

1. Es wird davon ausgegangen, dass die künftigen Zahlungen zuverlässig geschätzt werden können (**vollkommene Voraussicht**). Tatsächlich sind solche Annahmen (z. B. Nutzungsdauer, Höhe und zeitliche Verteilung von Ein- und Auszahlungen etc.) in der Regel mit Unsicherheiten verknüpft.
2. Es besteht in den meisten Fällen ein **Zurechnungsproblem** von Ein- und Auszahlungen zu den jeweiligen Investitionsobjekten.
3. Der Kalkulationszinssatz (i) beruht meist auf Schätzungen und ist daher mit Unsicherheiten behaftet.
4. Es wird angenommen, dass Kapital in beliebiger Höhe zum Kalkulationszinssatz (i) aufgenommen und angelegt werden kann (**vollkommener Kapitalmarkt**).
5. Die **Wiederanlageprämisse** setzt voraus, dass bei der Kapitalwert- (oder Annuitäten-) Methode Rückflüsse zum Kalkulationszinssatz (i), bei der internen Zinsfußmethode zum internen Zinsfuß (r) reinvestiert werden können. Bei einer unterschiedlichen Struktur der Rückflüsse bzw. Nutzungsdauer der Investitionsobjekte liefert die Anwendung beider Verfahren unterschiedliche Rangfolgen der Vorteilhaftigkeit.
6. Bei der Berücksichtigung von Differenzinvestitionen bei der Alternativauswahl wird davon ausgegangen, dass konkrete Möglichkeiten einer Zusatzinvestition bekannt sind.

---

[28] Jung, H.: Allgemeine Betriebswirtschaftslehre, 2011, S. 834.

Vergleich zwischen statischen und dynamischen Verfahren	
Investitionsrechenverfahren	
Statische Verfahren	Dynamische Verfahren
■ Keine Berücksichtigung von zeitlichen Unterschieden bei den Einnahmen und Ausgaben (einperiodige Betrachtung). ■ Es wird mit periodisierten Durchschnittsgrößen (durchschnittliche jährliche Kosten, durchschnittlicher jährlicher Kapitaleinsatz etc.) gerechnet. ■ Es wird die einfache Zinsrechnung verwendet.	■ Berücksichtigen die zeitlichen Unterschiede von Einzahlungen und Auszahlungen (mehrperiodige Betrachtung). ■ Es wird mit effektiven Zahlungsströmen (effektiver Cashflow in den einzelnen Jahren, effektiver Kapitaleinsatz etc.) gerechnet. ■ Es wird die Zinseszinsrechnung verwendet.
Annahme bei den Verfahren	

■ Es wird ein vollkommener Kapitalmarkt angenommen (Ausnahme: Vermögensendwertmethode der dynamischen Investitionsrechnung):
  ■ Sollzins = Habenzins,
  ■ Konstanz der Zinssätze im Zeitablauf,
  ■ es herrscht keine Kapitalknappheit und
  ■ das Kapital ist ein homogenes Gut.	

! **HINWEIS:**

Damit Sie Ihr Wissen prüfen und vertiefen können, finden Sie bei den Arbeitshilfen online eine Reihe von Übungsaufgaben mit ausführlichen Lösungen. Die Aufgaben sind genau auf dieses Kapitel zugeschnitten.

Unternehmensbewertung

In diesem Kapitel lernen Sie sowohl die traditionellen als auch die modernen Verfahren zur Unternehmensbewertung kennen.

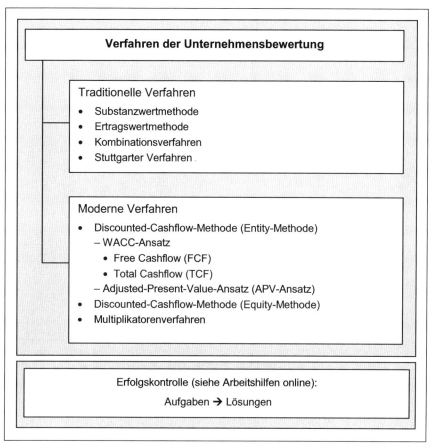

Abb. 36: Übersicht Kapitel „Unternehmensbewertung"

Einführung

Die Unternehmensbewertung hat in den vergangenen Jahren an Bedeutung gewonnen: zum einen aufgrund der zunehmenden Internationalisierung und zum anderen aufgrund der zahlreich anstehenden Nachfolgeregelungen in mittelständischen Familienbetrieben. Weitere Gründe sind z. B. Unternehmensübernahmen, Fusionen, der Shareholder-Value-Gedanke etc. Es stellt sich daher immer häufiger die Frage: Wie viel ist ein Unternehmen wert?

Die Unternehmensbewertung hat vor allem das Ziel, dem Unternehmen oder einem Teil eines Unternehmens (z. B. einer Beteiligung) einen Wert, d. h. einen potenziellen Preis, zuzuordnen. Ferner lässt sich die Unternehmensbewertung zur controllingorientierten Unternehmenssteuerung einsetzen oder, um Transparenz gegenüber den Kapitalgebern zu gewinnen. Für die Unternehmensbewertung stehen zahlreiche Methoden zur Verfügung.

In diesem Kapitel erhalten Sie einen Überblick über das Thema „Unternehmensbewertung". Es wird Ihnen eine Reihe verschiedener Bewertungsverfahren vorgestellt. Viele Beispiele ergänzen denn Text und unterstützen Sie dabei, die Ausführungen zu verstehen — was Ihnen nicht zuletzt einen kritischen Umgang mit den Unternehmensbewertungsverfahren ermöglicht.

1 Anlässe der Unternehmensbewertung

Mithilfe der Unternehmensbewertung soll der Wert eines Unternehmens oder von selbstständigen Betriebsteilen bzw. von Tochtergesellschaften ermittelt werden.

Mögliche Anlässe für Unternehmensbewertungen sind:

Mit Eigentümerwechsel	Ohne Eigentümerwechsel
▪ Kauf bzw. Verkauf von Unternehmen bzw. Unternehmensanteilen ▪ Fusion bzw. Entflechtung von Unternehmen ▪ Zuführung von Eigenkapital (insbesondere Börsengang) ▪ Erbauseinandersetzungen und Erbteilungen ▪ Squeeze Out[1] ▪ Eintritt bzw. Ausscheiden eines Gesellschafters (bei einer Personengesellschaft, GmbH)	▪ Bei Abfindungsfällen im Familienrecht ▪ Sanierung/Insolvenz ▪ Kreditwürdigkeits- und Bonitätsprüfung ▪ Steuerliche Bewertung ▪ Zur Planung und Kontrolle von Wertsteigerungszielen ▪ Beteiligungsbewertung und -steuerung ▪ Interne Unternehmensbewertungen zur Steuerung des „Shareholder Value" ▪ Fair-Value-Ermittlungen im Rahmen der Internationalen Rechnungslegung

Ziel der Unternehmensbewertung ist es, dem untersuchten Unternehmen einen Wert bzw. möglichen Preis zuzuordnen. Hierzu existieren verschiedene Typen von Bewertungsverfahren, die im Folgenden charakterisiert werden.

---

[1] Squeeze Out = Ausschlussverfahren zur Übertragung von Aktien der Minderheitsaktionäre auf den Hauptaktionär gegen eine angemessene Barabfindung.

2 Traditionelle Verfahren der Unternehmensbewertung

Bei den traditionellen Verfahren der Unternehmensbewertung wird ein **objektiver Unternehmenswert** ermittelt, der unabhängig von den Interessen des Käufers oder des Verkäufers berechnet werden kann.

Die nachfolgende Abbildung gibt einen Überblick über die traditionellen Verfahren der Unternehmensbewertung. Während bei der **Ertragswertmethode** der zukünftig zu erzielende Gewinn im Vordergrund steht, orientiert sich die **Substanzwertmethode** an der vorhandenen Unternehmenssubstanz. Mit den kombinierten Methoden versucht man, die Abweichungen zwischen dem Ertrags- und dem Substanzwert auszugleichen.

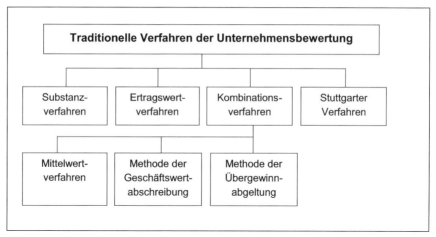

Abb. 37: Verfahren der traditionellen Unternehmensbewertung

2.1 Substanzwertverfahren

Als Maßstäbe für die Unternehmensbewertung nach dem Substanzwertverfahren können entweder Reproduktionswerte oder Liquidationswerte herangezogen werden. Bei einer Substanzwertermittlung auf Basis von Liquidationswerten geht man von einer Auflösung des Unternehmens aus. Der Liquidationswert wird nur ermittlet, falls mit der Auflösung des Unternehmens ein höherer Wert erzielt werden würde als bei einer Fortführung.

Der Liquidationswert wird folgendermaßen ermittelt:

	Liquidationserlös des gesamten betrieblichen Vermögens
-	Wert der Schulden
-	Liquidationskosten
=	**Substanzwert auf Basis von Liquidationswerten (Liquidationswert)**

In der Regel erfolgt die Unternehmensbewertung nach dem Substanzwertverfahren auf der Basis von Reproduktionswerten. Dabei wird davon ausgegangen, dass es möglich ist, das zu bewertende Unternehmen exakt „nachzubauen". Die Intention der Unternehmensbewertung nach der Substanzwertmethode besteht darin, das Unternehmen, so wie es ist, zu reproduzieren und die dabei entstehenden Kosten als Wertansatz heranzuziehen.

Es stellt sich die Frage: Welcher Wert müsste zur Wiederherstellung des Unternehmens generiert werden?

Der Substanzwert wird im Wesentlichen aus der Bilanz ermittelt. Dabei werden die betriebsnotwendigen Vermögenswerte zu Marktpreisen bewertet und aufsummiert. Das für den Geschäftsbetrieb nicht betriebsnotwendige Vermögen (z. B. Wertpapiere des Umlaufvermögens) wird lediglich zum Liquidationswert angesetzt. Von den bewerteten Vermögenswerten wird das zu Marktwerten bewertete Fremdkapital abgezogen, so erhält man den Substanzwert.

Vollreproduktionswert versus Teilreproduktionswert

Beim **Teilreproduktionswert** werden nur die bilanzierungsfähigen Vermögenswerte eines Unternehmens zu Wiederbeschaffungswerten für die Ermittlung des Unternehmenswertes abgebildet.

Der **Vollreproduktionswert** leitet sich aus dem vollständigen „Nachbau" eines Unternehmens mit demselben Ertragspotenzial ab, d. h., neben den bilanzierungsfähigen Teilen des Anlage- und Umlaufvermögens wird auch der selbst geschaffene „originäre" Firmenwert erfasst. Zum originären Firmenwert gehören z. B. selbst erstellte nicht aktivierte Patente, Markennamen, die Managementqualität oder der Kundenstamm.

Der Substanzwert (SW) eines Unternehmens kann wie folgt ermittelt werden:

	Summe der Wiederbeschaffungspreise der betriebsnotwendigen Vermögenswerte
+	Verkehrswerte der isolierbaren, selbst erstellten immateriellen Vermögenswerte
+	Liquidationswerte der nicht-betriebsnotwendigen Vermögenswerte
-	Fremdkapital zu Nominalwerten
=	**Substanzwert (SW) = Teilreproduktionswert**
+	**Originärer (selbst geschaffener) Geschäfts- oder Firmenwert (Goodwill)**
=	**Vollreproduktionswert**

Eine direkte Ermittlung des originären Geschäfts- oder Firmenwerts ist nicht möglich. Hilfsweise kann der originäre Geschäfts- oder Firmenwert indirekt als Differenz zwischen dem Ertragswert (= der Unternehmenswert, der sich aus der Diskontierung der in der Zukunft aus dem Unternehmen erwarteten Erträgen ableitet) und dem Teilreproduktionswert berechnet werden. Ein Substanzwert nur auf Basis des Teilreproduktionswertes ist für die Unternehmensbewertung nicht geeignet.[2]

Falls sich das Unternehmen in einer äußerst schlechten Ertragslage befindet, so kann es sein, dass der Liquidationswert den Ertragswert übersteigt. In diesem Fall muss der Liquidationswert als Wertuntergrenze zur Unternehmensbewertung herangezogen werden.[3]

Beurteilung des Substanzwertverfahrens

Es ist einfach anzuwenden, dient zur Ermittlung der Wertuntergrenze eines Unternehmens und wird im Liquidationsfall eingesetzt.

Das künftige Wachstumspotenzial eines Unternehmens wird nicht berücksichtigt. Außerdem werden bei der Ermittlung des Teilreproduktionswertes die immateriellen Vermögenswerte wie z. B. ein bekannter Markenname, das Produkt- und Firmenimage, das Know-how der Mitarbeiter, die Innovationsfähigkeit, Patente, der Kundenstamm etc. vernachlässigt.

---

[2] Wöhe: Einführung in die Allgemeine Betriebswirtschaftslehre, 2010, S. 582.

[3] Nölle, J.-U.: Grundlagen der Unternehmensbewertung, 2009, S. 21.

2.2   Ertragswertverfahren

Das Ertragswertverfahren ist in Deutschland eine weitverbreitete Methode zur Bewertung von Unternehmen. Im Gegensatz zum Substanzwertverfahren berücksichtigt das Ertragswertverfahren die zukünftigen Erfolge des Unternehmens. Es basiert somit nicht mehr nur auf Vergangenheitswerten, sondern auf Planwerten der künftigen Perioden. Für das Ertragswertverfahren müssen zunächst die zukünftigen Erträge, die den Eigenkapitalgebern zufließen können, geschätzt werden. Um eine realistische Schätzung der zukünftigen Erfolge vornehmen zu können, wird in der Regel eine Vergangenheitsanalyse durchgeführt. Diese Vergangenheitsanalyse findet sich auch in den Planbilanzen und den Plan-Gewinn-und-Verlust-Rechnungen wieder.

Da beim Ertragswertverfahren die zukünftig erwarteten Gewinne betrachtet werden, stellt sich die Frage nach dem Ausgangspunkt der Betrachtung: Für die Ermittlung der zukünftigen Gewinne sind das die nachhaltigen Jahresergebnisse der vergangenen drei bis fünf Jahre. Die zukünftigen Gewinne werden auf den Bezugszeitpunkt abgezinst. Die zukünftigen Erfolgsschätzungen orientieren sich dabei an den **nachhaltig erzielbaren** Gewinnen, die bei normaler Unternehmensleistung zu erwarten sind.

Es ist jedoch problematisch, die Komponenten zur Berechnung des Ertragswertes zu ermitteln, da die geschätzten Gewinne für die Zukunft in der Realität keinesfalls sicher sind. Diese geschätzten Gewinne sind strategie- und geschäftspolitikabhängig und hängen zudem von vielen äußeren Einflüssen wie z. B. den Mitbewerbern ab. Diese Problematik verschärft sich umso mehr, je weiter in die Zukunft prognostiziert wird. Da sich Annahmen zur endlichen Laufzeit nur selten begründen lassen (Gedanke der unendlichen Fortführung eines Unternehmens), wird die Ertragsprognose in der Praxis sogar häufig über einen unendlich langen Zeitraum getroffen.[4]

Um den Ertragswert zu berechnen, existieren mehrere Varianten, die sich je nach Unternehmenssituation besser oder schlechter eignen. Dabei wird jeweils angenommen, dass die Gewinne

1. periodenspezifisch bzw. variabel pro Periode oder
2. unendlich lange und konstant hoch oder
3. unendlich lange und konstant wachsend oder

---

[4] Ballwieser, W.: Unternehmensbewertung: Prozeß, Methoden und Probleme, 2011, S. 15 f.

4. zunächst endlich lange variabel und anschließend unendlich lange konstant wachsend

anfallen.[5]

Die zukünftigen Gewinne werden mit dem Kapitalisierungszinssatz (i) auf den Betrachtungszeitpunkt (t_0) abgezinst. Der Kapitalisierungszinssatz (i) berechnet sich aus der Verzinsung einer alternativen risikolosen Kapitalanlage zuzüglich eines Risikozuschlags für das unternehmerische Risiko. Zusätzlich ist die Ertragsteuerbelastung zu berücksichtigen.

Der Kapitalisierungszinssatz (i) kann wie folgt ermittelt werden:

Kapitalisierungszinssatz $i = (r + z) \times (1 - St_U)$

r	= risikoloser Basiszinssatz
z	= Risikozuschlag
St_U	= Steuersatz des Unternehmens

Die folgenden Beispiele zur Berechnung des Ertragswertes basieren auf der Prämisse, dass die Ertragswertkomponenten im Rahmen der Ertragsprognose verlässlich ermittelt werden konnten.

2.2.1 Ertragswert beim variablen Ausschüttungsmodell

Innerhalb dieses Modells fallen in den einzelnen Perioden (t) 1 bis n verschieden hohe Gewinne an, die jeweils auf den Zeitpunkt (t_0) abgezinst werden. Die Berechnungsformel lautet:

$$\text{Ertragswert (EW)} = \sum_{t=1}^{n} \frac{\text{Gewinn}_t}{\left(1+i\right)^t}$$

Bei einem Planungshorizont von fünf Jahren, einem Kapitalisierungszinssatz von 8 % und Ertragsreihen von 100 T€, 120 T€, 150 T€, 130 T€ und 180 T€ ergibt sich ein Ertragswert von:

$$EW = \frac{100.000 \, €}{\left(1+0,08\right)^1} + \frac{120.000 \, €}{\left(1+0,08\right)^2} + \frac{150.000 \, €}{\left(1+0,08\right)^3} + \frac{130.000 \, €}{\left(1+0,08\right)^4} + \frac{180.000 \, €}{\left(1+0,08\right)^5}$$

Ertragswert (EW) = 532.607 €

---

[5] Ballwieser, W.: Unternehmensbewertung: Prozeß, Methoden und Probleme, 2011, S. 60.

2.2.2 Ertragswert im unendlichen Rentenmodell

Ein sehr einfaches Modell des Ertragswertverfahrens ist das unendliche Renten-modell. Sind alle Einzelerträge (Gewinne) der Perioden identisch und fallen diese Gewinne **unendlich** lange an, kann die folgende Berechnungsformel angewendet werden:

$$\text{Ertragswert (EW)} = \frac{\text{konstanter jährlicher zukünftiger Gewinn}}{\text{Kapitalisierungszinssatz}} = \frac{G}{i}$$

Zur Erinnerung: In diesem Fall geht man davon aus, dass das Unternehmen unend-lich lange, d. h. unbegrenzt jedes Jahr den gleich hohen Gewinn erwirtschaftet.

Im Falle eines Kapitalisierungszinssatzes (i) von 8 % und einem konstanten jährli-chen zukünftigen Gewinn von 130 T€ ergibt sich ein Ertragswert von:

$$\text{Ertragswert (EW)} = \frac{G}{i} = \frac{130.000\ \text{€}}{0,08} = 1.625.000\ \text{€}$$

2.2.3 Ertragswert im unendlichen Wachstumsmodell

Beim unendlichen Wachstumsmodell geht man von unendlich lang wachsenden Gewinnen aus, wobei die Wachstumsrate (w) konstant bleibt. Die Formel lautet:[6]

$$\text{Ertragswert (EW)} = \frac{G_1}{i - w}$$

Der Kapitalisierungszinssatz (i) sei wieder 8 %, der Anfangsertrag im ersten Jahr = 130 T€ und die Wachstumsrate (w) 2 %. Daraus ergibt sich ein Ertragswert von:

$$\text{Ertragswert (EW)} = \frac{G_1}{i - w} = \frac{130.000\ \text{€}}{0,08 - 0,02} = 2.166.667\ \text{€}$$

Die Wachstumsrate (w) wirkt dem Abzinsungseffekt entgegen und erhöht den Ertragswert des Unternehmens.

2.2.4 Ertragswert im Phasenmodell

Möchte man eine Mischung aus variablen endlichen und konstanten unendlichen Erträgen (Gewinne) verwenden, so kann man dies mit einem Phasenmodell errei-chen. Es existieren verschiedene Varianten, jedoch soll an dieser Stelle aus Grün-

---

[6] Ballwieser, W.: Unternehmensbewertung: Prozeß, Methoden und Probleme, 2011, S. 63.

den der Übersichtlichkeit lediglich die verbreitetste Variante vorgestellt werden. Grundsätzlich könnten die verschiedenen, bisher vorgestellten Modelle beliebig miteinander kombiniert werden.

Es werden variable Erträge in den Jahren 1 bis n (bis dahin kann man die variablen Erträge relativ genau schätzen) und ab dem Jahr n + 1 eine konstante Ertragsgröße (man unterstellt aus Vereinfachungsgründen, dass der Ertrag in der Regel dem des n-Jahres entspricht) mit einer Wachstumsrate (w) entsprechend dem unendlichen Wachstumsmodell unterstellt. Der Ertragswert wird wie folgt berechnet:

$$\text{Ertragswert (EW)} = \sum_{t=1}^{n} \frac{\text{Gewinn}_t}{(1+i)^t} + \frac{\text{Gewinn}_{n+1}}{(i-w) \times (1+i)^n}$$

Gemäß dem Businessplan des Unternehmens werden für einen Zeitraum von drei bis fünf Jahren die zukünftigen Gewinne detailliert geschätzt. Am Ende des detaillierten Planungszeitraums wird ein konstanter Gewinn angesetzt, der ebenfalls abgezinst wird und mit in den Unternehmenswert eingeht.

► **BEISPIEL: Berechnung des Ertragswertes bei konstantem Wachstum**

Bei einem Unternehmen werden für die ersten fünf Jahre folgende jährliche Gewinne geschätzt: G_1 = 400.000 €, G_2 = 425.000 €, G_3 = 450.000 €, G_4 = 475.000 €, G_5 = 500.000 €. Über das fünfte Jahr hinaus wird mit einem konstanten jährlichen Gewinnwachstum von 5 % gerechnet. Als Kapitalisierungszinssatz (i) wird die durchschnittliche Eigenkapitalrentabilität von 16 % angesetzt. Der Ertragswert des Unternehmens berechnet sich wie folgt:

$$EW = \frac{400.000\,€}{(1+0,16)^1} + \frac{425.000\,€}{(1+0,16)^2} + \frac{450.000\,€}{(1+0,16)^3} + \frac{475.000\,€}{(1+0,16)^4} + \frac{500.000\,€}{(1+0,16)^5}$$

$$+ \frac{500.000\,€ \times (1+0,05)}{0,16 - 0,05} \times \frac{1}{(1+0,16)^5} =$$

EW = 344.827,59 € + 315.844,23 € + 288.295,95 € + 262.338,27 €
　　 + 238.056,51 € + 2.272.357,57 €
Ertragswert (EW) = 3.721.720,12 €

► **BEISPIEL: Berechnung des Ertragswerts bei jährlich gleich hohen Gewinnen**

Es wird in den ersten zehn Jahren mit einem jährlichen Gewinn von 300.000 € gerechnet. Nach zehn Jahren wird ein Liquidationserlös (Restwert) von 1.000.000 € erwartet. Der Kapitalisierungszinssatz (i) beträgt 12 %. Der Ertragswert (EW) des Unternehmens kann bei jährlich gleich hohen Rückflüssen mithilfe des

Rentenbarwertfaktors (siehe Kapitel „Finanzmathematische Grundlagen") ermittelt werden. Der Ertragswert (EW) wird wie folgt berechnet:

$$EW = Gewinn \times Rentenbarwertfaktor + \frac{Liquidationserlös}{\left(1+i\right)^n}$$

$$EW = G \times \frac{\left(1+i\right)^n - 1}{\left(1+i\right)^n \times i} + \frac{L_n}{\left(1+i\right)^n}$$

$$EW = 300.000\ € \times \frac{\left(1+0,12\right)^{10} - 1}{\left(1+0,12\right)^{10} \times 0,12} + \frac{1.000.000\ €}{\left(1+0,12\right)^{10}}$$

Ertragswert (EW) = 1.695.067 € + 321.973 € = 2.017.040 €

Beurteilung des Ertragswertverfahrens

Es besteht wie bei allen Investitionsrechenverfahren die Problematik, die zukünftigen Erfolgsgrößen zu prognostizieren. Die zukünftig erwarteten Gewinne können nur pauschal geschätzt werden. Häufig werden diese nur aus der Vergangenheit abgeleitet. Der Kapitalisierungszinssatz wird teilweise nach subjektiven Einschätzungen festgelegt, beeinflusst aber maßgeblich die Höhe des Unternehmenswertes. Der Gewinn entspricht nicht der Ausschüttung an die Anteilseigner. Falls die Gewinne nicht ausgeschüttet werden, sondern im Unternehmen wieder investiert werden und sich somit die zukünftigen Gewinne erhöhen, werden die Gewinne quasi mehrfach im Unternehmenswert erfasst.

2.3 Kombinierte Verfahren

Die kombinierten Verfahren dienen zum Ausgleich der Abweichungen zwischen dem Substanzwert und dem Ertragswert.

Mittelwertverfahren

Das Mittelwertverfahren, auch als „Berliner Verfahren" bezeichnet, ist eine Kombination aus dem Ertrags- und dem Substanzwertverfahren, es wird auch als **Praktikerverfahren** bezeichnet. Die einfachste Variante des Mittelwertverfahrens ist das arithmetische Mittel: Hierbei werden der Substanzwert (als Teilreproduktionswert) und der Ertragswert addiert und daraus das arithmetische Mittel gebildet.

Arithmetisches Mittel:

$$\text{Unternehmenswert (UW)} = \frac{\text{Ertragswert} + \text{Substanzwert}}{2}$$

Eine weitere Möglichkeit zur Berechnung des Unternehmenswertes besteht in der Gewichtung der beiden Einzelwerte. So kann z. B. der Ertragswert aufgrund seiner Zukunftsorientierung stärker gewichtet werden als der vergangenheitsbezogene Substanzwert. Der Unternehmenswert wird nach dem gewichteten Mittelwertverfahren wie folgt berechnet:

Unternehmenswert (UW) = q × EW + (1 — q) × SW

UW	= Unternehmenswert nach dem gewichteten Mittelwertverfahren
EW	= Ertragswert
q	= Gewichtungsfaktor für den Ertragswert
SW	= Substanzwert
(1 — q)	= Gewichtungsfaktor für den Substanzwert

▶ **BEISPIEL: Mittelwertverfahren**

Für ein Unternehmen wird ein Ertragswert (EW) in Höhe von 2,5 Mio. € ermittelt. Der Substanzwert als Teilreproduktionswert (SW) beträgt 1,0 Mio. €. Der Ertragswert wird mit zwei Drittel und der Substanzwert mit einem Drittel gewichtet.
Wie hoch ist der Unternehmenswert nach dem Mittelwertverfahren?
UW = (2/3 × EW) + (1/3 × SW)
Unternehmenswert (MW) = (2/3 × 2.500.000 €) + (1/3 × 1.000.000 €) = 2.000.000 €

Einfaches Übergewinnverfahren

Der Übergewinn ist als Ertrag abzüglich der Verzinsung des Substanzwerts zu verstehen. Der Unternehmenswert setzt sich nach diesem Verfahren aus dem Substanzwert zuzüglich einer fixen Anzahl von Übergewinnen zusammen. Die Formel[7] für die Ermittlung des Unternehmenswerts lautet:

---

[7] Ballwieser, W.: Unternehmensbewertung: Prozeß, Methoden und Probleme, 2011, S. 202 f.

$$UW = SW + i \times n \times (EW - SW) = SW + n \times (EW \times i - SW \times i)$$

$$UW = SW + n \times (E - SW \times i) \quad wobei\, E = EW \times i$$

$$UW = SW + n \times \ddot{U}bergewinn$$

Die Anzahl an Perioden wird mit n ausgedrückt, i stellt den Kapitalisierungszinssatz dar und E den Ertrag. E ergibt sich dabei aus dem Produkt von EW und i.

▶ **BEISPIEL: Übergewinnverfahren**

Der Substanzwert eines Unternehmens sei 5 Mio. €, der Ertragswert 7,5 Mio. €, der Kapitalisierungszinssatz 6 % und es sollen n = 10 Perioden betrachtet werden. Daraus ergibt sich ein Unternehmenswert nach dem Übergewinnverfahren von

$$UW = 5\,Mio.\,€ + 10 \times (0,45\,Mio.\,€ - 0,3\,Mio.\,€) = 5\,Mio.\,€ + 1,5\,Mio.\,€ = 6,5\,Mio.\,€$$

2.4 Stuttgarter Verfahren

Das Stuttgarter Verfahren diente früher der Finanzverwaltung zur Bewertung von nicht börsennotierten Unternehmensanteilen für die Ermittlung der Erbschafts- bzw. Schenkungssteuer. Es findet aber auch Anwendung in Gesellschafterverträgen von Personengesellschaften und nicht börsennotierten Kapitalgesellschaften sowie bei Verträgen über Abfindungsregelungen. Abgeschafft wurde es durch das Erbschaftssteuerreformgesetz. Trotzdem hat es aber immer noch eine gewisse Bedeutung in Deutschland.

Beim Stuttgarter Verfahren wird zunächst das Betriebsvermögen bestimmt. Das Betriebsvermögen wird ins Verhältnis zum gezeichneten Kapital gesetzt und hieraus wird dann ein Prozentsatz (V) errechnet.

$$V\,(Prozentsatz\,des\,Verm\ddot{o}genswerts) = \frac{Wert\,des\,Betriebsverm\ddot{o}gens}{gezeichnetes\,Kapital} \times 100$$

Im zweiten Schritt wird aus den letzten drei Wirtschaftsjahren der Durchschnittsgewinn berechnet. Dabei wird in der Regel der Gewinn aus dem drittletzten Jahr einfach, aus dem vorletzten Jahr zweifach und aus dem vergangenen Jahr dreifach gewichtet. Der Durchschnittgewinn wird ebenfalls in Relation zum gezeichneten Kapital gesetzt und bildet den Ertragshundertsatz (E).

$$E\,(Ertragshundertsatz) = \frac{Durchschnittsgewinn}{gezeichnetes\,Kapital} \times 100$$

Aus dem Vermögenswert und dem Ertragshundertsatz wird der gemeine Wert (X) abgeleitet. Die Summe aus Vermögenswert zuzüglich des fünffachen Ertragshundertsatzes wird multipliziert mit einem Faktor, der den Zinssatz der Finanzverwaltung beinhaltet, das Ergebnis ist der **gemeine Wert (X)**. Er wird wie folgt berechnet:

$$X \text{ (gemeiner Wert)} = 0{,}68 \times (V + 5 \times E)$$

Multipliziert man diesen prozentualen Wert (X) mit dem gezeichneten Kapital erhält man den Unternehmenswert nach dem Stuttgarter Verfahren.

▶ **BEISPIEL: Stuttgarter Verfahren**

Ein Unternehmen hat ein Stammkapital von 150.000 € und ein Betriebsvermögen in Höhe von 450.000 €. Der Durchschnittsgewinn der vergangenen drei Jahre liegt bei 90.000 €. Der Unternehmenswert wird wie folgt berechnet:

$$V = \frac{450.000 \ \text{€}}{150.000 \ \text{€}} \times 100 = 300 \ \%$$

$$E = \frac{90.000 \ \text{€}}{150.000 \ \text{€}} \times 100 = 60 \ \%$$

$$X = 0{,}68 \times (300 \ \% + 5 \times 60 \ \%) = 408 \ \%$$

Unternehmenswert = 150.000 € × 408 % = 612.000 €

3 Moderne Verfahren der Unternehmensbewertung

Bei den modernen Verfahren wird der Unternehmenswert als **subjektiver Wert** verstanden. Daher ist der Wert des Unternehmens von den Interessenlagen und der Entscheidungssituation der Beteiligten abhängig. Zu den modernen Verfahren der Unternehmensbewertung zählen die Discounted-Cashflow-Verfahren (DCF-Verfahren). Sie stammen ursprünglich aus dem angloamerikanischen Raum und haben in den vergangenen Jahren auch in Deutschland erheblich an Bedeutung gewonnen.

3.1 Discounted-Cashflow-Verfahren

Die Discounted-Cashflow-Verfahren (DCF-Verfahren) sind die am weitesten verbreiteten Unternehmensbewertungsverfahren weltweit. Nachdem in Deutschland lange das Ertragswertverfahren angewendet wurde, setzen sich die DCF-Verfahren auch in Deutschland durch. Diese Entwicklung geht vor allem von den internationalen Investmentbanken aus. Die DCF-Verfahren berechnen den Unternehmenswert durch Diskontierung der in der Zukunft erwarteten Cashflows bzw. Zahlungsströme. Sie bauen auf der Kapitalwertmethode der dynamischen Investitionsrechnung auf. Die Cashflows des zu bewertenden Unternehmens werden in einer ersten Phase in der Regel über drei bis sieben Jahre, meistens über fünf Jahre, detailliert geplant und gehen in den Folgejahren, der sogenannten Phase 2, üblicherweise in eine ewige Rente, den sogenannten Restwert (Fortführungswert) über. Der zu ermittelnde Unternehmenswert setzt sich aus den Barwerten der Cashflows der Planungsperiode der Phase 1 und dem Barwert des Restwerts (Fortführungswert) der Phase 2 zusammen.

Falls ein Unternehmen über nicht betriebsnotwendige Vermögenswerte, wie z. B. ungenutzte Immobilien oder kurzfristige Wertpapiere verfügt, sind diese dem Unternehmenswert zuzurechnen, da der Eigentümer des Unternehmens diese sofort veräußern könnte, ohne die Cashflows zu beeinflussen.

Grundsätzlich lassen sich bei der Wertermittlung nach den DCF-Verfahren zwei unterschiedliche Ansätze unterscheiden: die **Bruttokapitalisierung (Entity-Verfahren)** und die **Nettokapitalisierung (Equity-Verfahren)**.

Bei dem **Entity-Verfahren** wird der gesamte Unternehmenswert, der sogenannte „Bruttounternehmenswert", unabhängig von der Finanzierungsstruktur ermittelt. Er entspricht damit den Ansprüchen der Eigenkapital- und der Fremdkapitalgeber. Um den „Nettounternehmenswert (Marktwert des Eigenkapitals) — als eigentlichen „Unternehmenswert" für die Kaufpreisverhandlungen — zu ermitteln, wird der Marktwert des Fremdkapitals in einem zweiten Schritt von dem ermittelten Bruttounternehmenswert abgezogen.[8]

Das **Equity-Verfahren** ermittelt den Nettounternehmenswert in einem Schritt. Dabei werden die erwarteten Cashflows an die Eigentümer auf den Bewertungsstichtag mit einer risikoäquivalenten Renditeforderung der Eigentümer diskontiert.[9]

Die folgende Abbildung zeigt eine überblicksartige Darstellung der DCF-Verfahren:

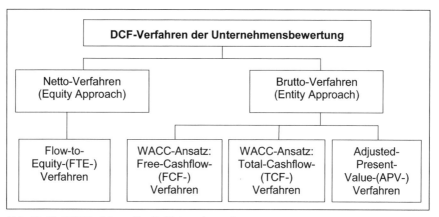

Abb. 38: Die DCF-Verfahren für die Unternehmensbewertung

Die DCF-Verfahren können aus zwei Perspektiven betrachtet werden:

- aus der Sicht der **Eigenkapitalgeber (Equity-Methode = Netto-Verfahren)** und
- aus der Sicht **aller Kapitalgeber**, d. h. der Eigen- und Fremdkapitalgeber **(Entity-Methode = Brutto-Verfahren)**

Anders als beim Ertragswertverfahren werden — wie zu Beginn dieses Abschnitts bereits dargestellt — beim DCF-Verfahren anstatt der geschätzten Gewinne die

---

[8] Nestler, A. und Kupke, T.: Die Bewertung von Unternehmen mit dem Discounted Cash Flow-Verfahren, 2003, S. 167.

[9] Vgl. ebenda

zukünftigen Cashflows (Einzahlungsüberschüsse), die sich auf das betriebsnotwendige Vermögen beziehen, auf den Bewertungszeitpunkt diskontiert. Anschließend wird zu diesem Barwert noch der Barwert des nicht-betriebsnotwendigen Vermögens addiert. Der Unternehmenswert wird nach den DCF-Verfahren i. d. R. wie folgt ermittelt:

$$\text{Unternehmenswert (DCF - Verfahren)} = \sum_{t=1}^{n} \frac{E_t - A_t}{(1+i)^t} + N_0$$

E_t = Einzahlung im Jahr t

A_t = Auszahlung im Jahr t

$E_t - A_t$ = Einzahlungsüberschüsse im Jahr t

i = Diskontierungszinssatz (Kapitalisierungszinssatz)

N_0 = Barwert der Liquidationserlöse des nicht betriebsnotwendigen Vermögens

Der Kapitalisierungszinssatz (i) repräsentiert die Verzinsungsansprüche der Kapitalgeber. Es gibt verschiedene Möglichkeiten, den Kapitalisierungszinssatz (i) zu ermitteln:

- aus einem **Basiszinssatz** (= landesüblicher Zinssatz für risikofreie langfristige Kapitalmarktanlagen), der um die persönliche Ertragsteuerbelastung des Unternehmenseigners gekürzt wird, und einer **Risikoprämie** oder
- es wird ein risikoangepasster Kapitalisierungszinssatz (i) mittels des sogenannten Capital Asset Pricing Models (CAPM) ermittelt oder
- es wird der gewichtete Kapitalkostensatz (WACC = Weighted Average Cost of Capital, siehe Abschnitt „Ermittlung des WACC für die Free-Cashflow-Verfahren") angesetzt.

> ▶ **BEISPIEL: Ermittlung des Diskontierungszinssatzes mit dem Basiszinssatz**
>
> - Basiszinssatz (sicher):   4,0 %
> - Risikozuschlag: 5,0 %
> - Steuersatz: 30,0 %
>
> Der Diskontierungszinssatz beträgt: (4,0 % + 5,0 %) × (1 − 30,0 %) = 6,3 %.

Die verschiedenen DCF-Verfahren unterscheiden sich hinsichtlich:

- der Definition der Cashflows,
- der Berücksichtigung der Steuern bzw. der Tax Shields (Steuervorteil, der aus der Fremdkapitalfinanzierung resultiert) und
- der Berücksichtigung der Fremdfinanzierung.

3.1.1 Brutto- bzw. Entity-Verfahren

Bei den Bruttoverfahren wird zunächst der Gesamtunternehmenswert (Gesamt-marktwert) ermittelt, der sich aus dem Marktwert des Eigenkapitals und dem Marktwert des Fremdkapitals berechnet. Den zu ermittelnden **Nettounterneh-menswert** (Wert des Eigenkapitals) erhält man, wenn man vom Gesamtunterneh-menswert den Marktwert des Fremdkapitals abzieht. Bei dem **Bruttoverfahren** können folgende Varianten des DCF-Verfahrens angewandt werden:

- **WACC-Ansatz** (Weighted Average Cost of Capital)
  — FCF-Verfahren (Free-Cashflow-Verfahren)
  — TCF-Verfahren (Total-Cashflow-Verfahren
- **APV-Verfahren** (Ajusted Present Value-Verfahren)

DCF-Verfahren mit dem WACC-Ansatz

Vorgehensweise beim DCF-Verfahren mit WACC-Ansatz:

1. Ermittlung des Gesamtunternehmenswertes (Bruttounternehmenswert): Es werden die zukünftig zu erwartenden Free Cashflows mit dem gewichteten Kapitalkostensatz (WACC) auf den Bewertungszeitpunkt abgezinst. Zu diesem Barwert wird noch der Barwert des nicht betriebsnotwendigen Vermögens ad-diert.
2. Ermittlung des Nettounternehmenswertes (Marktwert des Eigenkapitals): Es wird vom Gesamtunternehmenswert der Marktwert des Fremdkapitals abge-zogen.

Die folgende Abbildung zeigt die Vorgehensweise mit dem WACC-Ansatz zur Er-mittlung des Nettounternehmenswertes.

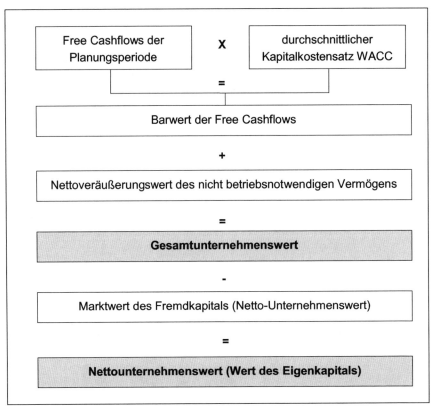

Abb. 39: Vorgehensweise zur Ermittlung des Nettounternehmenswerts beim DCF-Verfahren nach dem WACC-Ansatz

Die Basisgröße für das DCF-Verfahren mit dem Free-Cashflow-Ansatz nach dem WACC-Verfahren ist der Free Cashflow. Der Free Cashflow kann aus der Kapitalflussrechnung nach folgendem Schema abgeleitet werden:

Cashflow aus laufender Geschäftstätigkeit
+ Cashflow aus Investitionstätigkeit (ohne Finanzinvestitionen)
= **Free Cashflow (FCF)**

Der Free Cashflow kann aber auch indirekt nach folgendem Schema berechnet werden:

	EBIT (operatives Ergebnis vor Zinsen und Steuern)
-	adjustierte Steuern auf das EBIT
=	**NOPLAT**[10] **(operatives Ergebnis vor Zinsen und nach adaptierten Steuern)**
+/-	Abschreibungen/Zuschreibungen
+/-	Zuführung zu Rückstellungen/Auflösung von Rückstellungen
+/-	sonstige nicht bare operative Aufwendungen/Erträge
=	**(operativer) Brutto-Cashflow**
-/+	Investitionen/Desinvestitionen im Anlagevermögen
+/-	Verminderung/Erhöhung des Nettoumlaufvermögen (Net Working Capital[11])
=	**(operativer) Free Cashflow (FCF)**

Bei den adjustierten Unternehmenssteuern handelt es sich um die fiktiven ertragsabhängigen Steuern, die das Unternehmen bezahlen müsste, wenn es kein Fremdkapital und keine nicht betriebsnotwendigen Aufwendungen und Erträge hätte.[12] Die adjustierten Unternehmenssteuern erhält man, indem man den Ertragsteuersatz des Unternehmens auf das EBIT anwendet.

Der operative Free Cashflow stellt die entnahmefähigen Zahlungsüberschüsse dar, die zur Befriedigung der Zahlungsansprüche (Fremdkapitalzinsen und Gewinnausschüttungen) an die Eigen- und Fremdkapitalgeber gezahlt werden können. Nach Abzug der Nettozahlungen an die Fremdkapitalgeber verbleibt der **Free Cashflow** für die Eigenkapitalgeber.

Der Free Cashflow muss für jede einzelne Periode des Planungszeitraums prognostiziert werden, dabei werden zunächst in der ersten Phase die jährlichen Free Cashflows über einen Zeitraum von ca. drei bis sieben Jahren detailliert geplant und am Ende des detaillierten Planungszeitraums, der Phase 2, ein Restwert als Fortführungswert angesetzt.

Die Verzinsungsansprüche der Eigen- und Fremdkapitalgeber werden mit einem Mischzinssatz in Form des gewogenen Kapitalkostensatzes (WACC) erfasst; d. h. die prognostizierten Free Cashflows werden mit dem WACC diskontiert.

---

[10] NOPLAT = Net Operating Profits Less Adjusted Taxes

[11] Net Working Capital = Vorräte + Forderungen aLuL – kurzfristige unverzinsliche Verbindlichkeiten

[12] Ernst, D. et al.: Unternehmensbewertungen erstellen und verstehen, 2010, S. 32.

Ermittlung des WACC für das Free-Cashflow-Verfahren

Beim WACC-Ansatz werden die Free Cashflows mit dem gewichteten durchschnittlichen Gesamtkapitalkostensatz (WACC) diskontiert. Als Planungsgrößen werden neben den Free Cashflows, die Zielkapitalstruktur des Unternehmens, die Renditeforderung der Eigenkapitalgeber, die Kosten des Fremdkapitals und der Steuersatz für Unternehmensgewinne benötigt. Der WACC mit Tax Shield (Steuervorteil der Fremdfinanzierung) für das Free-Cashflow-Verfahren wird wie folgt ermittelt:

$$WACC_{\text{mit Tax Shield}} = \frac{EK_{\text{Markt}}}{GK_{\text{Markt}}} \times i_{\text{Eigen}} + \frac{FK_{\text{Markt}}}{GK_{\text{Markt}}} \times i_{\text{Fremd}} \times \left(1 - St_{U}\right)$$

EK_{Markt} = Marktwert des Eigenkapitals
FK_{Markt} = Marktwert des Fremdkapitals
GK_{Markt} = Marktwert des Gesamtkapitals
i_{Eigen} = Eigenkapitalkostensatz (Renditeforderung der Eigenkapitalgeber)
i_{Fremd} = Fremdkapitalkostensatz (Renditeforderung der Fremdkapitalgeber)
St_{U} = Steuersatz des Unternehmens

Der Fremdkapitalkostensatz (i_{Fremd}) ergibt sich aus den Verzinsungsansprüchen der Fremdkapitalgeber. Der Eigenkapitalkostensatz (i_{Eigen}) kann in Anlehnung an das Capital Asset Pricing Model (CAPM) wie folgt ermittelt werden:

Eigenkapitalkostensatz = risikofreier Zinssatz + (Marktrisikoprämie × Beta-Faktor)

Der **Beta-Faktor (β)** bildet das systematischen Risiko als Maßgröße ab, inwieweit ein Wertpapier (Aktie) die Marktentwicklung (z. B. des Aktienindex DAX) nachvollzieht. Es sind folgende Auswirkungen möglich:

- β > 1: Das Wertpapier (Aktie) reagiert stärker als der Gesamtmarkt.
- β = 1: Das Wertpapier (Aktie) reagiert analog dem Gesamtmarkt.
- β < 1: Das Wertpapier (Aktie) reagiert weniger stark als der Gesamtmarkt.

Risikolose Wertpapiere haben den Beta-Faktor in Höhe von 0.

Das Free-Cashflow-Verfahren mit dem WACC-Ansatz

Beim Free-Cashflow-Verfahren (FCF-Verfahren) wird die Finanzierung des Unternehmens im Diskontierungszinssatz (WACC) abgebildet.

Beim FCF-Verfahren mit dem WACC-Ansatz wird das Unternehmen aus der Sicht der Eigen- und der Fremdkapitalgeber bewertet. Der Tax Shield (Steuervorteil durch die Fremdfinanzierung) wird also nur im Nenner, d. h. dem Diskontierungszinssatz (= der durchschnittliche Kapitalkostensatz WACC) berücksichtigt. Hierbei bewirkt die Steuerersparnis aus der Fremdkapitalfinanzierung eine Verminderung des Diskontierungszinssatzes.

Die Free Cashflows werden mit dem gewogenen Kapitalkostensatz (WACC) auf den gegenwärtigen Zeitpunkt abgezinst. Die **Summe** dieser **Barwerte** ergibt den **Gesamtunternehmenswert**, der dem Marktwert des Gesamtkapitals entspricht. Hierbei handelt es sich um den Barwert des Fremd- und des Eigenkapitals des Unternehmens. Um den Nettounternehmenswert (Marktwert des Eigenkapitals) zu ermitteln wird der Marktwert des Fremdkapitals vom Gesamtunternehmenswert abgezogen.

Üblicherweise vollzieht sich die Berechnung der Free Cashflows in zwei Phasen: Neben einer Detailplanungsphase, während der die Rückflüsse in naher Zukunft prognostiziert werden, gibt es noch eine zweite Phase (analog zum Phasenmodell der Ertragswertmethode). Innerhalb dieser wird auf Basis der detaillierten Prognosen aus der Phase 1 ein sogenannter Restwert (Fortführungswert) gebildet, der die Summe der finanziellen Rückflüsse für die Perioden nach der Phase 1 darstellt.[13]

Der Gesamtunternehmenswert (= Marktwert des gesamten Unternehmens MUW) kann beim FCF-Verfahren wie folgt bestimmt werden:
Gesamtunternehmenswert (MUW)

$$= \sum_{t=1}^{n} \frac{\text{Free Cashflows}_t}{\left(1 + \text{WACC}_{\text{mit Tax Shield}}\right)^t} + \frac{\text{Restwert}_{\text{FCF},n}}{\left(1 + \text{WACC}_{\text{mit Tax Shield}}\right)^n} + N_0$$

$$\text{mit} \quad \text{Restwert}_{\text{FCF},n} = \frac{\text{Free Cashflows}_{n+1}}{\text{WACC}_{\text{mit Tax Shield}} - w}$$

n	= Endzeitpunkt der Detailplanungsphase (Phase 1)
t	= betrachtete Periode
$\text{WACC}_{\text{mit Tax Shield}}$	= Diskontierungszinssatz
N_0	= Barwert der Liquidationserlöse des nicht betriebsnotwendigen Vermögens
w	= Wachstumsrate des Free Cashflows

---

[13] Schacht, U; Fackler, M.: Discounted-Cash-flow-Verfahren, 2009, S. 225.

Ermittlung des Nettounternehmenswerts

Da ein Käufer nur bereit ist, den Wert des Eigenkapitals eines Unternehmens zu bezahlen, muss der Nettounternehmenswert ermittelt werden. Um zum Nettounternehmenswert zu gelangen, wird der Marktwert des Fremdkapitals vom Gesamtunternehmenswert abgezogen. In der Praxis wird häufig aus Vereinfachungsgründen der aktuelle Wert des verzinslichen Fremdkapitals für dessen Marktwert angesetzt.

Der Marktwert des Fremdkapitals (FK_{Markt}) ergibt sich aus der Diskontierung (Abzinsung) der ausstehenden (erwarteten) Zahlungsströme an die Fremdkapitalgeber mit den Fremdkapitalkosten.

$$FK_{Markt} = \sum_{t=1}^{n} \frac{CF_t^{FK}}{\left(1+i_{Fremd}\right)^t} + \frac{Restwert_n}{\left(1+i_{Fremd}\right)^n}$$

FK_{Markt} = Marktwert des Fremdkapitals
CF_t^{FK} = erwartete Cashflows an die Fremdkapitalgeber in der Periode t
i_{Fremd} = Fremdkapitalkostensatz
n = Planungshorizont

Der Nettounternehmenswert, der dem Marktwert des Eigenkapitals (EK_{Markt}) entspricht, kann wie folgt berechnet werden:

Nettounternehmenswert = Gesamtunternehmenswert — Marktwert des Fremdkapitals

In der Praxis wird in der Regel aus Vereinfachungsgründen der aktuelle Wert des verzinslichen Fremdkapitals anstatt der Marktwert des Fremdkapitals angesetzt. Der **Nettounternehmenswert (NUW)** kann nach dem **WACC-Ansatz** wie folgt berechnet werden:

$$NUW = \sum_{t=1}^{n} \frac{Free\,Cashflows_t}{\left(1+WACC_{mit\,Tax\,Shield}\right)^t}$$

$$+\,Barwert\,des\,Restwerts + N_0 - verzinsliches\,Fremdkapital$$

N_0 = Barwert der Liquidationserlöse des nicht betriebsnotwendigen Vermögens

▶ **BEISPIEL: Free-Cashflow-Verfahren mit dem WACC-Ansatz**

Ein Unternehmen soll verkauft werden. Käufer und Verkäufer einigen sich bei der Festlegung des Unternehmensbewertungsverfahrens auf das Free-Cashflow-Verfahren mit dem WACC-Ansatz, um den Preis des Unternehmens zu ermitteln. Für die Unternehmensbewertung liegen die folgenden Informationen vor:

- Free Cashflows: Jahr 1: 400.000 €, Jahr 2: 420.000 €, Jahr 3: 450.000 €, ab dem vierten Jahr wird mit einem Free Cashflow = 460.000 € und einem jährlichen Wachstum von 2 % gerechnet.
- Zielkapitalstruktur: 60 % Eigenkapital, 40 % verzinsliches Fremdkapital
- Fremdkapitalzinssatz für verzinsliches Fremdkapital: 6 %
- Informationen zur Verzinsung des Eigenkapitals: Marktrisikoprämie = 5,0 %; Beta-Faktor = 1,2; Zinssatz langfristiger risikoloser Staatsanleihen = 4,0 %
- Steuersatz des Unternehmens = 30 %
- Aktueller Buchwert des verzinslichen Fremdkapitals = 2.000.000 €

Vorgehensweise für die Berechnung des **Nettounternehmenswerts**:

Schritt 1: Ermittlung des Eigenkapitalkostensatzes i_{Eigen} gemäß Capital Asset Pricing Model

Eigenkapitalkostensatz (i_{Eigen}) = 4,0 % + 5,0 % × 1,2 = 10 %

Schritt 2: Ermittlung des gewichteten durchschnittlichen Kapitalkostensatzes (WACC)

$$WACC = 60\,\% \times 10\,\% + 6{,}0\,\% \times 40\,\% \times \left(1 - 30\,\%\right) = 7{,}68\,\%$$

Schritt 3: Berechnung des Gesamtunternehmenswerts (MUW)

$$MUW = \frac{400.000\,€}{\left(1+0{,}0768\right)^{1}} + \frac{420.000\,€}{\left(1+0{,}0768\right)^{2}} + \frac{450.000\,€}{\left(1+0{,}0768\right)^{3}} + \frac{460.000\,€}{\left(0{,}0768 - 0{,}02\right)} \times \frac{1}{\left(1+0{,}0768\right)^{3}} =$$

$$MUW = \quad 371.471\,€ + 362.226\,€ + 360.418\,€ + 6.486.409\,€ = 7.580.524\,€$$

Schritt 4: Ermittlung des Nettounternehmenswertes (NUW)

Nettounternehmenswert = 7.580.524 € — 2.000.000 € = 5.580.524 €

DCF-Verfahren mit dem Total-Cashflow-Ansatz

Ebenfalls zu den Bruttoverfahren gehört der Total-Cashflow-Ansatz (TCF-Ansatz). Im Vergleich zum Free-Cashflow-Verfahren mit dem WACC-Ansatz unterscheidet sich das DCF-Verfahren mit dem Total-Cashflow-Ansatz dadurch, dass die Unternehmenssteuerersparnis unterschiedlich berücksichtigt wird. Die erwarteten Steuerersparnisse aus den Fremdkapitalzinsen werden bereits im Zähler, d. h. in den Total Cashflows berücksichtigt. Das Tax Shield (barwertiger Steuervorteil) wird bereits im Zähler sichtbar. Daher ist das Tax Shield nicht mehr im Kapitalisierungszinssatz ($WACC_{ohne\ Tax\ Shield}$) zu berücksichtigen, d. h., es wird der WACC ohne Tax Shield angesetzt. Der Total Cashflow wird wie folgt berechnet:

Operativer Free Cashflow (FCF)
+ Unternehmenssteuerersparnis aus Fremdkapitalzinsen (Tax Shield)
= **Total Cashflow (TCF)**

Das DCF-Verfahren auf Basis der Total Cashflows führt zum gleichen Ergebnis wie das Free-Cashflow -Verfahren. Das Total-Cashflow-Verfahren hat den Nachteil, dass die Cashflows nicht mehr finanzierungsneutral sind. D. h., sie werden von der Kapitalstruktur (Anteil des Eigen- bzw. Fremdkapitals am Gesamtkapital) des zu bewertenden Unternehmens beeinflusst.

Der WACC ohne Tax Shield (ohne barwertigen Steuervorteil) wird für das Total-Cashflow-Verfahren wie folgt ermittelt:

$$WACC_{ohne\ Tax\ Shield} = \frac{EK_{Markt}}{GK_{Markt}} \times i_{Eigen} + \frac{FK_{Markt}}{GK_{Markt}} \times i_{Fremd}$$

Der Nettounternehmenswert (NUW) nach dem Total-Cashflow-Verfahren wird wie folgt ermittelt:

$$NUW = \sum_{t=1}^{n} \frac{Total\,Cashflows_t}{\left(1 + WACC_{ohne\ Tax\ Shield}\right)^t} + \frac{Restwert_{TCF,n}}{\left(1 + WACC_{ohne\ Tax\ Shield}\right)^n}$$

$$+\,N_0 - verzinsliches\,Fremdkapital$$

$$mit \quad Restwert_n = \frac{Total\,Cashflows_{n+1}}{WACC_{ohne\ Tax\ Shield} - w}$$

n	= Endzeitpunkt der Detailplanungsphase (Phase 1)
t	= betrachtete Periode
$WACC_{ohne\ Tax\ Shield}$	= Diskontierungszinssatz
N_0	= Barwert der Liquidationserlöse des nicht betriebsnotwendigen Vermögens
w	= Wachstumsrate des Total Cashflows

Das sollten Sie beachten:

Da die steuerliche Abzugsfähigkeit der Fremdkapitalzinsen bereits im Zahlungsstrom, d. h. beim Total Cashflow, berücksichtigt wird, dürfen bei der Ermittlung des Kapitalisierungszinssatzes (WACC) die Tax Shields nicht berücksichtigt werden.

DCF-Verfahren mit dem Adjusted-Present-Value-Verfahren

Wie beim WACC-Ansatz bilden auch beim Adjusted-Present-Value-Verfahren (APV-Verfahren) die Free Cashflows den Ausgangspunkt. Im Gegensatz zum Free-Cashflow-Verfahren mit dem WACC Ansatz und dem Total-Cashflow-Verfahren, verwendet das APV-Verfahren als Diskontierungszinssatz aber nicht den gewogenen Kapitalkostensatz (WACC), sondern den **Eigenkapitalkostensatz ($i_{Eigen,uv}$)** eines unverschuldeten Unternehmens. Während bei dem Free-Cashflow-Verfahren mit dem WACC-Ansatz der Steuervorteil des Fremdkapitals schon in den Kapitalkosten ($WACC_{mit Tax Shield}$) eingebunden ist, weist das APV-Verfahren ebenso wie das Total-Cashflow-Verfahren die wertbeeinflussenden Merkmale separat aus, d. h., der **Gesamtunternehmenswert** (MWU = Marktwert des gesamten Unternehmens) wird beim APV-Verfahren in zwei Schritten ermittelt. In einem ersten Schritt wird der Marktwert des Gesamtkapitals unter der Fiktion einer vollständigen Eigenfinanzierung des Unternehmens ermittelt. In einem zweiten Schritt wird die Auswirkung einer Fremdfinanzierung auf den Unternehmenswert berücksichtigt, und zwar in Form eines Tax Shield, das der aufgrund der steuerlichen Abzugsfähigkeit der Fremdkapitalzinsen entstandenen Steuerersparnis entspricht.[14]

Ändert sich der Fremdkapitalbestand, hat dies beim APV-Verfahren keine Auswirkungen auf den Diskontierungszinssatz, da dieser sich an der Renditeforderung der Eigenkapitalgeber für das unverschuldete Unternehmen orientiert. Jedoch hat eine Änderung des Fremdkapitalbestands Auswirkungen auf die Höhe der Steuervorteile aus Fremdkapitalfinanzierung (Tax Shield).[15]

Der Unternehmenswert wird bei dem APV-Verfahren komponentenweise ermittelt.

Zunächst wird der Unternehmenswert unter der Annahme eines ausschließlich eigenfinanzierten Unternehmens ermittelt. Dieser Unternehmenswert ist die Barwertsumme der mit dem risikoäquivalenten Eigenkapitalkostensatz ($i_{Eigen,uv}$) bei reiner Eigenfinanzierung diskontierten Free Cashflows. Die Auswirkungen der tatsächlich teilweisen Fremdfinanzierung bleiben zunächst unberücksichtigt.

---

[14] Ernst, D. et al.: Internationale Unternehmensbewertung, 2012, S. 123.

[15] Peemöller, V.: Praxishandbuch der Unternehmensbewertung, 2012, S. 72 f.

Der Marktwert des Eigenkapitals eines unverschuldeten Unternehmens wird wie folgt berechnet:

$$EK_{Markt,uv} = \sum_{t=1}^{n} \frac{FCF_t}{\left(1+i_{Eigen,uv}\right)^t} + \frac{Restwert_{FCF,n}}{\left(1+i_{Eigen,uv}\right)^n}$$

$$\text{mit} \quad Restwert_n = \frac{FCF_{n+1}}{WACC - w}$$

$EK_{Markt,uv}$ = Marktwert des Eigenkapitals des unverschuldeten Unternehmens
$i_{Eigen,uv}$ = risikoäquivalenter Eigenkapitalkostensatz bei reiner Eigenfinanzierung
w = Wachstumsrate

Die Variable „$i_{Eigen,uv}$" stellt den risikoäquivalenten Eigenkapitalkostensatz bei reiner Eigenfinanzierung dar und der „$Restwert_n$" entspricht den Free Cashflows für alle Perioden nach der Detailplanungsphase. Die Formel für den Restwert beinhaltet auch die gewichteten durchschnittlichen Kapitalkosten (WACC) und die prognostizierte Wachstumsrate (w) für die Free Cashflows.

Um schließlich den Marktwert des Gesamtkapitals (Gesamtunternehmenswert) zu berechnen, ist es notwendig, auch die Tax Shields (barwertige Steuerersparnisse), die aufgrund der steuerlichen Abzugsfähigkeit der Fremdkapitalzinsen entstehen, zu berücksichtigen.

Berechnet werden die Tax-Shield wie folgt:

$$Tax\ Shield = \sum_{t=1}^{n} \frac{i_{Fremd} \times FK_{Markt,t-1} \times St_U}{\left(1+i_{Fremd}\right)^t}$$

FK_{Markt} = Marktwert des Fremdkapitals
i_{Fremd} = Fremdkapitalkostensatz (Renditeforderung der Fremdkapitalgeber)
St_U = Steuersatz des Unternehmens

Der Gesamtunternehmenswert = Marktwert des gesamten Unternehmens (MUW) nach dem Adjusted-Present-Value-Verfahren kann wie folgt bestimmt werden:

$$MUW = EK_{Markt,uv} + Tax\ Shield$$

Zuletzt wird der Marktwert des Fremdkapitals bezogen auf den Zeitpunkt t_0 (vereinfacht: das verzinsliche Fremdkapital zum Zeitpunkt t_0) vom Gesamtunternehmenswert abgezogen und man erhält den gesuchten Nettounternehmenswert.

Der Marktwert des Fremdkapitals kann ermittelt werden, indem die periodischen Nettozahlungen an die Fremdkapitalgeber (= Fremdkapitalzinsen + Tilgung — Neuverschuldung) mit dem Fremdkapitalkostensatz (i_{Fremd}) diskontiert werden. Vereinfachend wird aber auch der Buchwert des verzinslichen Fremdkapitals (Finanzverbindlichkeiten) als Marktwert des Fremdkapitals angesetzt.

Der Nettounternehmenswert (NUW) nach dem Adjusted-Present-Value-Verfahren wird wie folgt ermittelt:

$$NUW = \sum_{t=1}^{n} \frac{FCF_t}{\left(1+i_{Eigen}\right)^t} + \frac{Restwert_{FCF,n}}{\left(1+i_{Eigen}\right)^n} + \sum_{t=1}^{n} \frac{i_{Fremd} \times FK_{Markt,t} \times St_U}{\left(1+i_{Fremd}\right)^t}$$

$$+ N_0 - \text{Marktwert des Fremdkapitals}$$

NUW	= Nettounternehmenswert
FCF_t	= freier Cashflow bei vollständiger Eigenfinanzierung im Zeitpunkt t
i_{Eigen}	= Eigenkapitalkostensatz
i_{Fremd}	= Fremdkapitalkostensatz
St_U	= Steuersatz des Unternehmens
N_0	= Barwert der Liquidationserlöse des nicht betriebsnotwendigen Vermögens

▶ **BEISPIEL: Adjusted-Present-Value-Verfahren**

Es soll ein Unternehmen nach dem Adjusted-Present-Value-Verfahren bewertet werden. Dafür liegen die folgenden Prognosen über vier Jahre vor:

	Jahr 00	Jahr 01	Jahr 02	Jahr 03	Jahr 04
EBIT		360.000 €	330.000 €	280.000 €	300.000 €
Free Cashflow		140.000 €	60.000 €	160.000 €	180.000 €
verzinsliches Fremdkapital	1.450.000 €	1.450.000 €	1.480.000 €	1.520.000 €	1.560.000 €
Fremdkapital-zinsaufwand		80.000 €	82.000 €	85.000 €	90.000 €

▪ Informationen zur Verzinsung des Eigenkapitals: Marktrisikoprämie = 5,0 %; Beta-Faktor = 1,2; Zinssatz langfristiger risikoloser Staatsanleihen = 4,0 %
▪ Steuersatz des Unternehmens = 30 %
▪ Zur Ermittlung des Restwerts (Fortführungswert) wird vereinfachend der EBIT-Multiplikator in Höhe von 10,0 eingesetzt. Zur Verbarwertung des Restwerts ist ein Kapitalkostensatz (WACC) in Höhe von 8,5 % anzusetzen.
▪ Fremdkapitalzinssatz = 6,0 %

Es soll der Nettounternehmenswert berechnet werden.

Schritt 1: Ermittlung des Eigenkapitalkostensatzes bei vollständiger Eigenfinanzierung

Eigenkapitalkostensatz (i_{Eigen}) = 4,0 % + 5,0 % × 1,2 = 10 %

Schritt 2: Berechnung des Unternehmenswerts der Detailplanungsphase für t = 1 bis t = 4

$$UW = \frac{140.000\,€}{(1+0,1)^1} + \frac{60.000\,€}{(1+0,1)^2} + \frac{160.000\,€}{(1+0,1)^3} + \frac{180.000\,€}{(1+0,1)^4} =$$

$$UW = \quad 127.273\,€ + 49.587\,€ + 120.210\,€ + 122.942\,€ = 420.012\,€$$

Schritt 3: Ermittlung des Barwerts des Restwerts (Fortführungswert) als Bruttounternehmenswert ab dem fünften Jahr:

$$RW_4 = EBIT \times EBIT\text{-}Multiplikator = 300.000\,€ \times 10,0 = 3.000.000\,€$$

$$RW_0 = \frac{3.000.000\,€}{(1+0,085)^4} = 2.164.723\,€$$

Schritt 4: Ermittlung des Barwerts des Steuervorteils der Fremdfinanzierung während der Detailplanungsphase:

	Jahr 01	Jahr 02	Jahr 03	Jahr 04
Fremdkapitalzinsaufwand	80.000	82.000	85.000	90.000
Steuervorteil (30 %)	24.000	24.600	25.500	27.000

Berechnung des barwertigen Steuervorteils (Tax Shield)

$$Barwert\,Steuervorteil = \frac{24.000\,€}{(1+0,06)^1} + \frac{24.600\,€}{(1+0,06)^2} + \frac{25.500\,€}{(1+0,06)^3} + \frac{27.000\,€}{(1+0,06)^4} =$$

Barwert Steuervorteil = 22.641,51 € + 21.893,91 € + 21.410,29 € + 21.386,53 € = 87.332,24 €

Der Steuervorteil wird nur auf den Detailplanungszeitraum berechnet, da der Restwert mit dem gewichteten Kapitalkostensatz (WACC) diskontiert wird.

Schritt 5: Zusammenfassung der Barwerte zum Gesamtunternehmenswert

Gesamtunternehmenswert = 420.012 € + 2.164.723 € + 87.332 € = 2.672.067 €

Schritt 6: Ermittlung des Nettounternehmenswerts (NUW)

Der Nettounternehmenswert wird ermittelt, indem man vom Gesamtunternehmenswert das am Anfang der Planperiode vorhandene verzinsliche Fremdkapital abzieht.

NUW (APV-Ansatz) = 2.672.067 € — 1.450.000 € = 1.222.067 €

3.1.2 Netto- bzw. Equity-Verfahren

Bei den Nettoverfahren werden nur die Einzahlungsüberschüsse berücksichtigt, die den Eigenkapitalgebern zufließen. Der Nettounternehmenswert (NUW) wird beim **Netto- bzw. Equity-Verfahren** mit dem **Flow-to-Equity-Ansatz** direkt bestimmt und nicht wie bei den Bruttoverfahren, bei denen zuerst der Gesamtwert des Unternehmens ermittelt wird und von diesem anschließend der Marktwert des Fremdkapitals abgezogen werden muss.

In die Cashflows mit einbezogen werden die künftigen Fremdkapitalzinsen (einschließlich der daraus resultierenden Steuerwirkung) und die Veränderungen des Fremdkapitalbestands. Der Marktwert des Eigenkapitals EK_{Markt} wird direkt berechnet. Dazu werden Netto-Cashflows, die den Eigentümern zur Verfügung stehen, mit dem Eigenkapitalkostensatz i_{Eigen} diskontiert und das nicht-betriebsnotwendige Vermögen wird addiert.

Vorgehensweise bei der Equity-Methode

1. Ermittlung der Nettozahlungen an die Eigenkapitalgeber, d. h. der Free Cashflows „netto" (Flow-to-Equity). Hierfür müssen die bei den Brutto-Verfahren verwendeten operativen Free Cashflows für die Equity-Methode insofern angepasst werden, als Einflüsse, die auf Fremdkapitaleffekten (Fremdkapitalzinsen, Tax Shield) beruhen, den Free Cashflow kürzen bzw. erhöhen.
2. Ermittlung des Eigenkapitalzinssatzes (i_{Eigen}) der Eigentümer eines verschuldeten Unternehmens (beim APV-Verfahren war es die Renditeforderung für das fiktiv unverschuldete Unternehmen).
3. Den Nettounternehmenswert (Marktwert des Eigenkapitals) erhält man, indem zum Barwert der Netto-Zahlungen (Flow-to-Equity) an die Eigenkapitalgeber der Marktwert des nicht betriebsnotwendigen Vermögens addiert wird.

Die Nettozahlungen an die Eigenkapitalgeber, d. h. der **Flow-to-Equity**, kann in Anlehnung an die Entity-Methode nach folgendem Schema berechnet werden[16]:

	Umsatzerlöse
—	operative Baraufwendungen (ohne Fremdkapitalzinsaufwendungen)
—/+	Abschreibungen/Zuschreibungen
+/—	Erträge/Aufwendungen aus dem Abgang von Anlagevermögen
+/—	sonstige nicht bare operative Erträge/Aufwendungen
=	**EBIT (operatives Ergebnis vor Zinsen und Steuern)**
—	(adaptierte) Steuern auf das EBIT
=	**NOPLAT[17] (operatives Ergebnis vor Zinsen und nach adaptierten Steuern)**

---

[16] In Anlehnung an Schierenbeck, H. u. Wöhle, C.: Grundzüge der Betriebswirtschaftslehre, 2009, S. 482.

[17] NOPLAT = Net Operating Profits Less Adjusted Taxes

Unternehmensbewertung

+/—	Abschreibungen/Zuschreibungen
+/—	Zuführung/Auflösung Rückstellungen
+/—	sonstige nicht bare operative Aufwendungen/Erträge
=	**operativer Brutto-Cashflow**
—/+	Investitionen/Desinvestitionen im Anlagevermögen
—/+	Investitionen/Desinvestitionen im operativen Nettoumlaufvermögen
=	**operativer Free Cashflow**
+	Steuervorteil der Fremdfinanzierung (Tax Shield) (= Fremdkapitalzinsaufwand × Gewinnsteuersatz)
=	**Total Cashflow (Nettozahlungen an Eigen- und Fremdkapitalgeber)**
—	Fremdkapitalzinsaufwendungen
—	Tilgung von verzinslichem Fremdkapital
+	Aufnahme von verzinslichem Fremdkapital
=	**Free Cashflow „netto" (Flow-to-Equity)** (Nettozahlungen an die Eigenkapitalgeber bei gemischter Finanzierung = Gewinnausschüttung + Kapitalherabsetzung — Kapitalerhöhung)

Der Nettounternehmenswert (NUW) wird wie folgt berechnet:

$$NUW = \sum_{t=1}^{n} \frac{\text{Netto-Cashflows (NCF) an die Eigenkapitalgeber}_t}{\left(1+i_{Eigen}\right)^t} + \frac{\text{Restwert}_{NCF,n}}{\left(1+i_{Eigen}\right)^n} + N_0$$

$$\text{mit} \quad \text{Restwert}_{NCF,n} = \frac{NCF_{t+1}}{i_{Eigen} - w}$$

Aufgrund des Zusammenhangs von Entstehung und Verwendung der Free Cashflows müssen die Entity- und die Equity-Verfahren zum selben Ergebnis für den Unternehmenswert als Barwert des Eigenkapitals führen.

Beim Flow-to-Equity-Verfahren wird der Unternehmenswert in einem Schritt ermittelt.

▶ **BEISPIEL: Equity Verfahren**

Es soll der Unternehmenswert der ABC AG mithilfe des Flow-to-Equity-Verfahrens berechnet werden. Die Eigenkapitalrendite beträgt 10 %, die Free Cashflows netto wachsen **nach der Periode 4** jährlich konstant um 2,5 % und der Fremdkapitalzinssatz beträgt 6 %. Folgende Werte sind bekannt:

Angaben in T€	00	01	02	03	04	05
Dauerschulden Jahresanfang	14.700	14.100	14.400	11.800	11.800	11.800
Dauerschulden Jahresende	14.100	14.400	11.800	11.800	11.800	11.800
Ø Dauerschulden im Jahr	14.400	14.250	13.100	11.800	11.800	11.800
Operativer Free Cashflow (bei vollständiger Eigenfinanzierung)	**3.200**	**3.800**	**4.300**	**5.000**	**5.500**	**6.100**
+ Tax-Shield		+ 205	+ 203	+ 186	+ 168	+ 168	+ 168
= **Total Cashflow**	**3.405**	**4.003**	**4.486**	**5.168**	**5.668**	**6.268**
− Zinsaufwendungen	− 864	− 855	− 786	− 708	− 708	− 708
+ Fremdkapitalaufnahme	0	+300	0	0	0	0
− Fremdkapitaltilgung	− 600	0	− 2.600	0	0	0
= **Free Cashflow „netto"** **(Flow-to-Equity)**	**1.941**	**3.448**	**1.100**	**4.460**	**4.960**	**5.560**

Mithilfe dieser Werte kann der Nettounternehmenswert (NUW), d. h. der Marktwert des Eigenkapitals, wie folgt berechnet werden:

$$NUW = \frac{3.448 \text{ T€}}{(1+0,1)^1} + \frac{1.100 \text{ T€}}{(1+0,1)^2} + \frac{4.460 \text{ T€}}{(1+0,1)^3} + \frac{4.960 \text{ T€}}{(1+0,1)^4} + \frac{5.560 \text{ T€}}{(0,1-0,025) \times (1+0,1)^4} =$$

$$NUW = 3.134,5 \text{ T€} + 909,1 \text{ T€} + 3.350,9 \text{ T€} + 3.387,7 \text{ T€} + 50.634,1 \text{ T€} = 61.416,3 \text{ T€}$$

Übersicht über die Discounted-Cashflow-Verfahren

Bei den Brutto- bzw. Entity-Methoden wird zwischen dem Free-Cashflow-Verfahren mit WACC-Ansatz, dem Total-Cashflow-Verfahren und dem Adjusted-Present-Value-Verfahren differenziert. Bei diesen drei Verfahren wird zunächst der Bruttounternehmenswert (Gesamtunternehmenswert) berechnet. Subtrahiert man vom Bruttounternehmenswert den Marktwert des Fremdkapitals, so erhält man den Nettounternehmenswert, d. h. den Wert des Eigenkapitals.

Bei der Netto- bzw. Equity-Methode wird der Nettounternehmenswert direkt mithilfe des Flow-to-Equity-Ansatzes bestimmt.

	Brutto- bzw. Entity-Methoden			Netto-/Equity-Methode
	Verfahren mit WACC-Ansatz		**Adjusted Present Value-Verfahren**	**Flow-to-Equity-Verfahren**
	Free Cashflow-Verfahren	**Total Cashflow-Verfahren**		
Zu diskontierende zukünftige Cashflows	Free Cashflows vor Zinsen bei unterstellter reiner Eigenfinanzierung	Total Cashflows vor Zinsen bei Eigen- und Fremdfinanzierung	Free Cashflows vor Zinsen bei unterstellter reiner Eigenfinanzierung	Free Cashflows **netto** (nach Zinsen) bei gemischter Finanzierung
Diskontierungssatz	Gesamtkapitalkostensatz mit steuerlicher Korrektur des Fremdkapitalkostensatzes (WACC mit Tax Shield)	Gesamtkapitalkostensatz ohne steuerlicher Korrektur des Fremdkapitalkostensatzes (WACC ohne Tax Shield)	Eigenkapitalkostensatz (Renditeforderung der Eigenkapitalgeber) bei vollständiger Eigenfinanzierung	Eigenkapitalkostensatz (Renditeforderung der Eigenkapitalgeber) bei gemischter Finanzierung
Abbildung Tax Shield	Kapitalkostensatz	Total Cashflow	Barwert Tax Shield	Free Cashflow netto
Zwischenergebnis			Unternehmenswert bei vollständiger Eigenfinanzierung	
adjustiert um			Barwert des Steuervorteils	
Ergebnis	**Bruttounternehmenswert bei gemischter Finanzierung**			
abzüglich	Marktwert des Fremdkapitals			
Ergebnis	**Nettounternehmenswert**			

Abb. 40: Vorgehensweise bei den DCF-Verfahren zur Unternehmensbewertung[18]

3.2 Multiplikatorenverfahren

Das Multiplikatorenverfahren ist ein sehr einfaches, marktorientiertes Verfahren zur Berechnung eines Unternehmenswertes. Dabei wird eine betriebswirtschaftliche Kennzahl mit einem Faktor (sogenanntes „Multiple"[19]) multipliziert, der einem Marktwert entspricht. Die Faktoren, die jeweils verwendet werden, sind branchenabhängig. Um Richtwerte für realistische Faktoren zu haben, werden ent-

[18] Schierenbeck, H.; Wöhle, C.: Grundzüge der Betriebswirtschaftslehre, 2008, S. 481 und Seppelfricke, P.: Handbuch Aktien- und Unternehmensbewertung, 2012, S. 36.

[19] multiple (engl.) = Vielfaches

sprechende Werte regelmäßig von Experten veröffentlicht. Die Kennzahl, die als Bezugsgröße für die Multiplikation mit dem Faktor genommen wird, kann dabei sehr unterschiedlich sein. Es werden nicht nur Kenngrößen des Rechnungswesens wie z. B. EBIT, Umsatz oder Kurs-Gewinn-Verhältnisse bei börsennotierten Kapitalgesellschaften, sondern auch branchenspezifische Größen wie etwa die Anzahl der Vertragskunden bei Mobilfunkanbietern oder die Anzahl der Seitenzugriffe bei Internetdiensten eingesetzt.

Die Multiplikatorverfahren basieren im Gegensatz zu den zuvor behandelten DCF-Verfahren auf einer marktorientierten Bewertung des Unternehmens. Der Unternehmenswert wird bei dieser Methode aus empirisch gewonnenen Marktpreisen vergleichbarer Unternehmen abgeleitet. Die Relationen sowie die betrachteten Bewertungs- und Bezugsgrößen des bewerteten Unternehmens sollten mit dem Vergleichsunternehmen übereinstimmen.[20]

Der Grundgedanke der Multiplikatoren-Verfahren ist, dass ähnliche Unternehmen auch ähnlich viel Wert sein sollten. Man versucht den Wert des Zielunternehmens aus bekannten Markt- und Börsenwerten eines vergleichbaren Referenzunternehmens abzuleiten.[21]

Zur Ermittlung des Multiplikators (M) werden Kennzahlenvergleiche mit anderen Unternehmen, der sogenannten *Peer Group*, durchgeführt. Dabei sollte es sich um ähnliche Unternehmen handeln. Da kein Unternehmen dem anderen gleicht, werden durch die Verwendung mehrerer Vergleichsobjekte zufallsbedingte Ausreißer und unternehmensspezifische Besonderheiten kompensiert.

Der Mittelwert, respektive der Median, aus den Vergleichsdaten wird als Multiplikator für die Unternehmensbewertung verwendet.

Ein Multiplikator wird auf Basis der Relation zwischen einer bestimmten Bezugsgröße wie z. B. dem Umsatz und dem bekannten Marktwert des Referenzunternehmens gebildet. Entspricht dieser bekannte Marktwert zum Beispiel dem doppelten Umsatz, so nimmt der Umsatzmultiplikator den Wert 2 an. Schließlich kann der Marktwert des Zielunternehmens überschlagen werden, indem das Produkt aus dem Umsatz des Zielunternehmens und dem Umsatzmultiplikator gebildet wird.[22]

---

[20] Vgl. Seppelfricke, P.: Handbuch der Aktien- und Unternehmensbewertung, 2005, S. 137.

[21] Schacht, U., Fackler, M.: Unternehmensbewertung auf Basis von Multiplikatoren, 2009, S. 257.

[22] Schacht, U., Fackler, M.: Unternehmensbewertung auf Basis von Multiplikatoren, 2009, S. 257.

Der Unternehmenswert des zu bewertenden Zielunternehmens berechnet sich mithilfe des aus der Bewertungsrelation für das Vergleichsunternehmen abgeleiteten Multiplikators wie folgt:[23]

$$UW_{ZU} = \frac{UW_{VU}}{B_{VU}} \times B_{ZU} = M \times B_{ZU}$$

UW = Unternehmenswert als Brutto- oder Nettounternehmenswert
B   = Bezugsgröße
M   = Multiplikator
VU   = Vergleichsunternehmen
ZU   = Zielunternehmen

3.2.1 Price-Earnings-Ratio-Modell (P/E-Ratio-Modell)

Das am häufigsten eingesetzte Modell zur Bewertung von Aktien ist das **P/E-Ratio-(**Kurs-Gewinn-Verhältnis-)**Modell.** In dieses Modell geht für die Ermittlung des Unternehmenswertes die Unternehmenskennzahl **„Earnings-per-Share" (EPS)** ein. Es ist das klassische Bewertungsmodell der fundamentalen Aktienanalyse. EPS-Kennzahlen gehören international zu den meist veröffentlichten bilanzanalytischen Kennzahlen sowohl in der Finanzpresse als auch in den Jahresabschlüssen der Unternehmen. Sie werden regelmäßig von Finanzanalysten prognostiziert.

Das **P/E-Ratio-Modell** löst sich von der Konzeption der Barwertmodelle. Es stützt sich auf die **Marktdaten von Vergleichsunternehmen** und verzichtet auf eine Prognose von einzelnen Schlüsselgrößen, die in die Barwertmodelle eingehen. Damit wird auch die Bestimmung des Kapitalisierungszinses — neben der Prognose die schwierigste Aufgabe bei der Bewertung von Unternehmen — im Wesentlichen ausgeschaltet. An die Stelle dieser beiden Probleme tritt jedoch die Suche nach geeigneten Vergleichsunternehmen.

Der Nettounternehmenswert (NUW) ergibt sich, indem die Erfolgsgröße — der nachhaltig erzielbare oder erwartete Gewinn (E0) eines Unternehmens — mit dem Equity-Multiple „P/E-Ratio (KGV)" multipliziert wird.

$$KGV = \frac{Kurs}{Gewinn\ je\ Aktie} = \frac{Marktkapitalisierung}{Gewinn}$$

Nettounternehmenswert (NUW) = Gewinn × KGV

---

[23] Schierenbeck, H.; Wöhle, C.: Grundzüge der Betriebswirtschaftslehre, 2008, S. 486.

Aus Vergleichsgründen wird für die Erfolgsgröße E0 keine absolute Zahl, sondern die Kennzahl Gewinn je Aktie (Earnings-per-Share, EPS) verwendet. Die angemessene P/E-Ratio ist ein Multiplikator, der angibt, mit welchem Vielfachen der Gewinn an der Börse bewertet wird. Es müssen nicht mehr zukünftige Cashflows oder Übergewinne auf den Bewertungszeitpunkt diskontiert werden. Gestützt auf den Börsenmechanismus, d. h. tatsächlich gezahlte Marktpreise von Vergleichsunternehmen, werden nicht nur Risikoaspekte, sondern auch Wachstumschancen bereits in der angemessenen P/E-Ratio erfasst. Die **P/E-Ratio erfüllt** somit eine **Prognosefunktion**.

Beurteilung des Price-Earnings-Ratio-Modells

- Das Modell berücksichtigt keine Synergieeffekte, wenn Unternehmen andere Unternehmen ganz oder teilweise kaufen, um Einfluss auf sie zu gewinnen.
- Die Wahl von Vergleichsunternehmen läuft auf subjektive Entscheidungen hinaus.
- Die Ausrichtung auf Marktgrößen lässt individuelle Stärken und Schwächen des Unternehmens eventuell unberücksichtigt.
- Über die Marktpreise können Fehlbewertungen des Marktes einfließen.
- Für Unternehmen mit negativen oder unregelmäßigen Erfolgen kann das P/E-Ratio-Modell nicht angewandt werden, weil es keinen nachhaltigen (normalisierten) Erfolg gibt, zum Beispiel aufgrund von Restrukturierungsmaßnahmen.

3.2.2 Arten von Multiplikatoren

Bei den Multiplikatoren wird zwischen den Equity- und den Entity-Multiplikatoren unterschieden.

Equity und Entity Multiplikatoren		
	Equity-Multiplikatoren	Entity-Multiplikatoren
Bewertung	gesamtes Eigenkapital	Eigen- und Fremdkapital
Performance-Größe	Bei der Bewertung des Eigenkapitals sind die Ansprüche der Fremdkapitalgeber schon abgegolten; entweder handelt es sich um **eine operative Erfolgsgröße nach Zinszahlungen** oder eine Kapitalgröße ohne Fremdkapital.	Entweder es handelt sich um eine operative Erfolgsgröße vor Zinszahlungen oder um eine Kapitalgröße inklusive Fremdkapital.

Entity-Mulitplikatoren für die Ermittlung des Bruttounternehmens-werts[24]

- Operative Multiplikatoren für die Ermittlung des **Bruttounternehmenswerts** sind z. B.
  - Anzahl der Kunden
  - Registrierte Nutzer
- Finanzielle Multiplikatoren für die Ermittlung des **Bruttounternehmenswerts** sind z B.
  - Umsatz (gemäß Gewinn- und-Verlust-Rechnung)
  - EBIT („Earnings before Interest and Taxes" = bereinigter Gewinn vor Zinsen und Ertragsteuern)
  - EBITDA („Earnings before Interest, Taxes, Depreciation, Amortisation" = bereinigter Gewinn vor Zinsen, Abschreibungen und Ertragsteuern)
  - OpFCF („Operating Free Cashflow" = bereinigter Gewinn vor Zinsen, Abschreibungen und Ertragsteuern nach Investitionen ins Anlage- und Nettoumlaufvermögen und vor Rückstellungsbildung)

Equity-Multiplikatoren für die Ermittlung des Nettounternehmens-werts

- Finanzielle **Multiplikatoren** für Ermittlung des **Nettounternehmenswerts** sind z. B.
  - Buchwert des Eigenkapitals (Marktwert-Buchwert-Verhältnis)
  - Kurs-Gewinn-Verhältnis (KGV)
  - Kurs-Cashflow-Verhältnis (KCFV)
  - Cashflow nach Zinsen
  - ausgeschütteter Gewinn bzw. Dividende

Bei den Multiplikatoren muss jedoch berücksichtigt werden, dass die möglichen Bezugsgrößen, wie z. B. EBITDA und EBIT, in den Geschäftsberichten von Unternehmen zu Unternehmen häufig unterschiedlich definiert sind, was die Vergleichbarkeit erschwert. Außerdem ist es im Rahmen der Unternehmensbewertung mittelständischer Unternehmen relativ schwierig, vergleichbare Referenzunternehmen mit dem benötigten Marktwert zu finden, da diese meist nicht börsennotiert sind.

---

[24] Peemöller (Hrsg.): Praxishandbuch der Unternehmensbewertung, 2012, S. 689.

Branchen-Multiplikatoren

Das Branchen-Multiplikatorverfahren basiert auf dem EBIT (Earnings Before Interest and Taxes), dem Umsatz oder ähnlich aussagekräftigen Größen aus dem Rechnungswesen. Die benötigten Branchen-Multiplikatoren kann man teilweise kostenlos aus dem Internet abrufen (www.finance-magazin.de) oder über kostenpflichtigen Datenbanken von Spezialanbietern beziehen.

Das Produkt aus Umsatz, respektive EBIT, und dem entsprechenden Branchen-Multiplikator bereits börsennotierter Unternehmen ergibt den Bruttounternehmenswert. Zieht man vom Bruttounternehmenswert die Nettofinanzverbindlichkeiten (= Finanzverbindlichkeiten abzüglich liquider Mittel) ab, erhält man den Nettounternehmenswert (NUW). Die Nettofinanzverbindlichkeiten werden abgezogen, um den reinen Eigenkapitalwert des Unternehmens (Nettounternehmenswert) zu erhalten. Dieser gibt an, wie hoch der Verkaufserlös für die Gesellschaftsanteile des gesamten Unternehmens wäre.

Im Folgenden sehen Sie die zugehörigen Gleichungen:

NUW = EBIT x Branchenmultiplikator — Netto-Finanzverbindlichkeiten

oder

NUW = Umsatz x Branchenmultiplikator — Netto-Finanzverbindlichkeiten

Im ersten Schritt werden die notwendigen Größen anhand von Plandaten ermittelt. Berechnungsgrundlage für das EBIT-Verfahren ist der geplante Gewinn vor Steuern, während das Umsatzverfahren auf den jährlich angestrebten Absatzmengen und -preisen basiert. Der Umsatz wird wie folgt ermittelt:

	geplante Absatzmenge
×	Absatzpreis pro Stück
=	**Umsatz**

Das EBIT kann nach mehreren Methoden berechnet werden, da es nicht einheitlich definiert ist. Die unterschiedlichen Berechnungsarten führen auch zu unterschiedlichen Ergebnissen. Die geläufigsten Verfahren sind die direkte Methode nach „Wöhe/Döring" und die indirekte Methode nach „Coenenberg".

Zunächst wird die direkte Methode vorgestellt:[25]

Die EBIT Ermittlung nach der direkten Methode
Umsatzerlöse
+ sonstige betriebliche Erträge
— Materialaufwand
— Personalaufwand
— Abschreibungen auf Sachanlagen und immaterielle Vermögenswerte
— Sonstige betriebliche Aufwendungen
+ Erträge aus Finanzanlagen
= **EBIT**

Nach der indirekten Methode kann das EBIT wie folgt ermittelt werden:[26]

Die EBIT Ermittlung nach der indirekten Methode
Jahresüberschuss/-fehlbetrag
+/— Ertragsteuern/Steuererstattung
+/— Außerordentliches Ergebnis
= **EBT (Earnings before Taxes = Ergebnis der gewöhnlichen Geschäftstätigkeit)**
+ Zinsaufwand
= **EBIT**

Anschließend werden die Schulden des Unternehmens aus der Summe der zu verzinsenden Verbindlichkeiten abzüglich der überschüssigen Barreserven ermittelt.

Bankverbindlichkeiten
+ Anleihen
+ Wechselverbindlichkeiten
+ Gesellschafterdarlehen
+ In den restlichen Schulden enthaltene verzinsliche Anteile (gewöhnlich ohne Pensionsrückstellungen)
— liquide Mittel inkl. kurzfristige Wertpapiere
= **Nettofinanzverbindlichkeiten**

---

[25] Wöhe, G. u. Döring, U.: Einführung in die Allgemeine Betriebswirtschaftslehre, 2010, S. 808.

[26] Coenenberg et al.: Jahresabschluss und Jahresabschlussanalyse, 2012, S. 1045.

Die verschiedenen Multiplikatoren stammen aus Berechnungen von Banken oder Beratungsgesellschaften. Die folgende Tabelle beinhaltet die monatlich berechneten Börsenmultiplikatoren des FINANCE-Expertenpanels. In die Ermittlung fließen Börsen- und eigene Research-Daten ein.

Börsen-Multiples im Juni/Juli 2012[27]		
	EBIT-Multiple	Umsatz-Multiple
Software	11,2	3,42
Telekommunikation	12,4	1,13
Medien	9,8	1,40
Handel und E-Commerce	11,0	1,38
Transport, Logistik und Touristik	9,1	0,79
Elektrotechnik und Elektronik	5,5	0,87
Fahrzeugbau und Zubehör	8,0	0,75
Maschinen- und Anlagenbau	8,5	0,84
Chemie und Kosmetik	10,3	1,26
Pharma	9,2	1,19
Textil und Bekleidung	9,6	0,87
Nahrungs- und Genussmittel	8,1	0,85
Gas, Strom, Wasser	9,9	0,67
Bau und Handwerk	11,5	0,99

▶ **BEISPIEL: Ermittlung des Unternehmenswerts mittels finanzieller Multiplikatoren**

Von der ABC GmbH liegen Ihnen folgende Informationen aus der Bilanz sowie der Gewinn-und-Verlust-Rechnung vor:

	Umsatz	6.000 T€
	Ergebnis vor Steuern	880 T€
+/-	Zinsaufwand/Zinserträge	+ 70 T€
=	**EBIT**	**950 T€**
	Bankverbindlichkeiten	800 T€
+	Gesellschafterdarlehen	+ 350 T€
-	Liquide Mittel	— 50 T€
=	**Nettofinanzverbindlichkeiten**	**= 1.100 T€**

---

[27] Quelle: Finance – Das Magazin für Unternehmer, August 2012, S. 68.

Es wird der Unternehmenswert auf Basis des EBIT-Multiplikators und auf Basis des Umsatz-Multiplikators berechnet. Die Multiplikatoren haben folgende Werte:

- EBIT-Multiplikator = 6,0
- Umsatz-Multiplikator = 0,7

Berechnung des Unternehmenswerts:		auf EBIT-Basis		auf Umsatz-Basis
Bezugsgröße (EBIT bzw. Umsatz)		950 T€		6.000 T€
x Multiplikator	x	6,0	x	0,7
= Bruttounternehmenswert*	=	**5.700 T€**	=	**4.200 T€**
- Nettofinanzverbindlichkeiten	-	1.100 T€	-	1.100 T€
= Nettounternehmenswert (Eigenkapitalwert)**	=	**4.600 T€**	=	**3.300 T€**

*   Der höhere Unternehmenswert auf der EBIT-Basis deutet darauf hin, dass die ABC GmbH eine höhere Profitabilität hat als die Vergleichsunternehmen.

**   Die Schulden der ABC GmbH sind vom Unternehmenskäufer zu übernehmen und müssen daher vom Bruttounternehmenswert abgezogen werden. Der Nettounternehmenswert (Eigenkapitalwert) gibt somit den Wert für die Gesellschaftsanteile des gesamten Unternehmens an.

Das Multiplikatorenverfahren wird in fünf Schritten durchgeführt.[28]

1. Unternehmensanalyse
   - Eingehende Analyse des Unternehmens, der Branche, der Wettbewerber, der Wettbewerbsposition etc.
   - Aufbereitung der Jahresabschlüsse und Bereinigung der vergangenen Finanzdaten
   - Prognose künftiger Kosten- und Ertragsstrukturen
2. Auswahl geeigneter Referenzunternehmen
   - vergleichbare börsennotierte Unternehmen
   - vergleichbare Transaktionen (Merges & Aquisitions, Börsengang)
3. Multiplikatorenauswahl (finanzielle bzw. operative Multiplikatoren)
   Die Multiplikatoren ergeben sich aus dem Vielfachen des Unternehmenswerts zur betrachteten Ergebnisgröße. Es ist zu differenzieren zwischen:
   - Nettounternehmenswertmultiplikatoren (Ermittlung des Werts des Eigenkapitals), z. B. Kurs-Gewinn-Verhältnis, Eigenkapitalbuchwert, Jahresüberschuss etc.
   - Bruttounternehmenswertmultiplikatoren (Ermittlung des Gesamtunternehmenswerts):

---

[28] Schacht, U., Fackler, M.: Unternehmensbewertung auf Basis von Multiplikatoren, 2009, S. 274.

- finanzielle Multiplikatoren, z. B. Umsatz, EBIT, EBITDA etc.
- operative Multiplikatoren, z. B. Anzahl Kunden, registrierte Nutzer etc.

4. Ableitung des Unternehmenswerts

Der Wert für das Bewertungsobjekt wird abgeleitet, indem die Multiplikatoren der Vergleichsunternehmen auf die Ergebnisgrößen des Bewertungsobjekts angewandt werden:[29]

- Berechnung der Multiplikatoren
- Adjustieren durch Schätzverfahren/Durchschnittsbildung
- Ermittlung der unterschiedlichen Unternehmenswerte aufgrund der Vielzahl der Vergleichsunternehmen und der Vielzahl der Multiplikatoren
  - Ermittlung von Wertbandbreiten für den Unternehmenswert. Um die Anzahl der Unternehmenswerte und die Bandbreite, innerhalb derer sich die Werte bewegen, überschaubar zu halten, ist es üblich, die Bewertung zu glätten, und zwar durch die Berechnung
  - der Modalwerte (der am häufigsten vorkommende Wert) oder
  - der Mittelwerte oder
  - durch die Eliminierung von kleinsten und höchsten Werten.[30]

5. Interpretation

- Interpretation der Ergebnisse und gegebenenfalls nochmalige Durchsicht der einzelnen Schritte

Das folgende Beispiel soll die Vorgehensweise erläutern.

▶ **BEISPIEL: Multiplikatorenverfahren**[31]

Die Z AG, ein Hersteller von Verpackungsmaschinen, soll auf Basis von verschiedenen Multiplikatoren bewertet werden.

Finanzdaten der Z AG im Geschäftsjahr 01 (Angaben in Mio. €):

Umsatz	EBIT	Jahresüberschuss	Eigenkapital	Nettofinanzverbindlichkeiten
320	28	13	100	90

Im Rahmen dieses Beispiels konnten drei Referenzunternehmen gefunden werden, dabei handelt es sich um ähnliche, börsennotierte Unternehmen, deren Finanzdaten den jeweiligen Geschäftsberichten entnommen wurden und die in der folgenden Tabelle dargestellt sind.[32]

Finanzdaten der Vergleichsunternehmen im Geschäftsjahr 01:

---

[29] Berens, W. et al.: Due Diligence bei Unternehmensakquisitionen, 2011, S. 162.

[30] Berens, W. et al.: Due Dilligence bei Unternehmensakquisitionen, 2011, S. 162.

[31] In Anlehnung an: Schacht, U., Fackler, M.: Unternehmensbewertung auf Basis von Multiplikatoren, 2009, S. 274ff.

[32] Schacht, U., Fackler, M.: Unternehmensbewertung auf Basis von Multiplikatoren, 2009, S. 275.

(Angaben in Mio. €)	A	B	C
Umsatz	435	1.200	890
EBIT	37	111	63
EBIT-Marge (%)	8,5 %	9,3 %	7,1 %
Jahresüberschuss	18	54	31
Buchwert Eigenkapital	150	430	280
Aktienkurs am 31.12.01 in €	56,25	32,00	42,50
Aktien (Mio. Stück)	8	25	16
Marktkapitalisierung (Eigenkapitalwert)	450	800	680
Netto-Finanzverbindlichkeiten (31.12.01)	100	275	150
Bruttounternehmenswert	550	1.075	830

Der Unternehmenswert der Vergleichsunternehmen wird aus der Marktkapitalisierung bzw. dem Börsenwert des Eigenkapitals, dem verzinslichen Fremdkapital und den Anteilen Dritter berechnet. Die Nettofinanzschulden umfassen die verzinslichen Anteile des Fremdkapitals (Verbindlichkeiten gegenüber Kreditinstituten, Anleihen, Gesellschafterdarlehen, Pensionsrückstellungen und sonstige zinstragende Verbindlichkeiten) abzüglich der Aktivposten, die der Finanzierung zuzurechnen sind (liquide Mittel wie Kasse, Bankguthaben und Wertpapiere).

Für die Unternehmenswertberechnung müssen geeignete Multiplikatoren ausgewählt werden. Dabei wird zwischen **Netto- und Bruttounternehmenswertmultiplikatoren** unterschieden. Erstere vernachlässigen unterschiedliche Kapitalstrukturen von Ziel- und Referenzunternehmen. Im Rahmen dieses Beispiels werden folgende Multiplikatoren verwendet:

- die finanziellen Multiplikatoren Umsatz und EBIT für die Ermittlung des Bruttounternehmenswerts,
- die finanziellen Multiplikatoren Kurs-Buchwert-Verhältnis (KBV) sowie Kurs-Gewinn-Verhältnis (KGV) für die Ermittlung des Nettounternehmenswerts.

Der Unternehmenswert (Aktienkurs) steht im Zähler der Multiplikatorenformel und die Bezugsgröße im Nenner.

$$\text{Multiplikator} = \frac{\text{Unternehmenswert}}{\text{Bezugsgröße (z.B. Ergebnis oder Umsatz)}} = \frac{\text{Aktienkurs}}{\text{Bezugsgröße (z.B. Ergebnis je Aktie oder Umsatz je Aktie)}}$$

Die Multiplikatoren für den **Bruttounternehmenswert** werden wie folgt berechnet:

$$\text{Umsatzmultiplikator} = \frac{\text{Brutto-Unternehmenswert}}{\text{Umsatz}}$$

$$\text{EBIT-Multiplikator} = \frac{\text{Brutto-Unternehmenswert}}{\text{EBIT}}$$

Die Multiplikatoren für den **Nettounternehmenswert (Eigenkapitalmultiplikatoren)** werden wie folgt berechnet:

$$\text{Kurs-Buchwert-Verhältnis (KBV)} = \frac{\text{Marktkapitalisierung}}{\text{bilanzielles Eigenkapital}}$$

$$\text{Kurs-Gewinn-Verhältnis (KGV)} = \frac{\text{Marktkapitalisierung}}{\text{Jahresüberschuss}} = \frac{\text{Aktienkurs}}{\text{Gewinn je Aktie}}$$

Es werden die ermittelten Multiplikatoren und deren Durchschnittwerte in der folgenden Tabelle dargestellt.

Multiplikatoren der Vergleichsunternehmen:

	A	B	C	Durchschnitt
Umsatzmultiplikator (= Multiplikator für **Bruttounternehmenswert**)	1,26	0,90	0,93	1,03
EBIT-Multiplikator (= Multiplikator für **Bruttounternehmenswert**)	14,86	9,68	13,17	12,57
Kurs-Buchwert-Verhältnis (KBV) (= Multiplikator für **Nettounternehmenswert**)	3,00	1,86	2,43	2,43
Kurs-Gewinn-Verhältnis (KGV) (= Multiplikator für **Nettounternehmenswert**)	25,00	14,81	21,94	20,59

Wie zu erkennen ist, unterscheiden sich die Multiplikatorwerte der einzelnen Unternehmen verschieden stark. Daher werden aus Vereinfachungsgründen die Durchschnittswerte berechnet.

Im Folgenden werden die Nettounternehmenswerte mit den verschiedenen Multiplikatoren ermittelt:

Nettounternehmenswert = Bruttounternehmenswert − Nettofinanzverbindlichkeiten

Ermittlung des Nettounternehmenswertes (NUW) mit dem Umsatzmultiplikator

Indirekte Berechnung des Nettounternehmenswertes (NUW)			
Ermittlung des Nettounternehmenswertes (NUW) mit dem Umsatzmultiplikator			
	Bruttounternehmenswert		
NUW =	Umsatz × Umsatzmultiplikator	- Nettofinanzverbind- lichkeiten	=
NUW =	320 Mio. € × 1,03	- 90 Mio. €	= 240 Mio. €
Ermittlung des Nettounternehmenswertes (NUW) mit dem EBIT-Multiplikator			
	Bruttounternehmenswert		
NUW =	EBIT × EBIT-Multiplikator	- Nettofinanzverbind- lichkeiten	=
NUW =	28 Mio. € × 12,57	- 90 Mio. €	= 262 Mio. €

Direkte Berechnung des Nettounternehmenswertes (NUW)		
Ermittlung des Nettounternehmenswertes (NUW) mit dem Gewinnmultiplikator		
NUW = Jahresüberschuss × KGV	=	
NUW = 13 Mio. € × 20,59	=	268 Mio. €
Ermittlung des Nettounternehmenswertes (NUW) mit dem Eigenkapitalmultiplikators		
NUW = Eigenkapital × KBV	=	
NUW = 100 Mio. € × 2,43	=	243 Mio. €

Da alle Multiplikatoren spezifische Vor- und Nachteile aufweisen und ihre Verwendung jeweils zu abweichenden Ergebnissen führen kann, wird das Multiplikatorenverfahren häufig unterstützend eingesetzt. Es kann also Bewertungen auf Basis der Gesamtbewertungsverfahren plausibilisieren oder es wird dann eingesetzt, wenn die vorhandenen Daten noch nicht ausreichen, um eine Orientierungsgröße zu haben. Ferner kann es auch als Instrument zur Durchsetzung von Verhandlungspositionen eingesetzt werden.

! HINWEIS:

Damit Sie Ihr Wissen prüfen und vertiefen können, finden Sie bei den Arbeitshilfen online eine Reihe von Übungsaufgaben mit ausführlichen Lösungen. Die Aufgaben sind genau auf dieses Kapitel zugeschnitten.

Systematik der Finanzierung

Dieses Kapitel wird Sie mit den verschiedenen Finanzierungsarten vertraut machen.

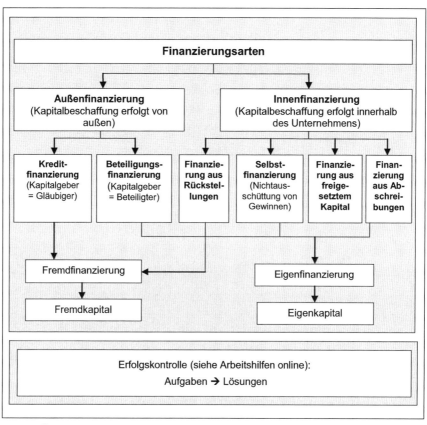

Abb. 41: Übersicht Kapitel „Systematik der Finanzierung"

Einführung

In diesem Kapitel erhalten Sie einen Überblick über die verschiedenen Finanzierungsarten. Der Begriff Finanzierung umfasst

- alle Maßnahmen, die der kurz-, mittel- und langfristigen Beschaffung von Kapital in allen Formen (Eigen und Fremdkapital) dienen und
- die Kapitaldisposition (Verwendung) im weitesten Sinne.

Um den Kapitalbedarf in einem Unternehmen decken zu können, gibt es unterschiedliche Finanzierungsalternativen. Dabei wird zwischen Neu- und Umfinanzierungen unterschieden. Mit Neufinanzierungen wird vor allem Kapital für Investitionen beschafft, während bei Umfinanzierungen Kapital für finanzierungseigene Zwecke bereitgestellt wird.

Bei einer Umfinanzierung kann es sich z. B. um eine

- Prolongation (Verlängerung der Kreditdauer),
- Substitution (Austausch von Kapital bei Nichtgewährung von Prolongationen; bei Ablaufen oder Kündigung von Kreditverträgen) oder
- Transformation (Umwandlung der Kapitalart ohne Änderung des Finanzstroms, z. B. kurzfristiges durch langfristiges Kapital oder Eigenkapital durch Fremdkapital bzw. umgekehrt ersetzen)

handeln.

1   Finanzierungsarten

Die verschiedenen Finanzierungsarten können nach unterschiedlichen Kriterien systematisiert werden. Es bieten sich folgende Unterscheidungskriterien an:

- nach der **Rechtsstellung** der **Kapitalgeber**: Eigen- und Fremdfinanzierung
- nach der **Mittelherkunft**: Innen- und Außenfinanzierung
- nach der **Dauer der Kapitalbereitstellung:**
  - kurzfristig (bis zu 1 Jahr)
  - mittelfristig (1 bis 5 Jahre)
  - langfristig (länger als 5 Jahre)
  - unbefristet
- nach dem **Finanzierungsanlass**: laufende Finanzierung, Gründungs-, Erweiterungs-, Um- und Sanierungsfinanzierung.

Die folgende Abbildung gibt Ihnen einen Überblick über die unterschiedlichen Finanzierungsarten:

Finanzierungsarten			
Finanzierungs-gelegenheit	Erst- bzw. Grün-dungsfinanzierung	laufende bzw. Folgefinanzierung	Erweiterungs-finanzierung
Mittelherkunft	Außenfinanzierung (von außerhalb des Betriebs)		Innenfinanzierung (durch den Betrieb selbst)
Rechtsstellung der Kapitalgeber	Eigenfinanzierung (Einlagen- und Selbstfinanzierung)		Fremdfinanzierung (Kreditfinanzierung)
Fristigkeit	befristete Finanzierung (kurz-, mittel- und langfristig)		unbefristete Finanzierung
Erkennbarkeit	offene Finanzierung		verdeckte Finanzierung

Abb. 42: Arten der Finanzierungsmöglichkeiten

Die folgende Abbildung zeigt die Zusammenhänge der verschiedenen Finanzierungsarten:

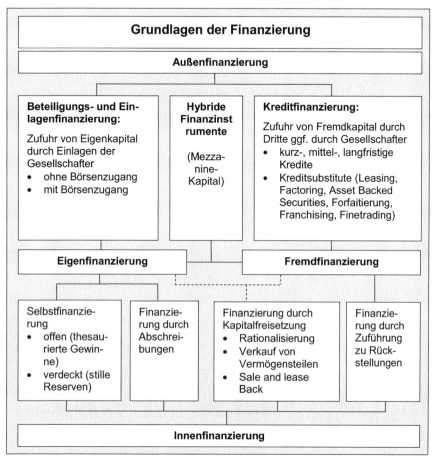

Abb. 43: Zusammenhänge der Finanzierung

Anmerkung:

Rückstellungen, insbesondere Pensionsrückstellungen, gehören zum Fremdkapital, entstehen aber aus dem Umsatzprozess und zählen daher zur Innenfinanzierung. Wenn eine Rückstellung gebildet wird, handelt es sich um einen vorperiodisierten Aufwand. In der Gewinn-und-Verlustrechnung entsteht eine Aufwandsbelastung und damit ein ausschüttungsgesperrtes Passivum („Rückstellung"), ohne dass sofort ein Mittelabfluss (Auszahlung) erfolgt. Da dieser (noch) nicht eingetretene Mittelabfluss nicht durch eine höhere Ausschüttung (Entnahme) absorbiert werden darf (Ausschüttungssperre), liegt zwangsläufig eine durch Rechnungslegungsvorschriften erzwungene Bindung von Mitteln im Unternehmen vor.[1] Bei einem solchen Sachverhalt spricht man von **Finanzierung durch Rückstellungen**.

---

[1] Bea/Friedl/Schweitzer: Allgemeine Betriebswirtschaftslehre Band 3, 9. Auflage, 2006, S. 408.

2 Außen- und Innenfinanzierung

Mit der **Außenfinanzierung** ist die **primäre Finanzmittelbeschaffung** vom Geld- und Kapitalmarkt einschließlich der Lieferantenkredite gemeint. Der Kapitalbedarf des Unternehmens wird dabei aus externen Quellen, zu denen z. B. Banken, Versicherungen, Privat- und Geschäftspersonen und anderen Unternehmen gehören, gedeckt. Der Finanzmittelzufluss erfolgt entweder durch Einlagen der Unternehmenseigner bzw. Beteiligung von Gesellschaftern in Form von zusätzlichen Beteiligungen (Einlagen- bzw. Beteiligungsfinanzierung) oder durch Fremdkapital von Gläubigern (Kreditfinanzierung). Sehen Sie dazu die folgende Übersicht über die Außenfinanzierung:

Außenfinanzierung					
Beteiligungs-finanzierung	**Mezzanine-Finanzierung**	**Kreditfinanzierung**		**Subventions-finanzierung**	**Kredit-substitute**
		kurzfristig	langfristig		
• Gesellschafter-einlagen • Kapitalbeteiligungs-gesellschaften • Emission von Aktien • Mitarbeiter-beteiligung • Venture Capital	• Gesellschafter-darlehen • Nachrangdarlehen • Genussrechte • Wandelanleihen • Optionsanleihen • Stille Beteiligungen	• Kontokorrent-kredit • Diskontkredit • Lombardkredit • Akzeptkredit • Avalkredit • Lieferantenkredit • Kundenan-zahlungen	• langfristige Bankdarlehen • Schuldschein-darlehen • Anleihe • konzerninterne Kredite	• Investitionszu-lagen • Zinszuschüsse • Fördermittel • Spenden	• Leasing • Factoring • Forfaitierung • Asset Backed Securities (ABS) • Franchising • Finetrading

Abb. 44: Möglichkeiten der Außenfinanzierung

Bei der **Innenfinanzierung**, die auch als **Sekundärfinanzierung** bezeichnet wird, werden die Finanzmittel nicht über die Finanzmärkte beschafft, sondern vom Unternehmen selbst durch den betrieblichen Leistungsprozess erwirtschaftet, d. h., das Kapital fließt aus dem Betriebs- und Umsatzprozess zu. Diese Form der Finanzierung führt entweder zu einem Zuwachs an Kapital und Vermögen wie bei der Einbehaltung von Gewinnen (Selbstfinanzierung) oder der Bildung von langfristigen Rückstellungen (z. B. Pensionsrückstellungen) oder sie beruht auf Vermögensumschichtungen ohne Erhöhung des zur Verfügung stehenden Kapitals. Die verschiedenen Varianten der Innenfinanzierung veranschaulicht die folgende Übersicht.

Innenfinanzierung		
Überschussfinanzierung		Finanzierung aus Vermögens-umschichtung
Selbstfinanzierung	Finanzierung aus Abschreibungen und Rückstellungen	
Temporäre oder dauernde Einbehaltung von erwirtschafteten Gewinnen, offen oder verdeckt	Temporäre oder dauernde Zurückhaltung von erwirtschafteten Abschreibungs- und Rückstellungswerten	Veräußerung von nicht betriebsnotwendigen Vermögensgegenständen, Rationalisierungsmaßnahmen im Beschaffungs-, Produktions-, und Absatzbereich, die den Kapitalumschlag beschleunigen (z. B. Reduzierung der durchschnittlichen Kapitalbindungsdauer in Rohstoff- oder Warenbeständen)

Abb. 45: Varianten der Innenfinanzierung

Die Unternehmensfinanzierung hat sich in den vergangenen Jahren verändert, weil sich die Rahmenbedingungen gewandelt haben. Die Gründe der Veränderung sind z. B.:

- Das Internet ermöglicht eine billigere, schnellere und vollständigere Informationsvermittlung,
- die Hausbank hat, im Vergleich zu vor ca. 20 Jahren, nicht mehr dieselbe Bedeutung für die Finanzierung,
- große Industrieunternehmen haben zum Teil eigene Finanzinstitutionen,
- der Anteil des Geldvermögens am Gesamtvermögen in der Wirtschaft nimmt stetig zu,
- der spekulativ bedingte Handel von Finanzpositionen nimmt ständig zu,
- in den letzten Jahren sind viele neue Finanzierungs- und Anlageformen entstanden.

3 Eigen- und Fremdfinanzierung

Nach der Rechtsstellung der Kapitalgeber wird die Finanzierung in Eigen- und Fremdfinanzierung unterteilt. Beide Finanzierungsformen treten sowohl bei der Außen- als auch bei der Innenfinanzierung auf.

Die folgende Tabelle stellt zusammenfassend die Kriterien dar, anhand derer zwischen **Eigen- und Fremdkapital** unterschieden werden kann:

Unterschiede zwischen Eigen- und Fremdkapital		
Kriterien	**Eigenkapital**	**Fremdkapital**
Rechtsgrundlage	gesellschaftsrechtlicher Vertrag	schuldrechtlicher Vertrag
Finanzierungsart	Beteiligungsfinanzierung	Kreditfinanzierung
Rechtsverhältnis	Beteiligungsverhältnis	Schuldverhältnis
Haftung für Verluste	(Mit-)Eigentümerstellung, d. h. mindestens in Höhe der Einlage bzw. mit dem Privatvermögen	Gläubigerstellung, d. h., es gibt grundsätzlich keine Haftung
Ertragsanteil	volle Teilhabe an Gewinn und Verlust (variable Vergütung)	in der Regel fester Verzinsungsanspruch, kein Anteil an Gewinn oder Verlust
zeitliche Verfügbarkeit für Kapitalnehmer	i. d. R. zeitlich unbefristet	i. d. R. fest terminiert
Vermögensanspruch	Quotenanspruch bei Unternehmensverkauf, wenn Liquidationserlös größer als Schulden	Rückzahlungsanspruch in Höhe der Gläubigerforderung
Leitungsanspruch der Kapitalgeber	in der Regel berechtigt (mit Einschränkungen bei stillen Gesellschaftern, Kommanditisten, Kleinaktionären bei großen Publikumsgesellschaften)	grundsätzlich ausgeschlossen, aber teilweise faktisch möglich keine Leitungsrechte
steuerliche Belastung	Gewinn voll belastet durch ESt, KSt, GewSt (variiert nach Rechtsform)	Zinsen als Aufwand steuerlich absetzbar (Einschränkung bei der Gewerbesteuer)
finanzielle Kapazität	begrenzt durch das private Vermögen und die Bereitschaft der Kapitalgeber	abhängig vom Rating, d. h. der Bonität und dem Vorliegen von Sicherheiten

Abb. 46: Unterschiede zwischen Eigen- und Fremdfinanzierung

3.1   Eigenkapital

Das Eigenkapital ist der Teil des Kapitals, das dem Unternehmen von seinen Eigentümern zur Verfügung gestellt wird oder durch Nichtentnahme des Gewinns (Gewinnthesaurierung) im Unternehmen belassen wird.

Es erfüllt folgende Funktionen:

- **Gründungs- und Ingangsetzungsfunktion**: Für die Ingangsetzung eines Unternehmens ist immer eine gewisse Eigenkapitalausstattung notwendig. Die Mindestkapitalausstattung beträgt z. B. für eine GmbH 25.000 €, für eine AG 50.000 € und für eine SE 120.000 €.
- **Verlustausgleichs- und Haftungsfunktion:** Die Verlustausgleichsfunktion resultiert aus der Tatsache, dass bei Verlusten zunächst das Eigenkapital vermindert wird und die Gläubigeransprüche vorerst unberührt bleiben. Außerdem haftet das Eigenkapital im Insolvenzfall.
- **Existenzsicherungsfunktion:** Umso größer die Eigenkapitalausstattung eines Unternehmens ist, desto größer ist das Sicherheitspolster, um mögliche Verluste zu kompensieren. Eine hohe Eigenkapitalquote bedeutet i. d. R. eine gute Bonität des Unternehmens.
- **Repräsentationsfunktion**: Die Position eines Unternehmens auf dem Kapitalmarkt ist wesentlich gefestigter, wenn es über eine hohe Eigenkapitalausstattung verfügt.
- **Finanzierungsfunktion:** Das Eigenkapital stellt in der Regel dauerhaft Mittel zur Deckung des Finanzbedarfs zur Verfügung.

3.2   Fremdfinanzierung

Fremdfinanzierung liegt vor, wenn (dem Unternehmen) von externen Kapitalgebern oder von Miteigentümern Finanzierungsmittel auf Kreditbasis für einen vertraglich begrenzten Zeitraum oder Sachleistungen, die erst später zu bezahlen sind, zur Verfügung gestellt werden. Bei der Fremdfinanzierung entstehen Ansprüche Dritter gegenüber dem Unternehmen, die erst später zu begleichen sind.[2]

---

[2] Däumler, K.-D. u. Grabe, J.: Betriebliche Finanzwirtschaft, 2008, S. 133.

Merkmale der Fremdfinanzierung sind:

- **Vertragsfreiheit** bei der Ausgestaltung von Kreditverträgen.
- Im Regelfall werden **Kreditsicherheiten** verlangt, um das Verlustrisiko des Kreditgebers zu mindern.
- Die Fremdkapitalgeber haben Anspruch auf Tilgung und Zins. Im Insolvenzfall haben die Fremdkapitalgeber Anspruch auf die Insolvenzmasse.
- Die **Kreditkosten** (Zinsaufwendungen) sind als Betriebsausgabe **steuerlich absetzbar** (Einschränkungen bei der Gewerbesteuer).
- Die Kredite sind üblicherweise zeitlich befristet.
- d. R nehmen die Fremdkapitalgeber keinen Einfluss auf die Geschäftsführung eines Unternehmens.
- Durch Aufnahme von Fremdkapital ist eine **Steigerung der Eigenkapitalrentabilität** möglich, solange der Fremdkapitalzinssatz geringer als die Gesamtkapitalrentabilität ist (Leverage-Effekt!).

! **HINWEIS:**

Damit Sie Ihr Wissen prüfen und vertiefen können, finden Sie bei den Arbeitshilfen online eine Reihe von Übungsaufgaben mit ausführlichen Lösungen. Die Aufgaben sind genau auf dieses Kapitel zugeschnitten.

Kapitalbedarfs- und Finanzplanung

In diesem Kapitel erfahren Sie, wie man den Kapitalbedarf eines Unternehmens ermittelt sowie — darauf basierend — eine realitätsnahe Finanzplanung erstellen und damit die Zahlungsfähigkeit der Unternehmung gewährleisten kann.

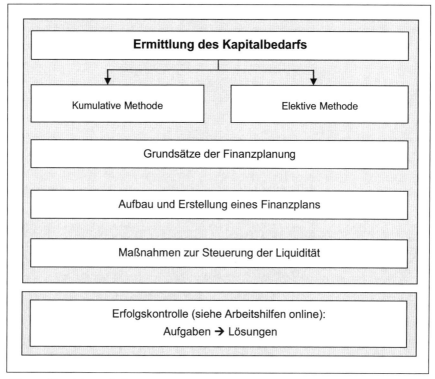

Abb. 47: Übersicht Kapitel 8

Einführung

Bei der Finanzplanung geht es darum, den künftigen Kapitalbedarf eines Unternehmens mithilfe einer vorausschauenden Rechnung rechtzeitig zu prognostizieren und entsprechende Deckungsmaßnahmen frühzeitig zu ergreifen. Die erwarteten Ein- und Auszahlungen werden erfasst und gegenübergestellt. Somit können eventuelle Zahlungslücken frühzeitig erkannt und optimale Finanzierungsentscheidungen getroffen werden. Das Ziel dabei ist, das Gleichgewicht zwischen Kapitalaufbringung und Kapitalverwendung langfristig zu sichern, um die Existenz der Unternehmung nicht zu gefährden.

Es ist das primäre Ziel der Kapitalbedarfs- und Finanzplanung, die Zahlungsfähigkeit eines Unternehmens jederzeit zu gewährleisten. Daher werden alle Prozesse des Unternehmens, die mit Zahlungen verbunden sind, direkt oder indirekt in der Finanzplanung berücksichtigt. Der Finanzplan ist mit den anderen betrieblichen Teilplänen (wie z. B. Absatz-, Investitions-, Materialbeschaffungsplänen) abzustimmen.

Veränderungen in einem Teilplan (z. B. Erhöhung der Absatzmenge) wirken sich auch auf andere Teilpläne aus (z. B. höhere Einzahlungen im Finanzplan, aber auch höhere Auszahlungen wegen gestiegener Personalkosten, gestiegener Materialkosten etc.). Die folgende Abbildung veranschaulicht den Zusammenhang zwischen den verschiedenen betrieblichen Teilplänen innerhalb eines Unternehmens.

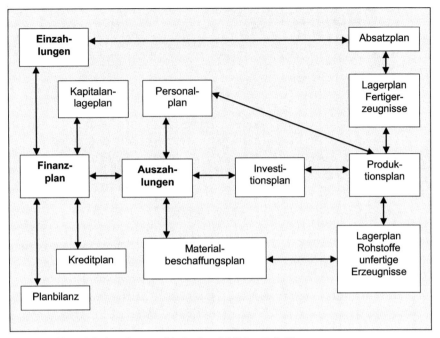

Abb. 48: Abhängigkeiten der verschieden betrieblichen Teilpläne

Jedes Unternehmen benötigt zur Abwicklung seiner Geschäfte einen Bedarf an Finanzierungsmitteln (Kapital- oder Finanzierungsbedarf). Auf Grundlage der Finanzbuchhaltung sowie der kurz-, mittel- und langfristigen innerbetrieblichen Finanzplanung ermittelt das Unternehmen die **Höhe**, den **Zeitpunkt** und den **Zeitraum** seines Finanzierungsbedarfs. Dabei werden alle Ein- und Auszahlungsströme des Unternehmens berücksichtigt.

1 Kapitalbedarf

Ein funktionierendes Unternehmen benötigt zur Deckung des Kapitalbedarfs einen Kapitalgrundstock. Der Kapitalbedarf ergibt sich, indem man zu einem gewissen Zeitpunkt die kumulierten Planeinnahmen, einschließlich des vorhandenen Zahlungsmittelbestands, von den kumulierten Planausgaben subtrahiert. Der Kapitalbedarf hängt aber nicht nur von der Höhe der Differenz zwischen Ausgaben und Einnahmen ab, sondern auch von deren zeitlichem Abstand. Sind die geplanten Einnahmen zu einem bestimmten Zeitpunkt gleich hoch oder sogar größer als die Planausgaben, liegt **kein** Kapitalbedarf vor.

Großen Einfluss auf den Kapitalbedarf haben die realwirtschaftlichen Güterströme. Laut dem deutschen Wirtschaftswissenschaftler Erich Gutenberg lassen sich drei realwirtschaftliche Einflussfaktoren unterscheiden: mengen-, zeit- und wertbezogene Faktoren.[1]

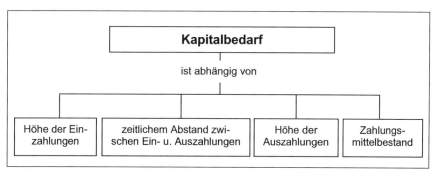

Abb. 49: Einflussfaktoren auf den Kapitalbedarf

Wenn in einer Periode die Auszahlungen größer als die Einzahlungen sind, dann entsteht ein Bedarf an zusätzlichen Mitteln, der als Kapitalbedarf bezeichnet wird. Besteht ein positiver Anfangsbestand (Zahlungsmittelbestand), wird dieser den Einzahlungen zugeordnet. Der Kapitalbedarf stellt den gesamten liquiden Geldbedarf dar, den ein Unternehmen benötigt, um Investitionen durchzuführen und den Betriebsmittelbedarf zu decken.

Der Kapitalbedarf einer Unternehmung wird durch die Höhe der jeweiligen geplanten Einzahlungen (E_t) und geplanten Auszahlungen (A_t) und durch das zeitliche

---

[1] Vgl. Hildmann, G. et al.: Finanzierung Intensivtraining, 2001, S. 28 f.

Auseinanderfallen dieser Zahlungsströme, die Kapitalbindungsdauer, determiniert. Da diese Werte Zukunftswerte und somit auch mit Unsicherheit behaftet sind, wird ein Kassenbestand als eine Sicherheitsreserve in der Unternehmung gehalten.

Die kumulative Berechnungsmethode ermittelt den Kapitalbedarf zum Zeitpunkt t (KB_t) als Differenz zwischen den kumulierten Auszahlungen ($\sum A_t$) und den kumulierten Einzahlungen ($\sum E_t$), die in dem Zeitraum von 0 bis n anfallen. Jegliche Zahlungsmittelbestände (Z_0) an Sichtguthaben und Bargeld werden dabei wie Einzahlungen behandelt.

Der **Kapitalbedar**f kann nach folgender Formel ermittelt werden:

$$\text{Kapitalbedarf } (KB_t) = \sum_{t=0}^{n} A_t - \sum_{t=0}^{n} E_t - Z_0$$

Das sollten Sie sich merken:

Kapitalbedarf = kumulierte Auszahlungen — kumulierte Einzahlungen — Geldbestand

In die Ermittlung des Finanzierungs-/Kapitalbedarfs fließen ein:

- einmalige bzw. unregelmäßige Faktoren, z. B. Unternehmensgründung und Rechtsformwechsel,
- Investitionen,
- periodisch wiederkehrende Faktoren, z. B. saisonale Leistungen, und
- laufende Komponenten, z. B. Materialeinkauf, Löhne und Gehälter, Versicherungen, Miete und Leasingraten,
- Bedienung der Fremd- und Eigenkapitalgeber, z. B. Zinszahlungen, Kredittilgungen, Gewinnausschüttungen, Dividenden und
- Steuerzahlungen.

Der **mittel- und langfristige Kapitalbedarf** für das Anlagevermögen des Unternehmens wird auf Basis einer Investitionsplanung ermittelt. Der **kurzfristige Liquiditätsbedarf** für das Umlaufvermögen, wie die Forderungszielfinanzierung und die Lagerbindung, kann auf der Basis des Umsatzplans errechnet werden.

Weiterhin ist zu beachten, dass der **Kapitalbedarf** nicht allein vom materiellen güterwirtschaftlichen Prozess (Beschaffung, Produktion, Absatz), sondern auch von **finanziellen Vorgängen** abhängt. Das Gewähren von Lieferantenkrediten (dem Kunden wird ein Zahlungsziel von z. B. 30 Tagen eingeräumt, weshalb der Kunde nicht sofort bezahlen muss) erhöht den Kapitalbedarf, da der zeitliche Abstand von Ausgaben und Einnahmen größer wird. Umgekehrt hingegen mindert die eigene Inanspruchnahme von Lieferantenkrediten den Kapitalbedarf, da die Verbindlichkeiten aus Lieferungen und Leistungen erst später bezahlt werden müssen. Ebenso wirken Kundenanzahlungen bedarfsmindernd, eigene Vorauszahlungen dagegen erhöhend auf den Kapitalbedarf.

Der **Kapitalbedarf des Umlaufvermögens** kann in drei Schritten ermittelt werden:

1. Ermittlung der Kapitalbindungsdauer des Umlaufvermögens. Es sind die folgenden Komponenten zu berücksichtigen:
   - Lagerdauer der Roh-, Hilfs- und Betriebsstoffe
   - Produktionsdauer
   - Lagerdauer der Fertigerzeugnisse
   - Kundenziel
2. Ermittlung der durchschnittlichen täglichen Auszahlungen:
   - täglicher Materialeinsatz
   - täglicher (fertigungsbezogener) Lohneinsatz
   - täglicher Gemeinkosteneinsatz (sofern diese zu Auszahlungen führen)
3. Berechnung des Kapitalbedarfs des Umlaufvermögens nach der:
   - **kumulativen Methode**:
     Kapitalbedarf = [(Kapitalbindungsdauer — Lieferantenziel) x durchschnittliche tägliche Auszahlungen]
   - **elektiven Methode:**
     Hierbei wird die unterschiedliche Bindungsdauer des Lohn-, Werkstoff- und Gemeinkosteneinsatzes berücksichtigt.

Die folgende Abbildung zeigt entlang eines Zeitstrahls die zeitliche Abfolge der Lagerzeit des Materials, die Produktionszeit, die Lagerzeit der Fertigerzeugnisse, das Kundenziel (Debitorenziel) und das Zahlungsziel an die Lieferanten (Kreditorenziel).

Die Auszahlungen für das Material, das Personal und die Gemeinkosten fallen zu unterschiedlichen Zeiten an. Durch die Zahlungen der Kunden werden die gebundenen Mittel wieder frei. Daraus ergeben sich für den Materialkosteneinsatz, den Personalkosteneinsatz und den Gemeinkosteneinsatz unterschiedliche Kapitalbindungszeiten.

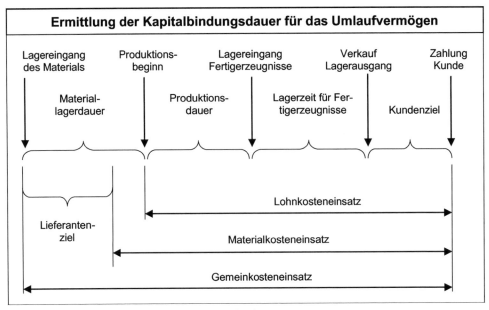

Abb. 50: Kapitalbindungsdauer im Umlaufvermögen

▶ BEISPIEL: Kapitalbedarfsermittlung

Es liegen für die Kapitalbedarfsermittlung des Umlaufkapitals folgende Daten vor:

- Für die Roh-, Hilfs- und Betriebsstoffe fallen täglich Auszahlungen in Höhe von 8.000 € an.
- Für Löhne und Gehälter entstehen täglich Auszahlungen in Höhe von 12.000 €.
- Für den Gemeinkosteneinsatz entstehen täglich Auszahlungen in Höhe von 2.000 €.

Die Roh-, Hilfs- und Betriebsstoffe lagern 30 Tage, die Fertigerzeugnisse 10 Tage. Der Fertigungsprozess dauert 20 Tage.

Für die Roh-, Hilfs- und Betriebsstoffe wird von den Lieferanten ein Zahlungsziel von 20 Tagen eingeräumt und die Kunden bezahlen die Fertigerzeugnisse nach 40 Tagen.

Ermittlung des Umlaufkapitalbedarfs nach der kumulativen und der elektiven Methode.

$$\text{Umlaufkapitalbedarf} = \begin{bmatrix} \text{(Kapitalbindungsdauer} \\ \text{abzüglich Lieferantenziel)} \end{bmatrix} \times \begin{bmatrix} \text{(durchschnittliche tägliche} \\ \text{Auszahlungen)} \end{bmatrix}$$

Berechnung des Umlaufkapitalbedarfs nach der kumulativen Methode:

1. Ermittlung des Werteinsatzes:

	Roh-, Hilfsstoff- und Betriebsstoffeinsatz	8.000 €/Tag
+	Lohn- und Gehaltseinsatz	+ 12.000 €/Tag
+	Gemeinkosteneinsatz	+ 2.000 €/Tag
=	**Summe**	**= 22.000 €/Tag**

2. Ermittlung der Bindungsdauer:

	Roh-, Hilfsstoff- und Betriebsstofflagerung	30 Tage
+	Fertigungsprozess	+ 20 Tage
+	Lagerung der Fertigungserzeugnisse	+ 10 Tage
+	Kundenziel	+ 40 Tage
-	Lieferantenziel	— 20 Tage
=	**Summe**	**= 80 Tage**

3. Ermittlung des Umlaufkapitalbedarfs nach der kumulativen Methode:
   Umlaufkapitalbedarf = 22.000 €/Tag x 80 Tage = 1.760.000 €

Bei der kumulativen Methode beziehen sich alle Auszahlungen auf den Zeitpunkt der Materialbeschaffung, d. h. auf den Beginn des Leistungsprozesses. Diese Vorgehensweise führt zu einem überhöhten Umlaufkapitalbedarf, da die Auszahlungen in den einzelnen Bereichen der Leistungserstellung erst nach und nach und in unterschiedlicher Höhe anfallen.

Berechnung des Umlaufkapitalbedarfs nach der elektiven Methode:

	RHB-Stoffeinsatz	8.000 € x (30 + 20 + 10 + 40 — 20)	= 640.000 €
+	Lohn- und Gehaltseinsatz	12.000 € x (20 + 10 + 40)	= 840.000 €
+	Gemeinkosteneinsatz	2.000 € x (30 + 20 + 10 + 40)	= 200.000 €
=	**Umlaufkapitalbedarf**		**= 1.680.000 €**

Bei der elektiven Methode werden die Auszahlungen der einzelnen Betriebsbereiche mit den individuellen Kapitalbindungsfristen multipliziert, d. h., der gesamte Umlaufkapitalbedarf ergibt sich aus der Summe des isoliert ermittelten Kapitalbedarfs der einzelnen Betriebsbereiche.

Die beiden Ermittlungsmethoden führen zu unterschiedlichen Ergebnissen. Da bei der elektiven Methode die unterschiedlichen Kapitalbindungsdauern der einzelnen Wertansätze differenziert berücksichtigt werden, ist sie der kumulativen Methode vorzuziehen.

Maßnahmen zur Anpassung (Senkung) des Kapitalbedarfs

Anlagevermögen:

- Verkauf von alten nicht mehr benötigten Maschinen oder von Gebäuden bzw. Grundstücken, die zurzeit nicht benötigt werden,
- Sale-and-lease-back,
- Anschaffung neuer Anlagegüter nur dann, wenn diese tatsächlich benötigt werden, aber zu einem spätestmöglichen Zeitpunkt.

Umlaufvermögen:

- Warenbestände reduzieren (soweit möglich),
- bei Forderungen die Zahlungsziele senken, die Zahlungseingänge besser überwachen und auch prüfen, ob die Skontoabzüge gerechtfertigt sind. Anreize für schnellere Kundenzahlungen schaffen.

Fremdkapital:

- die Zahlungsziele von Verbindlichkeiten aus Lieferungen und Leistungen voll ausschöpfen.

Personal:

- quantitative Anpassung der Zahl der Arbeitsplätze bzw. Beschäftigten,
- Vermeiden von Überstunden wegen der überproportionalen Zuschläge,
- intensitätsmäßige Anpassung, d. h. Auslastung der Beschäftigten.

2 Grundsätze der Finanzplanung

Damit die Finanzplanung ordnungsgemäß erstellt und durchgeführt wird, sind die folgenden **Grundsätze** zu beachten:

- **Vollständigkeit**
  … bedeutet, dass alle Zahlungsströme des Unternehmens, die innerhalb des Planungszeitraumes liegen, in der Finanzplanung zu berücksichtigen sind, denn nur so ist es möglich, die Entwicklung der Liquidität abzuschätzen.
- **Regelmäßigkeit**
  … bedeutet, dass die Finanzplanung regelmäßig und dauernd vorzunehmen ist und nicht nur fallweise (z. B. in finanzwirtschaftlich problematischen Situationen).
- **Zeitpunktgenauigkeit**
  … bedeutet, dass der Zeitpunkt der einzeln eintretenden Zahlungsströme so genau wie möglich anzusetzen ist, um Aussagen über die Liquiditätsentwicklung vornehmen zu können. Denn je kleiner die Planungsperiode und je weniger der Zeitpunkt der Planerstellung von der Planungsperiode entfernt ist, desto höher ist die Zeitpunktgenauigkeit.
- **Betragsgenauigkeit**
  … bedeutet, dass möglichst realistische Beträge für die Aus- und Einzahlungen angesetzt werden sollen.
- **Bruttoausweis**
  … bedeutet, dass Zahlungsströme nicht saldiert werden dürfen, weil dadurch die Transparenz der Finanzplanung eingeschränkt werden würde.
- **Elastizität**
  … bedeutet, dass sich die Finanzplanung auf eine bestimmte, erwartete Unternehmens- und Umweltsituation bezieht, die sich ändern kann. Somit sind die Plansätze unsicher und müssen einer veränderten Situation angepasst werden können.
- **Kontrollierbarkeit**
  … bedeutet, dass der Vergleich der Soll- und Istwerte möglich sein und Abweichungen analysiert werden können.
- **Wirtschaftlichkeit**
  … bedeutet, dass der mit der Planung verbundene Aufwand in einem wirtschaftlich vernünftigen Verhältnis zum Ergebnis stehen muss.

3 Arten der Finanzplanung

In der betrieblichen Unternehmenspraxis kann man drei Arten von Finanzplänen unterscheiden:

- Finanzpläne mit unterschiedlicher Erstellhäufigkeit
- Finanzpläne mit unterschiedlicher Fristigkeit
- Finanzpläne, bei denen Unsicherheiten berücksichtigt werden

3.1 Finanzpläne mit unterschiedlicher Erstellhäufigkeit

Laufende Finanzpläne sind die am häufigsten verwendeten Finanzpläne. Sie bilden die güter- und finanzwirtschaftlichen Prozesse im Unternehmen kontinuierlich ab und lassen sich in ordentliche bzw. außerordentliche Finanzpläne unterteilen.

- Ordentliche Finanzpläne
  ... erfassen die Zahlungsströme des laufenden Umsatzprozesses im Unternehmen.
- Außerordentliche Finanzpläne
  ... enthalten vom Unternehmen vorzunehmende laufende Sachinvestitionen und ihre Finanzierung.

Neben den laufenden Finanzplänen gibt es auch noch einmalige Finanzpläne, die bei besonderen Ereignissen im Unternehmensleben wie z. B. bei der Gründung, einer Sanierung oder Fusion erstellt werden.

3.2 Finanzpläne mit unterschiedlicher Fristigkeit

Finanzpläne werden mit unterschiedlicher Fristigkeit erstellt, um eine verlässliche Planung für die Zukunft zu ermöglichen. Die folgende Tabelle zeigt die verschiedenen Arten von Finanzplänen nach ihrer Fristigkeit.

Arten	Planungshorizont	Merkmale
langfristige Finanzpläne	über 5 Jahre	• strategische Pläne, die von der Unternehmensleitung vorgegeben werden • Kapitalbindungspläne
mittelfristige Finanzpläne	1 bis 5 Jahre	• taktische Pläne, die aus den strategischen Plänen abgeleitet werden und diese umsetzen
kurzfristige Finanzpläne	bis 1 Jahr	• operative Pläne, die aus den taktischen Plänen abgeleitet werden und die Ausführungspläne darstellen

Abb. 51: Finanzpläne unterschiedlicher Fristigkeit

3.2.1 Kurzfristige Finanzpläne (operative Planung)

Der kurzfristige Finanzplan, auch Liquiditätsplan genannt, dient einer Feinplanung der Ein- und Auszahlungen und konkretisiert den mittel- und langfristigen Finanzplan. Mithilfe der kurzfristigen Finanzplanung soll die Liquidität des Unternehmens jederzeit sichergestellt sein, d. h., der Zahlungsmittelbestand muss zusammen mit den Einzahlungen größer als bzw. gleich den Auszahlungen sein.

Charakteristisch für den kurzfristigen Finanzplan ist, dass der Planungshorizont maximal ein Jahr umfasst und sowohl die Liquidität des Unternehmens als auch eine optimale finanzwirtschaftliche Rentabilität sicherstellen soll. Es geht primär darum, wie ein Finanzmittelbedarf zu decken bzw. ein Finanzmittelüberschuss anzulegen ist.

Der Zahlungsmittelbestand zu einem Zeitpunkt resultiert aus dem Zahlungsmittelbestand zum Anfang des Prognosezeitraums zuzüglich der bis zu diesem Zeitpunkt anfallenden Einzahlungen und abzüglich der bis zu diesem Zeitpunkt anfallenden Auszahlungen. Sind zu einem bestimmten Zeitpunkt die kumulierten Auszahlungen größer als die kumulierten Einzahlungen inklusive Anfangsbestand, spricht man von einem Zahlungsmittelbedarf, umgekehrt von einem Zahlungsmittelüberschuss. Der Zahlungsmittelbestand wird wie folgt berechnet:

	Zahlungsmittelanfangsbestand
+	Einzahlungen
-	Auszahlungen
=	**Zahlungsmittelendbestand**

3.2.2 Mittelfristige Finanzpläne (taktische Planung)

Die mittelfristige Finanzplanung steht zeitlich gesehen zwischen der lang- und kurzfristigen Finanzplanung und beinhaltet eine relativ grobe Planung der Zahlungsströme. Sie ist sozusagen das Bindeglied dieser beiden Finanzplanungsarten. Der Planungszeitraum beträgt i. d. R. ein bis maximal fünf Jahre.

3.2.3 Langfristige Finanzpläne (strategische Planung)

Die langfristige Finanzplanung ist eine grobe Globalplanung und umfasst in der Regel einen Zeitraum von mindestens fünf Jahren. Sie dient unter anderem dazu, die langfristigen Unternehmensziele, wie z. B. die angestrebte Eigenkapitalrendite, festzulegen.

Im Rahmen der langfristigen Finanzplanung gibt das Management die Finanzpolitik vor, es plant also, wie sich die betriebliche Kapitalstruktur und das Kapitalvolumen in den kommenden Jahren entwickeln sollen. In diesem Zusammenhang muss auch die betriebliche Ausschüttungs- und Rücklagenpolitik in den nächsten Jahren festgelegt werden. Die langfristige Finanzplanung hat bei Unternehmen, die eine wertorientierte Unternehmensführung verfolgen, zudem die Aufgabe, die Auswirkung finanzieller Aktivitäten auf den Shareholder Value zu berücksichtigen. In diesem Zusammenhang ist zu beachten, dass insbesondere finanzielle Größen wie der Cashflow und Diskontierungszinssatz (Abzinsungssatz) einen großen Einfluss auf die Entwicklung des Unternehmenswerts haben. Im Kapitel „Unternehmensbewertung" wurde auf diese Thematik näher eingegangen.

Die langfristige Finanzplanung bildet den Rahmen, an dem die kurz- und mittelfristigen Finanzplanungen ansetzen. Für eine bessere Planung und Aussagekraft wird die rollierende Planung, die im Abschnitt „Die rollierende Finanzplanung" erläutert wird, herangezogen.

Zu den Instrumenten der langfristigen Finanzplanung gehören:

- die Plan-Kapitalflussrechnung,
- die Plan-Gewinn-und-Verlust-Rechnung (Plan-GuV),
- die Plan-Bilanz,
- der Kapitalbindungsplan sowie
- die Finanzkennzahlen (diese werden im Kapitel „Finanzcontrolling und Finanz-analyse" näher erläutert).

Die **Plan-Kapitalflussrechnung** wird aus der Plan-Bilanz und der Plan-GuV abgeleitet. Sie dient der Planung und Steuerung der Finanzströme.

Im Rahmen der langfristigen Planung wird die **Plan-GuV** jährlich erstellt und angepasst. Für die kurzfristige Finanzplanung sollte sie jedoch auch unterjährig aufgestellt werden, damit auf Soll/Ist-Abweichungen schnellstmöglich reagiert bzw. ihnen entgegen gesteuert werden kann.[2] Zur Erstellung der Plan-GuV ist eine Aufwands- bzw. Ertragsplanung auf Grundlage der geplanten betrieblichen Aktivitäten notwendig. Hier müssen auch Preissteigerungsraten mit einbezogen werden.

Das Ergebnis der Plan-GuV zeigt, ob der Periodenüberschuss so hoch ist, wie er von der Unternehmensleitung gewünscht wird. Wird das geplante Ergebnis nicht erreicht, muss das Management seine strategische Planung z. B. im Bereich der Absatz-, Programm- und Personalplanung überprüfen und gegebenenfalls revidieren. Dies wird so lange fortgeführt, bis die Plan-GuV das angestrebte Ergebnis aufweist. Allerdings gilt es auch zu berücksichtigen, dass die wirtschaftliche Unternehmensentwicklung von konjunkturellen sowie sonstigen Einflüssen abhängt und deshalb unter Umständen ein bestimmter Jahresüberschuss nicht erzielt werden kann.

Die auf die Zukunft ausgerichtete **Plan-Bilanz** wird normalerweise einmal jährlich erstellt. Für ihren Aufbau bzw. ihre Gliederung kann man § 266 HGB heranziehen. Die Plan-Bilanz weist auf der Aktivseite das erwartete Vermögen und auf der Passivseite das geplante Kapital aus.

Der **Kapitalbindungsplan** ist ein Instrument des Finanzcontrollings und wird, wie die Plan-Bilanz und die Plan-GuV, in der Regel für die kommenden fünf Jahre aufgestellt. Er dient dazu, die finanziellen Konsequenzen von langfristigen unternehmenspolitischen Entscheidungen sichtbar zu machen. Dazu werden die Ausgaben, d. h. die Kapitalverwendung, den Einnahmen, also der Kapitalherkunft, in einer

---

[2] Vgl. Prätsch, J. et al: Finanz-Management, 2007, S. 244.

Grobgliederung gegenübergestellt. Der betrachtete Planungszeitraum umfasst dabei üblicherweise ein Jahr.[3]

Der Kapitalbindungsplan veranlasst die Unternehmensführung dazu, ihre finanzwirtschaftlich relevanten Entscheidungen so abzustimmen, dass ein Ausgleich zwischen Kapitalverwendung und Kapitalherkunft erzielt wird. Es sollte das Ziel verfolgt werden, die strukturelle Liquidität langfristig zu sichern, d. h., zur Aufrechterhaltung von Finanzierungsspielräumen sollten gewisse Bilanzrelationen eingehalten werden.[4] Die folgende Abbildung zeigt die Grundstruktur eines Kapitalbindungsplans.

Kapitalbindungsplan	
Kapitalverwendung	Kapitalherkunft
- Investitionen	- Finanzierung
- Definanzierung	- Desinvestition
(= Passivaminderung)	(=Aktivminderung)
ggf. Saldo	ggf. Saldo
(Einzahlungsüberschuss)	(Auszahlungsüberschuss)

Abb. 52: Grundstruktur eines Kapitalbindungsplans[5]

3.3 Finanzpläne unter Berücksichtigung von Unsicherheiten

Die Finanzplanung stellt einen in die Zukunft gerichteten Prozess dar. Aus dem Finanzplan ergeben sich Unsicherheitsmomente, die die Aussagefähigkeit und Genauigkeit der Finanzplanung beeinträchtigen. Die folgenden drei Finanzplanungsarten berücksichtigen diese aus der Unsicherheit der Zukunft resultierenden Auswirkungen auf den Finanzplan.

---

[3] Vgl. Prätsch, J. et al: Finanz-Management, 2007, S. 244 f.

[4] Vgl. Hildmann, G., Fischer, J.: Finanzierung Intensivtraining, 2002, S. 39.

[5] Vgl. Prätsch, J. et al: Finanz-Management, 2007, S. 244.

3.3.1 Die elastische Finanzplanung

Sie versucht das Planungsrisiko dadurch zu minimieren, dass Liquiditätsreserven und Rücklagen eingeplant werden. Die Elastizität kann aber auch allgemein durch den Aufbau von Handlungsoptionen erreicht werden. Generell wird die Elastizität erhöht, wenn Entscheidungen über wesentliche Planungsgrößen so spät wie möglich getroffen werden, da das Informationsniveau im Zeitverlauf steigt und das Planungsrisiko sowie die Konkretisierungskosten entsprechend abnehmen. Die elastische Planung versucht Raum für Improvisationen zu schaffen. Sie ist ein typisches Planungsinstrument der mittel- und langfristigen Finanzplanung, da dort die Planungstoleranzen groß genug sind.

3.3.2 Die rollierende Finanzplanung

Bei der rollierenden Finanzplanung werden die Istwerte mit den Sollwerten der kurzfristigen Finanzplanung nach jeder Planperiode verglichen. Ergeben sich Abweichungen, so sind entsprechende Anpassungen an die Plandaten vorzunehmen.

In der Praxis werden rollierende Pläne häufig in ein Planungssystem eingebunden, in dem mittelfristige Umrisspläne und kurzfristige Detailpläne zusammengeführt werden. Wesentliche Voraussetzung für den sinnvollen Einsatz der rollierenden Planung ist ein zeitnahes Controlling, das die Istwerte der Plandaten und die Veränderung der Einflussfaktoren dokumentiert, damit diese in den nächsten Plan einfließen können.

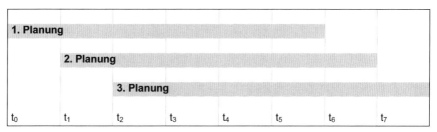

Abb. 53: Rollierende Finanzplanung

3.3.3 Die alternative Finanzplanung

Das Planungsrisiko wird reduziert, indem für unerwartete Umweltsituationen spezielle Pläne entwickelt werden, auf die das Unternehmen gegebenenfalls zurückgreifen kann. Tritt eine der definierten Umweltsituationen ein, dann wird der dafür entwickelte Plan realisiert. Die alternative Finanzplanung ist sehr kosten- und zeitintensiv.

4 Finanzplan

In einem Finanzplan werden zum einen die innerhalb eines bestimmten Zeitraums zu erwartenden **Einnahmen** und **Ausgaben** systematisch erfasst und gegenübergestellt und zum anderen beinhaltet er die finanziellen Maßnahmen zu ihrem Ausgleich.

Der Finanzplan allein kann nicht ermitteln, wie der Kapitalbedarf gedeckt werden kann. Er ist vielmehr abhängig von der Absatz-, der Produktions-, der Investitions- und der Beschaffungsplanung, die den Finanzplan wesentlich mitgestalten. Die optimale Unternehmensfinanzierung kann nur in Verbindung mit einer langfristig integrierten Unternehmensplanung erreicht werden.

4.1 Grundstruktur eines Finanzplans

Der Finanzplan beinhaltet grundsätzlich die folgenden vier Größen, die aus Gründen der Kontrolle in Plan- und Istwerten erfasst werden.

- Anfangsbestand an Zahlungsmitteln zu Beginn der Planperiode
- Einzahlungen
- Auszahlungen
- Endbestand an Zahlungsmitteln am Ende der Planperiode

Somit basiert der Finanzplan auf der folgenden Grundstruktur:

		Januar		Februar		März	
		Plan	Ist	Plan	Ist	Plan	Ist
	Anfangsbestand						
+	Einzahlungen						
-	Auszahlungen						
=	Fehlbetrag/Überschuss						
+/-	Ausgleichsmaßnahmen (Kreditaufnahme, Anlage, Tilgung)						
=	Endbestand						

Abb. 54: Grundstruktur eines Finanzplans

Sind im Finanzplan sämtliche Auszahlungen und Einzahlungen für einen bestimmten Zeitraum ermittelt worden, so ergibt sich entweder ein **Überschuss** oder ein **Fehlbetrag** an liquiden Mitteln. Der Anwender erhält so die Informationen über die **Liquiditätsentwicklung**.

Die nächste Aufgabe der Finanzplanung besteht darin, entweder eine bestehende Differenz zu beseitigen, d. h., einen Kredit- bzw. Anlagenplan aufzustellen, aus dem hervorgeht, wie der Fehlbetrag zu decken ist, oder rentable Verwendungsmöglichkeiten für einen Überschuss zu erschließen.

Lässt sich ein Fehlbetrag nicht durch die Erhöhung der Einzahlungen ausgleichen, weil weder durch eine Außenfinanzierung noch von innen durch Rationalisierungsmaßnahmen oder Vermögensumschichtungen (z. B. Verkauf von nicht betriebsnotwendigen Vermögen) Mittel beschafft werden können, so muss überprüft werden, ob sich die Auszahlungen verringern oder auf eine spätere Periode verschieben lassen, indem z. B. Ersatzinvestitionen zurückgestellt oder aufgegeben werden.

Ein Finanzplan kann beispielsweise nach folgendem Schema aufgebaut sein: [6]

---

[6] In Anlehnung an Prätsch, J. et al: Finanzmanagement, 2007, S. 236 f.

Finanzplan	Januar				Februar			
	Kalenderwoche							
	1	2	3	4	5	6	7	8
Zahlungsmittelbestand der Vorperiode								
Plan-Auszahlungen								
• Auszahlungen für laufende Geschäfte								
• Gehälter, Löhne, Sozialversicherung								
• Rohstoffe, Hilfsstoffe, Betriebsstoffe								
• Transportkosten usw.								
• Erwerb von Grundstücken, Gebäuden, Maschinen								
• Erwerb von Wertpapieren, Beteiligungen								
• Mieten, Leasingraten								
• Zinsen und Tilgung von Fremdkapital								
• Steuern								
• Versicherungen								
• Instandhaltung, Reparaturen								
• sonstige Auszahlungen								
Plan-Einzahlungen								
• Einzahlungen aus Barverkäufen								
• Begleichung von Forderungen aLuL								
• Anlagenverkäufe								
• Verkauf von Finanzinvestitionen								
• Einzahlungen aus Finanzerträgen								
• Zinserträge								
• Beteiligungserträge								
• Mieterträge								
• Steuererstattungen								
• Tilgung von gewährten Ausleihungen								
• Aufnahme von Fremdkapital								
• Einzahlung aus Eigenkapitalerhöhung								
Ermittlung der Über- und Unterdeckung								
Ausgleichs- und Anpassungsmaßnahmen bei **Unterdeckung**								
• Kreditaufnahme								
• Eigenkapitalerhöhung								
• Rückfluss gewährter Darlehen								
• zusätzliche Desinvestitionen								
bei **Überdeckung**								
• Kreditrückführung								
• Kapitalanlage der liquiden Mittel								
Zahlungsmittelbestand am Periodenende nach Berücksichtigung der Ausgleichs- und Anpassungsmaßnahmen								

Abb. 55: Beispiel für einen Finanzplan

▶ **BEISPIEL: Finanzplan mit Über- und Unterdeckungen**

Die Handels KG hat zu Beginn des 4. Quartals einen Bargeldbestand in Höhe von 15.000 € und ein Guthaben auf dem Kontokorrentkonto (Bankkonto) in Höhe von 50.000 €. Für bereits bestehende und künftige Forderungen aus Lieferungen und Leistungen gelten mit den Kunden die folgenden Zahlungsbedingungen: Zahlungsziel drei Monate, bei Barzahlung 5 % Skonto.

Folgende Sachverhalte sind für den kurzfristigen Finanzplan zu berücksichtigen:

1. Für die Forderungen aus Lieferungen und Leistungen, bei denen das Zahlungsziel von den Kunden (Debitoren) ausgenutzt wurde, werden im betrachteten Zeitraum je die Hälfte der Umsätze Juli (490.000 €), August (450.000 €) und September (410.000 €) als Zahlungseingang erwartet.
2. Ferner werden je ein Fünftel der voraussichtlichen Umsätze im Oktober, November und Dezember (monatlich jeweils 500.000 €) als zu skontierende Barzahlungen der Kunden erwartet.
3. An Franchisingerträgen fließen der Handels KG je Monat 18.000 € zu, die auf das Kontokorrentkonto (Bankkonto) eingehen.
4. Im Oktober soll ein Grundstück, das nicht mehr benötigt wird, verkauft werden. Die Erlöse aus dem Grundstücksverkauf in Höhe von 80.000 € überweist der Käufer sofort auf das Kontokorrentkonto.
5. Die Ausgaben für die Handelswaren betragen 250.000 € je Monat. Die Abteilung „Einkauf" rechnet mit einer Preissteigerung in Höhe von 4 % ab November.
6. Die monatlichen Personalkosten belaufen sich auf 90.000 €. Aufgrund einer Betriebsvereinbarung erfolgt eine Erhöhung der Personalkosten um 5 % ab November. Im November wird noch zusätzlich Weihnachtsgeld in Höhe von 60.000 € überwiesen.
7. An Steuervorauszahlungen sind monatlich 10.000 € zu leisten. Zusätzlich wird im Oktober mit einer Steuernachzahlung in Höhe von 15.000 € und im Dezember mit einer zusätzlichen Vorauszahlung in Höhe von 10.000 € gerechnet.
8. Für notwendige Instandsetzungs- und Wartungsarbeiten müssen im Oktober 4.000 €, im November 5.000 € und im Dezember ebenfalls 5.000 € gezahlt werden.
9. An Bankgebühren rechnen die Banken im Dezember 1.500 € ab.
10. An sonstigen betrieblichen Ausgaben (Auszahlungen) fallen im Oktober 5.000 € und in den beiden anderen Monaten jeweils 12.000 € an.
11. Im Dezember erfolgt eine Überweisung für eine Investition in Höhe von 120.000 €.
12. Die Über- bzw. Unterdeckungen der einzelnen Monate werden nicht auf den Folgemonat übertragen.

Die nachfolgende Tabelle zeigt den kurzfristigen Finanzplan für das 4. Quartal der Handels KG und gibt Hinweise, wie mit den Über- bzw. Unterdeckungen verfahren werden soll.

	Oktober	November	Dezember
Anfangsbestand Kasse	15.000 €		
Anfangsbestand Kontokorrentkonto	60.000 €		
Forderungen mit ausgenutztem Zahlungsziel	245.000 €	225.000 €	210.000 €
Skontierte Forderungen	95.000 €	95.000 €	95.000 €
Franchisingerträge	18.000 €	18.000 €	18.000 €
Grundstücksverkauf	80.000 €		
Summe der Einzahlungen	**513.000 €**	**338.000 €**	**323.000 €**
Handelswaren	250.000 €	260.000 €	260.000 €
Personalkosten	90.000 €	94.500 €	94.500 €
Weihnachtsgeld	0 €	60.000 €	0 €
Steuerzahlungen	25.000 €	10.000 €	20.000 €
Sonstige Ausgaben	5.000 €	12.000 €	12.000 €
Instandsetzungs- und Wartungsarbeiten	4.000 €	5.000 €	5.000 €
Bankgebühren			1.500 €
Investitionsauszahlungen			120.000 €
Summe der Auszahlungen	**374.000 €**	**441.500 €**	**513.000 €**
Über-/Unterdeckung	**139.000 €**	**− 103.500 €**	**− 190.000 €**

Im Oktober ist eine hohe Überliquidität vorhanden, die aber nur kurzfristig verzinslich angelegt werden kann (z. B. als Tagesgeld oder Festgeld für einen Monat), da das Geld im November und im Dezember wieder benötigt wird.

Die Unterdeckung im November kann durch Auflösung des angelegten Geldes behoben werden. Im Dezember müsste der Kontokorrentkredit in Anspruch genommen werden. Falls eine Deckung in den kommenden Monaten nicht möglich wäre, sollte die Investition separat mit einem Darlehen finanziert werden, da ein Darlehen für eine Investition in der Regel kostengünstiger ist als der Kontokorrentkredit.

5 Ableitung des Finanzplans aus den Teilplänen der Unternehmensplanung

Der Finanzplan ist von verschiedenen Teilplänen im leistungswirtschaftlichen Bereich abhängig. Konkret sind das der

- Umsatz-,
- Produktions-,
- Beschaffungs-,
- Lager-,
- Personal- und
- Investitionsplan.

Es ist die Aufgabe des Finanzplans, die jederzeitige Zahlungsfähigkeit des Unternehmens zu sichern. Dabei sind die Formalziele wie beispielsweise die Vermögensmaximierung zu berücksichtigen. Im Hinblick auf das Risiko einer möglichen Illiquidität ist der Finanzplan ein Instrument des Risikomanagements, mit dessen Hilfe sich zukünftige Liquiditätsengpässe rechtzeitig aufzeigen lassen. Außer dem Risiko der Illiquidität wird im Finanzplan auch die Chance berücksichtigt, die Opportunitätskosten verursachende Überschussliquidität zu vermeiden. Er leistet somit einen Beitrag zur Vermögensmaximierung.[7]

Für die Aufstellung eines Finanzplans sind die in der folgenden Grafik dargestellten Informationen erforderlich:

---

[7] Gerke, W.: Bank, 1988, S. 411.

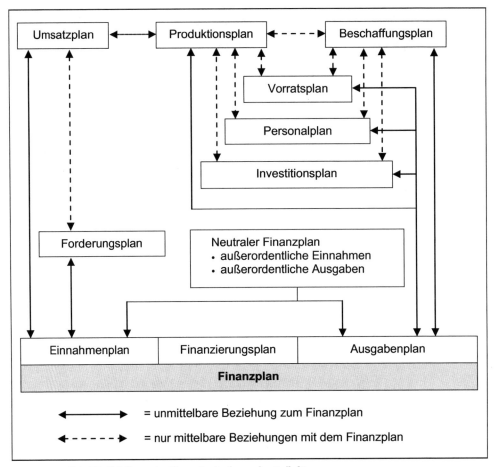

Abb. 56: Ableitung des Finanzbedarfs aus den Teilplänen

Der Finanzplan zeigt, aufgrund welcher Einflüsse ein Überschuss bzw. eine Unterdeckung auftreten kann und wie in diesen Fällen zu verfahren ist.

6 Liquiditätsplanung

Als Liquiditätsplanung wird die kurzfristige Finanzplanung oder im weitesten Sinne das Cash-Management in der Finanzierung bezeichnet. Sie umfasst in der Regel den Zeitraum eines Jahres. Um eine detaillierte und aktuelle Liquiditätsplanung zu erhalten, wird die Planung in Quartale, Monate, Wochen und Tage untergliedert.

Ziel der kurzfristigen Finanzplanung ist es, eine optimale Liquidität im Unternehmen zu sichern, um so eine jederzeitige Zahlungsfähigkeit zu gewährleisten. Dies kann nur erreicht werden, wenn weder ein zu hoher Liquiditätsüberschuss noch ein Liquiditätsdefizit vorliegt.

Ein hoher Liquiditätsüberschuss würde sich negativ auf die Rentabilität des Unternehmens auswirken und bei einem Liquiditätsdefizit besteht die große Gefahr einer möglichen Zahlungsunfähigkeit. Um eine höchstmögliche Rentabilität zu erzielen, sollte möglichst viel Kapital zinsbringend angelegt werden, d. h. die Liquiditätsreserve sollte nicht zu hoch sein. Andererseits sollte eine Unterliquidität (Liquiditätsengpass) vermieden werden.

Damit eine stets aktuelle Liquiditätsplanung garantiert ist, sollte möglichst eine rollierende Zeitstufenplanung herangezogen werden. Rollierend heißt, dass nicht erst nach der letzten Planperiode der neue Plan fortgesetzt wird, der Plan wird vielmehr nach jeder Planperiode aktualisiert und angepasst.

Beim Erstellen und Durchführen einer ordnungsgemäßen Liquiditätsplanung sind folgende Vorgaben einzuhalten:

- alle Zahlungsströme des Unternehmens müssen dargestellt und in die Planung mit einbezogen werden,
- alle Zahlungsströme sind mithilfe von Prognosen und Erwartungen sorgfältig zu ermitteln, die Zeitpunktgenauigkeit ist einzuhalten.

7 Maßnahmen zur Steuerung der Liquidität im Unternehmen

Die Sicherung der **Liquidität** ist eine der wichtigsten Aufgaben des Finanzmanagements. Je nach Liquiditätslage sollte ein Unternehmen unterschiedliche Maßnahmen ergreifen.

Maßnahmen bei Liquiditätsengpässen:

- (vorübergehender) **Verzicht** auf Investitionen,
- **Miete oder Leasing** statt Kauf von Anlagegegenständen,
- **Sale-and-lease-back**: Anlagegegenstände, z. B. Gebäude, werden an eine Leasinggesellschaft veräußert und sofort wieder zurückgeleast. Der Zweck dieser Gestaltung ist die Beschaffung von Liquidität und die Verbesserung der Bilanzstruktur.
- (Vorübergehender) Verzicht auf **skontowirksame Nutzung** von Zahlungszielen bei Lieferanten,
- **längere Zahlungsziele** mit den Lieferanten vereinbaren,
- Aussetzung von **Tilgungsleistungen** nach erfolgreichen Verhandlungen mit der Bank,
- Aussetzung von **Gewinnausschüttungen oder Privatentnahmen**,
- Liquidation von **Lagerbeständen**, z. B. durch Verkäufe von Vorräten, oder absatzpolitische Marketingmaßnahmen zur Beschleunigung des Verkaufs,
- Abbau von **Forderungsbeständen**, z. B. durch Verbesserung des Inkassos oder durch Factoring (Abtretung von Forderungen),
- Verkauf von **Finanzanlagen**, z. B. nicht betriebsnotwendige Wertpapiere,
- Verkauf von nicht benötigten **Sachanlagen**,
- **Kreditaufnahme** und
- **Eigenkapitalzufuhr**.

Maßnahmen bei ungefährdeter Liquiditätslage:

- Erhöhung oder Vorverlegung **rentabler Investitionen,**
- Erhöhung oder Vorverlegung günstiger **Materialeinkäufe,**
- **Kauf** statt Miete oder Leasing,
- verstärkte **Skontoausnutzung** bei Lieferanten,
- Erhöhung oder Vorverlegung von **Tilgungszahlungen** gegenüber Banken,
- Erhöhung oder Vorverlegung von **Gewinnausschüttungen** oder **Privatentnahmen,**

- **Verzicht** auf Produktverkäufe mit ungenügendem Deckungsbeitrag,
- (verstärktes) **Einräumen von Zahlungszielen** gegenüber den Kunden als Marketinginstrument,
- Unterlassen oder Verschieben einer **Kreditaufnahme** und
- Unterlassen oder Verschieben einer Zuführung von **Eigenkapital.**

8 Fallbeispiel

Frau Benz, die bisher als Schneiderin angestellt war, entschließt sich, den Schritt in die Selbstständigkeit zu wagen. Ihre Geschäftsidee beruht darauf, dass die Menschen in Zeiten steigender Energiepreise ihre Wohnungen und Häuser nicht mehr so stark heizen. Damit die Menschen trotzdem nicht frieren, müssen sie sich wärmer anziehen. Hier möchte Frau Benz mit ihrer Idee ansetzen. Als Einzelunternehmerin möchte sie extra dicke hautschonende Rollkragenpullis aus Naturwolle sowohl für Männer als auch für Frauen herstellen. Diese Pullover sollen über einen kleinen, in der Innenstadt gelegenen Laden verkauft werden. Dort haben die Kunden die Möglichkeit, sich individuell die passende Größe und Farbe herauszusuchen. Wenn der Wunschpullover nicht vorrätig ist, wird er auf Bestellung angefertigt.

Frau Benz plant, eine neue Strickmaschine im Wert von 12.000 € zu kaufen. Diese Maschine hat eine Nutzungsdauer von sechs Jahren. Mit ihr können durchschnittlich drei Pullover pro Stunde, d. h. 24 Stück an einem Arbeitstag (bei einem Achtstundentag) hergestellt werden. Frau Benz geht davon aus, dass mit Sicherheit 20 fehlerfreie Pullover pro Tag hergestellt werden können. Das bedeutet bei durchschnittlich 20 Arbeitstagen eine Produktion von 400 Stück pro Monat und unter Berücksichtigung von Urlaubs- und Feiertagen eine Produktionsmenge von 4.000 Stück pro Jahr.

Da sie nicht gleichzeitig im Laden und an der Maschine arbeiten kann, benötigt sie für die Maschine eine Mitarbeiterin. Die Kosten für die Mitarbeiterin betragen inklusive Sozialabgaben 3.500 € pro Monat. Sie selber benötigt für ihren Lebensunterhalt und ihre soziale Absicherung 4.000 € im Monat. Im Weiteren werden die beiden Ausgaben unter der Position Personalkosten berücksichtigt.

Die monatliche Miete für ihren Laden und einen daran anschließenden Nebenraum zur Aufstellung der Strickmaschine beträgt 1.000 €. Für die Betriebs- und Geschäftsausstattung (Laptop, Regale usw.) entstehen einmalige Ausgaben in Höhe von 8.000 €, die über vier Jahre abgeschrieben werden. Weitere Kosten, die auf Frau Benz monatlich zukommen, sind: Strom und Heizung 500 €, Versicherung und Berufsgenossenschaft 150 €, Bürobedarf und Telekommunikation 100 € und Ausgaben für Marketingmaßnahmen 500 €. Was die Wolle angeht, so benötigt Frau Benz im Schnitt 1,2 kg pro Pullover. Sie rechnet allerdings unter Berücksichtigung von Strick- und Materialschäden mit 1,25 kg je Pullover. Der Preis für die Naturwolle beträgt 10,00 €/kg. Für einen Männerpullover beträgt der Verkaufspreis 63,50 €/St., für einen Frauenpullover 55,50 €/St. Unter Abzug der Mehrwertsteuer erzielt Frau Benz

Nettoerlöse in Höhe von 53,36 €/St. bzw. 46,64 €/St., d. h. durchschnittlich 50,00 € pro Pullover. Steuerzahlungen werden im gesamten Fallbeispiel nicht berücksichtigt.

Frau Benz mietet den Laden zum 01.09.01 an. Ab diesem Zeitpunkt laufen auch die übrigen monatlichen Kosten (inklusive Marketing zur Bekanntmachung des Ladens) des Unternehmens. Ihre Mitarbeiterin wird zwei Monate auf Vorrat produzieren, während sie den Laden einrichtet. Am 01.11.01 plant sie die Ladeneröffnung. Frau Benz ermittelt zunächst den Kapitalbedarf, den sie für die ersten vier Monate ihrer Geschäftätigkeit benötigt. Sie rechnet damit, Ende November 320 Pullover und Ende Dezember, aufgrund des Weihnachtsgeschäftes 680 Stück verkaufen zu können. Die Umsatzerlöse vom Dezember werden allerdings nicht in die Kapitalbedarfsrechnung eingerechnet, da die Verkäufe nicht alle zu Beginn des Monats stattfinden und nicht alle Verkäufe bar bezahlt werden. Die Ausgaben dieses Monats müssen jedoch mitberücksichtigt werden, weil sie, wie beispielsweise die Miete, gegebenenfalls schon Anfang Dezember anfallen. Die Umsatzerlöse vom Dezember können als Liquiditätsreserve betrachtet werden.

Kapitalbedarfsrechnung (Zeitraum: vom 01.09.01 bis 31.12.01)		
	12.000 €	Anschaffungskosten für die Strickmaschine
+	8.000 €	Anschaffungskosten für die BGA
+	30.000 €	Personalkosten (4 x 7.500 €)
+	24.000 €	Material: 1,25 kg/St. x (24 St./Tag x 20 Tage/Mon. x 4 Mon.) St. x 10 €/kg
+	4.000 €	Miete
+	2.000 €	Strom und Heizung
+	600 €	Versicherung und Berufsgenossenschaft
+	400 €	Bürobedarf und Telekommunikationsaufwand
+	2.000 €	Marketingaufwand
= 83.000 €		**Ausgaben**
	83.000 €	Ausgaben
-	16.000 €	Umsatzerlöse (November) (320 St. x 50,00 €/St.)
= 67.000 €		**Kapitalbedarf**

Zur Deckung des Kapitalbedarfs bringt Frau Benz eine Privateinlage (Eigenkapital) in Höhe von 35.000 € in ihr Unternehmen ein. Für den fehlenden Betrag gewährt ihr die Hausbank ein Ratendarlehen in Höhe von 32.000 €. Das Darlehen läuft ab dem 01.09.01 über einen Zeitraum von vier Jahren und vier Monaten zu einem Zinssatz von 9 % p.a. Die Tilgung beginnt erst ab dem 01.01.02, d. h., die ersten vier Monate sind tilgungsfrei. Der anteilige Zinsaufwand für das Jahr 01 beträgt 960 €.

In einem nächsten Schritt werden die Herstellungskosten (auf Vollkostenbasis) für einen Pullover berechnet. Die Herstellungskosten werden für die Plan-GuV und die Plan-Bilanz benötigt. Dabei ist zu beachten, dass die Marketingkosten (als eine Form der Vertriebskosten) nicht aktiviert werden dürfen. Zu den Herstellungskosten gehören auch die Abschreibungen.

Ermittlung der anteiligen jährlichen linearen Abschreibungen für die Monate September, Oktober, November und Dezember 01:

- Abschreibung Strickmaschine: (12.000 € : 6 Jahre) x 4/12 = 667 €/Jahr,
- Abschreibung BGA: (8.000 € : 4 Jahre) x 4/12 = 667 €/Jahr

Ermittlung der Stückherstellungskosten (auf Vollkostenbasis) eines Pullovers:	
8,75 €/St.	Personalkosten (nur eine produktive Mitarbeiterin) ([3.500 € x 4] : 1.600 hergestellte verkaufsfähige Pullovers)
+ 15,00 €/St.	Materialkosten (24.000 € : 1.600 Pullovers)
+ 2,50 €/St.	Miete (4.000 € : 1.600 Pullover)
+ 1,25 €/St.	Strom und Heizung (2.000 € : 1.600 Pullover)
+ 0,38 €/St.	Versicherung und Berufsgenossenschaft (600 € : 1.600 Pullover)
+ 0,25 €/St.	Bürobedarf und Telekommunikation (400 € : 1.600 Pullover)
+ 0,83 €/St.	Abschreibungen ([667 € + 667 €] : 1.600 Pullover)
+ 0,60 €/St.	Fremdkapitalzinsen (960 € : 1.600 Pullover)
= 29,56 €/St.	**Stückherstellungskosten pro Pullover**

Plan-GuV des Geschäftsjahres 01	
50.000 €	Umsatzerlöse (50,00 €/St. x 1.000 St. verkaufte Pullover)
+ 17.736 €	Bestandserhöhung (29,56 €/St. x 600 St. im Lager befindliche Pullover)
- 30.000 €	Personalaufwand (Inhaberin und Mitarbeiterin, [4 x 7.500 €])
- 24.000 €	Materialaufwand (15,00 €/St. x 1.600 St.)
- 4.000 €	Miete
- 2.000 €	Strom und Heizung
- 600 €	Versicherung und Berufsgenossenschaft
- 400 €	Bürobedarf und Telekommunikationsaufwand
- 2.000 €	Marketingaufwand
- 1.334 €	Abschreibungen
- 960 €	Fremdkapitalzinsen
= 2.442 €	**Gewinn des Geschäftsjahres 01**

Geplantes Eigenkapital zum 31.12.01	
35.000 €	Einlage
+ 2.442 €	Gewinn 01
= **37.442 €**	**geplantes Eigenkapital zum 31.12.01**

Geplante liquide Mittel zum 31.12.01	
35.000 €	Eigenkapital
+ 32.000 €	Fremdkapital
+ 50.000 €	Umsatzerlöse (der gesamte Kassenbestand wurde eingezahlt)
- 83.000 €	Auszahlungen der ersten vier Monate ohne Fremdkapitalzinsen
- 960 €	Fremdkapitalzinsen
= **33.040 €**	**geplanter Kontostand zum 31.12.01**

Plan-Bilanz 01 zum 31.12.01			
Aktiva	**Planbilanz zum 31.12.01**		**Passiva**
Maschinen	11.333 €	Eigenkapital	37.442 €
BGA	7.333 €		
Vorräte	17.736 €	Fremdkapital	32.000 €
liquide Mittel	33.040 €		
Bilanzsumme	69.442 €		69.442 €

In der Realität wurden die Erwartungen von Frau Benz übertroffen. Sie hat statt der geplanten 1.000 sogar 1.200 Pullover verkauft. Damit hat sie einen Gewinn von 6.530 € erzielt.

Ist-GuV des Geschäftsjahres 01	
60.000 €	Umsatzerlöse (50,00 €/St. x 1.200 St.)
+ 11.824 €	Bestandserhöhung (29,56 €/St. x 400 St.)
- 30.000 €	Personalaufwand (Inhaberin und Mitarbeiterin, [4 x 7.500 €]))
- 24.000 €	Materialaufwand(15,00 €/St. x 1.600 St.)
- 4.000 €	Miete
- 2.000 €	Strom und Heizung
- 600 €	Versicherung und Berufsgenossenschaft
- 400 €	Bürobedarf und Telekommunikationsaufwand
- 2.000 €	Marketingaufwand
- 1.334 €	Abschreibungen
- 960 €	Fremdkapitalzinsen
= **6.530 €**	**Gewinn des Geschäftsjahres 01**

Ist-Bilanz 01 zum 31.12.01			
Aktiva	Ist-Bilanz zum 31.12.01		Passiva
Maschinen	11.333 €	Eigenkapital	41.530 €
BGA	7.333 €		
Vorräte	11.824 €	Fremdkapital	32.000 €
liquide Mittel	43.040 €		
Bilanzsumme	73.530 €		79.530 €

Frau Benz weiß, dass sich ihre Rollkragenpullover nur in der kalten Jahreszeit gut verkaufen lassen. Deshalb entschließt sie sich, im Geschäftsjahr 02 auch „normale" atmungsaktive Pullover zu produzieren. Für diese braucht sie zwar geringfügig weniger Wolle, dafür ist aufgrund der atmungsaktiven Substanz die Wolle ein wenig teurer. Die Materialkosten belaufen sich daher weiterhin auf durchschnittlich 15,00 € pro Pullover. Da der atmungsaktive Pullover dieselbe Produktionszeit benötigt wie ein Rollkragenpullover, bleiben auch die anderen Kosten gleich hoch. Den Erfolg, den Frau Benz durch einen atmungsaktiven Pullover verzeichnen kann, fällt im Gegensatz zum Rollkragenpullover etwas geringer aus, da sie aufgrund der starken Konkurrenz auf diesem Gebiet „nur" einen Verkaufspreis von 49,98 € für Frauen und 57,12 € Männer inklusive 19 % Mehrwertsteuer verlangen kann. Damit erzielt Frau Benz pro Pullover durchschnittlich einen Nettoerlös in Höhe von 45,00 € (ohne Mehrwertsteuer).

Für das Geschäftsjahr 02 ist die Herstellung von 2.000 atmungsaktiven Pullovern und 2.000 Rollkragenpullovern, je zur Hälfte für Männer und Frauen, geplant. Frau Benz ist sich sicher, dass sie sämtliche Pullover absetzen kann, und plant dies so im Kapitalbedarfsplan, der Plan-GuV und der Plan-Bilanz ein.

Die kalkulierten Umsatzerlöse betragen:

(2.000 atmungsaktive Pullover x 45,00 €/St.) + (2.000 Rollkragenpullover x 50,00 €/ St.) = 190.000 €.

Auf der Ausgabenseite werden noch zusätzlich 1.000 € Instandhaltungskosten für die Strickmaschine einkalkuliert.

Finanzplan/Liquiditätsplan des Geschäftsjahrs 02	
Anfangsbestand an liquiden Mittel (01.01.02)	43.040 €
+ Umsatzerlöse	+190.000 €
- Personalaufwand (7.500 €/Mon. x 12 Mon.)	− 90.000 €
- Materialaufwand (4.000 St. x 15 €/St.)	− 60.000 €
- Strom und Heizung (500 €/Mon. x 12 Mon.)	− 6.000 €
- Versicherung und Berufsgenossenschaft (120 €/Mon. x 12 Mon.)	− 1.800 €
- Bürobedarf und Telekommunikationsaufwand (100 €/Mon. x 12 Mon.)	− 1.200 €
- Instandhaltungsaufwand	− 1.000 €
- Marketingaufwand (500 €/Mon. x 12 Mon.)	− 6.000 €
- Fremdkapitalzinsen (32.000 € x 0,09)	− 2.880 €
- Tilgung Ratendarlehen	− 8.000 €
= **geplanter Endbestand an liquiden Mitteln (31.12.02)**	**= 44.160 €**

Frau Benz glaubt, dass sie alle im Geschäftsjahr 02 hergestellten Pullover verkaufen kann. Dies bedeutet, dass die Bestände an Pullovern im Vergleich zum Vorjahr identisch sind.

Plan-GuV für das Geschäftsjahr 02		
	190.000 €	Umsatzerlöse
-	90.000 €	Personalkosten
-	60.000 €	Materialkosten
-	12.000 €	Miete
-	6.000 €	Strom und Heizung
-	1.800 €	Versicherung und Berufsgenossenschaft
-	1.200 €	Bürobedarf und Telekommunikation
-	1.000 €	Instandhaltungskosten
-	6.000 €	Marketing
-	4.000 €	Abschreibungen (12.000 € : 6 Jahre) + (8.000 € : 4 Jahre)
-	2.880 €	Fremdkapitalzinsen
=	**5.120 €**	**Gewinn**

Ausgangsbasis für die Plan-Bilanz 02 ist die Ist-Bilanz vom 31.12.01. Das geplante Eigenkapital per 31.12.02 beträgt: 41.530 € + 5.120 € = 46.650 €

Planbilanz 02		
Aktiva	Planbilanz 02	Passiva
Maschinen	9.333 €	Eigenkapital	46.650 €
BGA	5.333 €		
Vorräte	11.824 €	Fremdkapital	24.000 €
liquide Mittel	44.160 €		
Bilanzsumme	70.650 €		70.650 €

Sollte sich der Erfolg im Geschäftsjahr 02 wie geplant einstellen, möchte Frau Benz im Januar 03 weiter expandieren. Sie beabsichtigt, eine zweite Strickmaschine zu kaufen und möchte eine weitere Mitarbeiterin einstellen. Dadurch kann die Produktion der Pullover verdoppelt werden. Geplant ist die Herstellung von 4.000 atmungsaktiven Pullovern und 4.000 Rollkragenpullovern pro Geschäftsjahr, je zur Hälfte für Männer und Frauen. Da Frau Benz davon ausgeht, dass alle 8.000 Pullover abgesetzt werden, plant sie die Vorräte wieder in gleicher Höhe wie in den letzten beiden Jahren.

Frau Benz plant bei ihren Ausgaben zum einen die Mehrkosten der zweiten Maschine, der zweiten Mitarbeiterin und zum anderen inflationsbedingte Preissteigerungen mit ein. Deshalb erhöht sie auch die Preise für ihre Pullover, und zwar in der Weise, dass sie **bei jedem Pullover 4 €/St.** mehr verdient, d. h., bei einem Rollkragenpullover nimmt sie nun im Durchschnitt 54,00 €/St. und für den Verkauf eines atmungsaktiven Pullovers durchschnittlich 49,00 €/St. ein.

Es ergeben sich deshalb Umsatzerlöse in Höhe von:

(54,00 € x 4.000 St.) + (49,00 € x 4.000 St.) = 412.000 €.

Damit Frau Benz die Vielzahl an Pullover auch absetzt, vervierfacht sie den Marketingaufwand. Außerdem plant sie, ihre zu Beginn des Unternehmens eingesetzten 35.000 € Eigenkapital und weitere 10.000 € als Privatentnahme aus dem Unternehmen zu entnehmen. An Personalkosten fallen pro Monat 12.600 € an. Für die Versicherung und die Berufsgenossenschaft sind im Geschäftsjahr 03 insgesamt 4.200 € fällig. Die Kosten für die Bürokommunikation steigen um 100 €/Jahr auf 1.300 €/Jahr im Geschäftsjahr 03. Die Instandhaltungskosten in Höhe von 1.000 € bleiben gleich, da für die neue Maschine keine Instandhaltungskosten anfallen. Die Miete erhöht sich um 1.000 € auf jährlich 13.000 € und die Heizungs- und Stromkosten steigen auf 8.400 €. Die Materialkosten pro Stück bleiben konstant, da Frau Benz eine Preiserhöhung der Materialkosten aufgrund der höheren Abnahmemenge abwenden kann.

Finanzplan/Liquiditätsplan des Geschäftsjahrs 03	
Anfangsbestand an liquiden Mittel (01.01.03)	44.160 €
+ Umsatzerlöse	+412.000 €
- Personalaufwand (12.600 €/Mon. x 12 Mon.)	— 151.200 €
- Materialaufwand (8.000 St. x 15 €/St.)	— 120.000 €
- zweite Strickmaschine	— 12.000 €
- Miete	— 13.000 €
- Strom und Heizung	— 8.400 €
- Versicherung und Berufsgenossenschaft	— 4.200 €
- Bürobedarf und Telekommunikationsaufwand	— 1.300 €
- Instandhaltungsaufwand	— 1.000 €
- Marketingaufwand (500 €/Mon. x 12 Mon.)	— 24.000 €
- Fremdkapitalzinsen (24.000 € x 0,09)	— 2.160 €
- Tilgung Ratendarlehen	— 8.000 €
- Privatentnahme	— 45.000 €
= **geplanter Endbestand an liquiden Mitteln (31.12.03)**	= **65.900 €**

Plan-GuV 03		
412.000 €		Umsatzerlöse
-	151.200 €	Personalkosten
-	120.000 €	Materialkosten (15 €/St. x 8.000 St.)
-	13.000 €	Miete
-	8.400 €	Strom und Heizung
-	4.200 €	Versicherung und Berufsgenossenschaft
-	1.300 €	Bürobedarf und Telekommunikation
-	1.000 €	Instandhaltungskosten
-	24.000 €	Marketing
-	6.000 €	Abschreibungen ((12.000 € : 6 Jahre) x 2) + (8.000 € : 4 Jahre)
-	2.160 €	Fremdkapitalzinsen (24.000 € x 0,09)
=	**80.740 €**	**Gewinn**

Ermittlung des Eigenkapitals zum 31.12.03	
Eigenkapital am 31.12.02	46.650 €
+ Gewinn Geschäftsjahr 03	+ 80.740 €
- Privatentnahme	— 45.000 €
= **Eigenkapital am 31.12.03**	= **82.390 €**

Planbilanz des Geschäftsjahres 03			
Aktiva	Planbilanz des Geschäftsjahres 03		Passiva
Maschinen	17.333 €	Eigenkapital	82.390 €
BGA	3.333 €		
Vorräte	11.824 €	Fremdkapital	16.000 €
liquide Mittel	65.900 €		
Bilanzsumme	98.390 €		98.390 €

Die Planung könnte in gleicher Weise noch für weitere zwei oder drei Jahre fort-gesetzt werden.

! HINWEIS:

Damit Sie Ihr Wissen prüfen und vertiefen können, finden Sie bei den Arbeits-hilfen online eine Reihe von Übungsaufgaben mit ausführlichen Lösungen. Die Aufgaben sind genau auf dieses Kapitel zugeschnitten.

Außenfremdfinanzierung

Bei der Außenfremdfinanzierung wird der Kapitalbedarf des Unternehmens aus externen Quellen gedeckt. Zu diesen Quellen gehören z. B. Banken, Versicherungen, Privat- und Geschäftspersonen sowie andere Unternehmen. Um die externen Finanzierungsalternativen miteinander vergleichen zu können, ist die Kenntnis des Effektivzinssatzes sehr wichtig.

In diesem Kapitel erfahren Sie, welche Voraussetzungen es für die Kreditvergabe gibt. Ferner lernen Sie, wie Effektivzinssätze, die für den Vergleich von unterschiedlichen Finanzierungsangeboten wichtig sind, berechnet werden.

Außenfremdfinanzierung		
Voraussetzungen		
Kreditwürdigkeit und Kreditfähigkeit	Rating	Kreditsicherheiten • Personalsicherheiten • Realsicherheiten
Kurz- und mittelfristige Kreditfinanzierung		
Handelskredite	Institutionelle Kredite	
Effektivverzinsung der verschiedenen Kredite		
Langfristige Kreditfinanzierung		
ohne Börse (langfristige Bankkredite)	mit Börse (Anleihen)	
Effektivverzinsung der verschiedenen Kredite		
Erfolgskontrolle (siehe Arbeitshilfen online): Aufgaben → Lösungen		

Abb. 57: Übersicht Kapitel „Außenfremdfinanzierung"

Einführung

Bei der Fremdfinanzierung (Kreditfinanzierung) haben die Kreditgeber Ansprüche gegenüber den Kreditnehmern, die erst später beglichen werden. Eine Kreditfinanzierung liegt vor, wenn einem Unternehmen von außen Kapital durch Gläubiger, die keine Eigentumsrechte erwerben, zugeführt wird. Die Kreditgeber haben Anspruch auf Zins und Tilgung. Bevor ein Kredit vergeben wird, überprüft der Kreditgeber die Kreditwürdigkeit und die Kreditsicherheiten des Kreditnehmers.

Eine Außenfremdfinanzierung liegt immer dann vor, wenn einem Unternehmen von externen Kapitalgebern (Lieferanten, Banken, Versicherungen und anderen Gläubigern) oder von Miteigentümern

- Finanzmittel auf Kreditbasis für einen vertraglich begrenzten Zeitraum oder
- Sachleistungen, die erst später zu bezahlen sind,

zur Verfügung gestellt werden.

1 Kreditwürdigkeit und Kreditsicherheiten

Bevor ein Kredit eingeräumt wird, prüft der Kreditgeber, ob der Kreditnehmer den Kapitaldienst (Tilgung und Zinsen) des Kredits leisten kann. Bei der **Kreditprüfung** wird zwischen der **Kreditwürdigkeitsprüfung** (formelle, persönliche und materielle Kreditwürdigkeit) und der **Kreditfähigkeitsprüfung** unterschieden.

1.1 Kreditwürdigkeit und Kreditfähigkeit

Die **Kreditfähigkeit** ist die rechtliche Fähigkeit, als Kreditnehmer auftreten zu können, d. h. einen Kreditvertrag rechtswirksam abschließen zu können. Die **persönliche Kreditwürdigkeit** ergibt sich aus der persönlichen Vertrauenswürdigkeit des Kreditsuchenden. Die **wirtschaftliche Kreditwürdigkeit** beruht vor allem auf der Ertragskraft, aber auch auf der Qualität der Sicherheiten des kreditnehmenden Unternehmens.

Voraussetzungen, um einen Kredit zu erlangen		
Kreditfähigkeit	**Kreditwürdigkeit**	
Die Fähigkeit des Kreditnehmers, rechtsgültige Verträge abschließen zu können	Die voraussichtliche Fähigkeit des Kreditnehmers, den Kreditvertrag zu erfüllen	
	persönlich	**wirtschaftlich**
	Kreditwürdigkeit beruht auf Eigenschaften des Kreditsuchenden, z. B. Zuverlässigkeit	Kreditwürdigkeit beruht auf der Ertragskraft oder den Sicherheiten des kreditsuchenden Unternehmens

Abb. 58: Voraussetzungen, um einen Kredit zu erlangen

Die **Kreditwürdigkeit** beurteilen die Banken i. d. R. mithilfe eines Ratings. Das Ergebnis des Kreditratings wird in einer aggregierten Bonitätskennzahl dargestellt, die eine nach Bonitätskriterien skalierte Einschätzung der Kreditwürdigkeit von Schuldnern (z. B. Unternehmen, Banken oder Staaten) widerspiegelt. Die Bonitätskennzahl impliziert eine bestimmte Ausfallkategorie (und damit Ausfallwahrscheinlichkeit).

1.2 Rating

Das Rating ist die objektivierte Bewertung eines Unternehmens nach den Kriterien Bonität, wirtschaftliche Lage, Zukunftssicherheit bzw. Kreditrisiko. Ziel des Ratings ist es also, mittels einer umfassenden Unternehmensanalyse die Kreditwürdigkeit eines Unternehmens einzuschätzen und die Wahrscheinlichkeit eines Zahlungsausfalls zu ermitteln. Letztlich entscheidet das Rating darüber, ob Fremdkapital überhaupt und, falls ja, zu welchen Konditionen aufgenommen werden kann. Beim Rating werden die folgenden Merkmale und Einflussfaktoren berücksichtigt:

Abb. 59: Merkmale und Voraussetzungen von Ratingkriterien

Man unterscheidet zwischen **externen** und **internen Ratings**.

Kennzeichen der externen Ratings:

- Erstellung durch Ratingagenturen (z. B. Standard & Poor, Moody´s, Fitch)
- Kunden-Rating
- Einstufung von AAA bis D
- Beurteilung anhand allgemeiner Kriterien
- Relevanz für große Gesellschaften

Kennzeichen der internen Ratings:

- relevant für jede Kreditentscheidung einer Bank
- Produkt- oder Kundenrating
- Einstufung in Bonitätsklassen
- Beurteilung unter Berücksichtigung der Besonderheiten im Portfolio der Bank

Beim Rating nach Basel II werden Schuldner danach unterschieden, welcher Ratingklasse sie angehören, d. h. danach, über welche Bonität sie verfügen. Vergeben Banken Kredite an Schuldner mit einer geringeren Bonität, bedeutet das ein höheres Risiko. Dies bedingt für die Banken eine höhere Eigenkapitalunterlegung und damit für die Kreditnehmer höhere Kreditzinsen. Somit ist das individuelle Kreditrisiko der maßgebliche Faktor für die Kreditkalkulation der Banken nach Basel II.

1.3 Kreditbesicherung

Da Kredite häufig langfristig sind, reicht eine aktuelle Kreditwürdigkeit und -fähigkeit nicht aus. Deswegen verlangen die Kreditinstitute **Kreditsicherheiten**. Die Kreditsicherheiten bieten dem Kreditgeber die Möglichkeit, sich aus den Sicherheiten zu bedienen, wenn der Kreditnehmer seine Zahlungsverpflichtungen (Tilgung + Zins) nicht erfüllen kann.

Folgende Sicherungsarten gibt es:

- **Personalsicherheiten** sind besondere zusätzliche Zahlungsversprechen von Dritten gegenüber dem Kreditgeber, wodurch diese dritten Personen neben dem Kreditnehmer für den Kredit haften.
- **Realsicherheiten** sind bewegliche und unbewegliche Sachwerte sowie sachwertorientierte Rechte, die dem Kreditgeber zur Sicherung eines Kredits zur Verfügung gestellt werden.

Sehen Sie dazu die folgende Übersicht:

Kreditsicherheiten			
Personalsicherheiten		Realsicherheiten	
Eigensicherung durch den Kreditnehmer	Fremdsicherung durch Dritte	Sicherung mit beweglichen Sachen und Rechten	Sicherung mit Grundpfandrechten
Sicherung durch glaubwürdiges und integeres Verhalten des Kreditnehmers	Wechselakzept Bürgschaft Kreditversicherung Patronatserklärung	Eigentumsvorbehalt Verpfändung Sicherungsübereignung Sicherungsabtretung	Hypothek Grundschuld Rentenschuld

Alle erwähnten Kreditsicherheiten sind entweder **akzessorische** oder **fiduziarische (abstrakte)** Sicherheiten. Die folgende Tabelle gibt einen Überblick über die Merkmale der verschiedenen Arten von Sicherheiten.

Sicherheiten	
Personalsicherheiten	Realsicherheiten
Akzessorische Sicherheiten	
▪ Bürgschaft	▪ Pfandrecht ▪ Hypothek
Abstrakte (fiduziarische) Sicherheiten	
▪ Garantie	▪ Grundschuld ▪ Sicherungsübereignung ▪ Sicherungsabtretung ▪ Eigentumsvorbehalt

Akzessorische Kreditsicherheiten sind **vollkommen abhängig** vom Rechtsbestand der gesicherten Forderung des Kreditgebers. Die Sicherheit steht und fällt mit der Gültigkeit und dem Umfang der Forderung. Es ist deshalb auch nur die gemeinsame **Übertragung von Sicherheit und Forderung** möglich. Sinkt während der Laufzeit die Forderung, hat der Kreditgeber auch nur Anspruch auf die Sicherheit in Höhe der Forderung.

Für den Kreditnehmer besteht der Vorteil darin, dass er zur Sicherheitsleistung immer nur für dieses bestimmte Kreditverhältnis herangezogen werden kann, für das die Sicherheit eingeräumt wurde. Akzessorische Kreditsicherheiten leben nicht wieder auf. Eine Mithaftung für alle anderen Verbindlichkeiten aus der Geschäftsverbindung ist nicht möglich.

Fiduziarische Kreditsicherheiten sind nicht an das Bestehen einer Forderung gebunden. Sie bestehen rechtlich auch dann, wenn die Forderung, für die sie eingeräumt wurden, gar nicht entsteht, nicht mehr besteht oder nicht mehr in voller

Höhe besteht. Dritten gegenüber kann der **Kreditgeber stets auf die volle Verwertung der Kreditsicherheiten zurückgreifen**, ohne dass dem Kreditnehmer ein Einspruchsrecht dem Dritten gegenüber zusteht.

Die wesentlichen unterschiedlichen Merkmale von akzessorischen und fiduziarischen Sicherheiten lassen sich wie folgt zusammenfassen:

akzessorische Kreditsicherheiten	fiduziarische Kreditsicherheiten
1. Sicherheit in Forderungshöhe 2. Geltendmachung nur mit Nachweis 3. nur gemeinsame Übertragung von Kreditsicherheit und Forderung 4. keine Wiederauflebung 5. keine Mithaftung für andere Verbindlichkeiten des Kreditnehmers	1. Sicherheit in Höhe der Grundbucheintragung 2. Vollstreckbarkeit ohne Nachweis der Forderungshöhe 3. getrennte Übertragung ist möglich 4. Wiederverwendung freier Sicherheiten 5. Mithaftung für alle Verbindlichkeiten des Kreditnehmers

1.3.1 Personalsicherheiten

Die Personalsicherheiten gehören zu den schuldrechtlichen Kreditsicherheiten, d. h., neben dem Kreditgeber haftet noch eine dritte Person für einen Kredit. Zu den Personalsicherheiten zählen die „Bürgschaft" und die „Sonstigen Personalsicherheiten".

Bürgschaften

Eine **Bürgschaft** ist ein einseitig verpflichtender Vertrag, der an eine bestimmte Schuld (§§ 765 ff. BGB) gebunden ist, durch den sich der Bürge dem Gläubiger eines Dritten gegenüber verpflichtet, für die **Schulden des Dritten einzustehen**, wenn dieser nicht leistet. Die Bürgschaft ist zwingend von der Verbindlichkeit des Hauptschuldners abhängig, d. h., sie ist **akzessorisch** (§ 767 Abs. 1 BGB). Umfang und Inhalt der Bürgschaft werden von der Hauptschuld bestimmt. Mit Erlöschen der Hauptschuld erlischt die Bürgschaft ebenfalls.

Bürgen sind in der Kreditpraxis meistens Ehegatten bzw. Lebenspartner sowie Gesellschafter und Geschäftsführer von Unternehmen.

Arten der Bürgschaft[1]

Nach dem Umfang der Haftung werden folgende Arten von Bürgschaft unterschieden:

- **Selbstschuldnerische Bürgschaft**: Der Gläubiger kann die Leistung sofort vom Bürgen verlangen (§ 773 BGB), wenn der Schuldner seine Verpflichtung nicht vertragsgemäß erbringt.
- **Ausfallbürgschaft:** Bei einer Ausfallbürgschaft verpflichtet sich der Bürge gegenüber dem Gläubiger nur für Verluste einzustehen, die nachweisbar auch nach einer erfolgten Zwangsvollstreckung noch vorhanden sind.
- **Zeitbürgschaft:** Der Bürge verbürgt sich nur auf eine bestimmte Zeit.
- **Gesamtschuldnerische Bürgschaft:** Mehrere Personen übernehmen eine Bürgschaft. Sie haften als Gesamtschuldner. Der Gläubiger kann jeden der Bürgen zur Zahlung der Schuldsumme auffordern. Eine anteilige Entschädigung erfolgt im Innenverhältnis.
- Die **Mitbürgschaft** ist eine gemeinschaftliche Bürgschaft von mehreren Personen für die gleiche Verbindlichkeit eines Schuldners. Da die Bürgen gesamtschuldnerisch (§ 421 BGB) haften, kann der Gläubiger nach seiner Wahl jeden Bürgen ganz oder in Teilbeträgen in Anspruch nehmen. Mitbürgen sind untereinander zu gleichen Anteilen ausgleichspflichtig, sofern nichts anderes vereinbart wurde (§ 426 BGB).
- Bei der **Teilbürgschaft** handelt es sich zwar auch um eine gemeinschaftliche Bürgschaft mehrerer Personen für dieselbe Verbindlichkeit, doch haftet jeder Bürge nur für den von ihm in der Bürgschaftserklärung fixierten Betrag.

> ▶ **BEISPIEL: Bürgschaft**
>
> Für ein Darlehen in Höhe von 200.000 € übernehmen die Bürgen A und B eine Höchstbürgschaft in Höhe von 100.000 €. Unterschreiben beide Bürgen auf einem Bürgschaftsformular, so haften sie gesamtschuldnerisch. Das Kreditinstitut kann sich bei Fälligkeit der Bürgschaft zwar aussuchen, welchen Bürgen sie in Anspruch nehmen möchte, maximal erhält das Kreditinstitut aber nur 100.000 €. Unterzeichnen die Bürgen dagegen zwei getrennte Urkunden, so kann die Bank von jedem Bürgen bis zu 100.000 € verlangen. Damit wäre der gesamte Kredit abgesichert.
>
> Die folgende Abbildung veranschaulicht die Rechtsbeziehungen bei der Mit- bzw. Nebenbürgschaft:

---

[1] Bieg, H. u. Kußmaul H.: Finanzierung, 2009, S. 139 f.; Perridon, L.; Steiner, M.; Rathgeber, A.: Finanzwirtschaft der Unternehmung, 2009, S. 387.

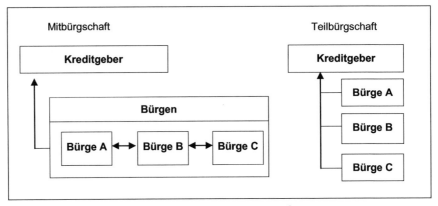

Abb. 60: Rechtsbeziehungen in der Mit- und Nebenbürgschaft[2]

Sonstige Personalsicherheiten

Neben der Bürgschaft gibt es weitere Personalsicherheiten:

- **Garantie:** Die **Garantie** ist auch ein einseitig verpflichtender Vertrag, durch den sich jemand (**Garant**) einem anderen (**Garantienehmer**) gegenüber verpflichtet, für einen bestimmten wirtschaftlichen Erfolg des Garantienehmers einzustehen oder das Risiko des Garantienehmers für einen künftigen, noch nicht entstandenen Schaden zu übernehmen. Im Gegensatz zur Bürgschaft ist die **Garantie** eine **fiduziarische Sicherheit**, d. h., die Garantie ist losgelöst von dem zugrunde liegenden Rechtsgeschäft. Der Garant haftet beispielsweise auch dann, wenn die Verbindlichkeit des Schuldners nicht entstanden oder bereits erloschen ist. Bürgschaften und Garantien finden vor allem im Rahmen von Avalkrediten Verwendung. Die **Garantie** wird insbesondere im Außenhandel eingesetzt.
- **Schuldbeitritt:** Ein **Schuldbeitritt** kommt einer Schuldmitübernahme gleich und hat somit einen höheren Verpflichtungsgrad als eine Bürgschaft. Bei einem Schuldbeitritt liegt eine **gesamtschuldnerische Haftung** vor, sodass sich der Kreditgeber im Außenverhältnis den Schuldner aussuchen kann. Schuldbeitritte werden z. B. von Kreditinstituten bei Ratenkrediten an Verheiratete vom jeweils anderen Ehepartner verlangt, der dadurch Mitantragsteller wird.
- **Negativerklärung:** Bei einer **Negativerklärung** verpflichtet sich der Kreditnehmer, während der Kreditlaufzeit ohne Einwilligung des Kreditgebers keine we-

---

[2] Schäfer, H.: Unternehmensfinanzen, 2002, S. 299.

sentlichen **Vermögensgegenstände zu veräußern oder zugunsten Dritter zu belasten**, um sein Sicherheitspotenzial nicht zuungunsten des Kreditgebers zu verändern. Die Negativerklärung findet Verwendung bei Blankokrediten und Schuldverschreibungen der Industrie.

- **Patronatserklärung:** Eine **Patronatserklärung** wird in der Regel von der Muttergesellschaft für ein Darlehen abgegeben, das eine Tochtergesellschaft aufnehmen möchte, wenn die Tochtergesellschaft nicht über ausreichende Sicherheiten verfügt oder aufgrund von Ergebnisabführungsverträgen der Kapitaldienst sonst nicht gewährleistet erscheint. So kann sich eine **Muttergesellschaft verpflichten**, während der Kreditlaufzeit ihre Beteiligung an diesem Unternehmen nicht zu senken oder die Zahlungsfähigkeit der Tochtergesellschaft während der Kreditlaufzeit zur ordnungsgemäßen Abwicklung des Kredits zu gewährleisten.

1.3.2 Realsicherheiten

Realsicherheiten sind sachrechtliche Ansprüche, d. h., der Kreditnehmer stellt dem Kreditgeber bestimmte Sachwerte oder Rechte an Sachen zur Sicherung eines Kredits zur Verfügung. Der folgende Abschnitt stellt Ihnen die verschiedenen Realsicherheiten vor.

Grundpfandrecht

Grundpfandrechte sind **dingliche Rechte an einem Grundstück**, die unabhängig von dessen jeweiligem Eigentümer bestehen können. Diese Art der Kreditsicherung ist in der Praxis weitverbreitet, vor allem **im Rahmen der langfristigen Fremdfinanzierung**. Die **Verpfändung unbeweglicher** Sachen kann in Form einer **Hypothek**, einer **Grundschuld** oder einer **Rentenschuld** erfolgen.

Grundpfandrechte geben dem Gläubiger der gesicherten Forderung die Möglichkeit, das belastete Grundstück im Wege der Zwangsvollstreckung zu verwerten, wenn der Kreditnehmer nicht termingerecht und vollständig eine bestimmte Geldsumme zuzüglich Zinsen bezahlt. Das Grundstück haftet neben dem im Grundbuch eingetragenen Grundschuldbetrag in der Regel auch für die vereinbarten Grundschuldzinsen und für andere Nebenleistungen. Die Grundschuldbestellungsformulare der Kreditinstitute sehen dies in der Praxis vor.

Während das Pfandrecht an beweglichen Sachen durch die Übergabe des Pfandes entsteht, erfordert die **Bestellung von Grundpfandrechten** die **Eintragung der Belastung in das Grundbuch**.

- Eine **Hypothek** ist eine Grundstücksbelastung, die zur Sicherung einer bestehenden Forderung des Hypothekengläubigers dient. Sie hat **streng akzessorischen Charakter**, d. h., sie ist vom Bestehen und dem Umfang der zugrunde liegenden Forderung abhängig.
- Die **Grundschuld** ist eine Belastung eines Grundstückes in der Weise, dass dem Grundschuldgläubiger eine bestimmte Geldsumme einschließlich Zinsen und Nebenleistungen aus dem Grundstück zusteht (§ 1191 Abs. 1 BGB). Sie ist geeigneter zur Sicherung laufender Kredite als die Hypothek, weil sie nicht auf eine Forderung Bezug nimmt. Ihr fehlt also der akzessorische Charakter der Hypothek, d. h., die Grundschuld bleibt auch bei vorübergehender Abdeckung des Kreditsaldos in voller Höhe bestehen.
- Die **Rentenschuld** ist eine Unterform der Grundschuld. Sie ist dadurch charakterisiert, dass aus dem Grundstück zu jeweils wiederkehrenden festen Terminen eine bestimmte Geldsumme zu zahlen ist (§ 1199 Abs. 1 BGB). Dies könnte z. B. bei einer Unternehmensübernahme eine Leibrentenzahlung an den ehemaligen Inhaber sein.

Pfandrecht

Unter einem **Pfandrecht** ist ein dingliches Recht zu verstehen, dass es dem Sicherungsnehmer gestattet, die verpfändete Sache oder das Recht mit Vorrang vor anderen Gläubigern zu verwerten. Zur Bestellung eines Pfandrechts ist eine Einigung zwischen den Vertragspartnern und die Übergabe des Vermögensgegenstands an den Gläubiger erforderlich. In der Praxis kommen häufig folgende Pfandrechte vor:

- **Pfandrechte an beweglichen Sachen:** Schmuck, Kunstgegenstände, Münzen etc.
- **Pfandrecht an Rechten:** Beteiligungsrechte, Lebensversicherungen, Forderungen gegenüber Kreditinstituten, Wertpapiere.

Sicherungsübereignung

Bei der **Sicherungsübereignung** wird das Eigentum an einer beweglichen Sache vom Kreditnehmer (Sicherungsgeber) an den Kreditgeber (Sicherungsnehmer) zur Sicherung einer Forderung übertragen. Der Kreditnehmer hat weiterhin die Möglichkeit der betrieblichen Nutzung des Vermögensgegenstands. Dies wird durch ein Besitzmittlungsverhältnis erreicht, bei dem der Kreditnehmer unmittelbarer Besitzer der Sache wird bzw. bleibt. Der Kreditgeber ist (nur) mittelbarer Besitzer und hat als Eigentümer einen Herausgabeanspruch. Da bei einer Sicherungsübereignung der Kreditnehmer die Sache benutzen kann und für den Kreditgeber die Verwahrung entfällt, eignet sie sich bei der Finanzierung beweglicher Sachen. Sie wird als Kreditsicherheit häufig bei **Betriebsmittelkrediten** zur **Finanzierung** von **Maschinen**, **Kraftfahrzeugen** und **Vorratslagern** verwendet.

Eigentumsvorbehalt

Beim Eigentumsvorbehalt bleibt der Verkäufer einer Ware Eigentümer bis zur vollständigen Bezahlung des Kaufpreises; der Käufer wird zunächst nur Besitzer der Ware. Bei Zahlungsverzug hat der Verkäufer einen Herausgabeanspruch und im Insolvenzfall kann er Aussonderung beantragen. Der Eigentumsvorbehalt ist das übliche Kreditsicherungsinstrument bei Lieferantenkrediten.

Neben dem einfachen Eigentumsvorbehalt gibt es noch die folgenden Formen:

- **Verlängerter Eigentumsvorbehalt**: Beim verlängerten Eigentumsvorbehalt wird für den Fall vorgesorgt, dass die gelieferte Ware vom ersten Abnehmer (Käufer) an einen Zweitabnehmer veräußert wird. Es wird mit dem Käufer vereinbart, dass dem Verkäufer die Forderungen im Voraus abgetreten werden, die der Käufer durch die Weiterveräußerung an einen Zweitabnehmer der unter Eigentumsvorbehalt stehenden Waren erwirbt. Bei einer Verarbeitung wird der hergestellte Gegenstand zur Sicherung übereignet.
- **Erweiterter Eigentumsvorbehalt**: Beim erweiterten Eigentumsvorbehalt wird der Eigentumsübergang davon abhängig gemacht, dass auch alle übrigen Zahlungsverpflichtungen des Käufers aus der Geschäftsverbindung mit dem Lieferanten erfüllt sind. Dadurch erhält der Verkäufer eine bessere Absicherung für seine gelieferten Waren.

Sicherungsabtretung (Zession)

Handelt es sich nicht um Sachvermögen, sondern um **Rechte und Forderungen**, so tritt die **Sicherungsabtretung** an die Stelle der Sicherungsübereignung. Die Sicherungsübereignung und die Sicherungsabtretung sind beide **fiduziarisch**. Die Sicherungsabtretung, auch Zession genannt, erstreckt sich insbesondere auf:

- Forderungen gegenüber Kunden,
- Lohn- und Gehaltsforderungen (oberhalb der Pfändungsfreigrenzen),
- Miet- und Pachtforderungen,
- Ansprüche aus Lebensversicherungen und Bausparverträgen,
- Forderungen gegenüber Kreditinstituten.

Bei der **Zession bzw. Sicherungsabtretung** tritt der Kreditnehmer (Zedent) seine Forderungen an den Kreditgeber (Zessionär) als Kreditsicherheit ab.

Grundsätzlich können Sicherungsabtretungen in **Einzel- und Rahmenzessions-verträge** eingeteilt werden. Die Rahmenabtretungen wiederum kann man in Mantel- und Globalzessionen unterteilen.

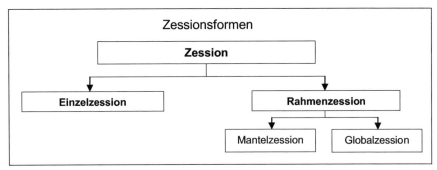

Abb. 61: Zessionsformen

Bei einer **Einzelabtretung** handelt es sich um die einmalige Abtretung einer einzelnen oder mehrerer einzeln aufgeführter Forderungen. Dies kann z. B. ein Steuerrückerstattungsanspruch oder eine bestimmte Forderung aus einer Warenlieferung sein.

Bei einer **Rahmenabtretung** wird eine Mehrheit von Forderungen gegenüber verschiedenen Drittschuldnern übertragen. Im Rahmen einer **Mantelabtretung** verpflichtet sich der Sicherungsgeber gegenüber dem Kreditinstitut, bis zu einer im Sicherungsvertrag festgelegten betraglichen Grenze, laufend Forderungen abzutreten. Die eigentliche Übertragung der jeweiligen Forderungen geschieht nicht wie bei der Einzelzession mit Abschluss des Vertrages, sondern mit Übergabe der Debitorenliste bzw. der Rechnungsdurchschriften. Eine Forderungsübertragung in Form von Mantelzession ist für eine Bank risikoreich und außerdem ist der Überwachungsaufwand hoch.

In der Kreditpraxis wird daher grundsätzlich die **Globalabtretung** angewandt. Bei der Globalzession verpflichtet sich der Kreditnehmer gegenüber dem Kreditgeber in einem Globalzessionsvertrag, seine zukünftigen und gegenwärtigen Forderungen einer bestimmten, genau umrissenen Kundengruppe abzutreten (z. B. spezifiziert nach Verkaufsregionen).[3]

---

[3] Wöhe; Bilstein; Ernst; Häcker: Grundzüge der Unternehmensfinanzierung, 10. Auflage, 2009, S. 210.

2 Die kurz- und mittelfristige Kreditfinanzierung

Kurzfristige Kredite haben eine Laufzeit von bis zu einem Jahr, während mittelfristige Kredite eine Laufzeit von ein bis maximal fünf Jahren haben. Die häufigste Kreditform stellen die kurzfristigen Kredite dar, zu denen z. B. die Lieferantenkredite oder der Kontokorrentkredit (Überziehung des Girokontos) gehören. Bei den kurzfristigen Krediten unterscheidet man zwischen Handels- und Bankkrediten.

2.1 Handelskredite

Zu den Handelskrediten, die von den Handelspartnern des kreditnehmenden Unternehmens gewährt werden, gehören die Kundenanzahlungen und die Lieferantenkredite.

2.1.1 Kundenanzahlungen

Die Kundenanzahlung ist eine Kreditform, die dadurch entsteht, dass der Kunde bzw. der Abnehmer der Waren oder Dienstleistungen Zahlungen leistet, bevor die Lieferung der Bestellung erfolgt. Diese Form der Finanzierung ist bei einer Auftragsfertigung im Großanlagenbau üblich. Neben der Finanzierungsfunktion hat die Kundenanzahlung für den Lieferanten einen weiteren Vorteil: Sie erhöht die Sicherheit der Abnahme.

Kundenanzahlungen werden entweder bei Vertragsabschluss (Erteilung des Auftrags) oder nach teilweiser Fertigstellung bezahlt. Sie stehen dem Lieferanten „zinslos" zur Verfügung und verbessern seine Liquiditätslage. In manchen Wirtschaftszweigen wäre infolge der langen Produktionsdauer eine alleinige Finanzierung durch den Hersteller nicht durchführbar.

Die finanzmathematischen Zusammenhänge beim Festlegen der Konditionen und der Preise zu den unterschiedlichen Zahlungszeitpunkten veranschaulicht das folgende Beispiel:

> **BEISPIEL: Kundenanzahlung**

Ein Energieversorgungsunternehmen erteilt einem Anlagenbauer am 30.03.01 einen Auftrag für eine Sonderanfertigung. Die Bauzeit beträgt 3 Jahre. Der Kaufpreis am 30.03.04 beträgt 1.996.500 €.

Ausgangsdaten:

K_n (Endwert = Zahlung des Kaufpreises, wenn die Anlage fertiggestellt ist) = 1.996.500 €

i (Diskontierungszinssatz) = 10 % p.a.

n = 3 Jahre

z = Anzahlungsraten

K_0 (Barwert = komplette Zahlung bei Auftragserteilung)

Hinsichtlich der Zahlungskonditionen stehen vier verschiedene Varianten zur Auswahl:

Neben der Möglichkeit, erst nach der Fertigstellung am Ende des dritten Jahres den vollen Kaufpreises in Höhe von 1.996.500 € (K_n) zu bezahlen, gibt es noch verschiedene Varianten von Teilzahlungsvereinbarungen zwischen den Geschäftspartnern. Hierbei können die Zahlungen zu unterschiedlichen Zeitpunkten getätigt werden. Damit dennoch eine Vergleichbarkeit der Zahlungen gewährleistet ist, werden vorzeitige Zahlungen mit dem Diskontierungszinssatz (Kalkulationszinssatz) diskontiert.

Erste Variante: Kompletter Anzahlungspreis (Anschaffungspreis) K_0 gesamt im Voraus

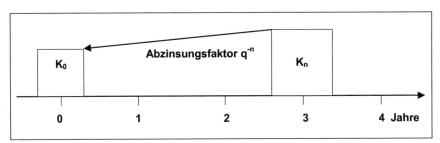

Abb. 62: Ermittlung des Barwerts bei einer Anzahlung zu Beginn im Voraus

In diesem Fall haben sich die Handelspartner darauf geeinigt, dass der Auftraggeber nicht erst am Ende bei Lieferung der Ware die Zahlung (K_n) in Höhe von 1.996.500 € leistet, sondern schon bei der Auftragserteilung komplett im Voraus bezahlt. Der Zahlungszeitpunkt ist damit um drei Jahre vorgezogen.

Die Höhe der Vorauszahlung (K_0) (Kundenanzahlung) zum Zeitpunkt der Auftragerteilung kann mithilfe des Abzinsungsfaktors (AbF) folgendermaßen berechnet werden:

$$K_0 = K_n \times \frac{1}{q^n} = 1.996.500 \times \frac{1}{1,10^3} = 1.500.000 \text{ €}$$

Anstatt den vollen Kaufpreis (K_n) in Höhe von 1.996.500 € zu bezahlen, müsste der Auftraggeber aufgrund des vorgezogenen Zahlungszeitpunktes nur 1.500.000 € (K_0) für die Anlage bezahlen.

Zweite Variante: Bezahlung mittels dreier nachschüssiger Raten

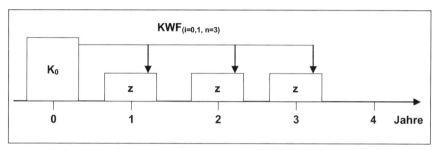

Abb. 63: Nachschüssige Ratenzahlung bei Anzahlungsvereinbarung

Falls der Kunde nicht dazu bereit ist, den gesamten Kaufpreis in Höhe von 1.500.000 € zum Zeitpunkt der Auftragserteilung zu bezahlen, könnte der Anlagenbauer als Alternative beispielsweise drei nachschüssige Raten (immer am Endes jedes Jahres) vereinbaren, damit er das Projekt leichter finanzieren kann. Dadurch, dass die Zahlung nicht zu Beginn des Projekts erfolgt, sondern erst später, ergibt sich ein Zinsvorteil für den Käufer.

Die Raten (z) können mithilfe des Kapitalwiedergewinnungsfaktors (KWF) folgendermaßen berechnet werden:

z = Anschaffungspreis x $KWF_{(i=0,1,\ n=3)}$

$$z = K_0 \times KWF_{(i=0,1, n=3)} = 1.500.000 \text{ €} \times \frac{1,10^3 \times 0,10}{1,10^3 - 1} = 603.172,20 \text{ €}$$

Aufgrund des Zinsvorteils ist die Gesamtsumme der drei Raten von 1.809.516,60 € (= 603.172,20 € x 3) höher, als wenn der Käufer den kompletten Kaufpreis in Höhe von 1.500.000 € bereits zu Beginn des Auftrags leisten würde.

Dritte Variante: Bezahlung mittels dreier vorschüssiger Raten

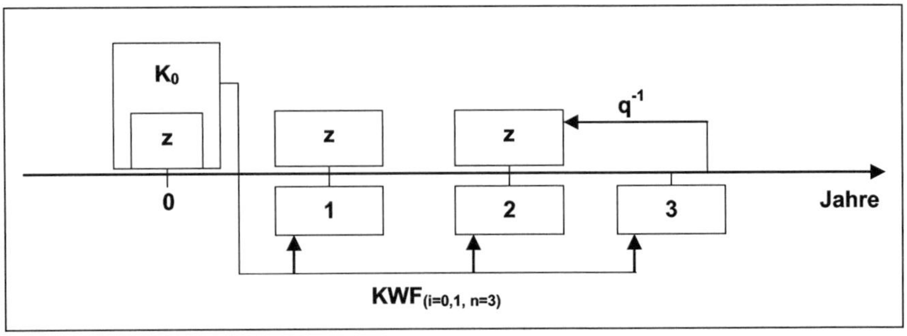

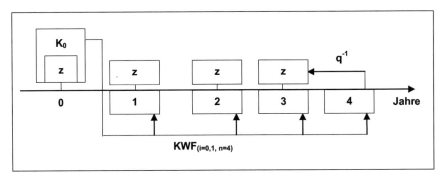

Abb. 64: Vorschüssige Ratenzahlung bei Anzahlungsvereinbarung

In diesen Fall wurden drei vorschüssige Raten (z) vereinbart: Die Zahlungen wurden im Vergleich zu den nachschüssigen Raten immer ein Jahr früher geleistet. Daraus entsteht dem Käufer ein Zinsnachteil und die Zahlungsraten (z) fallen deshalb niedriger aus. Die Höhe der Raten wird mithilfe des Kapitalwiedergewinnungsfaktors und des Abzinsungsfaktors, der die vorschüssige Verzinsung berücksichtigt, berechnet.

$$z = K_0 \times KWF_{(i=0,1, n=3)} \times \frac{1}{q} = 1.500.000\, € \times \frac{1,10^3 \times 0,10}{1,10^3 - 1} \times \frac{1}{1,10} = 548.338,37\, €$$

Vierte Variante: Es werden vier Raten bezahlt, davon eine zu Beginn des Auftrags zum Zeitpunkt t_0, gefolgt von drei nachschüssigen Raten

Abb. 65: Anzahlung in t_0 und drei nachschüssige Ratenzahlungen

Bei dieser Variante werden vier Ratenzahlungen (z) geleistet, und zwar zunächst zum Zeitpunkt der Auftragserteilung und dann jeweils am Ende des ersten, zweiten und dritten Jahres. Die Berechnung wird wieder mithilfe des Kapitalwiedergewinnungsfaktors und des Abzinsungsfaktors durchgeführt:

$$z = K_0 \times KWF_{(i=0,1, n=4)} \times \frac{1}{q} = 1.500.000 \times \frac{1,10^4 \times 0,10}{1,10^4 - 1} \times \frac{1}{1,10} = 430.187,46\, €$$

2.1.2 Lieferantenkredit

Der Lieferantenkredit gehört zur Gruppe der kurzfristigen Kredite. Der Lieferant räumt dem Käufer ein Zahlungsziel ein. Durch die Verzögerung der Zahlung des Käufers an den Lieferanten entsteht ein Lieferantenkredit. Er dient als ein Mittel zur **Absatzförderung**. Mit dem Lieferantenkredit möchte der Lieferant den Abnehmer an sich binden, was dazu führen kann, dass es zu einer langfristigen Kreditgewährung kommen kann, da immer wieder neue Lieferantenkredite entstehen.

Eine häufige Vertragsregelung lautet: „Bei Zahlung innerhalb von 10 Tagen 2 % Skonto, bis 30 Tage Zahlung netto Kasse". Bei dieser Bestimmung erhält der Kunde einen Preisnachlass von 2 % auf den Rechnungsbetrag, wenn er innerhalb von 10 Tagen zahlt. Der Lieferant sichert seine Forderung üblicherweise dadurch ab, dass er die Ware nur unter Eigentumsvorbehalt liefert.

Bei seinem Verkaufspreis kalkuliert der Lieferant die Skontoabzugsmöglichkeit mit ein, damit er seinen geplanten Gewinn erzielen kann. Falls der Käufer die vereinbarte Skontofrist überschreitet, entstehen dem Käufer Kosten in Höhe des nicht mehr möglichen Skontoabzugs. Die Kosten des Lieferantenkredits werden durch den Skontosatz ausgedrückt. Der Skontosatz entspricht dem prozentualen Preisabzug, der dem Käufer gewährt wird, wenn er innerhalb der Skontofrist die Ware bezahlt.

Wird die Skontierungsfrist nicht genutzt geht der Skonto verloren. Der entgangene Skonto entspricht rechnerisch dem Jahreszinskostensatz des Lieferantenkredits.

Die folgende Abbildung zeigt die Kreditbeziehung nach Ablauf der Skontofrist. Innerhalb der Skontofrist kann sich der Käufer entscheiden, ob er den Lieferantenkredit in Anspruch nehmen möchte. Die Kreditlaufzeit endet mit dem in den Zahlungsbedingungen genannten spätesten Zahltag. Der Anreiz zum Skontoabzug wird ersichtlich, wenn aus den Zahlungsbedingungen der vergleichbare Jahreszinssatz errechnet wird.

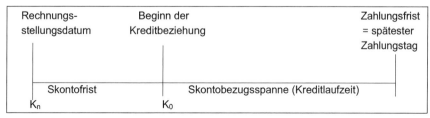

Abb. 66: Lieferantenkredit

Außenfremdfinanzierung

Ein Lieferantenkredit ist in der Regel sehr teuer, da seine Inanspruchnahme im Allgemeinen den Verzicht auf Skontoabzug bedeutet. Um die Kosten des Lieferantenkredits transparent zu machen, muss der Skontosatz in einen Zinssatz auf Jahresbasis umgeformt werden. Dies kann entweder mithilfe eines „mathematischen Ansatzes" oder einer „Näherungsformel" geschehen.

Nur bei Kenntnis des Jahreszinssatzes ist ein Vergleich mit anderen kurzfristigen Finanzierungsinstrumenten möglich.

Die **Näherungsformel** für die Berechnung des Jahreszinssatzes eines Lieferantenkredits lautet[4]:

$$i_{appr} = \frac{S}{z-f} \times 360$$

i_{appr} = (approximativ) Jahreszinssatz (%)
S = Skontosatz (%)
z = Zahlungsziel (Tage)
f = Skontofrist (Tage)
z − f = Skontobezugsspanne (zinspflichtige Tage)

▶ **BEISPIEL: Berechnung des Jahreszinssatzes eines Lieferantenkredits mit der Näherungsformel**

Die Zahlungsbedingungen des Lieferanten lauten: 2 % Skonto bei Zahlung innerhalb von 10 Tagen, sonst rein netto innerhalb von 30 Tagen. Bei Nichtinanspruchnahme des Skontos bedeutet dies einen Jahreszinssatz (approximativ) in Höhe von:

$$i_{appr} = \frac{2\,\%}{30\,\text{Tage} - 10\,\text{Tage}} \times 360\,\text{Tage} = 36\,\%$$

Der Jahreszinssatz (approximativer Effektivzinssatz) für die Inanspruchnahme des Lieferantenkredits beträgt 36 % p.a.

● **Das sollten Sie sich merken:**

Der Jahreszinssatz (i) steigt mit zunehmendem Skontosatz (S) und abnehmender Skontobezugsspanne (z − f).

---

[4] Jahrmann, F.-U.: Finanzierung, 2009, S. 54.

Berechnung des effektiven Jahreszinssatzes mithilfe des finanzmathematischen Ansatzes

Die tatsächliche Höhe des Jahreszinssatzes (effektiv) kann nur mit dem mathematischen Ansatz berechnet werden. Hierfür bietet sich die „Zweizahlungsformel" an. Nur bei Kenntnis des effektiven Jahreszinssatzes (i_{eff}) ist ein Vergleich mit anderen kurzfristigen Finanzierungsinstrumenten möglich.

Nach der Zweizahlungsformel mit dem finanzmathematischen Ansatz kann der Effektivzinssatz des Lieferantenkredits wie folgt berechnet werden:

$$i_{eff} = \left[\left(\frac{K_n}{K_0}\right)^{\frac{365}{t}} - 1\right] \times 100 = \left[\left(\frac{\text{Rechnungsbetrag}}{\text{Barpreis}}\right)^{\frac{\text{Jahr in Tagen}(365)}{\text{Zahlungsaufschub}(t)}} - 1\right] \times 100$$

▶ **BEISPIEL: Effektivzinsberechnung mit finanzmathematischem Ansatz**

Die Zahlungsbedingungen des Lieferanten lauten: 2 % Skonto bei Zahlung innerhalb von 10 Tagen, sonst rein netto innerhalb von 30 Tagen. Der Rechnungsbetrag beträgt 2.000 €. Der Käufer hat die Möglichkeit, innerhalb von 10 Tagen 1.960 € zu zahlen oder nach 30 Tagen 2.000 €. Für die zinspflichtige Kreditlaufzeit von 20 Tagen betragen die Kreditkosten 40 €.

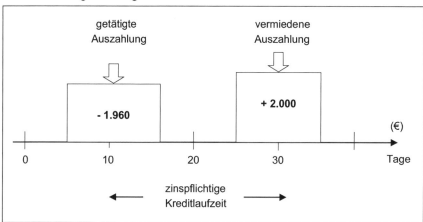

Abb. 67: Grafische Darstellung der Zahlungen beim finanzmathematischen Ansatz

Berechnung des tatsächlichen Effektivzinssatzes mit dem finanzmathematischen Ansatz:

$$i_{eff} = \left[\left(\frac{2.000}{1.960}\right)^{\frac{365}{20}} - 1\right] \times 100 = 0,445852 \times 100 = 44,59\,\%\,(\text{p.a.})$$

Verwendet man den finanzmathematischen Ansatz, ist der Lieferantenkredit mit einem Jahreszinssatz von 44,59 % noch höher als bei der Berechnung mit der Näherungsformel (36 %).

Die beiden Beispielrechnungen zeigten, dass die **Kapitalkosten** für einen Lieferantenkredit **beträchtlich** sind. Eine sofortige Bezahlung der Rechnung unter Ausnutzung der Skontofrist mithilfe eines kurzfristigen Bankkredits wäre in solchen Fällen wirtschaftlicher als die Inanspruchnahme des Lieferantenkredits.

Das sollten Sie sich merken:

Skonti sollten möglichst immer ausgenutzt werden, da der Lieferantenkredit i. d. R. sehr teuer ist.

Vorteile und Nachteile des Lieferantenkredits für den Kreditnehmer

Vorteile des Lieferantenkredits für den Kreditnehmer:[5]

- die **Schnelligkeit** der Kreditgewährung,
- die **Bequemlichkeit** der Kreditgewährung,
- die **Formlosigkeit** der Kreditgewährung,
- das Fehlen einer systematischen **Kreditprüfung,**
- es bedarf keiner bankmäßigen **Kreditsicherheiten** und
- die **Kreditlinie** bei Banken wird entlastet.

Nachteile des Lieferantenkredits für den Kreditnehmer:[6]

- die Höhe der **Kapitalkosten,**
- die Gefahr der Abhängigkeit vom **Lieferanten,**
- die Beeinträchtigung der Kreditwürdigkeit bei einer hohen Inanspruchnahme.

Anmerkung:

Dass viele Abnehmer den Lieferantenkredit trotz seiner erheblichen Nachteile wählen, hat verschiedene Ursachen: Die Verschuldung mancher Unternehmen ist so hoch, dass sie keine weiteren Bankkredite mehr bekommen. Neu gegründete Unternehmen ohne nachgewiesene Ertragskraft und ohne Sicherheiten müssen ebenfalls auf Lieferantenkredite ausweichen. Manche Unternehmen sind sich der

---

[5] Jahrmann, F.-U.: Finanzierung, 2009, S. 55.

[6] Olfert, K.: Finanzierung, 2011, S. 304.

hohen Kosten des Lieferantenkredits nicht bewusst. Andere schließlich senken die Kosten, indem sie die Zahlungsziele kräftig überziehen.

2.2 Kurz- und mittelfristige Bankkredite

Bei den Kreditgeschäften mit Banken unterscheidet man zwischen:

- **Geldleihgeschäften:** Die Bank stellt bei Geldleihgeschäften dem Kreditnehmer einen bestimmten Geldbetrag für eine gewisse Zeit zur Verfügung.
- **Kreditleihgeschäften:** Hier gibt die Bank lediglich ein Versprechen ab, Zahlungen zu leisten, sofern der Kreditnehmer seinen Verpflichtungen nicht nachkommt.

2.2.1 Kontokorrentkredit

Der **Kontokorrentkredit** (auch **Dispo-** oder **Dispositionskredit** genannt) ist die häufigste Form des kurzfristigen Bankkredits. Ein Kreditinstitut räumt beim Kontokorrentkredit einem Kreditnehmer einen Kredit in bestimmter Höhe ein, den der Kreditnehmer entsprechend seinem Bedarf bis zu einem vereinbarten Maximalbetrag — der Kreditlinie — in Anspruch nehmen kann. Darüber hinaus ist gegebenenfalls ein Überschreiten der Kreditlinie — als Überziehungskredit — möglich. Der Kontokorrentkredit räumt dem Bankkunden also das Recht ein, dem Konto Gelder in beliebiger Höhe bis zum Kreditlimit zu entnehmen.

Die **Finanzierungskosten** des Kontokorrentkredits können sich aus folgenden Teilpositionen zusammensetzen:[7]

- **Sollzins**: Der Sollzinssatz ist ein **Nettozinssatz**, der kein Entgelt für die Kreditbereitstellung enthält. Die **Sollzinsen** liegen ca. 4 % bis 8 % über den Geldmarktsätzen bzw. über dem Hauptrefinanzierungszinssatz der Europäischen Zentralbank, sofern keine Kreditprovision berechnet wird. Die Höhe der Sollzinsen ist stark abhängig vom Rating und der Nachfragemacht des Kreditnehmers.
- **Kreditprovision**: Bei der Kreditprovision handelt es sich um einen Zuschlag zum Sollzins oder um ein Entgelt zur Einräumung der Kreditlinie (Bereitstellungsprovision).

---

[7] Olfert, K.: Finanzierung, 2011, S. 309.

- **Überziehungsprovision**: Diese wird zusätzlich zu den Sollzinsen in Rechnung gestellt. Dies geschieht bei der Überziehung des Kontos ohne Kreditvereinbarung, bei Überziehung des eingeräumten Kreditlimits und bei Beanspruchung des Kredits über die vereinbarte Laufzeit hinaus. Die Überziehungsprovision liegt in der Regel 3 bis 4,5 % p.a. über dem vereinbarten Kontokorrentzins.
- **Kontoführungsgebühren**: Oft wird eine pauschale Gebühr als Grundpreis in Rechnung gestellt. Daneben werden Buchungspostengebühren und Kontoauszugsgebühren berechnet.
- **Auslagen/Spesenerstattung**: Sie fallen für Porti, Telefon, Spesen, Gebühren etc. an.

2.2.2 Lombardkredit

Der Lombardkredit ist ein kurz- bis mittelfristiger Festkredit, der zur Deckung eines kurz- oder mittelfristigen Kapitalbedarfs genutzt wird. Er lautet über einen festen Betrag, der in einer Summe zur Verfügung gestellt wird und durch Verpfändung (Lombardierung) von marktgängigen Wertpapieren, Wechseln und Waren gesichert wird. Die Beleihungsgrenzen schwanken je nach Art des Pfands zwischen 50 % (Waren) und 80 % (mündelsichere festverzinsliche Wertpapiere).[8] Die Tilgung erfolgt in einer Summe am Ende der Laufzeit.

2.2.3 Wechseldiskontkredit

Der Wechsel[9] ist eine Urkunde, die die unbedingte Anweisung eines Gläubigers an den Bezogenen (Schuldner) enthält, eine bestimmte Geldsumme zu einem festen Zeitpunkt und Ort an die im Wechsel genannte Person oder an deren Order zu zahlen. Die Urkunde (Wechsel) muss im Text als Wechsel bezeichnet sein. Falls Aussteller und Schuldner dieselbe Person sind, handelt es sich um einen Solawechsel (Eigenwechsel). Der Wechsel enthält acht gesetzlich vorgeschriebene Wechselbestandteile:

- das Wort „**Wechsel**" in der Urkunde,
- den Namen des **Bezogenen (Schuldner der bezahlen soll),**
- die Angabe des **Zahlungsortes,**
- den **Ausstellungstag** und **-ort,**
- die **unbedingte Anweisung** zur Zahlung einer bestimmten Geldsumme,
- die Angabe der **Verfallzeit,**

---

[8] Wöhe, Bilstein, Ernst, Häcker: Grundzüge der Unternehmensfinanzierung, 2009, S. 354.

[9] Jung, H.: Allgemeine Betriebswirtschaftslehre, 12. Auflage, 2010, S. 756.

- den Name des **Wechselnehmers**, an den zu zahlen ist,
- die **Unterschrift** des **Ausstellers** (Trassant).

Ein Wechsel ist angenommen, wenn der Bezogene den Wechsel „quer unterschrieben" hat (Akzept). Der Wechsel ist ein schuldrechtliches Wertpapier. Die Übereignung eines Wechsels erfolgt durch Indossament (= Vermerk auf Rückseite) und Übergabe. Der Indossant haftet für die Forderung nach Weitergabe.

Ein Wechsel kann in folgender Weise verwendet werden:

- Weitergabe als Zahlungsmittel
- Verkauf an eine Bank vor Fälligkeit (Diskontierung)
- Übergabe an die Bank zum Einzug
- Aufbewahrung bis zur Fälligkeit
  — Selbstinkasso (nicht empfehlenswert)
  — Fremdinkasso (Einreichung bereits vor der eigentlichen Fälligkeit möglich)

Ein **Diskontkredit** liegt vor, wenn eine Bank einen noch nicht fälligen Wechsel vom Wechselbegünstigten (Lieferant) ankauft. Der noch nicht fällige Forderungsbetrag wird auf den Wert zum Ankaufstag unter Abzug der Zinsen diskontiert. Die Bank gewährt dem Wechselverkäufer für die Zeit vom Ankaufstag bis zum Fälligkeitstag einen kurzfristigen Kredit unter Abzug der Zinsen für die Restlaufzeit (= Diskont). Die Rückzahlung erfolgt nicht vom Kreditnehmer, sondern vom Wechselschuldner. Der Effektivzinssatz und die Finanzierungsaufwendungen sind von den Zinskosten (Diskont), Provisionen, Gebühren und Barauslagen abhängig. Die folgende Abbildung zeigt den Ablauf eines Diskontkredits.

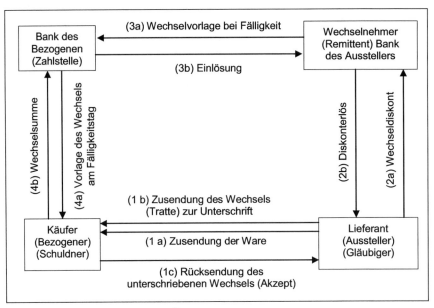

Abb. 68: Ablauf eines Diskontkredits[10]

▶ **BEISPIEL: Diskontkredit**

Die Meier KG hat bei der Schmitt OHG im Jahre 01 noch drei Forderungen offen. Die Meier KG möchte die drei Forderungen mit einem 3-Monatswechsel (6 % Diskont, 0,25 % Spesen) am mittleren Verfalltag der drei Forderungen begleichen. Die Wechselkosten gehen zulasten des Bezogenen. Es stehen die folgenden Forderungen offen:

Forderungen	Verfalldatum	Tage ab dem 15.04.01	$t_i \times h_i$
h_i (Höhe der Forderungen)		t_i (Laufzeit der Forderungen)	
2.000 €	15.04.01	—	—
5.000 €	21.05.01	36	180.000
3.000 €	07.06.01	52	156.000
10.000 €			336.000

Durchschnittliche Laufzeit der Forderungen $\quad = \sum t_i \times h_i : \sum h_i$

= 336.000 : 10.000 = 33,6 Tage (gerundet: 34 Tage)

Mittlerer Verfallstag = 15.04.08 + 34 Tage = 19.05.01 = Ausstellungsdatum

19.08.01 = Wechselfälligkeitsdatum

Der Wechsel für die drei Forderungen wird am 19.05.01 ausgestellt und ist am 19.08.01 fällig.

---

[10] In Anlehnung an: Gräfer; Beike; Scheld: Finanzierung: 5. Auflage, 2001, S. 187.

Diskont (DB)	6 % p.a.	=	1,50 % pro Quartal
Spesen (DS)	0,25 %	+	0,25 %
		=	1,75 % Wechselkosten
			98,25 % Gesamtforderung (10.000,00 €)
			100,00 % Wechselsumme (10.178,12 €)

Da der Bezogene die Kosten trägt, muss die Meier KG einen Wechsel in Höhe von 10.178,12 € ausstellen.

Im Folgenden wird der Jahreszinssatz (i) des Diskontkredits berechnet:

$$i = \frac{DB + DS}{Kredit_{eff}} \times \frac{360}{t} \times 100 = \frac{178,12}{10.000} \times 4 \times 100 = 7,1248\,\% \text{ p.a.}$$

Anmerkung:

Da es sich hierbei um einen Quartalswechsel (3-Monatswechsel) handelt, wurde mit dem Faktor 4 multipliziert und nicht mit 365/t.

Der Effektivzinssatz (i_{eff}) kann wie folgt berechnet werden:

$$i_{eff} = \left[\left(1 + \frac{i}{m}\right)^m - 1\right] \times 100 = \left[\left(1 + \frac{0,071248}{4}\right)^4 - 1\right] \times 100 = 7,32\,\% \text{ p.a.}$$

Weiterhin kann der Effektivzinssatz auch mithilfe der **Zweizahlungsformel** ermittelt werden:

$$i_{eff} = \left(\frac{K_t}{K_0}\right)^{\frac{365}{t}} - 1 = \left(\frac{10.178,12}{10.000,00}\right)^4 - 1 = 0,0731743 \times 100 = 7,32\,\% \text{ p.a.}$$

Der Effektivzins für den Wechsel beträgt 7,32 % p.a.

2.2.4 Akzeptkredit

Beim Akzeptkredit, einer weiteren Form des Wechselkredits, handelt es sich um eine Kreditleihe. Eine Bank ermöglicht bonitätsmäßig einwandfreien Bankkunden, Wechsel auf die Bank zu ziehen und akzeptiert die vom Bankkunden ausgestellten Wechsel (sogenannte Kreditleihe). Der Bankkunde verpflichtet sich, der Bank den Wechselbetrag einen Werktag vor Fälligkeit zur Verfügung zu stellen.

Das Akzept kann der Bankkunde verwenden, um es bei der Akzeptbank zum Diskont einzureichen (Normalfall), um es bei einer anderen Bank zu diskontieren oder um es an Lieferanten zu Zahlungszwecken weiterzureichen.

Die **Finanzierungskosten** setzen sich aus der Akzeptprovision (1,0 — 3,0 % p.a.), der Bearbeitungsgebühr und dem Diskont zusammen.

2.2.5 Rembours- und Negoziationskredit

Der Rembourskredit ist eine Variante des Akzeptkredits, der zur Absicherung von Zielverkäufen im Außenhandel entwickelt wurde. Hierbei handelt es sich um einen Außenhandelskredit, bei dem das Kreditinstitut des Importeurs auf der Basis eines Dokumenten-Akkreditivs einen Wechsel (Tratte) des Exporteurs gegen Einreichung akkreditivgemäßer Dokumente akzeptiert.[11] Unter einem Akkreditiv versteht man einen Auftrag des Akkreditivstellers an ein Kreditinstitut, einem Dritten (Akkreditierten), i. d. R. über eine ausländische Bank, einen bestimmten Geldbetrag zur Verfügung zu stellen und unter festgelegten Bedingungen auszuzahlen.

Der Negoziationskredit ist eine besondere Form des Diskontkredits, bei dem sich das Kreditinstitut des Exporteurs verpflichtet, einen vom Exporteur auf den Importeur gezogenen Wechsel gegen Vorlage eines Dokumenten-Akkreditivs anzukaufen, d. h. bereits bevor der Wechsel von dem Kreditinstitut des Importeurs akzeptiert worden ist.[12]

2.2.6 Avalkredit

Der Avalkredit stellt eine Kreditleihe dar. Beim Avalkredit gibt eine Bank eine Bürgschafts- oder Garantieerklärung zugunsten eines Kunden für eine von diesem eingegangene Verpflichtung gegenüber einem Dritten ab. Das bedeutet, dass die Bank eine Garantie dafür abgibt, dass der Avalkreditnehmer einer bestimmten Verpflichtung nachkommen wird. Das Kreditinstitut stellt keine liquiden Mittel, sondern die eigene Kreditwürdigkeit zur Verfügung (Kreditleihe).

Die folgende Abbildung veranschaulicht die Grundkonstellation des Avalkredits:

---

[11] Gräfer; Schiller; Rösner: Finanzierung: 7. Auflage, 2011, S. 137.

[12] Gräfer; Schiller; Rösner: Finanzierung: 7. Auflage, 2011, S. 138.

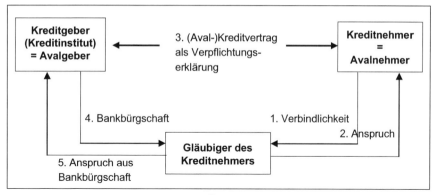

Abb. 69: Grundkonstellation des Avalkredits[13]

Mit der Übernahme einer **Bürgschaft** verpflichtet sich das Kreditinstitut, für die Verbindlichkeiten des Kreditnehmers einem Dritten gegenüber einzustehen (Bankbürgschaft). Die **Bürgschaft** ist akzessorisch, d. h., sie ist vom Bestand, vom Umfang und der Dauer der verbürgten Forderung abhängig.

Indem es eine **Garantie** stellt, verpflichtet sich das Kreditinstitut gegenüber einem Dritten, für einen bestimmten zukünftigen Erfolg einzustehen oder einen künftigen, noch nicht entstandenen Schaden zu übernehmen (**Bankgarantie**). Die **Garantie** ist ein abstraktes Zahlungsversprechen, das von der dem Vertragsabschluss zugrunde liegenden Forderung unabhängig ist.[14]

Was sind die Motive für die Inanspruchnahme eines Avalkredits?

- Geschäfte mit unbekannten oder bonitätsschwachen Partnern werden möglich,
- kapitalbindende Sicherheitsleistungen lassen sich vermeiden.

Merkmale des Avalkredits:[15]

- **Haftung des Kreditinstituts** für die Verbindlichkeiten des Kreditnehmers,
- **Eventualverbindlichkeiten** für den **Avalgeber**, da er nur bei Nichterfüllung des Schuldners leisten muss,
- **keine Bonitätsprüfung** des Schuldners durch den Gläubiger,

---

[13] In Anlehnung an: Jahrmann, F.-U.: Finanzierung, 5. Auflage, 2009, S. 86.

[14] Gräfer; Beike; Scheld: Finanzierung: 5. Auflage, 2001, S. 174.

[15] In Anlehnung an: Jahrmann, F.-U.: Finanzierung, 5. Auflage, 2009, S. 88 ff.

- **Erleichterung des Geschäftsverkehrs** des Kreditnehmers durch Zahlungsaufschub, Zahlungssammlung oder Zahlungsgewährleistung,
- **Kreditkosten** als Provision je nach Art des Avals und der Bonität des Kreditnehmers zwischen 1 % und 3 % p.a.

Zu den Anwendungsbereichen des Avalkredites zählen beispielsweise:[16]

- **Zollaval**: Das Kreditinstitut verpflichtet sich gegenüber der Zollverwaltung für einen Importeur. Die Zollverwaltung gewährt diesem dann einen Zahlungsaufschub für Zölle.
- **Frachtstundungsaval**: Betriebe, die regelmäßig Waren von der Deutschen Bahn AG befördern lassen, können eine Stundung der anfallenden Gebühren dann erreichen, wenn Kreditinstitute gegenüber der Deutschen-Verkehrs-Kredit-Bank AG (die die Abrechnung für die Bahn übernimmt) eine entsprechende Bürgschaft leisten.
- **Bietungsgarantie**: Bei der Ausschreibung von Lieferungen und Leistungen läuft der Auftraggeber Gefahr, dass der Betrieb, dem der Zuschlag erteilt wird, die Verträge schließlich doch nicht abschließt. Für einen solchen Fall werden Konventionalstrafen vorgesehen, die ein Kreditinstitut durch eine Bietungsgarantie absichert.
- **Anzahlungsaval**: Mit einer Anzahlungsgarantie wird — vor allem im Außenhandel — sichergestellt, dass der Auftraggeber eine geleistete Anzahlung zurückerstattet bekommt, wenn die vereinbarte Leistung nicht erbracht wird.
- **Leistungs- und Lieferungsaval**: Hierbei verpflichtet sich der Avalkreditgeber zur Zahlung von Konventionalstrafen, falls der abgeschlossene Vertrag nicht ordnungsgemäß erfüllt wird.
- **Gewährleistungsaval**: Die Durchsetzung von Gewährleistungsansprüchen aus Lieferungen und Leistungen soll gesichert werden, ohne dass der Lieferant oder Unternehmer für die Dauer der Gewährleistungsfrist eine Sicherheit in Geld stellen muss.

---

[16] Wöhe; Bilstein; Ernst; Häcker: Grundzüge der Unternehmensfinanzierung, 2009, S. 366.

3 Langfristige Kreditfinanzierung

Die Formen langfristiger Kreditfinanzierung lassen sich im Wesentlichen folgendermaßen einteilen:

Ohne Einschaltung der Börse:

- langfristige **Bankkredite** und
- langfristige **Darlehen** von nicht institutionellen Kreditgebern
- **Schuldscheindarlehen**

Mit Einschaltung der Börse:

- **Anleihe**: Festzinsanleihen, zinsvariable Anleihen, Nullkuponanleihen (Verschiebung der Zinszahlung bis zur Endfälligkeit), Doppelwährungsanleihen, Gewinnanleihen (begrenzte Beteiligung der Gläubiger am Unternehmenserfolg), Wandelanleihe, Optionsanleihe)

Anleihen und langfristige Bankkredite können sowohl auf dem nationalen als auch auf dem internationalen Kapitalmarkt, insbesondere dem Eurokapitalmarkt, aufgenommen werden.

3.1 Anleihen (Straight Bonds)

Ein klassisches Instrument der langfristigen Kreditfinanzierung ist die **Anleihe**. Bei Anleihen handelt es sich um Schuldverschreibungen, d. h. um verbriefte Kredite. Eine Anleihe stellt ein langfristiges, i. d. R. fest verzinsliches Darlehen dar, das nur von Emittenten mit erstklassiger Bonität herausgegeben werden kann. Als Emittenten können Großunternehmen oder der Staat (Bund oder Länder) auftreten. Über die Börse erhalten die Emittenten von einer Vielzahl von Darlehensgebern einen mehrjährigen festverzinslichen Kredit, wobei eine Stückelung der Gesamtsumme in 100 €, 500 €, 1.000 €, 5.000 € oder 10.000 € Teilschuldverschreibungen erfolgt.

Anmerkung:

Selbst einige Erst-, Zweit- und Drittfußballbundesligavereine, wie z. B. der 1. FC Nürnberg, der 1. FC Köln, Schalke 04, Hertha BSC, der TSV 1860 München, Arminia Bielefeld, Alemannia Aachen oder der FC St. Pauli, nutzten in den vergangenen Jahren das Finanzierungsinstrument „Anleihe".

Die Schuldverschreibungen privater Unternehmungen werden als Industrieobligationen bezeichnet.

Die typischen Kennzeichen einer Anleihe sind:

- Mehrjähriger festverzinslicher Kredit mit endfälliger Tilgung
- Stückelung der Gesamtsumme in Teilschuldverschreibungen z. B. in Höhe von 100 €, 500 €, 1.000 €, 5.000 € oder 10.000 €
- Der Marktwert einer Anleihe entspricht dem mit dem Marktzins abgezinsten Zahlungsstrom

Vorteile von Anleihen	Nachteile von Anleihen
- Stückelung der Gesamtsumme - Einfache Übertragungsmöglichkeit - Kauf und Verkauf über die Börse	- Mindestsumme für Börsenzulassung erforderlich - Relativ hohe Ausgabekosten

Kuponanleihe

Die Kuponanleihe (Festzinsanleihe) ist eine börsenfähige Teilschuldverschreibung mit folgenden festgeschriebenen Merkmalen:

- Laufzeit,
- Rendite,
- festgelegte Zinszahlungszeitpunkte (die Zahlungen erfolgen nachschüssig, meist halbjährlich oder jährlich),
- Anlage-, Zins- und Tilgungswährung stimmen meistens überein,
- garantierter Rückzahlungskurs (meist 100 % = pari).

Diese Wertpapierform ist die älteste und die gebräuchlichste verbriefte Verschuldungsart.

Effektivverzinsung einer Anleihe

Neben dem Nominalzinssatz einer Anleihe ist vor allem die Effektivverzinsung von Bedeutung. Für die Effektivzinsberechnung werden alle Erträge und Kosten einer Anleihe erfasst und es wird ein jährlicher Durchschnittsertrag errechnet. Zusätzlich zur Verzinsung (Dividende) fließen Kursgewinne und -verluste bei Verkauf/Rückzahlung, Nebenkosten bei Kauf (z. B. Agio) und sonstige Kosten (z. B. Depotgebühren) sowie sonstige Erträge (z. B. Bezugsrechtserlöse) mit ein.

Aus der Sicht des Kreditnehmers (Emittent der Anleihe) gibt der effektive Zinssatz die tatsächlichen Finanzierungskosten an, während aus der Sicht des Kreditgebers (Käufer der Anleihe) die erzielte Gesamtrendite (p. a.) der Effektivverzinsung entspricht.

Den Effektivzinssatz kann man mit den folgenden Näherungsformeln berechnen:

a)   Effektivzinsberechnung mit der **Näherungsformel** beim Erwerb einer **Festzinsanleihe** aus der Sicht des Käufers:

$$i_{eff} = \left[\frac{i_{nom} + \dfrac{R-A}{n}}{A} + \frac{\dfrac{sE-sK}{n}}{A} \right] \times 100$$

i_{eff}	= Effektivzinssatz
i_{nom}	= Nominalzinssatz (dezimal)
R	= Rückzahlungskurs (dezimal)
A	= Auszahlungskurs (dezimal)
n	= Laufzeit (Jahre)
sE	= sonstige Erträge (dezimal)
sK	= sonstige Kosten (dezimal)

▶ **BEISPIEL: Effektivverzinsung bei einer Festzinsanleihe aus der Sicht des Käufers**

Sie kaufen als Investor eine Anleihe zu folgenden Konditionen:

Nominalwert:	5.000 €
Nominalzinssatz:	5 % p. a.
Auszahlungskurs:	92 %
Rückzahlungskurs:	100 %
Gebühr Kauforder:	100 €
Laufzeit:	6 Jahre

Berechnung des Effektivzinssatzes:

$$i_{eff} = \left[\frac{0{,}05 + \dfrac{1{,}00 - 0{,}92}{6}}{0{,}92} + \frac{\dfrac{-0{,}02}{6}}{0{,}92} \right] \times 100 = 6{,}52\,\%$$

Der Effektivzinssatz der Anleihe beträgt nach der Näherungsformel 6,52 % p.a., wenn der Käufer der Anleihe (= Kreditgeber) die Anleihe vom Ausgabe- bis zum Rückzahlungszeitpunkt hält.

b)   Effektivzinsberechnung mit der **Näherungsformel** beim Erwerb einer zinsvariablen Anleihe aus der Sicht des Käufers:

Bei den variabel verzinslichen Anleihen handelt es sich, wie der Name schon sagt, um Anleihen mit einem variablen Zinssatz. Der Zinssatz ist nicht über die gesamte Laufzeit konstant, sondern wird jeweils nur für gewisse Perioden (meist 3, 6 oder 12 Monate) festgelegt. Nach Ablauf dieser festgelegten Zeitspanne wird die Zinszahlung nachträglich fällig und der Emittent gibt den Zinssatz für die nächste Zinsperiode bekannt. Dabei hat sich der Emittent bei der Ermittlung der Zinssätze — entsprechend den Anleihebedingungen — an einen bestimmten Referenzzinssatz, z. B. den EURIBOR oder den LIBOR, zu halten. Der Effektivzins kann nach folgender Formel berechnet werden.

$$i_{eff} = \left[\frac{\dfrac{\sum\limits_{j=1}^{n} i_{nomj}}{n} + \dfrac{R - A}{n}}{A} + \frac{\dfrac{sE - sK}{n}}{A} \right] \times 100$$

i_{eff}	= Effektivzinssatz
i_{nom}	= Nominalzinssatz (dezimal)
R	= Rückzahlungskurs (dezimal)
A	= Auszahlungskurs (dezimal)
n	= Laufzeit (Jahre)
sE	= sonstige Erträge (dezimal)
sK	= sonstige Kosten (dezimal)

c)   Effektivzinsberechnung mit der **Näherungsformel** bei der **Emission** einer Festzinsanleihe aus der Sicht des Emittenten:

Hier wird der Effektivzins aus der Sicht des emittierenden Unternehmens ermittelt. Falls sonstige Kosten für das emittierende Unternehmen anfallen, verteuert dies die Finanzierung, d. h., der effektiv zu zahlende Zinssatz erhöht sich. Dagegen bedeuten sonstige Kosten aus der Sicht des Käufers eine Verringerung der Rendite, d. h. der Effektivzinssatz der Investition verringert sich.

Zur Berechnung des effektiven Zinssatzes aus der Sicht des Emittenten wird folgende Formel verwendet:

$$i_{eff} = \left[\frac{i_{nom} + \frac{R - A}{n}}{A} + \frac{\frac{sK}{n}}{A} \right] \times 100$$

▶ **BEISPIEL: Effektivzins einer Festzinsanleihe aus der Sicht des Emittenten**

Ein Unternehmen emittiert eine festverzinsliche Anleihe zu folgenden Konditionen:

Nominalwert:	100 Mio. €
Nominalzinssatz:	6 % p.a.
Auszahlungskurs:	98,5 %
Rückzahlungskurs:	103 %
Platzierungskosten:	1,2 %
Laufzeit:	10 Jahre

Berechnung des Effektivzinssatzes der Anleihe:

$$i_{eff} = \left[\frac{0,06 + \frac{1,03 - 0,985}{10}}{0,985} + \frac{\frac{0,012}{10}}{0,985} \right] \times 100 = 6,67\,\%$$

Die durchschnittlichen Finanzierungskosten der aufgenommenen 98,5 Mio. € betragen aus der Sicht des emittierenden Unternehmens 6,67 %.

3.1.1 Wandelanleihe (Convertible Bonds)

Die Wandelanleihe ist eine Anleihe, die dem Inhaber zusätzlich zu den Gläubigerrechten (Anspruch auf Zins- und Tilgungszahlungen) das Sonderrecht auf einen Umtausch der Anleihe in Aktien einräumt. Der Inhaber der Anleihe kann also innerhalb einer bestimmten Frist in einem festgelegten Umtauschverhältnis und gegebenenfalls unter Zuzahlung die Anleihe in Aktien umtauschen oder die Tilgung der Anleihe abwarten. Nach dem Umtausch geht die Wandelanleihe unter. Die Ausgabe einer Wandelanleihe bedarf eines Hauptversammlungsbeschlusses mit Dreiviertelmehrheit, da zur Wahrung des Umtauschrechts eine bedingte Kapitalerhöhung vorgenommen werden muss.

Bei der Ausgabe von Wandelanleihen ist neben den bei der Industrieobligation üblichen Größen (Laufzeit, Nominalzinssatz, Disagio, Zinszahlungstermine) zusätzlich festzulegen:

- das **Wandlungsverhältnis** (d. h. wie viele Teilschuldverschreibungen welchen Nennwerts sind gegen welche Anzahl an Aktien der Aktiengesellschaft zu tauschen),
- die **Umtauschfrist** (erster und letzter Wandlungszeitpunkt),
- die zu leistenden **Zuzahlungen bei einem Umtausch in Aktien,** die ggf. gestaffelt nach Wandlungszeitpunkten gestaltet werden können.

Worin die Motive für den Erwerb bzw. die Emission von Wandelanleihen liegen können, fasst die folgende Aufzählung zusammen:

Motive für die Emission (Unternehmensperspektive)[17]

- niedrigere Verzinsung als Straight Bonds (Anleihen ohne Zusatzvereinbarung)
- Deckung des erforderlichen Kapitalbedarfs auch in ungünstigen Zeiten
- steuerliche Absetzbarkeit der Fremdkapitalzinsen
- keine Dividendenverpflichtung bis zum Wandlungszeitpunkt
- bei Wandlung keine Kapitalrückzahlung erforderlich

Motive für den Erwerb (Anlegerperspektive)

- hohe Renditechancen bei Kurssteigerungen
- keine Wandlungspflicht
- Mindestanlageertrag durch feste Verzinsung
- bis zur Wandlung kein Risiko eines Eigenkapitalgebers, aber trotzdem ein fester Anlageertrag

3.1.2 Optionsanleihe (Stock-Warrant-Bonds)

Eine Optionsanleihe bietet dem Anleger zusätzlich zur sicheren Zins- und Tilgungszahlung ein Recht, Aktien der emittierenden Gesellschaft zu einem bestimmten Preis innerhalb einer festgelegten Frist zu kaufen, ohne die Anleihe eintauschen zu müssen.

---

[17] Vgl. Jahrmann, F.-U.: Finanzierung, 2009, S. 128 f.

Sowohl bei der Wandelanleihe als auch bei der Optionsanleihe steht dem Anleihen-inhaber das Recht zum Bezug von Aktien zu. Der Unterschied zwischen den beiden Anleiheformen liegt im Fortbestand der Anleihe:

- Wandelanleihe: Der Fremdkapitalgeber wird zum Eigenkapitalgeber, indem er Aktien eintauscht.
- Optionsanleihe: Der Fremdkapitalgeber bleibt Fremdkapitalgeber und wird zu-sätzlich Eigenkapitalgeber.

Die Ausgabe von Optionsanleihen mit dem Optionsrecht auf Aktien bedarf des Be-schlusses der Hauptversammlung des emittierenden Unternehmens mit einer über 75 %igen Mehrheit über eine bedingte Kapitalerhöhung.

3.1.3 Gewinnanleihe

Gewinnanleihen stellen eine Sonderform der Anleihe dar. Sie unterscheiden sich von der traditionellen Anleihe dadurch, dass der Inhaber der Gewinnanleihe zu-sätzlich am Gewinn des Unternehmens beteiligt wird. Die **Gewinnbeteiligung** kann grundsätzlich in folgender Weise geregelt werden:[18]

- Der Gläubiger erhält eine **feste Verzinsung** (Mindestverzinsung), daneben ei-nen Gewinnanspruch in einem bestimmten Verhältnis zur Dividende (Zusatz-zins).
- Der Gläubiger erhält nur eine **gewinnabhängige Verzinsung**, die im Allgemei-nen nach oben begrenzt ist.

Die Inhaber von Gewinnanleihen tragen das Risiko, in Verlustjahren keine Verzin-sung für ihre Anleihen zu erhalten und ferner bei einer starken Gewinnthesaurie-rungspolitik des Unternehmens benachteiligt zu werden. Andererseits haben sie in Jahren hoher Gewinne die Chance, eine Verzinsung zu erhalten, die weit über dem normalen Zins liegt. Aktienrechtlich ist für die Ausgabe einer Gewinnanleihe ebenfalls **eine Dreiviertelmehrheit in der Hauptversammlung erforderlich**. Den Aktionären steht ein Bezugsrecht zu.

---

[18] Wöhe, G. et al.: Grundzüge der Unternehmensfinanzierung, 2009, S. 312.

3.1.4   Neuere Anleiheformen

Null-Kupon-Anleihen (Zero-Bonds)

Eine Null-Kupon-Anleihe ist eine langfristige Schuldverschreibung, bei der das Schuldnerunternehmen keine jährlichen Zinszahlungen während der Laufzeit der Anleihe zu zahlen hat.

Die Zero-Bonds werden in abgezinster Form, d. h. mit einem Disagio (= Abgeld), ausgegeben. Der Zins und der Zinseszins werden zusammen mit dem Tilgungsbetrag erst am Ende der Laufzeit der Anleihe geleistet. Die Rückzahlung erfolgt zu 100 % Bei der Null-Kupon-Anleihe gibt es nur zwei Zahlungsströme: eine Auszahlung (Ausgabekurs der Anleihe) und eine Rückzahlung (Rückgabe der Anleihe). Da es nur zwei Zahlungsströme gibt, kann die Effektivverzinsung einer Null-Kupon-Anleihe mit der sogenannten Zweizahlungsformel ermittelt werden.

Kennzeichen einer Null-Kupon-Anleihe:

- börsenfähige Teilschuldverschreibung
- keine Zinszahlung während der Laufzeit
- Rentabilität ergibt sich aus Differenz zwischen Emissionskurs und Rücknahmekurs
- Bonitätsbewertung des Schuldners kritisch
- für den Investor existiert kein Wiederanlagerisiko, weil die Zinsen zur Emissionsrendite automatisch wieder angelegt werden
- Liquiditätsbelastung bei Rückzahlung für das Unternehmen ist enorm
- extreme Kursempfindlichkeit bei langer (Rest-)Laufzeit, denn die Anleger haben zu berücksichtigen, dass mit steigenden Marktzinsen der Kurs der Null-Kupon-Anleihe sinkt und bei sinkenden Marktzinsen steigt. Diese Effekte sind stärker als bei festverzinslichen Anleihen, da nicht nur der Kapitalbetrag, sondern auch die Zinsen mitverzinst werden.

Die Null-Kupon-Anleihen eignen sich vor allem für Anleger, die aus steuerlichen Gründen beispielsweise für einige Jahre keine Erträge wünschen.

▶ **BEISPIEL: Zero-Bonds**

Ein Unternehmen gibt einen Zero-Bond zu einem Ausgabekurs von 40 % bei einer Laufzeit von 15 Jahren aus. Die Rückzahlung erfolgt zu 100 %.

Es wird zunächst die Effektivverzinsung der Anleihe aus der Sicht des emittierenden Unternehmens mithilfe der Zweizahlungsformel berechnet:

$$i = K_0 \times (1+i)^n$$

$$i = \sqrt[n]{\frac{K_n}{K_0}} - 1 = \sqrt[15]{\frac{100}{40}} - 1 = 0{,}06299 \times 100 = 6{,}3\,\%\,\text{p.\,a.}$$

Die Effektivverzinsung des Zero-Bonds beträgt 6,3 %.

Die folgende Abbildung zeigt, dass das Unternehmen bei der Ausgabe der Null-Kupon-Anleihe eine Einzahlung in Höhe von 40 Geldeinheiten erhält und nach 15 Jahren eine Rückzahlung in Höhe von 100 Geldeinheiten zu leisten hat.

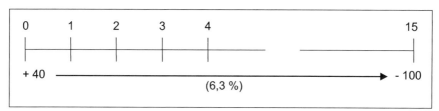

Abb. 70: Ansammlung der Zinsen bei einem Zero-Bond

Anleihen mit variablen Zinssätzen (Floating Rate Notes)

Anleihen mit variabler Verzinsung sind börsenfähige Teilschuldverschreibungen, deren Verzinsung sich mit den Marktgegebenheiten verändert. Falls nach der Emission einer Festzinsanleihe der Marktzinssatz steigt, hat der Käufer der Anleihe das Nachsehen. Der Kurswert seiner Anleihe fällt unter den Ausgabekurs oder den Nennbetrag. Die Höhe des Verlustes ist abhängig von der

- Restlaufzeit der Anleihe und
- Höhe der Steigerung des Marktzinssatzes.

Bei einer Anleihe mit einer variablen Verzinsung kann es zu solchen Kursverlusten nicht kommen, da der Anleihezins in regelmäßigen Zeitabständen von 3, 6 oder 12 Monaten an das aktuelle Marktzinsniveau angepasst wird. Andererseits haben die Anleihen mit der variablen Verzinsung aus Anlegersicht den weiteren Nachteil, dass mit diesen Wertpapieren nicht auf Kursgewinne aufgrund eines sinkenden Marktzinsniveaus spekuliert werden kann.[19]

---

[19] Pape, U.: Grundlagen der Finanzierung und Investition, 2009, S. 181.

Die Zinsanpassung erfolgt in regelmäßigen Abständen und als Referenzzins wird entweder der LIBOR[20] (London Interbank Offered Rate) oder EURIBOR[21] (European Interbank Offered Rate) angesetzt.

Der Anleihezins einer Null-Kupon-Anleihe setzt sich dabei aus

- dem Referenzzinssatz (EURIBOR oder LIBOR) und
- einem Spread (unternehmensspezifischer Risikozuschlag) in Abhängigkeit von der Bonität des Emittenten

Der Zinssatz einer Periode berechnet sich folgendermaßen:

Zinssatz einer Periode = Referenzzins + Spread (konstant)

3.2 Schuldscheindarlehen

Das Schuldscheindarlehen ist ein Darlehen von einem Kreditgeber an einen Kreditnehmer. Es wird gegen Ausstellen eines „Schuldscheins", der als Beweismittel dient, gegeben, ohne dass die Börse zwischengeschaltet wird.

Schuldscheindarlehen können folgendermaßen definiert werden: Sie sind anleiheähnliche, langfristige Großkredite, die bei **Kapitalsammelstellen**, die nicht Banken sind (z. B. Lebensversicherungen, Bausparkassen oder Pensionskassen), aufgenommen werden. Bei Kapitalsammelstellen werden durch freiwilliges oder zwangsweises Sparen regelmäßig große Kapitalsummen angesammelt. Anbieter von Schuldscheindarlehen sind im Allgemeinen **Versicherungsunternehmen** und hier insbesondere **Lebensversicherungen, Pensionskassen, Bausparkassen** und **Investment-Fonds**.

Die Basis des Schuldscheindarlehens ist ein Schuldschein oder ein Kreditvertrag. Aufgrund der großen Finanzvolumina nutzen primär große Industrieunternehmen, öffentlich-rechtliche Körperschaften und Kreditinstitute mit Sonderaufgaben dieses Finanzierungsinstrument zur allgemeinen Unternehmensfinanzierung (sowohl

---

[20] Der LIBOR ist ein Durchschnittszinssatz internationaler Geschäftsbanken am Finanzplatz London, zu dem diese anderen Geschäftsbanken Termingeld anbieten.

[21] Der EURIBOR ist der Zinssatz für Termingelder in Euro im Interbankengeschäft. Der EURIBOR wird für Laufzeiten von 1 Woche, 2 und 3 Wochen und die 12 monatlichen Laufzeiten von 1 Monat bis 12 Monaten ermittelt.

für Betriebsmittel als auch für Investitionen). Das Schuldscheindarlehen wird bei Fälligkeit komplett zurückgezahlt.

Die Finanzierung mit einem Schuldscheindarlehen kann man sich folgendermaßen vorstellen:

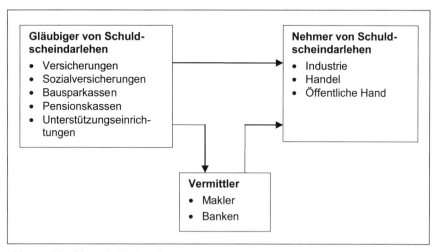

Abb. 71: Ablauf der Schuldscheinfinanzierung

Die folgende Tabelle gibt einen Überblick über die Merkmale von Schuldverschreibungen und Schuldscheindarlehen und zeigt gleichzeitig, worin sich diese beiden Anlageformen unterscheiden:

Merkmal	Schuldverschreibung	Schuldscheindarlehen
Kreditnehmer	nur Gesellschaft mit Emissionsrecht, Börsenfähigkeit	Unternehmungen mit beliebiger Rechtsform, aber hervorragender Bonität
Kreditgeber	institutionelle und private Anleger über Kapitalmarkt (auch in Kleinbeträgen)	Kapitalsammelstellen, insbesondere private Versicherungen (nur Großbeträge)
Schuldurkunde	Wertpapier, Inhaber-, Order- oder Namensschuldverschreibung	Schuldschein als Beweisurkunde bzw. Schuldscheindarlehensvertrag
Fungibilität (Marktgängigkeit von Sachen und Rechten)	hoch, da an der Börse gehandelt	geringe Fungibilität, zum Börsenhandel nicht zugelassen, begrenzte Möglichkeit der Forderungsabtretung
Laufzeit	zwischen 10 und 15 Jahren; starke Tendenz zu kürzerer Laufzeit	individuelle Vereinbarung bis maximal 15 Jahre

Merkmal	Schuldverschreibung	Schuldscheindarlehen
Tilgung	Tilgungsplan festgelegt, zusätzlicher freier Rückkauf über Börse möglich	Tilgung entsprechend Darlehensvertrag
Besicherung	Grundschulden ohne Zwangsvollstreckungsklausel, oft Negativklausel und Covenants	Briefgrundschulden mit Zwangsvollstreckungsklausel
Publizität	Publizitätspflicht für Schuldner	Offenlegung der wirtschaftlichen Verhältnisse nur gegenüber dem Gläubiger, nicht gegenüber der Öffentlichkeit
Nominalzinssatz	je nach Marktlage (Kapitalmarktzins)	Anleihezins + ca. ¼ bis ½ % Punkt
Nebenkosten	Emissionskosten 3—5 % des Nominalwerts, laufende Nebenkosten ca. 1—2 % des Nominalbetrags der Anleihe	einmalige Nebenkosten 1—2 % des Nominalwerts, keine laufenden Nebenkosten
Kündigungsmöglichkeit des Schuldners	im Allgemeinen nach Ablauf der tilgungsfreien Jahre zu den planmäßigen Tilgungsterminen	nur in Ausnahmefällen nach Ablauf der Freijahre
Kurspflege	Kurspflege durch Emittenten oder Emissions-Konsortium	entfällt, da keine Börsennotierung

3.3 Langfristige Bankkredite/Darlehen

Die Kennzeichen eines langfristigen Bankkredits sind:

- er wird bei einem Kreditinstitut aufgenommen,
- es kann sich bei dem Kredit um ein Annuitäten-, Abzahlungs- oder endfälliges Darlehen handeln,
- die Kreditvergabe erfolgt i. d. R. gegen dingliche Sicherheiten,
- die Kreditvergabe und der Kreditzins sind abhängig vom Rating des Kreditnehmers.

Bei einem Darlehen wird der Kreditbetrag in einer Summe bereitgestellt und die Rückzahlung erfolgt entweder in Raten oder am Ende der vereinbarten Laufzeit. Während der Laufzeit sind Zinsen vom Darlehensnehmer an den Darlehensgeber zu bezahlen.

3.3.1 Annuitätendarlehen

Beim Annuitätendarlehen bleibt der Kapitaldienst (Zinsen + Tilgungsrate) über die gesamte Darlehenslaufzeit gleich. Das bedeutet: Während die Zinsraten (Z) sinken (da ja von Rate zu Rate das Darlehen abnimmt und somit weniger verzinst wird), steigen dafür die Tilgungsraten (T). Die Tilgungsraten steigen so, dass die Annuität (Zinsanteil + Tilgungsanteil) immer gleichbleibend ist. Ein Annuitätendarlehen kann nur bei einem Festsatzkredit (fester Zinssatz) vereinbart werden.

Die folgende Abbildung veranschaulicht das Annuitätendarlehen.

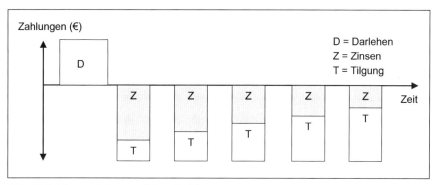

Abb. 72: Zahlungen beim Annuitätendarlehen

Die Berechnung der Annuität erfolgt in zwei Schritten:

1. Ermittlung des Kapitalwiedergewinnungsfaktors (KWF) auch Annuitätenfaktor genannt:

$$KWF_n = \frac{(1+i)^n \times i}{(1+i)^n - 1} = \frac{q^n \times i}{q^n - 1}$$

2. Berechnung der Annuität

Annuität = Barwert (K_0) des Darlehens x Kapitalwiedergewinnungsfaktor

► **BEISPIEL: Annuitätendarlehen**

Ein Darlehen (Barwert K_0) beträgt 100.000 €, die Laufzeit (n) = 5 Jahre und der Kreditzinssatz (i) = 8 % = 0,08.
Zunächst wird die jährliche Annuität (z) berechnet.

$$z = K_0 \times \frac{q^n \times i}{q^n - 1} = 100.000\,€ \times \frac{1,08^5 \times 0,08}{1,08^5 - 1} = 25.045,64\,€$$

Im nächsten Schritt wird der Tilgungsplan (siehe nachfolgende Tabelle) aufgestellt. Dabei werden zunächst die jährliche Zinszahlungen (= Restschuld am Jahresanfang x Zinssatz) und anschließend die jährliche Tilgung (= Annuität minus Zinsen) berechnet. Die Restschuld zum Jahresende ergibt sich, indem von der Restschuld am Jahresanfang die Tilgung des betreffenden Jahres subtrahiert wird.

Tilgungsplan				
Jahr	Restschuld Jahresanfang	Zinsen (8 %)	Tilgung	Annuität	Restschuld Jahresende
	a	b = (a x 0,08)	c = (d − b)	d	e = (a − c)
1	100.000,00 €	8.000,00 €	17.045,64 €	25.045,64 €	82.954,36 €
2	82.954,36 €	6.636,34 €	18.409,30 €	25.045,64 €	64.545,06 €
3	64.545,06 €	5.163,60 €	19.882,04 €	25.045,64 €	44.663,02 €
4	44.663,02 €	3.573,04 €	21.472,60 €	25.045,64 €	23.190,42 €
5	23.190,42 €	1.855,22 €	23.190,42 €	25.045,64 €	0,00 €
		25.228,20 €	100.000,00 €	125.228,20 €	

3.3.2 Festdarlehen (endfälliges Darlehen)

Beim Festdarlehen bestehen die Kapitaldienste des Kreditnehmers während der Laufzeit nur aus **gleichbleibend hohen Zinsen**. Am Ende der Darlehenslaufzeit oder nach einer Kündigungsfrist wird das **gesamte Darlehen in einer Summe getilgt**.

Bei dieser Kreditform spricht man auch von einer Zinshypothek. Die Tilgung erfolgt erst am Ende des n-ten Jahres, beispielsweise durch den Einsatz einer dann fälligen Lebensversicherung. Die folgende Abbildung veranschaulicht das endfällige Darlehen.

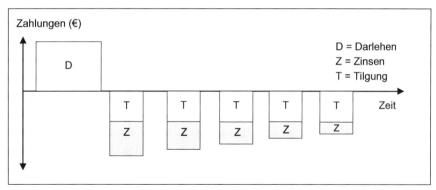

Abb. 73: Zahlungen beim endfälligen Darlehen

▶ **BEISPIEL: Endfälliges Darlehen**

Ein Darlehen in Höhe von 100.000 € mit einer Laufzeit von fünf Jahren und einem Zinssatz von 8 % wird am Ende der Laufzeit zurückgezahlt. Zunächst wird die jährliche Zinslast ermittelt.

Die jährlichen Zinsen betragen 100.000 € x 0,08 = **8.000 €**

Tilgungsplan				
Jahr	Restschuld Jahresanfang	Zinsen	Tilgung	Restschuld Jahresende
	a	**b** = (a x 0,08)	c	**d** = (a − c)
1	100.000 €	8.000 €	0 €	100.000 €
2	100.000 €	8.000 €	0 €	100.000 €
3	100.000 €	8.000 €	0 €	100.000 €
4	100.000 €	8.000 €	0 €	100.000 €
5	100.000 €	8.000 €	100.000 €	0
	Summe	**40.000 €**	**100.000 €**	

3.3.3 Ratendarlehen

Das Ratendarlehen, auch Abzahlungsdarlehen genannt, ist ein i. d. R. langfristiger Kredit, der meist nach Freijahren in gleich hohen Tilgungsbeträgen während der Laufzeit zurückgezahlt wird. Die Rückzahlung erfolgt in jährlich fallenden Beträgen. Dabei bleibt der Tilgungsanteil am Rückzahlungsbetrag gleich, es ändert sich jedoch der Zinsanteil, der mit zunehmender Laufzeit sinkt.

Die folgende Abbildung veranschaulicht das Ratendarlehen.

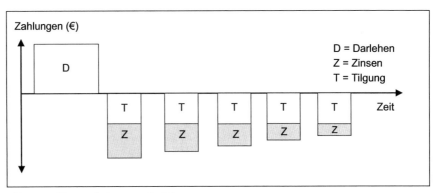

Abb. 74: Zahlungen beim Ratendarlehen

▶ BEISPIEL: Ratendarlehen

Ein Darlehen in Höhe von 100.000 € mit einer Laufzeit von fünf Jahren wird mit einem Zinssatz von 8 % in gleichen Beträgen getilgt.

Zunächst werden die jährlich gleichbleibenden Tilgungsbeträge ermittelt.

Als jährlicher Tilgungsbetrag ergibt sich 100.000 € : 5 Jahre = **20.000 €/Jahr**

Tilgungsplan					
Jahr	Restschuld Jahresanfang	Zinsen	Tilgung	Kapitaldienst	Restschuld Jahresende
	a	$b = (a \times 0{,}08)$	c	$d = (b + c)$	$e = (a - c)$
1	100.000 €	8.000 €	20.000 €	28.000 €	80.000 €
2	80.000 €	6.400 €	20.000 €	26.400 €	60.000 €
3	60.000 €	4.800 €	20.000 €	24.800 €	40.000 €
4	40.000 €	3.200 €	20.000 €	23.200 €	20.000 €
5	20.000 €	1.600 €	20.000 €	21.600 €	0 €
	Summe	**24.000 €**	**100.000 €**	**124.000 €**	

4 Effektivzinsbestimmung bei langfristigen Darlehen

Damit bei unterschiedlichen Darlehensangeboten der Auszahlungs- und Rückzahlungskurs miteinander verglichen werden können, ist es notwendig, den Effektivzinssatz zu berechnen.

Der Effektivzinssatz ist abhängig von:

- dem Nominalzinssatz,
- dem Disagio (Differenz zwischen Rückzahlungs- und Auszahlungsbetrag),
- der Laufzeit,
- den Tilgungsterminen und den Tilgungsmodalitäten.

Die Effektivverzinsung stellt im Gegensatz zum Nominalzins eines Darlehens den Zinssatz dar, bei dem sämtliche Zins- und Tilgungsleistungen mit dem Effektivzinssatz auf den Zeitpunkt der Kreditauszahlung diskontiert werden[22]. Der Effektivzinssatz entspricht dem „internen Zinsfuß" bei der dynamischen Investitionsrechnung mit der „Internen Zinsfußmethode".

4.1 Effektivverzinsung bei einem endfälligen Darlehen

Falls bei einem endfälligen Darlehen ein Disagio (der Auszahlungsbetrag ist geringer als der Rückzahlungsbetrag) vereinbart wurde, so ist der Nominalzinssatz niedriger als der Effektivzinssatz. Das folgende Beispiel veranschaulicht, wie der Effektivzins berechnet wird.

▶ **BEISPIEL: Endfälliges Darlehen**

Es wird ein Darlehen von 100.000 € zu einem Nominalzinssatz von 6 % bei einer Auszahlung von 94 % über 5 Jahre gewährt. Das Darlehen wird zum **Ende des 5. Jahres zurückgezahlt.**

---

[22] Bieg, H. u. Kußmaul. H.: Finanzierung, 2009, S. 131.

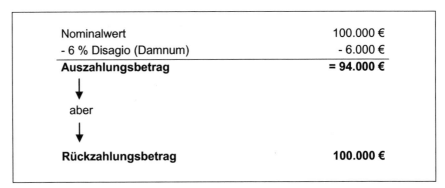

Nominalwert	100.000 €
- 6 % Disagio (Damnum)	- 6.000 €
Auszahlungsbetrag	**= 94.000 €**

↓

aber

↓

Rückzahlungsbetrag	**100.000 €**

Die Effektivverzinsung kann mithilfe der folgenden praxisüblichen **Näherungs-formel** berechnet werden, wenn das Darlehen **zum Ende seiner Laufzeit getilgt** wird.

a) Effektivzinsberechnung mit **Näherungsformel** (bankübliche Näherungs-formel)

$$i_{eff} = \frac{i_{nom} + \frac{R - A}{n}}{A} \times 100$$

i_{eff} = Effektivzinssatz

i_{nom} = Nominalzinssatz (dezimal)

R = Rückzahlungskurs (dezimal)

A = Auszahlungskurs (dezimal)

n = Laufzeit (Jahre)

$$i_{eff} = \frac{0,06 + \frac{1,0 - 0,94}{5}}{0,94} \times 100 = 7,66 \%$$

Der approximativ berechnete Effektivzinssatz beträgt 7,66 %.

b) Genaue Effektivzinsermittlung mithilfe der **Regula falsi** aus der Sicht der Bank

Bei dem endfälligen Darlehen fallen während der Darlehenslaufzeit nur Zinsen an. Die Tilgung erfolgt am Ende des 5. Jahres in einer Summe. Bei der Berech-nung des Effektivzinssatzes wird von der Sicht des Kreditinstituts ausgegan-gen, da die Bank — anders als ein Kreditnehmer — keine Kosten für Sicherhei-tenbestellung (z. B. die Eintragung einer Grundschuld) berücksichtigen muss. Die Bank hat zunächst eine Auszahlung und anschließend Einzahlungen (Zin-sen und die Rückzahlung des Darlehens von Kreditnehmer).

Die Effektivverzinsung wird ermittelt, indem die Zahlungsreihe mit dem gesuchten Effektivzinssatz diskontiert und gleich null gesetzt wird, d. h., der Kapitalwert der Zahlungsreihe muss null sein.

$$C_0 = 0 = -A_0 + \sum_{t=1}^{n} Z_t \times \frac{1}{\left(1+i_{eff}\right)^t} + R_n \times \frac{1}{\left(1+i_{eff}\right)^n}$$

C_0	= Kapitalwert
A_0	= Auszahlungsbetrag im Zeitpunkt 0
Z_t	= Zinszahlung zum Zeitpunkt t
R_n	= Rückzahlungsbetrag im Zeitpunkt n
i_{eff}	= effektiver Zinssatz (Effektivverzinsung)
n	= Darlehenslaufzeit

Da in diesen Fall die Zinszahlungen jedes Jahr gleich hoch sind, kann aus Vereinfachungsgründen für die Ermittlung des Effektivzinssatzes der Rentenbarwertfaktor (RBF) benutzt werden.

Es werden wie bei der „Internen Zinsfußmethode" zwei Versuchszinssätze (i_1 = niedrigerer Zinssatz und i_2 = höherer Zinssatz) eingesetzt, um einmal einen positiven und das andere Mal einen negativen Kapitalwert zu erhalten. Dabei sollten die jeweiligen Kapitalwerte möglichst nahe an null sein.

$C_0 = -94.000 \text{ €} + 6.000 \text{ €} \times RBF_5 + 100.000 \text{ €} \times AbF_5$

C_0	= Kapitalwert
RBF	= Rentenbarwertfaktor
AbF	= Abzinsungsfaktor
i_1	= Versuchszinssatz Nr. 1 (niedriger Zinssatz, Ziel = positiver Kapitalwert)
i_2	= Versuchszinssatz Nr. 2 (höherer Zinssatz, Ziel = negativer Kapitalwert)

$$\text{Rentenbarwertfaktor (RBF)} = \frac{q^n - 1}{q^n \times i}$$

Die Kapitalwerte werden mit den zwei Versuchszinssätze i_1 = 7,0 % und i_2 = 7,5 % berechnet.

$i_1 = 7,0 \text{ %}$

$C_{01} = -94.000 \text{ €} + 6.000 \text{ €} \times 4,100197 + 100.000 \text{ €} \times 0,712986 = +1.899,80 \text{ €}$

$i_2 = 7,5 \text{ %}$

$C_{02} = -94.000 \text{ €} + 6.000 \text{ €} \times 4,045885 + 100.000 \text{ €} \times 0,696559 = -68,79 \text{ €}$

Da nun ein positiver und ein negativer Kapitalwert zur Verfügung stehen, kann mithilfe der folgenden Formel (wie bei der „Internen Zinsfußmethode") der Effektivzinssatz ermittelt werden.

$$i_{eff} = i_1 + C_{01}^+ \times \frac{i_2 - i_1}{C_{01} - C_{02}}$$

$$i_{eff} = 0,07 + 1.899,80 \times \frac{0,075 - 0,07}{1.899,80 - (-68,79)} = 0,0748 \times 100 = 7,48 \text{ %}$$

Der Effektivzinssatz des endfälligen Darlehens mit einem Disagio von 6 % und einem Nominalzinssatz von 6 % bei einer Laufzeit von fünf Jahren beträgt 7,48 %. Die beiden vorgestellten Methoden führen zu unterschiedlichen Ergebnissen, wobei die Berechnung mit der Regula falsi (Effektivzinssatz = 7,48 %) ein exakteres Ergebnis ergibt wie die Berechnung mit der Näherungsformel (Effektivzinssatz = 7,66 %).

c)   Effektivverzinsung mithilfe des **Restwertverteilungsfaktors (RVF)**

Die Methode mit der Regula falsi ist aufwendig, weist aber den korrekten Effektivzinssatz aus. Die Näherungsformel dagegen enthält Fehler, sodass bei großen Darlehen, die über mehrere Jahre laufen, Abweichungen von einigen Zehntelprozentpunkten entstehen können. Somit wird mit der Näherungsformel ein nicht korrekter Effektivzinssatz ausgewiesen. Der Grund: Die einfache Division des Disagios durch die Laufzeitjahre des Darlehens nach der Näherungsformel ist finanzmathematisch nicht korrekt. Sie vernachlässigt, dass die Zahlungen zu unterschiedlichen Zeitpunkten anfallen und sie ignoriert Zins und Zinseszinsen[23]. Diesen Fehler kann man leicht korrigieren, wenn man das Disagio mithilfe des **Restwertverteilungsfaktors (RVF)** auf die Laufzeit verteilt.[24] Die Formel für den Effektivzinssatz lautet:

$$i_{eff} = \frac{i_{nom} + (R - A) \times RVF}{A} \times 100 \qquad RVF = \frac{i}{q^n - 1}$$

Die Berechnung des Effektivzinssatzes mithilfe des Restwertverteilungsfaktors

Die Werte werden aus dem vorherigen Beispiel übernommen. Für den Restwertverteilungsfaktor (RVF) werden für i = 6 % und für n = 5 Jahre angesetzt.

$$RVF = \frac{i}{q^n - 1} = \frac{0,06}{1,06^5 - 1} = 0,1773964$$

Jetzt kann der Effektivzinssatz (i_{eff}) wie folgt berechnet werden:

$$i_{eff} = \frac{0,06 + (1,0 - 0,94) \times 0,1773964}{0,94} \times 100 = 7,51\%$$

Der mithilfe des Restwertverteilungsfaktors (RVF) ermittelte Wert von 7,51 % stimmt fast mit dem Ergebnis der „Regula Falsi" überein. Die RFV-Lösung ist somit hinreichend genau.

---

[23] Däumler, K.: Betriebliche Finanzwirtschaft, 1997, S.168.

[24] Jahrmann, F.-U.: Finanzierung, 2009, S. 106.

4.2 Effektivverzinsung bei einem Ratendarlehen (Abzahlungsdarlehen)

Falls ein langfristiger Bankkredit oder eine Anleihe bzw. ein Schuldscheindarlehen nicht erst zum Laufzeitende zu tilgen ist, sondern kontinuierlich durch **gleiche jährliche Abzahlungsraten** getilgt wird, benötigt man für die Berechnung des Effektivzinssatzes die **„mittlere Laufzeit"** des Kredits.

Allgemein gilt:

Die Tilgungsrate, die im Zeitpunkt 1 fällig ist, steht dem Darlehensnehmer nur ein Jahr zur Verfügung, die zweite Tilgungsrate zwei Jahre, die Dritte drei Jahre, die Vierte vier Jahre usw. Die **mittlere Laufzeit t_m** ergibt sich, indem man das arithmetische Mittel aus t_1 (Laufzeit der Tranche 1 = kürzeste Laufzeit) und aus t_n (Laufzeit der Tranche n = längste Laufzeit) errechnet. Die mittlere Laufzeit (t_m) wird wie folgt berechnet:

$$t_m = \frac{n+1}{2}$$

t_m = mittlere Laufzeit
n   = gesamte Laufzeit (Tilgungszeit)

Der Effektivzinssatz wird beim Ratendarlehen mit der Näherungsformel wie folgt berechnet:

$$i_{eff} = \frac{i_{nom} + \dfrac{R - A}{t_m}}{A} \times 100$$

i_{eff} = Effektivzinssatz
i_{nom} = Nominalzinssatz (dezimal)
R   = Rückzahlungskurs (dezimal)
A   = Auszahlungskurs (dezimal)
t_m = mittlere Laufzeit (Jahre)

▶ **BEISPIEL: Ermittlung der mittleren Laufzeit**

Wie groß ist die mittlere Laufzeit einer Anleihe, die mit gleichen jährlichen Teilbeträgen getilgt wird, bei einer Gesamtlaufzeit von:
- fünf Jahren,
- acht Jahren.

Berechnung der mittleren Laufzeit (t_m) bei einer Gesamtlaufzeit von 5 Jahren

$$t_m = \frac{n+1}{2} = \frac{5+1}{2} = 3,0 \text{ Jahre}$$

Berechnung der mittleren Laufzeit (t_m) bei einer Gesamtlaufzeit von 8 Jahren

$$t_m = \frac{n+1}{2} = \frac{8+1}{2} = 4,5 \text{ Jahre}$$

a) Effektivzinsberechnung mit **Näherungsformel**

▶ **BEISPIEL: Effektivzinsberechnung eines Ratendarlehens**

Für ein Ratendarlehen über 100.000 € mit einem Disagio von 6 %, einer Laufzeit von 5 Jahren und einem Nominalzinssatz von 6 % ergibt sich bei einer **jährlich in gleichen Raten erfolgenden Tilgung** als Effektivzinssatz:

$$i_{eff} = \frac{0,06 + \dfrac{1,0 - 0,94}{\frac{5+1}{2}}}{0,94} \times 100 = 8,51 \%$$

Effektivzinsbestimmung bei Abzahlungstilgung mit tilgungsfreien Jahren

Beginnt die Tilgung eines Ratendarlehens erst nach einigen **tilgungsfreien Jahren**, so sind die **Freijahre (t_f)** bei der Berechnung der mittleren Laufzeit (t_m) wie folgt zu berücksichtigen:

$$t_m = t_f + \frac{(n - t_f) + 1}{2}$$

t_f = tilgungsfreie Laufzeit

Um den **effektiven Zinssatz** zu errechnen, ist für eine Darlehenslaufzeit (**n**) in der Grundformel die **mittlere Laufzeit (t_m)** unter Berücksichtigung der **tilgungsfreien Laufzeit (t_f)** anzusetzen.

▶ **BEISPIEL: Effektivzinsberechnung mit Näherungsformel bei Ratendarlehen mit tilgungsfreien Jahren**

Für die im obigen Beispiel genannten Daten ergibt sich bei zunächst **zwei tilgungsfreien Jahren** und einer danach **jährlich in gleichen Raten erfolgenden Tilgung** folgender Effektivzinssatz:

$$i_{eff} = \frac{0,06 + \dfrac{1,0 - 0,94}{2 + \dfrac{(5-2)+1}{2}}}{0,94} \times 100 = 7,978\,\%$$

b) Genaue Effektivzinsermittlung mithilfe der **Regula Falsi ohne tilgungsfreie Jahre**

Wie bereits erwähnt, ist — verglichen mit der Näherungsformel — die Ermittlung des Effektivzinssatzes mit der Regula falsi genauer, da die finanzmathematische Methode der „Internen Zinsfußmethode" angewandt wird.

▶ **BEISPIEL: Effektivzinsberechnung eines Ratendarlehens aus Sicht des Kreditgebers**

Die Darlehenshöhe beträgt 100.000 €, der Auszahlungsbetrag beträgt 94.000 € und der Nominalzinssatz beträgt 6 % bei einer Laufzeit von fünf Jahren.
Die Effektivverzinsung wird ermittelt, indem die Zahlungsreihe mit dem gesuchten Effektivzinssatz diskontiert und gleich null gesetzt wird, d. h. der Kapitalwert der Zahlungsreihe muss null sein.

$$C_0 = 0 = -A_0 + \sum_{t=1}^{n} K_t \times \frac{1}{\left(1 + i_{eff}\right)^t}$$

C_0 = Kapitalwert
A_0 = Auszahlungsbetrag im Zeitpunkt 0
K_t = Kapitaldienst (Zinsen + Tilgung) zum Zeitpunkt t
i_{eff} = effektiver Zinssatz (Effektivverzinsung)
n = Darlehenslaufzeit

Zunächst werden die jährlich gleichbleibenden Tilgungsbeträge und die jährlichen Zinszahlungen ermittelt.
Als jährlicher Tilgungsbetrag ergibt sich 100.000 € : 5 Jahre = **20.000 €/Jahr.**

Tilgungsplan					
Jahr	Restschuld Jahresanfang	Zinsen	Tilgung	Kapitaldienst	Restschuld Jahresende
	a	b = (a x 0,06)	c	d = (b + c)	e = (a − c)
1	100.000 €	6.000 €	20.000 €	26.000 €	80.000 €
2	80.000 €	4.800 €	20.000 €	24.800 €	60.000 €
3	60.000 €	3.600 €	20.000 €	23.600 €	40.000 €
4	40.000 €	2.400 €	20.000 €	22.400 €	20.000 €
5	20.000 €	1.200 €	20.000 €	21.200 €	0 €
	Summe	18.000 €	100.000 €	118.000 €	

Als Nächstes werden die Kapitalwerte mit den zwei Versuchszinssätze i_1 und i_2 berechnet:

C_0 = − 94.000 € + 26.000 € x AbF$_1$ + 24.800 € x AbF$_2$ + 23.600 € x AbF$_3$ + 22.400 € x AbF$_4$ + 21.200 € x AbF$_5$

C_0 = Kapitalwert

AbF = Abzinsungsfaktor

i_1 = Versuchszinssatz Nr. 1 (niedriger Zinssatz, Ziel = positiver Kapitalwert)

i_2 = Versuchszinssatz Nr. 2 (höherer Zinssatz, Ziel = negativer Kapitalwert)

Es werden folgende Versuchszinssätze für die Berechnung der Kapitalwerte angenommen:

i_1 = 0,08 (8 %)

i_2 = 0,085 (8,5 %)

C_{01} = − 94.000 € + 26.000 € x 0,925926 + 24.800 € x 0,857339 + 23.600 € x 0,793832 + 22.400 € x 0,735030 + 21.200 € x 0,680583 = + **963,55 €**

C_{02} = − 94.000 € + 26.000 € x 0,921659 + 24.800 € x 0,849455 + 23.600 € x 0,782908 + 22.400 € x 0,721574 + 21.200 € x 0,665045 = − **231,52 €**

Aus den beiden Kapitalwerten wird wie bei der „internen Zinsfußmethode" der Effektivzinssatz mit folgender Formel berechnet.

$$i_{eff} = \left[i_1 + C_{01} \times \frac{i_2 - i_1}{C_{01} - C_{02}} \right] \times 100$$

Der Effektivzinssatz des Ratendarlehens mit 6 % Disagio und einem Nominalzinssatz von 6 % bei einer Laufzeit von fünf Jahren beträgt **8,40 %**.

$$i_{eff} = \left[0,08 + 963,55 € \times \frac{0,085 - 0,08}{963,55 € - (-231,51€)} \right] \times 100 = 8,40 \%$$

c) Genaue Effektivzinsermittlung mithilfe der **Regula falsi bei tilgungsfreien Jahren**

 BEISPIEL: Effektivzinsberechnung eines Ratendarlehens aus Sicht des Kreditgebers mit tilgungsfreien Jahren

Die Darlehenshöhe beträgt 100.000 €, der Auszahlungsbetrag 94.000 € und der Nominalzinssatz 6 % bei einer Laufzeit von fünf Jahren und zwei tilgungsfreien Jahren.

Tilgungsplan					
Jahr	Restschuld Jahresanfang	Zinsen	Tilgung	Kapitaldienst	Restschuld Jahresende
	a	b = (a x 0,06)	c	d = (b + c)	e = (a − c)
1	100.000,00 €	6.000,00 €	0 €	6.000,00 €	100.000,00 €
2	100.000,00 €	6.000,00 €	0 €	6.000,00 €	100.000,00 €

Tilgungsplan					
3	100.000,00 €	6.000,00 €	33.333,33 €	39.333,33 €	66.666.67 €
4	66.666,67 €	4.000,00 €	33.333,34 €	37.333,34 €	33.333,33 €
5	33.333,33 €	2.000,00 €	33.333,33 €	35.333,33 €	0 €
	Summe	24.000,00 €	100.000,00 €	124.000,00 €	

$C_0 = -94.000\,€ + 6.000\,€ \times AbF_1 + 6.000\,€ \times AbF_2 + 39.333,33\,€ \times AbF_3 + 37.333,34\,€ \times AbF_4 + 35.333,33\,€ \times AbF_5$

Es werden folgende Versuchszinssätze für die Berechnung der Kapitalwerte angenommen:

$i_1 = 0,07\ (7\ \%)$

$i_2 = 0,08\ (8\ \%)$

$C_{01} = -94.000\,€ + 6.000\,€ \times 0,934579 + 6.000\,€ \times 0,873439 + 39.333,33\,€ \times 0,816298 + 37.333,34\,€ \times 0,762895 + 35.333,33\,€ \times 0,712986 = +2.629,42\,€$

$C_{02} = -94.000\,€ + 6.000\,€ \times 0,925926 + 6.000\,€ \times 0,857339 + 39.333,33\,€ \times 0,793832 + 37.333,34\,€ \times 0,735030 + 35.333,33\,€ \times 0,680583 = -587,97\,€$

Aus den beiden Kapitalwerten wird wie bei der „internen Zinsfußmethode" der Effektivzinssatz mit folgender Formel berechnet:

$$i_{eff} = \left[i_1 + C_{01} \times \frac{i_2 - i_1}{C_{01} - C_{02}} \right] \times 100$$

Der Effektivzinssatz des Ratendarlehens mit 6 % Disagio und einem Nominalzinssatz von 6 % bei einer Laufzeit von fünf Jahren und zwei tilgungsfreien Jahren beträgt 7,82 %.

$$i_{eff} = \left[0,07 + 2.629,42\,€ \times \frac{0,08 - 0,07}{2.629,42\,€ - (-587,97\,€)} \right] \times 100 = 7,82\ \%$$

d) Effektivzinsermittlung mithilfe des Restwertverteilungsfaktors ohne tilgungsfreie Jahre

▶ **BEISPIEL: Effektivzinsberechnung eines Ratendarlehens aus Sicht des Kreditgebers ohne tilgungsfreie Jahre**

Die Darlehenshöhe beträgt 100.000 €, der Auszahlungsbetrag beträgt 94.000 € und der Nominalzinssatz (i_{nom}) beträgt 6 % bei einer Laufzeit (n) von fünf Jahren.

Im ersten Schritt wird die mittlere Laufzeit (t_m) berechnet:

$$t_m = \frac{n+1}{2} = \frac{5+1}{2} = 3\ \text{Jahre}$$

Als Nächstes wird der Effektivzinssatz (i_{eff}) berechnet:

$$i_{eff} = \frac{i_{nom} + (R-A) \times RVF}{A} \times 100 \qquad RVF = \frac{i}{q^{tm} - 1}$$

$$RVF = \frac{i}{q^{tm} - 1} = \frac{0,06}{1,06^3 - 1} = 0,3141098$$

$$i_{eff} = \frac{0,06 + (1,0 - 0,94) \times 0,3141098}{0,94} \times 100 = 8,39\,\%$$

Der Effektivzinssatz (i_{eff}) des Ratendarlehens mit 6 % Disagio und einem Nominalzinssatz (i_{nom}) von 6 % bei einer Laufzeit von fünf Jahren beträgt **8,39 %**.

e)   Genaue Effektivzinsermittlung mithilfe des Restwertverteilungsfaktors bei zwei tilgungsfreien Jahren

▶ **BEISPIEL: Ratendarlehen mit tilgungsfreien Jahren**

Die Darlehenshöhe beträgt 100.000 €, der Auszahlungsbetrag beträgt 94.000 € und der Nominalzinssatz beträgt 6 % bei einer Laufzeit (t) von fünf Jahren und zwei tilgungsfreien Jahren (t_f).
Im ersten Schritt wird die mittlere Laufzeit (t_m) berechnet.

$$t_m = t_f + \frac{(t - t_f) + 1}{2} = 2 + \frac{(5 - 2) + 1}{2} = 4\,\text{Jahre}$$

Im nächsten Schritt wird der Effektivzinssatz ermittelt.

$$i_{eff} = \frac{i_{nom} + (R - A) \times RVF}{A} \times 100 \qquad RVF = \frac{i}{q^{tm} - 1}$$

$$RVF = \frac{i}{q^{tm} - 1} = \frac{0,06}{1,06^4 - 1} = 0,2285915$$

$$i_{eff} = \frac{0,06 + (1,0 - 0,94) \times 0,2285915}{0,94} \times 100 = 7,84\,\%$$

Der mithilfe des Restwertverteilungsfaktors ermittelte Effektivzinssatz beträgt **7,84 %**.

4.3   Effektivverzinsung bei einem Annuitätendarlehen

▶ **BEISPIEL: Annuitätendarlehen**

Es wird ein Darlehen von 100.000 € zu einem Nominalzinssatz von 6 % bei einer Auszahlung von 94 % über 5 Jahre gewährt, das in jährlichen Annuitäten zurückbezahlt wird.

K_0 = 100.000 €
n = 5 Jahre
i = 0,06 = 6 % (Nominalzinssatz)

Zunächst wird die jährliche Annuität (z), d. h. der zu erbringende Kapitaldienst, berechnet.

$$z = K_0 \times \frac{q^n \times i}{q^n - 1} = 100.000\,€ \times \frac{1,06^5 \times 0,06}{1,06^5 - 1} = 23.739,63\,€$$

Im Folgenden ist der Tilgungsplan des Annuitätendarlehens dargestellt:

Tilgungsplan					
Jahr	Restschuld Jahresanfang	Zinsen (6 %)	Tilgung	Annuität	Restschuld Jahresende
	a	b = (a x 0,06)	c = (d − b)	d	e = (a − c)
1	100.000,00	6.000,00	17.739,64	23.739,64	82.260,36
2	82.260,38	4.935,62	18.804,02	23.739,64	63.456,35
3	63.456,35	3.807,38	19.932,26	23.739,64	43.524,09
4	43.524,09	2.611,45	21.128,19	23.739,64	22.395,90
5	22.395,90	1.343,74	22.395,90	23.739,64	0,00
		18.698,20	100.000,00	118.698,20	

a) **Ermittlung der Effektivverzinsung approximativ mit der Näherungsformel**

Zunächst muss die mittlere Laufzeit (t_m) berechnet werden:

$$t_m = \frac{n+1}{2} = \frac{5+1}{2} = 3\,\text{Jahre}$$

Jetzt kann mittels der Näherungsformel der approximative Effektivzinssatz ermittelt werden:

$$i_{eff} = \frac{i_{nom} + \dfrac{R - A}{t_m}}{A} \times 100$$

$$i_{eff} = \frac{0,06 + \dfrac{1,0 - 0,94}{3}}{0,94} \times 100 = 8,51\%$$

Der approximativ ermittelte Effektivzinssatz beträgt 8,51 %.

b) **Effektivzinsberechnung mithilfe des Kapitalwiedergewinnungsfaktors (KWF)**

Den genaueren Effektivzinssatz (i_{eff}) kann man bei einer konstanten Zahlungsreihe ohne zusätzliche Abschlusszahlung ($K_n = 0$) in den finanzmathematischen

Tabellen über den Tabellenzinssatz des Kapitalwiedergewinnungsfaktors (KWF), die Sie in den Online Arbeitshilfen finden, ermitteln.

Allgemein kann für den Fall mit jährlich konstanten Rückflüssen (= Annuität z) der Effektivzinssatz mithilfe des Zahlenwertes des Kapitalwiedergewinnungsfaktors bestimmt werden. Dazu muss zunächst der Zahlenwert des Kapitalwiedergewinnungsfaktors gemäß der folgenden Formel berechnet werden:

$$\text{Kapitalwiedergewinnungsfaktor (KWF)} = \frac{\text{Annuität}}{\text{Auszahlungsbetrag des Darlehens}} = \frac{z}{A_0}$$

Mit dem ermittelten Wert des Kapitalwiedergewinnungsfaktors und der bekannten Laufzeit (n) des Darlehens suchen Sie den entsprechenden Zinssatz (= Effektivzinssatz) in der finanzmathematischen Tabelle.

Bei dieser Berechnung ist zu berücksichtigen, dass der Kreditgeber dem Kreditnehmer lediglich 94.000 € auszahlt und für die Dauer von 5 Jahren eine Annuität von 23.739,64 € erhält. Daraus ergibt sich folgender Zahlungsstrahl aus der Sicht des Kreditgebers.

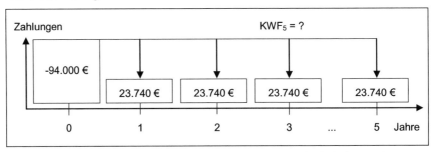

Es ist nun zu berechnen, bei welchem Zinssatz der Kapitalwiedergewinnungsfaktor (KWF) die Auszahlungssumme von 94.000 € auf die Laufzeit von 5 Jahren so verteilt, dass die Annuität in Höhe von 23.739,64 € erreicht wird. Zunächst stellen Sie die folgende Gleichung auf:

94.000 € x KWF_5 = 23.739,64 €

Als Nächstes wird der Wert des Kapitalwiedergewinnungsfaktors (KWF_5) bei einer Laufzeit von fünf Jahren berechnet.

$$\text{KWF}_5 = \frac{\text{Annuität}}{\text{Auszahlungsbetrag}} = \frac{23.739,64}{94.000} = 0{,}252549362$$

Sie kennen jetzt den Wert des Kapitalwiedergewinnungsfaktors für fünf Jahre und suchen den dazugehörigen Zinssatz. In der Tabelle der finanzmathematischen Faktoren finden Sie ihn unter der Laufzeit von fünf Jahren:

KWF_5 = 0,250456   Tabellenzinssatz: 8,0 %

KWF_5 = 0,253766   Tabellenzinssatz: 8,5 %

Der Effektivzinssatz (i_{eff}) muss zwischen 8,0 % und 8,5 % liegen. Sie können den gesuchten Effektivzinssatz mithilfe der linearen Interpolation — das ist die Errechnung von Werten, die zwischen zwei bekannten Funktionswerten liegen — ermitteln.

$$0{,}250456 \rightarrow 8{,}0\,\%$$
$$0{,}253766 \rightarrow 8{,}5\,\%$$
$$\Bigg\} \quad 0{,}00331 \rightarrow 0{,}5\,\%$$

$$0{,}250456 \rightarrow 8{,}0\,\%$$
$$0{,}252549 \rightarrow \ ?\,\%$$
$$\Bigg\} \quad 0{,}002093 \rightarrow X\,\%$$

Auflösung nach X mit Dreisatz:

$$\frac{0{,}5\,\%}{0{,}00331} = \frac{X\,\%}{0{,}002093}$$

$$X\,\% = \frac{0{,}5\,\%}{0{,}00331} \times 0{,}002093 = 0{,}316\,\%$$

Berechnung des Effektivzinssatzes (i_{eff}) = 8 % + x % = 8,316 %

Der effektive Jahreszinssatz des Annuitätendarlehens beträgt 8,316 %.

c) Effektivzinsberechnung mithilfe der Regula falsi

Zunächst wird anhand von Probierzinssätzen versucht, mit einem niedrigeren Zinssatz einen positiven Kapitalwert und mit einem höheren Versuchszinssatz einen negativen Kapitalwert der Zahlungsreihe zu berechnen. Um die Kapitalwerte berechnen zu können, muss die Kapitalwertfunktion aufgestellt werden. Da die jährlichen Zahlungen beim Annuitätendarlehen immer gleich hoch sind, kann man den Kapitalwert mithilfe des Rentenbarwertfaktors (RBF) berechnen.

$$C_0 = -\ 94.000\ € + 23.739{,}64\ € \times RBF_5$$

$$\text{Rentenbarwertfaktor (RBF)} = \frac{q^n - 1}{q^n \times i}$$

C_0	= Kapitalwert
RBF	= Rentenbarwertfaktor
i_1	= Versuchszinssatz Nr. 1 (niedriger Zinssatz, Ziel = positiver Kapitalwert)
i_2	= Versuchszinssatz Nr. 2 (höherer Zinssatz, Ziel = negativer Kapitalwert)

Berechnung des Kapitalwertes mit dem niedrigeren Zinssatz (i_1).

$$i_1 = 8\,\%$$
$$C_{01} = -\ 94.000\ € + 23.739{,}64\ € \times 3{,}992710 = +785{,}49\ €$$

Berechnung des Kapitalwertes mit dem höheren Zinssatz (i_2).

$$i_2 = 9\,\%$$
$$C_{02} = -\ 94.000\ € + 23.739{,}64\ € \times 3{,}889651 = -\ 1.661{,}08\ €$$

Im nächsten Schritt wird mithilfe der Interpolation der Effektivzinssatz (i_{eff}) berechnet:

$$i_{eff} = \left[i_1 + C_{01} \times \frac{i_2 - i_1}{C_{01} - C_{02}} \right] \times 100$$

Außenfremdfinanzierung

$$i_{eff} = \left[0{,}08 + 785{,}49\ \text{€} \times \frac{0{,}09 - 0{,}08}{785{,}49\ \text{€} - (-1.661{,}08\ \text{€})} \right] \times 100 = 8{,}32\ \%$$

Der Effektivzinssatz des Annuitätendarlehens beträgt 8,32 %.

> **!** **HINWEIS:**
>
> Damit Sie Ihr Wissen prüfen und vertiefen können, finden Sie bei den Arbeitshilfen online eine Reihe von Übungsaufgaben mit ausführlichen Lösungen. Die Aufgaben sind genau auf dieses Kapitel zugeschnitten.

Beteiligungsfinanzierung

Die Beteiligungsfinanzierung ist die klassische Art der Außenfinanzierung. In diesem Kapitel werden die verschiedenen Arten der Beteiligungsfinanzierung detailliert erläutert.

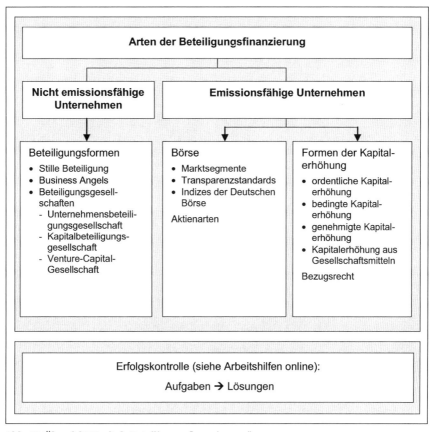

Abb. 75: Übersicht Kapitel „Beteiligungsfinanzierung"

Einführung

Bei der Beteiligungsfinanzierung handelt es sich um eine Form der Außenfinanzierung. Sie lässt sich innerhalb des komplexen Systems der Finanzierung wie folgt einordnen:

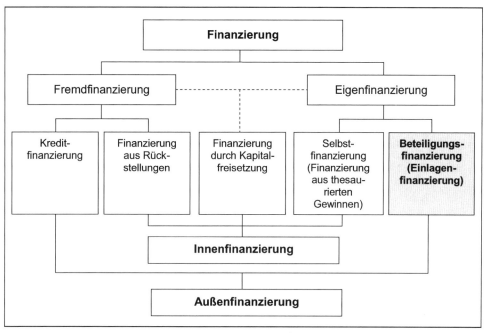

Abb. 76: Einordnung der Beteiligungsfinanzierung[1]

Die Beteiligungsfinanzierung umfasst alle möglichen Formen der Eigenkapitalzuführung, die einem Unternehmen von außen zufließen. Sie ist eine klassische Außenfinanzierung (Einlagenfinanzierung), d. h., die Eigentümer (Einzelunternehmer bzw. Gesellschafter) stellen dem Unternehmen das Eigenkapital in Form einer Einlage zur Verfügung.

---

[1] Modifiziert entnommen aus: Perridon; Steiner; Rathgeber: Finanzwirtschaft der Unternehmung, 2009, S. 358.

1 Die Grundlagen der Beteiligungsfinanzierung

Es gibt folgende Arten der Beteiligungsfinanzierung:

Arten der Beteiligungsfinanzierung		
Bareinlage	**Sacheinlage**	**Bereitstellung von Rechten**
Erhöhung des Eigenkapitals durch Zuführung von finanziellen Mitteln	Erhöhung des Eigenkapitals durch Zuführung von Sacheinlagen wie z. B. Kfz, Waren, Maschinen, Grundstücke etc.	Erhöhung des Eigenkapitals durch Überlassung von Rechten in Form von Patenten, Marken, Lizenzen oder EDV-Programmen

Von Beteiligungsfinanzierung, auch als Einlagenfinanzierung bezeichnet, spricht man, wenn die Eigentümer dem Unternehmen Eigenkapital von außen zuführen. Die Einlagenfinanzierung kann durch vorhandene oder neu hinzugekommene Eigentümer/Gesellschafter mithilfe von Geldeinlagen, Sacheinlagen oder dem Einbringen von Rechten erfolgen.

Bei der Finanzierung mit Eigenkapital durch Beteiligungen spielt die Rechtsform des Unternehmens eine entscheidende Rolle.[2] Man differenziert hierbei zwischen Private Equity für nicht börsenfähige Unternehmen und Public Equity für börsenfähige Unternehmen. Börsenfähige Unternehmen wie Aktiengesellschaften oder Kommanditgesellschaften auf Aktien haben es leichter, neues Eigenkapital zu bekommen.

Die Rechtsform hat großen Einfluss auf die Art und die Methoden der Eigenkapitalbeschaffung. Die folgende Abbildung zeigt emissionsfähige und nicht emissionsfähige Unternehmen — unterschieden nach deren Rechtsform.

---

[2] Vgl. Perridon, Steiner, Rathgeber: Finanzwirtschaft der Unternehmung, 2009, S. 360.

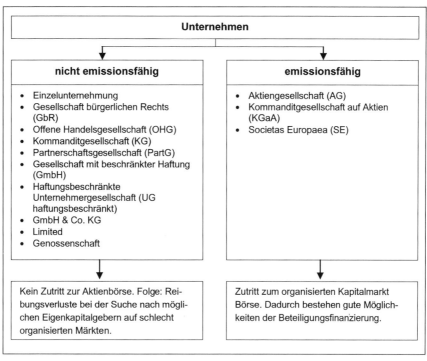

Abb. 77: Emissionsfähige und nicht emissionsfähige Unternehmen

Die folgende Tabelle zeigt — abhängig von der Rechtsform der Unternehmen — die Möglichkeiten der nominellen Eigenkapitalerhöhung:

Einzelkaufleute und Personengesellschaften		▪ Gewinnthesaurierung ▪ Einlage aus dem Privatvermögen ▪ Aufnahme neuer Gesellschafter (nur bei Personengesellschaften) ▪ Aufnahme eines stillen Gesellschafters
Kapitalgesell-schaften	**AG**	▪ ordentliche Kapitalerhöhung ▪ bedingte Kapitalerhöhung ▪ genehmigte Kapitalerhöhung ▪ Kapitalerhöhung aus Gesellschaftsmitteln: Umwandlung von Rücklagen und Bilanzgewinn in Grundkapital ohne Zuführung von zusätzlichen Finanzmitteln
	GmbH	▪ ordentliche Erhöhung des Stammkapitals (gegen Einlagen) ▪ Abruf von Nachschüssen ▪ (nominelle) Kapitalerhöhung aus Gesellschaftsmitteln
Eingetragene Genossen-schaft		▪ Gewinngutschrift aus Geschäftsguthaben ▪ Übernahme weiterer Gesellschaftsanteile durch bisherige Mitglieder ▪ Aufnahme neuer Mitglieder

Die folgende Übersicht zeigt, welche Nachteile es für die nicht emissionsfähigen Unternehmen im Vergleich zu den emissionsfähigen Unternehmen bei der Beteiligungsfinanzierung gibt.

Vorteile emissionsfähiger Unternehmen bei der Beteiligungsfinanzierung	Probleme nicht emissionsfähiger Unternehmen bei der Beteiligungsfinanzierung
▪ Aufteilung des Eigenkapitals in kleine Teilbeträge (Aktien) ▪ hohe Fungibilität, da Anteile (Aktien) an der Börse gehandelt werden ▪ eine große Anzahl von Eigenkapitalgebern (Aktionäre) ermöglichen die Aufbringung großer Kapitalbeträge	▪ keine fungiblen Anteile ▪ Probleme bei der Ermittlung der Kaufs- und Verkaufspreise von Anteilen, da ein funktionstüchtiger Markt mit vielen Anbietern und Nachfragern fehlt ▪ Altgesellschafter möchten häufig ihre Geschäftsführungsbefugnis nicht abgeben

2 Beteiligungsfinanzierung nicht börsenfähiger Unternehmen

Beteiligungsgesellschaften oder private Geldgeber stellen mittelständischen oder technologieorientierten Unternehmen für ihre Wachstumsfinanzierung Beteiligungskapital ohne banküblichen Sicherheiten zur Verfügung — allerdings nur, wenn die Aussicht besteht, dass sie mit einer entsprechend hohen Rendite ein paar Jahre später wieder aus dem Engagement aussteigen können.

Unter Beteiligungskapital versteht man Eigenkapital oder eigenkapitalähnliche Mittel, die als Beteiligung (direkte oder stille) bzw. eigenkapitalähnliche Darlehen (…) außerhalb des organisierten Kapitalmarktes in Unternehmen eingebracht werden.[3]

Beteiligungskapital wird auch als „Private Equity" bezeichnet und steht für den gesamten Markt des privaten Kapitals.[4] Dieses stammt von öffentlichen oder privaten Institutionen bzw. von Einzelpersonen, die direkt oder indirekt über eine Beteiligungsgesellschaft als Investoren auftreten. In der Regel handelt es sich bei den Zielunternehmen um wachstumsträchtige Betriebe, die innovativen Branchen zuzuordnen sind. Die Wachstumsunternehmen erfüllen i. d. R. das Ziel der Investoren, mit ihrer Einlage eine über dem Marktdurchschnitt liegende Rendite zu erzielen.

Bei geplanten größeren Investitionen reichen die finanziellen Mittel der Unternehmen oftmals nicht aus. Gerade Jung- und Wachstumsunternehmen benötigen Unterstützung von externen Investoren. Eine Kreditfinanzierung durch Fremdkapital stellt aufgrund der meist zurückhaltenden Bereitstellung der Kreditinstitute keine realistische Alternative dar. Daher bieten sich verschiedene Möglichkeiten der Beteiligungsfinanzierung, die im Folgenden erläutert werden, an.

2.1 Stille Beteiligung

Diese Form von Beteiligungsfinanzierung ist an die Rechtsform der stillen Gesellschaft gebunden. Die stille Gesellschaft ist eine so genannte reine Innengesell-

---

[3] Lessat et al.: Beteiligungskapital und technologieorientierte Unternehmensgründung, 1999, S. 94.

[4] Vgl. Eckstaller: Private Equity und Venture Capital, 2006, S. 11.

schaft. Die Geldgeber einer stillen Gesellschaft treten nach außen, d. h. gegenüber Gläubigern, Kunden, der Belegschaft und der Öffentlichkeit nicht hervor. Die stillen Gesellschafter partizipieren jedoch als stille Teilhaber an der wirtschaftlichen Entwicklung des Unternehmens.[5] In der Bilanz erscheint die Beteiligung nicht explizit, sondern wird als Teil des Eigenkapitals des Inhabers ausgewiesen. Die Haftung des stillen Gesellschafters im Verlustfall beschränkt sich auf die Höhe seiner Einlage.

Gemäß § 231 Abs. 2 HGB ist der Gesellschafter angemessen am Gewinn zu beteiligen. Beim Ausscheiden des Gesellschafters unterscheidet man zwischen einem typischen und atypischen stillen Gesellschafter. Bei letzterer Form wird der stille Gesellschafter am Vermögenszuwachs des Betriebs beteiligt und als Mitunternehmer angesehen, während der typische stille Gesellschafter nur den nominellen Anteil seiner Beteiligung erhält.[6]

2.2 Business Angels

Business Angels sind Privatpersonen, die ihre eigenen finanziellen Mittel direkt oder indirekt durch einen Mittler in Form einer Beteiligung in ein junges Unternehmen investieren. Neben ihrer Funktion als Kapitalgeber schaffen sie einen Mehrwert für das Unternehmen, indem sie durch aktive Mithilfe oder als Berater unterstützend tätig sind.[7] Oftmals handelt es sich um Personen, die eine höhere Managementposition ausüben bzw. ausübten. Sie verfügen über entsprechende Erfahrungen, die sie an die jungen Unternehmer weitergeben. Daraus ergeben sich entsprechende Vorteile für die Jungunternehmer. Sie können betriebswirtschaftliches bzw. technisches Wissen weitergeben, außerdem verfügen Privatinvestoren über ein Netzwerk von Kontakten, welches die Jungunternehmer für ihre Zwecke nutzen können.

Das Engagement der Business Angels beruht nicht nur auf finanzieller Basis, sondern auch auf der Förderung junger Unternehmen und ihrer Ideen. In der Regel engagieren sich Business Angels bei nicht-börsennotierten Unternehmen, die sich in einer frühen Entwicklungsphase befinden. Der Branchenfokus liegt dabei auf technologieintensiven Wirtschaftszweigen.[8]

---

[5] Vgl. Kußmaul: Betriebswirtschaftslehre für Existenzgründer, 1999, S. 345.

[6] Vgl. Perridon, Steiner: Finanzwirtschaft der Unternehmung, 2009, S. 363.

[7] Vgl. Brettel et al.: Finanzierung von Wachstumsunternehmen, 2005, S. 49 f.

[8] Vgl. Brettel et al.: Finanzierung von Wachstumsunternehmen, 2005, S. 52.

2.3 Beteiligungsgesellschaften

Beteiligungsgesellschaften stellen sogenanntes Wagnis- oder Risikokapital zur Verfügung. Sie investieren Kapital langfristig in wachstumsträchtige Unternehmen, um die Anteile in der Zukunft gewinnbringend zu veräußern oder von den Gewinnausschüttungen zu profitieren.

Im Folgenden werden einzelne Formen der Beteiligungsgesellschaften beschrieben und die verschiedenen Konzeptionen werden erläutert.

2.3.1 Unternehmensbeteiligungsgesellschaften

Bei der Unternehmensbeteiligungsgesellschaft (UBG) handelt es sich um eine Untergruppe der privaten Kapitalbeteiligungsgesellschaften, die mittelständische Unternehmen Risikokapital (Eigenkapital) zur Verfügung stellen. Als Rechtsform ist für die Unternehmensbeteiligungsgesellschaften die AG, die GmbH oder die KGaA vorgeschrieben. Das Beteiligungskapital, welches diese Gesellschaften in Unternehmen investieren, wird in der Regel über die Börse beschafft. Meist werden die Anteile an einer Unternehmensbeteiligungsgesellschaft von einem Kreditinstitut gehalten. Die Aufgabe einer Unternehmensbeteiligungsgesellschaft ist, anderen Unternehmen Kapital zur Verfügung zu stellen, und zwar durch den Erwerb, das Halten und die Veräußerung von nicht börsennotierten Aktien, GmbH- und Kommanditanteilen inländischer Unternehmen oder Beteiligungen als stiller Gesellschafter an inländischen Unternehmen, deren Anteile weder an der Börse, noch einem sonstigen organisierten Markt gehandelt werden.[9] Eine Anlage in börsennotierten Aktien ist nicht gestattet. Die UBG ist steuerlich begünstigt, d. h., die UGB ist von der Gewerbe- und der Umsatzsteuer befreit.[10]

2.3.2 Kapitalbeteiligungsgesellschaft

Kapitalbeteiligungsgesellschaften sind größtenteils Tochtergesellschaften von Finanzunternehmen. Anstatt Kredite zu vergeben, stellen sie Eigenkapital in Form von Beteiligungen zur Verfügung. Aufgrund ihrer Herkunft aus dem Bankenbereich beschränkt sich die Tätigkeit der Kapitalbeteiligungsgesellschaften auf Finanzierungsaufgaben. Beratungsleistungen werden nur in geringem Maße angeboten. Die Kapitalbeteiligungsgesellschaften sind sehr risikoavers, sodass die Investi-

---

[9] Vgl. Wöhe, G.: Einführung in die Allgemeine Betriebswirtschaft, 2002, S. 685, gemäß § 2 UBGG.

[10] Vgl. Perridon, L. et al.: Finanzwirtschaft der Unternehmung, 2009, S. 366.

tionstätigkeit auf langjährig bestehende Unternehmen aus traditionellen Branchen, wie dem Maschinen- und Anlagenbau, fokussiert ist. Das primäre Ziel ist der Profit durch die Gewinnausschüttung.

2.3.3 Venture-Capital-Gesellschaften

Venture-Capital wird oft als Synonym für Risiko- und Wagniskapital bezeichnet. Venture-Capital-Gesellschaften unterstützen schwerpunktmäßig junge und innovative Unternehmen aus Hightech-Branchen.[11] Die Kapitalgeber der Venture-Capital-Gesellschaften riskieren für Erfolg versprechende Innovationen große Verluste, um im Falle des Erfolgs kräftige Gewinne mitzunehmen. Sie begleiten das Unternehmen über einen längeren Zeitraum. Je nach Einstiegsphase dauert die Partnerschaft zwischen drei und acht Jahren. Die Venture-Capital-Gesellschaft möchte während des Beteiligungszeitraums durch die erhoffte Wertsteigerung der Beteiligung ihren beabsichtigten Gewinn erzielen. Weiterhin zeichnen sich diese Gesellschaften dadurch aus, dass sie an junge Unternehmen Wissen, beispielsweise Management-Know-how, weitergeben. In der Desinvestitionsphase verkauft die Venture-Capital-Gesellschaft ihren Anteil, wenn das Geschäft gut angelaufen ist, mit kräftigem Gewinn („Going-public").

---

[11] Vgl. Perridon, Steiner: Finanzwirtschaft der Unternehmung, 2009, S. 365.

3 Beteiligungsfinanzierung börsennotierter Unternehmen

Die Börse stellt einen hoch organisierten Kapitalmarkt dar, auf dem börsenfähigen Aktiengesellschaften die Möglichkeit geboten wird, über den Verkauf von Unternehmensanteilen Eigenkapital zu beschaffen.

In Deutschland gibt es mehrere Börsenplätze. An erster Stelle sei die Frankfurter Wertpapierbörse (FWB®), mit einem Umsatzanteil von etwa 90 Prozent des deutschen Börsenhandels, genannt. Weitere Börsenplätze sind die Börse Stuttgart, die Börse Düsseldorf, die Börse München, die Börse Hamburg, die Berlin-Bremen Börse und die Warenterminbörse in Hannover.

3.1 Die Marktstruktur der Frankfurter Wertpapierbörse

In diesem Abschnitt wird die Marktstruktur der Frankfurter Wertpapierbörse (FWB®) näher erläutert, d. h., es werden die Marktsegmente, die verschiedenen Transparenzstandards bis zu den einzelnen Indizes erklärt.

3.1.1 Marktsegmente

Wenn sich Unternehmen für ein Listing an der FWB® Frankfurter Wertpapierbörse entscheiden, führt ein Börsengang entweder in den börsengeregelten **Freiverkehr (Open Market)** oder in das EU-regulierte Segment **„Regulierter Markt"**.[12] Mit dem Finanzmarktrichtlinien-Umsetzungsgesetz (FRUG) wurden der frühere amtliche Markt und der frühere geregelte Markt in den **regulierten Markt** übergeführt. Zum regulierten Markt gehören der **General Standard** und der **Prime Standard**. Dagegen führt eine Notierungsaufnahme im Open Market (Freiverkehr) in den Entry Standard. Im Wesentlichen unterscheiden sich die Segmente aufgrund der verschiedenen Erstzulassungskriterien und der Folgepflichten der Emittenten, wobei die Transparenzverpflichtungen im regulierten Markt höher sind als im Freiverkehr.

---

[12] http://www.boerse-frankfurt.de

Die Unternehmen haben die Wahl zwischen den folgenden Marktsegmenten und Transparenzstandards:

Gesetzliche Marktsegmente[13]	
Marktsegmente	**Transparenzstandards**
Regulierter Markt	■ Prime Standard
	■ General Standard
Open Market (Freiverkehr)	■ Entry Standard
	■ First Quotation Board
	■ Second Quotation Board

Regulierter Markt

Der regulierte Markt (auch EU-regulierter Markt) ist ein gesetzlich geregeltes Börsensegment für Wertpapiere mit besonders strengen Zulassungsvoraussetzungen und Folgepflichten. Im Sinne des § 2 Abs. 8 Wertpapierhandelsgesetzes ist der „regulierte Markt" ein organisierter Markt. Die Zulassungsvoraussetzungen, die Organisation des Handels und die Folgepflichten der Teilnehmer sind z. B. im Börsengesetz geregelt.[14] Für den **regulierten Markt** gelten folgende Zulassungsvoraussetzungen:[15]

- Das Unternehmen muss seit mindestens drei Jahren bestehen.
- Der voraussichtliche Kurswert der zuzulassenden Aktien oder — falls eine Schätzung nicht möglich ist — das Eigenkapital des Unternehmens muss mindestens 1,25 Mio. € betragen, die Mindestanzahl der Aktien beträgt bei Stückaktien mindestens 10.000 Stück.
- Der Streubesitzanteil, also Aktien, die nicht von Großaktionären (Anteil am Aktienkapital von über fünf Prozent) gehalten werden, muss mindestens 25 Prozent betragen, wobei die Börsenzulassungsverordnung Ausnahmen erlaubt.
- Ferner muss der Börsenzulassungsprospekt mit Bilanz, Erfolgsrechnung und Kapitalflussrechnung für mindestens drei Jahre vorliegen.

Aktiengesellschaften, die im regulierten Markt gelistet sind, müssen neben dem Jahresabschluss zusätzlich mindestens einen Zwischenbericht für die ersten sechs

---

[13] http://boerse.ard.de

[14] http://deutsche-boerse.com

[15] http://deutsche-boerse.com

Monate des Geschäftsjahres veröffentlichen. Außerdem unterliegen sie der **Ad-hoc-Publizität**, d. h., kursrelevante Tatsachen sind unverzüglich über **Ad-hoc-Mitteilungen** zu veröffentlichen.

Transparenzstandards des regulierten Markts

Der **Prime Standard** und **General Standard** sind abgestufte Transparenzstandards für die Segmente des regulierten Marktes. Sie unterliegen den „europaweit vereinheitlichten hohen Transparenzanforderungen und strengen Anlegerschutzbestimmungen für organisierte Märkte".[16]

General Standard

Unternehmen, deren Wertpapiere zum EU-regulierten Marktsegment „Regulierter Markt" zugelassen werden, werden automatisch in den General Standard aufgenommen. Für Unternehmen im General Standard gelten u. a. folgende Zulassungsfolgepflichten des regulierten Marktes:[17]

- Veröffentlichung von Ad-hoc-Mitteilungen,
- Jahresabschluss und Zwischenfinanzberichte nach internationalen Rechnungslegungsstandards (IFRS oder US-GAAP),
- Veröffentlichung von Directors Dealings (Wertpapiergeschäfte, die von Mitgliedern des Managements oder Aufsichtsrats sowie ihnen nahestehenden Personen getätigt werden),
- Aufkäufer von Aktien des Unternehmens müssen beim Überschreiten der 30-Prozent-Schwelle ein verpflichtendes Übernahmeangebot vorlegen.

Prime Standard

Unternehmen, die sich auch gegenüber internationalen Investoren platzieren möchten, wählen den Prime Standard als Transparenzlevel und müssen neben den Anforderungen des General Standards folgende zusätzliche Transparenzanforderungen erfüllen:[18]

---

[16] http://deutsche-boerse.com
[17] http://deutsche-boerse.com
[18] http://deutsche-boerse.com

- Quartalsberichterstattung auch in englischer Sprache,
- Veröffentlichung eines Unternehmenskalenders mit den wichtigsten Terminen,
- Durchführung von mindestens einer Analystenkonferenz pro Jahr,
- Veröffentlichung von Ad-hoc-Mitteilungen zusätzlich in englischer Sprache.

Die Aufnahme in den Prime Standard ist Voraussetzung für die Aufnahme in einen der Auswahlindizes der Deutschen Börse (DAX®, MDAX®, SDAX®, TecDAX®).

Freiverkehr (Open Market)

Der Freiverkehr ist ein privatrechtlich organisiertes Segment, für das keine gesetzlichen Zulassungsbedingungen vorgeschrieben sind. Im Freiverkehr werden neben einigen deutschen Aktien, überwiegend ausländische Aktien, Anleihen (Schuldverschreibungen), Zertifikate und Optionsscheine gehandelt. Dieses privatrechtliche Marktsegment wird von der Börse selbst reguliert. Für die Wertpapiere des Freiverkehrs besteht ein vereinfachtes Zulassungsverfahren. Die Transparenzverpflichtungen sind im regulierten Markt höher als im Freiverkehr.

Die Unternehmen, die im Freiverkehr gelistet sind, gelten im Sinne des Gesetzes nicht als „börsennotiert". Sie müssen im Vergleich zu Unternehmen im regulierten Markt kein Zulassungsprospekt veröffentlichen und unterliegen keinen Folgepflichten und keiner Ad-hoc-Publizität.

Transparenzstandards des Freiverkehrs (Open Market)

Die Segmente des Freiverkehrs (Open Market) sind der Entry Standard, das First Quotation Board und das Second Quotation Board, die unterschiedliche Transparenzanforderungen stellen.[19]

Entry Standard

Der Entry Standard ist ein Teilbereich des Open Market der FWB® Frankfurter Wertpapierbörse mit Transparenzanforderungen, die etwas über die allgemeinen Bedingungen des Freiverkehrs hinausgehen. Dies sind insbesondere folgende Bedingungen:

---

[19] http://deutsche-boerse.com

- innerhalb von drei Monaten muss ein Halbjahresbericht veröffentlicht werden,
- auf der Internetseite des Unternehmens muss innerhalb von sechs Monaten nach Ende des Berichtszeitraums eine testierter Jahresabschluss plus Lagebericht veröffentlicht werden,
- es muss ein Kurzporträt des Unternehmens sowie ein Unternehmenskalender veröffentlicht werden,
- kursbeeinflussende (wesentliche) Unternehmensnachrichten sind sofort — zumindest auf der Internetseite zu veröffentlichen.

Der Entry Standard eignet sich insbesondere für kleine und mittelgroße Unternehmen, die einen kostengünstigen, schnellen und unkomplizierten Börsengang anstreben. Hinsichtlich des Alters und der Größe eines Unternehmens stellt der Entry Standard keine Mindestanforderungen. Daher nutzen Venture-Capital-Gesellschaften und Private-Equity-Investoren ihn gerne für den Börsengang.

First Quotation Board

Alle Aktien, die im Freiverkehr der FWB® Frankfurter Wertpapierbörse ihre Erstnotiz haben, werden in das First Quotation Board aufgenommen.

Second Quotation Board

Das Second Quotation Board richtet sich an Unternehmen, die bereits an einem anderen Handelsplatz zugelassen sind und zusätzlich die Aufnahme in den Freiverkehr der FWB® Frankfurter Wertpapierbörse beantragen.

3.2   Indizes der deutschen Börse

Indizes sind Kenngrößen, die beispielsweise einen Vergleich zwischen verschiedenen Ländern oder Branchen ermöglichen. Ferner werden Indizes als Basiswert für derivative Finanzinstrumente (z. B. Futures oder Optionen) zugrunde gelegt.

Die Aufnahmekriterien einer Aktie in einen Index sind üblicherweise die Marktkapitalisierung (= Anzahl der Aktien mal Börsenkurs) und der Börsenumsatz. Ein Aktienindex ist eine Maßzahl, die angibt, wie sich der Wert einer ganzen Gruppe von Aktien im Vergleich zu einem früheren Zeitpunkt verändert hat. Aktienindizes können als Stimmungsbarometer für einzelne Volkswirtschaften bzw. Wirtschaftsbereiche benutzt werden.

In die bekannten deutschen Aktienindizes werden ausschließlich Unternehmen aufgenommen, welche mindestens die Transparenzanforderungen des Prime Standards erfüllen und deren Aktien fortlaufend gehandelt werden können. Die deutschen Aktienindizes werden in Auswahl-, Benchmark- und Branchenindizes unterteilt. Die Auswahlindizes der deutschen Aktienindizes sind der DAX®, MDAX®, SDAX® und TecDAX®.

Der DAX® (Deutscher Aktienindex) bildet das Segment der 30 nach Marktkapitalisierung und Börsenumsatz größten deutschen Aktiengesellschaften — die sogenannten **Bluechips** — ab. Hinsichtlich Marktkapitalisierung und Börsenumsatz unterhalb der DAX-Gesellschaften erfolgt eine Differenzierung in traditionelle Branchen und Technologiebranchen. Für die klassischen Branchen stehen der MDAX® (Midcaps), der 50 Werte (Unternehmen) umfasst und direkt den DAX-Werten folgt, sowie der SDAX® (Small Caps), der direkt unterhalb des MDAX® anschließt. Der SDAX® besteht ebenfalls aus 50 Werten (Unternehmen) der traditionellen Branchen. Der TecDAX® ist der Index für Technologieunternehmen, er bildet direkt unterhalb des DAX® die 30 größten Aktiengesellschaften aus innovativen Branchen ab.[20]

Neben den oben genannten vier Auswahlindizes existieren der HDAX und der Midcap-Market-Index, die die einzelnen Auswahlindizes zu größeren Einheiten zusammenfassen. Der HDAX enthält jeweils die 30 Aktiengesellschaften aus dem DAX und dem TecDAX sowie die 50 Aktiengesellschaften aus dem MDAX. also insgesamt 110 Aktiengesellschaften aus dem Prime Standard. Der Midcap-Market-Index setzt sich aus den Werten Aktiengesellschaften des MDAX und des TecDAX zusammen, d. h., er bildet 80 Aktiengesellschaften aus den traditionellen und technologieorientierten Branchen ab.

Benchmark-Indizes erfassen die Wertentwicklung sehr großer Aktiengruppen. Die Unternehmen des Prime Standards und des General Standards werden in den folgenden branchen- und segmentübergreifenden Indizes dargestellt:

- **Prime-All-Share:** Wertmaßstab für die Gesamtentwicklung aller Aktien im Börsensegment Prime Standard.
- **Technology-All-Share**: Er enthält alle Aktien aus den traditionellen Branchen im Prime Standard.

---

[20] Vgl. Deutsche Börse AG: Europe's Premier Listing Platform, 2003, S. 8.

- **Classic-All-Share**: Er enthält alle Aktien aus Technologiebranchen im Prime Standard.
- **CDAX:** Er enthält alle deutschen Aktiengesellschaften des Prime Standard und des General Standard.

An der Deutschen Börse gibt es 18 **Branchenindizes** (Autos, Banken, Chemie, Medien, Grundstoffe, Nahrungs- und Genussmittel, Technologien, Versicherungen, Transport, Industrie, Bau, Pharma, Einzelhandel, Software, Telekom, Versorger, Finanzdienste und Konsum), die branchenspezifische Entwicklungen aufzeigen. Die Branchenindizes basieren auf 62 Industry-Groups.

4 Aktien

Die Aktie ist ein Wertpapier und stellt einen Bruchteil des Grundkapitals einer Aktiengesellschaft dar. Für den Erwerb muss der Eigentümer (Aktionär) eine ihrem Wert entsprechende Bar- oder Sacheinlage tätigen. Je nach Aktiengattung hat der Anleger **Verwaltungsrechte** wie:

- das Stimmrecht in der Hauptversammlung,
- das Recht zur Teilnahme an der Hauptversammlung und
- das Auskunftsrecht bei der Hauptversammlung (Vorstand ist auskunftspflichtig),
- das Recht zur Anfechtung von Hauptversammlungsbeschlüssen

sowie Vermögensrechte wie

- das Recht auf Gewinnbeteiligung (sogenanntes Dividendenrecht),
- das Bezugsrecht auf junge Aktien bei Kapitalerhöhungen oder auf Wandelschuldverschreibungen und
- das Recht auf einen anteiligen Liquidationserlös.

4.1 Aktiengattungen

Mit der Wahl der jeweiligen Aktiengattung bestimmt das Unternehmen, welche Rechte dem künftigen Aktionär zur Verfügung stehen. Aus der folgenden Tabelle können Sie ablesen, welche Aktienarten es gibt und worin sie sich unterscheiden.

Einteilung nach der Übertragbarkeit		
Inhaberaktien	**Namensaktien**	**vinkulierte Namensaktien**
Übertragung durch Einigung und Übergabe	Übertragung durch Indossament und Umschreibung im Aktienbuch	Übertragung wie bei Namensaktien nur mit Zustimmung der AG

Einteilung nach dem Ausgabezeitpunkt			
alte Aktien		**neue (junge) Aktien**	
aus früheren Emissionen, d. h., Ausgabe erfolgte bei der Unternehmensgründung		Ausgabe bei Kapitalerhöhung	

Einteilung nach der Form des Handels		
börsennotierte Aktien		**nicht notierte Aktien**
regulierter Markt	Freiverkehr	institutioneller Handel

Einteilung nach dem Umfang der verbrieften Rechte			
Stammaktien	**Vorzugsaktien**		
Aktien mit den Grundrechten nach dem Anteil am Grundkapital	Dividenden-vorzug	Stimmrechts-vorzug (nur in Sonderfällen mit behördlicher Zustimmung)	Vorzug beim Liquidations-erlös	Bezugsrechts-vorzug

Einteilung nach der Zerlegung des Grundkapitals	
Nennwertaktien	**Stückaktien**
Wert = feststehender Anteil am Grundkapital; bei Kapitalerhöhungen müssen neue Nennwertaktien ausgegeben werden	Wert = ergibt sich als Quotient aus dem Grundkapital und der Anzahl der Aktien; bei Kapitalerhöhungen steigt der Wert der Aktie; neue Aktien müssen nicht ausgegeben werden.

Abb. 78: Aktienarten

5 Kapitalerhöhung

Unter einer Kapitalerhöhung versteht man die Aufstockung des Grundkapitals einer Aktiengesellschaft und die damit verbundene Ausgabe von neuen (jungen) Aktien.

Im Laufe der Geschäftstätigkeit entwickelt sich das Unternehmen weiter. Sind weitere Investitionen geplant steigt der Kapitalbedarf. Um diesen zu finanzieren, benötigt das Unternehmen neues Eigenkapital. Bei einer AG kann dies über eine Kapitalerhöhung realisiert werden, mit dem Effekt, dass das gezeichnete Kapital erhöht wird und somit mehr Eigenkapital ins Unternehmen fließt. Für die Zuteilung kommt im Bedarfsfall das gesetzlich geregelte Bezugsrecht zur Anwendung.

Durch das Organ der Hauptversammlung muss eine Satzungsänderung zur Erhöhung des Grundkapitals mit einer Dreiviertelmehrheit beschlossen respektive dem Vorstand die Ermächtigung zur Kapitalerhöhung gegeben werden. Als Nächstes erhalten die Anleger einen Zeichnungsschein, der sie zur Übernahme bzw. zur Zeichnung neuer Anteile berechtigt. Anschließend wird die Leistung der entsprechenden Wert- oder Sacheinlage getätigt. Im letzten Schritt meldet der Vorstand die Kapitalerhöhung beim Handelsregister an.

5.1 Formen der Kapitalerhöhung bei einer Aktiengesellschaft

Eine Kapitalerhöhung umzusetzen, ist auf verschiedene Arten möglich. Im folgenden Schaubild sind die verschiedenen Formen dargestellt.

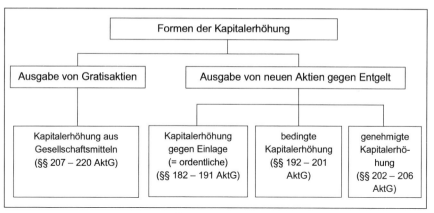

Abb. 79: Formen der Kapitalerhöhung[21]

5.1.1 Ordentliche Kapitalerhöhung

Eine ordentliche Kapitalerhöhung (§§ 182 – 191 AktG) ist die übliche Form der Erhöhung des gezeichneten Kapitals. Sie erfolgt durch die Ausgabe neuer (junger) Aktien. Die AG verkauft (emittiert) die jungen (neuen) Aktien, die von den Anlegern gekauft (gezeichnet) werden. Die Verkaufserlöse (Bezugs-/Emissionskurse) fließen der AG als liquide Mittel zu und erhöhen das Eigenkapital. Die Mitglieder der Hauptversammlung müssen mit mindestens Dreiviertelmehrheit der Kapitalerhöhung zustimmen. Falls mehrere Aktiengattungen vertreten sind, so muss diese Mehrheit für jede Gattung erreicht werden.

Vom Vorstand und vom Aufsichtsratsvorsitzenden ist der Beschluss der Kapitalerhöhung zur Eintragung ins Handelsregister anzumelden und die Durchführung des Kapitalerhöhungsbeschlusses ist ebenfalls zur Eintragung anzumelden. Letztlich gilt es zu beachten, dass sich die Anzahl der Stückaktien im gleichen Verhältnis wie das Grundkapital erhöht. Die neuen Aktien dürfen nur zu einem Kurs ausgegeben werden, der mindestens dem auf die alten Aktien entfallenden Grundkapitalanteil entspricht, d. h., eine „unter-Pari-Emission" ist verboten.[22] Die Altaktionäre haben bei der Ausgabe neuer Aktien ein gesetzliches Bezugsrecht. Das Bezugsrecht können die Aktionäre ausüben oder an der Börse veräußern. Rechtlich ist das Grundkapital erst erhöht, wenn die Durchführung der Kapitalerhöhung eingetragen ist. Vorher dürfen keine Aktien ausgegeben werden.[23]

---

[21] In Anlehnung an Wöhe, G.: Einführung in die Allgemeine Betriebswirtschaftslehre, 2010, S. 636.

[22] Beike, R. und Schlütz, J.: Finanznachrichten, 2010, S. 97.

[23] Jung, H.: Allgemeine Betriebswirtschaftslehre, 2010, S. 738.

5.1.2   Bedingte Kapitalerhöhung

Diese Form der Kapitalerhöhung (§§ 192 — 201 AktG) ist zweckgebunden. Sie darf nur zur Einlösung von Aktienbezugsrechten beispielsweise für die folgenden Fälle beschlossen werden:[24]

- zur Gewährung von Umtausch- oder Bezugsrechten an Inhaber von Wandel- oder Optionsschuldverschreibungen, die in Zukunft von ihren Rechten aus den Schuldverschreibungen Gebrauch machen können,
- zur Vorbereitung eines Zusammenschlusses mehrerer Unternehmen, d. h., den Aktionären einer Gesellschaft, die bei einer Unternehmensübernahme untergeht, kann ein Recht auf den Bezug der neuen Aktien, die die übernehmende Gesellschaft ausgeben wird, zugesichert werden,
- zur Gewährung von Bezugsrechten an Arbeitnehmern der Gesellschaft im Rahmen der Gewinnbeteiligung der Belegschaft.

Nach dem Beschluss mit mindestens Dreiviertelmehrheit durch die Hauptversammlung kann die Kapitalerhöhung, deren Nennbetrag die Hälfte des bereits gezeichneten Kapitals nicht überschreiten darf, getätigt werden. Der Nennbetrag des bedingten Kapitals ist in der Bilanz als gesonderter Posten auszuweisen und im Geschäftsbericht explizit auszuweisen.

Die Altaktionäre haben bei der Ausgabe kein gesetzliches Bezugsrecht, weil die neuen Aktien ausschließlich an bezugsberechtigte Dritte ausgegeben werden dürfen.[25] Der Vorstand hat nach Ablauf des Geschäftsjahres die Anzahl der ausgegebenen Bezugsaktien im Handelsregister anzumelden.

5.1.3   Genehmigte Kapitalerhöhung

Die genehmigte Kapitalerhöhung (§§ 202 — 206 AktG) ist nicht an einen gegenwärtigen Finanzierungsanlass gebunden. Diese Form der Kapitalerhöhung findet Anwendung, um einen künftigen entstehenden Kapitalbedarf ohne formellen Aufwand durch die Ausgabe von neuen Aktien zu decken.

Zur Vereinfachung erteilt die Hauptversammlung mit einer **Dreiviertelmehrheit** dem Vorstand die Vollmacht, innerhalb einer Zeitspanne von höchsten fünf Jahren eine Kapitalerhöhung durchzuführen. Das genehmigte Kapital verschafft dem Un-

[24] Jung, H.: Allgemeine Betriebswirtschaftslehre, 2010, S. 743.

[25] Wöhe, G.: Einführung in die Allgemeine Betriebswirtschaftslehre, 2010, S. 639.

ternehmen Flexibilität bei der Eigenfinanzierung. Der Vorstand darf nur mit Zustimmung des Aufsichtsrates die Kapitalerhöhung durchführen. Durch die freie Wahl des Zeitpunkts können günstige Bedingungen an der Börse für die Emission ausgenutzt werden. Die Höhe des Nennbetrags der Kapitalerhöhung darf die Hälfte des bisherigen Grundkapitals nicht überschreiten. Werden die neuen Aktien in Form von Belegschaftsaktien ausgegeben, müssen alle ausstehenden Einlagen auf das bisherige gezeichnete Kapital getätigt sein.[26]

Die Altaktionäre haben bei der Ausgabe der neuen Aktien **kein** gesetzliches Bezugsrecht.

5.1.4 Kapitalerhöhung aus den Gesellschaftsmitteln

Die Kapitalerhöhung aus Gesellschaftsmitteln erfolgt, indem offene Rücklagen in gezeichnetes Kapital umgewandelt werden. Dies geschieht mittels Umbuchung der Gewinnrücklagen oder Kapitalrücklagen in das Grundkapital, d. h., dem Unternehmen fließen keine neuen Geldmittel zu. Es handelt sich nicht um eine materielle, sondern um eine nominelle Kapitalerhöhung. Zur Berichtigung werden Gratisaktien zum entsprechenden Bezugskurs an die Aktionäre ausgegeben.[27]

Für die Umfinanzierung dürfen grundsätzlich Kapitalrücklagen und gesetzlich Rücklagen verwendet werden. Deren Summe muss größer als ein Zehntel respektive als ein satzungsmäßig bestimmter Teil des bisher gezeichneten Kapitals sein. Weiterhin dürfen andere Gewinnrücklagen[28] bzw. Rücklagen verwendet werden, deren satzungsmäßiger Zweck der Kapitalerhöhung entspricht. Die Altaktionäre haben bei der Ausgabe ein gesetzliches Bezugsrecht.[29]

---

[26] Vgl. Olfert: Finanzierung, 2011, S. 249; Wöhe, G.: Einführung in die Allgemeine Betriebswirtschaftslehre, 2010, S. 639.

[27] Vgl. Bleis: Grundlagen der Investition und Finanzierung, 2006, S. 99.

[28] Andere Gewinnrücklagen wurden aus vorangegangen Gewinnen gebildet und stehen der Gesellschaft zur freien Verwendung.

[29] Vgl. Olfert: Finanzierung, 2011, S. 250.

5.2   Bezugsrecht

Beim Bezugsrecht handelt es sich um das dem Altaktionär zustehende Recht, im Rahmen einer Kapitalerhöhung einen seinem Anteil am bisherigen Grundkapital entsprechenden Teil der neuen (jungen) Aktien zu erwerben (§ 186 Abs. 1 Satz 1 AktG). Das Bezugsrecht dient dem Schutz der Vermögensinteressen der Altaktionäre. Ohne Bezugsrecht gäbe es für sie zwei Nachteile:

- ihre Beteiligungs- und Stimmrechtsquote würde vermindert werden,
- ein Kapitalverwässerungseffekt könnte eintreten.

Was versteht man unter dem Kapitalverwässerungseffekt?

Durch die Ausgabe junger Aktien kann sich der Marktwert (= Kurs) der Altaktien des Unternehmens verringern. Dies ist auf den sogenannten Verwässerungseffekt zurückzuführen, weil die Altaktionäre bei der Ausgabe junger Aktien zunächst einen Verlust ihres relativen Stimmanteils (Verwässerung der Stimmkraft) und ihres Anteils am Unternehmensgewinn beziehungsweise am Liquidationserlös (Verwässerung der Vermögensposition) erleiden. Dieser Wertverlust wird über das Bezugsrecht rechnerisch ausgeglichen.[30] Die Altaktionäre können ihre Bezugsrechte ausnutzen oder sie innerhalb des Bezugsrechtshandels verkaufen.

Der Ausgabepreis der neuen (jungen) Aktien liegt in der Regel (deutlich) unter dem bisherigen Börsenkurs der alten Aktien. Je nachdem wie viel neue (junge) Aktien ausgegeben werden, sind entsprechend viele Bezugsrechte für den Kauf einer neuen (jungen) Aktie notwendig. Die Relation zwischen bisherigem Grundkapital und Erhöhungskapital bezeichnet man als Bezugsverhältnis.

Das Bezugsrecht dient dazu, das Verhältnis der Stimmrechte im Rahmen der Kapitalerhöhung nicht zu verändern. Ein weiterer Grund für die Gewährung des Bezugsrechts ist der Ausgleich von Vermögensnachteilen, die den bisherigen Aktionären entstehen würden, wenn die neuen (jungen) Aktien unter dem bisherigen Börsenkurs ausgegeben werden würden, was üblicherweise der Fall ist, um einen Anreiz für den Kauf von neuen (jungen) Aktien zu schaffen.

---

[30] Thommen, J.-P. und Achleitner, A.-K.: Allgemeine Betriebswirtschaftslehre, 2009, S. 614.

Welche Nutzungsmöglichkeiten für das Bezugsrecht gibt es?

- Man kann das Bezugsrecht ausüben und junge Aktien beziehen oder
- man kann das Bezugsrecht an der Börse verkaufen.

Ermittlung des rechnerischen Werts des Bezugsrechts mit der Bezugsrechtsformel:

$$\text{Wert des Bezugsrechts} = \frac{\text{Kurs Altaktie - Kurs Jungaktie}}{\text{Bezugsverhältnis} + 1} \qquad BR = \frac{K_{alt} - K_{neu}}{\frac{a}{n} + 1}$$

oder

Bezugsrecht = Kurs Altaktie - neuer Mittelkurs $\qquad BR = K_{alt} - K_{mittel}$

BR	= rechnerischer Wert des Bezugsrechts
K_{alt}	= Kurs der alten Aktien vor Kapitalerhöhung
K_{mittel}	= neuer Mittelkurs nach der Kapitalerhöhung
K_{neu}	= Ausgabekurs der neuen Aktien
a	= Anzahl alte Aktien
n	= Anzahl neue (junge) Aktien

Das Bezugsverhältnis gibt das Verhältnis zwischen dem bisherigen Grundkapital (gezeichnetes Kapital) und dem Erhöhungskapital wieder und zeigt, wie viele alte Aktien zum Bezug einer neuen Aktie notwendig sind. Es wir wie folgt ermittelt:

$$\text{Bezugsverhältnis (BV)} = \frac{\text{bisheriges Grundkapital}}{\text{Erhöhungskapital}}$$

Zum besseren Verständnis wird die Berechnung des Bezugsrechts anhand eines Beispiels erläutert:

► **BEISPIEL: Berechnung des neuen Mittelkurses und des Werts des Bezugsrechts**

Die Müller AG hat eine Kapitalerhöhung im Verhältnis 3:1 (von 150 Mio. € Grundkapital auf 200 Mio. €) beschlossen. Der aktuelle Börsenkurs liegt bei 50 €/Aktie, während der Bezugskurs der jungen Aktie 45 €/Aktie beträgt. Der Nennwert der Aktien beträgt 1 €/Aktie.

Der neue Mittelkurs (K_{mittel}) (= rechnerischer Börsenkurs für die alten und neuen Aktien) für den Tag nach der Emission wird wie folgt errechnet:.

$$K_{mittel} = \frac{K_{alt} \times a + K_{neu} \times n}{a + n}$$

$$K_{mittel} = \frac{50 \text{ €/St.} \times 150 \text{ Mio. St.} + 45 \text{ €/St.} \times 50 \text{ Mio. St.}}{150 \text{ Mio. St.} + 50 \text{ Mio. St.}} = 48{,}75 \text{ €/St.}$$

Die Differenz aus dem neuen Mittelkurs nach der Kapitalerhöhung und dem alten Kurswert ergibt den Werteverlust der Altaktionäre bei einer Kapitalerhöhung ohne Bezugsrecht. In diesem Beispiel wären es 1,25 € Verlust je gehaltener Aktie.

Wertverlust = 48,75 €/St. - 50 €/St. = - 1,25 €/St.

Die Neuaktionäre hingegen hätten beim Kauf von Aktien nach der Kapitalerhöhung einen Wertzuwachs von 3,75 € je Aktie.

Wertzuwachs = 48,75 €/St. - 45,00 €/St. = + 3,75 €/St.

Daran wird die Bedeutung des Bezugsrechts ersichtlich, es stellt ein Instrument zum Schutz der Altaktionäre dar. Der Wertverlust bei den Altaktionären wird durch das Bezugsrecht für die Altaktionäre kompensiert.

Unter Berücksichtigung der oben erläuterten Zusammenhänge, kann der rechnerische Wert des Bezugsrechtes (BR) einfacher wie folgt ermittelt werden:

$$BR = \frac{\text{Kurs alte Aktie - Kurs neue Aktie}}{\text{Bezugsverhältnis} + 1} = \frac{K_{alt} - K_{neu}}{\frac{a}{n} + 1}$$

$$BR = \frac{50 \text{ €/St.} - 45 \text{ €/St.}}{\frac{150 \text{ Mio. St.}}{50 \text{ Mio. St.}} + 1} = 1,25 \text{ €/St.}$$

Das rechnerische Bezugsrecht (BR) der Altaktionäre hat einen Wert von 1,25 € je Aktie.

Es folgt ein weiteres Beispiel zur Berechnung des neuen Mittelkurses und des rechnerischen Werts des Bezugsrechts nach der Kapitalerhöhung.

▶ **BEISPIEL: Berechnung des neuen Mittelkurses**

Eine AG erhöht ihr Grundkapital von 45 Mio. € auf 60 Mio. €. Der Kurs der Altaktie liegt bei 55 €/Aktie. Die jungen Aktien sollen zu einem Ausgabekurs von 43 €/Aktie emittiert werden.

Es wird der neue Mittelkurs (K_{mittel}) gemäß folgender Formel berechnet:

$$\text{Neuer Mittelkurs} = \frac{\text{Kurswert der alten Aktien} + \text{Kurswert der jungen Aktien}}{\text{Anzahl Altaktien} + \text{Anzahl Jungaktien}}$$

$$K_{mittel} = \frac{K_{alt} \times a + K_{neu} \times n}{a + n}$$

$$K_{mittel} = \frac{55 \text{ €/St.} \times 45 \text{ Mio. St.} + 43 \text{ €/St.} \times 15 \text{ Mio. St.}}{45 \text{ Mio. St.} + 15 \text{ Mio. St.}} = 52 \text{ €/St.}$$

Der neue Mittelkurs kann aber auch wie folgt berechnet werden:

neuer Mittelkurs = Kurs der Altaktie - rechnerischer Wert des Bezugsrechts

Der rechnerische Wert des Bezugsrechts wird zunächst mit der Bezugsrechtsformel berechnet.

$$BR = \frac{K_{alt} - K_{neu}}{\dfrac{a}{n} + 1} = \frac{55,00 \text{ €/Aktie} - 43,00 \text{ €/Aktie}}{\dfrac{45 \text{ Mio. Aktien}}{15 \text{ Mio. Aktien}} + 1} = \frac{12 \text{ €}}{\dfrac{3}{1} + 1} = 3 \text{ € je Aktie}$$

Der rechnerische Wert des Bezugsrechts beträgt 3 € je Aktie.

Jetzt kann der neue Mittelkurs (K_{mittel}) wie folgt berechnet werden:

$$K_{mittel} = K_{alt} - BR = 55 \text{ €/Aktie} - 3 \text{ €/Aktie} = 52 \text{ € je Aktie}$$

Dividendenvorteil

Ein weiterer Vorteil beim Erwerb von neuen (jungen) Aktien ist der Dividendenvorteil.[31] Er stellt einen zusätzlichen Ertrag in Form einer höheren Dividendenzahlung für den Inhaber einer neuen Aktie dar und kann als Verbilligung der Investition verstanden werden, wenn man die Zusatzdividende vom Ausgabepreis der neuen Aktie subtrahiert. Der Wert des Bezugsrechts wird bei einem Dividendenvorteil größer.

Der rechnerische Wert des Bezugsrechts beim Dividendenvorteil wird wie folgt berechnet:

$$\text{Bezugsrecht} = \frac{\text{Kurs Altaktie} - (\text{Ausgabekurs neue Aktie} - \text{Dividendenvorteil})}{\text{Bezugsverhältnis} + 1}$$

$$BR = \frac{K_{alt} - (K_{neu} - DV)}{\dfrac{a}{n} + 1}$$

DV = Dividendenvorteil

▶ **BEISPIEL: Bezugsrecht mit Dividendenvorteil**

Eine AG erhöht ihr Grundkapital von 45 Mio. € auf 60 Mio. €. Der Kurs der Aktie liegt bei 55 €/Aktie. Die jungen Aktien sollen zu einem Ausgabekurs von 43 €/Aktie emittiert werden. Zusätzlich sind die jungen Aktien mit einem Dividendenvorteil von 50 % gegenüber den alten Aktien ausgestattet. Die erwartete ordentliche Dividende beträgt im Jahr der Kapitalerhöhung 4 €/Aktie.

Dividendenvorteil (DV) = (4 € x 50 %) = 2 €

$$BR = \frac{K_{alt} - (K_{neu} - DV)}{\dfrac{a}{n} + 1} = \frac{55 \text{ €} - (43 \text{ €} - 2 \text{ €})}{\dfrac{3}{1} + 1} = 3,50 \text{ €}$$

[31] Hauser, M.; Warns, C.: Grundlagen der Finanzierung, 2008, S. 93.

Der Wert des Bezugsrechts steigt bei einem zusätzlichen Ertrag der jungen Aktien.

Dividendennachteil

Ein Dividendennachteil einer jungen Aktie bedeutet für den Aktionär einen Minderertrag im ersten Jahr. Falls neue Aktien im Geschäftsjahr ihrer Ausgabe nicht in vollem Umfang dividendenberechtigt sind, stellt dies einen Zuschlag zum Ausgabekurs dar, was in der Bezugsrechtsformel berücksichtigt werden muss. Der rechnerische Wert des Bezugsrechts beim Dividendennachteil ist wie folgt zu berechnen:

$$\text{Bezugsrecht} = \frac{\text{Kurs Altaktie} - (\text{Ausgabekurs neue Aktie} + \text{Dividendennachteil})}{\text{Bezugsverhältnis} + 1}$$

$$BR = \frac{K_{alt} - (K_{neu} + DN)}{\dfrac{a}{n} + 1}$$

DN = Dividendennachteil

BEISPIEL: Wert des rechnerischen Bezugsrechts mit Dividendennachteil

Eine AG erhöht ihr Grundkapital von 45 Mio. € auf 60 Mio. €. Der Kurs der Aktie liegt bei 55 €/Aktie. Die jungen Aktien sollen zu einem Ausgabekurs von 43 €/Aktie emittiert werden. Zusätzlich sind die jungen Aktien mit einem Dividendennachteil von 25 % gegenüber den alten Aktien ausgestattet. Die erwartete ordentliche Dividende beträgt im Jahr der Kapitalerhöhung 4 €/Aktie.

Dividendennachteil (DN) = (4 €/Aktie x 25 %) = 1,00 €/Aktie

$$BR = \frac{K_{alt} - (K_{neu} + DN)}{\dfrac{a}{n} + 1} = \frac{55 \ \text{€/Aktie} - (43 \ \text{€/Aktie} + 1 \text{€/Aktie})}{\dfrac{3}{1} + 1} = 2,75 \ \text{€/Aktie}$$

Der Wert des Bezugsrechts sinkt erwartungsgemäß bei einem höheren Ausgabepreis (Dividendennachteil) der jungen Aktien.

HINWEIS:

Damit Sie Ihr Wissen prüfen und vertiefen können, finden Sie bei den Arbeitshilfen online eine Reihe von Übungsaufgaben mit ausführlichen Lösungen. Die Aufgaben sind genau auf dieses Kapitel zugeschnitten.

Innenfinanzierung

Die folgende Abbildung gibt einen Überblick über die Innenfinanzierung, die man auch als Selbstfinanzierung bezeichnen kann.

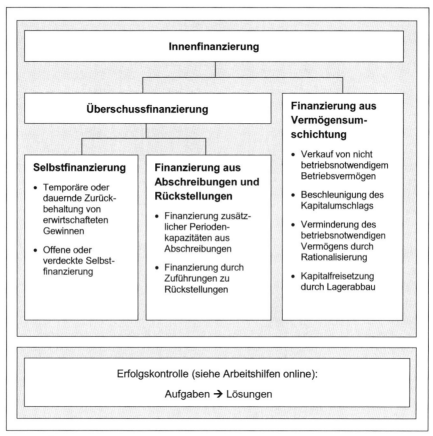

Abb. 80: Übersicht Kapitel „Innenfinanzierung"

Einführung

Im Rahmen der Innenfinanzierung (Selbstfinanzierung „im weiteren Sinne") werden die finanziellen Mittel vom Unternehmen selbst aufgebracht, d. h., sie werden durch den betrieblichen Leistungsprozess erwirtschaftet. Die Finanzierung durch interne Kapitalbildung führt zu einem Vermögens- und Kapitalzuwachs und somit zu einer Verlängerung der Bilanz. Die nächste Abbildung zeigt die verschiedenen Möglichkeiten der Innenfinanzierung.

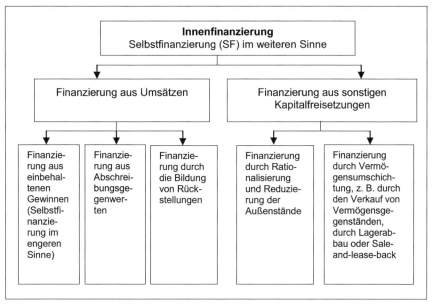

Abb. 81: Innenfinanzierung[1]

Voraussetzungen für die Innenfinanzierung

- Dem Unternehmen fließen liquide Mittel aus dem Umsatzprozess zu.
- Dem Mittelzufluss stehen Auszahlungsverpflichtungen in geringerem Umfang gegenüber.
- Die Selbstfinanzierung „im engeren Sinne" ist für ein Unternehmen nur möglich, wenn es Gewinne erwirtschaftet.

---

[1] In Anlehnung an: Däumler u. Grabe: Betriebliche Finanzwirtschaft, 9. Auflage, 2008, S. 319.

Innenfinanzierung

Das Innenfinanzierungspotenzial einer Periode kann wie folgt ermittelt werden:

	Einzahlungen einer Periode
-	Auszahlungen einer Periode
=	**Innenfinanzierungspotenzial**

Die folgende Abbildung zeigt, welche Möglichkeiten es für die Innenfinanzierung gibt und verdeutlicht das Zustandekommen des Finanzierungseffektes:

Die Entstehung der Innenfinanzierungsvolumina:

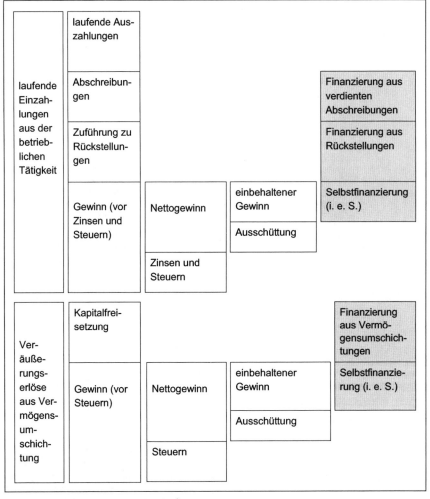

Abb. 82: Innenfinanzierungsvolumina[2]

---

[2] In Anlehnung an Hax: Finanzierung, 1998, S. 183.

1 Selbstfinanzierung

Unter der **Selbstfinanzierung („im engeren Sinne")** versteht man die Beschaffung von Kapital durch **einbehaltene selbst erwirtschaftete Gewinne** (Gewinnthesaurierung), also durch Gewinne, die nicht an die Anteilseigner ausgeschüttet werden. Der Gewinn entsteht durch Erträge, insbesondere durch Umsatzerlöse, abzüglich der Aufwendungen. Damit für die Selbstfinanzierung aber tatsächlich finanzielle Mittel zur Verfügung stehen, darf es sich **nicht um Buchgewinne**, die beispielsweise aus einer Aufwertung von Aktivposten (z. B. Grundstücke) entstehen, handeln, sondern nur um **echte unternehmerische Gewinne**. Nach der Art, wie der einbehaltene Gewinn in der Bilanz ausgewiesen wird, kann man unterscheiden zwischen der:

- offenen Selbstfinanzierung und
- stillen Selbstfinanzierung

Offene Selbstfinanzierung

Offene Selbstfinanzierung heißt: Der ausgewiesene Jahresüberschuss wird vollständig oder teilweise einbehalten (Gewinnthesaurierung), und zwar durch Einstellung in die Rücklagen bei Kapitalgesellschaften bzw. durch Gutschrift auf dem Kapitalkonto bei Einzelunternehmen und Personengesellschaften. Die offene Selbstfinanzierung ist direkt aus dem Jahresabschluss ersichtlich. Der einbehaltene Gewinn führt zu einer Mehrung des Eigenkapitals, so dass es sich um eine Eigenfinanzierung handelt.

Da die **offene Selbstfinanzierung** aus dem versteuerten Gewinn resultiert, steht **für die Finanzierung** nur der **Betrag nach Steuern zur Verfügung**. Der versteuerte einbehaltene Gewinn (Jahresüberschuss) ist in der Bilanz innerhalb des Eigenkapitals ausgewiesen und steht dem Unternehmen „irgendwo" im Vermögen zur Verfügung, z. B. in den Zahlungsmittelbeständen, den Forderungen aus Lieferungen und Leistungen oder den Vorräten.

Stille Selbstfinanzierung

Im Unterschied zur offenen Selbstfinanzierung werden bei der **stillen Selbstfinanzierung nicht ausgewiesene Gewinne einbehalten**. Mit der **stillen Selbstfinanzierung** wird das Ziel verfolgt, einen niedrigeren Gewinn auszuweisen, als er tatsächlich ist. Dieses Ziel wird erreicht, indem stille Reserven gebildet werden. Da der Gewinn durch die Bildung von stillen Reserven gemindert wird, muss das Unternehmen weniger Steuern bezahlen.

Außerdem steht ein geringerer Gewinn für eine mögliche Ausschüttung an die Anteilseigner zur Verfügung. Dies hat zur Folge, dass weniger Geld an die Anteilseigner ausgeschüttet wird und somit bleiben mehr liquide Mittel im Unternehmen und das Unternehmen kann mit diesem Geld arbeiten ohne zusätzliches Fremdkapital aufnehmen zu müssen. Stille Reserven sind die Kapitalreserven, die ihr Entstehen einer **positiven Wertdifferenz** zwischen dem aktuell höheren Zeitwert eines Vermögensgegenstands und dem niedrigeren Buchwert in der Bilanz verdanken. Die Unternehmen nutzen durch gezielte Maßnahmen **handels- und steuerrechtliche Bewertungs- und Bilanzierungsspielräume aus**, um hierdurch einen unversteuerten Gewinnanteil nicht auszuweisen und einzubehalten.

Beispiele für die die Entstehung von stillen Reserven:

- **Unterbewertung von Vermögensgegenständen** z. B. im Rahmen der Bewertungsvorschriften des HGB. Dazu gehören beispielsweise Abschreibungswahlrechte, ein niedrigerer Ansatz der Herstellungskosten von unfertigen und fertigen Erzeugnissen (Ansatz mit der Wertuntergrenze), die Bewertung mit den Anschaffungskosten (Wertobergrenze), obwohl die tatsächlichen Werte höher sind (das ist häufig bei Immobilien der Fall), oder die Nutzung von Bewertungswahlrechten.
- **Überbewertung der Passiva**, wie z. B. die Bewertung von langfristigen Fremdwährungsverbindlichkeiten zum Buchwert, während der Devisenkassamittelkurs aber niedriger ist, die Bildung von zu hohen Rückstellungen aufgrund des kaufmännischen Vorsichtsprinzips.
- **Nichtaktivierung von Vermögenswerten**, wie z. B. die Nichtaktivierung von Großreparaturen: Es werden keine nachträglichen Anschaffungskosten aktiviert, die Großreparatur werden vielmehr als Instandhaltungsaufwand verbucht. Eine weitere Möglichkeit bietet die Nichtaktivierung von Entwicklungsaufwendungen (Aktivierungswahlrecht nach HGB). Es besteht im Jahr der Anschaffung von „geringwertigen Wirtschaftsgütern" ein Wahlrecht zwischen der Sofortabschreibung oder einer Verteilung der Abschreibung über die betriebsgewöhnliche Nutzungsdauer. Bei einer Sofortabschreibung entstehen stille Reserven.
- **Unterlassung oder Unmöglichkeit** (Zwangsreserven) der **Zuschreibung** bei Wertsteigerungen von Vermögenswerten, aufgrund des Bewertungsgrundsatzes, dass Vermögensgegenstände maximal mit ihren Anschaffungs- oder Herstellungskosten bewertet werden dürfen. So darf z. B. ein Wertpapier, dessen

Marktwert höher ist als die ursprünglichen Anschaffungskosten, nur mit den Anschaffungskosten bewertet werden. Da aber der tatsächliche Zeitwert des Wertpapiers höher ist, bestehen bei dem Wertpapier stille Reserven.

Stille Reserven können — wie in der nächsten Abbildung dargestellt — folgendermaßen gebildet werden:

- Durch eine Unterbewertung von Aktiva (Vermögensgegenstände) oder
- durch eine Überbewertung von Passiva (Verbindlichkeiten und Rückstellungen).

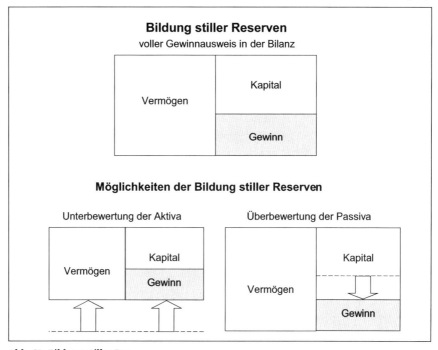

Abb. 83: Bildung stiller Reserven

Die Unterbewertung der Aktiva bewirkt auf der Vermögensseite eine Bilanzverkürzung, da die Vermögenswerte zu einem geringeren als dem tatsächlichen Wert aktiviert werden. Im selben Umfang verringert sich auch die Passivseite der Bilanz. Die Verkürzung der Kapitalseite geht voll zulasten des ausgewiesenen Gewinns und somit zulasten des Eigenkapitals.

Zu einer Überbewertung von Passivposten kann es beispielsweise durch den Ansatz von zu hohen Rückstellungen kommen.

Innenfinanzierung

Die stillen Reserven können häufig steuerfrei gebildet werden, d. h., die Steuern werden aus dem Gewinn ermittelt, der nach der Bildung dieser Reserven noch verbleibt. Die im Rahmen der stillen Selbstfinanzierung gewonnenen Mittel (z. B. geringere Steuerzahlungen und spätere, erst bei Auflösung der stillen Reserven fällige Gewinnausschüttungen an die Anteilseigner) stehen dem Unternehmen nur temporär zur Verfügung, bis die stillen Reserven aufgelöst werden, indem z. B. unterbewertete Aktiva veräußert werden. Es fällt dann ein außerordentlicher Ertrag an, der bilanzielle Gewinn steigt, die Steuerzahlungen steigen ebenfalls (also bleibt hier lediglich ein Steuerstundungseffekt), genauso wie die Entnahmemöglichkeiten der Anteilseigner steigen.

Temporäre Selbstfinanzierung

Eine temporäre Selbstfinanzierung kann unter folgenden Voraussetzungen stattfinden:

- die Gewinnausschüttungen können durch die Wahl des Bilanzvorlagetermins zeitlich verzögert werden,
- die während des Geschäftsjahres entstehenden Gewinne stehen dem Unternehmen bis zum Ausschüttungszeitpunkt zur Verfügung.

Beurteilung der Selbstfinanzierung

Vorteile

- Die Unabhängigkeit des Unternehmens vom Kapitalmarkt und den Kreditgebern wird gestärkt,
- für die stille Selbstfinanzierung bedarf es nicht der Zustimmung der Anteilseigner,
- die gegenwärtigen Mehrheits- und Herrschaftsverhältnisse bleiben gewährleistet,
- bei der offenen Selbstfinanzierung ist das gebildete Eigenkapital frei von Rechten Dritter,
- es gibt keine laufende Liquiditätsbelastung, da keine Zahlungen an den Kapitalgeber zu leisten sind,
- es keine Kreditsicherheiten beansprucht,
- die Krisenanfälligkeit des Unternehmens verringert sich während sich gleichzeitig die Kreditwürdigkeit verbessert.

Nachteile

- Bei der stillen Selbstfinanzierung handelt es sich nur um temporäre Effekte,
- es besteht eventuell die Gefahr, dass Selbstfinanzierungsmittel vom Unternehmen als „kostenlos" angesehen werden, da sie keine laufende Liquiditätsbelastung verursachen. So könnten sich negative Auswirkungen ergeben, indem z. B. Investitionsprojekte nicht mehr mit derselben notwendigen Gründlichkeit geprüft werden wie bei einer Fremdfinanzierung.
- Es entstehen steuerliche Nachteile: Eigenkapital ist unter Umständen teurer als Fremdkapital, da die Eigenkapitalzinsen im Gegensatz zu den Fremdkapitalzinsen nicht als Aufwand verrechnet werden können.

2 Finanzierung aus Abschreibungen

Abschreibungen bilden den Werteverzehr des Vermögens ab und werden als Aufwand über die voraussichtliche Nutzungsdauer verteilt. Die Abschreibungen, soweit sie über den Umsatzprozess erwirtschaftet worden sind, bringen liquide Mittel in das Unternehmen, die erst bei der Reinvestition benötigt werden und bis zu diesem Zeitpunkt als Finanzierungsmittel genutzt werden können. Die freigesetzten Mittel können bis zum Zeitpunkt der Ersatzinvestition entweder in Repetierfaktoren[3] (im Produktionsprozess untergehende Faktoren) oder in Potenzialfaktoren (Faktoren, die ein Nutzungspotenzial verkörpern, wie z. B. Betriebsmittel; dies können beispielsweise Maschinen oder Software sein) investiert werden. Im letzteren Fall kann dadurch die Produktionskapazität ohne zusätzliche Kapitalaufnahme erhöht werden.

Voraussetzungen für die Finanzierung aus Abschreibungsgegenwerten:

- Das Unternehmen verrechnet kalkulatorische Abschreibungen.
- Die am Markt erzielbaren Absatzpreise sind so hoch, dass die kalkulatorischen Abschreibungen verdient wurden.
- Alle Abschreibungen erfolgen in gleich hohen Jahresraten und sie entsprechen genau der Minderung der Nutzungsfähigkeit der Vermögensgegenstände.
- Das Unternehmen verrechnet bilanzielle Abschreibungen und entzieht damit dem Staat (Steuern) und den Anteilseignern die zugeflossenen Mittel.
- Die Abschreibungsgegenwerte werden in gleichartige Anlagen mit konstanten Preisen reinvestiert.
- Die Abschreibungsgegenwerte werden über den Umsatzprozess verdient und nicht für andere Maßnahmen benötigt.

Die Finanzierung aus Abschreibungsgegenwerten hat zwei Effekte:

- **Kapitalfreisetzungseffekt**
  Die Abschreibungen fließen dem Unternehmen über den Verkaufspreis zu und stehen dem Unternehmen bis zur Reinvestition zur Verfügung.

---

[3] Produktionsfaktoren, die sich in einem einmaligen Produktionsvorgang verzehren und daher wiederholt beschafft und eingesetzt werden müssen. Dazu zählen z. B. Betriebsstoffe und Werkstoffe.

- **Kapazitätserweiterungseffekt**
  Dieser wird auch als Lohmann-Ruchti-Effekt bezeichnet. Die im Umsatzprozess verdienten Abschreibungen werden sofort wieder reinvestiert und zur Erhöhung der Kapazität eingesetzt.

2.1 Kapitalfreisetzungseffekt

Der **Kapitalfreisetzungseffekt** beruht auf der Annahme, dass die Abschreibungen bei langlebigen Vermögensgegenständen über den Verkaufspreis der mit ihnen gefertigten Produkte verdient werden und bereits Jahre vor der Reinvestition der betreffenden Vermögensgegenstände dem Betrieb zur Verfügung stehen. Bei einer Reinvestition der Finanzmittel können auf diese Weise Abschreibungsobjekte (wie z. B. Maschinen) ersetzt werden, ohne dass zusätzliches Kapital von außen zugeführt wird.

▶ **BEISPIEL: Kapitalfreisetzungseffekt**

In vier aufeinanderfolgenden Jahren wird jeweils eine Maschine zum Preis von **8.000 €** gekauft. Die Nutzungsdauer der Maschinen betragen jeweils **4 Jahre**, d. h., die jährliche lineare Abschreibung beläuft sich auf 2.000 €/Jahr. Die Abschreibungsbeträge werden über die Umsatzerlöse in vollem Umfang verdient und stehen dem Unternehmen komplett in Form von Zahlungsmitteln zur Verfügung. Nach Ende der vierjährigen Nutzungsdauer wird die abgeschriebene Maschine umgehend durch eine neue Maschine ersetzt.

	Phase des Kapazitätsaufbaus				Reinvestitionsphase			
	lineare Abschreibungen in € (I_0 = 4.000 €, ND = 4 Jahre)							
Jahre (Ende)	1	2	3	4	5	6	7	8
Maschine 1	2.000	2.000	2.000	2.000	2.000	2.000	2.000	usw.
Maschine 2		2.000	2.000	2.000	2.000	2.000	2.000	usw.
Maschine 3			2.000	2.000	2.000	2.000	2.000	usw.
Maschine 4				2.000	2.000	2.000	2.000	usw.
jährliche Abschreibungen	2.000	4.000	6.000	8.000	8.000	8.000	8.000	usw.
liquide Mittel kumuliert	2.000	6.000	12.000	20.000	20.000	20.000	20.000	usw.
Reinvestitionen	--	--	--	8.000	8.000	8.000	8.000	usw.
Kapitalfreisetzung[4]	**2.000**	**6.000[5]**	**12.000**	**12.000**	**12.000**	**12.000**	**12.000**	**usw.**

---

[4] Die Kapitalfreisetzung ergibt sich aus den kumulierten Abschreibungen abzüglich der Reinvestitionen.

[5] Kapitalfreisetzung = kumulierte Abschreibungen pro Jahr also von Jahr zu Jahr addiert (z. B. 1.000 € (Jahr 1) + 2.000 € (Jahr 2) = 3.000 € Kapitalfreisetzung im zweiten Jahr).

2.2 Kapazitätserweiterungseffekt

Die aufgrund des **Kapitalfreisetzungseffekts** gewonnenen Finanzmittel können neben der Verwendung für Reinvestitionen und damit dem Erhalt der Produktionskapazitäten zur **Erweiterung der Kapazitäten pro Periode** verwendet werden.[6] Dies setzt voraus, dass die verdienten Abschreibungsgegenwerte ausschließlich für die Finanzierung von zusätzlichen Vermögensgegenständen derselben Art eingesetzt werden. Hieraus ergibt sich ein **Kapazitätserweiterungseffekt**, der auch als **Lohmann-Ruchti-Effekt** bzw. als **Marx-Engels-Effekt** bezeichnet wird. Das **Ziel** ist hierbei nicht, eine bestimmte Kapazität aufrechtzuerhalten, sondern die **Maximierung der Kapazität**, ohne dass über die ursprünglich investierten Mittel hinaus zusätzlich Kapital zugeführt werden muss. Die Kapazitätserweiterung kommt zustande, weil der Rückfluss freigewordener Mittel sofort und vor dem Ersatzzeitpunkt der abgeschriebenen Vermögensgegenstände reinvestiert wird.

Beim Kapazitätserweiterungseffekt kann die Leistungskapazität ohne neue Kapitalzuführung quasi automatisch erweitert werden.

▶ **BEISPIEL: Kapazitätserweiterungseffekt**

Ein Unternehmen hat 10 gleiche Maschinen. Die Anschaffungskosten pro Maschine betragen 50 T€ und die jährliche Abschreibung pro Maschine beträgt 10 T€, d. h., die Nutzungsdauer beträgt fünf Jahre. Es gelten zusätzlich folgende Prämissen:

- Die Abschreibungsgegenwerte werden jeweils zu Beginn des neuen Geschäftsjahres reinvestiert.
- Die abgeschriebenen Maschinen gehen immer zu Beginn des neuen Geschäftsjahres ab.

Jahr	Maschinen			Anschaffungswert	Abschreibungen pro Jahr	liquide Mittel kumuliert	Reinvestition und Kapazitätserweiterung	Kapitalfreisetzung
	Zugänge	Abgänge	Bestand					
1	+10 St.	0 St.	10 St.	500 T€	100 T€	100 T€	100 T€	0 T€
2	+2 St.	0 St.	12 St.	600 T€	120 T€	120 T€	100 T€	20 T€
3	+2 St.	0 St.	14 St.	700 T€	140 T€	160 T€	150 T€	10 T€
4	+3 St.	0 St.	17 St.	850 T€	170 T€	180 T€	150 T€	30 T€
5	+3 St.	0 St.	20 St.	1.000 T€	200 T€	230 T€	200 T€	30 T€
6	+4 St.	− 10 St.	14 St.	700 T€	140 T€	170 T€	150 T€	20 T€
7	+3 St.	− 2 St.	15 St.	750 T€	150 T€	170 T€	150 T€	20 T€

---

[6] Schäfer, H.: Unternehmensfinanzen, 2002, S. 473.

Jahr	Maschinen			Anschaf-fungs-wert	Abschrei-bungen pro Jahr	liquide Mittel ku-muliert	Reinves-tition und Kapazitäts-erweiterung	Kapital-freiset-zung
	Zugänge	Abgänge	Bestand					
8	+3 St.	− 2 St.	16 St.	800 T€	160 T€	180 T€	150 T€	30 T€
9	+3 St.	− 3 St.	16 St.	800 T€	160 T€	190 T€	150 T€	40 T€
10	+3 St.	− 3 St.	16 St.	800 T€	160 T€	200 T€	200 T€	0 T€
11	+4 St.	− 4 St.	16 St.	800 T€	160 T€	160 T€	150 T€	10 T€
12	+3 St.	− 3 St.	16 St.	800 T€	160 T€	170 T€	150 T€	20 T€

Voraussetzung für den Kapazitätserweiterungseffekt ist, dass die Summe der Abschreibungsbeträge höher ist als der Betrag, der für die Reinvestition notwendig ist. In diesem Beispiel hat sich die Anzahl der Maschinen durch den Kapazitätserweiterungseffekt von 10 auf 16 Maschinen erhöht.

Der zu erwartende Kapazitätserweiterungseffekt lässt sich mithilfe des Kapazitätserweiterungskoeffizienten prognostizieren:[7]

Kapazitätserweiterungskoeffizient $r = \dfrac{2}{1+\dfrac{1}{n}}$

n = Nutzungszeit des Investitionsobjektes

In dem folgenden Beispiel wird der **Kapazitätserweiterungskoeffizient** berechnet und außerdem können Sie wieder den **vierstufigen Prozess der Kapazitätserweiterung** erkennen:

1. **Einleitung des Prozesses** der Kapazitätserweiterung, indem die Erstausstattung beschafft und produktiv eingesetzt wird.
2. Es folgen die **Wachstumsperioden**, in denen die Kapazität kontinuierlich erweitert wird.
3. Als Nächstes folgen die **Perioden des Einspielens**, d. h., die Periodenkapazität sinkt und steigt wieder an, bis sie schließlich einem Gleichgewichtszustand erreicht.
4. Die vierte Prozessstufe ist die **Periode des Gleichgewichts**, d. h., die Periodenkapazität verändert sich nicht mehr, die Zugänge und Abgänge gleichen sich aus.

---

[7] Wöhe, G.: Einführung in die Allgemeine Betriebswirtschaftslehre, 22. Auflage, 2005, S. 723.

▶ **BEISPIEL: Kapazitätserweiterungseffekt**

Ausgangslage:

- Bestand zu Beginn: 5 Maschinen.
- Die Anschaffungskosten für eine Maschine betragen 4.000 €.
- Die Nutzungsdauer einer Maschine beträgt vier Jahre, der Abschreibungsprozentsatz beträgt somit 25 %.

Jahr	Anzahl Maschinen			Anschaffungswert	jährliche Abschreibungen	Zur Verfügung stehende liquide Mittel	Reinvestition und Kapazitätserweiterung	Kapitalfreisetzung
	Zugänge	Abgänge	Gesamt					
1	+5 St.	− 0 St.	5 St.	20 T€	5 T€	5 T€	4 T€	1 T€
2	+1 St.	− 0 St.	6 St.	24 T€	6 T€	7 T€	4 T€	3 T€
3	+1 St.	− 0 St.	7 St.	28 T€	7 T€	10 T€	8 T€	2 T€
4	+2 St.	− 0 St.	9 St.	36 T€	9 T€	11 T€	8 T€	3 T€
5	+2 St.	− 5 St.	6 St.	24 T€	6 T€	9 T€	8 T€	1 T€
6	+2 St.	− 1 St.	7 St.	28 T€	7 T€	8 T€	8 T€	0 T€
7	+2 St.	− 1 St.	8 St.	32 T€	8 T€	8 T€	8 T€	0 T€
8	+2 St.	− 2 St.	8 St.	32 T€	8 T€	8 T€	8 T€	0 T€

Die Kapazität ist von 5 Maschinen auf 8 Maschinen angestiegen, das bedeutet eine Kapazitätssteigerung von 60 %. Die Kapazitätserweiterung kann im Voraus mit folgender Formel berechnet werden:

$$\text{Kapazitätserweiterungskoeffizient } r = \frac{2}{1+\frac{1}{n}} = \frac{2}{1+\frac{1}{4}} = 1{,}6$$

Neben den beschriebenen Voraussetzungen gibt es **verschiedene Einflussfaktoren**, die darüber entscheiden, in welchem Ausmaß der **Kapazitätserweiterungseffekt** ausgenutzt werden kann:

- Der **Kapazitätserweiterungseffekt** fällt größer oder kleiner aus, je nachdem, ob die **Preise** zur Beschaffung der gleichen Maschinen (Potenzialfaktoren) gestiegen oder gesunken sind. In Zeiten hoher Inflation wird das Ausmaß des Kapazitätserweiterungseffekts abgeschwächt.
- Von großer Bedeutung sind der effektive Verlauf der Wertminderung der Vermögensgegenstände über die Nutzungszeit und somit das gewählte Abschreibungsverfahren. Im Allgemeinen wird eine lineare Abschreibung unterstellt.

- Ein weiterer Einflussfaktor, der eng mit dem vorher genannten verknüpft ist, ist die gesamte Nutzungsdauer der Maschine (Potenzialfaktor). **Je länger die Nutzungsdauer, umso größer ist der Kapazitätserweiterungseffekt**. Bei einer Nutzungsdauer von nur einem Jahr gibt es keine Kapazitätserweiterung, bei einer sehr langen Nutzungsdauer kann sich die Ausgangskapazität beinahe verdoppeln, wie die folgende Tabelle zeigt.

Zunächst wird die lineare Abschreibung wie folgt ermittelt:

$$\text{lineare Jahresabschreibung} = \frac{\text{Anschaffungs - oder Herstellungskosten}}{\text{Nutzungsdauer in Jahren}}$$

$$\text{Abschreibungssatz in Prozent} = \frac{100\,\%}{\text{Nutzungsdauer in Jahren}}$$

Abschreibungssatz in %:	100	50	33	25	20	12,5	10	5	2,5	0
Nutzungsdauer in Jahren	1	2	3	4	5	8	10	20	40	∞
Kapazitätserweiterungskoeffizient:	1	1,33	1,50	1,60	1,66	1,77	1,81	1,90	1,95	2,0

Beurteilung des Kapazitätserweiterungseffekts

In der betrieblichen Praxis sind die idealtypischen Annahmen, die dem Kapazitätserweiterungseffekt zugrunde liegen, in der Regel nicht voll gegeben. Es gibt eine Vielzahl von hemmenden, aber auch fördernden Faktoren, die den Kapazitätserweiterungseffekt beeinflussen.

Praktisch wird eine Nutzung der Abschreibungsgegenwerte zur Kapazitätserweiterung zu 100 Prozent häufig aus folgenden Gründen nicht möglich sein:[8]

- Eine Vergrößerung des Anlagevermögens (z. B. der Maschinen) ist im Allgemeinen ohne eine gleichzeitige Erhöhung des Umlaufvermögens (z. B. der Roh-, Hilfs- und Betriebsstoffe) nicht möglich. Eventuell wird auch noch zusätzliches Personal benötigt.
- Die Annahme, dass die Abschreibung identisch mit der Abnutzung ist, ist unrealistisch.

---

[8] Sprink, J.: Finanzierung, 2000, S. 115 f. ; Olfert, K. u. Reichel, C.: Kompakt Training Finanzierung, 5. Auflage, 2005, S.180.; Bieg, H. u. Kußmaul, H.: Finanzierung, 2009, S. 404; Perridon, L. et al.: Finanzwirtschaft der Unternehmung, 2009, S. 481 ff.

- Es wird unterstellt, dass die Anlagen soweit teilbar sind, dass eine Wieder-verwendung aller Abschreibungsgegenwerte in einer Periode möglich ist. Bei einem mehrstufigen, kapazitiv vernetzten Fertigungsprozess wird dies nicht gegeben sein, weil eine Kapazitätserweiterung eine gleichzeitige Investition in allen Fertigungsstufen erfordert.
- Eine Kapazitätserweiterung ist nur dann sinnvoll, wenn der daraus resultie-rende Produktionszuwachs auch zu „guten" Preisen absetzbar ist, es müssen die entsprechenden Absatzmöglichkeiten zur Verfügung stehen.
- Die Beschaffungspreise bleiben i. d. R. nicht über viele Jahre konstant.
- Der technische Fortschritt wird nicht berücksichtigt.
- Die verdienten Abschreibungen bleiben häufig nicht im Unternehmen, sondern werden zur Kredittilgung oder zur Entnahme von Eigenkapital verwendet.

3 Finanzierung aus Rückstellungen

Rückstellungen sind für Verpflichtungen zu bilden, die dem Grunde nach bekannt, aber hinsichtlich ihrer Höhe und des Fälligkeitszeitpunktes ungewiss sind. Durch den zeitlichen Abstand zwischen dem Aufwandsvorgang (Zeitpunkt der Rückstellungsbildung) und dem Auszahlungsvorgang (Eintritt des Zahlungsgrundes) entsteht der Finanzierungseffekt der Rückstellungen. In dieser Zeit verbleiben die finanziellen Mittel aus den Rückstellungen in der Unternehmung und können für Finanzierungszwecke eingesetzt werden. Es kann sich z. B. um Rückstellungen für Garantieleistungen, Steuern und Pensionen handeln, wobei die Pensionsrückstellungen wegen ihrer langfristigsten Verfügbarkeit am meisten zum Finanzierungseffekt beitragen.

Die Rückstellungen zählen in der Bilanz zum Fremdkapital. Die Finanzierung aus Rückstellungen ist daher als **innerbetriebliche Fremdfinanzierung** einzuordnen. Bei den Rückstellungen unterscheidet man zwei Arten:

- **Verbindlichkeitsrückstellungen:** Hierbei handelt es sich um Verpflichtungen gegenüber Dritten, deren Höhe oder Eintritt am Bilanzstichtag unsicher ist. Dazu gehören z. B.:
  — Rückstellungen für Pensionen,
  — Rückstellungen für Steuernachzahlungen,
  — Rückstellungen für Garantieverpflichtungen,
  — Rückstellungen für drohende Verluste aus schwebenden Geschäften.

- **Aufwandsrückstellungen:** Dies sind Rückstellungen, die aufgrund von **Innenverpflichtungen** des Unternehmers entstehen. Zu diesen Rückstellungen gehören z. B.:
  — Rückstellungen für unterlassene Aufwendungen für Instandhaltung, die innerhalb der ersten drei Monate des folgenden Geschäftsjahres nachgeholt werden (Pflicht nach HGB § 249 Abs. 1 Satz 3 Nr. 1) und
  — Rückstellungen für unterlassene Abraumbeseitigung, die innerhalb des folgenden Geschäftsjahres nachgeholt wird (Pflicht nach HGB § 249 Abs. 1 Satz 3 Nr. 1).

Der Finanzierungseffekt entsteht dadurch, dass die Zuführung zu Rückstellungen ein Aufwand ist und somit den steuerpflichtigen Gewinn, d. h. in dem betreffenden Geschäftsjahr die Einkommensteuer- bzw. Körperschaftsteuer- und Gewerbesteuerbelastung, reduziert, aber zunächst zu keinen Auszahlungen führt. Daraus ergeben sich ein geringeres Ausschüttungspotenzial und eine Steuerstundung. Es handelt sich aber nur um eine temporäre Finanzierungsquelle. Die Mittel stehen nur bis zu dem Zeitpunkt zur Verfügung, zu dem die Verpflichtungen auszahlungswirksam werden (z. B. Pensionsverpflichtungen).

Da die Rückstellung zinslos ist, ergibt sich neben der Finanzierungswirkung der Rückstellung ein positiver Rentabilitätseffekt, sofern die verfügbaren Mittel rentabel angelegt werden.

Je größer der zeitliche Abstand zwischen Bildung und Auflösung der Rückstellung ist, desto höher wird der Finanzierungseffekt. Aus diesem Grund sind die langfristigen Pensionsrückstellungen von besonderer Bedeutung, während die kurz- und mittelfristigen Rückstellungen eine untergeordnete Rolle spielen. Allerdings kann sich bei diesen ständig wiederkehrenden Rückstellungen (z. B. Steuerrückstellungen) ein „Bodensatz" bilden, der dem Unternehmen langfristig zur Verfügung steht.[9]

Entfällt der Grund, für den eine Rückstellung gebildet wurde, ganz oder teilweise, so ist die Rückstellung aufzulösen.

Pensionsrückstellungen

Im Rahmen der betrieblichen Altersversorgung können Unternehmen ihren Mitarbeitern Pensionszusagen geben. Die Pensionsrückstellungen stehen den Unternehmen langfristig zur Verfügung und können je nach Umfang der Zusagen, der Mitarbeiterzahl und der betrieblichen Altersstruktur eine beträchtliche Größe erreichen. Während der Tätigkeitsdauer der Mitarbeiter sammelt das Unternehmen Kapitalbeträge in Form von Pensionsrückstellungen an. Haben die Mitarbeiter das Versorgungsalter erreicht, erfolgt entweder eine regelmäßige Auszahlung in Raten oder eine einmalige Kapitalleistung.

Große Industrieunternehmen nutzten insbesondere in den 50er- und 60er-Jahren des letzten Jahrhunderts die Pensionsrückstellungen zur Finanzierung ihrer großen Investitionen. Die Pensionsrückstellungen werden mittlerweile in den Unternehmen nicht mehr so gerne gesehen. Dies hat zum einen mit der Altersstruktur des Personals und zum anderen mit der Personalreduzierung in den Unternehmen zu tun. Inzwischen übersteigen die Pensionszahlungen in vielen Unternehmen die

---

9 Hauser, M. und Warns, C.: Grundlagen der Finanzierung, 2008, S. 66.

Zuführungen zu den Pensionsrückstellungen, dadurch entstehen negative Finanzierungseffekte.

Den Finanzierungseffekt der Pensionsrückstellungen veranschaulicht das folgende Schaubild.

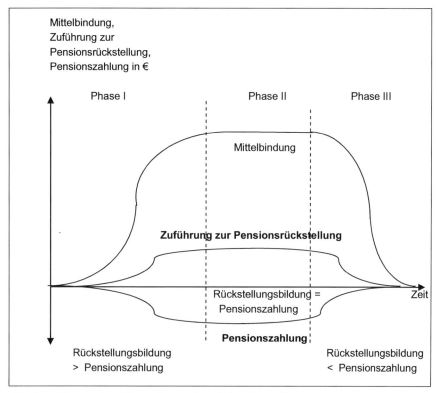

Abb. 84: Bildung und Auflösung der Pensionsrückstellungen[10]

[10] In Anlehnung an Wöhe/Bilstein/Ernst/Häcker: Grundzüge der Unternehmensfinanzierung, 10. Auflage, 2009, S. 435.

Die einzelnen Phasen lassen sich wie folgt beschreiben:

Phase I: Rückstellungsbildung > Pensionszahlung

Die **Phase I** ist durch den Aufbau der Pensionsrückstellungen geprägt. Sie gibt es in erster Linie bei neu gegründeten Unternehmen mit einer jungen Belegschaft, die über einen relativ langen Zeitraum Pensionsrückstellungen bilden können, ohne dass Pensionsauszahlungen anfallen. Die Phase I entsteht zudem auch, wenn in einem bestehenden Unternehmen die betriebliche Altersversorgung neu eingeführt wurde. Solange mehr Mitarbeiter eingestellt werden als in den Ruhestand gehen, übersteigt die Zuführung zur Pensionsrückstellungsbildung die Pensionszahlung. Der Finanzierungseffekt erhöht sich. Das durch die Pensionsrückstellung gebundene Kapital wächst im Zeitablauf an.

Phase II: Rückstellungsbildung = Pensionszahlung

Die Phase II ist dadurch gekennzeichnet, dass die gesamten Pensionsrückstellungen im Wesentlichen konstant bleiben. Zwischen der Rückstellungsbildung und der Pensionszahlung besteht in etwa ein Gleichgewicht. Das bedeutet, der Finanzierungseffekt bleibt konstant. Es existiert also kein zusätzlicher Finanzierungseffekt mehr, da der Aufwand für die Zuführung zu den Pensionsrückstellungen und die (erfolgsunwirksamen) Auszahlungen der Periode übereinstimmen.

Phase III: Rückstellungsbildung < Pensionszahlung

In dieser Phase wird der Kapitalstock sukzessive abgebaut, d. h., der Betrag der Auszahlungen übersteigt den der Mittelzuführungen. Dieser Zustand tritt ein, wenn sich die Belegschaft verringert und/oder die pensionierten Mitarbeiter älter werden als die statistisch erwartete Lebensdauer beträgt.[11] Der Finanzierungseffekt ist negativ und muss durch die Umsatzerlöse finanziert werden.

Da der Posten „Rückstellungen für Pensionen und ähnliche Verpflichtungen" in der Bilanz bei den meisten Unternehmen einen hohen Wert ausweist, haben die Pensionsrückstellungen eine entsprechende Bedeutung. Im folgenden Abschnitt wird daher erläutert, wie die jährliche Zuführung zu den Pensionsrückstellungen berechnet wird.

Die folgende Abbildung veranschaulicht, wie die Pensionsrückstellung gebildet und aufgelöst werden.

---

[11] Schäfer, H.: Unternehmensfinanzen, 2. Auflage, 2002, S. 483.

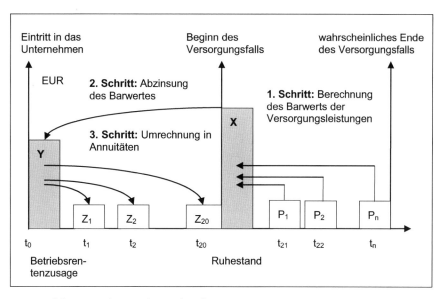

Z = Zuführung zu den Pensionsrückstellungen

P = Pensionszahlungen

t_0 = Zeitpunkt der Betriebsrentenzusage an Mitarbeiter

t_{20} = Mitarbeiter geht in Ruhestand

t_{21} = erste Pensionszahlung P_1 an Mitarbeiter

t_n = letzte Pensionszahlung an Mitarbeiter

t_1 = erste Zuführung Z_1 zur Pensionsrückstellung

t_{20} = letzte Zuführung Z_{20} zur Pensionsrückstellung

X = Barwert der erwarteten Pensionszahlungen P bezogen auf den Zeitpunkt t_{20}

Y = Barwert der erwarteten Pensionszahlungen P bezogen auf den Zeitpunkt t_0

Abb. 85: Bildung und Auflösung einer Pensionsrückstellung[12]

Wie man die Höhe der Zuführung zur Pensionsrückstellung ermittelt, wird anhand des folgenden Beispiels erläutert.

▶ **BEISPIEL: So wird die Höhe der Zuführung zur Pensionsrückstellungen berechnet**[13]

Die Karlsruhe GmbH schließt am 02.01.01 mit dem Mitarbeiter Fleißig, der am 31.12.20 in Ruhestand geht, einen Betriebsrentenvertrag ab. Danach soll Herr Fleißig jährlich eine Betriebsrente (Pension) in Höhe von 50.000 € erhalten. Es

---

[12] In Anlehnung an Wöhe: Einführung in die Allgemeine Betriebswirtschaftslehre, 24. Auflage, 2010, S. 651, und Jahrmann: Finanzierung, 6. Auflage, 2009, S. 299.

[13] Vgl. Wöhe, G. et al.: Übungsbuch zur Allgemeinen Betriebswirtschaftslehre, 2010, S. 347 ff.

wird angenommen, dass die letzte Betriebsrentenzahlung am 31.12.35 (t_n) erfolgt. Der Kalkulationszinssatz (Marktzinssatz der vergangenen sieben Jahre gemäß Deutscher Bundesbank) beträgt 5 %.

Die Zuführung (Z) zur Pensionsrückstellung lässt sich in drei Schritten berechnen:

Schritt 1: Berechnung des Barwerts der Versorgungsleistungen unter Berücksichtigung von Versorgungsdauer und -höhe. Die zwischen t_{21} und t_{35} zu leistenden Pensionszahlungen werden auf den Zeitpunkt des Ruhebeginns (t_{20}) mit dem Kalkulationszinssatz (5 %) abgezinst. Das Ergebnis ist X (= der Barwert der erwarteten 15 Pensionszahlungen P), bezogen auf den Zeitpunkt t_{20}, dem Tag des Ausscheidens des Mitarbeiters Fleißig).

Berechnung:

Barwert X = Rente x Rentenbarwertfaktor

$$\text{Barwert X}\,(K_0) = P \times \frac{q^n - 1}{q^n \times i} = 50.000\ \text{€} \times \frac{1,05^{15} - 1}{1,05^{15} \times 0,05} = 518.982,91\,\text{€}$$

Schritt 2: Der auf den Zeitpunkt t_{20} bezogene Endwert X wird abgezinst auf den Zeitpunkt der Betriebsrentenzusage t_0. Das Ergebnis ist Y, der Barwert der erwarteten Pensionszahlungen bezogen auf t_0.

Berechnung:

Barwert Y = Endwert X x Abzinsungsfaktor

$$\text{Barwert Y}\,(K_0) = \text{Endwert X} \times \frac{1}{q^n} = 518.982,91\,\text{€} \times \frac{1}{1,05^{20}} = 195.599,20\ \text{€}$$

Schritt 3: Der für t_0 ermittelte Barwert Y wird mithilfe des Kapitalwiedergewinnungsfaktors (KWF, auch Annuitätenfaktor genannt) in gleich große Jahresbeträge (Annuitäten) für die Laufzeit vom Vertragsabschluss (t_0) bis zum Eintritt in den Ruhestand (t_{20}) ermittelt. Die Annuität Z stellt die jährliche Zuführung zur Pensionsrückstellung dar.

Berechnung:

Annuität = Anfangswert Y x Kapitalwiedergewinnungsfaktor

$$\text{Annuität Z} = \text{Anfangswert Y} \times \frac{q^n \times i}{q^n - 1} = 195.599,20\ \text{€} \times \frac{1,05^{20} \times 0,05}{1,05^{20} - 1} = 15.695,39\ \text{€}$$

Nachdem alle Berechnungen durchgeführt wurden, ist bekannt, dass bis zum 31.12.20 der Rückstellungsbetrag auf den Betrag **X = 518.982,91 €**, d. h. auf den Barwert sämtlicher zu leistender Pensionszahlungen, angewachsen sein muss. Es ergeben sich folgende Zuführungen und Bestände an Pensionsrückstellungen vom 31.12.01 bis zum 31.12.20.

Datum	Zuführung zur Pensionsrückstellung		Bestand an Pensions-rückstellungen
	Annuität	Zinsen	
31.12.01	15.695,39 €		15.695,39 €
31.12.02		784,77€	
31.12.02	15.695,39 €		
31.12.02			32.175,55 €
31.12.03		1.608,78 €	
31.12.03	15.695,39 €		
31.12.03			49.479,72 €
31.12.04		2.473,99 €	
31.12.04	15.695,39 €		
31.12.04			67.649,10 €
...			
31.12.20			**518.982,91 €**

Beurteilung der Pensionsrückstellungen

Der Pensionsrückstellung kam bei der Unternehmensfinanzierung in früheren Jahren eine beträchtliche Bedeutung zu. Durch den Finanzierungseffekt vor allem in der Phase I und II verblieben die Gelder im Unternehmen und konnten für Investitionen genutzt werden. Allerdings muss man bei dieser Finanzierungsform auch an die i. d. R. irgendwann einmal eintretende Phase III denken, wenn die Pensionszahlungen die Rückstellungsbildung übersteigen. In der Phase III ist der Finanzierungseffekt negativ.

Folgende Ursachen für einen negativen Finanzierungseffekt sind denkbar:

- durch einen massiven Stellenabbau verschlechtert sich die Quote Arbeitnehmer zu Pensionsempfängern,
- das Unternehmen wird aufgelöst, wobei die Pensionsverpflichtungen weiterhin bestehen bleiben,
- die Anzahl der Frühverrentungen im Unternehmen ist hoch und
- die ursprünglichen Sterbetafeln entsprechen nicht mehr der heutigen Sterblichkeitsrate, d. h., für die ehemaligen Mitarbeiter muss länger bezahlt werden als ursprünglich geplant.

Die Pensionsrückstellungen sind bei vielen Unternehmen in der HGB-Bilanz unterbewertet, da bis Ende 2009 meistens das steuerliche Teilwertverfahren mit dem steuerlichen Kapitalisierungszinssatz von 6 % angewendet wurde. Wenn die Unternehmen ihre Rechnungslegung auf einen internationalen Rechnungslegungsstandard wie z. B. die IFRS (International Financial Reporting Standards) umstellen, so müssen die Pensionsrückstellungen häufig erhöht werden, da die Pensionsrückstellungen mit dem Anwartschaftsbarwertverfahren gemäß IAS 19 unter Berücksichtigung zukünftiger Gehalts- und Rentensteigerungen ermittelt werden. Dadurch erhöhen sich i. d. R. die Pensionsrückstellungen.

Durch die Einführung des seit dem 01.01.2010 gültigen Bilanzrechtsmodernisierungsgesetzes (BilMoG) hat sich die Bewertung der handelsrechtlichen Pensionsrückstellung erheblich verändert, da bei der Berechnung der Rückstellungshöhe in der Handelsbilanz nicht mehr der für die Steuerbilanz gesetzlich vorgegebene Rechenzins von sechs Prozent übernommen werden darf. Es sind nunmehr gemäß § 253 Abs. 2 HGB die Rückstellungen für Altersversorgungsverpflichtungen mit dem durchschnittlichen Marktzins abzuzinsen, der sich bei einer angenommenen Restlaufzeit von 15 Jahren ergibt. Die Marktzinssätze werden von der Deutschen Bundesbank monatlich bekannt gegeben. Da nun mit einem i. d. R. niedrigeren Rechenzinssatz gerechnet wird, müssen in der Handelsbilanz deutlich höhere Rückstellungen gebildet werden. Hinzu kommt, dass künftig zusätzlich Renten- und Gehaltsanpassungen bei der Berechnung der Rückstellungen zu berücksichtigen sind, was zusätzlich die Pensionsrückstellungen erhöht.

Aufgrund dieser Neuregelungen kann sich für die Unternehmen die gefährliche Situation ergeben, dass der erhöhte Verpflichtungsausweis eine Nachfinanzierung erfordert. Jedoch darf nach der Übergangsvorschrift des Art. 67 Abs. 1 EGHGB, soweit aufgrund der geänderten Rückstellungsbewertung eine Zuführung zu den Rückstellungen für laufende Pensionen oder Anwartschaften erforderlich ist, dieser Betrag entweder erfolgswirksam komplett erfasst oder mindestens jeweils zu einem Fünfzehntel bis zum 31. Dezember 2024 zugeführt werden.

Aufgrund dieser Tatsachen gewinnen alternative betriebliche Vorsorgeprodukte zunehmend an Bedeutung. Hierzu gehören beispielsweise:

- Pensionskassen,
- Direktversicherungen,
- Unterstützungskassen,
- Altersvorsorgefonds.

Finanzierungseffekte von Pensionsrückstellungen

Die finanziellen Auswirkungen der Finanzierungseffekte (zusätzliches Finanzierungsvolumen) aus Pensionsrückstellungen werden anhand der folgenden Beispiele[14] verdeutlicht. Bei allen Beispielen wird aus Vereinfachungsgründen vom aktuellen durchschnittlichen Ertragssteuersatz (Körperschaftssteuer inkl. Solidaritätszuschlag und Gewerbesteuer) von **30 % für Kapitalgesellschaften** ausgegangen. Die Pensionsrückstellungen betragen in allen folgenden Beispielen generell 50.000 €.

> **BEISPIEL: Gewinn wird thesauriert**
>
> Der **Gewinn** vor Steuern liegt **über** den anzusetzenden **Pensionsrückstellungen** (PR). Der versteuerte **Gewinn** wird **thesauriert** mit einem Ertragssteuersatz von 30 %.

	Positionen	Wirkungen ohne PR[15]	Wirkungen mit PR
-	Gewinn vor Steuern Pensionsrückstellungen	500.000 €	500.000 € — 200.000 €
= -	steuerpflichtiger Gewinn 30 % Ertragsteuern	500.000 € — 150.000 €	= 300.000 € — 90.000 €
=	Einstellung in die Rücklagen	= 350.000 €	= 210.000 €
	gesamtes Finanzierungsvolumen	350.000 €	410.000 € (PR + Einstellung in die Rücklagen)

Der Finanzierungseffekt (zusätzliches Finanzierungsvolumen) mit Pensionsrückstellungen liegt um 60.000 € höher als ohne Pensionsrückstellungen. Verantwortlich dafür ist die Steuerersparnis (30 % von 200.000 €), die mit den Pensionsrückstellungen erzielt wurde. Die Steuerersparnis steht so lange zur Verfügung, wie keine Pensionen zu zahlen sind. Stehen den Pensionsrückstellungen Pensionszahlungen in gleicher Höhe gegenüber, so hat dies keinen Einfluss auf die Höhe des gesamten Finanzierungsvolumens. Wird eine Pensionszahlung (Auszahlung) mit der vorhandenen Pensionsrückstellung verrechnet, so ist sie **erfolgsunwirksam**. Erfolgt eine **gleichzeitige Zuführung** in die Pensionsrückstellungen, ist diese **erfolgswirksam**.

Die angesammelten Mittel bauen sich erst ab, wenn die Pensionszahlungen in der Periode größer sind als die Zuführungen zur Rückstellung (diese Aussage gilt auch für alle noch folgenden Beispiele).

---

[14] Vgl. Schäfer, H.: Unternehmensfinanzen, 2002, S. 484 ff.

[15] PR = Pensionsrückstellungen

▶ **BEISPIEL: Gewinn wird ausgeschüttet**

Der **Gewinn** vor Steuern ist höher als die zugeführte **Pensionsrückstellung** (PR). Der versteuerte **Gewinn** wird **ausgeschüttet**.

	Positionen	Wirkungen ohne PR	Wirkung mit PR
-	Gewinn vor Steuern Pensionsrückstellung	500.000 €	500.000 € — 200.000 €
= -	steuerpflichtiger Gewinn 30 % Ertragsteuern	500.000 € — 150.000 €	= 300.000 € — 90.000 €
=	Ausschüttungsbetrag	= 350.000 €	= 210.000 €
	gesamtes Finanzierungsvolumen	0 €	200.000 € (PR)

Sind noch keine Pensionen zu zahlen, stehen dem Unternehmen 200.000 € (Pensionsrückstellungen) in voller Höhe zur Verfügung (zusätzliches Finanzierungsvolumen), da die Ausschüttung vermieden wird und die Ertragsteuerzahlung geringer ausfällt.

▶ **BEISPIEL: Gewinn wird thesauriert**

Der **Gewinn** vor Steuern ist niedriger als die zugeführte **Pensionsrückstellung**. Der versteuerte **Gewinn** wird **thesauriert**.

	Positionen	Wirkungen ohne PR	Wirkungen mit PR
—	Gewinn vor Steuern Pensionsrückstellung	100.000 €	100.000 € — 200.000 €
= —	steuerpflichtiger Gewinn 30 % Ertragsteuern	100.000 € — 30.000 €	= — 100.000 € 0 €
=	Einstellung in die Rücklagen	= 70.000 €	0 €
	gesamtes Finanzierungsvolumen	70.000 €	100.000 € (Gewinn vor Steuern)

Dem Unternehmen steht ein zusätzliches Finanzierungsvolumen in Höhe von 30.000 € zur Verfügung, das sich aus der Steuerersparnis ergibt. Der Verlust, der durch die Pensionsrückstellungen entstanden ist, darf auf die zwei vorangegangenen Jahre zurückgetragen oder auf die folgenden Jahre vorgetragen werden. Ist dann mindestens ein Gewinn von 100.000 € vorhanden, führt dies im Rahmen der Thesaurierung durch den Verlustvortrag bzw. Verlustnachtrag zu einer Steuerersparnis von 30.000 €.

▶ **BEISPIEL: Gewinn wird ausgeschüttet**

Der **Gewinn** vor Steuern liegt unter der anzusetzenden **Pensionsrückstellung**. Der versteuerte **Gewinn** wird **ausgeschüttet**.

	Positionen	Wirkungen ohne PR	Wirkungen mit PR
—	Gewinn vor Steuern Pensionsrückstellung	100.000 €	100.000 € — 200.000 €
=	steuerpflichtiger Gewinn	100.000 €	= — 100.000 €
—	30 % Ertragsteuern	— 30.000 €	0 €
=	Ausschüttungsbetrag	= 70.000 €	0 €
	gesamtes Finanzierungsvolumen	0 €	100.000 € (Gewinn vor Steuern

Dem Unternehmen stehen 100.000 € zusätzliches Finanzierungsvolumen zur Verfügung, da die Ausschüttung und die Steuerzahlung vermieden wurden. Liegt ein genereller Verlust vor, so wird dieser durch die Pensionsrückstellung noch vergrößert. Es kann aber trotzdem ein Finanzierungsvolumen entstehen, wenn ein Verlustvortrag/-nachtrag möglich ist.

Der **Finanzierungseffekt** von Pensionsrückstellungen resultiert aus folgenden Quellen:

- Zwischen Bildung und Auflösung von Pensionsanwartschaften vergehen mehrere Jahre. In dieser Zeit stehen die Mittel dem Unternehmen zu Finanzierungszwecken zur Verfügung (= Liquiditätssicherung).
- Die Zuführung zu Pensionsrückstellungen stellen Aufwendungen dar, die den zu versteuernden Gewinn mindern. Hieraus ergibt sich ein weiterer Finanzierungseffekt, und zwar in Form gesparter Ertragsteuern (**= Einsparung gewinnabhängiger Steuern**).
- Der Finanzierungseffekt entsteht dadurch, dass in der Erfolgsrechnung ein den Gewinn und damit die Ausschüttung mindernder Aufwandsposten gebildet wird, dem aber **keine Auszahlung** gegenübersteht. Allerdings ergibt sich der Finanzierungseffekt nur, solange der Aufwandswert über den Umsatzprozess verdient wurde.

4 Finanzierung aus sonstigen Kapitalfreisetzungen

Folgende Möglichkeiten der Finanzierung aus sonstigen Kapitalfreisetzungen gibt es:

- Rationalisierung,
- Vermögensumschichtung,
- Sale-and-lease-back und
- Working Capital Management

4.1 Finanzierungseffekt von Rationalisierungsmaßnahmen

Durch Rationalisierungsmaßnahmen kann eine dauerhafte Vermögensumschichtung erreicht werden. Eine bessere Terminierung und Abstimmung des Bestellwesens kann z. B. zu einer Verringerung des Lagerbestands führen und das freigesetzte Kapital steht somit für andere investive Zwecke zur Verfügung. Rationalisierungsmaßnahmen können beispielsweise durch Einsparung von Personal, Energie und Material zu Aufwandsminderungen führen, was höhere Gewinne und Rentabilitätssteigerungen zur Folge hat.

Beispiele für Rationalisierungen sind:

- Verkürzung der Lagerdauer und der Durchlaufzeiten
- Verringerung der Lagermengen
  - Drosselung der Produktion
  - Sonderverkäufe
- Reduzierung der Kapitalbindung
  - Verbesserung der Debitorenkontrolle
  - Verkauf der Forderungen (Factoring)
  - Abbau der Forderungen (z. B. Gewährung von Skonti oder verschärfte Kontrolle der Zahlungseingänge)
- Verringerung der Liquiditätsreserven (z. B. Verkauf von Wertpapieren)
- Erhöhung der Umschlagsgeschwindigkeit des Kapitals bzw. Vermögenseinsatzes

4.2 Finanzierung durch Vermögensumschichtung

Die **Kapitalfreisetzung im Anlagevermögen** vollzieht sich über den **Verkauf nicht mehr benötigter Anlagegüter**. Falls der Vermögensgegenstand genau zum bilanziellen Wert veräußert wird, findet lediglich eine Umwandlung von Sachvermögen in Geldvermögen statt. Werden die Anlagegüter dagegen zu einem höheren Preis als dem Buchwert veräußert, verbleibt ein Gewinn, der das Selbstfinanzierungspotenzial des Unternehmens erhöht. Bei der Finanzierung aus Vermögensumschichtungen wird das investierte Kapital zugunsten der Liquidität aufgelöst.

Eine Finanzierung aus Vermögensumschichtung ist sinnvoll, sofern:

- Liquiditätsengpässe bestehen,
- Vermögenswerte im Verhältnis zu ihrer Ertragskraft einen hohen Liquiditätswert bzw. Substanzwert haben,
- die Veräußerung der Vermögenswerte keine wesentlichen Auswirkungen auf das (bereits genutzte) Kreditpotenzial hat,
- die Veräußerung die Leistungsfähigkeit und die Marktposition des Unternehmens nicht wesentlich beeinträchtigt,
- die Veräußerung der Vermögenswerte zugleich produktpolitischen Zwecken dient (z. B. der Straffung des Produktionsprogramms),
- der Veräußerungserlös in Alternativanlagen eine höhere Rendite erwirtschaftet und
- die zu veräußernden Gegenstände nicht betriebsnotwendig sind.

Bei der Finanzierung durch Vermögensumschichtung wird das im Unternehmen bereits vorhandene Kapital durch den Verkauf von Vermögensgegenständen freigesetzt, um dann anderweitig wieder eingesetzt zu werden (Substitutionsfinanzierung). Bei dieser Art der Innenfinanzierung handelt es sich um eine Kapitalfreisetzung außerhalb des normalen Umsatzprozesses.

4.3 Sale-and-lease-back-Verfahren

Im Rahmen des Sale-and-lease-back-Verfahrens werden betriebsnotwendige Vermögensgegenstände des Anlagevermögens an eine Leasinggesellschaft veräußert und dann wieder angemietet. Es werden gleichzeitig zwei Verträge abgeschlossen — ein Kaufvertrag und ein Leasingvertrag. Somit wird das veräußerte Investitionsobjekt aus der Bilanz des Leasingnehmers ausgebucht und im Gegenzug fließen dem Unternehmen liquide Mittel zu — es findet zunächst ein Aktivtausch statt. Werden die liquiden Mittel zur Tilgung von Verbindlichkeiten eingesetzt, wird die Bilanz verkürzt. Dies hat eine Eigenkapitalquotensteigerung zur Folge, was die Finanzierungssituation und möglicherweise auch die Ertragssituation der Unternehmung verbessern kann.[16] Die bei der Veräußerung frei werdenden Mittel können eventuell für neue Investitionen benutzt werden. Dem Unternehmen muss dabei aber bewusst sein, dass die Leasingraten die zukünftige Liquidität belasten und eventuell frei werdende stille Reserven den zu versteuernden Gewinn erhöhen. Dieses Verfahren wird häufig bei Vermögensgegenständen angewandt, die viel Kapital freisetzen, wie z. B. Gebäude.

4.4 Working Capital Management

Das Working Capital Management (WCM) rückt aufgrund der Verschärfung der Kreditvergaberegeln (Basel III) und häufig bei einer unbefriedigenden Cashflow-Entwicklung der Unternehmen in den Fokus des Managements. Beim Working Capital Management steht die gezielte Beeinflussung der Kennzahl „Net Working Capital" im Vordergrund. Das Net Working Capital wird auch als Nettoumlaufvermögen bezeichnet. Es wird wie folgt berechnet:

Net Working Capital = (Forderungen aus Lieferungen und Leistungen + Vorräte) - kurzfristige unverzinsliche Verbindlichkeiten (Verbindlichkeiten aus Lieferungen und Leistungen + erhaltene Anzahlungen)

Die Ziele des Working Capital Managements sind, Liquidität freizusetzen, den operativen Cashflow zu verbessern sowie die Bilanzstruktur zu optimieren, d. h., das Working Capital Management zielt auf ein möglichst geringes Net Working Capital ab. Es kann gesenkt werden indem:

- die Forderungen reduziert werden,
- die Bestände an Vorräten gesenkt werden und
- die Verbindlichkeiten ausgeweitet werden.

Für die Steuerung des **Net Working Capitals** werden vor allem die folgenden Kennzahlen verwendet:

---

[16] Vgl. Prätsch, J.: Finanzmanagement, 2007, S. 193 f.

- Die Kennzahl **Days Sales Outstanding — DSO** (Kundenziel) misst die durchschnittliche Forderungslaufzeit, d. h., die in Tagen ausgedrückte Zeitspanne von der Rechnungsstellung an den Kunden bis zum Zahlungseingang des Kunden.
- Die Kennzahl **Days Payables Outstanding — DPO** (Lieferantenziel) misst die durchschnittliche Verbindlichkeitslaufzeit in Tagen vom Rechnungseingang bis zur Zahlungsausführung an den Lieferanten.
- Die Kennzahl **Days Inventory Held — DIH** (Lagerdauer in Tagen) misst die durchschnittliche Reichweite der Lagerbestände in Tagen, die als Maß für die Höhe der Lagerbestände herangezogen wird.
- Die aggregierte Kennzahl **Cash Conversion Cycle (CCC)** berechnet sich aus den Komponenten DSO + DIH - DPO. Mit ihr wird die durchschnittliche Dauer des im „Net Working Capital" gebundenen Kapitals gemessen. Das Cash Conversion Cycle umfasst den Zeitraum zwischen der Bezahlung der Lieferantenrechnungen und dem Zahlungseingang der Kundenrechnungen.

Die Kennzahl **Days Sales Outstanding (bzw. Forderungslaufzeit oder Kundenziel)** zeigt die Liquidität, die in den Forderungen gebunden ist und dem Unternehmen zur Innenfinanzierung nicht zur Verfügung steht.

$$\text{Days Sales Outstanding (DSO)} = \frac{\text{durchschnittliche Forderungen aLuL}}{\text{Umsatzerlöse des Geschäftsjahres}} \times 365 \text{ Tage}$$

Die in der Formel anzusetzenden durchschnittlichen Forderungen aus Lieferungen und Leistungen sind wie folgt zu berechnen:

$$\text{durchschnittliche Forderungen aLuL} = \frac{\begin{array}{c}\text{Forderungen aLuL zu Beginn der Periode}\\ + \text{Forderungen aLuL am Ende der Periode}\end{array}}{2}$$

Das Pendant zum Days Sales Outstanding ist das **Days Payables Outstanding (bzw. Lieferantenziel)**, das darüber Auskunft gibt, in welchem Maß das Unternehmen durchschnittlich das von Lieferanten gewährte Zahlungsziel in Anspruch nimmt.

$$\text{Days Payable Outstanding (DPO)} = \frac{\text{durchschnittliche Verbindlichkeiten aLuL}}{\text{Umsatzerlöse des Geschäftsjahres}} \times 365 \text{ Tage}$$

Mit der Kennzahl **Days Inventory Held** berechnet man die durchschnittliche Reichweite der Lagerbestände (Vorratsreichweite) in Tagen.

$$\text{Days Inventory Held (DIH)} = \frac{\text{durchschnittlicher Bestand an Vorräten}}{\text{Umsatzerlöse des Geschäftsjahres}} \times 365 \text{ Tage}$$

Cash Conversion Cycle

Der Cash Conversion Cycle (CCC) lässt sich rechnerisch aus der Summe aus Days Inventor Held (DIH) und Days Sales Outstanding (DSO) abzüglich des Days Payables Outstanding (DPO) ermitteln:

Cash Conversion Cycle (CCC) = DSO + DIH — DPO

Eine genaue Analyse des Net Working Capitals liefert häufig Hinweise auf Schwachstellen in bestimmten Unternehmensprozessen. Im Folgenden werden Beispiele genannt, wie das Working Capital Management im Unternehmen verbessert werden kann.

Vorratsmanagement: Maßnahmen, um die Vorräte zu reduzieren

- Implementierung einer funktionalen Produktions- und Absatzplanung
- Sicherheitsbestände abbauen
- Bestellmengenoptimierung
- Losgrößen optimieren
- Umstellung auf Just-in-time-Lieferung
- Wiederbeschaffungszeiten für Vorräte reduzieren
- Substitution von Lieferanten und/oder Rohstoffen, günstigere Einkaufspreise
- Einführung von Konsignationslagern
- regelmäßige Bestandsanalyse
  - Fertigwarenlager analysieren
  - Ladenhüter mit Rabatten verkaufen
- Bekämpfung des Schwunds durch bessere Lagerbuchführung und Kontrolle

Forderungsmanagement: Maßnahmen, um den Forderungsbestand zu reduzieren

- Erhöhung der Barverkäufe
- regelmäßige Bonitätsprüfung durchführen, vor allem bei Neukunden
- Zahlungszeiten verkürzen
- Rabatte für die Einhaltung von Zahlungszeiten gewähren
- Definition eines Kreditlimits für jeden Kunden
- schnellere und fehlerfreie Rechnungsausstellung
- Offene-Postenverwaltung und Mahnwesen verbessern
- Sensibilisierung für Hinweise auf Zahlungsausfälle
- Forderungsverkauf (Factoring)
- Asset-Back-Securities (ABS)

Verbindlichkeitenmanagement: Maßnahmen zur Ausweitung der Verbindlichkeiten

- Bessere Zahlungsvereinbarungen mit Hauptlieferanten: günstigere Konditionen
- Standardisierung der Einkaufsbedingungen: verringert den Arbeitsaufwand
- Substitution von Lieferanten: günstigere Konditionen
- Ausnutzung von Skontofristen, denn Lieferantenkredite sind mit einem hohen Zinssatz verbunden

! **HINWEIS:**

Damit Sie Ihr Wissen prüfen und vertiefen können, finden Sie bei den Arbeitshilfen online eine Reihe von Übungsaufgaben mit ausführlichen Lösungen. Die Aufgaben sind genau auf dieses Kapitel zugeschnitten.

Sonderformen der Finanzierung

Dieses Kapitel beschäftigt sich in erster Linie mit den alternativen Finanzierungs-instrumenten Leasing und Factoring. Es werden die Grundlagen der Leasing- und Factoringfinanzierung sowie die sich daraus ergebenden Vor- und Nachteile ver-mittelt. Ferner wird die Kreditfinanzierung mit der Leasingfinanzierung unter steu-erlichen Gesichtspunkten verglichen.

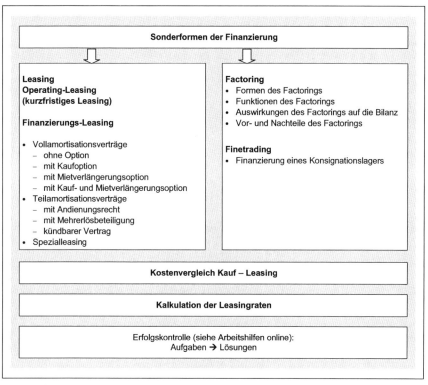

Abb. 86: Übersicht Kapitel „Sonderformen der Finanzierung"

1 Sonderformen der Fremdfinanzierung

Die Sonderformen der Fremdfinanzierung ergänzen bzw. ersetzen die traditionelle Fremdfinanzierung, die schwerpunktmäßig von den Kreditinstituten getragen werden. Die wichtigsten Alternativen zur Kreditfinanzierung sind:

- das Leasing und
- das Factoring.

1.1 Leasing

Wirtschaftliche Bedeutung des Leasings

In den letzten vier Jahrzehnten hat sich das Leasing zu einem wichtigen Finanzierungsinstrument bei deutschen Unternehmen entwickelt. Es wird inzwischen knapp ein Fünftel der Anlageinvestitionen des gewerblichen Sektors über Leasing finanziert. Der Schwerpunkt liegt bei Leasing von Kraftfahrzeugen.

Das jährliche Neugeschäftsvolumen, also der Anschaffungswert der Objekte, über die in dem jeweiligen Jahr neue Leasing-Verträge abgeschlossen werden, ist in den letzten Jahrzehnten kontinuierlich gestiegen — von umgerechnet 2,86 Mrd. € im Jahr 1975 auf den Rekordwert von 54 Mrd. € im Jahr 2008. Im Jahr 2011 waren es 48,5 Mrd. €.[1]

Unter Leasing versteht man ein für einen bestimmten Zeitraum abgeschlossenes **miet- oder pachtähnliches Verhältnis zwischen einem Leasinggeber und einem Leasingnehmer**. Der Leasinggeber kauft das Leasingobjekt und finanziert es. Der Leasingnehmer braucht für diese eingesetzten Investitionsgüter selbst keine Investitionsfinanzierung durchzuführen. Der Leasinggeber überlässt dem Leasingnehmer einen Vermögensgegenstand zum Gebrauch oder zur Nutzung für eine vertraglich vereinbarte Zeit gegen ein über die Zeit verteiltes Entgelt. Je nachdem, wer **Leasinggeber** ist, unterscheidet man:

---

[1] www.bdl-leasing-verband.de

direktes Leasing, bei dem der Hersteller des Leasingguts als Leasinggeber auftritt,

indirektes Leasing, bei dem zwischen den Hersteller und den Leasingnehmer eine Leasing-Gesellschaft als Leasinggeber tritt. Die Leasinggesellschaft erwirbt das Leasinggut.

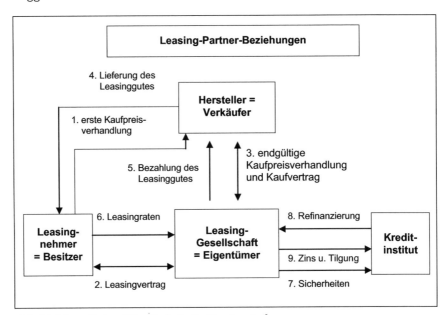

Abb. 87: Schematischer Ablauf beim indirekten Leasing[2]

1.1.1 Leasingvertragsarten

Leasingverträge können nach verschiedenen Gesichtspunkten systematisiert werden. Die im Folgenden dargestellte Systematisierung orientiert sich an den Formen und Unterformen des Leasings, wie sie im Steuerrecht unterschieden werden. Die unterschiedlichen Leasingformen sind auch für die spätere Zurechnung des Leasingobjekts zu einer Vertragspartei von Bedeutung.

Zunächst werden Leasingverträge in **Operatingleasing** und **Finanzierungsleasing** unterteilt.[3] Für diese Unterscheidung ist maßgeblich, welche Vertragspartei das Investitionsrisiko trägt.

---

[2] In Anlehnung an: Wöhe, G. u. Bilstein, J.: Grundzüge der Unternehmensfinanzierung, 9. Aufl. 2002, S. 280.

[3] Vgl. Bieg, H. u. Kußmaul, H.: Finanzierung, 2. Aufl. 2009, S.242.

Die folgende Abbildung veranschaulicht diese beiden Leasingvertragsarten.

```
                        Leasing-Vertragsarten
```

Finanzierungs-Leasing   **Operating-Leasing**

Vollamortisation	**Teilamortisation**	**Eigentümer:** Leasinggeber **Bezahlung:** Mietraten **Kündigung:** kurze Fristen

| **Eigentümer**: Leasinggeber
Bezahlung: Leasingnehmer zahlt Anschaffungs-, Nebenkosten und Zinsen während der Grundmietzeit
Kündigung: nicht vor Ablauf der Grundmietzeit, frühestens nach 40% der betriebsgewöhnlichen Nutzungsdauer
Rechte, Pflichten und Risiko: Leasingnehmer
Normalfall: Leasingnehmer gibt Objekt zurück | **Eigentümer**: Leasinggeber
Bezahlung: Leasingnehmer deckt einen Teil der Kosten während der Grundmietzeit
Kündigung: nicht vor Ablauf der Grundmietzeit, frühestens nach 40% der betriebsgewöhnlichen Nutzungsdauer
Rechte. Pflichten und Risiko: Leasingnehmer
Normalfall: Leasingnehmer gibt Objekt zurück | **Rechte, Pflichten und Risiko:** Leasinggeber
Fristigkeit: kurzfristig
Kündbarkeit: jederzeit (unter Einhaltung bestimmter Fristen)
Amortisation: teilweise
Normalfall: Leasingnehmer gibt Objekt zurück

Der Leasinggeber kann eine vollständige Amortisation nur durch Weitervermietung oder Anschlussmiete erreichen. |

Sonderfälle • Leasingnehmer kann Objekt kaufen • Leasingnehmer kann Mietzeit verlängern	**Sonderfälle** • Leasingnehmer muss auf Verlangen Objekt verkaufen • Leasingnehmer muss Leasinggeber am Verkaufserlös beteiligen • Leasingnehmer kann Vertrag kündigen

Abb. 88: Leasing-Vertragsarten

1.1.2 Operatingleasing

Charakteristisch am Operatingleasing ist die **Kurzfristigkeit** seiner Laufzeit. Es gibt keine feste Grundmietzeit, d. h., das Leasingobjekt wird dem Leasingnehmer auf unbestimmte Zeit überlassen. Dafür räumt der Leasingeber dem Leasingnehmer ein jederzeitiges Kündigungsrecht ein. Das wirtschaftliche Risiko liegt beim Leasinggeber. Dieser übernimmt z. B. die Wartung, die Versicherung, Reparaturen und das Risiko der Veralterung. Da die Summe der Leasingraten nicht die Anschaffungskosten des Leasinggebers deckt, handelt es sich um einen Teilamortisationsvertrag.

Ein Leasinggeber wird ein Leasingobjekt nur dann zum Operatingleasing anbieten, wenn eine Dritt- oder Weiterverwendbarkeit des Leasingobjektes gewährleistet ist, d. h., wenn es an verschiedene Leasingnehmer weiter vermietet oder veräußert werden kann. **Bilanziert** wird das Leasinggut beim **Leasinggeber**, der es auch abschreibt. Die Leasingraten werden beim Leasingnehmer als Aufwand verbucht. Sie sind als Betriebsausgaben steuerlich abzugsfähig.

Das Operatingleasing ähnelt einem gewöhnlichen Mietverhältnis.

1.1.3 Finanzierungsleasing

Beim Finanzierungsleasing werden langfristige Leasingverträge abgeschlossen. Es unterscheidet sich besonders dadurch vom Operatingleasing, dass der Leasingvertrag während der Grundmietzeit **nicht** kündbar ist.

Die Merkmale des Finanzierungsleasings sind:[4]

- Es wird grundsätzlich eine **feste Grundmietzeit** vereinbart, die jedoch kürzer als die betriebsgewöhnliche Nutzungsdauer des Leasingobjektes ist. Während dieser Zeit besteht für den Leasingnehmer kein Kündigungsrecht.
- Das **Investitionsrisiko trägt der Leasingnehmer**, da entweder alle Kosten des Leasingobjekts bereits während der Grundmietzeit abgedeckt sind (Vollamortisationsvertrag) oder es ist ein funktionsfähiger Gebrauchtgütermarkt vorhanden, bei dem der Leasingnehmer zumindest die anteilige Wertminderung und das Verwertungsrisiko des Leasingobjektes zu tragen hat (Teilamortisationsvertrag). Bei einem Teilamortisationsvertrag mit Andienungsrecht kann am Ende der Grundmietzeit der Leasinggeber vom Leasingnehmer verlangen, dass dieser den Leasinggegenstand zu einem bereits bei Vertragsabschluss vereinbarten Preis kaufen muss. Der Leasinggeber trägt das Risiko der Wertminderung des Leasinggegenstandes, da er den Leasinggegenstand auch dann kaufen muss, wenn der Marktpreis für einen vergleichbaren geringer ist als der vertraglich vereinbarte Preis. Es könnte aber auch vereinbart werden, dass der Leasinggegenstand nach Ende der Grundmietzeit veräußert wird. Falls der Veräußerungserlös geringer sein sollte als der Restbuchwert, dann ist der Leasingnehmer zu einer Abschlusszahlung in Höhe der Differenz von Restbuchwert und Verkaufserlös verpflichtet.[5]
- Das Kapitalbeschaffungs- und das Kreditrisiko trägt der Leasinggeber.

---

[4] Vgl. Jahrmann, F.-U.: Finanzierung, 2009, S. 169.

[5] Baetge, J. et al.: Bilanzen, 2011, S. 641.

- Nach Ablauf der Grundmietzeit bestehen je nach Vertragsart folgende Möglichkeiten: entweder Rückgabe des Leasingobjekts an den Leasinggeber oder die Inanspruchnahme der Kauf- oder Mietverlängerungsoption.
- Alle Maßnahmen zur Werterhaltung des Leasingobjekts (z. B. Versicherung, Wartung, Reparatur und Pflege) übernimmt der Leasingnehmer.
- Der Leasingnehmer hat sämtliche Nebenkosten (z. B. Überführung, Rückführung und Montage) zu übernehmen.

Beim Finanzierungsleasing wird zwischen Voll- und Teilamortisationsverträgen unterschieden.

Vollamortisationsverträge beim Finanzierungsleasing

Bei **Vollamortisationsverträgen** („Full-pay-out"-Verträge) werden sämtliche Kosten des Leasinggebers, insbesondere die Anschaffungs- oder Herstellungskosten sowie alle Nebenkosten einschließlich der Finanzierungskosten und eines Gewinnaufschlags über die Leasingraten abgedeckt. Nach Ablauf der Grundmietzeit wird der Leasinggegenstand üblicherweise an den Leasinggeber zurückgegeben. Viele Vollamortisationsverträge sehen aber für den Leasingnehmer eine Option zum Kauf oder zu einer Mietverlängerung vor.[6]

Im Rahmen der Vollamortisationsverträge lassen sich folgende Vertragstypen **von Leasingverträgen** unterscheiden:[7]

- Beim Leasingvertrag **ohne Optionsrecht** gibt es keine Vereinbarungen für die Zeit, die sich an die Grundmietzeit anschließt. Nach Ablauf der Grundmietzeit wird das Leasingobjekt an die Leasinggesellschaft zurückgegeben. Die **Bilanzierung** des Leasingobjekts erfolgt sowohl nach dem Steuer- wie auch dem Handelsrecht beim:

Leasinggeber	Leasingnehmer
Voraussetzung: Die Grundmietzeit liegt **zwischen 40 % und 90 %** der betriebsgewöhnlichen Nutzungsdauer des Leasingobjekts.	**Voraussetzung:** Die Grundmietzeit liegt **unter 40 % oder über 90 %** der betriebsgewöhnlichen Nutzungsdauer des Leasingobjekts.

---

[6] Vgl. Kratzer, J: Leasing kompakt, 2005, S. 22.
[7] Olfert, K.: Finanzierung, 15. Auflage, 2011, S. 358 f.

- Beim Leasingvertrag mit **Kaufoption** kann der Leasingnehmer am Ende der Grundmietzeit das Leasingobjekt von der Leasinggesellschaft erwerben. Der Kaufpreis wird bei Vertragsabschluss festgelegt. Die **Bilanzierung** des Leasinggutes erfolgt sowohl nach dem Steuer- wie auch dem Handelsrecht beim:[8]

Leasinggeber	Leasingnehmer
Voraussetzung: Die Grundmietzeit beträgt **mindestens 40 % und höchstens 90 %** der betriebsgewöhnlichen Nutzungsdauer des Leasingobjekts. Ferner muss der Kaufpreis bei Ausübung der Option mindestens dem mittels linearer Abschreibung ermittelten Buchwert oder dem niedrigeren **gemeinen Wert**[9] des Leasingguts entsprechen. Auf eine kurze Formel gebracht: **Kaufpreis ≥ Buchwert bei lineare AfA**	Es muss mindestens eine der beiden folgenden **Voraussetzungen** erfüllt sein: Die Grundmietzeit beträgt **weniger als 40 % oder mehr als 90 %** der betriebsgewöhnlichen Nutzungsdauer des Leasingobjektes oder bei einer Grundmietzeit innerhalb dieser Grenzen ist der Kaufpreis bei Optionsausübung niedriger als der mittels linearer Abschreibung ermittelte Buchwert oder der niedrigere **gemeine Wert** des Leasinggutes. Wiederum auf eine kurze Formel gebracht: **Buchwert bei linearer AfA ≥ Kaufpreis**

- Beim Leasingvertrag **mit Mietverlängerungsoption** kann der Leasingnehmer nach Ablauf der Grundmietzeit den Vertrag über die Grundmietzeit hinaus verlängern. Die Bilanzierung des Leasingguts erfolgt sowohl nach dem Steuer- wie auch dem Handelsrecht beim:[10]

---

[8] Olfert, K.: Finanzierung, 15. Auflage, 2011, S. 359.

[9] Der gemeine Wert wird durch den Preis bestimmt, der im gewöhnlichen Geschäftsverkehr nach der Beschaffenheit des Wirtschaftsgutes bei einer Veräußerung zu erzielen wäre (§ 9 Abs. 2 Bewertungsgesetz).

[10] Olfert, K.: Finanzierung, 15. Auflage, 2011, S. 359.

Leasinggeber	Leasingnehmer
Voraussetzung: Die Grundmietzeit beträgt **mindestens 40 % und höchstens 90 %** der betriebsgewöhnlichen Nutzungsdauer des Leasingobjektes. Die Anschlussmiete deckt mindestens den Wertverzehr des Leasingobjekts, auf der Basis der linearen Abschreibung oder des niedrigeren gemeinen Wertes. Auf eine kurze Formel gebracht: **Summe der Mietzahlungen ≥ Wertverzehr für den Zeitraum der Anschlussmieten**	Es muss mindestens eine der beiden **Voraussetzungen** erfüllt sein: Die Grundmietzeit beträgt **weniger als 40 % oder mehr als 90 %** der betriebsgewöhnlichen Nutzungsdauer des Leasingobjektes; oder bei einer Grundmietzeit, die zwischen 40 % und 90 % der betriebsgewöhnlichen Nutzungsdauer liegt: „Die Anschlussmiete deckt nicht den Wertverzehr am Leasinggegenstand, der sich auf Basis des linear ermittelten Buchwertes oder des niedrigeren gemeinen Werts und der Restnutzungsdauer des Leasinggegenstands ergibt."[11] Auf eine kurze Formel gebracht: **Summe der Mietzahlungen < Wertverzehr für den Zeitraum der Anschlussmieten**

- **Spezialleasing** ist eine Sonderform des Leasings. Es liegt vor, wenn das Leasingobjekt auf die speziellen Anforderungen und Verhältnisse des Leasingnehmers zugeschnitten ist und somit ein Wechsel des Leasingnehmers nach Vertragsablauf nahezu ausgeschlossen ist bzw. keine Drittverwendungsmöglichkeit für das Leasingobjekt besteht. Bei Verträgen über Spezialleasing ist das Leasingobjekt regelmäßig dem Leasingnehmer zuzurechnen.

Bilanzierung von Vollamortisations-Leasing-Verträgen bei mobilen Leasinggütern nach dem Steuer- und dem Handelsrecht

Bei Vollamortisationsverträgen über bewegliche Leasinggegenstände gibt es bei der Bilanzierung verschiedene Gestaltungsmöglichkeiten. Das folgende Schaubild gibt Ihnen einen Überblick über diese Möglichkeiten.

---

[11] Spittler, H.-J.: Leasing für die Praxis, 2002, S. 142.

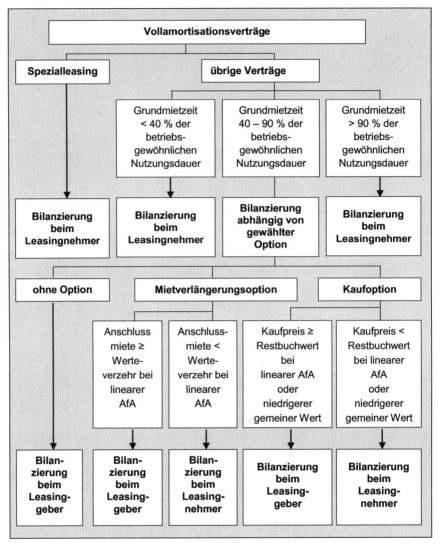

Abb. 89: Bilanzierung von Vollamortisationsleasingverträgen nach Handels- und Steuerrecht[12]

Teilamortisationsverträge

Beim **Teilamortisationsvertrag** werden die Kosten des Leasingebers nicht gedeckt. Die vollständige Deckung der Kosten erfolgt erst durch eine anschließende Weitervermietung oder durch den Veräußerungserlös des Leasingobjekts. „Die

---

[12] In Anlehnung an: Baetge, J.; Kirsch, J.; Thiele, S.:Bilanzen, 10. Auflage, 2009, S. 639.

Leasingraten werden lediglich auf Basis der Differenz zwischen Anschaffungskosten und einem angemessenen, im Vertrag vereinbarten Restwert kalkuliert. Dieser wird häufig vereinfachend in Höhe des steuerlichen Restbuchwerts festgesetzt (Restbuchwertmodell)."[13] Daher sind die Leasingraten in dieser Variante auch niedriger als bei Vollamortisationsverträgen.

Die Bilanzierung im Falle von Finanzierungsleasing beinhaltet mehrere Varianten. Die folgende Tabelle gibt Ihnen einen Überblick über diese Möglichkeiten:

Bilanzierung von beweglichen Leasinggegenständen bei Teilamortisationsverträgen			
mit **Andienungs-recht** (Verkaufs-recht) des Leasing-gebers	mit **Mehrerlösbeteiligung**		mit **Kündigungs-recht** frühestens nach 40 % der be-triebsgewöhnlichen Nutzungsdauer und Amortisationszah-lung des Leasing-nehmers
	Anteil des Leasing-gebers am Verkaufs-erlös ≥ 25 %	Anteil des Leasing-gebers am Verkaufs-erlös < 25 %	maximale Anrech-nung des Veräuße-rungserlöses bis zu 90 % der Abschluss-rate
Bilanzierung beim Leasinggeber	Bilanzierung beim Leasinggeber	Bilanzierung beim Leasingnehmer	Bilanzierung beim Leasinggeber

Der durch die Leasingraten noch nicht amortisierte Wert muss für den Leasinggeberabgesichert werden. Dafür gibt es folgende Modelle:

- **Teilamortisationsvertrag mit Andienungsrecht:** Auf Verlangen des Leasinggebers muss der Leasingnehmer das Objekt zu einem bei Vertragsbeginn vereinbarten Preis kaufen (d. h. andienen), wenn vorher kein Verlängerungsvertrag abgeschlossen wurde. Der Leasingnehmer hat dabei keinerlei Mitwirkungsrechte und muss die Entscheidung des Leasinggebers akzeptieren. Der Andienungspreis ergibt sich in der Regel aus dem Restwert des Leasingobjekts. Das Andienungsrecht garantiert dem Leasinggeber, dass er damit mindestens den noch nicht amortisierten Teil seiner Aufwendungen decken kann. Wichtig dabei ist, dass der Vertrag kein Optionsrecht des Leasingnehmers enthalten darf. Wenn der Leasinggeber nicht von seinem Andienungsrecht gebraucht macht,

---

[13] Hastedt, Uwe-Peter; Mellwig, Winfried: Leasing, 1998, S. 17 f.

muss der Leasingnehmer das Objekt zurückgeben. Der Leasinggeber wird sein Recht nutzen, wenn der Marktpreis des Objektes niedriger ist als erwartet. Ist der Marktpreis höher, wird der Leasinggeber versuchen, das Objekt ein weiteres Mal am Markt zu platzieren.

▶ **BEISPIEL: Teilamortisationsvertrag mit Andienungsrecht[14]**

Der vertraglich vereinbarte Andienungspreis des Leasingobjekts in Höhe des Restbuchwertes bei linearer Abschreibung beträgt 12.000 €.

Es bestehen nun folgende Möglichkeiten:

1. Der Marktwert nach Ablauf der Grundmietzeit beträgt 15.000 €. Der Leasinggeber nimmt das Objekt zurück und kann es zum Marktpreis verkaufen, dann realisiert er einen Gewinn von 3.000 €.
2. Der Marktwert beträgt nur 9.000 €. Nun nutzt der Leasinggeber sein Andienungsrecht und der Leasingnehmer muss das Objekt für den vereinbarten Preis von 12.000 € kaufen.

- **Teilamortisationsverträge mit Mehr-/Mindererlösbeteiligung:** Das Leasingobjekt wird nach Ablauf der Grundmietzeit vom Leasinggeber zurückgenommen und frei auf dem Markt veräußert. Übersteigt der Verkaufspreis den Restbuchwert des Wirtschaftsgutes, wird der Mehrerlös zwischen Leasinggeber und Leasingnehmer in einem im Vertrag bestimmten Verhältnis aufgeteilt. Aus Gründen der steuerlichen Zurechnung muss der Leasinggeber mit mindestens 25 % am Mehrerlös beteiligt werden, damit eine Zurechnung des Leasinggegenstandes bei ihm gerechtfertigt ist.[15] Ansonsten würden sowohl die Wertsteigerungschance und das Wertminderungsrisiko beim Leasingnehmer liegen, was eine wirtschaftliche Zurechnung des Leasingobjektes beim Leasingnehmer zur Folge hätte.[16] Unterschreitet der Veräußerungserlös dagegen den Restbuchwert, so ist der Leasingnehmer zur Zahlung der Differenz an den Leasinggeber verpflichtet (Nachschusspflicht). Sowohl beim Teilamortisationsvertrag mit Andienungsrecht als auch bei dieser Vertragsvariante spielt die Bestimmung des Restwertes eine wichtige Rolle. Je höher der Restwert festgelegt ist, desto niedriger fallen die Leasingraten aus. Umso höher wird aber auch die Abschlussverpflichtung sein.[17]

---

[14] Vgl. Bender, Hans J.: Kompakt-Training Leasing, 2001, S. 77.

[15] Vgl. Spittler, H.-J.: Leasing für die Praxis, 2002, S. 148.

[16] Vgl. Kroll, M.: Finanzierungsalternative Leasing, 2004, S. 46.

[17] Vgl. Kroll, M.: Finanzierungsalternative Leasing, 2004, S. 45 f.

▶ **BEISPIEL: Teilamortisationsbetrag mit Mehr-/Mindererlösbeteiligung**[18]

Anschaffungswert des Objekts:	80.000 €
kalkulierter Restwert nach 48 Monaten:	10.000 €
den Leasingzahlungen zugrunde liegender Wert:	70.000 €

Nach 48 Monaten wird das Objekt verkauft, dabei können folgende Fälle auftreten:

1. 13.000 € Nettoerlös: Vom Mehrerlös (3.000 €) erhält der Leasingnehmer 75 % (2.250 €) und der Leasinggeber 25 % (750 €)
2. 10.000 € Nettoerlös: keine Konsequenzen
3. 7.000 € Nettoerlös: Der Leasingnehmer muss den Differenzbetrag zum kalkulierten Restwert in Höhe von 3.000 € an den Leasinggeber zahlen.

- **Kündbare Teilamortisationsverträge:** Hier hat der Leasingnehmer das Recht, den Leasingvertrag aufgrund der steuerrechtlichen Zurechnung frühestens nach 40 % der betriebsgewöhnlichen Nutzungsdauer des Leasinggegenstands zu kündigen. Das ist die einzige Form, bei der der Leasingnehmer den Vertrag ordentlich kündigen kann, jedoch mit dem Nachteil, dass er im Falle einer Kündigung für eine 100-prozentige Amortisation aufkommen muss. Der Leasingnehmer muss eine Abschlusszahlung leisten, die je nach Laufzeit des Vertrags berechnet wird. Je länger der Vertrag bisher gelaufen ist, desto niedriger fällt die Abschlusszahlung aus. Der Leasinggeber verwendet das Objekt weiter und rechnet den dadurch erzielten Erlös dem Leasingnehmer auf die Abschlusszahlungen an (in der Regel bis zu 90 % des Erlöses).[19]

▶ **BEISPIEL Kündbare Verträge**[20]

Der Leasingnehmer möchte sein geleastes Objekt nach 30 Monaten durch ein neues Objekt ersetzen.

Anschaffungskosten	150.000 €
Marktwert nach 30 Monaten	45.000 €
Bereits durch Raten amortisierter Wert	41.000 €

Der Leasinggeber kann den Marktwert von 45.000 € durch den Verkauf erzielen. Dieser wird zu 90 % dem Leasingnehmer angerechnet, also 40.500 €. Von den 150.000 € sind somit insgesamt 81.500 € amortisiert und der Restwert von 68.500 € stellt die Untergrenze für die Abschlusszahlung dar.

---

[18] Vgl. Spittler, H.-J.: Leasing für die Praxis, 2002, S. 46.

[19] Vgl. Spittler, Hans-Joachim: Leasing für die Praxis, 2002, S. 47.

[20] Vgl. Bender, Hans J.: Kompakt-Training Leasing, 2001, S. 79.

Die wichtigsten Vor- und Nachteile des Finanzierungsleasings

Das Finanzierungsleasing bietet folgende Vorteile für den Leasingnehmer:

- Leasing bietet kleinen und mittleren Unternehmen eine Finanzierungsmöglichkeit von Anlagegütern, die durch den sonstigen Einsatz von Eigenkapital oder Fremdkapital nicht oder nur schwer realisierbar wäre. Dies ist beispielsweise bei Erreichen der Verschuldungsgrenze bzw. bei fehlenden Sicherheiten der Fall.
- Leasing schont das Eigenkapital bei Kapazitätserweiterung: „Pay-as-you-earn-Effekt".
- Leasingraten sind beim Leasingnehmer i. d. R. steuerlich absetzbar.
- Leasing kann die **Liquidität** erhalten und entlasten, weil die Auszahlungen nicht auf einmal, sondern über den Zeitraum von mehreren Jahren anfallen.
- Mithilfe des Leasings können sich Unternehmen dem **technischen Fortschritt** schneller anpassen, d. h., Überalterungen der Anlagen können vermieden werden.
- Die Übernahme der **Instandhaltung** durch den Leasinggeber kann beim Leasingnehmer zu organisatorischen und personellen Erleichterungen führen.
- Die Kreditlinien bei den Banken zur Fremdfinanzierung bleiben erhalten.
- Kreditsicherheiten und Beleihungsgrenzen bleiben unberührt.
- Der Entschluss zur Erneuerung der alten Anlage nach Ende der Mietzeit fällt leichter.
- I. d. R. verfügen die Leasingobjekte aufgrund der vertraglichen Austauschoption über die neueste Ausstattung.
- Es herrscht Kostenkongruenz: Die Kosten und die Erträge der Investition verlaufen parallel.
- Der Leasingnehmer hat eine sichere Kalkulationsbasis durch feste Leasingraten.
- Durch eine gut proportionierte Bilanz (gleichbleibende Eigenkapitalquote) ist eine günstigere Fremdkapitalbeschaffung möglich.
- Leasing ist bilanzneutral (keine Bilanzverlängerung à bessere Bilanzrelationen), d. h., das Verhältnis von Eigenkapital zu Anlagevermögen verschlechtert sich nicht.
- Im Vergleich zu einem Kauf müssen beim Leasing die Anschaffungsnebenkosten nicht aktiviert werden, sondern können sofort als Aufwand verbucht werden. Dadurch verringern sich der Gewinn und folglich die Steuerlast für das Unternehmen.
- Die Leasinggesellschaften bieten vor allem bei den Full-Service-Verträgen zusätzliche Dienstleistungen an: Bei der Anschaffung übernimmt der Leasinggeber beispielsweise folgende Dienstleistungen: Prüfung der Anbieter und der Qualität, Preisvergleiche, Verhandlungen, Vertrags- und Rechnungsprüfung, Buchhaltung, Beratung und Entsorgung. Optionale Dienstleistungen sind zum

Beispiel Wartung oder Versicherung des Objekts. Für den Leasingnehmer bedeutet dies eine Optimierung seiner Zeit und seiner Kosten.

- Leasinggesellschaften bieten Alternativen (Rückgabe des Leasinggegenstands, Kaufoption, Mietverlängerungsoption) am Ende der Grundmietzeit.

Nachteile des Leasings:

- Die Fixkosten erhöhen sich durch die laufenden Leasingraten.
- Die Gesamtbelastung für die Leasingnehmer ist hoch, häufig auch teurer als bei einer Kreditfinanzierung.
- Beim Finanzierungsleasing ist die Vertragsgestaltung kompliziert.
- Der Leasingnehmer ist beim Finanzierungsleasing langfristig an den Leasingvertrag gebunden.
- Für den Leasingnehmer entsteht eine starke Bindung an die Leasinggesellschaft, wodurch seine Flexibilität eingeschränkt wird.
- Es entstehen hohe Nebenkosten (Versicherungen usw.) und
- Leasing ist in der Regel teurer als Kauf.

Die genannten Nachteile des Leasings können die Vorteile teilweise wieder aufheben. Dennoch entscheiden sich die Investoren für Leasing, anstatt für einen Kreditkauf, da der Investor beim Leasing nicht mit dem Lieferanten und der Bank, sondern nur mit einem Verhandlungspartner, der Leasinggesellschaft, verhandeln muss. Somit kann er Zeit und unter Umstanden auch Kosten sparen. Ferner spielt für viele Investoren die schnelle Abwicklung der Investition eine entscheidende Rolle. Hier bringt Leasing durchaus Vorteile, da sich die Leasingverträge aufgrund des gegenseitigen Interesses schnell und relativ problemlos realisieren lassen.

1.1.4 Spezialleasing

Eine Sonderform des Leasings ist das **Spezialleasing**. **Spezialleasingverträge** werden **bilanziell** dem **Leasingnehmer zugerechnet**, weil davon ausgegangen wird, dass die Leasing-Güter ausschließlich für den Leasingnehmer hergestellt wurden. Es handelt sich beispielsweise um Spezialmaschinen und Produktionsmittel, die nur der Leasingnehmer im eigenen Betrieb verwenden kann. Somit ist in der Regel ein weiterer Einsatz bei einem anderen Leasingnehmer nach Vertragsablauf ausgeschlossen bzw. es besteht keine Drittverwendungsmöglichkeit für das Leasingobjekt. Beim Spezialleasing ist der Leasingnehmer als wirtschaftlicher Eigentümer des Leasingobjekts anzusehen. Infolgedessen hat der Leasingnehmer das Leasingobjekt zu bilanzieren.

1.1.5 Full Maintenance-Leasing

Beim Full Maintenance-Leasing (Full-Service-Leasing) übernimmt der Leasinggeber Leistungen, die sich auf den Einsatz und Unterhalt des Leasinggegenstands beziehen. Dazugehören beispielsweise beim Autoleasing die Wartung, die Pflege, die Verschleißreparaturen die Versicherung, das zur Verfügung Stellen von Ersatzfahrzeugen und die Abwicklung von Schäden an einem Leasinggegenstand.

Sinnvoll ist das Full-Maintenance-Leasing vor allem für Unternehmen mit einem großen Fuhrpark, die das Modell für das sogenanntes „Fuhrparkleasing" benutzen, und für Personen (wie z. B. Außendienstmitarbeiter, Servicekräfte), die auf ihr Fahrzeug nicht verzichten können.

Der große Vorteil beim Maintenance-Leasing besteht darin, dass sich der Leasingnehmer eigentlich um nichts mehr kümmern muss, was im Zusammenhang mit seinem Leasingfahrzeug passiert. Es entstehen dem Leasingnehmer neben den Full-Maintenance-Leasingraten keine weiteren Kosten mehr.

Die Kosten des **Full-Service-Leasings** sind aufgrund der Nebenleistungen jedoch höher als beim Nettoleasing, das ausschließlich die Gebrauchsüberlassung umfasst.

Manchmal locken Leasinggesellschaften mit Sonderangeboten, so dass sich das Full-Maintenance-Leasing auch für Privatpersonen lohnen kann.

1.1.6 Sale-and-lease-Back

Beim Sale-and-lease-back kauft die Leasinggesellschaft das Leasingobjekt vom künftigen Leasingnehmer und verleast es an diesen anschließend wieder zurück. Dadurch fließt dem Leasingnehmer Liquidität zu. Ferner können die Bilanzkennzahlen verbessert und die Bilanzstruktur optimiert werden:

- Die Eigenkapitalquote kann z. B.[21] erhöht werden, da mit den liquiden Mitteln aus dem Verkauf Schulden getilgt werden können und somit die Bilanzsumme verkürzt wird.
- Die Anlagenintensität kann sich beispielsweise verringern[22], da sich das Anlagevermögen reduziert hat oder auf der Passivseite der Bilanz hat sich das Fremdkapital aufgrund der Schuldentilgung verringert, wodurch sich der Ver-

---

[21] Eigenkapitalquote = Eigenkapital : Gesamtkapital (Bilanzsumme).

[22] Anlagenintensität = Anlagevermögen : Gesamtvermögen (Bilanzsumme).

schuldungsgrad[23] verbessert hat. Hierdurch könnten u. U. zusätzlich auch stille Reserven — der Buchwert der veräußerten Vermögensgegenstände war niedriger als der Verkaufspreis — mobilisiert werden.

Ein weiterer Vorteil dieser Methode ist, dass die Leasingraten abzugsfähige Aufwendungen darstellen, obwohl das Objekt meist schon weitgehend abgeschrieben ist. Weiterhin ergibt sich für den Leasinggeber der Vorteil, dass die Verantwortlichkeit für Sach- und Rechtsmängel nur auf die Beziehung zum Leasingnehmer begrenzt ist, da kein Lieferant involviert ist.

Das Sale-and-lease-back-Modell funktioniert folgendermaßen: Parallel zum Kaufvertrag wird ein Leasingvertrag abgeschlossen. Die für den Eigentumsübergang an den Leasinggeber erforderliche Übergabe des Objekts wird durch ein Übergabesurrogat[24] ersetzt. Der Kaufvertrag wird als Besitzkonstitut vereinbart, dadurch bleibt der Leasingnehmer Besitzer und der Leasinggeber wird Eigentümer. Die Objekte haben meist ein langfristiges Nutzungspotenzial und eine hohe Wertbeständigkeit wie z. B. Gebäude. Rechtlich gesehen stellt sich Sale-and-lease-back als sehr kompliziert dar.[25]

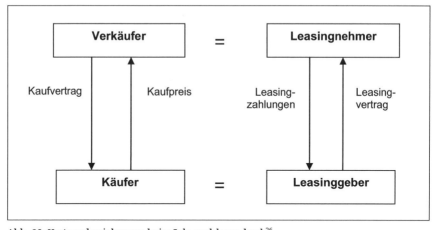

Abb. 90: Vertragsbeziehungen beim Sale-and-lease-back[26]

---

[23] Verschuldungsgrad = Fremdkapital : Eigenkapital.

[24] „Rechtswissenschaftlich wird ein Gegenstand, der anstelle eines Ausgangsgegenstands tritt, als Surrogat bezeichnet. Als Surrogat dienen nicht nur Sachen, sondern auch Forderungen. So kann als Surrogat auch ein Ersatzanspruch u.a. gelten." www.Wikipedia.de: Surrogat

[25] Vgl. Bender, Hans J.: Kompakt-Training Leasing, 2001, S. 91 ff.

[26] Kratzer, Jost: Leasing kompakt, 2002, S. 35.

1.1.7 Cross-Border-Leasing

Cross-Border-Leasing ist eine Leasingart, die über die Ländergrenzen hinweg statt-findet. Der Leasinggeber und der Leasingnehmer haben ihren Sitz in unterschiedli-chen Ländern, dadurch können die unterschiedlichen steuerrechtlichen Vorschrif-ten der Länder geschickt ausgenutzt werden. Beim Cross-Border-Leasing handelt es sich um steuerliche Gestaltungen, die es in der Vergangenheit beispielsweise den deutschen Kommunen ermöglichten, von US-amerikanischen Steuervergüns-tigungen zu profitieren. Mittlerweile wurden die Steuergesetze in den Vereinigten Staaten geändert, sodass hier keine Vergünstigungen erzielt werden und somit derzeit in diesem Bereich keine neuen Geschäfte getätigt werden.

Das Cross-Border-Leasing ist mit erhöhten Risiken verbunden. Dazu gehören z. B.:

- Das **Transaktionsrisiko**, d. h., die Verhandlungsphase dauert mehrere Monate, da es eine Vielzahl von Vertragsbedingungen gibt,
- der Barwertvorteil ist abhängig von den Eigen- und Fremdkapitalkosten, den Nebenkosten, dem Dollarkurs etc., sowie von Strukturrisiken wie beispiels-weise:
  - Steueränderungsrisiko,
  - Bonitätsrisiken,
  - Wechselkursrisiko,
  - Betriebsrisiko etc.

Das Cross-Border-Leasing bietet aber auch einige Vorteile:[27]

- Durch die Wahl der Währung kann das Wechselkursrisiko verringert werden.
- Da es einen Export darstellt, können eventuell im Exportland Fördermittel ge-nutzt werden.
- Der Leasinggeber kennt die Märkte sehr gut und kann eventuell günstigere Angebote erschließen.
- Es können auch Vorteile aus dem Zinsgefälle zwischen den Staaten erzielt wer-den.

1.1.8 Kostenvergleich Leasing – Kauf

Wenn ein Unternehmen vor der Entscheidung steht, ein Investitionsobjekt zu lea-sen oder zu kaufen, sollten die Ergebnisse nach Steuern der beiden Varianten mit-

---

[27] Vgl. Bartsch, Herbert: Alles über Leasing, 1997, S. 116.

einander verglichen werden. Ob Leasing gegenüber einem Kreditkauf vorteilhafter ist, hängt von der Vertragsgestaltung sowie von den Rentabilitäts-, Liquiditäts- und Flexibilitätserwägungen ab.

Ein umfassender Vergleich sollte, wenn z. B. Kauf die Alternative ist, unter anderem berücksichtigen, dass

- eine Investition in vielen Fällen anteilsmäßig mit Eigenkapital finanziert wird,
- die Bemessungsgrundlage der Gewerbesteuer berührt werden kann, sowie
- ein anderer zeitlicher Anfall von Nettoerträgen (bei optimistischer Betrachtungsweise) aus der Investition vorliegen kann.

1.1.9 Exkurs Gewerbesteuer[28]

Da die Leasingaufwendungen zum Teil zum Gewerbeertrag hinzuaddiert werden und dieser für die Gewerbesteuerermittlung maßgeblich ist, muss bei einer Entscheidung zwischen Leasing und Kauf die Gewerbesteuer berücksichtigt werden. Daher wird zunächst die Vorgehensweise zur Ermittlung der Gewerbesteuer vorgestellt.

Die Gewerbesteuer ist eine Realsteuer und belastet den Gewerbebetrieb. Sie wird von den Gemeinden erhoben. Der Gewerbeertrag wird mit der Steuermesszahl (3,5 %) multipliziert. Dies ergibt den Steuermessbetrag, der wiederum mit dem Hebesatz der Gemeinde multipliziert wird. Das Ergebnis stellt die zu zahlende Gewerbesteuer dar. Die **Berechnungsformel** lautet:

Gewerbesteuer = Gewerbeertrag x 3,5 % x Hebesatz der Gemeinde

Auf die gewerbesteuerliche Bemessungsgrundlage müssen sämtliche anfallenden Zinsaufwendungen, Renten, dauernde Lasten und Gewinnanteile der stillen Gesellschafter in Höhe von **25 %** hinzugerechnet werden. Außerdem sind die folgenden pauschalisierten Finanzierungsanteile mit 25 % (Hinzurechnungssatz) hinzuzurechnen, wobei die Finanzierungsanteile ihrerseits wieder in Höhe der folgenden Prozentsätze zugrunde gelegt werden:

- Lizenzen und Konzessionen mit einem Finanzierungsanteil von 25 %
- Mieten, Pachten und Leasingraten
  - bei beweglichem Anlagevermögen mit einem Finanzierungsanteil von 20 %
  - bei unbeweglichen Vermögen mit einem Finanzierungsanteil von 50 %

---

[28]DHPG Dr. Harzem & Partner KG: Steuerberater- und Wirtschaftsprüferjahrbuch, 2011, S. 875 ff. und Datev: Tabellen und Informationen für den steuerlichen Berater, 2011, S. 179 ff.

Skonti, Boni und Rabatte im Rahmen der gewöhnlichen Geschäftstätigkeit sowie Vertriebslizenzen sind von der Hinzurechnung ausgenommen, da hier der Finanzierungseffekt in den Hintergrund tritt. Für kleine mittelständische Unternehmen gibt es, bezogen auf die Summe der Zinsanteile, einen Freibetrag in Höhe von 100.000 €. Es wird bei sämtlichen Beispielen davon ausgegangen, dass die Zinsschranke[29] nicht überschritten wird.

▶ **BEISPIEL: Hinzurechnung zum Gewinn aus Gewerbebetrieb**

Die XY GmbH hatte einen Zinsaufwand in Höhe von 160.000 €. Die Miete für eine Lagerhalle betrug 60.000 €. An Leasingraten für den Fuhrpark bezahlte das Unternehmen 130.000 €. An Lizenzgebühren fielen 56.000 € an. In welcher Höhe erfolgt eine Zurechnung zum Gewinn aus Gewerbebetrieb?

	Position	Betriebs-ausgabe	Hinzurech-nung in %	Hinzurech-nung in EUR
	gesamter Zinsaufwand	160.000 €	100 %	160.000
+	Mieten, Pachten und Leasingraten für unbewegliche Wirtschaftsgüter (Lagerhalle)	60.000 €	50 %	+ 30.000
+	Mieten, Pachten und Leasingraten für **bewegliche** Wirtschaftsgüter (Fuhrpark)	130.000 €	20 %	+ 26.000
+	Entgelt für die Überlassung von Lizenzen	56.000 €	25 %	+ 14.000
=	**Summe der Hinzurechnungsanteile**			**= 230.000**
—	Freibetrag			— 100.000
=	**Summe nach Freibetrag**			**= 130.000**
	x allgemeiner Hinzurechnungssatz (25 %)			x 0,25
=	**Hinzurechnung zum Gewerbeertrag**			**= 32.500**

Zum Gewinn aus Gewerbebetrieb werden zusätzlich 32.500 € hinzuaddiert. Somit vergrößert sich die zu bezahlende Gewerbesteuer.

---

[29] Mit der Unternehmensteuerreform 2008 wurde die Zinsschranke eingeführt. Die Zinsschranke beschränkt den Zinsabzug auf 30 Prozent des EBIT. Dabei gibt es eine Freigrenze von 3 Mio. € des Nettozinsaufwands. Konzerne, deren Gesamteigenkapitalquote nicht höher ist als die Eigenkapitalquote der deutschen Betriebe, entgehen der Zinsschranke, d. h., die Konzernunternehmen können ihre Zinsaufwendungen in unbegrenzter Höhe abziehen.

> **BEISPIEL: Berechnung der Gewerbesteuer**
>
> Die XY GmbH hat im Geschäftsjahr 01 einen Gewerbeertrag (= Gewinn aus Gewerbeertrag + Hinzurechnungen — Kürzungen) in Höhe von 500.000 €. Der Gewerbesteuerhebesatz der XY GmbH beträgt 400 % und die Steuermesszahl 3,5 %.
>
> Die Berechnungsformel lautet:
>
> Gewerbesteuer = Gewerbeertrag x 3,5 % x Gewerbesteuerhebesatz
>
> Gewerbesteuer = 500.000 € x 3,5 % x 400 % = 70.000 €
>
> Die XY GmbH muss Gewerbesteuer in Höhe von 70.000 € bezahlen.

Durchschnittliche Steuerlast einer Kapitalgesellschaft (z. B. GmbH, AG)

Der durchschnittliche Ertragsteuersatz für Kapitalgesellschaften wird für die Vergleichsrechnungen zwischen Leasing und Kauf benötigt. Die nominelle Ertragssteuerbelastung auf die Gewinne einer Kapitalgesellschaft beträgt bei einem durchschnittlichen Gewerbesteuerhebesatz von 400 % insgesamt 29,83 %. Diese setzen sich wie folgt zusammen:

	Körperschaftssteuer	15,00 %
+	Solidaritätszuschlag 5,5 % auf die Körperschaftssteuer (25 % x 5,5 % = 0,83 %)	+ 0,83 %
+	durchschnittliche Gewerbesteuerlast bei einem Hebesatz von 400 % (3,5% x 400 % = 14 %)	+ 14,00 %
=	durchschnittliche Steuerlast einer Kapitalgesellschaft	= 29,83 %

In der folgenden Abbildung sehen Sie, welche Kosten bei einem Kostenvergleich zwischen Leasing und Kauf zu berücksichtigen sind.

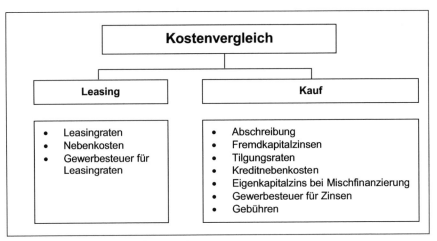

Abb. 91: Kostenvergleich: Leasing – Kauf

▶ **BEISPIEL: Entscheidung zwischen Kreditkauf und Leasing**

Eine GmbH entscheidet über eine Investition (Maschine = bewegliches Wirtschaftsgut), deren Anschaffungskosten 150.000 € betragen. Die betriebsgewöhnliche Nutzungsdauer beträgt 5 Jahre. Die Konditionen für einen kreditfinanzierten Kauf und für Leasing sehen wie folgt aus.

Konditionen Kreditkauf:

- Kredithöhe: 150.000 € (Ratendarlehen)
- Kreditzinssatz: 9,5 % p. a. auf die jeweilige Restdarlehenssumme
- Abschreibung linear über fünf Jahre mit 20 % p. a.

Konditionen Leasing:

- Grundmietzeit: 54 Monate (= 90 % der betriebsgewöhnlichen Nutzungsdauer)
- Leasingrate pro Monat: 2,298 % vom Anschaffungswert
- Nach Ablauf der Grundmietzeit, Inanspruchnahme einer Mietverlängerungsoption mit Mietraten von insgesamt 15.500 € für 6 Monate

Mit dem Investitionsobjekt können schätzungsweise folgende zusätzliche jährliche Erträge erwirtschaftet werden: (Jahr 1: 60.000 €, Jahr 2: 80.000 €, Jahr 3: 80.000 €, Jahr 4: 80.000 € und Jahr 5: 60.000 €).

Die folgende Tabelle vergleicht die jährlichen Betriebsausgaben der beiden Finanzierungsarten (alle Angaben in €).

Jahres-ende	Kreditkauf mit Ratendarlehen				Leasing
	Restbuch-wert Kredit	Tilgung, Abschreibung	Zinsen	Betriebs-ausgaben	Betriebsaus-gaben
1	120.000,00	30.000,00	14.250,00	44.250,00	41.364,00
2	90.000,00	30.000,00	11.400,00	41.400,00	41.364,00
3	60.000,00	30.000,00	8.550,00	38.550,00	41.364,00
4	30.000,00	30.000,00	5.700,00	35.700,00	41.364,00
5		30.000,00	2.850,00	32.850,00	36.182,00
Summe		150.000,00	42.750,00	192.750,00	201.638,00

Bei einem Vergleich ohne die Steuerbelastung des Unternehmens ist der Kreditkauf auf Basis eines reinen Kostenvergleichs günstiger als das Leasing.

Beim Vergleich zwischen Kreditkauf und Leasing ist es sinnvoll, die Steuerbelastung des Unternehmens zu berücksichtigen. Dabei gelten folgende Rahmenbedingungen: Der Gewerbesteuerhebesatz beträgt 400 %, der Körperschaftssteuersatz beträgt 15 % und der Solidaritätszuschlag 5,5 %.

Im Folgenden werden die benötigten Berechnungsformeln für die Steuern dargestellt.

Berechnung der Körperschaftssteuer inklusiv dem Solidaritätszuschlag:

Körperschaftssteuer zuzüglich Solidaritätszuschlag
= Körperschaftssteuer + (Körperschaftssteuer x 5,5 %)
= 15 % + (15 % x 5,5 %) = **15,83 %**

Berechnung der Gewerbesteuer:

Gewerbesteuer = Gewerbeertrag x Steuermesszahl x Hebesatz der Gemeinde
Gewerbesteuer = Gewerbeertrag x 3,5 % x 400 %
Gewerbesteuer = Gewerbeertrag x 14 %

Die nominelle Gesamtsteuerbelastung auf die Gewinne einer Kapitalgesellschaft beträgt bei einem durchschnittlichen Gewerbesteuerhebesatz von 400 % insgesamt 29,83 % (14 % Gewerbesteuer + 15 % Körperschaftsteuer + 0,83 % Solidaritäts-zuschlag).

Berechnung des Gewerbeertrags beim Kauf:

Beim Kauf werden **25 % des Zinsaufwandes** zum Gewinn vor Steuern (Gewinn aus Gewerbebetrieb) hinzuaddiert, dadurch erhöht sich der Gewerbeertrag, der die Bemessungsgrundlage für die Gewerbesteuer darstellt.

Gewerbeertrag = Gewinn vor Steuern + (Zinsen x 25 %)

Berechnung des Gewerbeertrags beim Leasing:

Beim Leasing werden bei den unbeweglichen Wirtschaftsgütern 20 % der Leasing-aufwendungen berücksichtigt und mit dem allgemeinen Hinzurechnungssatz von 25 % multipliziert, d. h. es sind 5 % der Leasingaufwendungen zum Gewinn vor Steuern hinzuzuaddieren..

Gewerbeertrag = Gewinn vor Steuern + Leasingraten x 20 % x 25 %

bzw.

Gewerbeertrag = Gewinn vor Steuern + Leasingraten x 5 %

> **! Das sollten Sie sich merken:**
>
> Bei der Kreditfinanzierung ist zu berücksichtigen, dass 25 % des Zinsaufwandes und bei der Leasingfinanzierung bei den beweglichen Leasinggütern 5 % der Leasingaufwendungen zum Gewinn vor Steuern (Gewinn aus Gewerbebetrieb) hinzuaddiert werden müssen. Dadurch erhöht sich der Gewerbeertrag und so-mit die Bemessungsgrundlage für die Gewerbesteuer.

Die folgende Tabelle zeigt die Berechnung des Gewinns nach Steuern (St) bei einem Kreditkauf.

Kreditkauf							
Jahr	Erlöse	AfA	Zinsen	Gewinn vor St	Kst+SolZ (15,83 %)	GewSt (14 %)	Gewinn nach St
	a	b	c	d = (a − b − c)	e = (d x 0,1583)	f = (d + c x 0,25) x 0,14	g = (d − e − f)
1	60.000	30.000	14.250	15.750	2.493,23	2.703,75	10.553,02
2	80.000	30.000	11.400	38.600	6.110,38	5.803,00	26.686,62
3	80.000	30.000	8.550	41.450	6.561,54	6.102,25	28.786,21
4	80.000	30.000	5.700	44.300	7.012,69	6.401,50	30.885,81
5	60.000	30.000	2.850	27.150	4.297,85	3.900,75	18.951,40
Summe	360.000	150.000	42.750	167.250	26.475,69	24.911,25	**115.863,06**

(alle Angaben in €)

Bei der Berechnung der Gewerbesteuer wurden keine Freibeträge berücksichtigt, da davon ausgegangen wird, dass der Freibetrag von 100.000 € schon ausgeschöpft ist.

Die folgende Tabelle zeigt die Berechnung des Gewinns nach Steuern (St) bei Leasing.

Leasing						
Jahr	Erlöse	Leasing-raten	Gewinn vor Steuern	KSt+SolZ (15,83 %)	GewSt (14 %)	Gewinn nach Steuern
	a	b	c = (a − b)	d = (c x 0,1583)	e = (c + b x 0.05) x 0,14	f = (c − d − e)
1	60.000	41.364	18.636	2.950,08	2.898,59	12.787,41
2	80.000	41.364	38.636	6.116,08	5.698,59	26.821,33
3	80.000	41.364	38.636	6.116,08	5.698,59	26.821,33
4	80.000	41.364	38.636	6.116,08	5.698,59	26.821,33
5	60.000	36.182	23.818	3.770,39	3.587,79	16.459,82
Summe	360.000	201.638	158.362	25.068,71	23.582,15	**109.711,22**

(alle Angaben in €)

Auch bei der Berücksichtigung der Steuern ist der Kreditkauf im Vergleich zum Leasing die vorteilhaftere Alternative. Als Nächstes wird der Alternativenvergleich mit dem barwertigen Gewinn nach Steuern durchgeführt.
Ermittlung des barwertigen Gewinns nach Steuern:
Der Diskontierungszinssatz des Unternehmens beträgt 12 %.

Jahr	Kreditkauf			Leasing		
	Gewinn vor St	Gewinn nach St	Barwert AbF 12 %	Gewinn vor St	Gewinn nach St	Barwert AbF 12 %
1	15.750	10.553,02	9.422,34	18.636	12.787,41	11.417,33
2	38.600	26.686,62	21.274,41	38.636	26.821,33	21.381,80
3	41.450	28.786,21	20.489,46	38.636	26.821,33	19.090,89
4	44.300	30.885,81	19.628,49	38.636	26.821,33	17.045,44
5	27.150	18.951,40	10.753,53	23.818	16.459,82	9.339,74
Summe	167.250	115.863,06	81.568,23	158.362	109.711,14	78.275,20

(alle Angaben in €)

Der barwertige Gewinn nach Steuern ist beim Kreditkauf um 3.293,03 € (= 81.568,23 € — 78.275,20 €) höher als beim Leasing.

▶ **BEISPIEL: Vergleich Leasing/Kauf**

Eine GmbH steht vor der Entscheidung, eine neue Maschine mit einem Anschaffungswert von 400.000 € zu kaufen (Fremdfinanzierung) oder zu leasen. Es sind folgende Informationen vorhanden:

Ausgangsdaten:

- Investitionssumme: 400.000 €
- Nutzungsdauer: 5 Jahre
- Fremdkapitalanteil: 100 %
- Fremdkapitalzinssatz p. a.: 15 %
- Abzahlungsdarlehen (Ratendarlehen): 5 Jahre
- Diskontierungszinssatz für Barwertberechnung: 8 %
- Körperschaftssteuersatz: 15 %
- Solidaritätszuschlag (SolZ): 5,5 %
- Gewerbesteuerhebesatz: 500 %
- Leasingrate pro Jahr in Prozent vom Anschaffungswert: 28 %

Die Bruttoerlöse betragen: Jahr 1: 240.000 €, Jahr 2 bis 4: 210.000 €, Jahr 5: 130.000 €

Es wird überprüft, welche Variante für die GmbH die günstigere ist. Zunächst wird die Kaufvariante mit 100 % Fremdkapital analysiert.

Fremdkapitalentwicklung bei Kauf			
Jahr	FK am Jahresende	FK-Zinsen 15 %	FK-Tilgung	AfA 20 %
0	400.000	0	0	0
1	320.000	60.000	80.000	80.000
2	240.000	48.000	80.000	80.000
3	160.000	36.000	80.000	80.000
4	80.000	24.000	80.000	80.000
5	0	12.000	80.000	80.000
Summe		180.000	400.000	400.000
(alle Angaben in €)				

Berechnung der Gewerbesteuer:

Gewerbesteuer = Gewerbeertrag x Steuermesszahl x Hebesatz der Gemeinde

Für dieses Beispiel: Gewerbesteuer = Gewerbeertrag x 3,5 % x 500 %

Vergleich Leasing/Kauf: Kauf									
Jahr	Brutto-erlös	AfA 20 %	FK-Zins 15 %	Gewinn vor St	KSt + SolZ 15,83 %	GewSt 17,5 %	Gewinn nach St	AbF 8 %	Bar-wert 8 %
	a	b	c	d = a — (b + c)	e = (d x 0,1583)	f = (d + c) x 0,25) x 0,175	g = (d — e) — f	h	i = (g x h)
0	0	0	0	0	0	0	0	0	0
1	240.000	80.000	60.000	100.000	15.830	20.125	64.045	0,925926	59.301
2	210.000	80.000	48.000	82.000	12.981	16.450	52.569	0,857339	45.069
3	210.000	80.000	36.000	94.000	14.880	18.025	61.095	0,793832	48.499
4	210.000	80.000	24.000	106.000	16.780	19.600	69.620	0,735030	51.173
5	130.000	80.000	12.000	38.000	6.015	7.175	24.810	0,680583	16.885
Σ	1.000.000	400.000	160.000	420.000	66.486	81.375	272.139		220.927
(alle Angaben in €)									

Der barwertige Gewinn nach Steuern beträgt bei dem Kreditkauf 220.927 €.

Die folgende Tabelle zeigt die Leasingvariante.

Jahr	Brutto-erlös	Leasin-grate pro Jahr	Gewinn vor St	KSt + SolZ 15,83 %	GewSt 17,5 %	Gewinn nach St	AbF 8 %	Bar-wert 8 %
	a	b	c = (a − b)	d = (c x 0,1583)	e = (c + b x 0,05) x 0,175	f = (c − d − e)	g	h = (f x g)
0	0	0	0	0	0	0	0	0
1	240.000	112.000	128.000	20.262	23.380	84.358	0,925926	78.109
2	210.000	112.000	98.000	15.513	18.130	64.357	0,857339	55.176
3	210.000	112.000	98.000	15.513	18.130	64.357	0,793832	46.677
4	210.000	112.000	98.000	15.513	18.130	64.357	0,735030	51.089
5	130.000	112.000	18.000	2.849	4.130	11.021	0,680583	7.501
Σ	1.000.000	560.000	440.000	69.650	81.900	288.450		238.552

Titel der Tabelle: **Vergleich Leasing/Kauf: Leasing**

(alle Angaben in €)

In diesem Beispiel ist das Leasing günstiger als der Kauf, da die barwertigen Rückflüsse nach Steuern um 17.625 € (= 238.552 € − 220.927 €) höher sind.

▶ **BEISPIEL: Berücksichtigung von kalkulatorischen Eigenkapitalzinsen beim Vergleich von Leasing und Kauf**

Dieses Beispiel beruht auf den folgenden Prämissen:

- Anschaffungswert des Investitionsobjektes (Maschine)   400.000 €
- Diskontierungszinssatz: 10,0 % p. a.
- geforderte Eigenkapitalrendite: 12,0 % p. a.
- Fremdkapitalzinssatz: 7,0 % p. a.
- Eigenkapitalanteil beim Kauf: 20 %
- Eigenkapitalanteil bei Leasing: 0 %
- erwirtschaftete Bruttoerlöse pro Jahr mit der Investition: 200.000 €
- Nutzungsdauer des Investitionsobjekts: 5 Jahre
- linearen Abschreibungen nach der AfA-Tabelle: 20 % p. a.
- Körperschaftssteuerbelastung der Kapitalgesellschaft inklusiv Solidaritätszuschlag [= 15 % x (1 + 0,055)]:   15,83 %
- Gewerbesteuerhebesatz: 350 %
- Steuermesszahl: 3,5 %
- Leasing Grundmietzeit ohne Optionen: 54 Monate
- Monatliche Leasingzahlungen in % des Anschaffungswertes: 2,15 %

Berechnung der Gewerbesteuer:

Gewerbesteuer = Gewerbeertrag x Steuermesszahl x Hebesatz der Gemeinde

Für dieses Beispiel: Gewerbesteuer = Gewerbeertrag x 12,25 % (= 3,5 % x 350 %)

Vergleich Leasing/Kauf: Leasing

Da das Objekt **im 5. Jahr nur sechs Monate** genutzt wird, wird im Rechenmodell nur die Hälfte des jährlichen Bruttoertrages und der Leasingzahlungen angesetzt.

Kalkulation des Leasingmodells								
Jahr	Brutto-erlöse	Leasing-raten*	Gewinn vor Steuern	Gewerbe-steuer (12,25 %)	Körper-schafts-steuer zzgl. SolZ (15,83 %)	Gewinn nach Steuern	Ab-zinsungs-faktor (10 %)	Barwert des Netto-ertrages
	a	b	c = (a — b)	d = (c + b x 0,05) x 0,1225	e = (c x 0,1583)	f = (c — d — e)	g	h = (f x g)
1	200.000	103.200	96.800	12.490	15.323	68.987	0,909091	62.715
2	200.000	103.200	96.800	12.490	15.323	68.987	0,826446	57.014
3	200.000	103.200	96.800	12.490	15.323	68.987	0,751315	51.830
4	200.000	103.200	96.800	12.490	15.323	68.987	0,683013	47.119
5	100.000	51.600	48.400	6.245	7.662	34.493	0,651228[30]	22.462
Σ	900.000	464.400	435.600	56.205	68.954	310.441		241.140
(alle Angaben in €)								
* 2,15 % p. m. x 12 = 25,80 % p. a.								

Der barwertige Überschuss nach Steuern beträgt bei der Leasingvariante 241.140 €

Vergleich Leasing/Kauf: Kauf

Der erwartete Bruttoerlös, der Anschaffungswert, die betriebsgewöhnliche Nutzungsdauer sowie die Steuersätze sind die gleichen wie beim Leasingmodell. Um gleiche Bedingungen für beide Modelle zu schaffen, wird das Investitionsobjekt nach 54 Monaten verkauft. Dabei wird ein Nettoerlös in Höhe des Restbuchwertes von 40.000 € erzielt. Folglich ist der Verkauf erfolgsneutral. Das Verhältnis Eigenkapital zu Fremdkapital beträgt 20 : 80. Das Eigenkapital ist ebenfalls zu verzinsen und die Kapitalzinsberechnung erfolgt halbjährlich. Bei der Fremdfinanzierung wird ein Abzahlungsdarlehen (Ratendarlehen) eingesetzt, dass halbjährlich in gleichen Raten getilgt wird.

---

[30] Abzinsungsfaktor im Jahr 5 von 4,5 Jahren nehmen

- Anschaffungswert des Investitionsobjektes (Maschine): 400.000 €
- jährlicher Bruttoertrag aus dem Investitionsobjekt: 200.000 €
- betriebsgewöhnliche Nutzungsdauer des Objektes: 60 Monate
- jährliche Abschreibung: 80.000 €
- Fremdkapitalanteil an den Investitionskosten: 80 %
- Tilgung des Fremdkapitals halbjährlich: 32.000 €
- Eigenkapital an den Investitionskosten: 20 %
- Fremdkapitalzinsen: 7 % p. a.
- erwartete Eigenkapitalrendite: 12 % p. a.
- Gewerbesteuersatz: 12,25 %
- Körperschaftssteuer inklusive Solidaritätszuschlag 15,83 %
- Diskontierungszinssatz für Barwertberechnung: 10 %

Die Fremdkapitalzinsen werden folgendermaßen ermittelt:

Ermittlung der Fremdkapitalzinsen				
Jahr	Ausgangswert für die Zinsberech-nung	Schulden (80 % vom Aus-gangswert)	Fremdkapitalzinsen	
			halbjährlich (7 % : 2)	jährlich
½	400.000	320.000	11.200	21.280
1	360.000	288.000	10.080	
1½	320.000	256.000	8.960	16.800
2	280.000	224.000	7.840	
2½	240.000	192.000	6.720	12.320
3	200.000	160.000	5.600	
3½	160.000	128.000	4.480	7.840
4	120.000	96.000	3.360	
4½	80.000	64.000	2.240	2.240
5	—	—		
(alle Angaben in €)				

Die Schulden betragen immer 80 % des Buchwertes. Die halbjährlichen Fremd-kapitalzinsen werden berechnet, indem man die jeweiligen Schulden mit 7 % multipliziert und anschließend durch 2 dividiert.

Die Eigenkapitalzinsen werden folgendermaßen ermittelt:

Ermittlung der Eigenkapitalzinsen				
Jahr	Ausgangswert für die Zinsberechnung	eingesetztes Eigenkapital (20 % vom Ausgangswert)	Eigenkapitalzinsen	
			halbjährlich (12 % : 2)	jährlich
½	400.000	80.000	4.800	9.120
1	360.000	72.000	4.320	
1 ½	320.000	64.000	3.840	7.200
2	280.000	56.000	3.360	
2 ½	240.000	48.000	2.880	5.280
3	200.000	40.000	2.400	
3 ½	160.000	32.000	1.920	3.360
4	120.000	24.000	1.440	
4 ½	80.000	16.000	960	960
5	—	—		
(alle Angaben in €)				

Das eingesetzte Eigenkapital beträgt immer 20 % des Buchwertes. Die halbjährlichen kalkulatorischen Eigenkapitalzinsen werden berechnet, indem man das jeweilige Eigenkapital mit 12 % multipliziert und anschließend durch 2 dividiert. Eine Zusammenfassung der Kalkulation des Kaufmodells zeigt die folgende Tabelle.

Kalkulation des Kaufmodells — Zusammenfassung, Teil 1						
Jahre	Brutto-erlöse	AfA 20 %	FK-Zins 7,0 %	Gewinn vor St	KSt 15,83 %	GewSt 12,25 %
	a	b	c	d = (a − b − c)	e = (d x 0,1583)	f = [(d + c x 0,25) x 0,1225]
1	200.000	80.000	21.280	98.720	15.627	12.745
2	200.000	80.000	16.800	103.200	16.337	13.157
3	200.000	80.000	12.320	107.680	17.046	13.568
4	200.000	80.000	7.840	112.160	17.755	13.980
5	100.000	40.000	2.240	57.760	9.143	7.144
Σ	900.000	360.000	60.480	479.520	75.908	60.594
(alle Angaben in €)						

Kalkulation des Kaufmodells — Zusammenfassung, Teil 2					
Jahre	Gewinn nach St	Zinsen auf Eigenkapital (12,0 %)	Zwischensumme Nettoertrag	Abzinsungsfaktor (10,0 %)	Barwert des Nettoertrages
	g = (d − e − f)	h	i = (g − h)	j	k = (i x j)
1	70.348	9.120	61.228	0,909091	55.662
2	73.706	7.200	66.506	0,826446	54.964
3	77.066	5.280	71.786	0,751315	53.934
4	80.425	3.360	77.065	0,683013	52.636
5	41.473	960	40.513	0,651228[31]	26.383
Σ	343.018	25.920	317.098		243.579
(alle Angaben in €)					

Auswertung des Vergleichs zwischen Leasing und Kauf

Aus den beiden Modellen ergeben sich der Barwert des Nettoertrages des Leasings von 241.140 € und der Barwert des Nettoertrages des Kaufs von 243.579 €. Somit ergibt sich ein leichter Vorteil für die Kaufvariante. Das Ergebnis ist jedoch stark abhängig von den gesetzten Prämissen und Einschränkungen. Variable Faktoren der Modelle sind unter anderem die Zinsen, die Art und die Dauer der Abschreibungen, die Art der Finanzierung, die Steuersätze, die Höhe der Leasingraten und deren zeitliche Verteilung. Es sind also immer Einzelfallentscheidungen zu treffen. Ferner zeigt das Beispiel, dass die häufige Annahme, Leasing sei teurer, in diesem Fall zutrifft.

Bei einem reinen Kostenvergleich ist der Kauf dem Leasing vorzuziehen. Beim Kauf ergeben sich in 4,5 Jahren Kosten in Höhe von 420.480 € aus den Abschreibungen und den Fremdkapitalzinsen. Die Kosten des Leasings betragen hingegen 464.400 € aus der Summe der Leasingzahlungen.

Beim Vergleich der Liquiditätswirkung ergibt sich über den Betrachtungszeitraum bis zur Veräußerung des Investitionsobjektes ein Vorteil des Leasings. Dieser Vorteil ist unabhängig von den Prämissen, nur die Höhe des Vorteils hängt von ihnen ab. Beim Kauf wird das im Objekt gebundene Kapital (Eigen- und Fremdkapital) im Laufe der Zeit freigesetzt. In den ersten vier Jahren ergeben sich die freigesetzten Mittel aus den Abschreibungen (Abschreibungen stellen Aufwendungen, aber keine Auszahlungen dar) und den jeweiligen erwirtschafteten Nettoerträgen. Im 5. Jahr führt auch der Verkauf des Objekts in Höhe von 40.000 € zu zusätzlicher Liquidität bei der Kaufvariante. Beim Leasing

---

[31] Abzinsungsfaktor im Jahr 5 von 4,5 Jahren nehmen

wird im Investitionszeitpunkt kein Kapital gebunden. Das freigesetzte Kapital entspricht den Nettoerträgen.

Liquiditätsvergleich				
	Leasing		Kauf	
Jahr	jährliche Kapital-freisetzung (+)	kumulierte Kapitalbindung bzw. Kapital-freisetzung	jährliche Kapitalfrei-setzung (+)	Kumulierte Kapitalbindung bzw. Kapital-freisetzung
0	—	—	—	− 400.000 €
1	68.987	+ 68.987	141.228	− 258.772
2	68.987	+ 137.974	146.506	− 112.266
3	68.987	+ 206.961	151.786	+ 39.520
4	68.987	+ 275.948	157.065	+ 196.585
5	34.493	+ 310.441	120.513	+ 317.098
(alle Angaben in €)				

1.1.10 Bewertung des Leasings

Durch Leasing tritt in der Regel kurzfristig keine Beeinträchtigung der Liquidität ein, da anders als beim Kauf keine hohe Einmalzahlung fällig ist. Leasing stellt normalerweise eine 100 %-ige Fremdfinanzierung dar und es sind in der Regel keine Eigenmittel erforderlich, außer es sind Vorauszahlungen (Sonderzahlungen bei Vertragsabschluss) zu leisten. Die Investition ist über die gesamte Nutzungsdauer durchfinanziert (Goldene Finanzierungsregel)[32].

Das Eigenkapital wird geschont, wodurch die Kreditwürdigkeit des Leasingnehmers nicht beeinträchtigt wird. Dies hat auch positive Auswirkungen auf die Kreditvergabebereitschaft (Rating) der Banken.

Ferner sind die Leasingraten gleichmäßig über den Zeitraum der Nutzung verteilt und die Kosten für diese Raten können aus den monatlichen Erträgen erwirtschaftet werden (pay as you earn). Durch die über die Grundmietzeit festgelegten Leasingraten bietet Leasing eine sehr gute Planungsgrundlage.

Planungssicherheit ergibt sich aus der Unabhängigkeit von der Zinsentwicklung auf den Kapitalmärkten. Beim Kauf fallen nicht nur die Anschaffungskosten an,

---

[32]Die Goldene Finanzierungsregel besagt, dass die Kapitalbindungsdauer und die Kapitalüberlassungsdauer übereinstimmen sollten. Folglich sollte langfristiges Vermögen auch langfristig finanziert werden.

sondern noch die kalkulatorischen Eigenkapitalkosten, die Nebenkosten der Finanzierung und die Finanzierungskosten.

Langfristig ist die Summe der jährlichen Leasingraten höher als die Summe des Abschreibungsaufwands beim Kauf, was einen größeren absetzbaren Betrag ergibt, der den steuerpflichtigen Gewinn senkt.

Die Gewerbesteuer kann verringert werden, da bei beweglichen Leasinggütern nur 5 % der Leasingraten zur Gewerbesteuerbemessungsgrundlage hinzugerechnet werden, anstatt 25 % der Zinslast.

Leasing bietet bei einer Zurechnung zum Leasinggeber sogar einen Vorteil, wenn das Anlagevermögen schon sehr hoch ist. Die zur Verfügung stehenden Mittel werden nicht im Anlagevermögen gebunden und können für andere Investitionen eingesetzt werden. Außerdem ist das Leasing bei einer Zurechnung zum Leasinggeber beim Leasingnehmer in der HGB-Bilanz bilanzneutral. Dadurch wird die Bilanzsumme nicht erhöht und es verbessern sich bestimmte Kennzahlen gegenüber einer fremdfinanzierten, bilanzwirksamen Investition. Dies kann anhand eines Bilanzstrukturvergleichs[33] dargestellt werden.

Leasinganteil des Anlagevermögens 0 % in € (Bilanz ohne Leasing):

Aktiva	Bilanz		Passiva
Anlagevermögen	100	Eigenkapital	50
Umlaufvermögen	150	Fremdkapital	200
Bilanzsumme	250	Bilanzsumme	250

Die Objekte des Anlagevermögens werden bilanzwirksam erfasst und sind teilweise mit Fremdmitteln finanziert.

Leasinganteil des Anlagevermögens 25 % in € (Bilanz mit Leasing):

Aktiva	Bilanz		Passiva
Anlagevermögen	75	Eigenkapital	50
Umlaufvermögen	150	Fremdkapital	175
Bilanzsumme	225	Bilanzsumme	225

---

[33] Vgl. Kratzer, Jost: Leasing kompakt; 2005, S. 58.

Vom Anlagevermögen sind 25 % geleast. Die Bilanzsumme ist niedriger und somit werden auch das Anlagevermögen und das Fremdkapital niedriger ausgewiesen.

Als Nächstes werden die Auswirkungen des Leasings auf ausgewählte Finanzkennzahlen dargestellt:

Kennzahl	Formel	Fall 1 ohne Leasing	Fall 2 mit Leasing	Veränderung in %
Anlagenintensität	(AV : Bilanzsumme) x 100	40,00 %	33,34 %	− 16,65 %
Verschuldungsgrad	(FK : EK) x 100	400,00 %	350,00 %	− 12,50 %
Anspannungsgrad	(FK : Bilanzsumme) x 100	80,00 %	77,78 %	− 2,78 %
Eigenkapitalquote	(EK : Bilanzsumme) x 100	20,00 %	22,23 %	+ 11,15 %
Deckungsgrad A	(EK : AV) x 100	50,00 %	66,67 %	+ 33,34 %

Die Anlagenintensität gibt über die Wirtschaftlichkeit des Anlagegütereinsatzes Auskunft. Eine hohe Anlageintensität bedeutet eine hohe Kapitalbindung und folglich hohe Kapitalkosten. Durch Leasing kann die Anlageintensität verringert werden.

Der Verschuldungsgrad stellt das Verhältnis von Fremd- zu Eigenkapital dar. Ein hoher Verschuldungsgrad impliziert, dass das Unternehmen stark von externen Gläubigern abhängig ist. Durch die Aufnahme von Fremdkapital erhöht sich der Verschuldungsgrad. Der hohe Anspannungsgrad signalisiert ebenfalls ein hohes Finanzierungsrisiko.

Die Eigenkapitalquote gibt Aufschluss über die Kreditwürdigkeit des Unternehmens und beschreibt die wirtschaftliche und finanzielle Stabilität. Je höher die Eigenkapitalquote ist, umso größer ist die Ausgleichsmöglichkeit von eingetretenen Verlusten. Mithilfe von Leasing bleiben die Bilanzsumme und die Eigenkapitalquote gleich. Dagegen würde sich bei einer Kreditfinanzierung die Bilanzsumme erhöhen und die Eigenkapitalquote verschlechtern.

Der Deckungsgrad A stellt dar, welcher Anteil des Anlagevermögens durch Eigenkapital finanziert wird. Beim Leasing wird das Anlagevermögen geringer ausgewiesen, wodurch der Deckungsgrad A gesteigert werden kann.

Ein weiterer positiver Aspekt des Leasings ist: Generell verringert sich der Verwaltungsaufwand des Leasingnehmers.

Die Entscheidung über die Vorteile des Leasings gegenüber anderen Alternativen hängt ab vom Unternehmen, von der finanziellen Situation und der Art der anzuschaffenden Objekte. Aufgrund dieser Faktoren ist eine Pauschalisierung nicht möglich. Letztlich lassen sich Fehlinvestitionen auch durch Leasing nicht vermeiden.

1.1.11 Kalkulation von Leasingraten pro Jahr bei Vollamortisationsverträgen

Leasinggeber müssen ihre Leasingraten so kalkulieren, dass das eingesetzte Kapital mit der geforderten Mindestverzinsung (Kalkulationszinssatz i) zurückfließt. Die folgenden Beispiele zeigen, wie die Raten berechnet werden können.

▶ Ausgangsdaten für nachfolgende Beispiele:

Für alle Beispiele gelten die gleichen Ausgangsdaten:

- Anschaffungskosten des Leasingobjekts (K_0) — 6 Mio. €
- Grundmietzeit (n_1): — 6 Jahre
- geplante Nutzungsdauer (n_2) — 10 Jahre
- Refinanzierungszinssatz der Leasinggesellschaft — 8 % p. a.
- Wagnis- und Nebenkosten — 2 % p. a.
- Gewinn (G) — 4 % p. a.

▶ BEISPIEL: Berechnung der jährlichen Leasingrate

Es wird die jährliche Leasingrate p. a. (L) berechnet, und zwar ohne Sonderzahlung (S_0) bei Vertragsabschluss, ohne Kaufoption (zum Restwert (R)) und ohne Mietverlängerungsoption (M). Die jährlichen Leasingraten werden mit dem Kapitalwiedergewinnungsfaktor (KWF) ermittelt, indem die Anschaffungskosten (K_0) des Leasingobjekts mit dem KWF multipliziert werden. Die Vorgehensweise veranschaulicht die folgende Abbildung.

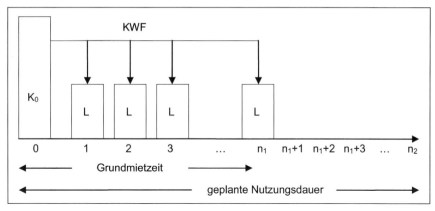

Es wird zunächst der Kalkulationszinssatz (i) ermittelt:

i = Refinanzierungssatz + Wagnis- und Nebenkosten + Gewinn

i = 0,08 + 0,02 + 0,04 = 0,14

$$L = K_0 \times KWF = K_0 \times \frac{q^{n_1} \times i}{q^{n_1} - 1}$$

$$L = 6.000.000\,€ \times \frac{1,14^6 \times 0,14}{1,14^6 - 1} = 6.000.000\,€ \times 0,257157 = 1.542.945\,€ \text{ p. a.}$$

Die jährliche Leasingrate pro Jahr beträgt 1.542.945 €.

▶ **BEISPIEL: Berechnung der jährlichen Leasingrate mit einer Sonderzahlung**

Es wird die jährliche Leasingrate p. a. mit Sonderzahlung (S_0) bei Vertragsabschluss berechnet. Dabei wird weder eine Kaufoption noch eine Mietverlängerungsoption (M) vereinbart. Die Sonderzahlung bei Vertragsabschluss beträgt 600.000 €.

Durch die Sonderzahlung bei Vertragsabschuss verringern sich die jährlichen Leasingraten, da nur noch die Anschaffungsauszahlung abzüglich der Sonderzahlung über Leasingraten wieder zurückfließen müssen, wie aus der folgenden Abbildung ersichtlich ist.

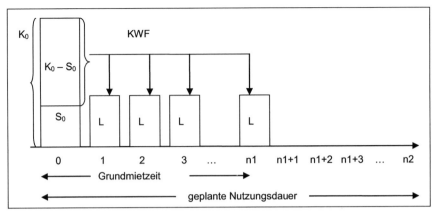

Die jährlichen Leasingraten werden wie folgt berechnet:

$$L = \left(K_0 - S_0\right) \times KWF = \left(K_0 - S_0\right) \times \frac{q^{n_1} \times i}{q^{n_1} - 1}$$

$$L = \left(6.000.000\,\text{€} - 600.000\,\text{€}\right) \times \frac{1{,}14^6 \times 0{,}14}{1{,}14^6 - 1}$$

$$L = 5.400.000\,\text{€} \times 0{,}257157 = 1.388.650\,\text{€ p.a.}$$

Die jährliche Leasingrate beträgt 1.388.650 € pro Jahr.

▶ **BEISPIEL: Berechnung der jährlichen Leasingraten mit Kaufoption**

Es wird die Leasingrate p. a. ohne Sonderzahlung (S_0) bei Vertragsabschluss, aber mit verbindlichen Kaufoption (R) zum Zeitpunkt n_1 = 3 Mio. € (50 % des Verkaufspreises) berechnet. Dazu muss zunächst die Zahlung des Kaufpreises nach Ablauf des Leasingvertrags auf den Zeitpunkt t = 0 diskontiert werden. Die Vorgehensweise zeigt die folgende Abbildung:

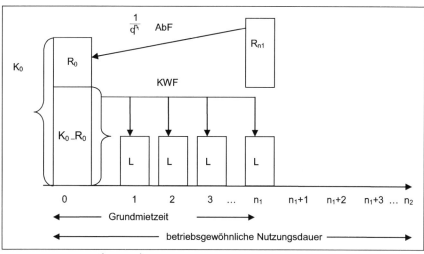

$$L = \left(K_0 - R_0\right) \times KWF = \left(K_0 - \frac{R_{n_1}}{q^{n_1}}\right) \times \frac{q^{n_1} \times i}{q^{n_1} - 1}$$

$$L = \left(6.000.000 - \frac{3.000.000}{1,14^6}\right) \times \frac{1,14^6 \times 0,14}{1,14^6 - 1} = 4.633.240 \times 0,257157 = 1.191.470 \text{ € p. a.}$$

Die Leasingrate kann auch mithilfe des Restwertverteilungsfaktors berechnet werden:

$$L = K_0 \times KWF - \left(R \times RVF\right) = K_0 \times \frac{q^{n_1} \times i}{q^{n_1} - 1} - \left(R \times \frac{i}{q^{n_1} - 1}\right)$$

$$L = 6.000.000 \text{ € } \times 0,257157 - \left(3.000.000 \text{ € } \times 0,117157\right) = 1.191.471 \text{ € p. a.}$$

Die jährliche Leasingrate mit Kaufoption beträgt 1.191.470 € pro Jahr.

> **BEISPIEL: Berechnung der jährlichen Leasingrate mit Mietverlängerungsoption**

Es wird die jährliche Leasingrate p. a. mit der Mietverlängerungsoption (M) = 350.000 € p. a., aber ohne Sonderzahlung (S_0) bei Vertragsabschluss und ohne Kaufoption berechnet.

Dabei wird zunächst der Zeitwert der Mietzahlungen (Z_{n_1}) zum Zeitpunkt n_1 mithilfe des Rentenbarwertfaktors (RBF) berechnet. Durch Diskontieren des Zeitwertes (Z_{n_1}) auf den Zeitpunkt t = 0 erhält man den Barwert der Verlängerungsmiete (Z_0). Die jährlichen Leasingraten werden berechnet, indem die um den Barwert der Verlängerungsmiete (Z_0) verminderte Anschaffungsauszahlung ($K_0 - Z_0$) mit dem Kapitalwiedergewinnungsfaktor (KWF) multipliziert werden.

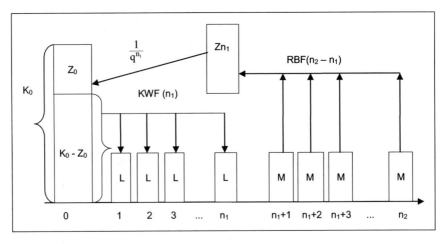

$$L = \left(K_0 - Z_0\right) \times KWF_{(n_1)}$$

$$Z_0 = Z_{(n_1)} \times \frac{1}{q^{n_1}} = M \times RBF_{(n_2 - n_1)} \times \frac{1}{q^{n_1}}$$

$$L = \left(K_0 - \left[M \times \frac{q^{(n_2 - n_1)} - 1}{q^{(n_2 - n_1)} \times i} \times \frac{1}{q^{n_1}}\right]\right) \times \frac{q^{n_1} \times i}{q^{n_1} - 1}$$

$$L = \left(6.000.000\,€ - \left[350.000\,€ \times \frac{1,14^4 - 1}{1,14^4 \times 0,14} \times \frac{1}{1,14^6}\right]\right) \times \frac{1,14^6 \times 0,14}{1,14^6 - 1}$$

$$L = \left(6.000.000\,€ - \left[350.000\,€ \times 2,913712305 \times 0,455586548\right]\right) \times \frac{1,14^6 \times 0,14}{1,14^6 - 1}$$

$$L = \left(6.000.000\,€ - 464.606,85\,€\right) \times \frac{1,14^6 \times 0,14}{1,14^6 - 1} = 1.423.468\,€\ \text{p. a.}$$

Die jährliche Leasingrate beträgt 1.423.468 € pro Jahr.

1.1.12 Kalkulation der Leasingraten pro Monat

In der Praxis werden die Leasingraten in der Regel monatlich bezahlt. Das folgende Beispiel zeigt, wie die monatlichen Leasingraten ermittelt werden.

▶ **BEISPIEL: Berechnung der monatlichen Leasingraten**

Der Leasinggeber rechnet mit einem jährlichen Kalkulationszinssatz p_a = 10 %. Der Leasingvertrag hat eine Laufzeit von 5 Jahren. Es wird die monatliche Leasingrate (l) des Leasingnehmers berechnet. Die Vorgehensweise für die Berechnung zeigt die folgende Abbildung.

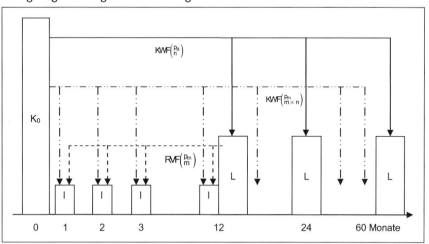

Zunächst wird die jährliche Leasingrate (L) mithilfe des Kapitalwiedergewinnungsfaktors (KWF) ermittelt.

$$L = KWF\left(\frac{p_a}{n}\right) \times K_0 = \frac{1,1^5 \times 0,1}{1,1^5 - 1} \times K_0 = 0,263797 \times K_0 \times 100 = 26,3797\,\% \times K_0$$

Ermittlung der monatlichen Leasingrate (l) mithilfe des Restwertverteilungsfaktors:

Der Restwertverteilungsfaktor (RVF) ermöglicht die Umrechnung eines zu einem späteren Zeitpunkt fälligen Betrags (jährliche Leasingrate L) in einen davor liegenden Zahlungsstrom jährlich gleich hoher Zahlungsbeträge (monatliche Leasingraten l), die jeweils am Ende jeden Monats geleistet werden.

$$l = RVF\left(\begin{matrix}p_m = ?\\m = 12\,Monate\end{matrix}\right) \times L$$

Der Monatszinssatz p_m muss aus dem bekannten Jahreszinssatz p_a = 10 % berechnet werden. Dazu muss die folgende Formel umgestellt werden:

$$p_a = \left[\left(1 + \frac{p_m}{100}\right)^{12} - 1\right] \times 100$$

$$p_m = \left[\sqrt[12]{1 + \frac{p_a}{100}} - 1\right] \times 100 = \left[\sqrt[12]{1 + \frac{10}{100}} - 1\right] \times 100 = 0,797414\,\%\,pro\,Monat$$

Der Monatszinssatz pm für die Berechnung der monatlichen Leasingraten beträgt 0,797414 %. Mithilfe des Monatszinssatzes kann der Wert des Restwertverteilungsfaktors (RVF) und anschließende die monatliche Leasingrate (l) berechnet werden.

$$RVF\left(\begin{matrix} i_m = ? \\ m = 12 \text{ Monate} \end{matrix}\right) = \frac{i_m}{q^m - 1} = \frac{0,00797414}{1,00797414^{12} - 1} = 0,079741$$

$$l = RVF\left(\begin{matrix} i_m = 0,00797414 \\ m = 12 \text{ Monate} \end{matrix}\right) \times L = 0,079741 \times 26,3797\,\% \times K_0 = 2,1\,\% \times K_0$$

Die monatliche Leasingrate beträgt 2,1 % der Anschaffungskosten.

Anstatt mit dem Restwertverteilungsfaktor (RVF) kann die monatliche Leasingrate (l) auch mit dem Kapitalwiedergewinnungsfaktor (KWF) berechnet werden. Voraussetzung dabei ist ebenfalls, dass zunächst wieder der Monatszinssatz (p_m) berechnet wird.

Weitere Varianten zur Ermittlung der monatlichen Leasingrate:

Die monatliche Leasingrate wird mithilfe des Kapitalwiedergewinnungsfaktors (KWF) wie folgt berechnet.

Leasingrate pro Monat:

$$l = KWF\left(\begin{matrix} p_m \\ n \times m \end{matrix}\right) \times K_0 = \frac{1,00797414^{60} \times 0,0079414}{1,00797414^{60} - 1} \times K_0 = 0,021 \times K_0$$

Die monatliche Leasingrate (l) beträgt 2,1 % der Anschaffungskosten (K_0).

▶ **BEISPIEL: Berechnung des effektiven Monatszinssatzes**

Als Jungunternehmer(in) beabsichtigen Sie den Kauf einer neuen Beschichtungsmaschine. Der Baranschaffungspreis beläuft sich auf 30.000 €. Eine Leasinggesellschaft unterbreitet Ihnen ein Angebot mit einer Vertragslaufzeit von 40 Monaten. Jeweils zum Monatsende sind 925,65 € an Leasingraten zu zahlen. Wie hoch ist der effektive Monatszins und wie hoch ist der effektive Jahreszins bei der Leasingvariante?

Der effektive Monatszinssatz kann entweder mithilfe des Rentenbarwertfaktors oder des Kapitalwiedergewinnungsfaktors berechnet werden. Den dazugehörigen Zinssatz der ermittelten Werte des Rentenbarwert- oder Kapitalwiedergewinnungsfaktors finden Sie in der finanzmathematischen Tabelle bei den Arbeitshilfen online.

Schritte	Kapitalwertmethode (C_0 = Kapitalwert)	Annuitätenmethode (DJÜ = durchschnittlicher jährlicher Überschuss)
Zielgrößenfunktion aufstellen	$C_0 = -K_0 + z \times RBF_n$	$DJÜ = z - K_0 \times KWF_n$
Zielgröße gleich null setzen	$0 = -K_0 + z \times RBF_n$	$0 = z - K_0 \times KWF_n$
Gleichung nach Faktor auflösen	$RBF_n = K_0 : z$	$KWF_n = z : K_0$

Schritte	Kapitalwertmethode (C₀ = Kapitalwert)	Annuitätenmethode (DJÜ = durchschnittlicher jährlicher Überschuss)
Wert des Faktors	RBF_{40} = 30.000 : 925,65= 32,409658	KWF_{40} = 925,65 : 30.000 = 0,030855
zugehöriger Tabellenzinssatz	zwischen 1,0 % p. M. und 1,1 % p. M. (vgl. finanzmathematische Tabellen bei den Arbeitshilfen online)	

Zunächst wird das Ergebnis mithilfe des Rentenbarwertfaktors (RBF) ermittelt. In der finanzmathematischen Tabelle kann man unter n = 40 Jahren bei einem Zinssatz von 1,0 % den RBF-Wert 32,834686 und bei einem Zinssatz von 1,1 % den RBF-Wert 32,219499 ablesen. Der berechnete Wert des RBF beträgt 32,409658, d. h. der effektive Zinssatz muss zwischen 1,0 % und 1,1 % liegen. Mithilfe der linearen Interpolation kann der effektive Zinssatz ermittelt werden.

RBF		Tabellenzins		
32,834686	→	1,00 % p. M.		
32,219499	→	1,10 % p. M.	0,6151872 → 0,10 % p. M.	
32,834686	→	1,00 % p. M.	0,425022 → x % p. M.	
32,409658	→	p_m = ? % p. M.		

$$X = \frac{0,10}{0,6151872} \times 0,425022 = 0,0690882 \% \text{ p. M.}$$

Der effektive Monatszinssatz (p_m) beläuft sich auf p_m = 1,0 + x = 1,0690882 %. Der **effektive Jahreszins** wird wie folgt errechnet:

$$p_{eff} = \left[\left(1 + \frac{p_m}{100}\right)^m - 1\right] \times 100 = \left[\left(1 + \frac{1,0690882}{100}\right)^{12} - 1\right] \times 100 = 13,61\% \text{ p. a.}$$

Den effektiven Jahreszins kann man auch mit der **Regula falsi** ermitteln. Die Regula falsi, die Sie bereits im Kapitel „Außenfremdfinanzierung" kennengelernt haben, ist ein universell einsetzbares Verfahren. Hierbei wird zunächst der Kapitalwert ($C_{0,1}$) mit dem niedrigeren Zinssatz i_1 = 1,0 % p. M. berechnet.
$C_{0,1}$ = - 30.000 € + 925,65 € × RBF_{40} (= 32,834686) = 393,43 €
Der Kapitalwert ($C_{0,2}$) wird mit dem höheren Zinssatz i_2 = 1,1 % p. M. berechnet.
$C_{0,2}$ = - 30.000 € + 925,65 € × RBF_{40} (= 32,219499) = - 176,02 €

Die weitere Vorgehensweise entspricht derjenigen, die auch für sie interne Zinsfußmethode gilt. Der effektive Monatszins p_m kann wie folgt berechnet werden:

$$p_m = 1{,}00 - 393{,}43 \times \frac{1{,}10 - 1{,}00}{-176{,}02 - 393{,}43} = 1{,}069089\ \% \text{ p. M.}$$

Der effektive Monatszins (p_m) beträgt 1,069 %.

Bei der Berechnung des effektiven Monatszinses (p_m) mithilfe des Kapitalwiedergewinnungsfaktors (KWF) ist die Vorgehensweise dieselbe wie bei der Berechnung mit dem Rentenbarwertfaktor (RBF):

Es wird der Monatszinssatz mithilfe des Kapitalwiedergewinnungsfaktors (KWF) ermittelt. Dazu wird zunächst der Wert des Kapitalwiedergewinnungsfaktors (n = 40) mithilfe der Annuität (monatliche Leasingrate) und der Anschaffungsauszahlung berechnet.

Die monatliche Annuität wird nach folgender Formel berechnet:

Annuität = Anschaffungsauszahlung x Kapitalwiedergewinnungsfaktor (KWF)

Die Formel wird nach dem KWF aufgelöst.

$$KWF_{40} = \frac{\text{Annuität}}{\text{Anaschaffungsauszahlung}} = \frac{925{,}65\ \text{€}}{30.000\ \text{€}} = 0{,}030855$$

In der finanzmathematischen Tabelle bei den Arbeitshilfen online findet man für den KWF40 folgende ähnliche Werte:

0,030456	→	1,0 % p. M.	0,000581	→ 0,1 %
0,031037	→	1,1 % p. M.		

0,030456	→	1,0 % p. M.	0,000399	→ X %
0,030855	→	? % p. M.		

$$X = \frac{0{,}1}{0{,}000581} \times 0{,}000399 = 0{,}0686747$$

$p_m = 1{,}0 + 0{,}069 = 1{,}069\ \%$ p. M.

Der effektive Monatszinssatz (p_m) beträgt ebenfalls 1,069 %.

1.2   Factoring

Beim Factoring handelt es sich um eine Form der Absatzfinanzierung. Factoring gehört ebenso wie Leasing zu den Kreditsurrogaten und bietet dem kapitalsuchenden Unternehmen eine Alternative zur klassischen Kreditfinanzierung.

Die Factoringgesellschaft (= Factor) kauft beim Factoring die Geldforderungen aus Warenlieferungen und Dienstleistungen von einem Factoringkunden (= Klient). Dies bedeutet, dass der Klient die Forderungen an den Factor abtritt. Der Factor treibt die Forderungen ein. Der wesentliche Vorteil für den Klienten besteht darin, dass die Außenstände zum größten Teil sofort vom Factor bezahlt werden.

Der Factor kann sich verpflichten, für den Klienten verschiedene „Funktionen" zu erfüllen:

Finanzierungsfunktion	Ankauf und Kreditierung der Forderungen
Dienstleistungsfunktion	Verwaltung des Forderungsbestands, z. B. Debitorenbuchhaltung, Mahnwesen, Inkasso
Delkrederefunktion	Kreditversicherung, d. h., der Factor übernimmt das Ausfallrisiko

1.2.1   Factoringvertrag

Meist wird ein mittelfristiger Vertrag zwischen dem Klienten, der seine Forderungen verkauft, und einer Factoringgesellschaft (Factor) geschlossen. In den meisten Fällen werden die Sicherungsrechte an der Ware übertragen. Dabei werden **alle Forderungen** aus Warenlieferungs- und Dienstleistungsgeschäften des Klienten übernommen. Einschränkungen auf bestimmte Produkte, Regionen (im Ausland beispielsweise ausgewählte Länder) oder anderer Art sind möglich.

Die Beteiligten beim Factoring — Factor, Klient und Abnehmer — und ihre gegenseitigen Beziehungen zueinander sind nachfolgend grafisch dargestellt:

Sonderformen der Finanzierung

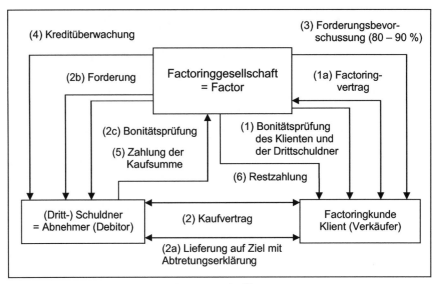

Abb. 92: Beziehungsgeflecht beim offenen Factoring[34]

Die Pflicht des Klienten zum Forderungsverkauf nach Abschluss des Factoringvertrages bezieht sich auf alle künftig entstehenden Forderungen aus Warenlieferungen und Dienstleistungen in seinem Unternehmen.

Das Risiko, das der Factor mit Abschluss des Factoringvertrags eingeht, wird einerseits durch die Bonität des Klienten, andererseits durch die des Drittschuldners bestimmt. Aus diesem Grund führt der Factor für beide eine Kreditwürdigkeitsprüfung durch. Die Prüfung des Klienten erweist sich wegen der direkten Vertragsbeziehung als unproblematisch im Vergleich zu der Prüfung der Drittschuldner, da man hier häufig auf Beobachtungen und Fremdauskünfte angewiesen ist. Deshalb wird für jeden Drittschuldner des Klienten ein Höchstbetrag festgesetzt, bis zu dem der Factor Forderungen kauft und das Delkredererisiko übernimmt.[35]

Der Factor bezahlt die Forderungen vor ihrer Fälligkeit bzw. vor Zahlung des Drittschuldners und berechnet dafür einen Zinssatz, der etwas über dem bankmäßigen Kontokorrentzinssatz liegen kann. Neben den Zinsbelastungen können dem Klienten auch weitere Aufwendungen entstehen. Zur Sicherung gegen Reklamationen und Zahlungsausfälle, die zulasten des Klienten gehen, wird nicht der gesamte Forderungsbetrag bevorschusst. Grundsätzlich werden neben den Zinsen weitere

---

[34]In Anlehnung an Wöhe et al.: Grundzüge der Unternehmensfinanzierung, 10. Auflage, 2009, S. 335.

[35]Vgl. Wöhe, G., Bilstein, J.: Grundzüge der Unternehmensfinanzierung, 2008, S. 335.

10 % bis 20 % der angekauften Forderungssumme vom Factor einbehalten und auf einem Sperrkonto gutgeschrieben bis die Rechnungen bezahlt sind.

Möglicher Ablauf des Factorings

1. Der Verkäufer (Klient) stellt in üblicher Form die Rechnungen für die Schuldner aus und übergibt sie (täglich oder in bestimmten Zeitabständen) dem Factor.
2. Der Factor schickt den Schuldnern die Rechnungen mit dem Hinweis auf das Factoring-Verhältnis und fordert die Schuldner zur Zahlung an ihn auf.
3. Der Factor zahlt an den Klienten unter Abzug der Factoringkosten sofort oder je nach Vereinbarung zu bestimmten Zeitpunkten (evtl. wöchentlich).
4. Der Factor erstellt (je nach Vertragsvereinbarung) eine Debitorenabrechnung, sodass der Klient die Debitorenbuchhaltung für diese Forderungsgruppe nicht selbst führen muss.
5. Der Factor führt die Offene-Posten-Verwaltung und leitet die Mahnverfahren ein, falls der Schuldner nicht bezahlt.

Factoring kann für Unternehmen mit folgenden Merkmalen **zweckmäßig** sein:

- die Kunden sind Wiederverkäufer oder gewerbliche Abnehmer,
- die Kunden sind Großhandelsunternehmen,
- die Kunden sind Unternehmen mit hohen Außenständen,
- der Jahresumsatz beträgt mindestens 2.000.000 €,
- die Zahlungsziele liegen bei 30 bis 90 Tagen, keinesfalls über 120 Tagen und
- es handelt sich um gleichbleibende Kunden (bzw. Abnehmerkreis).

Factoring bietet sich hauptsächlich für expansive mittelständische Unternehmen aus den Bereichen Produktion, Großhandel und Dienstleistung an, die ihre Liquidität verbessern wollen. Für ein Unternehmen mit geringen Jahresumsätzen und niedrigen Rechnungsbeträgen ist die Zusammenarbeit mit einem Factor meist nicht vorteilhaft, weil die damit verbundenen Kosten zu hoch sind.

1.2.2 Formen des Factorings

Das Factoringgeschäft besitzt eine Vielzahl an Formen und findet daher in den verschiedensten Branchen und in den unterschiedlichsten Geschäftsarten Anwendung. Da jeder Factorkunde unterschiedliche Bedürfnisse hinsichtlich der Delkredere-, der Finanzierungs- und Dienstleistungsfunktion hat und auch unterschiedlich viel Wert auf die einzelnen Funktionen legt, kann der Factoringvertrag individuell angepasst werden. Je nach Leistungsumfang haben sich in der Praxis die folgenden Formen herausgebildet:

Full-Service-Factoring: Es umfasst neben der Finanzierung auch die Abdeckung des Ausfallrisikos und die Übernahme der Debitorenbuchhaltung, des Mahnwesens und des Inkassos. Das heißt, der Factor wickelt die komplette Rechnungslegung für seinen Klienten ab.

Bulk-Factoring: Es wird auch als Inhouse-Factoring oder Eigenservice-Factoring bezeichnet. Der Klient nutzt die Finanzierung und die Absicherung des Ausfallrisikos durch den Factor, verzichtet aber auf sonstige Dienstleistungen. Das Debitorenmanagement führt der Klient — als Treuhänder für den Factor — weiterhin selber durch. Die Debitorenbuchhaltung verbleibt beim Klienten. Der Klient muss alle erforderlichen Informationen und Daten dem Factor übermitteln, die dieser für seine Entscheidungen über Zahlungen der Forderungskaufpreise, für die Kenntnis von der Ausschöpfung der Limits und für die Kontrolle und Verwaltung der Debitoren benötigt.

Fälligkeits-Factoring: Dies ist eine Factoring-Variante, bei der der Klient die Absicherung des Ausfallrisikos und das Debitorenmanagement des Factors nutzt, aber auf die sofortige Auszahlung der offenen Rechnungen verzichtet. Im Mittelpunkt steht also die Kreditsicherungsfunktion, die die Finanzplanung des Klienten erleichtert.

Offenes/stilles Factoring: Beim offenen (notifizierte) Factoring wird der Debitor über den Forderungsverkauf informiert und aufgefordert, die Rechnung des Klienten nur direkt an die Factoringgesellschaft zu zahlen. Beim stillen (nicht notifizierte) Factoring wird der Debitor nicht über das Factoringverhältnis informiert. Der Debitor leistet seine Zahlungen nach wie vor an den Lieferanten (Klienten). In Deutschland wird überwiegend die offene Abtretung praktiziert.

Echtes/unechtes Factoring: Beim **echten Factoring** übernimmt die Factoringgesellschaft das **Risiko des Forderungsausfalls** (Delkredereschutz). Das **echte Factoring** wird normalerweise in Form des **offenen Factorings** durchgeführt, die vertragliche Mindestlaufzeit liegt meist bei 2 bis 4 Jahren. Wenn der Factor nicht alle drei Funktionen übernimmt, wenn also die Delkrederefunktion (Ausfallrisiko) beim Klienten verbleibt, handelt es sich um **unechtes Factoring**. Die folgende Abbildung zeigt den Unterschied zwischen echtem und unechtem Factoring.

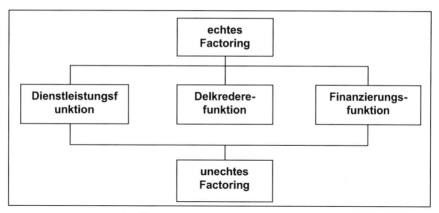

Abb. 93: Arten des Factorings[36]

Saison-Factoring: Das Saison-Factoring ist eine Sonderform, bei der es sich um einen auf Saisonzyklen begrenzten Forderungsverkauf handelt.

Ultimo-Factoring: Das Ultimo-Factoring ist eine weitere Sonderform, die den Kauf eines Forderungsbestandes jeweils kurz vor Bilanzstichtagen umfasst.

1.2.3 Funktionen und betriebswirtschaftliche Effekte des Factorings

Unter betriebswirtschaftlichen Aspekten werden die Elemente des Forderungsverkaufs im Rahmen eines Factoringvertrags in die Funktionen Finanzierung, Dienstleistung und Delkredere aufgegliedert.

Dienstleistungsfunktion

Die Dienstleistungsfunktion kann in der Übernahme der Debitorenbuchhaltung, des Mahnwesens, des Inkassodienstes und/oder einer Beratung bestehen. Gerade bei kleineren und mittleren Unternehmen kann die Übertragung der Dienstleistungsfunktion auf den Factor erhebliche Vorteile für den Klienten bringen. Die Dienstleistungsfunktion des Factors kann folgende **Leistungen** umfassen:

---

[36] Olfert, K.: Finanzierung, 15. Auflage, 2011, S. 351.

- die Führung der Debitorenbuchhaltung,
- das Mahnwesen,
- das Inkassowesen,
- die markt- und branchenmäßige Beratung und
- individuelle Sonderleistungen.

Die **Gebühren**, die vom Factor für die Dienstleistungsfunktion berechnet werden, liegen zwischen 0,8 % und 2,5 % vom Umsatz *(Quelle: Deutscher Factoring Verband 2008)*. Ihre konkrete Höhe ist abhängig von folgenden Faktoren:

- Höhe des Forderungsankaufs,
- Durchschnittsbetrag der Rechnungen,
- durchschnittliche Laufzeit der Forderungen,
- Zahl der Kunden,
- Fluktuation der Kunden,
- Ausmaß der Rücksendungen, Mängelrügen usw.,
- Anzahl der versandten Rechnungen,
- Produkteigenschaften,
- Zahl der jeweils bewegten Kundenkonten und
- Art und Umfang von Sonderleistungen.

Delkrederefunktion (Kreditsicherungsfunktion)

Beim echten Factoring übernimmt die Factoring-Gesellschaft die volle **Delkrederefunktion**, d. h., der Factor trägt das Ausfallrisiko des Schuldners und verzichtet auf Regressansprüche gegenüber seinem Vertragspartner im Nichtzahlungsfall.

Der Übernahme der Forderungen geht eine bonitätsmäßige Überprüfung voraus, deren positive Beurteilung die Voraussetzung für das Wahrnehmen der Delkrederefunktion ist. Bei negativer Einschätzung der Bonität des Abnehmers der Waren oder Dienstleistungen wird sich der Factor nicht bereit erklären, die Delkrederefunktion zu übernehmen. Der Factor erwartet vom Klienten, dass er alle Forderungen oder zumindest geschlossene Forderungsgesamtheiten zum Kauf anbietet, nicht dagegen einzelne, ausgewählte Forderungen. Damit will der Factor sein Risiko streuen.

Die **Delkrederefunktion** bringt dem Klienten folgende **Vorteile**:

- endgültiger Forderungsverkauf,
- sinkender Kapitalbedarf im Umlaufvermögen,

- keine Einzel- und Pauschalwertberichtigungen für Forderungen, da die Übernahme des Ausfallrisikos durch den Factor erfolgt,
- kein Zurückgreifen des Factors auf den Factoring-Kunden,
- keine Eventualverbindlichkeiten gegenüber dem Factor und
- laufende Bonitätsüberwachung der Abnehmer durch den Factor.

Die **Gebühren**, die der Factor für die Delkrederefunktion berechnet, betragen zwischen 0,3 % und 2 % des Forderungsankaufs. Diese sind abhängig von folgenden Faktoren:

- Laufzeit der Forderungen,
- Bonität der Schuldner,
- Branche,
- Risikostreuung und
- Art der Weiterveräußerungsmöglichkeit der Produkte.

Finanzierungsfunktion

Die Finanzierungsfunktion nimmt bei den meisten Factoring-Interessenten den höchsten Stellenwert ein. Sie liegt in dem Aktivtausch: „Forderungen aus Lieferungen und Leistungen gegen Kasse". An die Stelle der verkauften Forderungen aus Lieferungen und Leistungen treten Forderungen gegenüber dem Factor bzw. fließen die Forderungen liquiditätswirksam der Kasse zu. Die **Finanzierungsfunktion** kann vom Factor in zwei **Formen** betrieben werden:

- Es ist ein Ankauf der Forderungen **zum durchschnittlichen Fälligkeitstag** möglich. Der Factor errechnet für die bündelweise angekauften Forderungen den durchschnittlichen Fälligkeitstag und stellt dem Klienten zu diesem Termin 80 % bis 90 % der Rechnungsbeträge zur Verfügung. Die verbleibenden 10 % bis 20 % der Rechnungsbeträge werden einem **Sperrkonto** des Klienten gutgeschrieben. Damit sichert sich der Factor gegen Mängelrügen und Warenrückgaben ab.
- Der Ankauf der Forderungen kann **vor dem durchschnittlichen Fälligkeitstag** erfolgen. Das Verfahren unterscheidet sich vom oben dargestellten dadurch, dass der Factor dem Klienten die Rechnungsbeträge (abzüglich 10 % bis 20 %) unmittelbar nach der Erstellung der Rechnungen bereitstellt, also bis zum durchschnittlichen Fälligkeitstag bevorschusst, was die eigentliche Finanzierungsfunktion des Factors ausmacht. Für die Kreditlaufzeit werden Kontokorrentkreditzinsen in banküblicher Höhe berechnet.

Auswirkungen auf die Liquidität

Durch die Factoringfinanzierung können dem Klienten die gesamten Forderungen aus Lieferungen und Leistungen (mit Ausnahme des Sperrbetrags) sofort als liquide Mittel zufließen. Dies ist insbesondere bei steigenden Umsätzen von Bedeutung. Auf diese Weise wird die Finanzierungsdauer verkürzt.

1.2.4 Auswirkungen des Factorings auf die Bilanz

Das Factoring führt zu einem Aktivtausch in der Bilanz des Klienten: Er erhält für seine Forderungen aus Lieferungen und Leistungen vom Factor Geld. Hierdurch erhält der Klient früher liquide Mittel, d. h. er muss nicht warten bis der Kunde bezahlt. Diese liquiden Mittel kann der Klient beispielsweise zur Rückführung von Lieferanten- oder Bankverbindlichkeiten einsetzen. Dadurch kann der Klient seine Bilanz verkürzen und die Bilanzoptik verbessern.

> ### ▶ BEISPIEL: Bilanzielle Auswirkungen des Factorings
>
> Anhand der Bilanzzahlen einer Handels GmbH vor und nach der Factoringfinanzierung können die Auswirkungen auf die Veränderungen der Bilanzstruktur deutlich gemacht werden.
>
> **Ausgangsdaten:**
> - Das Unternehmen hat einen Jahresumsatz von 22 Mio. €.
> - Die Bonität der Abnehmer ist durchschnittlich.
> - Es werden jährlich Waren im Wert von 14 Mio. € eingekauft.
> - Im letzten Geschäftsjahr waren Forderungsausfälle in Höhe von 58.640 € zu berichtigen.
> - Das Unternehmen rechnet mit kontinuierlichen Umsatzsteigerungen.
> - Das durchschnittlich beanspruchte Zahlungsziel beträgt 36,5 Tage.
>
> **Eine Factoringgesellschaft unterbreitet dem Unternehmen folgendes Angebot:**
> - Factoring-Gebühr 1,2 % vom Jahresumsatz
> - Finanzierungskosten 8 % auf die in Anspruch genommenen Gelder
> - Ankaufbare Forderungen 2,0 Mio. € (von 2,2 Mio. €)
> - Sperrkontosatz (Kaufpreiseinbehalt): 10 %
> - Anteilige Limitprüfgebühr 5.000 €

So sieht die Bilanz des Beispielunternehmens vor dem Factoring aus:

Aktiva	Bilanz vor Factoring in €		Passiva
Anlagevermögen		Eigenkapital	
Fuhrpark	200.000	Stammkapital	400.000
Betriebs- u. Geschäftsausstattung	150.000		
Umlaufvermögen		Langfristiges Fremdkapital	
Warenbestände	1.200.000	Darlehen	200.000
Warenforderung	2.200.000		
Liquide Mittel		Kurzfristiges Fremdkapital	
Bankguthaben	10.000	Verbindlichkeiten aLuL	2.100.000
Kasse	20.000	Bankverbindlichkeiten	1.080.000
Bilanzsumme	**3.780.000**	**Bilanzsumme**	**3.780.000**

Die Bilanz sowie die Gewinn-und-Verlust-Rechnung des Unternehmens verändern sich durch den Einsatz des Factorings.

Die verkauften Forderungen verringern die Aktiva der Bilanz und fließen als Liquidität (Finanzierungsquote 90 %) in die Passiva. Diese Liquidität dient beispielsweise dem Skontieren der Verbindlichkeiten. Die Kreditorenposition (Verbindlichkeiten aLuL) verbessert sich um 1,8 Mio. € auf verbleibende 300.000 €, d. h., die Lieferantenverbindlichkeiten können abgebaut werden. Die vom Factor einbehaltenen 10 % des verkauften Forderungsbestandes werden als „Forderungen Factor" bilanziert. Ferner erwirtschaftet das Unternehmen durch das Factoring einen zusätzlichen Gewinn nach Steuern in Höhe von 49.000 € (vgl. Ausführungen unten zur GuV). Diese 49.000 € werden zur Reduzierung der Bankverbindlichkeiten eingesetzt, d. h., die Bankverbindlichkeiten bestehen dann noch in Höhe von 1.031.000 € (= 1.080.000 € — 49.000 €).

Insgesamt verringert sich die Bilanzsumme um die zugeflossene Liquidität von 1,8 Mio. € und die Eigenkapitalquote verbessert sich von 10,58 % auf 22,68 %. Dies ist die Bilanz nach dem Factoring:

Aktiva	Bilanz nach Factoring in €		Passiva
Anlagevermögen		Eigenkapital	
Fuhrpark	200.000	Stammkapital	400.000
Betriebs- u. Geschäfts-ausstattung	150.000	Gewinn nach Steuern	49.000
Umlaufvermögen		Langfristiges Fremdkapital	
Warenbestände	1.200.000	Darlehen	200.000
Warenforderungen	200.000		
Forderungen an Factor	200.000		

Aktiva	Bilanz nach Factoring in €		Passiva
Liquide Mittel		Kurzfristiges Fremdkapital	
Bankguthaben	10.000	Verbindlichkeiten aLuL	300.000
Kasse	20.000	Bankverbindlichkeiten	1.031.000
Bilanzsumme	1.980.000	Bilanzsumme	1.980.000

Finanzwirtschaftlicher Vergleich

Durch das Factoring ergeben sich für die Handels GmbH folgende Einsparungen:

- Gehalt eines Mitarbeiters: 13 x 3.000 € p. M.
- Personalnebenkosten: 80 % (= 0,8 x 13 x 3.000 €)
- Büromaterial: 1.000 €
- Miete für Büroraum: 15 m² zu 12 € p. M.
- Kosten der Bonitätsprüfung und Inkasso: 7.000 € p. a.
- Skontosatz für Wareneinkauf: 2 %
- Konditionsverbesserung im Einkauf: 40.000 € p. a.

Aufwand	Auswirkungen auf die GuV in €		Ertrag
1,2 % Factoringgebühren aus 20 Mio. Umsatz	240.000	Personalkosten (13 x 3.000 x 1,8)	70.200
Finanzierungskosten 8 % p. a. auf die Ø Inanspruchnahme von		Büromaterial	1.000
2 Mio. € nach Abzug von 10 %		Miete (12 x 15 x 12)	2.160
Sperrbetrag	144.000	Kosten für Bonitätsprüfung	7.000
Limitprüfgebühr	5.000	Forderungsausfälle	58.640
		2 % Skontoausnutzung aus	
		14 Mio. € Wareneinkauf	280.000
Gewinn	70.000	Konditionsverbesserung im Einkauf	40.000
Summe Aufwand	459.000	Summe Ertrag	459.000
Vorteil Factoring	**70.000**		

Aus der Gewinn-und-Verlust-Rechnung ist zu entnehmen, dass sich mithilfe des Factorings die Ertragskraft des Unternehmens um 70.000 € verbessert hat. Der Steuersatz des Unternehmens beträgt 30 %, d. h., der zusätzliche Gewinn nach Steuern beträgt 49.000 € (= 70.000 € x (1 − 0,3).

Weitere positive Auswirkungen können sich beispielsweise für das Rating bei den Banken ergeben. Bilanzkennzahlen wie z. B. die Liquiditätsgrade, die Deckungsgrade und die Eigenkapitalquote verändern sich durch die Factoringfinanzierung oft im positiven Sinne.

Werden die liquiden Mittel aus der Factoringfinanzierung zur Bezahlung von Schulden und zur Skontierung der Verbindlichkeiten aus Lieferungen und Leistungen eingesetzt, führt dies unmittelbar zu einer Bilanzverkürzung. Durch die Gegenüberstellung dieses verringerten Kapitals mit dem Gewinn ergibt sich eine höhere Kapitalrentabilität.

1.2.5 Vor- und Nachteile des Factorings

Eine Zusammenfassung der wichtigsten Vor- und Nachteile des Factorings zeigt die folgende Übersicht:

Factoring	
Vorteile	**Nachteile**
<ul><li>keine Wartezeit bis Kunde bezahlt</li><li>Liquiditätsvorteil (höhere Zahlungsfähigkeit)</li><li>bessere Möglichkeit zur Nutzung der Skontierung</li><li>verlässliche und sichere Finanzplanung</li><li>Dispositionsvorteil</li><li>Reduzierung von Personal- und Sachkosten</li><li>Wettbewerbsvorteile, da der Klient seinen Kunden längere Zahlungsziele einräumen kann.</li><li>der Abbau von Forderungen (weniger Außenstände bedeutet Kapitalfreisetzung)</li><li>die Liquidität wächst mit der Umsatzausweitung</li><li>kein Aufwand für eventuelles Mahnverfahren</li><li>keine negativen Auswirkungen bei Insolvenzen der Käufer bei echtem Factoring</li><li>durch den Abbau der Forderungen und Verbindlichkeiten entsteht eine günstigere Bilanzoptik, d. h., es erhöht sich z. B. die Eigenkapitalquote oder wichtige Working-Capital-Kennzahlen werden optimiert</li><li>Ertragssicherheit durch Delekredereübernahme</li><li>Konzentration auf das Kerngeschäft</li></ul>	<ul><li>Factoringgebühren bzw. Abschläge verringern die Rechnungssumme</li><li>teilweise hohe Kosten des Factorings</li><li>negative Einschätzung des Factorings durch die Kunden</li><li>Wegfall eines absatzpolitischen Instrumentariums, da die Factoringgesellschaft die ausstehenden Forderungen restriktiver einfordert</li><li>Abhängigkeit vom Factor</li><li>Rechtsproblematik</li><li>Problem bei Wiedereingliederung der outgesourcten Funktionen</li><li>potenzielle Imageverluste</li><li>restriktives Kreditmanagement durch Faktor</li><li>längerfristige Bindung an Factor, d. h. schwere Loslösung</li></ul>

Weitere Informationen erhalten Sie beim Deutschen Factoring-Verband e. V.: www.factoring.de.

1.3 Finetrading[37]

Viele Lieferanten bieten Ihren Kunden ein sogenanntes Konsignationslager an. Beim Konsignationslager handelt es sich um ein Lager, das der Lieferant für seinen Abnehmer — den Verbraucher der Ware — führt. Dieses Lager befindet sich entweder direkt beim Abnehmer oder zumindest in seiner Nähe. Das Konsignationslager bietet dem Kunden eine hohe Versorgungssicherheit. Jedoch gehört die Ware im Konsignationslager so lange dem Lieferanten, bis der Kunde sie aus dem Lager entnimmt. Erst bei Warenentnahme muss der Kunde die Ware bezahlen.

Für den Lieferanten bedeutet das Konsignationslager einerseits einen Vorteil hinsichtlich der Losgrößenoptimierung, da er die Bestückung des Lagers im Rahmen von definierten Mindest- und Maximalbeständen, aber auch den Lieferzeitpunkt und die Liefermenge selbst bestimmen kann. Zudem stellt es auch eine strategische Lieferanten-Abnehmer-Partnerschaft dar. Dafür hat der Lieferant aber einen erheblichen Vorfinanzierungsbedarf, da das Lager Kapital bindet, denn der Lieferant bleibt Eigentümer der Ware, bis sie der Abnehmer entnimmt. Erst bei der physischen Warenentnahme kann der Lieferant fakturieren.

Wie kann der Lieferant das Konsignationslager finanzieren?

Viele Lieferanten finanzieren das Konsignationslager entweder über ihr Eigenkapital oder den teureren Kontokorrentkredit. In der Regel finanzieren die Banken die Konsignationsläger ungerne, da gewisse Risiken wie beispielweise Schwund und/oder Brand bestehen.

Eine Finanzierungsalternative stellt hier das Finetrading dar. Das Finetrading wird einerseits für die Einkaufsfinanzierung und andererseits für die Lagerfinanzierung eingesetzt.

- Bei der Einkaufsfinanzierung werden die Waren von einem Dritten eingekauft. Die eingekauften Waren müssen erst dann bezahlt werden, wenn das Unternehmen die Produkte gefertigt und verkauft hat.
- Ein Finanzdienstleister übernimmt die Finanzierung des Lagers. Der Finanzdienstleister = Finetrader tritt als Intermediär in das Rechtsgeschäft zwischen Lieferant und Abnehmer ein und kauft die Ware. Der Finetrader erhält eine Handelsrechnung mit einem Zahlungsziel von 120 Tagen. Die Warenlieferung erfolgt wie bisher in das Konsignationslager. Der Lieferant kann die Forderung entweder an seine Bank oder eine Factoringgesellschaft verkaufen. Die Bank

---

[37] Vgl. Witz, G. u. Reffelmann, U.: Lagerfinanzierung, 2011, S. 26.

finanziert die Rechnung anstatt die Lagerbestände vor. Der Finetrader verkauft die Ware auf Abruf innerhalb von 120 Tagen an den Abnehmer weiter. Der Abnehmer ist vertraglich verpflichtet, die Ware innerhalb von 120 Tagen zu entnehmen. Er bezahlt die Rechnung zum vereinbarten Termin an den Refinanzierungspartner — also an die Bank oder die Factoringgesellschaft. Diese Dienstleistung kostet den Lieferanten eine einmalige Bearbeitungsgebühr von ca. zwei bis drei Prozent des Finanzierungsbetrages, darin enthalten sind die Kosten der Bonitätsprüfung. Ferner kommen noch die laufenden Refinanzierungskosten, z. B. Factoringzinsen, hinzu, die in der Regel an den Euribor gebunden sind.

- Interessant ist diese Finanzierungsalternative vor allem mit einem Lagerwert ab mehr als 500.000 €, der innerhalb von vier Monaten durch einen kontinuierlichen Umschlag aus Produktion und Abnahme immer wieder bewegt wird.

Anmerkung

Dieses Finanzierungskonzept funktioniert jedoch nur, wenn auch der Abnehmer der Ware bereit ist, bei dem notwendigen Dreiecksverhältnis mit dem Lieferanten und dem Finetrader zusammen zu arbeiten. In diesem Fall bezahlt der Abnehmer zum vereinbarten Termin an den Finetrader und nicht mehr an den Lieferanten.

! **HINWEIS:**

Damit Sie Ihr Wissen prüfen und vertiefen können, finden Sie bei den Arbeitshilfen online eine Reihe von Übungsaufgaben mit ausführlichen Lösungen. Die Aufgaben sind genau auf dieses Kapitel zugeschnitten.

Mezzanine-Finanzierungsinstrumente

Die verschiedenen Varianten der Mezzanine-Finanzinstrumente verdeutlicht die folgende Darstellung.

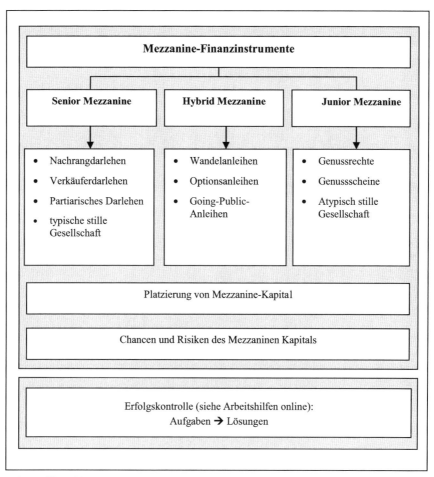

Abb. 94: Übersicht Kapitel „Mezzanine-Finanzierungsinstrumente"

Einführung

Mezzanine-Finanzierungsinstrumente gehören einer Kategorie an, die zwischen Beteiligungs- und Kreditfinanzierung eingeordnet werden kann. Sie werden als Mischformen bzw. hybride Finanzinstrumente bezeichnet. Der Begriff „Mezzanine" hat seinen Ursprung in der Architektur und bezeichnet ein Geschoss, welches zwischen zwei Stockwerken liegt. Somit versinnbildlicht der Begriff „Mezzanine", dass es sich bei Mezzanine-Finanzierungen um eine Finanzierungsform handelt, die zwischen Fremd- und Eigenkapital einzuordnen ist.

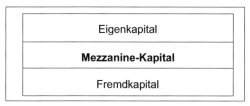

Abb. 95: Stellung von Mezzanine Kapital zwischen Eigen- und Fremdkapital

Entsprechend dieser Zwitterposition gestaltet sich auch die Haftungsstellung von Mezzanine-Kapital. Gegenüber dem Fremdkapital ist das Mezzanine-Kapital nachrangig, bleibt aber gegenüber dem Eigenkapital vorrangig. Dies bedeutet, bei einer Insolvenz werden zunächst alle ausstehenden Forderungen der Fremdkapitalgeber und erst dann die Forderungen von Mezzanine-Kapital investierenden Gläubigern befriedigt. Aufgrund der Nachrangigkeit gegenüber dem klassischen Fremdkapital ist das Mezzanine-Kapital wirtschaftlich als Eigenkapital zu bewerten.

Mezzanine-Finanzierungsinstrumente umfassen alle Formen der Unternehmensfinanzierung, die eine Mischung aus Fremd- und Eigenkapital darstellen und durch ihre Nachrangigkeit gekennzeichnet sind.

Die folgende Abbildung zeigt mögliche Erscheinungsformen von Mezzanine-Kapital.

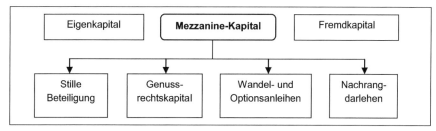

Abb. 96: Erscheinungsformen von Mezzanine-Kapital[1]

---

[1] In Anlehnung an: Werner, H. S.: Mezzanine-Kapital, 2004, S. 25.

1   Formen von Mezzanine-Kapital

Zum Mezzanine-Kapital mit Fremdkapitalausrichtung (auch Senior Mezzanine genannt) gehören das Nachrangdarlehen, das Verkäuferdarlehen sowie die typische
stille Gesellschaft. Die Verzinsung des Mezzanine-Kapitals ist entweder fest oder
variabel (erfolgsabhängig). Sie kann entweder als regelmäßige Zinszahlungen oder
endfällige Zinszahlungen ausgestaltet werden.[2]

Zu den hybriden Formen des Mezzanine-Kapitals zählen alle Zwischenformen von
Eigen- und Fremdkapital. Hierbei sind besonders die Wandel-, Options- und Going-
public-Anleihen zu erwähnen. Bei Mezzanine-Kapital mit Eigenkapitalausrichtung
(auch Junior Mezzanine genannt) handelt sich es zumeist um Genussrechte/Ge-
nussscheine und atypisch stille Beteiligungen.

Die folgende Tabelle zeigt die verschiedenen Mezzanine-Finanzierungsformen.

Senior Mezzanine	Hybride Mezzanine	Junior Mezzanine
▪ Nachrangdarlehen ▪ Verkäuferdarlehen ▪ Pariarisches Darlehen ▪ typisch stille Gesellschaft	▪ Wandelanleihen ▪ Optionsanleihen ▪ Going-public-Anleihen	▪ Genussrechte ▪ Genussscheine ▪ atypisch stille Gesellschaft

Die Ausgestaltungsmöglichkeiten des Mezzanine-Kapitals sind gesetzlich nicht
bzw. nur wenig geregelt, sodass flexible und optimale Finanzierungslösungen für
die Unternehmen möglich sind. Dies bedeutet, dass beispielsweise die Laufzeiten,
die Kündigungsmöglichkeiten, die Gewinn- und Verzinsungsregelung oder die
Rückzahlungsmodalitäten flexibel gestaltet werden können. Außerdem kann das
Mezzanine-Kapital zusätzlich im Rahmen von Mitarbeiterbeteiligungsprogrammen
eingesetzt werden.

Ein weiteres Merkmal, welches beispielsweise für eigentümergeführte Unternehmen von hoher Relevanz ist, besteht darin, **dass mit der Zuführung von Mezzanine-Kapital auf die Kapitalgeber keine Besitz- und Stimmrechte** übergehen
und somit keine Verwässerung der Gesellschafterstruktur entsteht. Darüber hinaus steht die Mezzanine-Finanzierung, unabhängig von der Rechtsform, grundsätzlich allen Unternehmen offen.

---

[2] Häger, M.: Mezzanine Finanzierungsinstrumente, 2004, S. 26.

Die folgende Übersicht stellt die verschiedenen Mezzanine-Finanzinstrumente nach ihrer Platzierbarkeit am Kapitalmarkt gegenüber. Das Mezzanine-Kapital kann grundsätzlich unter Mitwirkung eines Bankenkonsortiums am Kapitalmarkt oder über ausgewählte Investoren (privat), die dem Unternehmen Kapital zur Verfügung stellen, beschafft werden. Die Genussrechte/-scheine können sowohl als Kapitalmarktinstrumente als auch als Privatplatzierungsinstrumente strukturiert werden. Sehen Sie zur Platzierbarkeit des Mezzanine Kapitals folgende Übersicht:

Mezzanine-Kapital			
privat platziert		**kapitalmarktorientiert**	
Stille Beteiligung	Einlage gegen Gewinnbeteiligung ■ typisch: Informations-/ Zustimmungsrechte ■ atypisch: Mitunternehmerschaft; Beteiligung an stillen Reserven	Genussschein/ Genussrecht	Der Genussschein ist die verbriefte Form eines Genussrechts; ist gesetzlich nicht geregelt und damit ein sehr flexibles Instrument; der Inhaber eines Genussscheines ist nur Gläubiger und hat keine Mitgliedschaftsrechte
Verkäuferdarlehen	Kaufpreisstundung des Unternehmensverkäufers	Wandelanleihe	Geringe Anleiheverzinsung, dafür aber Wandlungsrecht
Nachrangiges Darlehen	Nachrangigkeit des Mezzanine-Gläubigers gegenüber den vorrangig besicherten Gläubigern	Optionsanleihe	Im Gegensatz zur Wandelanleihe ist das Optionsrecht von der Anleihe trennbar
Partiarisches Darlehen	Ein gewinnbeteiligtes Darlehen, welches ein Unternehmen von ihren Gesellschaftern erhält.	Going-public-Anleihe (werden von Unternehmen begeben, die mittelfristig einen Börsengang planen)	Geplanter Börsengang in der Laufzeit der Anleihe; Bezugsrecht von jungen Aktien; Going-public-Anleihen sind Options- oder Wandelanleihen, die ihre Besitzer berechtigen, Aktien aus dem zukünftigen Börsengang zu beziehen.

Eigenschaften des Mezzanine-Kapitals:

- Nachrangigkeit (im Insolvenzfall) gegenüber dem klassischen Fremdkapital
- Vorrangigkeit gegenüber Eigenkapital
- Klassifikation als wirtschaftliches Eigenkapital
- weitgehender Verzicht auf Sicherheiten
- flexible Ausgestaltungsmöglichkeiten bei den Vertragskonditionen
- höherer Renditeanspruch bei Mezzanine-Kapital im Vergleich zum klassischen Fremdkapital (Kreditfinanzierung über Banken), da da Risiko für die Kapitalgeber höher ist
- zeitliche Befristung (ca. 6 bis 10 Jahre)
- Entgelt für die Kapitalbereitstellung i. d. R. steuerlich als Betriebsausgabe zu qualifizieren
- Eine Finanzierungsform, die von der Rechtsform des Unternehmens unabhängig ist

Beurteilung des Mezzanine-Kapitals als Finanzierungsinstrument:

Chancen	Risiken
■ Kann flexibel auf die individuelle Finanzierungssituation bzw. auf den Cashflow-Strom zugeschnitten werden. ■ Es sind keine Sicherheiten notwendig und es erleichtert eine weitere Kreditaufnahme, da das Mezzanine-Kapital einen eigenkapitalähnlichen Charakter hat. ■ Zählt als wirtschaftliches Eigenkapital und verbessert somit die Bonität. ■ Zinsen sind steuerlich abzugsfähig, wenn das Mezzanine-Kapital als Fremdkapital konstruiert wurde. ■ Nur begrenzte Einflussnahme Außenstehender auf die Unternehmensleitung. ■ Langfristige Kapitalbereitstellung.	■ Höhere Finanzierungskosten durch Risikoaufschlag. ■ Kapital wird nur bei positiver Zukunftsprognose bereitgestellt. ■ Mezzanine-Kapitalgeber werden erhöhte Transparenz und mehr Informationen einfordern. ■ Flexibilität der Verträge erhöht die Komplexität: höhere Transaktionskosten. ■ Kapitalmarktinstrumente verursachen hohe Emissionskosten und erfordern hohes Handelsvolumen.

2 Stille Beteiligung

Eine stille Beteiligung ist eine Unterform der BGB-Innengesellschaft. Charakteristisch an dieser Finanzierungsform ist, dass die stillen Gesellschafter, die sich am Handelsgeschäft eines anderen beteiligen, nach außen nicht als Gesellschafter in Erscheinung treten. Die stillen Gesellschafter leisten eine Einlage in das Vermögen des Unternehmens (zu Finanzierungszwecken üblicherweise in Form einer Geldleistung) und erhalten im Gegenzug mindestens eine Beteiligung am Unternehmensgewinn.

Um die stille **Einlage wirtschaftlich bzw. bilanziell als Eigenkapital** zu gestalten (Equity Mezzanine), muss sie an einem etwaigen **Jahresverlust bis zur vollen Höhe beteiligt** werden.

Merkmale und Ausgestaltung der stillen Gesellschaft

Die Beteiligten können den Gesellschaftsvertrag frei gestalten. Zwingend ist dabei lediglich, dass

- die stille Beteiligung nur an einem sogenannten Handelsgeschäft zulässig ist,
- die Einlage des stillen Gesellschafters endgültig in das Vermögen des Unternehmens übergehen muss und
- die Gewinnbeteiligung des stillen Gesellschafters nicht ausgeschlossen werden darf.

Bei der stillen Beteiligung ist zwischen einer typisch und atypisch stillen Beteiligung zu unterscheiden. Die atypisch stille Beteiligung ist eine sogenannte mitunternehmerische Beteiligung. Daher sind die atypisch stillen Gesellschafter mit ihrer Einlage nicht nur an den Gewinnen, sondern — anders als bei der typisch stillen Gesellschaft — zwingend auch an den Verlusten des Unternehmens zu beteiligen. Ferner ist der atypisch stille Gesellschafter wie ein Kommanditist an den Wertsteigerungen und Wertminderungen des Vermögens und den offenen und stillen Reserven zu beteiligen.

Steuerliche Behandlung der typisch stillen Gesellschaft

Unternehmen	Typisch stiller Gesellschafter
Die Ausschüttungen mindern als Betriebs-ausgaben den Gewinn und damit die Bemessungsgrundlage für die Einkommen- bzw. Körperschaftsteuer. Ob die stille Beteiligung in der Handelsbi-lanz als Eigen- oder Fremdkapital ausge-wiesen wird, spielt für die Gewerbesteuer keine Rolle. Bei der Ermittlung der Gewer-besteuer sind gemäß § 8 Abs. 3 GewStG die Zinsen für den stillen Gesellschafter dem Gewinn des Unternehmens in voller Höhe wieder hinzuzurechnen. Nimmt der typisch stille Gesellschafter auch an den Verlusten teil, so mindert sich entsprechend der Verlustzuweisung der Verlust des Geschäftsinhabers.	Für den typisch stillen Gesellschafter, der die Beteiligung im Privatvermögen hält, stellen die Ausschüttungen „Einkünfte aus Kapitalvermögen" dar und unterliegen als solche der Einkommensteuer des typisch stillen Gesellschafters. Die Besteuerung findet im Zeitpunkt der Ausschüttung statt. Der Geschäftsinha-ber muss für die Gewinnanteile des stillen Gesellschafters die Kapitalertragsteuer in Höhe von 25 % zuzüglich des Solidaritäts-zuschlags einbehalten und an das Finanz-amt abführen.

Steuerliche Behandlung der atypisch stillen Gesellschaft

Auf der Ebene der Einkommen- und Körperschaftsteuer ist der atypisch stille Ge-sellschafter Mitinhaber. Die Ausschüttungen an den atypisch stillen Gesellschafter stellen bei ihm Einkünfte aus Gewerbebetrieb dar. Dementsprechend ist der an den atypisch stillen Gesellschafter ausgeschüttete Gewinn beim Unternehmen auch keine Betriebsausgabe, sondern stellt steuerlich eine reine Ergebnisverwendung dar.

Bei der Gewerbesteuer sind nicht die atypisch stillen Gesellschafter, sondern der Gewerbebetrieb des Geschäftsinhabers Steuergegenstand. Jedoch müssen bei der Ermittlung des Gewerbeertrags die Gewinnanteile des atypisch stillen Gesellschaf-ters in voller Höhe hinzugerechnet werden. Verluste stellen beim atypisch stillen Gesellschafter steuerlich negative Einkünfte aus Gewerbebetrieb dar.

Eine stille Beteiligung wird typischerweise so ausgestaltet:

- Der Kapitalgeber wird **nicht direkter Gesellschafter**, sondern eine Art gesell-schaftsnaher Partner (stiller Gesellschafter).

- Die laufende Verzinsung setzt sich häufig zusammen
  - aus einem Fixum (abhängig von der Bonität und den Zukunftsperspektiven),
  - einem gewinnabhängigen Bestandteil und
  - (im Einzelfall) aus einer weiteren erfolgsabhängigen Komponente, dem sogenannten **Equity Kicker"**, dazu gehören z. B. Options- oder Wandlungsrechte.
- Es gibt keine oder nur eine nachrangige Besicherung des Mezzanine-Kapitals.
- Die Rückzahlung des Finanzierungsbetrags erfolgt am Ende der Laufzeit.

3 Genusskapital

Es gibt keine gesetzlichen Bestimmungen über die Emission und Ausgestaltung von Genussscheinen bzw. Genussrechten. So können Unternehmen die Genusskapitalbedingungen sehr unterschiedlich regeln.

3.1 Genussrechte

Genussrechte stellen eine flexible Variante der Finanzierung dar. Je nach Zielsetzung können Genussrechte eigenkapitalähnlich oder fremdkapitalähnlich ausgestaltet werden.

Von einem Genussrecht spricht man, wenn ein Unternehmen einem Nichtgesellschafter (regelmäßig gegen eine Geldleistung) Gläubigerrechte einräumt, diese aber um Komponenten der üblichen Vermögensrechte von Aktionären oder von Gesellschaftern anderer Unternehmen erweitert.[3] Anders als beim stillen Gesellschafter ist das Rechtsverhältnis zwischen Unternehmen und Genussrechtsinhaber nicht gesellschaftsrechtlicher Natur. Der Genussrechtsinhaber stellt dem Unternehmen für einen bestimmten Zeitraum Kapital zur Verfügung und wird so zu dessen Gläubiger. Als Gegenleistung ist der Genussrechtsinhaber in der Regel am Gewinn des Unternehmens beteiligt, z. B. mi einer jährlichen Dividende. Üblicherweise werden die Inhaber der Genussrechte nicht nur am Gewinn, sondern auch am Verlust des Unternehmens beteiligt. Auf diese Weise wird der unternehmerische Charakter dieses Finanzierungsinstrumentes betont, zumal der Investor meist eine höhere Rendite als z. B. ein Kreditgeber erwartet. Genussrechte gewähren dem Investor jedoch keinerlei mitgliederschaftliche Verwaltungs-, Stimm- oder Kontrollrechte.

Ein vorzeitiger Verkauf von Genussrechten ist schwierig bis unmöglich, da es für sie keinen aktiven Markt gibt. Häufig ist ein Verkauf nur mit Zustimmung des Anbieters möglich.

---

[3] Vgl. Bieg, H. und Kußmaul, H.: Finanzierung, 2009, S. 220.

Kennzeichen von Genussrechten:

- Laufzeit i. d. R. länger als sieben Jahre,
- Tilgung am Ende der Laufzeit,
- feste Grundvergütung (zwischen 7 % bis 13 %) zuzüglich einer gewinnabhängigen Vergütung,
- nachrangig und keine Besicherung.

Die folgende Abbildung veranschaulicht die Zahlungen bei der Genussrechtsfinanzierung.

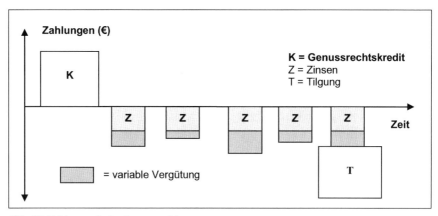

Abb. 97: Zahlungen beim Genussrecht

3.2 Genussscheine

Der Genussschein ist ein nicht gesetzlich geregeltes Wertpapier, das eine verbriefte Form des Genussrechtes darstellt. Je nach Ausgestaltung der verbrieften Rechte des Genussscheines ähnelt dieser entweder eher einer Anleihe oder einer Aktie. Anders als Genussrechte unterliegen Genussscheine den Vorschriften des Wertpapierhandelsgesetzes. Sie werden als Wertpapiere im „Open Market" (Freiverkehr) der Deutschen Börse gehandelt.

Der große Vorteil des Finanzierungsinstrumentes „Genussschein" besteht darin, dass die Geschäftsleitung weiterhin uneingeschränkte Freiheit in allen unternehmerischen Entscheidungen hat.

Kennzeichen von Genussscheinen

- Genussscheine stellen eine **Mischform** aus Aktien und Anleihen dar.
- **Emission** und **Ausgestaltung** von Genussscheinen werden weder durch den Gesetzgeber noch durch Wertpapierbörsen vorgeschrieben (unstandardisierte Wertpapiere).
- Genussscheine verbriefen primär **Gläubigerrechte**, daneben eventuell aber auch bestimmte Vermögensrechte wie den Anspruch auf einen Teil des Gewinns, Bezugs- oder Wandelrechte.
- Eine **Beteiligung am Liquidationserlös** ist gewöhnlich ausgeschlossen. Nicht selten enthalten Genussscheine eine Verlustbeteiligung. Ebenfalls kann der Emittent ein Kündigungsrecht besitzen.
- Ein Genussscheininhaber hat **weder Mitbestimmungs- noch Mitsprache-rechte** auf der Hauptversammlung.

Typen von Genussscheinen

- Genussschein mit einer Festverzinsung
  Hierbei handelt es sich um ein anleiheähnliches Wertpapier, das eine hohe Verzinsung bietet, da der Genussscheininhaber häufig auch am Verlust beteiligt ist.
- Genussschein mit Mindestausschüttung und dividendenabhängigem Bonus
  Der Genussscheininhaber erhält neben der Mindestausschüttung noch einen zusätzlichen dividendenabhängigen Bonus, wenn die Dividende einen bestimmten Mindestbetrag übersteigt. Dieser Ausschüttungszuschlag ist abhängig vom Dividendenpartizipationsfaktor, welcher zum einen angibt, wie die Genussscheine an Dividendensteigerungen teilnehmen, und zum anderen eine Dividendenpartizipationsgrenze festlegt, an der man die Höhe der Mindestausschüttung ablesen kann.[4]

Hierzu ein Beispiel:

BEISPIEL: Genussschein mit Mindestausschüttung und einem dividendenabhängigem Bonus

Ein Genussschein weist folgende Ausstattungsmerkmale auf:

Mindestausschüttung:	7,00 €
Dividendenpartizipationsgrenze:	4,50 €
Partizipationsfaktor:	0,5

---

[4] Vgl. Beike, R. u. Schlütz, J.: Finanznachrichten: lesen – verstehen - nutzen, 2010, S. 459.

Die Dividendenzahlung beträgt im Geschäftsjahr 01 je Aktie 8,50 €, so kann die Ausschüttung für den Genussschein wie folgt berechnet werden:
Berechnung des Ausschüttungsbetrags:
7,00 € + 0,5 x (8,50 € - 4,50 €) = 9,00 €
Für einen Genussschein werden 9,00 € ausgeschüttet.

- Genussschein mit vollkommener dividendenabhängiger Ausschüttung
  Der Inhaber eines Genussscheins mit dividendenabhängiger Ausschüttung hat keinen Anspruch auf eine Mindestausschüttung. Die Ausschüttung ist vollkommen abhängig von der Dividende, die das Unternehmen bezahlt. Es handelt sich um einen Genussschein mit Eigenkapitalcharakter.
- Genussschein mit ertragsabhängiger Ausschüttung
  Die Ausschüttung ist vom Bezugsergebnis abhängig, d. h. von dem Teil des Ergebnisses, der durch das Bezugskapital (das ist die Summe der Nennwerte aller Genussscheine) erwirtschaftet worden ist. In den Genussbedingungen ist sowohl das Bezugsergebnis als auch das Bezugskapital genau festgelegt.

Im Allgemeinen wird ein Genussschein typischerweise erst am Ende der Laufzeit getilgt, damit während der Laufzeit der Cashflow der Gesellschaft möglichst unbeeinträchtigt nur der Bedienung der erstrangigen Darlehen zur Verfügung steht und nicht darüber hinaus belastet wird. Die Zinszahlungen an die Kapitalgeber können je nach vertraglicher Ausgestaltungen am Ende der Laufzeit gebündelt bezahlt oder über die Laufzeit hinweg verteilt werden.

▶ **BEISPIEL: Fälligkeit und Rückzahlung von Genussscheinen**

Die Genussscheine sind am Geschäftsjahresende fällig. Allerdings erfolgt an diesem Tag nicht die Rückzahlung des Genussscheins, diese erfolgt erst mit Erstellung des Jahresabschlusses und dessen Genehmigung auf der Hauptversammlung.
Neben der Rückzahlung des Nominalwerts wird auch die Ausschüttung, also die Beteiligung am Geschäftserfolg für das letzte Geschäftsjahr, gezahlt. Der Zeitraum zwischen Geschäftsjahresende und Rückzahlungszeitpunkt wird dem Investor anteilig entgolten.

- Geschäftsjahresende: 31.12.01
- Hauptversammlung: 15.04.02
- Beteiligung am Unternehmenserfolg: 6 %
- Nominalwert des Genussscheins: 100,00 €

Rechnung:

	Nominalwert	100,00 €
+	Beteiligung	6,00 €
+	Vergütung der Übergangsperiode ((105 : 360) x 6 % x 100 €)	1,75 €
=	Rückzahlung	107,75 €

Die folgende Tabelle zeigt die Vor- und Nachteile für Emittenten von Genussrechten/Genussscheinen gegenüber der Kreditfinanzierung.[5]

Vorteile	Nachteile
▪ Die unternehmerische Freiheit bleibt bestehen, da die Kapitalgeber keine Mitbestimmungsrechte haben ▪ Inhalt und Haftung des Genussscheins sind weitgehend frei gestaltbar. ▪ Verbesserung der Kapitalstruktur ▪ Es kann eine Beteiligung am Verlust vereinbart werden ▪ Streuung von Finanzierungsrisiken ▪ Geringere Besicherung ▪ Endfällige Tilgung, dadurch höhere Liquidität ▪ Genussscheine sind auch einsetzbar für die Mitarbeiterbeteiligung ▪ Öffentlichkeitswirksamkeit	▪ Für die Platzierung des Genusskapitals entstehen Fixkosten ▪ Es besteht ein Platzierungsrisiko, da nicht sicher ist, ob sich genügend Investoren für das Genusskapital finden ▪ die zuzahlenden Zinsen sind in der Regel höher als bei einem klassischen Kredit

---

[5] Vgl. Spremann, K.: Wirtschaft, Investition und Finanzierung, 1996, S. 278 f.

4 Wandel- und Optionsanleihen

Wandelanleihen gewähren den Anlegern neben ihrem Anspruch auf feste Verzinsung und Rückzahlung ein Wandlungsrecht (Umtauschrecht), d. h., die Wandelanleihe kann innerhalb einer bestimmten Frist (Wandlungsfrist) in einem festgelegten Umtauschverhältnis (Wandlungsverhältnis) und eventuell unter Zuzahlungen in Aktien der emittierenden Gesellschaft (AG oder KGaA) umgetauscht werden. Die Anleihe geht bei der Wandlung unter, d. h. sie existiert nicht mehr.

Optionsanleihen gewähren den Anleiheninhabern zusätzlich zu dem in der Anleihe verbrieften Gläubigerrecht ein Sonderrecht auf den Bezug von Aktien der emittierenden Gesellschaft. Die Anleiheninhaber sind berechtigt, Aktien innerhalb einer bestimmten Frist zum festgelegten Bezugspreis zu kaufen. Die Optionsanleihe geht im Unterschied zur Wandelanleihe bei Bezug der Aktien nicht unter. Die Inhaber eine Optionsanleihe sind nach Ausübung ihres Bezugsrechts sowohl Gläubiger als auch Anteilseigner der Gesellschaft.

4.1 Wandelanleihen

Wandelanleihen stellen eine zusätzliche Finanzierungsoption für diejenigen Unternehmen dar, die in der Rechtsform einer AG oder KGaA firmieren. Sie dürfen nur aufgrund eines Beschlusses mit mindestens Dreiviertelmehrheit der Hauptversammlung ausgegeben werden. Solange der Kapitalgeber die Anleihen nicht wandelt, bezieht er Zinsen und hat einen Anspruch auf die Kapitalrückzahlung.

- Wandelschuldverschreibungen gewähren
  - neben den Rechten aus der Schuldverschreibung (z. B. feste Verzinsung, Rückzahlung)
  - zusätzlich ein Umtauschrecht auf Aktien der emittierenden Gesellschaft.
- Wandelschuldverschreibungen berechtigen den Inhaber,
  - die Wandelschuldverschreibung innerhalb einer bestimmten Frist und
  - gegebenenfalls unter Zahlung eines zusätzlichen Betrags
  - in einem festgelegten Umtauschverhältnis in Aktien der Unternehmung zu tauschen,
  - wobei die in der Wandelschuldverschreibung verbrieften Forderungsrechte zugunsten der in den Aktien verbrieften Anteilsrechte erlöschen.

- Notwendig hierfür ist eine bedingte Kapitalerhöhung (d. h., sie muss mit mindestens Dreiviertelmehrheit von der Hauptversammlung der AG beschlossen werden) und der Nennbetrag des bedingten Kapitals darf höchstens die Hälfte des bisherigen Grundkapitals betragen (§ 192 Abs. 3 S. 1 AktG). Den Altaktionären ist ein Bezugsrecht einzuräumen.

Motive für die Ausgabe von Wandelanleihen

- Wandelanleihen werden traditionell im Fall erschwerter Emissionsbedingungen für die Platzierung normaler Finanzierungsformen (Aktien oder Anleihen) begeben. Erschwerte Emissionsbedingungen ergeben sich:
  — bei allgemein niedrigen Aktienkursen und/oder hohem Zinsniveau oder
  — bei einer vorübergehend geringen Ertragskraft des Unternehmens.
- Vorteile einer Wandelanleihe aus der Sicht des emittierenden Unternehmens:
  — niedrigerer Zins als für eine gewöhnliche Anleihe
  — die Fremdkapitalzinsen sind steuerlich absetzbar
  — bedingter Terminverkauf von Aktien zu einem höheren als dem aktuellen Aktienkurs
  — es müssen bis zum Wandlungszeitpunkt keine Dividendenzahlungen geleistet werden,
  — keine Kapitalrückzahlung bei Wandlung
- Vorteile einer Wandelanleihe aus der Sicht des Kapitalanlegers:
  — feste Mindestverzinsung des Anlagebetrags
  — kein Eigenkapitalrisiko bis zum Zeitpunkt der Wandlung
  — Chance auf Kurssteigerungen der Aktie bis zum Wandlungszeitpunkt

Das folgende Beispiel zeigt, dass Kapitalanleger mit einer Wandelanleihe von einer Kurssteigerung der Aktien profitiere können.

▶ BEISPIEL: Gewinnpotenzial von Wandelanleihen

Ausgangspunkt ist eine Wandelanleihe der Auto AG mit einem Nominalbetrag von 15.000 €, die in 1.500 Namensaktien der Auto AG wandelbar ist. Die Anleihe wurde zu 100 % gekauft und mit 15.000 € bezahlt. Durch einen Tausch würde man 1.500 Namenaktien der Auto AG erhalten.
Solange der Basiswert der Namensaktie an der Börse mit weniger als 10 € notiert ist, ist eine Wandlung uninteressant. Überschreitet der Basiswert die 10 €, z. B. wenn die Aktie mit 12 € gehandelt wird, so ergibt sich für den Inhaber der Wandelanleihe ein Gewinn.

Wert der bezogenen Aktien: 1.500 St. x 12 €/St. =	18.000 €
— Kaufpreis der Anleihe	— 15.000 €
= Gewinn aus Wandlung	= 3.000 €

4.2   Optionsanleihen

Bei der Optionsanleihe handelt es sich um ein ähnliches Konstrukt wie bei der Wandelanleihe. Der Kapitalgeber (Gläubiger) erhält zusätzlich zur Anleihe Optionsscheine. Die Optionsanleihe beinhalten neben dem Anspruch auf Verzinsung und Rückzahlung zusätzlich — durch die Optionsscheine — ein Bezugsrecht auf Aktien. Die Optionsscheine berechtigen innerhalb der Optionsfrist (ein festgelegter Zeitraum) zum Bezug einer bestimmten Anzahl von Aktien zu einem zuvor festgelegten Kurs (= Basispreis). Der Unterschied zur Wandelanleihe besteht darin, dass die Anleihe bei der Ausübung der Optionen nicht untergeht, da die Optionsscheine losgelöst von der Anleihe eigenständige Wertpapiere darstellen. Der Kapitalgeber hat neben dem Anspruch auf Rückzahlung der Anleihe zusätzlich das Recht, innerhalb eines gewissen Zeitraums Aktien zu einem zuvor vereinbarten Aktienkurs zu kaufen.

Die Optionsanleihe besteht aus zwei Teilen, der Anleihe und dem Optionsschein, sodass an der Börse während der Laufzeit drei Notierungen möglich sind:

- nur für die Anleihe, d. h. ohne Optionsschein,
- nur für den Optionsschein und
- für die Optionsanleihe insgesamt, d. h. für die Anleihe mit Optionsschein.

Optionsanleihen dürfen wie die Wandelanleihen nur aufgrund eines Beschlusses mit mindestens Dreiviertelmehrheit der Hauptversammlung ausgegeben werden. Aufgrund des eingeräumten Zukaufsrechts, steht den Altaktionären bei der Ausgabe von Optionsanleihen ein Bezugsrecht zu.

4.3   Going-public-Anleihen

Bei Going-public-Anleihen handelt es sich entweder um Options- oder um Wandelanleihen, die ihre Inhaber berechtigen, Aktien aus einem geplanten Börsengang zu beziehen. Falls der Börsengang nicht erfolgt oder verschoben wird, nimmt der Emittent die Anleihe in der Regel zu einem Kurs über pari zurück. Unter dem Begriff „pari" (Parikurs) versteht man den Börsenkurs oder den Emissionspreis, der dem Nennwert des betreffenden Wertpapiers entspricht.

5 Nachrangige/partiarische Darlehen und Verkäuferdarlehen

Das Nachrangdarlehen ist eine Sonderform des klassischen langfristigen Kredits, für den das Unternehmen keine Sicherheiten bereitstellen muss. Es ist das in der Praxis meist verwendete Instrument der mezzaninen Finanzierung. Vor allem der Mittelstand sieht in nachrangigen Darlehen ein nahezu komplettes, ihren Anforderungen entsprechendes Finanzierungsinstrument.

Beim Nachrangdarlehen verpflichtet sich der Nachrangdarlehensgeber zur Abgabe einer Rangrücktritterklärung, d. h., im Falle einer Liquidation oder Insolvenz steht die Forderung im Rang hinter allen anderen Forderungen zurück. Es wird als Eigenkapitalsubstitut behandelt.

Das partiarische Darlehen nimmt eine Mittelstellung zwischen einem reinen Darlehen und der stillen Gesellschaft ein. Während die Erfolgskomponente des nachrangigen Darlehens stets aus einem festen Zinssatz besteht, wird die Vergütung des partiarischen Darlehens mithilfe einer Gewinnbeteiligung abgegolten. Die Gewinnbeteiligung kann nach dem Jahresgewinn, dem Umsatz oder anderen Erfolgsgrößen des kapitalnehmenden Unternehmens bemessen werden.[6] Daneben kann auch noch ein geringer, fester Zinssatz vereinbart werden, der dem Kapitalgeber eine Mindestverzinsung garantieren soll.

Das Verkäuferdarlehen (Seller´s Note) findet man häufig bei Akquisitionsfinanzierungen. Einen Teil des Kaufpreises stundet der Verkäufer, was die Finanzierung erleichtert und außerdem das Vertrauen des Investors steigert, da der bisherige Eigentümer nach dem Verkauf kapitalseitig am Unternehmen gebunden bleibt.

! **HINWEIS:**

Damit Sie Ihr Wissen prüfen und vertiefen können, finden Sie bei den Arbeitshilfen online eine Reihe von Übungsaufgaben mit ausführlichen Lösungen. Die Aufgaben sind genau auf dieses Kapitel zugeschnitten.

---

[6] Schäfer, H.: Unternehmensfinanzen, 2002, S. 249.

Finanzcontrolling und Finanzanalyse

Die folgende Abbildung gibt Ihnen einen Überblick über die verschiedenen Kennzahlen, die Sie in diesem Kapitel kennenlernen werden.

Kennzahlen aus dem Jahresabschluss				
Welche Finanzkennzahlen gibt es?				
Rentabilität				
Eigenkapital-rentabilität	Gesamtkapital-rentabilität	ROI		Umsatz-rentabilität
Liquidität				
Working Capital	Liquiditätsgrade 1–3			Gearing
Cashflow				
Ermittlung des Cashflows	Dynamischer Verschuldungsgrad	Innenfinanzie-rungsgrad		Cash-Burn-Rate
Kapitalstruktur der Bilanz				
Eigenkapital-quote	Fremdkapital-quote	Statischer Verschuldungsgrad		Rückstellungs-quote
Vermögensstruktur der Bilanz				
Anlagenintensität	Vermögens-konstitution	Umlaufintensität		Vorratsintensität
Kennzahlen zur Finanzlage				
Goldene Finanzierungsregel	Goldene Bilanzregel			Deckungsgrade
Kennzahlen zur Investitionspolitik				
Anlagen-abnutzungs-grad	Investitions-quote	Investitions-deckung	Wachstums-quote	Abschrei-bungsquote

Erfolgskontrolle (siehe Arbeitshilfen online):
Aufgaben → Lösungen

Abb. 98: Übersicht Kapitel „Finanzcontrolling und Finanzanalyse"

Einführung

Das Finanzcontrolling befasst sich mit der **Planung, Steuerung und Kontrolle der Finanzen** des Unternehmens. Zu den Aufgaben des Finanzcontrollings gehört es, den Finanzfluss in das Unternehmen und aus dem Unternehmen zu steuern. Die Grundlage dafür bilden die Kosten, der Umsatz, der Ertrag und die Rendite. Eine der wichtigsten Aufgaben des Finanzcontrollings ist es, die **Liquidität sicherzustellen**.

Finanzkennzahlen sind wichtige Planungs-, Steuerungs- und Kontrollinstrumente für die Unternehmensleitung und die Führungskräfte. Sie geben in aggregierter und konzentrierter Form Auskunft über die wirtschaftliche und finanzielle Situation eines Unternehmens und dienen auch als Frühwarnsystem.

Im Rahmen der finanzwirtschaftlichen Zielsetzungen stehen die **Rentabilität** und die **Liquidität** an erster Stelle. Um die Kennzahlen des Finanzcontrollings und der Finanzanalyse besser zu verstehen, wird nachfolgend zu jeder Kennzahl ein Rechenbeispiel aufgezeigt.

> **! HINWEIS:**
>
> Die Rechenbeispiele in diesem Kapitel beziehen sich immer auf das Geschäftsjahr 02 des folgenden Fallbeispiels.

Fallbeispiel: Kennzahlen der Motoren AG (alle Angaben sind in T€)

Diese Informationen liegen vor:

Aktiva	Bilanz der Motoren AG 31.12.01		Passiva
Immat. Vermögens-gegenstände	29.600	gezeichnetes Kapital	307.000
Sachanlagen	280.100	Kapitalrücklage	26.200
Finanzanlagen	181.900	Gewinnrücklage	112.000
Anlagevermögen	**491.600**	Bilanzgewinn	80.200
Vorräte	201.000	**Eigenkapital**	**525.400**
Forderungen	275.300	Rückstellungen	320.900
flüssige Mittel	298.100	Verbindlichkeiten	419.700
Umlaufvermögen	**774.400**	**Fremdkapital**	**740.600**
Bilanzsumme	**1.266.000**	**Bilanzsumme**	**1.266.000**

Aktiva	Bilanz der Motoren AG 31.12.02		Passiva
Immat. Vermögens-gegenstände	24.900	gezeichnetes Kapital	309.000
Sachanlagen	279.400	Kapitalrücklage	26.800
Finanzanlagen	181.900	Gewinnrücklage	127.800
Anlagevermögen	**486.200**	Bilanzgewinn	26.800
Vorräte	204.000	**Eigenkapital**	**490.400**
Forderungen	237.200	Rückstellungen	278.600
flüssige Mittel	200.200	Verbindlichkeiten	358.600
Umlaufvermögen	**641.400**	**Fremdkapital**	**637.200**
Bilanzsumme	**1.127.600**	**Bilanzsumme**	**1.127.600**

Gewinn-und-Verlust-Rechnung nach dem Gesamt-kostenverfahren der Motoren AG		02	01
	Umsatzerlöse	1.487.000	1.443.100
+/—	Bestandsveränderung der Erzeugnisse	-100	+13.100
+	andere aktivierte Eigenleistungen	+700	+400
=	**Gesamtleistung**	**= 1.487.600**	**= 1.456.600**
+	sonstige betriebliche Erträge	+87.200	+78.900
—	Materialaufwand	-1.063.800	-1.043.200
—	Personalaufwand	-239.000	-237.000
—	Abschreibungen	-61.800	-63.500
—	sonstige betriebliche Aufwendungen	-139.500	-138.600
=	**Betriebsergebnis**	**= 70.700**	**= 53.200**
+	Beteiligungsergebnis	+18.000	+13.400
—	Zinsergebnis	-8.100	-14.300
=	**Ergebnis der gewöhnlichen Geschäftstätigkeit**	**= 80.600**	**= 52.300**
+/—	außerordentliches Ergebnis	-17.800	+119.500
—	sonstige Steuern	-1.800	-2.600
=	**Jahresüberschuss/-fehlbetrag vor EE-Steuern**	**= 61.000**	**=169.200**
—/+	Steuern vom Einkommen und dem Ertrag	-16.400	-18.000
=	**Jahresüberschuss/-fehlbetrag**	**44.600**	**151.200**
+	Gewinnvortrag	0	7.700
—	Einstellung in die anderen Gewinnrücklagen	-17.800	-78.700
=	**Bilanzgewinn**	**26.800**	**80.200**

Ferner liegen für die Berechnung der Kennzahlen noch folgende erläuternde Angaben aus dem Anhang des Jahresabschlusses vor:

Erläuternde Hinweise aus dem Anhang für das Geschäftsjahr 02 der Motoren AG:	
Zugänge Anlagevermögen	50.250 T€
Abgänge Anlagevermögen	33.600 T€
auf Abgänge des Anlagevermögens entfallende kumulierte Abschreibungen	32.500 T€
Abschreibungen auf das Anlagevermögen	61.000 T€
Abschreibungen auf das Sachanlagevermögen	44.000 T€
Anlageinvestitionen in Sachanlagen	42.400 T€
Abgänge des Sachanlagevermögens zu historischen AHK	10.250 T€
auf Sachanlagenabgänge kumulierte Abschreibungen	9.150 T€
Sachanlagevermögen zu historischen AHK am Periodenanfang	690.720 T€
Sachanlagevermögen zu historischen AHK am Periodenende	721.600 T€
kumulierte Abschreibungen auf das Sachanlagevermögen	442.225 T€
Verbindlichkeiten aus Lieferungen und Leistungen (bis zu einem Jahr)	149.700 T€
Verbindlichkeiten gegenüber Kreditinstituten (kurzfristig)	40.600 T€
langfristige Verbindlichkeiten (Anleihe)	168.300 T€
Steuerrückstellungen (kurzfristig)	2.000 T€
Sonstige Rückstellungen (kurzfristig)	124.600 T€
Pensionsrückstellungen (langfristig) zum 31.12.01	160.000 T€
Pensionsrückstellungen (langfristig) zum 31.12.02	152.000 T€
kurzfristige Forderungen	216.000 T€
Fremdkapitalzinsen	24.200 T€

1 Rentabilität

Die **Rentabilität** gibt an, in welcher Höhe sich das eingesetzte Kapital eines Unternehmens in der betrachteten Periode verzinst hat. Je nachdem, welche Erfolgsgröße (Gewinn, Jahresüberschuss vor oder nach Steuern, ordentliches Betriebsergebnis, Cashflow oder Bruttogewinn) und welche Kapitalbasis (Eigenkapital, Gesamtkapital oder betriebsnotwendiges Vermögen) verwendet werden, können verschiedene Rentabilitätskennziffern berechnet werden. Mit der Rentabilität kann die Ertragskraft des Unternehmens beurteilt werden.

Die **Rentabilität** ergibt sich aus dem Verhältnis zwischen dem Ergebnis und dem Kapitaleinsatz.

$$\text{Rentabilität} = \frac{\text{Ergebnis}}{\text{Kapitaleinsatz}} \times 100$$

Die **Rentabilitätskennzahlen** gelten als betriebswirtschaftliche Maßzahlen und geben Aufschluss darüber, ob ein Unternehmen erfolgreich geführt wird oder nicht. Da die Größen Gewinn und Kapital durchaus unterschiedlich definierbar sind, wird in der Praxis häufig zwischen den in den folgenden Abschnitten beschriebenen Rentabilitätskennziffern unterschieden.

1.1 Eigenkapitalrentabilität (Return on Equity, ROE)

Die Eigenkapitalrentabilität zeigt die Verzinsung des Eigenkapitals. Sie sollte immer über dem marktüblichen Zinsniveau für langfristige Kapitalanlagen liegen, da dann eine Investition in das Unternehmen sinnvoller ist als in eine alternative Anlagemöglichkeit am Kapitalmarkt. Hohe Renditen bedeuten eine hohe Verzinsung des Eigenkapitals und motivieren entsprechend die Anteilseigner ihr Kapital im Unternehmen zu belassen. Die Eigenkapitalrentabilität kann folgendermaßen berechnet werden:

Die Eigenkapitalrentabilität als Nach-Steuer-Größe hat die folgende Formel:

$$\text{Eigenkapitalrentabilität}_{\text{nach Steuern}} = \frac{\text{Jahresüberschuss/-fehlbetrag}}{\text{durchschnittliches Eigenkapital}} \times 100$$

$$\text{durchschnittliches Eigenkapital} = \frac{(\text{EK am Anfang des Jahres}) + (\text{EK am Ende des Jahres})}{2}$$

Für die Motoren AG ergibt sich folgende Eigenkapitalrentabilität$_{nach\ Steuern}$:

$$\text{Eigenkapitalrentabilität}_{nach\ Steuern} = \frac{44.600\ T€}{(525.400\ T€ + 490.400\ T€) : 2} \times 100 = 8,78\ \%$$

Die Eigenkapitalrentabilität sollte sich erhöhen, da sie relativ niedrig ist.

Grobe Richtwerte für die Eigenkapitalrentabilität nach Steuern können Sie der folgenden Tabelle entnehmen[1]:

Richtwerte für die Eigenkapitalrentabilität nach Steuern			
	gut	**mittel**	**schlecht**
Industrie (Erzeugung)	> 30 %	> 10—30 %	< 10 %
Gewerbe (Handwerk)	> 30 %	> 10—30 %	< 10 %
Großhandel	> 20 %	> 10—20 %	< 10 %
Einzelhandel	> 30 %	> 10—30 %	< 10 %

Die Eigenkapitalrentabilität als Vor-Steuer-Größe hat die folgende Formel:

$$\text{Eigenkapitalrentabilität}_{vor\ Steuern} = \frac{\text{Jahresüberschuss/-fehlbetrag vor Steuern}}{\text{durchschnittliches Eigenkapital}} \times 100$$

$$\text{Eigenkapitalrentabilität}_{vor\ Steuern} = \frac{61.000\ T€}{(525.400\ T€ + 490.400\ T€) : 2} \times 100 = 12,01\ \%$$

Da das Unternehmen im Geschäftsjahr 02 einen Gewinn erwirtschaftete, ist die Eigenkapitalrentabilität positiv. Die Eigenkapitalrentabilität vor Steuern ist zwar höher als die Eigenkapitalrentabilität nach Steuern, dennoch sollten im Unternehmen Maßnahmen ergriffen werden, um die Eigenkapitalrentabilität zu steigern.

Die Eigenkapitalrentabilität muss im Zusammenhang mit der Eigenkapitalquote, d. h. mit der Kapitalstruktur gesehen werden. Hierbei sind die Leverage-Chance und das Leverage-Risiko abzuschätzen. Eine geringe Eigenkapitalrentabilität bei einer geringen Eigenkapitalquote ist negativ zu beurteilen.

Ein **Ansteigen** der **Eigenkapitalrentabilität** kann folgende Ursachen haben:

- ein Sinken der Fremdkapitalverzinsung,
- eine Verbesserung des Betriebsergebnisses oder
- eine geringere Eigenkapitalquote.

---

[1] Probst, H.-J.: Kennzahlen leicht gemacht, 2006, S. 92.

Umgekehrt kann ein **Sinken** der **Eigenkapitalrentabilität** folgende Ursachen haben:

- Anstieg der Fremdkapitalverzinsung,
- Verschlechterung des Betriebsergebnisses oder
- höhere Eigenkapitalquote.

1.2 Gesamtkapitalrentabilität (Return on Assets, ROA)

Die Gesamtkapitalrentabilität stellt die Verzinsung des Gesamtkapitals, d. h. des Eigen- und des Fremdkapitals dar. Sie stellt dem Ergebnis vor Zinsen das Gesamtkapital gegenüber. Zu diesem Zweck werden die Fremdkapitalzinsen zum Jahresergebnis hinzuaddiert, um eine dem Gesamtkapital inhaltlich entsprechende Erfolgsgröße zu erhalten und um den Vergleich von Unternehmen mit unterschiedlichen Finanzstrukturen zu ermöglichen.

Die Gesamtkapitalrentabilität ist eine Kennzahl, die die Güte des Unternehmens ohne Rücksicht auf die besonderen Interessen der Gesellschafter oder die Kapitalquellen zum Ausdruck bringt. Sie ist eine der bedeutendsten Finanzkennzahlen und zeigt, wie sich das investierte Gesamtkapital verzinst. Die Gesamtkapitalrentabilität kann folgendermaßen berechnet werden:

Zur Berechnung der **Gesamtkapitalrentabilität als Nach-Steuer-Größe** wird folgende Formel verwendet:

$$\text{Gesamtkapitalrentabilität}_{\text{nach Steuern}} = \frac{\text{Jahresüberschuss/-fehlbetrag} + \text{Fremdkapitalzinsen}}{\text{durchschnittliches Gesamtkapital}} \times 100$$

Für die Motoren AG ergibt sich folgendes Ergebnis:

$$\text{Gesamtkapitalrentabilität}_{\text{nach Steuern}} = \frac{(44.600\ T\euro + 24.200\ T\euro)}{(1.266.000\ T\euro + 1.127.600\ T\euro):2} \times 100 = 5,75\ \%$$

Auch die Gesamtkapitalrentabilität nach Steuern ist relativ niedrig. Daher sollte die Gesamtkapitalrentabilität des Unternehmens künftig gesteigert werden.

Grobe Richtwerte für die Gesamtkapitalrentabilität nach Steuern können Sie der folgenden Tabelle entnehmen[2]:

---

[2] Probst, H.-J.: Kennzahlen leicht gemacht, 2006, S. 93.

	gut	mittel	schlecht
Industrie (Erzeugung)	> 12 %	> 8 %	< 8 %
Gewerbe (Handwerk)	> 15 %	> 8 %	< 8 %
Großhandel	> 12 %	> 8 %	< 8 %
Einzelhandel	> 14 %	> 8 %	< 8 %

Die **Gesamtkapitalrentabilität als Vor-Steuer-Größe** kann mit folgenden Formeln berechnet werden:

$$\text{Gesamtkapitalrentabilität}_{\text{vor Steuern}} = \frac{\text{EBIT}}{\text{durchschnittliches Gesamtkapital}} \times 100$$

oder

$$\text{Gesamtkapitalrentabilität}_{\text{vor Steuern}} = \frac{\text{Jahresüberschuss/-fehlbetrag} + \text{EE-Steuern} + \text{Fremdkapitalzinsen}}{\text{durchschnittliches Gesamtkapital}} \times 100$$

Die EE-Steuern (Steuern von Einkommen und Ertrag) stellen die Ertragsteuern (Einkommensteuer oder Körperschaftssteuer und Gewerbesteuer) dar. Dazu gehören nicht die „sonstigen Steuern" (z. B. Grundsteuer, Kfz-Steuer), dies sind sogenannte Kostensteuern, die den zu versteuernden Gewinn mindern.

Die Gesamtrentabilität vor Steuern der Motoren AG beträgt:

$$\text{Gesamtkapitalrentabilität}_{\text{vor Steuern}} = \frac{(61.000 \text{ T€} + 24.200 \text{ T€})}{(1.266.000 \text{ T€} + 1.127.600 \text{ T€}) : 2} \times 100 = 7{,}12 \text{ \%}$$

Die Gesamtkapitalrentabilität vor Steuern ist zwar höher als nach Steuern, aber ebenfalls relativ niedrig.

Die Kennzahl der Gesamtkapitalrendite gibt die Verzinsung des insgesamt in einem Unternehmen eingesetzten Kapitals an. Sie eliminiert damit den Einfluss voneinander abweichender Kapitalstrukturen, die das Ergebnis der unterschiedlichen von den Unternehmen gewählten Finanzierungsformen sind.

1.3 Return on Investment (ROI)

Beim ROI wird das Betriebsergebnis einer Periode dem betriebsnotwendigen Vermögen gegenübergestellt. Er trifft damit eine Aussage darüber, wie sich das betriebsnotwendige Vermögen im Laufe eines Geschäftsjahres verzinst hat.

Finanzcontrolling und Finanzanalyse

Der ROI wird nach folgender Formel ermittelt.

ROI = Umsatzrentabilität x Umschlagshäufigkeit

$$\text{Umsatzrentabilität} = \frac{\text{Betriebsergebnis}}{\text{Umsatzerlöse}}$$

$$\text{Umschlagshäufigkeit} = \frac{\text{Umsatzerlöse}}{\text{betriebsnotwendiges Vermögen}}$$

$$\text{ROI} = \text{Umsatzrentabilität} \times \text{Umschlagshäufigkeit} = \frac{\text{Betriebsergebnis}}{\text{betriebsnotwendiges Vermögen}} \times 100$$

Das betriebsnotwendige Vermögen der Motoren AG wird wie folgt ermittelt[3]:

Gesamtvermögen (Bilanzsumme)	1.127.600
— Finanzanlagen	181.900
— Wertpapiere des Umlaufvermögens	0
— sonstige Vermögensgegenstände	0
— Deckungsvermögen (Planvermögen)[4]	0
= betriebsnotwendiges Vermögen	**945.700**

$$\text{ROI} = \frac{\text{Betriebsergebnis}}{\text{betriebsnotwendiges Vermögen}} \times 100 = \frac{70.700\ \text{T€}}{945.700\ \text{T€}} \times 100 = 7,48\ \%$$

Der ROI ist positiv, aber relativ niedrig.

Der folgende Ausschnitt des Du-Pont Kennzahlenschemas veranschaulicht die Berechnung des ROI:

[3] Vgl. Bitz, M. et al.: Der Jahresabschluss, 2011, S. 644.

[4] Beim Planvermögen bzw. Deckungsvermögen handelt es sich um Vermögensgegenstände, die ausschließlich dazu dienen, bestehende Altersversorgungsverpflichtungen des Bilanzierenden zu erfüllen.

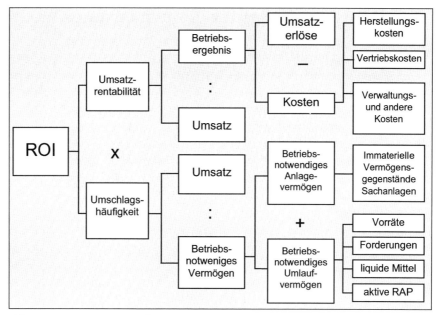

Abb. 99: Return on Investment[5]

Wie sich in der oben dargestellten Formel bereits gezeigt hat, kann der ROI in die Faktoren **Umsatzrentabilität** und **Umschlagshäufigkeit** aufgespalten werden. Der ROI kann entweder durch eine Erhöhung der Umsatzrentabilität oder durch eine Steigerung der Umschlagshäufigkeit verbessert werden. Der Möglichkeit, den ROI durch eine Erhöhung der Umschlagshäufigkeit zu verbessern, ist man sich in der Praxis oftmals zu wenig bewusst.[6]

Die Umschlagshäufigkeit, als Quotient aus Umsatz und betriebsnotwendigem Vermögen, zeigt, wie stark das investierte Kapital genutzt wird. Ein Unternehmen arbeitet umso rentabler, je höher die Umschlagshäufigkeit ist.

Sowohl die Umschlagshäufigkeit als auch die Umsatzrentabilität sind stark von der Branche eines Unternehmens abhängig. So haben bspw. Produktionsunternehmen aufgrund der hohen Anlagenintensität i. d. R. eine niedrigere Umschlagshäufigkeit, was sie aber durch eine höhere Umsatzrentabilität kompensieren. Bei Handelsunternehmen verhalten sich diese Größen gerade umgekehrt.

---

[5] In Anlehnung an Endriss (Hrsg.): Bilanzbuchhalter-Handbuch, 2011, S. 693.

[6] Vgl. Siegwart, H. et al.: Kennzahlen für die Unternehmensführung, 2010, S. 65 f.

1.4 Umsatzrentabilität (Return on Sales, ROS)

Die Umsatzrentabilität stellt die Verzinsung des Umsatzes im Unternehmen dar. Diese Kennzahl lässt erkennen, wie rentabel ein Unternehmen in Bezug auf den Umsatz gearbeitet hat. Sie gilt als Maß für die Effizienz eines Unternehmens im Hinblick auf seinen eigentlichen Betriebszweck. Die Umsatzrentabilität nach Steuern kann folgendermaßen berechnet werden:

Die Umsatzrentabilität als Nach-Steuer-Größe hat die folgende Formel:

$$\text{Umsatzrentabilität}_{\text{nach Steuern}} = \frac{\text{Jahresergebnis nach Steuern}}{\text{Umsatzerlöse}} \times 100$$

Für die Motoren AG ergibt sich folgende Umsatzrentabilität nach Steuern:

$$\text{Umsatzrentabilität}_{\text{nach Steuern}} = \frac{44.600\,\text{T€}}{1.487.000\,\text{T€}} \times 100 = 3,00\,\%$$

Wie schon die anderen Renditekennzahlen der Motoren AG, ist auch die Umsatzrentabilität nicht besonders hoch.

Grobe Richtwerte für die Umsatzrentabilität nach Steuern können Sie der folgenden Tabelle entnehmen[7]:

	gut	mittel	schlecht
Industrie (Erzeugung)	> 5 %	1—5 %	< 1 %
Gewerbe (Handwerk)	> 5 %	1—5 %	< 1 %
Großhandel	> 5 %	1—5 %	< 1 %
Einzelhandel	> 5 %	1—5 %	< 1 %

Das Jahresergebnis nach Steuern berechnen Sie, indem Sie zum Jahresüberschuss die EE-Steuern[8] hinzuaddieren.

Die Umsatzrentabilität als Vor-Steuer-Größe hat die folgende Formel:

$$\text{Umsatzrentabilität}_{\text{vor Steuern}} = \frac{\text{Jahresergebnis vor Steuern}}{\text{Umsatzerlöse}} \times 100$$

---

[7] Probst, H.-J.: Kennzahlen leicht gemacht, 2006, S. 93.

[8] EE-Steuern = Steuern vom Einkommen und Ertrag.

Für die Motoren AG ergibt sich folgendes Ergebnis:

$$\text{Umsatzrentabilität}_{\text{vor Steuern}} = \frac{61.000\,\text{T€}}{1.487.000\,\text{T€}} \times 100 = 4{,}10\,\%$$

Die Umsatzrentabilität ist zwar positiv, aber ebenfalls relativ gering. Daher sollte das Unternehmen Restrukturierungsmaßnahmen einleiten, damit auch zukünftig der Unternehmenserfolg gewährleistet ist.

Da die Umsatzrentabilität zeigt, ob sich die Geschäftstätigkeit lohnt, gilt diese Kennzahl auch als mögliche Steuergröße für die zukünftige Ausrichtung der Geschäftstätigkeit.

2 Liquidität

Die **Liquidität** lässt sich definieren als „die Fähigkeit des Unternehmens, die zu einem bestimmten Zeitpunkt zwingend fälligen Zahlungsverpflichtungen uneingeschränkt erfüllen zu können".[9] Bei der **Liquidität** unterscheidet man zwischen der **absoluten** und der **relativen Liquidität**.

2.1 Absolute Liquidität

Die absolute Liquidität beschreibt die Eigenschaft von Vermögenswerten, als Zahlungsmittel verwendet oder in Zahlungsmittel umgewandelt zu werden. „Danach wird einem Vermögensgegenstand eine umso höhere Liquidität zugesprochen, je rascher er sich in Zahlungsmittel umwandeln lässt."[10] Die Liquidität auf mittlere Sicht wird durch die Kennzahl **Working Capital** abgebildet.

2.2 Working Capital

Das Working Capital dient der Liquiditätsanalyse. Diese Kennzahl zeigt den theoretischen Überschuss an liquiden Mitteln, der bleiben würde, wenn man das Umlaufvermögen verkauften würde, um damit die kurzfristigen Schulden zu bezahlen.

Die Kennzahl ist ein Indikator für die Finanzkraft eines Unternehmens und sollte deshalb möglichst positiv sein. Das Ergebnis wird nicht wie bei den Liquiditätsgraden als Prozentsatz, sondern als absoluter Wert ausgedrückt.

Ein hohes Working Capital signalisiert, dass das gesamte Anlagevermögen und Teile des Umlaufvermögens durch langfristiges Kapital finanziert sind und die Goldene Bilanzregel somit eingehalten wird. Ist das Working Capital kleiner null, so steigt die Gefahr einer Illiquidität, da das Umlaufvermögen nicht ausreicht, um das kurzfristige Fremdkapital zu decken. Die Kennzahl sollte möglichst 30 bis 50 % vom

---

[9] Schäfer, H.: Unternehmensfinanzen, 2002, S. 32.

[10] Olfert, K. und Reichel, C.: Finanzierung, 2011, S. 46.

Umlaufvermögen betragen, damit die Liquidität sowie die Beweglichkeit des Unternehmens gesichert sind.

Ein negatives Ergebnis würde bedeuten, dass das Umlaufvermögen nicht ausreichend ist, um die gesamten kurzfristigen Verbindlichkeiten zu decken. Ein Teil des Anlagevermögens wäre in einem solchen Fall kurzfristig finanziert. Das Unternehmen könnte somit in naher Zukunft in Liquiditätsschwierigkeiten geraten.

Je höher das Working Capital ist, desto gesicherter ist die Liquidität und damit auch die finanzielle Beweglichkeit des Unternehmens. Das Unternehmen wird mit einem hohen Working Capital beim Rating besser eingestuft, da die Finanzierung solide ist. Das Working Capital wird wie folgt berechnet:

Working Capital = Umlaufvermögen - kurzfristiges Fremdkapital

Für die Motoren AG ergibt sich folgendes Ergebnis:
Working Capital = 641.400 T€ - (149.700 T€ + 40.600 T€ + 2.000 T€ + 124.600 T€)
Working Capital = 324.500 T€

Da das Working Capital positiv ist und mehr als 50 % vom Umlaufvermögen beträgt, ist das Unternehmen sehr gut finanziert.

2.3   Relative Liquidität – Liquiditätsgrade

Im Rahmen der bestandsorientierten Liquiditätsanalyse werden zur Analyse der kurzfristigen Liquiditätssituation Teile des Umlaufvermögens den kurzfristigen Zahlungsverpflichtungen gegenübergestellt. Auf diese Weise werden die sogenannten Liquiditätsgrade ermittelt.

Damit das finanzielle Gleichgewicht gewahrt bleibt, ist eine dauernde Überwachung der Liquidität erforderlich. Auch für Unternehmensexterne (z. B. Kreditgeber) ist die Entwicklung der Liquidität von Interesse. Informationen hierüber können aus den Jahresabschlüssen entnommen werden, indem sie in Form von **Liquiditätskennzahlen** bzw. **Liquiditätsgraden** das kurzfristige Fremdkapital bestimmten Vermögenspositionen gegenüberstellen. Damit die Kennzahlen aussagekräftig sind, sollten mindestens zwei bis drei aufeinanderfolgende Jahre analysiert werden.

2.3.1 Liquidität 1. Grades (Cash Ratio)

Die Liquidität 1. Grades bewertet die Zahlungsfähigkeit eines Unternehmens indem sie angibt, welchen Anteil die flüssigen Mittel am kurzfristigen Fremdkapital haben. Anders ausgedrückt: Diese Kennzahl beantwortet die Frage, wie viel Prozent der kurzfristigen Schulden sofort aus der verfügbaren Liquidität bedient werden können. Die Liquidität 1. Grades wird auch als **Barliquidität** bezeichnet.

Die Liquidität 1. Grades wird wie folgt berechnet:

$$\text{Liquidität 1. Grades} = \frac{\text{liquide Mittel}}{\text{kurzfristiges Fremdkapital}} \times 100$$

Ermittlung des kurzfristigen Fremdkapitals der Motoren AG	
Steuerrückstellungen	2.000 T€
+ sonstige Rückstellungen (bis zu einem Jahr)	+124.600 T€
+ Verbindlichkeiten mit einer Restlaufzeit bis 1 Jahr	+ 149.700 T€
+ Verbindlichkeiten gegenüber Kreditinstituten (kurzfristig)	+ 40.600 T€
= kurzfristiges Fremdkapital	**= 316.900 T€**

Für die Motoren AG ergibt sich damit folgendes Ergebnis:

$$\text{Liquidität 1. Grades} = \frac{200.200 \text{ T€}}{(149.700 \text{ T€} + 40.600 \text{ T€} + 2.000 \text{ T€} + 124.600 \text{ T€})} \times 100 = 63,17\,\%$$

Die Kennzahl besagt, dass 63,17 % des kurzfristigen Fremdkapitals sofort aus verfügbarer Liquidität bedient werden können. Dies ist ein sehr guter Wert.

Zu den liquiden Mitteln zählen die flüssigen Mittel (Kassenbestand, die kurzfristigen Bankguthaben, Scheckbestände) und die sofort veräußerbaren Wertpapiere. Nach der „one to five rule" sollten die liquiden Mittel mindestens 20 % des kurzfristigen Fremdkapitals ausmachen.

2.3.2 Liquidität 2. Grades (Quick Ratio)

Die Liquidität 2.Grades ist die wichtigste Liquiditätskennzahl. Sie zeigt, ob das monetäre Umlaufvermögen (liquide Mittel + kurzfristige Forderungen) das kurzfristige Fremdkapital deckt. Im Zähler werden zu den liquiden Mitteln (inklusiv der kurzfristigen Wertpapiere) die kurzfristigen Forderungen hinzugezählt. Dies stellt das monetäre Umlaufvermögen dar. Die Forderungen können kurzfristig in liquide Mittel umgewandelt werden, allerdings sind sie nicht hundertprozentig sicher. Die

Liquidität 2. Grades sollte zwischen 100 % bis 120 % liegen und die 50 % nicht unterschreiten. Eine Liquidität unter 100 % könnte ein Indiz auf Absatzprobleme bzw. einen zu hohen Lagerbestand sein.

$$\text{Liquidität 2. Grades} = \frac{\text{liquide Mittel} + \text{kurzfristige Forderungen}}{\text{kurzfristiges Fremdkapital}} \times 100$$

Die Motoren AG verfügt über folgende Liquidität 2. Grades:

$$\text{Liquidität 2. Grades} = \frac{(200.200 \text{ T€} + 216.000 \text{ T€})}{(2.000 \text{ T€} + 124.600 \text{ T€} + 149.700 \text{ T€} + 40.600 \text{ T€})} \times 100 = 131,33 \text{ \%}$$

Der Quotient aus dem monetärem Umlaufvermögen und den kurzfristigen Verbindlichkeiten ergibt eine Liquidität 2. Grades von 131,33 %. Das bedeutet, dass bei der Motoren AG das kurzfristige Fremdkapital bei Fälligkeit sofort bedient werden und sogar ein Teil zur Tilgung des langfristigen Fremdkapitals verwendet werden könnte.

2.3.3 Liquidität 3. Grades (Current Ratio)

Die Liquidität 3. Grades wird auch als **Working Capital Ratio** bezeichnet. Sie stellt die Liquidität auf mittlere Sicht dar und gibt das Verhältnis des kurzfristigen Umlaufvermögens zum kurzfristigen Fremdkapital eines Unternehmens an. Die Liquidität 3. Grades sollte mindestens 120 bis 200 % betragen.

Ist sie kleiner als 100 %, dann wird ein Teil der kurzfristigen Verbindlichkeiten nicht durch das Umlaufvermögen gedeckt, d. h., es müsste im Extremfall Anlagevermögen zur Deckung der kurzfristigen Schulden verkauft werden und das Unternehmen hätte ernsthafte Zahlungsschwierigkeiten.

$$\text{Liquidität 3. Grades} = \frac{\text{kurzfristiges Umlaufvermögen}}{\text{kurzfristiges Fremdkapital}} \times 100$$

Die Motoren AG verfügt über folgende Liquidität 3. Grades:

$$\text{Liquidität 3. Grades} = \frac{416.200 \text{ T€} + 204.000 \text{ T€}}{(2.000 \text{ T€} + 124.600 \text{ T€} + 149.700 \text{ T€} + 40.600 \text{ T€})} \times 100 = 195,77 \text{ \%}$$

Es ergibt sich eine Liquidität 3. Grades von 195,77 %. Auch die Liquidität 3. Grades ist ausgezeichnet.

2.4 Gearing

Um die finanzielle Stabilität eines Unternehmens beurteilen zu können, ist das Gearing eine wichtige Kennzahl. Als Gearing bezeichnet man das Verhältnis von Nettofinanzverbindlichkeiten (Finanzverbindlichkeiten minus liquide Mittel) zu Eigenkapital. Das Gearing ist ein Indikator für die Verschuldung eines Unternehmens. Diese Kennzahl informiert über das Risiko, das von Eigentümern und Kreditoren eingegangen worden ist, und zeigt den Spielraum für eine mögliche Aufnahme von neuen Schulden an.

Je niedriger das Gearing, desto geringer ist die tatsächliche Verschuldung des Unternehmens. Wenn ein Unternehmen über mehr finanzielle Mittel als Finanzverbindlichkeiten verfügt, so ist das Gearing in diesem Fall negativ. Ein Gearing von 10 bis 20 % ist unter Rendite- und Risiko-Gesichtspunkten als ideal anzusehen, da nicht zu viele liquide Mittel gebunden sind. Auch ein Gearing zwischen 20 bis 50 % ist als gut einzustufen. Kritisch ist die finanzielle Situation eines Unternehmens ab einem Gearing von 70 %, Bei einem Gearing von über 100 %, übersteigen die Nettofinanzschulden das Eigenkapital, was äußerst kritisch ist. Das Unternehmen sollte in einem solchen Fall über eine Kapitalerhöhung nachdenken.[11]

Je höher das Gearing ist, desto größer ist also das Risiko, dass das Unternehmen in eine finanzielle Schieflage kommt. Zudem ist ein Unternehmen z. B. umso mehr von seinen Fremdkapitalgebern abhängig, je höher das Gearing ist — und es ist auch umso schwieriger, weiteres Fremdkapital aufzunehmen. Eine steigende Verschuldung ist in der Regel auch mit steigenden Fremdkapitalzinsen verbunden. Andererseits sollte berücksichtigt werden, dass sich ein zu niedriges Gearing negativ auf die Eigenkapitalrentabilität eines Unternehmens auswirken kann, da das Eigenkapital in der Regel höher verzinst sein sollte als das Fremdkapital.

$$\text{Gearing} = \frac{\text{Finanzverbindlichkeiten - liquide Mittel}}{\text{Eigenkapital}} \times 100$$

Die verzinslichen Anteile des Fremdkapitals werden auch als Finanzverbindlichkeiten bezeichnet. Die Finanzverbindlichkeiten (verzinsliches Fremdkapital) der Motoren AG des Geschäftsjahres 02 können wie folgt berechnet werden[12]:

---

[11] Vgl. Schmidlin, N.: Unternehmensbewertung und Kennzahlenanalyse, 2011, S. 68.

[12] Schierenbeck, H. u. Wöhle, C.: Grundzüge der Betriebswirtschaftslehre, 2008, S. 766.

Finanzverbindlichkeiten	
Anleihe	168.300 T€
+ Verbindlichkeiten gegenüber Kreditinstituten	+ 40.600 T€
+ Akzeptverbindlichkeiten (Wechselverbindlichkeiten)	0 T€
+ in den restlichen Schulden enthaltene verzinsliche Anteile (gewöhnlich ohne Pensionsrückstellungen)	0 T€
= Finanzverbindlichkeiten	= 208.900 T€

Das Gearing der Motoren AG weist folgenden Wert auf:

$$\text{Gearing} = \frac{(168.300 \text{ T€} + 40.600 \text{ T€}) - 200.200 \text{ T€}}{490.400 \text{ T€}} \times 100 = 1{,}77 \,\%$$

Die Abhängigkeit des Unternehmens von der Fremdfinanzierung ist sehr gering, da das Gearing sehr niedrig ist. Dies ist sehr positiv zu bewerten.

Die Aussagefähigkeit der Liquiditätsgrade ist begrenzt, da nur die Verhältnisse am Bilanzstichtag dargestellt sind. Es werden lediglich durchschnittliche Deckungsverhältnisse gezeigt, es wird nicht auf die exakte Fälligkeit von Forderungen oder Verbindlichkeiten eingegangen.

Ein weiterer Nachteil der Liquiditätsgrade liegt darin, dass nur die bilanzierten Zahlungsverpflichtungen berücksichtigt werden. Auszahlungen wie bspw. Miete, Leasingraten oder Löhne werden nicht in die Berechnung miteinbezogen. Aus einer Bilanz ist zudem auch nicht ersichtlich, ob kurzfristige Kredite oder die Ausschöpfung von Kreditlinien bei Zahlungsengpässen in Anspruch genommen werden können.[13]

---

[13] Vgl. Wöltje, J.: Investitions- und Finanzmanagement, 2002, S. 169.

3 Cashflow-Kennzahlen

Der Cashflow gilt als eine der wichtigsten finanzwirtschaftlichen Kennzahlen. Als Cashflow wird der uneingeschränkt für Finanzierungszwecke zur Verfügung stehende finanzwirtschaftliche Einzahlungsüberschuss einer Periode angesehen. Der Cashflow dient in erster Linie als Maßstab der Innenfinanzierungskraft eines Unternehmens. Er zeigt, ob ein Unternehmen die finanziellen Mittel, die es für Investitionen, Schuldentilgung und Dividendenzahlungen benötigt, aus eigener Kraft, d. h. aus der **laufenden Geschäftstätigkeit**, erwirtschaften kann. Der Cashflow gilt auch als Maßstab für die Wachstumskraft eines Unternehmens. Deshalb wird der Cashflow gerne von externen Analysten zur Beurteilung der Kreditwürdigkeit herangezogen. Er kann direkt oder indirekt ermittelt werden.

Da die Cashflowrechnung nur unzureichend standardisiert ist, haben sich im Laufe der Zeit verschiedene Berechnungsmethoden für den Cashflow und damit zum Teil auch unterschiedliche Fassungen der Kennzahl entwickelt.

Die Cashflowrechnung oder Kapitalflussrechnung nach DRS[14] 2 ist in drei Abschnitte gegliedert:

- Cashflow aus laufender Geschäftstätigkeit
- Cashflow aus Investitionstätigkeit und
- Cashflow aus Finanzierungstätigkeit

Da nicht alle Unternehmen eine Kapitalflussrechnung aufstellen müssen, wird im Folgenden beschrieben, wie man den Cashflow ohne Kapitalflussrechnung ermitteln kann.

---

[14] DRS = Deutscher Rechnungslegungsstandard

3.1　Ermittlung des Cashflows

Direkte Methode der Cashflow-Ermittlung

Bei der direkten Methode wird der Cashflow unmittelbar als Differenz zwischen den einzahlungswirksamen Erträgen eines Unternehmens und dessen auszahlungswirksamen Aufwendungen der relevanten Abrechnungsperiode gebildet und ist somit wie folgt definiert:

	einzahlungswirksame Erträge
—	auszahlungswirksame Aufwendungen
=	**Cashflow**

Indirekte Methode der Cashflow-Ermittlung

Bei der indirekten Methode wird der in der GuV-Rechnung ausgewiesene Jahresüberschuss/-fehlbetrag um bestimmte, in ihm enthaltene, einzahlungs- bzw. auszahlungsunwirksame Erfolgsgrößen bereinigt. Dabei ist das Jahresergebnis um alle nicht auszahlungswirksamen Aufwendungen, die das Jahresergebnis gemindert haben, zu erhöhen und um alle nicht einzahlungswirksamen Erträge, die das Jahresergebnis erhöht haben, zu mindern.

	Jahresüberschuss bzw. Jahresfehlbetrag
—	einzahlungsunwirksame Erträge
+	auszahlungsunwirksame Aufwendungen
=	**Cashflow**

Praktikermethode der Cashflow-Ermittlung

Der Cashflow nach der Praktikermethode (das ist die häufigste Berechnungsform) setzt sich aus dem Jahresüberschuss/-fehlbetrag, den Abschreibungen/Zuschreibungen auf Anlagen und den Veränderungen der Rückstellungen zusammen.

Bei der Berechnung des Cashflows wird vom Gewinn (Verlust) laut GuV-Rechnung ausgegangen. Hierfür wird folgendes Ermittlungsschema verwendet:

Jahresüberschuss/-fehlbetrag
+ Abschreibungen auf das Anlagevermögen
+ außerplanmäßige Abschreibungen/Wertminderungsaufwendungen
− Zuschreibungen auf Anlagevermögen/Wertaufholungen
+ Zuführung langfristiger Rückstellungen (vor allem Pensionsrückstellungen)
− Auflösung langfristiger Rückstellungen (vor allem Pensionsrückstellungen)
+/− andere nicht zahlungswirksame Aufwendungen/Erträge von wesentlicher Bedeutung
= Cashflow (nach der Praktikermethode)

Die Berechnung des Cashflows der Motoren AG führt zu folgendem Ergebnis:

Berechnung des Cashflows nach der Praktikermethode	
Jahresüberschuss/-fehlbetrag	44.600 T€
+ Abschreibungen auf das Anlagevermögen	+ 61.000 T€
+ außerplanmäßige Abschreibung Wertminderungsaufwendungen	0 T€
− Zuschreibung auf Anlagevermögen/Wertaufholungen	0 T€
+ Zuführung langfristiger Rückstellungen (Pensionsrückstellungen)	0 T€
− Auflösung langfristiger Rückstellungen (Pensionsrückstellungen)	− 8.000 T€
= Cashflow (nach der Praktikermethode)	**= 97.600 T€**

Ermittlung der Zuführung/Auflösung der langfristigen Rückstellungen:

Auflösung langfristiger Rückstellungen (Pensionsrückstellungen):
160.000 T€ − 152.000 T€ = 8.000 T€

Dadurch, dass nur zahlungswirksame Vorgänge berücksichtigt werden, können bilanzpolitische Gestaltungsmaßnahmen, denen keine zahlungswirksamen Aufwendungen und Erträge unterliegen, neutralisiert werden.

3.2 Schuldentilgungsdauer (dynamischer Verschuldungsgrad)

Der dynamische Verschuldungsgrad (Schuldentilgungsdauer) gibt Auskunft über die Verschuldungskapazität und die Schuldentilgungskraft eines Unternehmens. Er zeigt, wie lange (wie viele Jahre) ein Unternehmen theoretisch brauchen würde, um seine Effektivverschuldung mittels des selbst erwirtschafteten Cashflows aus laufender Geschäftstätigkeit in voller Höhe zurückzuzahlen. Dies jedoch nur unter der Annahme, dass der gesamte Cashflow eines Jahres zur Schuldentilgung verwendet werden würde. Das heißt, dass während dieser Zeit keine Investitionen und Gewinnausschüttungen getätigt werden dürften.

$$\text{Dynamischer Verschuldungsgrad} = \frac{\text{Effektivverschuldung}}{\text{Cashflow}}$$

Effektivverschuldung

Die Effektivverschuldung wird gemäß Baetge nach folgendem Schema berechnet[15]:

Verbindlichkeiten
+ Rückstellungen
— Wertpapiere des Umlaufvermögens
— Kassenbestand, Guthaben bei Kreditinstituten, Schecks
= **Effektivverschuldung**

Berechnung der Effektivverschuldung der Motoren AG:

Verbindlichkeiten	358.600 T€
+ Rückstellungen	+278.600 T€
— Wertpapiere des UV (keine vorhanden)	-0 T€
— flüssige Mittel	-200.200 T€
= **Effektivverschuldung**	**= 437.000 T€**

$$\text{Schuldentigungsdauer (Dyn. Verschuldungsgrad)} = \frac{437.000 \text{ T€}}{97.600 \text{ T€}} = 4{,}48 \text{ Jahre}$$

Es würde ca. 4,5 Jahre dauern, bis das Unternehmen seine Schulden getilgt hätte, wenn der gesamte Cashflow nur für die Schuldentilgung eingesetzt werden würde. Dies ist ein guter Wert.

Erfolgreiche Unternehmen weisen folgende Schuldentilgungsdauer aus[16]:

- Industrie (Erzeugung):   ≤ 5 Jahre   ≤ 3 Jahre
- Gewerbe (Handel):   ≤ 5 Jahre   ≤ 3 Jahre

---

[15] Baetge, Kirsch, Thiele: Bilanzanalyse, 2004, S. 275.

[16] Kralicek, P. et al.: Kennzahlen für Geschäftsführer, 2008, S. 111.

- Großhandel: ≤ 6 Jahre   ≤ 3 Jahre
- Einzelhandel: ≤ 7 Jahre   ≤ 3 Jahre

Je kleiner der dynamische Verschuldungsgrad ist, desto schneller können die Schulden aus Mitteln getilgt werden, die im eigenen Umsatzprozess erwirtschaftet wurden. Ein geringer Wert des dynamischen Verschuldungsgrades ist ein positives Zeichen für die finanzielle Stabilität eines Unternehmens. Umso kürzer die Schuldentilgungsdauer ist, desto kreditwürdiger ist ein Unternehmen. Ein zunehmender Verschuldungsgrad ist ein Indikator für eine nachlassende Verschuldungsfähigkeit.

3.3 Innenfinanzierungsgrad der Investitionen

Die Kennzahl des Innenfinanzierungsgrades gibt Auskunft darüber, inwieweit ein Unternehmen Neuinvestitionen aus eigener Kraft finanzieren kann. Gemäß der Formel wird der Cashflow zu den Zugängen des langfristigen Vermögens in Beziehung gesetzt. Das stellt implizit die Prämisse auf, dass der Cashflow ausschließlich für diese Neuinvestitionen verwendet wird, d. h., dass keine Schulden getilgt oder Gewinne ausgeschüttet werden. Je höher der Prozentsatz des Innenfinanzierungsgrades ist, desto unabhängiger sind die Investitionen von einer Außenfinanzierung.

$$\text{Innenfinanzierungsgrad} = \frac{\text{Cashflow}}{\text{Nettoinvestitionen in Anlagevermögen}} \times 100$$

Wie können Sie die Nettoinvestitionen des Anlagevermögens ermitteln?

Die Nettoinvestitionen lassen sich aus Vereinfachungsgründen unter Vernachlässigung von Umbuchungen, Zuschreibungen, Währungsumrechnungs- und Konsolidierungseffekten mittels folgender einfachen Bestimmungsgleichung ermitteln:

Bilanzendbestand zu Restbuchwerten	486.200 T€
— Bilanzanfangsbestand zu Restbuchwerten	— 491.600 T€
+ Abschreibungen des Geschäftsjahres	+ 61.000 T€
= Nettoinvestitionen des Anlagevermögens	**= 55.600 T€**

Für die Motoren AG ergibt sich das folgende Ergebnis:

$$\text{Innenfinanzierungsgrad} = \frac{97.600 \text{ T€}}{55.600 \text{ T€}} \times 100 = 175,54\,\%$$

Wenn die Kennzahl größer 100 % ist, hat der Cashflow ausgereicht, um die Investitionen zu finanzieren. Je größer der Prozentsatz, desto größer ist die Unabhängigkeit von Außenfinanzierungsmaßnahmen. Im Geschäftsjahr 02 hat demnach der Cashflow für die Nettoinvestitionen sehr gut ausgereicht.

3.4 Cash-Burn-Rate

Die „Cash-Burn-Rate" wird häufig mit Start-up-Unternehmen in Verbindung gebracht, also mit Unternehmen der New Economy, die bei einem sehr hohen Risiko dem Investor überdurchschnittlich hohe Gewinnchancen bieten. Die Cash-Burn-Rate (auch Geldverbrennungsrate genannt) zeigt die Geschwindigkeit an, mit der sich die finanziellen Mittel eines Unternehmens verringern. In der Anfangsphase hat ein Start-up in der Regel hohe laufende fixe und variable Kosten (z. B. Marketingausgaben für die Bekanntmachung, Personalkosten, Kosten für die Geschäftsausstattung, etc.), obwohl wenig Umsatz gemacht wird und praktisch kein Gewinn vorhanden ist.

Mithilfe der Cash-Burn-Rate kann man ermitteln, wie lange es dauert, bis bei einem Unternehmen die finanziellen Mittel aufgebraucht sind, wenn es in gleicher Art und Weise wie bisher das Geld „verbrennt". Der Bemessenszeitraum für eine Burn-Rate schwankt zwischen einem Monat und einem Jahr.[17]

$$\text{Cash Burn Rate} = \frac{\text{liquide Mittel} + \text{geldnahe Mittel}}{\text{negativen Cashflow}}$$

Die **Cash-Burn-Rate** lässt sich nicht berechnen, wenn der Cashflow des Unternehmens positiv ist.

Die Cash-Burn-Rate ermittelt die Überlebensfähigkeit eines Unternehmens, indem sie die Zeitdauer aufzeigt, in der die von Eigen- und Fremdkapitalgebern zur Verfügung gestellten Investitionsmittel durch die zunächst negativen Cashflows verbraucht würden.[18]

---

[17] http://www.boersenverlag.de/wissen/lexikon.php3?start=c&id=2162

[18] Coenenberg, A.-G. et al.: Jahresabschluss und Jahresabschlussanalyse, 2012, S. 1092.

4 Analyse der Kapitalstruktur

Die Analyse der Kapitalstruktur liefert Informationen über die Herkunft und Zusammensetzung des dem Unternehmen zur Verfügung stehenden Kapitals. Ein Schwerpunkt der Analyse stellt das Verhältnis von Eigenkapital zu Fremd- und Gesamtkapital dar. Ferner wird die Fristigkeit des Kapitals untersucht.

4.1 Eigenkapitalquote (Equity Ratio)

Die Eigenkapitalquote stellt das Verhältnis von Eigenkapital zum Gesamtkapital dar. Das Eigenkapital steht dem Unternehmen dauerhaft zur Verfügung. Deshalb gilt: Je höher die Eigenkapitalquote ist, desto höher sind die finanzielle Stabilität und die Kreditwürdigkeit des Unternehmens. Die finanzielle Stabilität kann außerdem die Unabhängigkeit von Fremdkapitalgebern und die Zahlungsfähigkeit gegenüber anderen Instanzen sichern.[19]

Die Eigenkapitalquote ist ein Maß für die Sicherheit. Eine solide Eigenkapitalbasis ist die beste Garantie für das Überleben eines Unternehmens, z. B. bei einer Rezession. Je höher die Eigenkapitalquote ist, desto geringer werden die Belastung mit Fremdkapitalzinsen und der Liquiditätsabfluss durch Kredittilgungen ausfallen. Eine hohe Eigenkapitalquote verschafft dem Unternehmen ein hohes Maß an Sicherheit und Handlungsfreiheit.

Das Eigenkapital hat die Funktion eines Risikopolsters, da Verluste das Eigenkapital schmälern. Beim Rating eines Unternehmens wird der Eigenkapitalquote eine hohe Bedeutung beigemessen, da Unternehmen mit einer hohen Eigenkapitalquote in der Regel krisenfester sind und somit eine Unternehmenskrise besser überstehen können, da sie eventuelle Verluste auffangen können.

$$\text{Eigenkapitalquote} = \frac{\text{Eigenkapital}}{\text{Gesamtkapital}} \times 100$$

Die Motoren AG verfügt über folgende Eigenkapitalquote:

$$\text{Eigenkapitalquote} = \frac{490.400 \ T€}{1.127.600 \ T€} \times 100 = 43,49 \ \%$$

---

[19] Vgl. Küting, K. u. Weber, C. P.: Die Bilanzanalyse, 2006, S. 134 f.

Die Eigenkapitalquote des Unternehmens ist unabhängig von der Branche als sehr gut zu beurteilen.

Auch die Eigenkapitalquote sollte immer im Branchenvergleich betrachtet werden. Dabei gilt, Branchen mit niedriger Anlagenintensität benötigen weniger Eigenkapital. Die folgende Tabelle liefert grobe Richtwerte für die Eigenkapitalquote[20]:

	gut	mittel	schlecht
Industrie (Erzeugung)	> 20 %	> 10 %	< 10 %
Gewerbe (Handwerk)	> 15 %	> 10 %	< 10 %
Großhandel	> 15 %	> 10 %	< 10 %
Einzelhandel	> 10 %	< 10 %	< 7 %

Erfolgreiche Unternehmen weisen folgende Eigenkapitalquoten aus[21]:

- Industrie (Erzeugung):   ≥ 20 %   > 35 %
- Gewerbe (Handel):   ≥ 15 %   > 30 %
- Großhandel: ≥ 15 %   > 30 %
- Einzelhandel: ≥ 10 %   > 20 %

Die Eigenkapitalquote sollte immer im Zusammenhang mit der Eigenkapitalrentabilität interpretiert werden. Eine hohe Eigenkapitalquote bei einer geringen Eigenkapitalrentabilität bedeutet eine Überbetonung des Ziels „Sicherung der Liquidität". Es könnte auch ein Hinweis auf nicht genutzte Wachstumschancen sein, weil aus Angst vor einer Kreditaufnahme fremdfinanzierte Erweiterungsinvestitionen unterlassen werden.

Eine hohe Eigenkapitalquote bewirkt, dass der Nenner in der Formel für die Eigenkapitalrentabilität (Gewinn ÷ Eigenkapital) größer wird. Weil der Nenner größer wird, ist die Eigenkapitalrendite bei solide finanzierten Unternehmen tendenziell niedriger, als bei Unternehmen mit einer niedrigeren Eigenkapitalquote.

---

[20] Probst, H.-J.: Kennzahlen leicht gemacht, 2006, S. 104 f.

[21] Kralicek, P. et al.: Kennzahlen für Geschäftsführer, 2008, S. 96.

4.2 Fremdkapitalquote (Debt Ratio, Anspannungsgrad)

Die Fremdkapitalquote ist das Pendant zur Eigenkapitalquote. Bei der Fremdkapitalquote wird das Fremdkapital in Relation zur Bilanzsumme gesetzt. Sie gibt an, wie hoch der Anteil des Fremdkapitals am Gesamtkapital ist. Das Fremdkapital steht dem Unternehmen nur eine begrenzte Zeit zur Verfügung und verursacht Zins- und Tilgungszahlungen. Deshalb gilt, je höher der Anteil des Fremdkapitals am Gesamtkapital ist, desto negativer fällt die Bonitätsbeurteilung des Unternehmens aus. Die Fremdkapitalquote lässt Rückschlüsse auf die finanzielle Stabilität eines Unternehmens zu. Ergänzend sollte überprüft werden, ob das Fremdkapital kurz- oder langfristig finanziert ist. Wenn der Anteil des langfristigen Fremdkapitals hoch ist, so ist die Finanzierung sicherer.

$$\text{Fremdkapitalquote} = \frac{\text{Fremdkapital}}{\text{Gesamtkapital}} \times 100$$

Die Fremdkapitalquote der Motoren AG stellt sich folgendermaßen dar:

$$\text{Fremdkapitalquote} = \frac{637.200 \text{ T€}}{1.127.600 \text{ T€}} \times 100 = 56,51\,\%$$

Mit dieser Kennzahl kann also das Kapitalrisiko beurteilt werden. Das bedeutet, dass bei einer steigenden Fremdkapitalquote die Banken weniger bereit sind Kredite zu vergeben und das Risiko einer Kreditkündigung ebenfalls steigt.

4.3 Statischer Verschuldungsgrad (Debt-Equity Ratio)

Der Verschuldungsgrad eines Unternehmens ergibt sich aus dem Verhältnis von Fremdkapital zu Eigenkapital. Diese Relation ist einer der maßgeblichen Faktoren, die beim Rating von Unternehmen eine Rolle spielen. Der Verschuldungsgrad zeigt an, in welcher Höhe das Unternehmen fremdfinanziert ist. Mit steigendem Verschuldungsgrad geht in der Regel eine Verschlechterung der Kreditkonditionen einher. D. h., Unternehmen mit einem hohen Verschuldungsgrad sind im Allgemeinen deutlich abhängiger von externen Fremdkapitalgebern als Unternehmen mit einem geringeren Verschuldungsgrad. Je höher der Verschuldungsgrad ist, desto höher ist das Risiko der Überschuldung und das Risiko bei entstehenden Verlusten die aufgenommenen Kredite nicht mehr bedienen zu können. Ab einem gewissen

Verschuldungsgrad sind die Kreditgeber (Banken) nicht mehr bereit, dem Unternehmen weitere Kredite zu gewähren oder sie verlangen zumindest höhere Zinsen.

$$\text{Statischer Verschuldungsgrad} = \frac{\text{Fremdkapital}}{\text{Eigenkapital}} \times 100$$

Die Motoren AG weist folgenden Verschuldungsgrad auf:

$$\text{Statischer Verschuldungsgrad} = \frac{637.200\,\text{T€}}{490.400\,\text{T€}} \times 100 = 129,93\,\%$$

Der Verschuldungsgrad des Unternehmens ist niedrig.

4.4 Rückstellungsquote

Die Rückstellungsquote gibt an, wie groß der Anteil der Rückstellungen im Vergleich zum Gesamtkapital ist. Dabei gilt: Je höher der Anteil der Rückstellungen (die als Fremdkapital angesehen werden müssen) ist, desto weniger gut ist dies für das Unternehmen, da es sich auf lange Sicht auf hohe Zahlungsverpflichtungen und entsprechende Liquiditätsabflüsse einstellen muss. Andererseits gibt die Rückstellungsquote an, zu welchem Grad sich das Unternehmen aus Rückstellungsgegenwerten finanziert. Denn Rückstellungen können — obwohl sie bilanziell eindeutig dem Fremdkapital zugeordnet sind — unter Finanzierungsaspekten dem Eigenkapital nahe kommen, wenn sie langfristig gebildet werden (z. B. Pensionsrückstellung).

$$\text{Rückstellungsquote} = \frac{\text{Rückstellungen}}{\text{Gesamtkapital}} \times 100$$

Für die Motoren AG gilt:

$$\text{Rückstellungsquote} = \frac{278.600\,\text{T€}}{1.127.600\,\text{T€}} \times 100 = 24,71\,\%$$

Die Rückstellungsquote sollte in einer Zeitreihenanalyse dahingehend näher betrachtet werden, ob die Rückstellungen gestiegen oder gefallen sind.

4.5 Selbstfinanzierungsgrad

Der Selbstfinanzierungsgrad zeigt an, wie hoch der Anteil der nicht ausgeschütteten bzw. nicht entnommenen Gewinne im Verhältnis zum Eigenkapital ist.

$$\text{Selbstfinanzierungsgrad} = \frac{\text{Gewinnrücklagen}}{\text{Eigenkapital}} \times 100$$

Die Motoren AG weist folgenden Selbstfinanzierungsgrad auf:

$$\text{Selbstfinanzierungsgrad} = \frac{127.800\,\text{T€}}{490.400\,\text{T€}} \times 100 = 26,06\,\%$$

Je größer der Selbstfinanzierungsgrad eines Unternehmens ist, desto positiver kann grundsätzlich die finanzielle Lage des Unternehmens beurteilt werden.

5 Analyse der Vermögensstruktur

Die Vermögensstruktur gibt Auskunft über die Art, die Zusammensetzung, den Aufbau und die Bindung des Vermögens in einem Unternehmen. Bei der Analyse von Anlage- und Umlaufvermögen wird unterstellt, dass das Anlagevermögen i. d. R. weniger gut liquidierbar ist als das Umlaufvermögen. Daraus ergibt sich für die Analyse der Investition und der Liquidierbarkeit von Vermögensgegenständen, dass mit abnehmendem Anteil des Anlagevermögens am Gesamtvermögen die liquiditätsmäßige Flexibilität, die finanz- und erfolgswirtschaftliche Stabilität und die Kapazitätsausnutzung des Unternehmens zunehmen.

Die Intensitätskennzahlen geben Auskunft über Art und Umfang des in einem Unternehmen gebundenen Vermögens.

5.1 Anlagenintensität

Die Anlagenintensität, auch als Anlagenquote bezeichnet, gibt Auskunft über den Vermögensaufbau eines Unternehmens. Sie zeigt das Verhältnis von Anlagevermögen zum Gesamtvermögen eines Unternehmens.

Das Anlagevermögen bindet langfristig Kapital und verursacht damit erhebliche fixe Kosten (Abschreibungen, Instandhaltungskosten, Versicherungskosten, Zinskosten u. a.), die unabhängig von der Beschäftigungs- und Ertragslage des Unternehmens anfallen. Aufgrund der fixen Kosten sind die Unternehmen bestrebt, dass ihre Kapazitäten möglichst voll ausgelastet sind.

Ferner müssen sie sich ständig bemühen, den Absatz zu steigern, damit die fixen Kosten des Anlagevermögens auf möglichst viele Erzeugnisse verteilt werden und die Stückkosten möglichst niedrig gehalten werden können. Es ist daher verständlich, dass eine hohe Anlagenquote auch die Anpassungsfähigkeit eines Unternehmens an Konjunkturschwankungen sowie Veränderungen in der Nachfrage vermindert.

Je geringer die Anlagenintensität ist, umso elastischer kann sich ein Unternehmen den veränderten Marktverhältnissen anpassen. Die Anlagenintensität ist daher zugleich ein Maßstab für die Anpassungsfähigkeit oder Flexibilität eines Unternehmens.

$$\text{Anlagenintensität} = \frac{\text{Anlagevermögen}}{\text{Gesamtvermögen (Bilanzsumme)}} \times 100$$

Die Motoren AG verfügt über folgende Anlagenintensität:

$$\text{Anlagenintensität} = \frac{486.200\,T\text{€}}{1.127.400\,T\text{€}} \times 100 = 43,13\,\%$$

Die Anlagenintensität der Motoren AG kann als gut beurteilt werden.

Die folgende Tabelle liefert grobe Richtwerte für die Anlagenintensität[22]:

	gut	**mittel**	**schlecht**
Industrie (Erzeugung)	> 40 %	20—40 %	< 20 %
Gewerbe (Handwerk)	< 20 %	20—40 %	> 40 %
Großhandel	< 15 %	15—30 %	> 30 %
Einzelhandel	< 15 %	15—30 %	> 30 %

Bei Industriebetrieben wird eine höhere Anlagenintensität erwartet. Dagegen ist es bei Handwerks-, Großhandels- und Einzelhandelsunternehmen gerade umgekehrt: Je niedriger die Anlagenintensität ist, desto besser ist die Beurteilung.

5.2 Vermögenskonstitution

Die Vermögenskonstitution beschreibt das Verhältnis zwischen Anlagevermögen und Umlaufvermögen. Je höher das Anlagevermögen im Verhältnis zum Umlaufvermögen ist, umso größer ist die Belastung mit fixen Kosten, insbesondere Abschreibungen und Zinsen. Eine niedrige Vermögenskonstitution könnte zwei verschiedene Ursachen haben:

Bei einem geringeren Anlagevermögen kann ein Unternehmen flexibler auf Marktänderungen reagieren und die Fixkosten sind niedriger.

---

[22] Kralicek, P. et al.: Kennzahlen für Geschäftsführer, 2008, S. 89.

Das Unternehmen produziert mit veralteten bereits abgeschriebenen Anlagen oder das Anlagevermögen wurde geleast.

$$\text{Vermögenskonstitution} = \frac{\text{Anlagevermögen}}{\text{Umlaufvermögen}} \times 100$$

Für die Motoren AG gilt folgender Wert

$$\text{Vermögenskonstitution} = \frac{486.200\,\text{T€}}{641.400\,\text{T€}} \times 100 = 75,80\,\%$$

Die Vermögenskonstitution von 75,80 % zeigt, dass das Anlagevermögen im Vergleich zum Umlaufvermögen geringer ist.

Es gilt die Regel, „je mehr Umlaufvermögen pro Einheit Anlagevermögen, desto produktiver ist in der Regel ein Unternehmen".[23] Von einem Vergleich unterschiedlicher Branchen ist abzuraten. Zudem ist zu beachten, dass durch Leasing erworbene Anlagen in der HGB-Bilanz durch die beschriebene Kennzahl nicht berücksichtigt werden.

5.3 Umlaufintensität (Arbeitsintensität)

Die Umlaufintensität, auch Arbeitsintensität genannt, zeigt das Verhältnis zwischen Umlaufvermögen und Gesamtvermögen. Je größer die Umlaufintensität ist, desto schneller kann eine Umstrukturierung des Vermögens stattfinden.

$$\text{Umlaufintensität} = \frac{\text{Umlaufvermögen}}{\text{Gesamtvermögen}} \times 100$$

Die Umlaufintensität der Motoren AG stellt sich folgendermaßen dar:

$$\text{Umlaufintensität} = \frac{641.400\,\text{T€}}{1.127.600\,\text{T€}} \times 100 = 56,88\,\%$$

In der Regel ist eine hohe Umlaufintensität positiv zu bewerten. Denn dadurch hat das Unternehmen die Möglichkeit, sich in stärkerem Umfang mit kurzfristigem Fremdkapital zu finanzieren, da das Umlaufvermögen eine kürzere Verweildauer im Unternehmen aufweist als das Anlagevermögen. Das Unternehmen ist also flexibler im Hinblick auf Marktveränderungen, Beschäftigungs- oder Konjunkturänderungen. Weiterhin ist der Fixkostenanteil tendenziell niedriger.

---

[23] Wiehle, U. et al.: 100 Finanzkennzahlen, 2010, S. 95.

Andererseits ließe eine hohe Umlaufintensität auf eine materialintensive Herstellung mit hohen Lagerkosten schließen, oder sie könnte auch in einem hohen Forderungsbestand begründet sein.

5.4 Vorratsintensität

Zur Überprüfung der Wirtschaftlichkeit der Lagerhaltung bietet sich die Vorratsintensität an. Sie trifft eine Aussage über das Verhältnis des Vorrats- zum Gesamtvermögen. Die Kennziffer ermittelt, ob ein Unternehmen vorrats- oder forderungsintensiv ist, d. h., ob ein hoher Lagerbestand bei entsprechend hohen Lagerhaltungskosten besteht. Die Kennzahl gibt also Auskunft darüber, wie stark das Kapital in den Vorräten an Roh-, Hilfs- und Betriebsstoffen sowie an Halb- und Fertigfabrikaten gebunden ist.

$$\text{Vorratsintensität} = \frac{\text{durchschnittlicher Bestand an Vorräten}}{\text{Gesamtvermögen}} \times 100$$

Zur Berechnung der durchschnittlichen Vorratsbestände verwendet man am besten den Mittelwert aus Anfangs- und Endbestand des Geschäftsjahres:

$$\text{Durchschnittsbestand} = \frac{\text{Anfangsbestand} + \text{Endbestand}}{2}$$

Für die Motoren AG gelten die folgenden Zahlen:

$$\text{Durchschnittsbestand} = \frac{201.000\,T€ + 204.000\,T€}{2} = 202.500\,T€$$

$$\text{Vorratsintensität} = \frac{(201.000\,T€ + 204.000\,T€) : 2}{1.127.600\,T€} \times 100 = 17,96\,\%$$

Eine hohe Vorratsintensität bedeutet ein großes Lagerrisiko, wegen der Gefahr des Preisverfalls, der Veralterung und des Schwundes. Außerdem steigen die Lagerhaltungskosten und die Kapitalbindungskosten mit steigendem Anteil an Vorräten im Vergleich zum Gesamtvermögen. Daher werden hohe Werte der Vorratsintensität im Allgemeinen negativ bewertet. Über mehrere Perioden betrachtet, kann eine steigende Vorratsintensität bei gleichbleibendem Umsatz ein Indikator für Absatzschwierigkeiten sein, sofern keine bewusste Veränderung der Vorratspolitik betrieben wird.

6 Horizontale Bilanzstruktur – Kennzahlen zur Finanzlage

Die Analyse der horizontalen Bilanzstruktur stellt einen Zusammenhang zwischen der Kapitalstruktur und der Vermögensstruktur her. Es werden die Aktiv- und die Passivposten zueinander in Beziehung gesetzt, dadurch können Aussagen über die zukünftige Zahlungsfähigkeit und die finanzielle Stabilität eines Unternehmens getroffen werden.

6.1 Goldene Finanzierungsregel

Diese Goldene Finanzierungsregel fordert die Einhaltung der Fristenkongruenz. Das heißt, die Kapitalüberlassungsdauer und die Kapitalbindungsdauer sollten übereinstimmen.

● Das sollten Sie sich merken:

Die Fristenkongruenz ist erfüllt, wenn Kapitalüberlassungsdauer = Kapitalbindungsdauer

Das Kapital darf demnach zeitlich nicht länger in Vermögenswerten gebunden sein, als die jeweilige Kapitalüberlassungsdauer beträgt. Hinter dieser Regel steht die Überlegung, dass die finanzierten Vermögenswerte die auf sie entfallenden Kapitaldienste über die Dauer ihrer Nutzung erwirtschaften sollen.

Die Goldene Finanzierungsregel wird in der Praxis auf zwei Fristigkeitskategorien angewandt.

$$\text{Goldene Finanzierungsregel (langfristig)} = \frac{\text{langfristiges Kapital}}{\text{langfristiges Vermögen}} \geq 1$$

$$\text{Goldene Finanzierungsregel (kurzfristig)} = \frac{\text{kurzfristiges Kapital}}{\text{kurzfristiges Vermögen}} \leq 1$$

Für die Motoren AG ergeben sich folgende Werte:

$$\text{Goldene Finanzierungsregel (langfristig)} = \frac{(490.400\ \text{T€} + 168.300\ \text{T€} + 152.000\ \text{T€})}{486.200\ \text{T€}} = 1{,}67 \geq 1$$

$$\text{Goldene Finanzierungsregel (kurzfristig)} = \frac{\begin{array}{c}(40.600\ T€ + 149.700\ T€ \\ + 2.000\ T€ + 124.600\ T€)\end{array}}{641.400\ T€} = 0,49 \leq 1$$

Die Ergebnisse zeigen, dass die „Goldene Finanzierungsregel" eingehalten wurde.

Die Zahlungsfähigkeit eines Unternehmens ist umso besser, je größer der Wert dieser Kennzahl ist.

6.2   Goldene Bilanzregel

Neben der Goldenen Finanzierungsregel gibt es die **„Goldene Bilanzregel"**, die ebenfalls die Fristenkongruenz überprüft. Die Goldene Bilanzregel bringt zum Ausdruck, dass die langfristigen Aktivposten auch dauerhaft finanziert werden müssen.

Goldene Bilanzregel im engeren Sinne

$$\frac{\text{Eigenkapital}}{\text{Anlagevermögen (langfristiges Vermögen)}} \geq 1$$

Deckungsgrad A

Der Deckungsgrad A — Goldene Bilanzregel im engeren Sinne — zeigt, inwieweit das Anlagevermögen durch Eigenkapital gedeckt ist, um jederzeit eine fristenkongruente Finanzierung sicherzustellen. Darüber hinaus signalisiert diese Zahl die Kreditwürdigkeit des Betriebs. Als Faustregel betrachtet man einen Mindestwert von 100 %, der in der Praxis jedoch häufig weit unterschritten wird. Je nach Branche sind auch niedrigere Werte in Ordnung, diese sollten allerdings nicht unter 50 % liegen.

$$\text{Deckungsgrad A} = \frac{\text{Eigenkapital}}{\text{Anlagevermögen (langfristiges Vermögen)}} \times 100$$

Der Deckungsgrad A der Motoren AG hat folgenden Wert:

$$\text{Deckungsgrad A} = \frac{490.400\ T€}{486.200\ T€} \times 100 = 100,86\ \%$$

Das Unternehmen ist sehr gut finanziert, da das gesamte Anlagevermögen über das Eigenkapital gedeckt ist. Ein Deckungsgrad A von > 100 % impliziert, dass auch Teile des Umlaufvermögens durch das Eigenkapital gedeckt sind.

Goldene Bilanzregel im weiteren Sinne

$$\frac{\text{Eigenkapital} + \text{langfristiges Fremdkapita l}}{\text{Anlagevermögen (langfristiges Vermögen)}} \geq 1$$

Deckungsgrad B

Der Deckungsgrad B prüft, ob das Anlagevermögen durch das Eigenkapital und das langfristige Fremdkapital gedeckt ist. Ausgehend von der „Goldenen Bilanzregel i. w. S." ist vom Deckungsgrad B ein Wert von mindestens 100 % zu fordern.

$$\text{Deckungsgrad B} = \frac{\text{Eigenkapital} + \text{langfristiges Fremdkapital}}{\text{Anlagevermögen (langfristiges Vermögen)}} \times 100$$

Für die Motoren AG gilt:

$$\text{Deckungsgrad B} = \frac{(490.400\,\text{T€} + 168.300\,\text{T€} + 152.000\,\text{T€})}{486.200\,\text{T€}} \times 100 = 166{,}74\,\%$$

Der Deckungsgrad B der Motoren AG mit 167,74 % ist ein hervorragender Wert.

Die folgende Tabelle liefert grobe Richtwerte für den Deckungsgrad B:[24]

	gut	mittel	schlecht
Industrie (Erzeugung)	> 150 %	110—150 %	< 110 %
Gewerbe (Handwerk)	> 140 %	110—140 %	< 110 %
Großhandel	> 200 %	120—200 %	< 120 %
Einzelhandel	> 170 %	110—170 %	< 110 %

Die Goldene Bilanzregel fordert, dass langfristig gebundenes Vermögen durch langfristig zur Verfügung stehendes Kapital finanziert werden soll. Diese Fristenkongruenz ist deshalb so wichtig, da sich aus einer Nichtbeachtung Liquiditätsschwierigkeiten ergeben können. Bei Werten über 100 % ist die Fristenkongruenz erfüllt und es kann somit von einer gesunden Finanzierung gesprochen werden. Zahlungsschwierigkeiten sollten nicht zu befürchten sein. Dies bedeutet, dass

---

[24] Kralicek, P. et al.: Kennzahlen für Geschäftsführer, 2008, S. 100.

auch betriebsnotwendiges Umlaufvermögen mit langfristigem Charakter (z. B. Mindestbestände) abgedeckt ist.

Deckungsgrad C

Der **Deckungsgrad C** untersucht, ob das Anlagevermögen und die dauernd gebundenen Teile des Umlaufvermögens (die kontinuierlich bereitgestellt werden müssen) durch das Eigenkapital und das langfristige Fremdkapital gedeckt sind und somit finanziert werden oder nicht. Die Liquidität ist gegeben, wenn die Relation größer oder gleich 100 % ist. Falls der Wert unter 100 % liegt, sollten Maßnahmen getroffen werden, um die Finanzierung besser abzusichern. Möglichkeiten dafür sind z. B., langfristiges Kapital zu besorgen, weiteres Eigenkapital einzubringen oder Anlagevermögen abzustoßen.

$$\text{Deckungsgrad C} = \frac{\text{Eigenkapital} + \text{langfristiges Fremdkapital}}{\text{Anlagevermögen} + \text{langfristig gebundenes Umlaufvermögen}} \times 100$$

Der Deckungsgrad C der Motoren AG stellt sich folgendermaßen dar:

$$\text{Deckungsgrad C} = \frac{(490.400 \, \text{T€} + 168.300 \, \text{T€} + 152.000 \, \text{T€})}{(486.200 \, \text{T€} + 204.000 \, \text{T€})} \times 100 = 117,46 \, \%$$

Aus Vereinfachungsgründen wurden die Vorräte als langfristig gebundenes Umlaufvermögen angesetzt.

Der Deckungsgrad C hat einen Wert von über 100 %, somit sind das Anlagevermögen und die Vorräte durch das Eigenkapital und das langfristige Fremdkapital finanziert.

Die vertikale Finanzierungsregel

Die klassische vertikale Kapitalstrukturregel verlangt in ihrer strengsten Form, dass das Eigenkapital mindestens so hoch sein soll wie das Fremdkapital. Die abgemilderte Form besagt, dass Eigenkapital und Fremdkapital in einem angemessenen Verhältnis stehen sollen:

Eigenkapital: Fremdkapital = 1 : 1 (erstrebenswert),

Eigenkapital: Fremdkapital = 1 : 2 (solide) und

Eigenkapital: Fremdkapital = 1 : 3 (noch zulässig).

In der Finanzierungspraxis werden diese theoretischen Wunschwerte häufig nicht erreicht, da das Eigenkapital in vielen Unternehmen zu gering ist. Daher gilt Folgendes: Je höher die Eigenkapitalquote ist, desto größer ist die Bonität und somit auch die Kreditwürdigkeit eines Unternehmens. Je höher das Eigenkapital ist, desto länger kann ein Unternehmen Verluste verkraften, ohne in Insolvenzschwierigkeiten zu kommen.

●	Das sollten Sie sich merken:	
Goldene Bilanzregeln	Im **engeren** Sinne: $$\frac{\text{Anlagevermögen}}{\text{Eigenkapital}} \leq 1$$	
	Im **weiteren** Sinne: $$\frac{\text{Anlagevermögen}}{\text{Eigenkapital} + \text{langfristiges Fremdkapital}} \leq 1$$	
Goldene Finanzierungsregeln	$$\text{Goldene Finanzierungsregel (langfr.)} = \frac{\text{langfristiges Kapital}}{\text{langfristiges Vermögen}} \geq 1$$	
	$$\text{Goldene Finanzierungsregel (kurzfr.)} = \frac{\text{kurzfristiges Kapital}}{\text{kurzfristiges Vermögen}} \leq 1$$	

7 Analyse der Investitionspolitik

Eine wichtige Untersuchung im Rahmen der **Investitionsanalyse** besteht darin, Informationen über die Kapitalverwendung zu gewinnen, also die Vermögensseite der Bilanz zu analysieren. Die Investitionskennzahlen spiegeln Änderungen der Investitionstätigkeit über einen Zeitverlauf wider oder zeigen das Unternehmenswachstum und dessen Finanzierung auf.

7.1 Anlagenabnutzungsgrad

Falls ein Unternehmen eine geringe Anlagenintensität hat, z. B. wegen eines überalterten Anlagenbestands, ist es sinnvoll, den Anlageabnutzungsgrad zu überprüfen. Die Veralterung des Sachanlagevermögens kann mithilfe des Anlagenabnutzungsgrades analysiert werden. Der Anlagenabnutzungsgrad zeigt, zu wie viel Prozent das Sachanlagevermögen bereits abgeschrieben ist.

Diese Kennzahl kann Hinweise darauf geben, ob in den vergangenen Geschäftsjahren in ausreichendem Maße Investitionen vorgenommen und damit die Produktionseinrichtungen kontinuierlich dem technischen Fortschritt angepasst wurden. Jedoch könnte die Höhe der Abschreibungen nicht nur nutzungsbedingt sein, sondern eventuell auch bilanzpolitische und steuerliche Gründe haben.

$$\text{Anlagenabnutzungsgrad} = \frac{\text{kumulierte Abschreibungen auf Sachanlagevermögen}}{\text{Sachanlagevermögen zu historischen AHK am Ende der Periode}} \times 100$$

Das sind die Werte der Motoren AG:

$$\text{Anlagenabnutzungsgrad} = \frac{442.225\,\text{T€}}{721.600\,\text{T€}} \times 100 = 61,28\,\%$$

Je höher (niedriger) der Anlagenabnutzungsgrad ist, desto höher (niedriger) ist das durchschnittliche Alter der Sachanlagen und desto größer (niedriger) ist der zukünftige Nachholbedarf für Investitionen und Rationalisierungsmaßnahmen.

7.2 Investitionsquote Sachanlagen

Die **Investitionsquote** gibt Aufschluss über die Investitionsneigung eines Unternehmens. Sie wird vielfach als ein Maß für die Zukunftsvorsorge eines Unternehmens angesehen und wird mit folgender Formel berechnet:

$$\text{Investitionsquote} = \frac{\text{Nettoinvestitionen in das Sachanlagevermögen}}{\text{Sachanlagen zu historischen AHK zu Beginn der Periode}} \times 100$$

Die Investitionsquote der Motoren AG weist folgenden Wert auf:

$$\text{Investitionsquote} = \frac{41.300 \, T€}{690.720 \, T€} \times 100 = 5,98\%$$

Je größer diese Kennzahl ist, desto höher ist die Investitionsneigung und umso besser ist die Zukunftsvorsorge eines Unternehmens. Der Vergleich der Investitionsquote eines Unternehmens im Zeitablauf gibt Aufschluss darüber, inwieweit sich die Investitionstätigkeit verändert hat.

Nettoinvestitionen in das Sachanlagevermögen

Die Nettoinvestitionen beziehen sich auf die Sachanlagen. Sie sind als Differenz zwischen den im Anlagenspiegel ausgewiesenen Zugängen des Geschäftsjahres und den zu Restbuchwerten bewerteten Abgängen definiert.[25]

Nettoinvestition = Zugänge Sachanlagen des GJ — (Abgänge zu Restbuchwerten)

So werden die Nettoinvestitionen des Sachanlagevermögens der Motoren AG ermittelt:

Nettoinvestitionen des SAV	
Zugänge des SAV (Anlagenspiegel)	42.400 T€
— Abgänge des SAV zu historischen AHK	− 10.250 T€
— auf die Abgänge des SAV entfallende kumulierte Abschreibungen	+ 9.150 T€
= **Nettoinvestitionen des Sachanlagevermögens**	**= 41.300 T€**

Eine weitere Kennzahl zur Investitionspolitik ist die Wachstumsquote.

---

[25] Vgl. Zdrowomyslaw, N.: Jahresabschluss und Jahresabschlussanalyse, 2001, S. 720.

7.3 Wachstumsquote

Die Wachstumsquote, auch **Investitionsneigung** genannt, misst, inwieweit der Verschleiß der Anlagen durch regelmäßige Neuanschaffungen ersetzt wird. Das Ziel der Betrachtung ist es, eine Veralterung der Anlagen zu verhindern. Die Kennzahl gibt an, inwieweit die Jahresabschreibungen durch die Nettoinvestitionen kompensiert werden. In diesem Zusammenhang kann man sehen, ob das Unternehmen wächst, stagniert oder schrumpft. Die Wachstumsquote wird wie folgt ermittelt:

$$\text{Wachstumsquote} = \frac{\text{Nettoinvestitionen in das Sachanlagevermögen}}{\text{Jahresabschreibung auf das Sachanlagevermögen}} \times 100$$

$$\text{Wachstumsquote} = \frac{41.300\,\text{T€}}{44.000\,\text{T€}} \times 100 = 93,86\,\%$$

Bei Werten unter 100 Prozent, wie bei der Motoren AG, wurden noch nicht einmal die Wertminderungen der Sachanlagen ersetzt. Die Kennzahl kann durch Leasing stark beeinflusst werden. Liegt der Wert deutlich über 100 Prozent, so ist dies ein Indiz dafür, dass auch Erweiterungs- und oder Rationalisierungsinvestitionen durchgeführt wurden.

7.4 Abschreibungsquote

Die Abschreibungsquote ist eine Kennzahl für die Abschreibungs- und Bewertungspolitik eines Unternehmens. Sie zeigt, wie viel Prozent der historischen Anschaffungs- oder Herstellungskosten des Sachanlagevermögens zum Bilanzstichtag im abgelaufenen Geschäftsjahr abgeschrieben wurde.

$$\text{Abschreibungsquote} = \frac{\text{Jahresabschreibungen auf Sachanlagen}}{\text{Sachanlagevermögen zu historischen AHK am GJ-Ende}} \times 100$$

Die Abschreibungsquote der Motoren AG wird folgendermaßen berechnet:

$$\text{Abschreibungsquote} = \frac{44.000\,\text{T€}}{721.600\,\text{T€}} \times 100 = 6,10\,\%$$

Die Abschreibungsquote kann zur Beurteilung des Investitionsbedarfs herangezogen werden. Eine wachsende/hohe Abschreibungsquote könnte darauf hinweisen, dass:

- in neue Anlagen investiert wurde,

- der Anlagenbestand schneller erneuert und modernisiert wird und so das Unternehmen für die Zukunft gut gerüstet ist,
- die Nutzungsdauer des Sachanlagevermögens kurz ist.
- Eine sinkende/niedrige Abschreibungsquote könnte darauf hinweisen, dass:
- der Anlagenabnutzungsgrad sehr hoch ist und wenig investiert wurde, was auf eine ertragswirtschaftliche Schrumpfung hindeutet,
- es sich um einen älteren Betrieb handelt, der nur noch Ersatzinvestitionen vornimmt,
- die Investitionsbereitschaft gesunken ist.

Die **Abschreibungsquote** zeigt bei einer mehrperiodischen Betrachtung die Entwicklung stiller Reserven. Bei steigender Quote wurden **stille Reserven zulasten des Gewinns** gebildet, bei sinkender Quote wurden stille Reserven zugunsten des Gewinns aufgelöst. Die Abschreibungsquote lässt beim Betriebsvergleich erkennen, ob ein Unternehmen die branchenüblichen Abschreibungen vornimmt, um zu einem höheren Gewinnausweis zu gelangen.

7.5 Optimales Verhältnis von Fremdkapital zu Eigenkapital

Ein Unternehmen wird mit Eigen- und Fremdkapital finanziert. Für die Ermittlung der optimalen Kapitalstruktur ist der Leverage-Effekt von Bedeutung. „Der Leverage-Effekt beschreibt die Hebelwirkung des Fremdkapitals, wonach mit vermehrtem Einsatz von Fremdkapital — unter günstigen Bedingungen — eine Erhöhung der Eigenkapitalrentabilität erreicht werden kann."[26]

Im Hinblick auf den in einer bestimmten Höhe benötigten Kapitalbedarf, stellt sich die Frage, ob es eine optimale Mischung von Fremd- und Eigenkapitalfinanzierung gibt. Die Beziehungen zwischen der Gesamtkapitalrentabilität (GKR) und der Eigenkapitalrentabilität (EKR) spielen eine große Rolle für eine rentabilitätsbezogene Unternehmensanalyse. Diese Beziehungen werden über die sogenannte **Leverage-Formel** beschrieben, die im Folgenden hergeleitet wird.

---

[26] Wöhe, G.: Einführung in die Allgemeine Betriebswirtschaftslehre, 2010, S. 665.

Die Gesamtkapitalrentabilität (GKR) wird folgendermaßen ermittelt:

$$GKR = \frac{Kapitalgewinn}{Gesamtkapital} = \frac{Gewinn\,(G) + Fremdkapitalzinsen\,(Z)}{Eigenkapital\,(EK)\ +\ Fremdkapital\,(FK)}$$

Aus obiger Formel folgt für den Kapitalgewinn:

Kapitalgewinn = GKR x (EK + FK) oder

Kapitalgewinn = (EKR x EK) + (FKZ x FK)

GKR	= Gesamtkapitalrentabilität
EKR	= Eigenkapitalrentabilität
EK	= Eigenkapital
FK	= Fremdkapital
FKZ	= Fremdkapitalzinssatz

Die Eigenkapitalrentabilität (EKR) ist durch folgende Formel definiert:

$$EKR = \frac{Gewinn\,(G)}{Eigenkapital\,(EK)} \Rightarrow Gewinn\,(G) = EKR \times EK$$

Die Fremdkapitalzinsen (Z) werden wie folgt ermittelt:

Z = FKZ x FK

Zur Erinnerung: Die **Gesamtkapitalrentabilität (GKR)** wird nach dieser Formel berechnet:

$$GKR = \frac{Gewinn\,(G) + Fremdkapitalzinsen\,(Z)}{Eigenkapital\,(EK)\ +\ Fremdkapital\,(FK)}$$

Die Formel für die Gesamtkapitalrentabilität kann aber auch so dargestellt werden:

$$GKR = \frac{(EKR \times EK) + (FKZ \times FK)}{EK + FK}$$

Die Gleichung oben wird nach der Eigenkapitalrentabilität (EKR) aufgelöst:

Zunächst bedarf es eines Zwischenschritts:

EKR x EK = GKR x (EK + FK) — FKZ x FK

Jetzt kann die Gleichung nach der EKR aufgelöst werden und es ergibt sich die sogenannte **Leverage-Formel:**

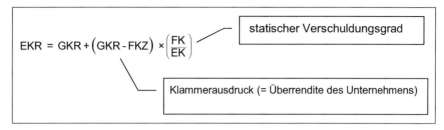

$$EKR = GKR + (GKR - FKZ) \times \left(\frac{FK}{EK}\right)$$

statischer Verschuldungsgrad

Klammerausdruck (= Überrendite des Unternehmens)

Solange kein Fremdkapital in Anspruch genommen wird, stimmen die Gesamt- und die Eigenkapitalrentabilität überein, d. h., sie sind gleich hoch.

Leverage-Effekt

Der Leverage-Effekt besagt, dass die Eigenkapitalrentabilität mit zunehmendem Verschuldungsgrad (FK/EK) bei einem positiven Klammerausdruck (GKR > FKZ) gegenüber der Gesamtkapitalrentabilität immer stärker zunimmt, während ein negativer Klammerausdruck (GKR < FKZ) eine entgegengesetzte Wirkung hat. Der Verschuldungsgrad wirkt wie ein „Hebel" auf die Eigenkapitalrentabilität.

Solange die Gesamtkapitalrentabilität (GKR) größer als der Fremdkapitalzinssatz (FKZ) ist, kann die Eigenkapitalrentabilität durch zusätzliche Fremdkapitalaufnahme (also mit einem höheren Verschuldungsgrad FK/EK) gesteigert werden. An diesem Sachverhalt kann man erkennen, dass der Schuldner dann am Fremdkapital verdient, wenn er mehr erwirtschaftet als es kostet.[27] Falls aber die Gesamtkapitalrentabilität kleiner ist als der Fremdkapitalzinssatz, kommt es zu einem negativen Leverage-Effekt, d. h., mit einem steigenden Verschuldungsgrad sinkt die Eigenkapitalrentabilität und kann sogar negativ werden.

Der Leverage-Effekt schmälert die Aussagekraft der Eigenkapitalrentabilität.

▶ **BEISPIEL für einen positiven Leverage-Effekt:**

Der Gewinn eines Unternehmens beträgt 150 T€ bei 100 % Eigenkapital (1.000 T€), d. h., die Gesamtkapitalrentabilität (GKR) beträgt 15,00 %. Der Fremdkapitalzinssatz (FKZ) beträgt 8 % p. a. Wie man anhand der unter dargestellten Tabelle erkennen kann, nimmt die Eigenkapitalrentabilität mit zunehmendem Verschuldungsgrad (V = FK/EK) zu, da die Gesamtkapitalrentabilität (GKR) höher als der Fremdkapitalzinssatz ist. Die Leverage-Formel für die Ermittlung der Eigenkapitalrentabilität (EKR) lautet:

Eigenkapitalrentabilität $= GKR + (GKR - FKZ) \times \dfrac{FK}{EK}$

---

[27] Schmalen, H. und Pechtl, H.: Grundlagen und Probleme der Betriebswirtschaft, 2009, S. 456.

	FK	EK	V = (FK/EK)	Zinsen = (FK x 0,08)	Gewinn	EKR	GKR
Fall 1	0 T€	1.000 T€	0	0 T€	150 T€	**15,00 %**	15,00 %
Fall 2	200 T€	800 T€	0,25	16 T€	134 T€	**16,75 %**	15,00 %
Fall 3	500 T€	500 T€	1	40 T€	110 T€	**22,00 %**	15,00 %
Fall 4	800 T€	200 T€	4	64 T€	86 T€	**43,00 %**	15,00 %
Fall 5	900 T€	100 T€	9	72 T€	78 T€	**78,00 %**	15,00 %

Für den Fall 4 wird die Berechnung der Eigenkapitalrentabilität beispielhaft durchgeführt.

$$\text{Eigenkapitalrentabilität für den Fall } 4 = 15\% + (15\% - 8\%) \times \frac{4}{1} = 43\%$$

Wie man anhand des Beispiels gut erkennen kann, steigt die Eigenkapitalrentabilität mit zunehmendem Verschuldungsgrad kontinuierlich.

▶ **BEISPIEL für einen negativen Leverage-Effekt:**

Der Gewinn eines Unternehmens beträgt 60 T€ bei 100 % Eigenkapital (1.000 T€), d. h., die Gesamtkapitalrentabilität (GKR) beträgt 6,00 %. Der Fremdkapitalzinssatz (FKZ) beträgt aber 10 % p. a. Wie man anhand der folgenden Tabelle erkennen kann, nimmt die Eigenkapitalrentabilität aufgrund des jetzt eintretenden negativen Leverage-Effekts mit zunehmendem Verschuldungsgrad (V = FK/EK) ab und wird sogar negativ, da die Gesamtkapitalrentabilität (GKR) niedriger als der Fremdkapitalzinssatz (FKZ) ist. Zur Erinnerung: Die Leverage-Formel für die Ermittlung der Eigenkapitalrentabilität (EKR) lautet:

$$\text{Eigenkapitalrentabilität} = GKR + (GKR - FKZ) \times \frac{FK}{EK}$$

	FK	EK	V = (FK/EK)	Zinsen = (FK x 0,10)	Gewinn	EKR	GKR
Fall 1	0 T€	1.000 T€	0	0 T€	60 T€	**15,00 %**	6,00 %
Fall 2	200 T€	800 T€	0,25	20 T€	40 T€	**5,00 %**	6,00 %
Fall 3	500 T€	500 T€	1	50 T€	10 T€	**2,00 %**	6,00 %
Fall 4	800 T€	200 T€	4	80 T€	-20 T€	**-10,00 %**	6,00 %
Fall 5	900 T€	100 T€	9	90 T€	-30 T€	**-30,00 %**	6,00 %

Wiederum wird für den Fall 4 die Berechnung der Eigenkapitalrentabilität beispielhaft durchgeführt.

$$\text{Eigenkapitalrentabilität} = 6\% + (6\% - 10\%) \times \frac{4}{1} = -10\%$$

Da in diesem Beispiel der Fremdkapitalzinssatz (FKZ) höher ist als die Gesamtkapitalrentabilität (GKR) führt ein zunehmender Verschuldungsgrad (V) zu einer negativen Eigenkapitalrentabilität (EKR). Eine solche Entwicklung ist für ein Unternehmen gefährlich.

Folgende Faktoren haben einen **positiven Einfluss** auf die **Eigenkapitalrentabilität**:

- Optimierung der Eigenkapitalquote
  - Berücksichtigung des Rentabilitäts-/Risikohebels von Fremdkapital
  - Streben nach Unabhängigkeit
- Verbesserung des Kapitalumschlags
  - Straffung des Produktionsprogramms
  - Kontrolle kapitalbindender Aktiva
- Senkung der Zinsbelastung
  - Umschichtung zu kostengünstigen Finanzierungsmitteln
  - Timing von Finanzierungsentscheidungen
- Erlös- und Ergebnisoptimierung
  - Einsatz von Marketing-Instrumenten
  - Kostensenkung und Rationalisierung
  - Investitionen zur Zukunftssicherung

7.6 Financial Convenants

Convenants sind zusätzliche vertragliche Vereinbarungen, in denen sich der Kreditnehmer gegenüber dem Kreditgeber verpflichtet, bestimmte Zusatzverpflichtungen zu erfüllen. Solchen Verpflichtungen erstrecken sich beispielsweise darauf, bestimmte im Kreditvertrag definierte Finanzkennzahlen während der Laufzeit eines Kredits einzuhalten oder gewisse Verhaltensrestriktionen zu beachten, wie z. B. ein Verkaufsverbot für bestimmte Vermögenswerte. Falls sich der Kreditnehmer nicht an die vereinbarten Pflichten hält, hat der Kreditgeber das Recht, den eingeräumten Kredit vor Fälligkeit zu kündigen und nachzuverhandeln oder bei entsprechenden Vereinbarungen die Kreditkonditionen anzupassen.[28]

Im Rahmen von Convenants werden Informationspflichten (Information Convenants), Verpflichtungen zu bestimmten Handlungen oder Unterlassungen (Affirmative Convenants) und finanzielle Verpflichtungen (Financial Convenants) unterschieden:

Information Convenants: Der Kreditnehmer hat bestimmte interne Unternehmensdaten sowie Finanzinformationen an den Kreditgeber weiterzugeben. Bei-

---

[28] Wöhe, G. et al.: Grundzüge der Unternehmensfinanzierung, 2009, S. 220.

spielsweise könnte vereinbart werden, dass der Kreditnehmer dem Kreditgeber vierteljährlich seine BWAs (betriebswirtschaftliche Auswertungen) jeweils zum 20. des Folgemonats vorzulegen hat oder einen Businessplan für mindestens drei bis fünf Jahre vorlegt.

Affirmative Convenants: Sie regeln ein bestimmtes Verhalten. Das bedeutet, dass die unternehmerische Entscheidungsfreiheit des Kreditnehmers häufig eingeschränkt wird. Dazu gehören beispielsweise Vereinbarungen, bei denen es dem Kreditnehmer nicht erlaubt ist, bestimmte Vermögenswerte ohne Zustimmung des Kreditgebers für andere Kreditgeber zu belasten **(Negativerklärung)**. Oder es gibt Vereinbarungen, wonach bestimmte Vermögenswerte nur mit Zustimmung des Kreditgebers veräußert werden dürfen.

Financial Convenants: Die Financial Convenants werden bei der Unternehmensfinanzierung von den Kreditinstituten als Frühwarn- und Risikomanagementsystem eingesetzt. Sie sind die bedeutendste Untergruppe der Convenants. Es werden Wertvorgaben für bestimmte Finanzkennzahlen in Bezug auf Eigenkapital, Verschuldung, Ertrag oder Liquidität zwischen Kreditgeber und Kreditnehmer vereinbart. Die Grenzwerte werden sowohl in absoluter Form als auch als Verhältnisangaben festgeschrieben. Zu bestimmten Stichtagen wird der tatsächliche Wert der Finanzkennzahl überprüft. Falls die Finanzkennzahl negativ von den vereinbarten Wertvorgaben abweicht, kommt es zu Sanktionen.

Die Berechnungsgrundlage für die Finanzkennzahlen muss klar definiert sein (Angabe der Formeln). Für den Kreditgeber haben die Convenants eine Warnfunktion. Bei Nichterfüllung der Convenants wird dem Kreditgeber signalisiert, dass die Planzahlen nicht eingehalten werden und sich die Kapitaldienstfähigkeit verschlechtert hat.

Typische Financial Convenants, die häufig in den Kreditverträgen zu finden sind, sind beispielsweise[29]:

EBIT (Earnings before Interest and Taxes)

EBITDA (Earnings before Interest, Taxes, Depreciation and Amortization)

$$\text{Nettoverschuldungsgrad (Leverage Ratio)} = \frac{\text{Nettoverschuldung}}{\text{EBITDA}}$$

$$\text{Zinsdeckungsgrad (EBITDA Interest Cover)} = \frac{\text{EBITDA}}{\text{Zinsaufwand}}$$

---

[29] In Anlehnung an: Haghani, Voll, Holzamer: Bedeutung und Management von Financial Convenants, 2008.

Schuldendienstdeckungsgrad (Debt Service Cover Ratio)

$$= \frac{\text{verfügbarer Cashflow für Schuldendienst}}{\text{Schuldentilgung und Zinszahlungen}} \quad \text{oder} = \frac{\text{Free Cashflow}}{\text{jährlicher Kapitaldienst}}$$

$$\text{Verschuldungsgrad (Debt Equity Ratio)} = \frac{\text{Fremdkapital}}{\text{Eigenkapital}}$$

Eigenkapitalklausel (Net Worth Requirement): Das bedeutet, dass das Eigenkapital des Kreditnehmers einen im Voraus bestimmten Betrag nicht unterschreiten darf.

Sanktionsmaßnahmen der Kreditgeber bei Nichteinhaltung der Convenants

Falls es zur Verletzung der Convenants kommt, kann dies weitreichende negative Folgen für den Kreditnehmer haben wie z. B.:

- Nachverhandlung des Kreditvertrags
- Einfrieren der Kreditlinien
- Verteuerung der Kreditkonditionen sowie Einbindung von externen Beratern
- Nachbesicherung, d. h. Bestellung zusätzlicher Sicherheiten
- Anpassung der Convenants
- Kündigung des Kreditvertrages

! HINWEIS:

Damit Sie Ihr Wissen prüfen und vertiefen können, finden Sie bei den Arbeitshilfen online eine Reihe von Übungsaufgaben mit ausführlichen Lösungen. Die Aufgaben sind genau auf dieses Kapitel zugeschnitten.

Literaturverzeichnis

Bücher

Allen, D.: Strategisches Finanzmanagement, Wien, 1996.

Amann, K.: Finanzwirtschaft, Stuttgart, Berlin, Köln, 1993.

Bartsch, H.: Alles über Leasing, München, 1997.

Baus, J.: Bilanzpolitik, Berlin, 1999.

Baetge, J.; Kirsch, H.-J.; Thiele, S.: Bilanzanalyse, 2. Auflage, Düsseldorf, 2004.

Baetge, J.; Kirsch, H.-J.; Thiele, S.: Bilanzen, 10. Auflage, Düsseldorf, 2009.

Baetge, J.; Kirsch, H.-J.; Thiele, S.: Bilanzen, 11. Auflage, Düsseldorf, 2011.

Baetge, J. und Sieringhaus, I.: Bilanzbonitäts-Rating von Unternehmen, in: Büschgen/Everling, 1996, S. 221-249.

Ballwieser, W.: Unternehmensbewertung — Prozess, Methoden und Probleme —, 3. Auflage, Stuttgart, 2011.

Bank-Verlag: Sparkasse Ratgeber service: Basisinformationen über Termingeschäfte, Kön, 2007.

Bank-Verlag: Basisinformationen über Finanzderivate, Köln, 2008.

Bea, F. X.; Friedl, B.; Schweitzer, M.: Allgemeine Betriebswirtschaftslehre — Band 3: Leistungsprozess, 9. Auflage, Stuttgart, 2006.

Becker, H. P.: Investition und Finanzierung: Grundlagen der betrieblichen Finanzwirtschaft, 4. Auflage, Wiesbaden, 2010.

Beike, R. und Barckow, A.: Risk-Management mit Finanzderivaten, 3. Auflage, München/Wien, 2002.

Beike, R. und Schlütz, J.: Finanznachrichten lesen — verstehen - nutzen, 5. Auflage, Stuttgart, 2010.

Behringer, S.: Unternehmensbewertung der Mittel- und Kleinbetriebe, Betriebswirtschaftliche Verfahrensweisen, Berlin, 1999.

Bender, H. J.: Kompakt-Training Leasing, Ludwigshafen, 2001.

Literaturverzeichnis

Berens, W.; Brauner, H. U.; Struch, J. (Hrsg.): Due Diligence bei Unternehmensakquisitionen, 6. Auflage, Stuttgart, 2011.

Betge, P.: Investitionsplanung, 4. Auflage, München, 2000.

Betsch, O.; Groh, A.; Schmidt, K.: Gründungs- und Wachstumsfinanzierung innovativer Unternehmen, München, Wien, 2000.

Bette, K.: Factoring — Finanzdienstleistung für mittelständische Unternehmen, Köln, 2001.

Bieg, H. und Kußmaul, H.: Investitions- und Finanzierungsmanagement: Band III (Finanzwirtschaftliche Entscheidungen), München, 2000.

Bieg, H. und Kußmaul, H.: Investition, 2. Auflage, München, 2009.

Bieg, H. und Kußmaul, H.: Finanzierung, 2. Auflage, München, 2009.

Bieg, H.; Kußmaul, H.; Waschbusch, G.: Investition in Übungen, 2. Auflage, München, 2009.

Bieg, H.; Kußmaul, H.; Waschbusch, G.: Finanzierung in Übungen, 2. Auflage, München, 2010.

Bitz, M.; Schneeloch, D.; Wittstock, W.: Der Jahresabschluss — Nationale und internationale Rechtsvorschriften, Analyse und Politik —, 5. Auflage, München, 2011.

Bleis, C.: Grundlagen der Investition und Finanzierung, München, Wien, 2006.

Bilitza, K.-H.: Erfolgreich spekulieren mit Aktien- und Rentenoptionen, Landsberg/Lech, 1987.

Blohm, H.; Lüder, K.; Schaefer, C.: Investition, 9. Auflage, München, 2006.

Bösl, K. und Sommer, M.: Mezzanine Finanzierung — Betriebswirtschaft, Zivilrecht, Steuerrecht und Bilanzrecht, München, 2006.

Brettel, M.; Rudolf, M.; Witt, P.: Finanzierung von Wachstumsunternehmen; Grundlagen, Finanzierungsquellen, Praxisbeispiele, Wiesbaden, 2005.

Braun, T.: Investition und Finanzierung — Konzeptionelle Grundlagen für eine entscheidungsorientierte Ausbildung, Heidelberg, 2009.

Büschgen, H. E.: Leasing: Erfolgs- und liquiditätsorientierter Vergleich zu traditionellen Finanzierungsinstrumenten, in: Handbuch des Finanzmanagements, hrsg. v. Gebhardt, G.; Gerke, W.; Steiner, M., München, 1993, S. 494-527.

Büschgen, H. E./Everling, O. (Hrsg.): Handbuch Rating, Wiesbaden, 1996.

Bundesministerium für Wirtschaft und Technologie (BMWI): GründerZeiten, Nr. 06, Thema: Existenzgründungen, Mai 2011

Bundesverband deutscher Banken e.V.: Das Bank- und Börsen-ABC, 14. Auflage, Köln, 2009.

Busse, F.-J.: Grundlagen der betrieblichen Finanzwirtschaft, 4. Auflage, München/ Wien, 1996.

Busse von Colbe, W.; Crasselt, N.; Pellens, B.: Lexikon des Rechnungswesens, 5. Auflage, München, 2011.

Clausius, E.: Betriebswirtschaftslehre II, Grundlagen des Finanzwesens, München/ Wien, 2000.

Coenenberg, A. G.; Haller, A.; Schultze, W.: Jahresabschluss und Jahresabschluss-analyse, 22. Auflage, Stuttgart 2012

Copeland, T./Koller, T./Murrin, J.: Unternehmenswert : Methoden und Strategien für eine wertorientierte Unternehmensführung, 2. Auflage, Frankfurt,1998.

Däumler, K.-D.: Anwendung von Investitionsrechnungsverfahren in der Praxis, 4. Auflage, Herne/Berlin, 1996.

Däumler, K.-D.: Betriebliche Finanzwirtschaft, 7. Auflage, Herne/Berlin, 1997.

Däumler, K.-D. und Grabe, J.: Betriebliche Finanzwirtschaft, 9. Auflage, Herne, 2008.

Däumler, K.-D. und Grabe, J.: Grundlagen der Investitions- und Wirtschaftlichkeits-rechnung, 12. Auflage, Herne, 2007.

DATEV: Tabellen und Informationen für den steuerlichen Berater, 11. Auflage, Nürnberg, 2011.

Deffner, G. K.: Schnelleinstieg BWA, Freiburg, 2007.

Deutsche Börse AG: Leitfaden zu den Aktienindizes der Deutschen Börse, Frankfurt a. M., Version 6.14, 2010.

Deutsche Börse AG: Europe´s Premier Listing Platform — Standards, Transparenz, Liquidität —, Frankfurt a. M.; 2003.

Deutsche Börse AG: Ihr Weg an die Börse — Entry Standard — General Standard — Prime Standard, Frankfurt a. M:, 2005.

DHPM Dr. Harzem & Partner KG: Steuerberater- und Wirtschaftsprüfer-Jahrbuch 2012, 30. Auflage, Stuttgart, 2011.

Dörsam, P.: Grundlagen der Investitionsrechnung, 3. Auflage, Heidenau, 2003.

Drosse, V.: Investition, 2. Auflage, Wiesbaden, 1999.

Drukarczyk, J.: Finanzierung, 10. Auflage, München, 2008.

Drukarczyk, J. und Schüler, A.: Unternehmensbewertung, 6 Auflage, München, 2009.

Eidel, U.: Moderne Verfahren der Unternehmensbewertung und Performance-Messung, Herne/Berlin 1999.

Eisele, W. u. Knobloch, A. P.: Technik des betrieblichen Rechnungswesens: Buchführung und Bilanzierung — Kosten- und Leistungsrechnung — Sonderbilanzen, 8. Auflage, München, 2011.

Endriss, H. W. (Hrsg.): Bilanzbuchhalter-Handbuch, 8. Auflage, Herne, 2011.

Ernst, D.; Schneider, S.; Thielen, B.: Unternehmensbewertungen erstellen und verstehen — Ein Praxisleitfaden, 4. Auflage, München, 2010.

Fischer, E. O.: Finanzierung für Anfänger, 5. Auflage, München, 2008.

Franke, G./Hax, H.: Finanzwirtschaft des Unternehmens und Kapitalmarkt, 5. Auflage, Berlin/Heidelberg/New York 2004.

Gräfer, H.; Beike, R.; Scheld, G.: Finanzierung, 5. Auflage, Berlin, 2001.

Gräfer, H.; Schiller, B.; Rösner, S.: Finanzierung, 7 Auflage, Berlin, 2011.

Gerke, W. und Bank, M.: Finanzierung, Stuttgart, 1998.

Geyer, A.; Hanke, M.; Littich, E.; Nettekoven, M.: Grundlagen der Finanzierung — verstehen, berechnen, entscheiden, 2. Auflage, Wien, 2006.

Grill, W., Perczynski, H.: Wirtschaftslehre des Kreditwesens, 41. Auflage, Troisdorf, 2007.

Goeke, M.: Praxishandbuch Mittelstandsfinanzierung — Mit Leasing, Factoring & Co. unternehmerische Potenziale ausschöpfen, Wiesbaden, 2008.

Götze, U. und Bloech, J.: Investitionsrechnung, 2. Auflage, Berlin/Heidelberg/New York, 1995.

Götze, U. und Bloech, J.: Investitionsrechnung, 3. Auflage, Berlin/Heidelberg/New York, 2002.

Grob, H. L.: Einführung in die Investitionsrechnung, 2. Auflage, München 1994.

Gutenberg, E.: Grundlagen der Betriebswirtschaftslehre, 11. Auflage, Heidelberg, 1965.

Häger, M./Elkemann-Reusch: Mezzanine Finanzierungsinstrumente, Berlin, 2004.

Haghani, S./Soll, S./Holzamer, M.: Bedeutung und Management von Financial Convenants, Düsseldorf, 2008

Hahn, D.: PuK, Controllingkonzepte, 3. Auflage, Wiesbaden, 1994.

Hastedt, U.-P. und Mellwig, W.: Leasing, Heidelberg, 1998.

Hauschildt, J.: Erfolgs- und Finanzanalyse, 3. Auflage, Köln 1996.

Hauser, M.; Warns, C: Grundlagen der Finanzierung, 4. Auflage, Heidenau, 2008.

Haux, J. F.: Handbuch der Beteiligungsfinanzierung, München, 2001.

Hax, H.: Finanzierung, in: Bitz M. et al. (Hrsg.): Vahlens Kompendium der Betriebswirtschaftslehre, Band 1, München, 1998, S. 175-235

Heinhold, M.: Investitionsrechnung, 5. Auflage, München/Wien, 1989.

Hering, E. und Rieg, R.: Prozessorientiertes Controlling-Management, München/Wien, 2001.

Hildmann, G.; Fischer, J.; Drosse, V.: Intensivtraining Finanzierung, Wiesbaden, 2001.

Hull, J. C.: Optionen, Futures und andere Derivate, 6. Auflage, München, 2006.

Jahrmann, F.-U.: Finanzierung, 6. Auflage, Herne, 2009.

Jung, H.: Allgemeine Betriebswirtschaftslehre, 12. Auflage, München, 2010.

Kaserer, C.: Investition und Finanzierung case by case, 2. Auflage, Frankfurt am Main, 2007.

Klepzig, H.-J.: Working-Capital und Cash Flow, Wiesbaden, 2008.

Kobelt, H. und Schulte, P.: Finanzmathematik, 7 Auflage, Herne/Berlin 1999.

Koss, C.: Basiswissen Finanzierung — Eine praxisorientierte Einführung, Wiesbaden, 2006.

Kralicek, P.; Böhmdörfer, F.; Kralicek, G.: Kennzahlen für Geschäftsführer, 5. Auflage, München, 2008.

Kratzer, J.: Leasing kompakt, Köln, 2005.

Literaturverzeichnis

Kratzer, J. und Kreuzmair, B.: Leasing in Theorie und Praxis, 2. Auflage, Wiesbaden 2002.

Kreis, R.: Integriertes Finanzmanagement, München, 1994.

Kroll, M.: Finanzierungsalternative Leasing, 3. Auflage, Stuttgart 2004.

Kruschwitz, L.: Investitionsrechnung, 9. Auflage, München, 1995.

Kruschwitz, L.: Investitionsrechnung, 12. Auflage, München, 2009.

Kruschwitz, L.: Finanzierung und Investition, 4. Auflage, München/Wien, 2004.

Kruschwitz, L.; Decker, R.; Röhrs, M.: Übungsbuch zur Betrieblichen Finanzwirtschaft, 6. Auflage, München/Wien 2002.

Küting, K. (Hrsg.): Saarbrücker Handbuch der Betriebswirtschaftlichen Beratung, 4. Auflage, Herne, 2008.

Küting, K. und Weber, C.-P.: Die Bilanzanalyse, 8. Auflage, Stuttgart, 2006.

Küting, K. und Weber, C.-P.: Die Bilanzanalyse, 10. Auflage, Stuttgart, 2012.

Lücke, W. (Hrsg.): Investitionslexikon, 2. Auflage, München, 1991.

Löhr, A.: Börsengang; Kapitalmarktchancen prüfen und umsetzen, 2. Auflage, Stuttgart, 2006.

Manz, M.: Investitionsrechnung, 2. Auflage Wiesbaden 1974.

Matschke, M. J.: Investitionsplanung und Investitionskontrolle, Herne/Berlin, 1993.

Mensch, G.: Finanz-Controlling, München, 2001.

Mensch, G.: Investition, München, 2002.

Müller, O.: Mezzanine Finance — Neue Perspektiven in der Unternehmensfinanzierung, Bern Stuttgart Wien, 2003.

Müller-Möhl, E.: Optionen und Futures. Grundlagen und Strategien für das Termingeschäft in Deutschland, Österreich und in der Schweiz, 5.Auflage, Stuttgart, 2002.

Nebl, T. und Prüß, H.: Anlagenwirtschaft, München, Wien, 2006.

Nestler, A. und Kupke, T.: Die Bewertung von Unternehmen mit dem Discounted Cash Flow-Verfahren, in: Betriebswirtschaftliche Mandantenbetreuung, Ausgabe 06/2003, 2003

Nölle, J.-U.: Grundlagen der Unternehmensbewertung. Erschienen in: Praxishand-buch Unternehmensbewertung, Schacht, U.; Fackler, M. (Hrsg.), Wiesbaden, 2009.

Nowak, C.: Marktorientierte Unternehmensbewertung — Discounted Cashflow, Realoptionen, Economic Added und der Direct Comparison Approach, 2. Auflage, Wiesbaden, 2003.

Oehler, A., Unser, M.: Finanzwirtschaftliches Risikomanagement, Springer-Verlag, Berlin, Heidelberg, 2001.

Olfert, K.: Finanzierung, 15. Auflage, Ludwigshafen, 2011.

Olfert, K. und Reichel, C.: Investition, 11. Auflage, Ludwigshafen, 2009.

Olfert, K. und Reichel, C.: Finanzierung, 14. Auflage, Ludwigshafen, 2008.

Olfert, K. und Reichel, C.: Kompakt-Training Investition, Ludwigshafen 1999.

Olfert, K. und Reichel, C.: Kompakt-Training Investition, 5. Auflage Ludwigshafen 2009.

Olfert, K. und Reichel, C.: Kompakt-Training Finanzierung, 5. Auflage Ludwigs-hafen 2005.

Olfert, K. und Reichel, C.: Kompakt-Training Finanzierung, 6. Auflage Ludwigs-hafen 2008.

Pape, U.: Grundlagen der Finanzierung und Investition, München, 2009.

Peemöller, V. (Hrsg.): Praxishandbuch der Unternehmensbewertung, 5. Auflage, Herne, 2012.

Perridon, L. und Steiner, M.: Finanzwirtschaft der Unternehmung, 13. Auflage, München, 2004.

Perridon, L. und Steiner, M.: Finanzwirtschaft der Unternehmung, 15. Auflage, München, 2009.

Pflaumer, P.: Investitionsrechnung, 5. Auflage, München/Wien, 2004.

Prätsch, J.; Schikorra, U.; Ludwig, E.: Finanzmanagement, 3. Auflage, Berlin/Heidel-berg, 2007.

Probst, H.J.: Kennzahlen leicht gemacht, Heidelberg, 2006.

Rollwage, N.: Investitionsrechnung, 2. Auflage, Schindellegi, 2006.

Literaturverzeichnis

Schacht, U.; Fackler, M.: Discounted-Cash-flow-Verfahren. Erschienen in: Praxishandbuch Unternehmensbewertung, Schacht, U.; Fackler, M. (Hrsg.), 2. Auflage, Wiesbaden, 2009.

Schäfer, H.: Unternehmensfinanzen, 2. Auflage, Heidelberg, 2002.

Schierenbeck, H. und Wöhle, C.: Grundzüge der Betriebswirtschaftslehre, 17. Auflage, München, 2008.

Schmalen, H. und Pechtl, H.: Grundlagen und Probleme der Betriebswirtschaft, 14. Auflage, Stuttgart, 2009.

Schmidlin, N.: Unternehmensbewertung & Kennzahlenanalyse, Frankfurt am Main, 2011.

Schmidt, M.: Derivative Finanzinstrumente, Stuttgart, 1999.

Schmidt, R. und /Terberger, E.: Grundzüge der Investitions- und Finanzierungstheorie, 4. Auflage, Wiesbaden 1997.

Schneck, O.: Handbuch Alternative Finanzierungsformen, Weinheim, 2006.

Schneider, D.: Investition, Finanzierung und Besteuerung, 7. Auflage, Wiesbaden 1992.

Schulte, G.: Investition, Stuttgart, 1999.

Schulte, G.: Investition, 2. Auflage, München, 2007

Selchert, F.W.: Einführung in die Betriebswirtschaftslehre, 7. Auflage, München 1999.

Seppelfricke, P.: Handbuch Aktien- und Unternehmensbewertung; Bewertungsverfahren, Unternehmensanalyse, Erfolgsprognose, 2. Auflage, Stuttgart, 2005.

Seppelfricke, P.: Handbuch Aktien- und Unternehmensbewertung; Bewertungsverfahren, Unternehmensanalyse, Erfolgsprognose, 4. Auflage, Stuttgart, 2012.

Siebert, H.-P.: Leasing oder Kredit, Köln, 2001.

Spittler, H.-J.: Leasing für die Praxis, 6. Auflage, Köln 2002.

Spremann, K.: Wirtschaft, Investition und Finanzierung, 5. Auflage, München/Wien 1996.

Sprink, J.: Finanzierung, Stuttgart, 2000.

Süchting, J.: Finanzmanagement — Theorie und Politik der Unternehmensfinanzierung, 6. Auflage, Wiesbaden, 1995.

Thommen,J.-P.; Achleitner, A.-K.: Allgemeine Betriebswirtschaftslehre, 6. Auflage, Wiesbaden, 2009.

Vollmuth, H.: Finanzierung, München, Wien 1994.

Vormbaum, H.: Finanzierung der Betriebe, 9. Auflage, Wiesbaden 1995.

Weber, J. und Schäffer, U.: Einführung in das Controlling, 12. Auflage, Stuttgart, 2008.

Werner, H. S.: Mezzanine-Kapital, Köln, 2004.

Werner, H. S.; Kobabe, R.: Unternehmensfinanzierung, Stuttgart, 2005.

Wiehle, U. ; Schömig, P. N.; Rolf, M.; Deter, H; Diegelmann, M.: 100 Finanzkennzahlen, Cometis AG, Wiesbaden, 2010.

Witz, G. und Reffelmann, U.: Lagerfinanzierung, in Finanzierung im Mittelstand, 03/2011.

Wöhe, G. und Döring, U.: Einführung in die Allgemeine Betriebswirtschaftslehre, 20. Auflage, München, 2000.

Wöhe, G. und Döring, U.: Einführung in die Allgemeine Betriebswirtschaftslehre, 21. Auflage, München, 2002.

Wöhe, G. und Döring U.: Einführung in die Allgemeine Betriebswirtschaftslehre, 22. Auflage, München, 2005.

Wöhe, G. und Döring, U.: Einführung in die Allgemeine Betriebswirtschaftslehre, 24. Auflage, München, 2010.

Wöhe G.; Bilstein, J.; Ernst, D.: Grundzüge der Unternehmensfinanzierung, 9. Auflage, München 2002.

Wöhe, G.; Bilstein, J.; Ernst, D.; Häcker, J.: Grundzüge der Unternehmensfinanzierung, 10. Auflage, München 2009.

Wöhe, G.; Kaiser, H.; Döring, U.: Übungsbuch zur Allgemeinen Betriebswirtschaftslehre, 13. Auflage, München, 2010

Wöltje, J.: ABC des Finanz- und Rechnungswesens, Freiburg, 2010.

Wöltje, J.: Investitions- und Finanzmanagement, Troisdorf, 2002.

Wöltje, J.: Buchführung und Jahresabschluss, 3. Auflage, Rinteln, 2012.

Wöltje, J.: Betriebswirtschaftliche Formelsammlung, 6. Auflage, Freiburg, 2012.

Wöltje, J.: Betriebswirtschaftliche Formeln, 3. Auflage, Freiburg, 2012.

Literaturverzeichnis

Wöltje, J. (Hrsg.): Bilanzen: lesen — verstehen — gestalten, 10. Auflage, Freiburg, 2011.

Wöltje, J.: Finanzkennzahlen und Unternehmensbewertung, Freiburg, 2012.

Zantow, R.: Finanzierung, München, 2004.

Zantow, R.: Finanzwirtschaft des Unternehmens — Die Grundlagen des modernen Finanzmanagements, 2. Auflage, München, 2007.

Zantow, R. und Dinauer, J.: Finanzwirtschaft des Unternehmens — Die Grundlagen des modernen Finanzmanagements, 3. Auflage, München, 2011.

Zdrowomyslaw, N.: Jahresabschluss und Jahresabschlussanalyse, München/Wien, 2001.

Zimmermann, G.: Investitionsrechnung — Fallorientierte Einführung, München/Wien, 2000.

Internetquellen

ARD: http://boerse.ard.de

Bundesministerium der Justiz: http://www.gesetze-im-internet.de

Bundesverband Deutscher Leasinggesellschaften: Jahresbericht 2011: http://www.bdl-leasing-verband.de

Bundesverband Factoring: http://www.bundesverband-factoring.de

DEUTSCHE AUSGLEICHSBANK [DtA]: Existenzgründung:, http://www.dta.de

Deutsche Börse AG: http://www.deutsche-boerse.com

Deutscher Factoring Verband: http://www.factoring.de

Frankfurter Wertpapierbörse: http://www.boerse-frankfurt.de

Stichwortverzeichnis

A

Abschreibungen	87
Finanzierung aus	390
kalkulatorische	87
Abschreibungsquote	532
absolute Liquidität	504
abstrakte Sicherheiten	299
Abzahlungsdarlehen	343
Abzinsungseffekt	131
Abzinsungsfaktor	41, 177
Adjusted-Present-Value-Verfahren	225, 227
Affirmative Convenants	538
Aktie	370
Aktiengattungen	370, 373
Aktiengesellschaft	372
Aktiengesellschaften	363
Aktiengruppen	368
Aktionäre	375
Akzeptkredit	319
akzessorische Sicherheiten	299
Altaktien	376
Altaktionäre	376, 378
alternative Finanzplanung	273
Alternativenvergleich	66
Amortisationsdauer	120
Amortisationsrechnung	
dynamische	177
statische	117
Amortisationszeit	117
statische	178
Analyse der Investitionspolitik	530
Analyse der Kapitalstruktur	516
Analyse der Vermögensstruktur	521
Andienungsrecht	425
Anlagenabnutzungsgrad	530
Anlagenintensität	521

Anlagevermögen	26, 27
Anleihe	323
Effektivverzinsung	325
Annuität	39, 49, 167, 193
Annuitätendarlehen	335
Effektivverzinsung	348
Annuitätenmethode	167, 186, 456
Beurteilung	176
Anschaffungskosten	87
Anspannungsgrad	518
Arbeitsintensität	523
Aufwand	33
Aufwandsrückstellungen	397
Aufzinsen	40
Aufzinsungsfaktor	40
Ausfallbürgschaft	301
Ausgabe	33
Ausgaben	274
Auslastung	
kritische	94
Außenfinanzierung	251
Außenfremdfinanzierung	293
Auswahl alternativer Investitionsobjekte	134
Auswahlentscheidung	91, 103
Einzelinvestition	112
Auswahlproblem	101, 111, 135, 172
Auszahlung	32
Auszahlungsströme	32
Avalgeber	321
Avalkredit	320

B

Bankgarantie	321
Bankkredit	323
Bankkredite	315
Bareinlage	356

Barliquidität	506
Barwert	39, 40
Basel III	410
bedingte Kapitalerhöhung	374
Benchmark-Indizes	368
Berechnungsformel	
Gewerbesteuer	433
Bereitstellung von Rechten	356
Beschaffungsmarkt	27
Beschaffungsplan	279
Beta-Faktor	220
Beteiligungsfinanzierung	353
Arten	356
börsennotierte Unternehmen	363
nicht börsenfähige Unternehmen	359
Beteiligungsgesellschaft	361
Betragsgenauigkeit	267
Betriebskosten	87
Betriebsmittelmarkt	27
Bezogener	316
Bezugskurs	375
Bezugsrecht	376, 377
Bietungsgarantie	322
Bluechips	368
Börse	363, 367
Indizes	367
Börsenmultiplikatoren	239
Branchenindizes	369
Branchen-Multiplikatoren	237
Break-even-Analyse	104
Break-even-Umsatz	107
Bruttoausweis	267
Bruttokapitalisierung	214
Bruttounternehmenswert	236
Bruttounternehmenswertmultiplikatoren	242
Bruttoverfahren	217
Bulk-Factoring	462
Bürgschaft	300, 321
gesamtschuldnerische	301
selbstschuldnerische	301
Business Angel	360

C

Cash-Burn-Rate	515
Cash Conversion Cycle	411, 412
Cashflow	
Ermittlung	511
Praktikermethode	511
Cashflow-Kennzahlen	510
Cash Ratio	506
CCC	411, 412
CDAX	369
Classic-All-Share	369
Convenants	537
Convertible Bonds	327
Cross-Border-Leasing	432

D

Darlehen	323
endfälliges	336
langfrsitig	334
nachrangig	490
partiarisch	490
DAX®	368
Days Inventory Held	411
Days Payables Outstanding	411, 412
Days Sales Outstanding	411, 412
DCF-Verfahren	214
Debt-Equity Ratio	518
Debt Ratio	518
Deckungsgrad A	526
Deckungsgrad B	527
Deckungsgrad C	528
deutsche Börse	367
Differenzinvestition	114, 136, 138, 142, 160, 175
Kapitalwert	144
DIH	411
direkte Methode	511
Discounted-Cashflow-Verfahren	214, 231
Diskontierungsfaktor	41
Diskontkredit	317
Dividendennachteil	380
Dividendenvorteil	379

DPO 411, 412

DSO 411

Durchschnittsrechnung 118

dynamische Amortisationsrechnung 177

    Beurteilung 179

dynamische Investitionsrechenverfahren

    Beurteilung 196

dynamische Investitionsrechnung 125

dynamischer Verschuldungsgrad 512

E

Earnings Before Interest and Taxes 237

Earnings-per-Share 234

EBIT 237

echtes Factoring 462

effektiver Jahreszins 58

effektiver Jahreszinssatz 313

Effektivverschuldung 513

Effektivverzinsung 339

Effektivzinssatz 58

Eigenkapital 254

Eigenkapitalkostensatz 225

Eigenkapitalmultiplikatoren 243

Eigenkapitalquote 516

Eigenkapitalrentabilität 537

Eigentumsvorbehalt 305

Eigenwechsel 316

Einnahme 33

Einnahmen 274

Einzahlung 32, 64

Einzahlungsströme 32

Einzelabtretung 306

Einzelinvestition 103, 111, 131, 155, 168

elastische Finanzplanung 273

Elastizität 267

elektive Methode 265

endfälliges Darlehen 336

Endkapital 46

Endwert 39

Endwertfaktor 46

    nachschüssiger 47

vorschüssiger 47

Entity-Mulitplikatoren 236

Entity-Multiplikatoren 235

Entity-Verfahren 214, 217

Entry Standard 363, 364, 366

Equity-Multiplikatoren 235

Equity Ratio 516

Equity-Verfahren 215, 228

Ergänzungsinvestition 137, 140

Erhöhungskapital 377

Ersatzinvestitionsentscheidung 96, 115, 120

Ersatzproblem 96, 111

Ersatzrate 56

Ersatzzeitpunkt

    optimaler 185

Ertrag 33

Ertragswert 208

Ertragswertmethode 203

Ertragswertverfahren 206

Erweiterungsinvestition 101

EWF 46

F

Factoring 459

    Beurteilung 469

    Formen 461

    Funktionen des 463

Factoringvertrag 459

Fälligkeits-Factoring 462

Fehlbetrag 275

Festzinsanleihe 325

Financial Convenants 537, 538

Finanzanalyse 491

Finanzcontrolling 491, 493

finanzielle Mittel 26

Finanzierung 25, 26, 29

    Sonderformen 415

Finanzierung aus Abschreibungen 390

Finanzierung aus Rückstellungen 397

Finanzierung aus sonstigen

Kapitalfreisetzungen 408

Finanzierung durch Vermögensumschichtung	409
Finanzierungsarten	245, 248
Finanzierungseffekte von Pensionsrückstellungen	405
Finanzierungseffekt von Rationalisierungsmaßnahmen	408
Finanzierungsleasing	418, 420, 421
Finanzierungsleasings	
Beurteilung	428
Finanzinvestition	68
Finanzplan	274
Grundstruktur	274
Finanzplanung	257
alternative	273
Arten	268
elastische	273
Fallbeispiel	284
Grundsätze	267
kurzfristige	269
langfristige	270
mittelfristige	270
rollierende	273
Finetrading	470
First Quotation Board	364, 367
fixe Kosten	94
Floating Rate Notes	331
Flow-to-Equity-Ansatz	228
Forderungsbestand	412
Forderungslaufzeit	411
Frachtstundungsaval	322
Frankfurter Wertpapierbörse	363
Free Cashflow	219
Free-Cashflow-Verfahren	220
Freiverkehr	363, 366
Fremdfinanzierung	81, 253, 254, 295, 417
Fremdkapital	253
Fremdkapitalquote	518
Full Maintenance-Leasing	430
Full-Service-Factoring	462
Full-Service-Leasing	430

G

Garantie	302, 321
Gearing	508
Gegenwartswert	40, 41, 129
Geldanlage	56
Geldmarkt	27
Geldvermögen	33
genehmigte Kapitalerhöhung	374
General Standard	363–365
Genusskapital	482
Genussrecht	482
Genussschein	483
Gesamtkapitalrentabilität	534
gesamtschuldnerische Bürgschaft	301
Gesamtunternehmenswert	221, 225
Gewerbesteuer	433
Berechnungsformel	433
Gewinnanleihe	329
Gewinn nach Zinsen	110
Gewinnschwelle in Prozent der Auslastung	107
Gewinnthesaurierung	406
Gewinnvergleich	104
Gewinnvergleichsrechnung	102, 105
bei Einzelinvestition	103
Beurteilung	109
Gewinn vor Zinsen	110
gezeichnetes Kapital	377
GKR	534
Globalabtretung	306
Going-public-Anleihe	489
Goldene Bilanzregel	526
Goldene Finanzierungsregel	525
Grenzgewinnbetrachtung	188
Grenzgewinnermittlung	189
Grundbuch	304
Grundkapital	377
Grundpfandrecht	303
Grundschuld	304

H

Handelskredite	307

Hauptversammlung 373

horizontale Bilanzstruktur 525

Hybride Mezzanine 476

Hypothek 304

I

immaterielle Investition 68

indirekte Methode 511

Indizes der Börse 367

Information Convenants 537

Innenfinanzierung 383

Innenfinanzierungsgrad 514

innerbetriebliche Fremdfinanzierung 397

interner Zinsfuß 149

    Lösungsansätze 150

interne Zinsfußmethode 149

    Beurteilung 165

    vereinfachte 156

Interpolationsverfahren 154

Investition 26

    immaterielle 68

    Kontrolle 74

    Planungsprozess 70

    Realisierungsphase 74

    Zahlungsreihe 79

Investitionsarten 61, 68

Investitionsentscheidung 65

Investitionsneigung 532

Investitionsobjekt 159

Investitionsplan 279

Investitionsplanung 65, 78

    Auswahlphase 74

    Suchphase 72

Investitionspolitik 65

    Analyse 530

Investitionsquote 531

Investitionsrechenverfahren 76, 83

Investitionsrechnung 37, 61, 63, 65, 66, 76

    Aufgaben 63

    dynamische 76, 125

    Elemente 78

    statische 76

    Verfahren 83

J

Jahreszins 58

    effektiver 58

Jahreszinssatz 51

jungen Aktie 376

Junior Mezzanine 476

K

Kalkulationszinsfuß 81

Kalkulationszinssatz 80, 129, 163

kalkulatorische Abschreibungen 86, 87

kalkulatorische Zinsen 88

Kapazitätserweiterungseffekt 392

    Beurteilung 395

    Einflussfaktoren 394

Kapital 26

Kapitalanlage 29

Kapitalaufbringung 29

Kapitalbedarf 257, 261

    Maßnahmen zur Anpassung 266

Kapitalbedarf des Umlaufvermögens 263

Kapitalbedarfsermittlung 264

Kapitalbedarfsplanung 257

Kapitalbeschaffung 29

Kapitalbeteiligungsgesellschaft 361

Kapitalbindungsdifferenz 144

Kapitalbindungsplan 271

Kapitaldienst 296

Kapitaleinsatz 112, 140, 142, 161

Kapitalerhöhung 372

    Aktiengesellschaft 372

    bedingte 374

    genehmigte 374

    ordentliche 373

Kapitalerhöhung aus Gesellschaftsmitteln 375

Kapitalfreisetzungseffekt 390, 391

Kapitalkosten 86, 87, 314

Kapitalmarkt 27

Kapitalrückflussmethode 117
Kapitalrückzahlung 29
Kapitalstruktur
  Analyse 516
Kapitalverwässerungseffekt 376
Kapitalverwendung 29
Kapitalwert 130, 144, 188, 192
  Einflussgrößen 130
  Tabellenkalkulationsprogramm 133
Kapitalwertmaximum 186, 190
Kapitalwertmethode 129, 163, 167, 456
  Beurteilung 147
Kapitalwiedergewinnungsfaktor 44, 168
Kauf
  Kostenvergleich Leasing 432
Kennzahlen zur Finanzlage 525
Kontenausgleichsgebot 183
Kontenausgleichsverbot 182, 183
kontinuierliche Rückflüsse 90
Kontoführungsgebühren 316
Kontokorrentkredit 315
Kontrollierbarkeit 267
Körperschaftssteuer 437
Kosten 94
Kosten pro Stück 94
Kostenvergleich 98
Kostenvergleich Leasing - Kauf 432
Kostenvergleich pro Periode 91, 98
Kostenvergleichsrechnung 86, 96
  Beurteilung 101
Kreditbesicherung 298
Kreditfähigkeit 296
Kreditfähigkeitsprüfung 296
Kreditfinanzierung 307
  kurzfristige 307
  langfrisitge 323
  mittelfristige 307
Kreditprovision 315
Kreditprüfung 296
Kreditsicherheiten 296, 299
Kreditwürdigkeit 296

persönliche 296
wirtschaftliche 296
Kreditwürdigkeitsprüfung 296
Kreditzinssatz 182
kritische Auslastung 94, 104
Kumulationsrechnung 119, 177, 178
Kundenanzahlung 307
Kundenziel 411
Kuponanleihe 324
kurzfristige Finanzplanung 269
KWF 44

L
langfristige Darlehen
  Effektibzinsbestimmung 339
langfristige Finanzplanung 270
Leasing 282, 417
  Beurteilung 447
  Kostenvergleich Kauf 432
Leasinggeber 417, 422
Leasingnehmer 422
Leasingraten
  Kalkulation 450
Leasingvertragsarten 418
Leverage-Effekt 535
Leverage-Formel 534
Lieferantenkredit 311, 314
Lieferantenziel 411
lineare Interpolation 156
lineare Verzinsung 50
Liquidationserlös 188
Liquidität 428, 493, 504
  absolute 504
  relative 505
  Sicherung 282
  Steuerung 282
Liquidität 1. Grades 506
Liquidität 2. Grades 506
Liquidität 3. Grades 507
Liquiditätsanalyse 504
Liquiditätsbedarf 262

Liquiditätsentwicklung	275
Liquiditätsgrade	505
Liquiditätskennzahlen	505
Liquiditätsplanung	281
Lohmann-Ruchti-Effekt	392
Lombardkredit	316

M

Mantelabtretung	306
Markt für Materialien	27
Marktsegmente	363, 364
Marktwert	376
Marx-Engels-Effekt	392
MDAX®	368
Mezzanine-Finanzierungsinstrumente	473
Mezzanine Kapital	
Platzierbarkeit	477
Mezzanine-Kapital	476
Beurteilung	478
Eigenschaften	478
Miete	282
Mindestrentabilität	110
Mindestverzinsung	129
Mitbürgschaft	301
mittelfristige Finanzplanung	270
Mittelkurs	377, 378
Mittelwertverfahren	210, 211
Multiplikatoren	235
Multiplikatorenverfahren	232

N

Nachrangdarlehen	490
nachrangiges Darlehen	490
Näherungsformel	312
Negativerklärung	302, 538
Negoziationskredit	320
Nettoinvestitionen in das Sachanlagevermögen	531
Nettokapitalisierung	214
Nettounternehmenswert	222, 236, 237
Netto-Verfahren	228

Net Working Capital	410
Null-Kupon-Anleihe	330
Nutzungsdauer	
optimale	192

O

offene Selbstfinanzierung	385
offenes Factoring	462
Open Market	363–366
Operatingleasing	418, 419
optimale Nutzungsdauer	192
optimaler Ersatzzeitpunkt	185
Optionsanleihe	328, 487, 489
ordentliche Kapitalerhöhung	373

P

partiarisches Darlehen	490
Patronatserklärung	303
Pay-back-Methode	117
Pay-off-Methode	117
Pensionsrückstellungen	398
Beurteilung	403
Finanzierungseffekte	405
P/E-Ratio-Modell	234
Periodenkostenvergleich	91
Personalsicherheiten	298, 300, 302
persönliche Kreditwürdigkeit	296
Pfandrecht	304
Phasenmodell	208
Plan-Bilanz	271
Plan-GuV	271
Plan-Kapitalflussrechnung	271
Praktikermethode	511
Praktikerverfahren	210
Price-Earnings-Ratio-Modell	234
Beurteilung	235
primäre Finanzmittelbeschaffung	251
Prime-All-Share	368
Prime Standard	363, 364, 365
Produktionsinvestition	68

Q

Quick Ratio 506

R

Rahmenabtretung 306

Ratendarlehen 337

Rating 297

Rationalisierungsinvestition 101

Rationalisierungsmaßnahmen

   Finanzierungseffekt 408

Raumkosten 86

RBF 42

Realinvestition 69

Realsicherheiten 298, 303

Rechte 26

Regelmäßigkeit 267

Regula falsi 351

regulierter Markt 364

Regulierter Markt 363

Reinvermögen 33

relative Liquidität 505

Rembourskredit 320

Rentabilität 113, 493, 496

Rentabilitätskennzahlen 496

Rentabilitätsrechnung 110

Rentabilitätsvergleichsrechnung 110

   Beurteilung 115

Rente 46

Rentenbarwertfaktor 42, 157

Rentenschuld 304

Restwertverteilungsfaktor 48, 342

Return on Assets 498

Return on Equity 496

Return on Investment 499

Return on Sales 502

ROA 498

ROE 496

ROI 499

rollierende Finanzplanung 273

ROS 502

Rückflüsse

   kontinuierliche 90

Rückstellungen

   Finanzierung aus 397

Rückstellungsquote 519

RVF 48, 342

S

Sacheinlage 356

Sachmittel 26

Sale-and-lease-back 282

Sale-and-Lease-Back 430

Sale-and-lease-back-Verfahren 409

Schuldbeitritt 302

Schuldentilgungsdauer 512

Schuldscheindarlehen 323, 332, 333

Schuldverschreibung 333

SDAX® 368

Second Quotation Board 364, 367

Sekundärfinanzierung 251

Selbstfinanzierung 381, 383, 385

   Beurteilung 388

   offene 385

   stille 385

   temporäre 388

Selbstfinanzierungsgrad 520

selbstschuldnerische Bürgschaft 301

Senior Mezzanine 476

Sicherungsabtretung 305

Sicherungsübereignung 304

Solawechsel 316

Solidaritätszuschlag 437

Sollzins 315

Sonderformen der Finanzierung 415

Sparvertrag 57

Spezialleasing 423, 429

statische Amortisationsrechnung 117

   Beurteilung 121

statische Amortisationszeit 178

statischen Verfahren

   Aussagefähigkeit 122

statischer Verschuldungsgrad 518

Steuerung der Liquidität 282
stille Beteiligung 479
Stille Beteiligung 359
stille Gesellschaft 479
Steuer 480
stille Reserven 386
Entstehung 386
stille Selbstfinanzierung 385
stilles Factoring 462
Stock-Warrant-Bonds 328
Straight Bonds 323
Stromgrößen 32
Stückkostenvergleich 91, 93, 99
Stuttgarter Verfahren 212
Substanzwertmethode 203
Substanzwertverfahren 203

T
Tabellenkalkulationsprogramm 133, 159
Tagesgeldkonto 54
TecDAX® 368
Technology-All-Share 368
Teilamortisationsvertrag 424–426
Bilanzierung 425
Teilbürgschaft 301
Teilpläne der Unternehmensplanung 279
Teilreproduktionswert 204
temporäre Selbstfinanzierung 388
Tilgung 29, 296
Total-Cashflow-Ansatz 223
Transaktionsrisiko 432
Transparenzstandards 364

U
Übergewinnverfahren 211
Überschuss 275
Überziehungsprovision 316
Umlaufintensität 523
Umlaufkapitalbedarf 265
Umlaufvermögen 27
Umsatzmultiplikator 244

Umsatzrentabilität 501, 502
unechtes Factoring 462
unendliches Rentenmodell 208
unterjährige Verzinsung 54
Unternehmensbeteiligungsgesellschaft 361
Unternehmensbewertung 199
Anlässe 202
kombinierte Verfahren 210
moderne Verfahren 214
traditionelle Verfahren 203
Unternehmensplanung 279

V
variable Kosten 94
Venture-Capital-Gesellschaft 362
Verbindlichkeitskonto 182
Verbindlichkeitsrückstellungen 397
Vergleich Leasing - Kauf 446
Verkäuferdarlehen 490
Vermögen 26
Vermögensendwertmethode 181
Beurteilung 184
Vermögenskonstitution 522
Vermögensstruktur
Analyse 521
Vermögensumschichtung
Finanzierung durch 409
Versuchszinssatz 155
vertikale Finanzierungsregel 528
Verzinsung 50
einfache 50
unterjährige 54
Vollamortisationsvertrag 421
vollkommener Kapitalmarkt 181
Vollreproduktionswert 204
vollständige Alternativen 136
Vollständigkeit 267
Vorratsintensität 524

W
WACC-Ansatz 217, 220

Wachstumsmodell 208

Wachstumsquote 532

Wandelanleihe 327, 487

Wechsel 316

Wechselbestandteile 316

Wechseldiskontkredit 316

Wertpapier 370

Wettbewerbsfähigkeit 25

wirtschaftliche Kreditwürdigkeit 296

Wirtschaftlichkeit 267

Working Capital 504

Working Capital Management 410, 412

Working Capital Ratio 507

Z

Zahlungen in eine Geldanlage 56

Zahlungsmittelbestand 33

Zahlungsreihe 64, 78

Zahlungsreihe der Investition 79

Zahlungsströme 78

Abgrenzung 34

Kategorien 36

Zeitbürgschaft 301

Zeitpunktgenauigkeit 267

Zero-Bonds 330

Zession 305

Zinsen

kalkulatorische 88

Zinseszins 50

Zinseszinseffekt 54

Zinseszinsrechnung 52

Zinsrechnung 50

Zollaval 322

Zukunftswert 40

Zweizahlungsfall 53, 152

Zweizahlungsformel 319